알·리·스·터·맥·그·래·스·의
구속사로 본 핵심 주석

국제제자훈련원은 건강한 교회를 꿈꾸는 목회의 동반자로서 제자 삼는 사역을 중심으로 성경적 목회 모델을 제시함으로 세계 교회를 섬기는 전문 사역 기관입니다.

Copyright ⓒ 1995 by Alister McGrath
Originally published in English under the title
NIV Bible Commentary

Published by Hodder & Stoughton - Faith Books
A division of Hodder Headline Ltd
338 Euston Road London NW1 3BH UK
All rights reserved.

Used and translated by the permission of Hodder & Stoughton
through arrangement of KCBS Literary Agency, Seoul, Republic of Korea.

Korean Translation Copyright ⓒ 2008 by DMI Press, Seoul, Republic of Korea.

본 저작물의 한국어판 저작권은 KCBS Literary Agency를 통하여
Hodder & Stoughton사와 독점 계약한 국제제자훈련원에 있습니다.
본서에 인용된 한글 성경전서 개역개정판의 저작권은 대한성서공회에 있습니다.
신 저작권법에 의하여 한국 내에서 보호받는 저작물이므로 무단 전재와 무단 복제를 금합니다.

알리스터 맥그래스의 **구속사로 본 핵심 주석**

초판1쇄 발행 2008년 7월 3일 · **초판4쇄 발행** 2010년 3월 31일
지은이 알리스터 맥그래스 · **옮긴이** 박규태
펴낸이 김명호 · **펴낸곳** 도서출판 국제제자훈련원
기획책임 박주성 · **편집책임** 장병주
디자인책임 고경원 · **마케팅책임** 김석주
등록번호 제22-1240호(1997년 12월 5일)
주소 (137-865) 서울시 서초구 서초1동 1443-26
e-mail dimpress@sarang.org · **홈페이지** www.discipleN.com
전화 편집부(02)3489-4310 영업부(02)3489-4300 · **팩스** (02)3489-4319

ISBN 978-89-5731-269-8 03230
책값은 뒤표지에 있습니다.

Alister McGrath

알리스터 맥그래스의
구속사로 본
핵심 주석

알리스터 맥그래스 지음
박규태 옮김

국제제자훈련원

옮긴이 일러두기

1. 이 책은 Alister McGrath, The NIV Bible Companion(London: Hodder & Stoughton, 2005)을 완역한 것이다.
2. 히브리어, 아람어, 희랍어와 같은 성경 원어는 원어로 표기하거나 라틴 문자로 음역(音譯)하지 않고, 한글로 읽어 나타내었다(예: '숨, 영'의 의미를 지닌 히브리어 רוח를 한글인 '루아흐'로 표시한 것처럼).
3. 역주에서 히브리어·아람어나 희랍어 성경 본문에 쓰인 말을 설명할 경우, 옮긴이가 참조한 사전과 그 단어가 실린 쪽수를 역주 끝에 적어놓았다. 역주에서는 사전을 약자로 인용하였다(예: 가/684는 아래 가 사전 684쪽에 해당 단어가 나와 있다는 말이다). 인용한 사전의 약자와 그 정식 이름은 다음과 같다.

   1) 히브리어·아람어 사전
   가 = Wilhelm Gesenius' Hebräisches und Aramäisches Handwörterbuch über das Alte Testament, 17. Aufl.(Leipzig: F. C. W. Vogel, 1921)
   나 1/2 = Koehler/Baumgartner, The Hebrew & Aramaic Lexicon of the Old Testament 1/2(Leiden: Brill, 2001)

   2) 희랍어 사전
   다 = A Greek-English Lexicon of the New Testament and Other Early Christian Literature, 3rd, ed.(Chicago: The University of Chicago Press, 2000)
   라 1/2/3= Exegetisches Wörterbuch zum Neuen Testament I/II/III(Stuttgart: W. Kohlhammer, 1980/1981/1983)

4. 원서가 인용한 성경 본문은 따로 번역하지 않고 그 구절에 해당하는 '개역개정판'의 본문을 그대로 옮겼다. 역주에서 참조한 히브리어·아람어 구약 본문이나 희랍어 신약 본문, 희랍어로 번역된 구약 본문(70인경)은 아래 성경에서 인용한 것이며, 해당 본문이 수록된 쪽수는 따로 제시하지 않았다.

- 히브리어·아람어 구약 본문: Biblia Hebraica Stuttgartensia(Stuttgart: Deutsche Bibelgesellschaft, 1997).
- 70인경: Septuaginta(Stuttgart: Deutsche Bibelgesellschaft, 1979).
- 희랍어 신약 본문: Novum Testamentum Graece, Nestle-Aland 27. Aufl(Stuttgart: Deutsche Bibelgesellschaft, 1999).

5. 성경에 나오는 인명과 지명은 '개역개정판'의 표기를 따랐다. 성경에 나오지 않은 인명과 지명은 해당 언어의 발음대로 표기하되, 발음이 분명치 않은 경우에는 영어식 발음으로 표기하였다.

6. 본문에 표시된 '*'는 모두 역자주이며 각주 처리하였다.

목차

옮긴이 일러두기	5
지도와 도표 목록	8
들어가는 글	9
성경 각 책의 약자	17

구약

창세기	21
출애굽기	49
레위기	68
민수기	75
신명기	87
여호수아	96
사사기	112
룻기	119
사무엘상·사무엘하	122
열왕기상·열왕기하	137
역대상·역대하	156
에스라	164
느헤미야	170
에스더	175
욥기	177
시편	184
잠언	202
전도서	206
아가	209
이사야	210
예레미야	225
예레미야애가	237
에스겔	239
다니엘	248
호세아	253
요엘	257
아모스	259
오바댜	263
요나	264
미가	267
나훔	269
하박국	270
스바냐	272
학개	274
스가랴	276
말라기	281

신약

마태복음	289
마가복음	316
누가복음	333
요한복음	357
사도행전	382
로마서	409
고린도전서	418
고린도후서	426
갈라디아서	431
에베소서	436
빌립보서	441
골로새서	445
데살로니가전서	449
데살로니가후서	452
디모데전서	454
디모데후서	458
디도서	461
빌레몬서	463
히브리서	465
야고보서	471
베드로전서	474
베드로후서	478
요한1, 2, 3서	480
유다서	484
요한계시록	486
더 읽기를 권하는 책들	493

지도와 도표 목록

족장들의 세계	35	유다 왕국	152
아브라함부터 요셉까지	37	성경의 세계	165
애굽	48	구약 시대의 예루살렘	216
출애굽 행로	57	신약 시대의 유대 지방	292
이스라엘의 광야 유랑	89	신약 시대의 예루살렘	349
가나안의 여러 족속들	98	신약의 세계	386
이스라엘의 가나안 정복	102	바울의 첫 번째 선교 여행	399
이스라엘의 가나안 남부 정복	105	바울의 두 번째 선교 여행	400
이스라엘의 가나안 북부 정복	106	바울의 세 번째 선교 여행	402
각 지파들이 분배받은 땅	108	바울의 로마행	406
이스라엘 왕국과 유다 왕국	144	구약과 신약의 연대표	284

들어가는 글

기독교는 이제까지 세상이 들은 소식 중에 가장 좋은 소식이다. 기독교는 영생과 부활의 소망에 초점을 맞추고 있다. 이 소망을 가능케 한 것은 예수 그리스도의 삶과 죽음과 부활이다. 복음의 기쁨을 발견한 사람이라면 그리스도를 아는 지식이 가져다주는 평강과 희락이 어떤 것인지 알 것이다.

성경은 기독교 복음의 토대가 된 위대한 역사적 사건들을 제시하고 있다. 우리는 이 성경 덕분에 복음이 역사의 진실이라는 반석 위에 굳건히 서 있음을 재확인할 수 있다. 성경은 그리스도인들의 삶에서 소망과 기쁨의 근거가 된다. 우리가 예수 그리스도의 모습을 그려보며 평범한 민초들을 끌어당기는 그분의 엄청난 매력을 실감할 수 있는 건 성경이 있기 때문이다. 네 복음서를 읽다 보면, 예수 그리스도를 이해하고 그분의 진가를 깨닫는 우리의 지평이 넓어진다. 성경을 읽기 시작할 때 복음서보다 더 좋은 출발점은 없다. 사도행전 역시 복음이 문명 세계로 급속히 퍼져가면서 뭇 남녀들에게 안겨 주었던 커다란 기쁨과 희락을 보여 주고 있다.

하지만, 우리는 성경에서 복음서와 그 중심인물인 예수 그리스도가 발산하는 매력보다 더 많은 것을 깨닫게 된다. 성경은 예수 그리스도가 오시게 된 배경을 꼼꼼히 파헤친다. 덕분에 우리는 유대교 내에 형성되어 있었던 그 위대한 메시아 대망 의식을 이해할 수 있다. 우리는 구약을 읽음으로써 하나님이 어떤 방식으로 예수 그리스도의 길을 예비하셨는지 이해할 수 있다. 구약의 신앙 공동체는 오랫동안 기다리던 하나님의 메시아가 임하실 그때인 미래를 내다보고 있었다. 때문에 역사를 거슬러 올라가면 그 구약의 신앙 공동체가 지녔던 소망과 기대를 음미할 수 있다. 우리는 예수 그리스도를 증언하는 복음서 기사들을 읽음으로써 그리스도가 그 위대한 소망들을 어떻게 성취하셨는지 알 수 있다.

또한 우리는 예수 그리스도를 아는 것이 그리스도인들의 사고방식과 행동방식을 변화시킨다는 사실을 성경을 통해 깨닫게 된다. 우리가 기독교 복음의 기본 개념들—그리스도인들이 세상 돌아가는 이치를 이해한 내용을 집약한 중심 교리들인 동시에 복음이 이 세상에 가져다준 소망—을 이해할 수 있는 것은 신약의 서신서들 덕분이다. 그리스도를 아는 것이 어떻게 우리의 행동방식에 영향을 미치는지 배우게 되는 것도 이 서신서들 덕이다. 이를테면, 바울 서신에는 믿음이 없는 세상에서 그리스도인들이 살아갈 방도를 일러주는 지혜로운 권면이 가득하다. 이 권면은 오늘날도 여전히 유효하며 유익하다.

왜 주석이 필요한가?

그렇다면 왜 주석이 필요한가? 그저 성경을 읽고 성경의 지혜를 흡수하는 것만으로 족하지 않은가? 천만에, 결코 그렇지 않다. 한 마디로 그 이유를 말한다면, 성경은 사람들과 어울려 읽는 것이 최선이기 때문이다. 성경 공부 모임들이 그토록 인기를 끄는 이유가 무엇인가? 한 가지 이유만 든다면, 그런 모임들에서는 다른 사람들이 통찰한 성경의 의미나 현실과의 관련성을 들을 수 있기 때문이다. 성경 주석도 마찬가지다. 주석들을 통해 여러분은 다른 사람들의 지혜에 다가갈 수 있다.

성경 주석에는 다양한 형태가 있다. 어떤 주석은 너무 전문적이다. 이런 주석은 성경 각 책의 역사 배경을 상세히 다루는 동시에 해당 본문의 정확한 문법적, 신학적 의미를 깊이 파고든다. 경건에 치중하는 주석도 있다. 이런 주석들이 추구하는 바는 독자들이 성경을 읽고 난 뒤 기도하며 찬미하는 사람이 되도록 돕는 것이다. 어떤 주석은 성경의 한 책에 한 질(帙) 전체를 할애하기도 한다. 이와 달리, 더 작은 지면을 사용하여 성경 전체를 개관하는 주석도 있다. 이 책도 그런 주석들 가운데 하나다.

이 단권 주석의 목적은 독자들에게 성경의 주요한 뼈대들을 소개하는 것이다. 이 주석은 한 명의 저자가 썼다. 때문에 여러분은 이 책 전체의 수준과 문체가 동일함을 확실히 알 수 있을 것이다. 단권 주석은 제기될 수 있는 모든 문제들을 다룰 만한 공간이 없다. 하지만, 이런 책이 독자의 흥미를 더 자극할 수 있으며, 나아가 독자들이 자신의 힘으로 성경을 읽고 성경에서 유익을 얻을 수 있다는 확신을 더 강하게 심어 줄 수도 있다.

만일 여러분이 상당 기간 신앙생활을 해온 그리스도인이라면, 당장 성경 읽기를 시작할 준비가 되어 있을 것이다. 초보 그리스도인이거나 좀 더 많은 정보가 있어야 성경을 읽을 수 있을 것 같다는 느낌이 든다면, 이 책을 계속 읽어 보길 바란다.

성경은 어떻게 구성되어 있나?

성경은 크게 구약과 신약 두 부분으로 나뉜다. 구약은 창세기부터 말라기까지 모두 39권의 책으로 되어 있다. 성경의 첫 부분인 구약은 예수 그리스도가 오시기 전까지 하나님의 백성이 겪은 역사를 다루고 있다. 구약은 당신의 백성을 향한 하나님의 경륜과 그 백성을 구원하고자 하나님이 선택하신 방식을 이해하는 데 도움을 준다. 구약은 하나님이 역사에 개입하실 것이라는 위대한 소망들을 소개한다. 이 위대한 소망들은 마침내 예수 그리스도를 통하여 성취된다. 복음서의 중요성과 경이로움을 완전히 깨달으려면, 우리는 먼저 하나님 백성의 역사 속에서 그리스도의 오심이 어떻게 준비되었는지 알아야만 한다.

구약 자체는 다양한 종류의 기록들을 많이 포함하고 있다. 각 장르가 가지고 있는 서로 다른 특질들을 잘 이해하게 되면, 그 기록들을 읽으면서 더 많은 것을 얻게 될 것이다. 구약의 주요 부분들은 다음과 같다.

1. 율법서(모세 오경이나 오경으로 부르기도 한다): 창세기, 출애굽기, 레위기, 민수기, 신명기. 이 책들은 천지 창조, 이스라엘을 (선택받은) 한 민족으로 부르심, 이스라엘의 초기 역사, 그리고 이스라엘의 출애굽을 다루고 있다. 율법서의 이야기는 이스라엘 백성이 요단을 건너 약속의 땅으로 들어가기

직전에 끝을 맺는다. 율법서의 가장 중요한 주제들 가운데 하나는 하나님이 모세에게 율법을 주신 것과 그 율법이 이스라엘의 삶에 시사하는 의미다.

2. **역사서**: 여호수아, 사사기, 룻기, 사무엘상·하, 열왕기상·하, 역대상·하, 에스라, 느헤미야, 에스더. 이 역사서는 하나님의 백성이 약속의 땅 가나안에 들어갈 때부터 예루살렘 성민(省民)이 바벨론 포로생활에서 돌아올 때까지 펼쳐진 역사의 다양한 국면들을 다루고 있다. 역사서는 가나안 정복, 이스라엘 왕정 수립, 다윗 왕과 솔로몬 왕의 위대한 치세, 통일 이스라엘 왕국이 둘(북방 이스라엘 왕국과 남방 유다 왕국)로 나뉜 사건, 앗수르에 의한 북방 이스라엘의 멸망, 남방 유다의 멸망과 바벨론 유수(幽囚) 그리고 포로 귀환과 성전 재건을 상세히 설명하고 있다. 역사서의 각 책들은 역사의 순서에 따라 배열되어 있다.

3. **선지서**: 선지서는 성령에 감동된 한 무리의 사람들이 쓴 기록을 담고 있다. 이 사람들은 시대를 초월하여 하나님의 뜻을 백성들에게 알리고자 하였다. 구약에는 선지서에 해당하는 책은 열여섯 권 있는데,* 이 책들은 보통 두 부류로 나뉜다. 첫째 부류는 네 개의 대선지서다. 이사야, 예레미야, 에스겔과 다니엘이 여기에 포함된다. 이 대선지서에 이어 열두 개의 소선지서가 등장한다. 호세아, 요엘, 아모스, 오바댜, 요나, 미가, 나훔, 하박국, 스바냐, 학개, 스가랴와 말라기가 여기에 들어간다. 대선지서의 '대'나 소선지서의 '소'는 그것을 기록한 선지자들이 차지하는 비중에 대한 판단을 암시하는 말이 아니라, 해당 선지서의 분량이 길고 짧음을 가리키는 말일 뿐이다. 선지서의 각 책은 대개 역사 순으로 배열되어 있다.

4. **지혜서를 포함하여 다른 종류의 책들**을 언급할 수 있겠다. 지혜서는 욥기, 잠언, 전도서를 가리킨다. 이 지혜서는 참된 지혜를 어떻게 발견하느냐의 문제를 다루며, 흔히 지혜를 보여 주는 실제 사례들을 제시하기도 한다. 여기서 구약 바깥에 있는 또 다른 종류의 기록들을 언급하지 않을 수 없다. 외경(外經)이 그것이다. 때로는 이 외경을 '제2의 정경'(正經)으로 부르기도 한다. 외경에는 구약 시대 이후**의 기록들이 다수 들어 있어서 유익한 정보를 제공해 주긴 하지만, 그리스도인들은 이 외경을 구속력이 있는 중요한 책으로 여기지 않았다. 성경 역본들 가운데는 이 외경을 포함시킨 것도 있지만, NIV처럼 포함시키지 않은 역본도 있다.***

신약은 그리스도인들에게 생명처럼 소중한 부분이다. 이 신약이 기독교 복음의 근간이 되는 사건들과 신앙을 상세히 설명하고

---

* 여러 학자들은 예레미야애가를 대선지서에 포함시켜 선지서를 총 열일곱 권으로 보기도 한다. 그러나 여기서 알리스터 맥그래스는 예레미야애가를 선지서에서 빼고 열일곱 권이 아닌 열여섯 권을 선택한다. 이후에 다룰 대선지서에서도 예레미야애가는 빠진다.

** 엄밀히 말하면, 외경의 시대 배경 속에는 구약 시대도 포함된다. 이를테면, '바룩'을 기록한 마세야의 손자 네리야의 아들 바룩은 예레미야와 같은 시대를 살았던 인물이다(렘 32, 36장).

*** 우리말 성경의 경우, 개역한글판이나 개역개정판에는 구약 외경이 들어 있지 않으나, 신·구교 공동번역 성서는 구약 외경을 포함하고 있다. 공동번역에 들어 있는 구약 외경은 토비트, 유딧, 마카베오 상·하, 지혜서, 집회서, 바룩 그리고 다니엘 외경(세 아이의 노래, 수산나, 벨과 뱀)이다. 로마 가톨릭 교회는 이 외경을 정경으로 인정하나, 개신 교회는 정경으로 인정하지 않는다.

있기 때문이다. 신약은 27개의 책으로 되어 있어서, 구약에 비하면 상당히 짧다. 성경을 처음 읽는 사람이라면, 흔히 네 복음서(마태복음, 마가복음, 누가복음, 요한복음) 가운데 하나를 먼저 읽으라는 강한 권면을 받는다. '복음'이라는 말은 본디 '좋은 소식'이란 뜻이다. 네 복음서의 기록자들—종종 '복음서 기자(記者)들'로 알려져 있는 인물들이다—은 그 좋은 소식 이면에 자리 잡고 있는 중요한 사건들을 자세히 설명하고 있다. 이들 네 복음서는 각기 다른 관점에서 예수 그리스도의 가르침을 제시하는 동시에 부활 사건에서 영광스러운 절정에 이른 그분의 삶을 서술하고 있다.

네 복음서는 각기 두드러진 특징을 갖고 있다. 이를테면, 마태복음은 예수의 가르침을 제시하는 데 관심을 기울인 반면 마가복음은 예수가 이 땅에서 보낸 삶의 마지막 주간을 부각시키는 데 더 흥미를 갖고 있다. 네 복음서를 한데 아우르게 되면, 예수 그리스도의 삶과 죽음과 부활을 포괄하는 하나의 기사(記事)가 작성된다. 네 복음서는 기독교 신앙의 중요한 구성 부분들을 제공한다. 이 복음서들을 읽게 되면, 그리스도인들이 예수 그리스도를 진정 유일한 주(the Lord)*요 온 세상의 구원자로 믿는 이유를 이해할 수 있다. 때로는 공관복음(共觀福音)이라는 말이 사용되기도 하는데, 공관복음은 신약의 처음 세 복음서인 마태, 마가, 누가복음을 말한다. '공관'이란 말은 세 복음서의 문예 구조가 비슷함을 가리키는 것이다. 복음서들을 언급할 때는, '마가(의 기록)에 의한 복음서'처럼 장황한 명칭을 쓰기보다 '마가복음'처럼 그 저자의 이름이 들어간 간단한 명칭을 쓴다.**

복음서가 끝나면 기독교 확장의 기록이 이어진다. 복음서에 기록되어 있는 사건들을 그 당시에는 어떻게 받아들였을까? 어떻게 복음이 팔레스타인으로부터 유럽으로 전파되었을까? 이 의문들을 풀어 줄 기록이 사도행전에 들어 있다. 누가복음과 사도행전은 누가라는 동일 저자가 쓴 책들이다.

신약에서 사도행전 다음에 등장하는 주요 부분은 서신서이다. 이 서신들은 그리스도인들의 신앙과 행실에 관한 가르침들을 제시하고 있다. 그런 점에서 서신서는 처음 기록되었을 때나 지금이나 똑같이 중요하다. 교회사 초기에 생겨났던 몇몇 거짓 가르침들은 지금도 계속하여 나타나고 있는데, 서신서는 오늘날도 (이런 거짓 가르침들에 맞서) 기독교 신앙의 순전함을 수호하는 데 필요한 주요 자원들을 제공해 준다.

서신서의 대부분은 바울이 썼다. 바울은 회심하고 그리스도를 믿게 되면서 복음 전도와 교회 건설이라는 중대한 일을 감당해 냈다. 바울이 쓴 서신들 가운데 많은 것들이 그가 세운 교회들에게 보내는 것으로서, 그들에게 보내는 권면을 담고 있다. 바울 서신의 수신자는 모두 (디모데나 디도처럼) 개인들이나 (로마, 고린도, 빌립보에 있는 교회들

---

* '유일한 주'를 가리키는 희랍어 '호 퀴리오스'는 구약에서 여호와 하나님을 가리키는 '엘로힘'과 같은 말이다. 예수 그리스도를 '주'라고 부르는 것은 그분이 하나님이심을 뜻하는 것이다.
** 네 복음서의 희랍어 본문을 보면, 그 제목을 '누구(의 기록)에 의한'이라고 표시해 놓았다. 이를테면, 마가복음은 '카타 마르콘'이라고 되어 있는데, 이는 '마르코스(마가)에 의한'이라는 뜻이다. 영문 성경도 이를 본받아 복음서의 정식 명칭을 '마가(의 기록)에 의한 복음서'(the Gospel according to Mark)로 표기한다. 그러나 보통은 '마가'(Mark)처럼 복음서 저자의 이름만을 사용하여 간단히 표시한다.

처럼) 교회들이다. 바울 서신을 부를 때, 때로는 '디모데에게 보내는 바울의 첫 번째 편지'나 '고린도 교회에게 보내는 바울의 두 번째 편지'처럼 거창한 형식을 사용하기도 하지만, '디모데전서'나 '고린도후서'처럼 간단히 부르는 경우가 훨씬 더 많다.

신약의 서신서 저자들 중에는 베드로 사도나 요한 사도도 있고, 히브리서의 저자처럼 알려지지 않은 인물(바나바나 아볼로일 가능성이 있다)도 들어 있다. 이들이 쓴 서신들은 종종 복음 때문에 당하는 시련이나 복음이 그 서신의 저자와 수신인들에게 가져다준 기쁨을 서술하기도 한다. 이를 통해 우리는 기독교가 단지 어떤 사상을 설파하는 것이 아님을 상기하게 된다. 기독교가 말하는 것은 변화된 삶이다! 이 서신들은 결코 무미건조한 교리서가 아니라, 살아 있는 신앙의 증언 속에 교리의 가르침이 녹아 있는 것들이다. 주의할 점은, 바울이 쓴 서신들 이외의 이 모든 서신들을 구별할 때는 서신의 수신인이 아니라 저자를 기준으로 삼는다는 것이다. 이 서신들을 부를 때 '베드로의 첫 번째 편지'처럼 거창한 명칭을 쓰기도 하지만, '베드로전서'처럼 간략하게 부르는 경우가 더 흔하다.

여기서 주목해야 할 용어가 둘 있다. 야고보서, 요한1서·2서·3서, 유다서 그리고 베드로전서·후서를 '공동 서신'으로 부르는 경우가 있는데, 이런 명칭이 나온 것은 이 서신들의 독자가 특정되지 않았기 때문이다. 바울 서신과 달리, 공동 서신은 특정한 청중들이 아니라 광범위한 독자들을 염두에 두고 쓴 것으로 보인다. 그런가 하면, 바울이 쓴 디모데전서·후서와 디도서를 '목회 서신'이라는 말로 부르기도 한다. 이 책들은 특히 목회에서 중요한 문제들(즉, 교회 안에서 사람들을 돌보는 일)을 다루고 있다.

신약은 요한계시록으로 끝을 맺는다. 거의 대부분 간단히 '계시록(묵시록)'으로 부르는 이 책은, 그 자체를 하나의 범주로 따로 분류한다. 계시록은 하나의 환상을 통해 역사의 종말을 보여 주고 있다. 저자는 이 환상 속에서 천국의 모습을 들여다보고 신자들을 위해 준비된 새 예루살렘을 미리 맛본다.

어디서부터 읽을까?

구약의 첫 책인 창세기에서 시작하여 신약의 마지막 책까지 그대로 쭉 읽어갈 수도 있다. 하지만, 그렇게 읽는 것은 그리 좋은 방법이 아니다. 가장 좋은 방법은 복음서부터 읽는 것이다. 복음서를 읽게 되면, 여러분은 예수 그리스도를 주목하게 될 것이며 기독교 신앙의 역사적 초석(인 이 인물)을 익히 알게 될 것이다. 우리는 종종 '기독교는 곧 예수 그리스도'라는 말을 듣곤 한다. 네 복음서 가운데 어느 것을 읽게 되든지, 기독교 신앙의 중심 인물을 직접 대면하게 될 것이다.

그렇다면, 네 복음서 가운데 어느 책부터 읽어야 할까? 네 복음서는 각기 두드러진 특징이 있다. 마태복음은 예수 그리스도의 삶과 죽음과 부활이 구원자인 메시아가 오실 것이라는 구약의 위대한 예언들을 어떻게 성취하고 있는지 제시하는 데 특히 관심을 기울이고 있다. 마가복음은 간결하고 그 전개 속도가 빠르다. 이 책은 예수가 주변 사람들에게 현저한 영향을 끼쳤음을 명료하게 제시하고 있다. 누가복음은 예수가 비(非)유대인들에게 얼마나 중요한 존재였는지 알려 주는 데 특별한 관심을 갖고 있다. 요한복음은 복음서 가운데 성찰의 깊이가 가장 깊은 책이어서 여러분의 사색에 기름진 자양분을 제공해 줄 것이다. 어느 책부터 읽을지 선택은 여러분에게 달렸다. 하지만, 어느 복음서에서 시작하든지, 언젠가는 나머지 세 복음서도 전부가 되었든 일부가 되었든 꼭 읽어야만 할 것이다.

복음서를 읽었다면, 그 다음에는 어떤 책을 읽어야 할까? 사도행전을 읽으면서 복음의 급속한 확장 과정을 살펴보고 싶을지도 모르겠다. 이때, 누가복음을 읽은 직후 사도행전을 읽으면 더욱 좋다. 누가복음과 사도행전은 연작 실록(聯作實錄)이기 때문이다. 아니면 복음이 사람들의 삶과 소망을 어떻게 바꿀 수 있는지 알고 싶어 서신서 중 하나를 읽고 싶어 할 수도 있다. 복음서 다음에 빌립보서를 읽는 것은 아주 좋은 선택이다. 빌립보서는 간결하고 읽기 쉽다. 좀 더 많은 교리를 알고 싶은 사람에겐 로마서와 갈라디아서가 특히 중요하다.

복음을 이해하게 되면, 구약으로 되돌아가 예수 그리스도가 오시게 된 배경을 탐구하고 싶을지도 모르겠다. 지금은 이런 탐구 작업이 더 수월해졌다. 해당 구절과 관련된 성경의 다른 구절들을 알려 주는 각주나 관주를 제공하는 성경 역본과 판본들이 많이 있기 때문이다.

하지만, 뭐니 뭐니 해도 다른 사람들과 함께 성경을 공부하는 것이 가장 좋다. 특히 더 나이가 있고 신앙의 연륜이 깊은 그리스도인들과 성경 공부 모임을 만든다면 더없이 좋을 것이다. 이런 모임들이 이루어지면, 현대 그리스도인들의 삶에서 성경 구절이 갖는 의미와 시사하는 바를 탐구할 수 있을 것이다. 여러분이 몸담고 있는 지역 교회나 대학이나 직장에도 그리스도인 성경 공부 모임이 있을 것이다. 그런 모임을 찾아 함께 해 보라! 만일 아직 교회에 다니지 않는 사람이라면, 우선 교회부터 다니기 시작하라. 성경을 진지하게 받아들이는 교회를 찾으려고 노력해 보라. 성경을 진지하게 받아들이는 교회라면, 중요한 성경 구절들을 깊이 있게 다루는 설교가 있을 것이며, 성경을 가르치고 성경 이해를 도와주는 필수적인 프로그램으로 성경 공부 모임들이 있을 것이다.

성경 찾기

마지막으로 하나 살펴봐야 할 게 있다. 공부하고 싶거나 이야기하고 싶은 성경 본문이 있을 때, 그 본문을 어떻게 찾아낼 것인가? 될 수 있으면 쉽게 그 본문을 찾아낼 수 있도록, 간편한 성경 찾기 방법이 오랜 세월에 걸쳐 발전되어 왔다. 그 방법을 일단 이해하게 되면, 여러분은 이제 그리스도인으로서 살아갈 준비가 된 셈이다. 이제 그 성경 찾기 방법을 간단히 살펴보자.

성경에서 어떤 구절을 찾으려면, 세 가지를 찾아야만 한다. 찾는 책 이름과 장(章)과 절(節)이다. 여러분이 확실히 이해하고 있는지 알아보자. 사도행전 27장 1절을 찾아보라. 그 구절에 나오는 백부장 이름이 무엇인가? 만일 그 답이 '율리오'(Julius)가 아니라면, 여러분이 찾은 구절이 맞는지 다시 확인해 보라. 이제는 로마서 16장 5절을 찾아보라. 아시아에서 처음으로 그리스도를 믿은 사람은 누구인가? 그 답이 '에배네도' (Epenetus)가 아니라면, 여러분이 찾은 구절을 다시 확인해 보라.

하지만, 방금 말한 성경 구절 표기법은 복잡하다. '로마서(바울이 로마인들에게 보내는 편지) 16장 5절'처럼, 책 이름과 장과 절을 다 적는 방법은 공간을 너무 많이 차지한다. 때문에, 사람들은 롬 16:5처럼 간략하게 적는다. 이것이 성경 구절을 표시하는 표준 방법이다. 이 표기법은 다음 요소들로 구성되어 있다.

1. 찾으려는 성경책의 약자(略字). 보통 한두 글자로 줄여서 표시한다(이를테면, 열왕기상은 '왕상', 마태복음은 '마', 로마서는 '롬', 고린도전서는 '고전' 처럼).

2. 장을 표시하는 숫자. 뒤에 쌍점(雙點, :)을 붙인다.

3. 절을 표시하는 숫자. 쌍점 뒤에 쓴다. 성경 속에 들어 있는 책들의 목록과 그 책들의 표준 약자는 이 들어가는 글 뒤에 실려 있다.

여러분이 이 표준 방법을 얼마나 익혔는지 점검해 보려면, 다음 테스트를 실시해 보라. 아래 성경 구절들과 그 구절에 나오는 성읍을 서로 이어보라. 정답은 들어가는 글 마지막 부분에 있다.

딤후 4:12	에베소
눅 24:50	벳새다
요 1:44	베다니
왕하 24:16	예루살렘
사 51:17	바벨론

이제 아래 성경 구절들과 그 구절에 나오는 사람을 서로 이어보라.

고전 16:19	바울
행 18:1	아굴라와 브리스길라
롬 4:1	아브라함
엡 6:21	실라
벧전 5:12	멜기세덱
히 7:15	두기고

이 표기법에 익숙해졌다면, 이제 소소한 것만 몇 가지 이야기하면 되겠다.

첫째, 성경의 어떤 책은 너무 짧아서 단 한 장으로 되어 있다(오바댜, 빌레몬서, 요한2서, 요한3서, 유다서). 이 경우에는 그 책의 이름과 절만을 표시한다. 이를테면, 몬 2는 빌레몬서 2절을 가리킨다.

둘째, 성경 주석이 성경의 특정한 책(이를테면, 창세기처럼)에 있는 어떤 구절을 다룰 때, 같은 책에 있는 다른 구절을 표시해야 할 경우가 있을 수 있다. 이때는 책 이름을 생략한다. 이를테면, 창세기 주석에서 창 12:1을 가리킬 때는 간단히 12:1로 표시한다.

셋째, 시편에서는 각각의 시를 한 장(章)으로 여긴다. 따라서 시 23:1은 스물세 번째 시의 첫 번째 구절을 가리키는 것이다.

마지막으로, 오래된 책들을 보다 보면 지금은 따르지 않는 표기법들을 발견하게 될 것이다. 로마 숫자, 어깨 숫자(superscript numbers), 온갖 종류의 구두점이 성경 구절을 표시하는 데 사용될 수 있다. 아래를 보면, 고린도후서 13장 14절을 나타내는 방법이 얼마나 다양한지 알 수 있을 것이다.

고후 13:14   고후 xiii.14   고후 13^{14} 고후 13.14

아울러 두 개 구절 이상의 성경 본문을 표시하는 방법도 알아둘 필요가 있다. 아주 간단하다. 아래 표시를 보라.

마 3:13–17

이 구절 표시는 마태복음 3:13에서 시작하여 마태복음 3:17에서 끝나는 본문을 가리킨다. 성경의 어떤 책 어떤 한 장의 구절들을 모두 표시할 경우에는, 위 표시 방법을 따라 그 장의 첫 구절과 마지막 구절만을 쓰면

된다. 때로는 성경 본문이 두 개 이상의 장에 걸쳐 있는 경우도 있다. 이런 본문은 다음과 같이 표시한다.

살전 4:13-5:11

이 표시는 데살로니가전서 4:13에서 시작하여 데살로니가전서 5:11에서 끝나는 본문을 가리킨다.

성경 구절 표기법 테스트 정답

가. 성경 구절들과 그 구절에 나오는 성읍들

딤후 4:12　　　　　에베소
눅 24:50　　　　　베다니
요 1:44　　　　　　벳새다
왕하 24:16　　　　바벨론
사 51:17　　　　　예루살렘

나. 성경 구절들과 그 구절에 나오는 사람들

고전 16:19　　　　아굴라와 브리스길라
행 18:1　　　　　　바울
롬 4:1　　　　　　아브라함
엡 6:21　　　　　　두기고
벧전 5:12　　　　　실라
히 7:15　　　　　　멜기세덱

성경 각 책의 약자

구약

창세기	창
출애굽기	출
레위기	레
민수기	민
신명기	신
여호수아	수
사사기	삿
룻기	룻
사무엘상	삼상
사무엘하	삼하
열왕기상	왕상
열왕기하	왕하
역대상	대상
역대하	대하
에스라	스
느헤미야	느
에스더	에
욥기	욥
시편	시
잠언	잠
전도서	전
아가	아
이사야	사
예레미야	렘
예레미야애가	애
에스겔	겔
다니엘	단
호세아	호
요엘	욜
아모스	암
오바댜	옵
요나	욘
미가	미
나훔	나
하박국	합
스바냐	습
학개	학
스가랴	슥
말라기	말

신약

마태복음	마
마가복음	막
누가복음	눅
요한복음	요
사도행전	행
로마서	롬
고린도전서	고전
고린도후서	고후
갈라디아서	갈
에베소서	엡
빌립보서	빌
골로새서	골
데살로니가전서	살전
데살로니가후서	살후
디모데전서	딤전
디모데후서	딤후
디도서	딛
빌레몬서	몬
히브리서	히
야고보서	약
베드로전서	벧전
베드로후서	벧후
요한1서	요일
요한2서	요이
요한3서	요삼
유다서	유
요한계시록	계

구약

The Old Testament

창세기

세계사는 창세기라는 책으로 그 첫 막(幕)을 연다. 창세기가 펼쳐지면서, 독자들은 하나님이 당신의 백성을 구원하시는 위대한 이야기를 배우기 시작한다. 오페라 서곡은 막이 열리길 기다리는 관객들에게 그 오페라의 주제들을 소개한다. 마찬가지로, 창세기 역시 독자들에게 성경을 아우르는 위대한 주제들을 소개하고 있다. 우리는 하나님이 온 세상을 지으신 것과 그 세상이 하나님께 반역한 것을 알게 된다. 아울러 당신이 지으신 것들을 회복하여 당신과 친밀한 사귐을 갖게 하시며, 한 백성을 부르셔서 당신을 섬기게 하시고 그들로 하여금 이 좋은 소식을 땅 끝까지 전하게 하시려는 하나님의 결심을 알게 된다. 요컨대, 성경의 주제는 구원이며, 창세기는 구원이라는 그 위대한 드라마의 첫 장면인 셈이다.

창세기 1:1-2:3
첫 번째 창조 기사(記事)

1:1-25 태초에 이 책(창세기)의 제목인 '창세'(創世)는 '기원'을 뜻한다.* 때문에 창세기가 인류의 기원, 나아가 그 인류를 지으신 하나님과 인류의 관계를 다루고 있는 것은 놀라운 일이 아니다. 창세기에는 두 개의 천지 창조 기사가 있다. 이 두 기사는 그 관점과 초점을 달리 하고 있다. 창세기의 첫 번째 창조 기사(1:1-2:3)는 하나님이 천지를 창조하셨다(1:1)는 그 유명한 선언으로 시작한다. 만물의 기원은 하나님이다. 창조가 이루어진 엿새 동안, 첫 번째 창조 기사는 이제 낯익은 세상의 일부가 된 만물을 개관하고 있다. 그러면서 창조라는 하나님의 주권 행위가 만물의 존재 원인이라고 선언한다.

해와 달과 별들의 창조 기사는 특히 흥미롭다. 이 천체들은 많은 고대인들에게 신이나 초자연적 능력의 상징이었으며 경배와 미신의 대상이었다. 그러나 창세기는 이 천체들로 하여금 철저히 제 자리를 지키게 한다. 이 천체들은 하나님이 지으신 것들 가운데 일부일 뿐이다. 따라서 그것들을 경배해서도 안 되고 두려워 할 필요도 없다. 하나님이 그 천체들을 다스리는 권위와 권능을 갖고 계신다. 하나님이 지으신 그 어떤 것도 경배의 대상이 될 수 없다. 모든 피조물은 창조주 하나님의 작품이며, 오직 하나님만이 경

---

* '창세'를 뜻하는 영어 Genesis는 히브리어·아람어 구약 본문을 희랍어로 번역한 70인경이 창세기에 붙인 제목 '게네시스'에서 유래하였다. '게네시스'는 희랍어로 '출생, 계보'를 뜻한다. 히브리어 창세기는 그 책의 첫 말인 '버레쉬트'를 제목으로 삼고 있다(다/192-193).

배를 받으실 분이다.

창세기는 하나님이 지으신 것들이 좋았다는 말을 잇달아 힘차게 선포한다(1:4, 10, 18, 21). 창조 작업은 '심히 좋았다'(1:31)는 긍정의 말로 끝을 맺는다. 이 말은 아마 창조 작업의 정점인 인류를 가리키는 것이거나 창조 작업 전체가 마무리되었음을 가리키는 말일 것이다. 하나님이 지으신 것들이 '좋았다'는 주제는 아주 중요하다. 죄의 기원은 하나님이 아니라, 하나님이 지으신 것이 그분께 반역한 것이다. 단 한 가지 창세기가 좋지 않다고 분명하게 선언한 것은 아담이 홀로 사는 것이다(2:18). 그러나 하나님은 여자를 지으심으로써 이 좋지 않은 것마저도 즉시 바로 잡으신다.

1:26-31 하나님의 형상으로 지음 받은 인류
인류 창조는 특히 중요하다. 첫 번째 창조 기사는 인류 창조를 하나님의 창조 작업 마지막 부분에서 이야기하고 있다(1:26-27). 이 부분이 창조의 정점이며, 여기서 창조주 하나님의 형상을 지닌 유일한 피조물을 소개한다. 1:26-27은 범상치 않다. 마치 팡파르를 울리듯이 뭔가 중요한 일이 임박한 것 같은 선언으로 시작하기 때문이다. 분명한 것은 이 말씀이 하나님의 창조 행위 및 창조 권능의 정점에 인류가 있음을 보여 주려 한다는 것이다. 흔히 '사람'으로 번역하는 히브리 낱말은 여기서 '남자'를 한정하여 가리키는 말이라기보다 널리 '인류'를 가리키는 말로 이해해야만 할 것이다.*

인류, 곧 남자와 여자는 하나님의 형상, 하나님의 모양으로 창조되었다(1:26-27).** 이것은 무슨 뜻인가? 특별히 중요한 두 가지 의미를 지적할 수 있을 것이다. 첫째, 하나님의 형상으로 창조되었다는 것은 하나님과 인류 사이에 유사성이 있음을 암시한다. 이 두 구절이 말하는 인류의 기원에 어떤 관계(사귐)의 기초가 있다. 하나님의 형상으로 지으심을 받았다는 것은 인류가 하나님과 인격 대 인격으로 관계를 맺을 수 있는 잠재력을 지닌 존재로 창조되었다는 말이다. 하나님이 지으신 것들은 모두 선하다. 하지만, 그 가운데 오직 인류만이 자신의 창조주와 상호 관계를 가질 수 있는 특수한 가능성을 가지고 있는 셈이다.

둘째, 하나님의 형상은 하나님이 지으신 것들의 소유권과 그것들을 다스리는 권위가 하나님 자신에게 있음을 암시한다. 고대 세계의 왕들은 자신들의 권위를 강조하고자 영토 전역에 자기 형상을 세우곤 했다. (이를 실증하는 중요한 사례가 다니엘서에 있다. 단 3:1-6은 느부갓네살 왕이 자신을 본뜬 금 신상을 바벨론에 세운 뒤, 이 신상에게 경배하도록 명령한 일을 이야기하고 있다.) 하나님의 형상으로 지음 받았다는 것은 하나님이 지으신 것들을 다스리는 최종 권위가 하나님께 있음을 강조한 것이며, 모든 사람이 결국 하나님께 책임을 지고 있다는 점을 되새겨 주는 것이다.

2:1-3 하나님이 안식하시다 첫 번째 창조 기

---

* 창세기 1:27의 히브리 본문은 '사람'을 '아담', '남자'를 '자카르', 여자를 '너케바'라고 기록해 놓았다(가/198-199, 519).
** 히브리 본문은 '형상'을 '첼렘', '모양'을 '더무트'라고 표현한다. 첼렘은 실물을 그대로 그린 초상을, 더무트는 실물을 그대로 복사한 것을 말한다(가/684, 165).

사는 하나님이 일곱째 날에 '안식하셨다' (2:2)는 선언으로 끝을 맺는다. 하나님이 안식하셨다는 말은 하나님이 실제로 피곤하셨다는 뜻이 아니다. 이 말은 단지 하나님의 창조 작업이 완전히 끝났음을 강조한 것이다. 미진한 일이 하나도 없었다. 이 '안식'이라는 주제는 성경 전체에 걸쳐 되풀이된다. 하나님이 창조 작업을 마치고 안식하셨듯이, 그분의 백성들도 일곱째 날에는 노동을 그치고 안식을 누려야만 한다(2:3). 그런 점에서 안식일의 안식은 하나님의 일하심을 기억케 하는 중요한 계기이며, 하나님의 창조 작업과 구원을 되새겨 보는 좋은 기회가 된다. 뿐만 아니라, '안식'의 이미지는 하나님이 평생 당신을 섬긴 당신의 백성들에게 허락하시는 구원의 이미지가 되기도 한다(계 14:13).

창세기 2:4-25
두 번째 창조 기사

2:4-7 하나님이 생명의 숨을 사람에게 불어넣으시다 두 번째 창조 기사는 첫 번째 창조 기사와 그 형태가 다르지만 같은 점도 많다. 두 번째 창조 기사는 인류 창조로 시작하는데(2:7), 이는 인류가 피조물 가운데 가장 중요한 존재임을 확인해 준다. 2:7은 사람의 생명이 철저히 하나님께 달려 있음을 단호하게 천명하고 있다. 하나님은 '생명의 숨'*을 인류에게 불어넣으셨다(2:7). 이 말씀이 특히 중요한 것은 하나님이 생명의 기원임을 강조함과 동시에 생명을 주시는 성령의 중요한 역할을 내다보고 있기 때문이다. ['루아흐'(*ruach*)라는 히브리 낱말은 '영', '바람' 또는 '숨'이라는 의미를 모두 가질 수 있다. 이는 이 의미들 사이에 긴밀한 연관이 있음을 암시한다.] 하나님이 인류에게 숨을 불어넣으실 때, 비로소 인류는 생명을 얻게 된다.

2:8-17 에덴 동산 이제 성경은 우리에게 그 유명한 에덴 동산을 소개한다(2:8). 하나님은 사람을 그 동산에 두신다. 성경은 이 동산을 강렬한 말로 묘사하고 있다(2:9-14). 이 동산은 인류가 만들어 낸 것이 아니다. 오히려 이 동산은 하나님이 만드셔서 인류에게 믿고 맡기신 것이다. 하나님은 사람을 이 멋진 동산에 두시면서 "그것을 경작하며 지키게" 하신다(2:15). 사람은 하나님이 지으신 좋은 것을 관리할 청지기의 책임을 맡게 되었다. 하나님이 사람에게 위임하신 이 청지기의 권위는 동물들과 새들에게도 미친다. 창세기는 하나님이 사람에게 "모든 가축과 공중의 새와 들의 모든 짐승"(2:20)의 이름을 지어 주도록 허락하셨다고 말한다. (고대 세계에서는, 사람이나 사물의 이름을 짓는 것은 그 사람이나 사물을 다스릴 권위를 확인시켜 주는 행위였다. 부모가 자녀의 이름을 짓는 것도 부모가 지닌 권위의 표현이었다.) 그러나 인류는 에덴 동산과 그 동산에 있는 모든 것의 소유주가 아니다. 사람은 그저 그 동산 안에 있으면서 그곳을 보살필 책임을 맡았을 뿐이다. 하지만, 얼마 지나지 않아 사람이 이 책임을 철저히 망각하고 있다는 사실이 온 천하에 드러난다.

2:18-25 하나님이 여자를 지으시다 첫 번째 창조 기사를 보면, 남자와 여자는 각기 두드

---

* 개역개정판이 '생기'라고 번역한 말을 히브리 본문은 '니쉬마트 하임', 곧 '생명의 숨'이라고 기록해 놓았다(가/527, 225).

러진 특징 없이 그저 외형만 다른 인류일 뿐이라는 인상을 받을 수 있다. 그러나 두 번째 창조 기사는 한 가지 중요한 통찰을 덧붙이고 있다. 남자와 여자가 서로 돕는 존재로 창조되었다는 것이다.

"여호와 하나님이 이르시되 사람이 혼자 사는 것이 좋지 아니하니 내가 그를 위하여 돕는 배필을 지으리라 하시니라"(2:18).

여자를 '돕는 배필' 이라고 말씀하신 것은 여자가 남자 아래 있다는 것을 암시한다고 생각하는 사람들이 있을지 모르겠다. 하지만, 창세기 1장과 2장은 여자가 남자를 '섬기도록' 창조되었다고 말씀하지 않는다. 오히려 '남자와 함께 (하나님을) 섬기도록' 창조되었다고 말씀한다. 남자와 여자는 하나님이 지으신 좋은 것들을 관리할 청지기의 직분을 함께 부여받았다. 구약 자체가 여러 곳에서 하나님 그분을 '돕는 분' 으로 말씀하고 있다는 점을 유념하라!

2:18은 아주 중요한 구절이다. 지금까지 하나님은 당신이 지으신 것들을 보시고 그것들이 좋다고 선언하셨다. 창세기 1장이 '하나님이 보시기에 좋았다' 는 말을 얼마나 여러 번 반복하고 있는지 유의하라.* 하지만 지금, 하나님은 당신이 지으신 것에서 한 부분이 좋지 않다고 선언하신다. 하나님이 보시기에 성(性)의 구별이 없는 인류의 모습은 적절치 않았다. 그런 점에서, 남자와 여자를 지으신 것은 피조물 안에 존재하는 미진한 부분을 보완하신 것이다. '(그에게) 어울리는' 으로 번역된 히브리어는 남녀 사이의 조화를 암시하고 있다.** 남녀간에 서로 부족한 부분을 보완해 주어야 한다는 것은 피조물에게 고유한 한 가지 모습이다. 남자와 여자는 구별된다. 애초부터 남녀를 구별하는 것이 하나님 뜻이었다. 그러나 남녀 둘 다 하나님의 형상을 갖고 있으며, 둘 다 하나님이 지으신 것들을 관리할 청지기의 책임을 지고 있다.

창세기 2장은 남녀 둘 다 하나님의 형상을 갖고 있으며 둘 다 청지기의 직무를 맡고 있다는 점을 분명하게 제시하고 있다. 남자가 여자와 '합하여 한 몸을 이룰 것' 을 말씀하는 대목이 바로 그것이다.

"이러므로 남자가 부모를 떠나 그의 아내와 합하여 둘이 한 몸을 이룰지로다"(2:24).

이 구절은 남녀의 관계가 서로 상대에게 헌신하는 인격 대 인격의 관계이며, 남녀의 연합이 마음과 몸으로 나누는 사랑 속에서 이루어진다는 것을 뚜렷하게 보여 주고 있다. 이 구절은 '남자' 와 '여자' 를 나타내는 히브리 낱말들을 분명하게 사용하고 있다.***

---

* '하나님이 보시기에 좋았다' 는 말은 창세기 1장에 일곱 번 등장한다. 개역개정판이 '좋다' 고 번역한 히브리어 '토브' 는 '너무나 마음에 든다, 더할 나위 없이 흡족하다' 는 뜻이다(가/272-273).
** 개역개정판은 '그에게 어울리는(그와 짝을 이루어) 돕는 이' 라는 뜻을 가진 히브리 본문의 '에제르 커네그도' 를 그냥 '돕는 배필' 로 번역하였다. '에제르' 라는 히브리어는 '돕는 사람, 배필' 이라는 뜻을 갖고 있으며, '커네그도' 는 '그와 짝을 이루는, 그에게 어울리는' 이라는 뜻을 갖고 있다. 개역개정판은 히브리어 '커네그도' 를 분명하게 번역해 놓지 않은 셈이다. NIV는 '커네그도' 를 suitable로 번역해 놓았다(가/578-579, 482-483).
*** 히브리 본문을 보면, 창세기 1:27에서는 남자를 '자카르', 여자를 '너케바' 라고 기록해 놓았다. 그런데, 2:24에서는 남자를 '이쉬' 로 기록해 놓았다. '자카르' 나 '이쉬' 는 모두 여성과 구별되는 남성을 가리키지

이는 인류 안에 존재하는 남성과 여성의 다름이 하나님이 보시기에 좋은 것이며 하나님으로부터 유래한 것임을 확실하게 천명한 것이다.

사람들은 종종 창세기의 창조 기사들과 고대 근동의 몇몇 창조 이야기 사이에 여러 가지 유사점이 있다는 것을 지적하곤 한다. 그러나 여기서 중요한 점을 언급하지 않을 수 없다. 창세기 2장은 하나님이 여자를 창조하신 기사를 제시하지만, 다른 창조 이야기에는 그에 해당하는 기사가 전혀 없다.

창세기 3:1-24
타락

3:1-5 뱀이 꾀다 창세기는 그 내용이 서로 보완 관계에 있는 두 개의 천지 창조 기사를 들려 준 뒤, 계속해서 죄의 기원을 다룬다. 하나님이 지으신 좋은 것들이 어쩌다 타락하게 되었을까? 대체 어쩌다가 죄에 물들어 구원을 얻어야 할 존재로 전락하게 되었을까? 창세기 3장이 그 답을 내놓고 있다. 창세기 3장은 인류가 자신의 창조주에게 반역한 사건의 전말을 생생하고 설득력 있게 설명한다. 아담과 하와는 자신들을 지으신 하나님의 권위에서 벗어나려고 한다. 이때, 성경은 아담과 하와를 인류 전체의 대표자로 간주한다.

타락 이야기는 남녀와 하나님, 남자와 여자가 에덴 동산에서 친밀한 사귐을 나누는 모습으로 시작한다. 이 사귐은 지속되지 못했다. 뱀이라는 표상이 등장한다(3:1). 어쩌면 이 뱀은 사탄의 상징이거나 세상 지혜와 권력이 던지는 유혹의 상징물일 것이다. 하나님의 말씀을 왜곡하는 것도 사탄의 전략 중 일부다(3:1). 사탄은 여자에게 이렇게 묻는다. "'정말로' 하나님이 너희(아담과 하와)에게 그 특별한 나무의 열매를 먹지 말라고 말씀하시더냐?" 여자의 대답 역시 흥미롭다. 뱀이 여자로 하여금 하나님의 말씀을 의심하게 만들 때, 여자는 하나님의 말씀에 동산 중앙의 나무를 만지지 말라는 명령을 덧붙이고 있다(3:3). 하지만, 애초에 하나님은 그 나무를 만지지 말라는 명령을 내리신 적이 없다.

그러나 아담과 하와가 '하나님처럼' 될 수 있다는 달콤한 유혹을 받는 순간(3:4), 그 뱀의 접근이 실제 효력을 발휘한다. 영원히 죽지 않는 신처럼 되려는 생각은 기나긴 인류 역사 속에서 늘 인류를 유혹해 왔다. 남자와 여자는 하나님이 옳고 그름을 규정하시는 걸 바라지 않았다. 그들은 스스로 입법자가 되고 싶어했다. 그들은 하나님이 자신들에게 꼭 필요한 정보를 차단함으로써 자신들을 피조물의 자리에 묶어 놓으려 한다고 믿게 된다. 그 때문에 그들은 자신들의 창조주께 반역한다.

3:6-15 남자와 여자가 하나님께 반역하다 남자와 여자는 자신들의 불순종이 들통나자, 서로 그 책임을 떠넘기려 한다. 남자는 여자를 탓하고 여자는 뱀을 탓한다(3:12-13). 여자가 처음 꾐에 빠지더니, 이어서 그 여자가 남자를 꾄다. (3:12-13을 보면, 하나님은 당신을 거역한 주된 책임을 여자가 아닌 남자에게 돌리신다.) 그러나 이 본문은 누가 누구를 꾀었느냐가 중요하다고 말하지 않는다.

만, 특히 '이쉬'는 '남편, (하나님과 대비되는 의미로서) 사람, 장정'이라는 뜻을 갖고 있다(가/32-33, 198-199, 519).

오히려 이 본문이 아주 분명하게 말하는 것이 하나 있다면, 그것은 남녀 둘 다 꾐에 넘어갔으며 남녀 둘 다 그 꾐에 동의했다는 점이다. 남자와 여자가 각기 다른 방식으로, 각기 다른 시간에 꾐에 넘어갔다고 보는 것이 아주 적절한 논증일 것이다. 그럼에도 불구하고, 이 본문은 '남녀 둘 다' 꾐에 넘어갔다는 점을 분명하게 이야기한다.

3:16-20 하나님과 인류의 관계, 남자와 여자의 관계가 무너지다 남녀가 하나님을 거역한 결과는 명백하였다. 하나님과 인류의 관계가 무너진다. 신뢰에 기초한 최초의 친밀한 관계가 파괴되고, 적대감과 의심으로 점철된 관계가 그 자리를 대신한다. 또 하나 주목할 것은 친밀하게 서로 도움을 주고받던 최초의 남녀 관계 역시 산산조각 났다는 점이다. 남녀가 서로 비난하는 일이 벌어진다. 생육하고 번성하라는 명령은 그대로 존속하였다. 그러나 이제 자녀를 낳는 일은 고통이 되었다(3:16). 하나님이 지으신 것들을 관리하라는 명령 역시 그대로 존속하였다. 하지만, 이것 역시 이제는 고통스럽고 지겨운 일이 된다. 이 두 경우에, 존속한 과제들—손으로 노동하며(3:19) 자녀를 낳는 일—은 본디 선한 것이요, 하나님이 당신의 피조물들을 위해 마련해 두신 것이었다. 이제는 이 둘 다 어려운 일이 되었다. 노동은 원래 기쁘고 즐거운 것이었다. 그러나 이제는 짐이 되었다.

그런데, 여기서 타락의 직접적 결과로 보이는 새로운 주제가 등장한다. 남자가 여자를 지배하게 된 것이다. 창세기 1-2장을 아무리 뒤져 봐도 여자를 남자 아래에 두는 것이 하나님의 의도라거나 하나님이 여자를 남자에게 종속된 존재로 창조하셨다고 분명하게 선언한 곳은 단 한 곳도 없다. 오히려 창세기 1-2장을 지배하는 주제는 남녀가 서로 도우며 보완하는 존재라는 것이다. 그러나 타락은 이런 모습을 급격하게 바꿔 버린다.

"또 여자에게 이르시되
내가 네게 임신하는 고통을 크게 더하리니
네가 수고하고 자식을 낳을 것이며
너는 남편을 원하고 남편은 너를 다스릴
것이니라 하시고"(창 3:16).

타락의 결과, 남자는 여자를 '다스리게 된다.' 이 새로운 사태를 크게 두 가지 방식으로 이해할 수 있다.

1. '종속 관계(즉, 남자가 여자를 '주장하고 다스리게 된 것')는 타락의 직접적 결과다.' 말 그대로, 여자가 남자에게 종속된 것은 죄가 세상에 끼친 영향 가운데 하나다. 그리스도인들은 이 종속 관계를 피조물들을 향하신 하나님의 뜻으로 여겨서는 안 된다. 따라서 이 종속 관계에 반대하는 것이 마땅하다. 죄가 세상에 들어온 결과, 여자는 남자를 섬기고 남자는 여자를 다스리게 되었다. 그런 점에서, 아담이 하와에게 이름을 지어 준 것이 타락 이후라는 점(3:20)은 의미심장하다. 그것은 타락 이전에는 남자에게 여자를 다스릴 권위가 없었음을 의미한다.

2. '어떤 특별한 형태의 종속 관계—즉, 힘과 강압에 따른 종속 관계—가 타락의 직접적 결과다.' 이 견해에 따르면, 어떤 의미에서 그 말 자체가 내포하고 있는 바, 여자는 본래 남자에게 종속적이다. 그런데 타락은 (힘과 강압이라는) 인정할 수 없는 방법을 통하여 여자를 남자에게 강제로 종속시키는 새로운 양상을 초래하였다.

두 번째 견해는 몇 가지 점에서 수긍할 만하다. 이를테면, 3:16에서 '다스린다'는 말로 번역된 히브리 동사*는 지배한다는 뜻을 함축하고 있다. 히브리어에는 옳은 종류의 종속 관계와 그른 종류의 종속 관계를 나타내는 말이 따로 있다. 16절에서 사용된 '다스린다'는 말은 남자가 여자를 다스리게 된 새로운 양상을 가리키고 있다. 이 말은 지배 그 자체보다 타락이 초래한 지배의 종류가 그릇된 것임을 나타내고 있다. 16절이 위치한 문맥에 비추어 볼 때, 한 가지 더 고려할 점이 있다. 우리는 위에서, 기존의 의무들(이를테면, 노동과 자녀 출산)이 타락 때문에 기쁨이 아니라 고통으로 바뀌었음을 보았다. 이 결과를 유추 적용한다면, 타락이 초래한 이 새로운 양상(힘과 강압으로 여자를 남자에게 강제로 종속시키는 양상)도 '기존의' 어떤 의무(여자가 남자에게 복종할 의무)에 강제력이라는 요소가 끼어들면서 불쾌한 일로 변질된 것으로 볼 수 있다. 주인과 노예 또는 정복자와 피정복민 사이의 지배 관계에서 피지배자는 선택의 여지없이 주어진 일을 억지로 해내야만 한다. 3:16이 그려내는 지배 관계 역시 이런 종류의 관계처럼 보인다.

3:21-24 아담과 하와가 에덴 동산에서 쫓겨나다 창세기 3장은 타락의 직접적 결과로 나타난 새 일들을 더 서술하고 있다. 이를테면, 남자와 여자는 하나님을 거역한 결과, 자신들이 벌거벗었다는 사실에 처음으로 '부끄러움'을 느낀다(3:7, 10-11). 그들은 이전부터 벌거벗은 채 지내고 있었다. 문제는 이 벌거벗은 상태를 부끄럽게 여기는 새로운 양상이 추가되었다는 것이다. 남녀가 벌거벗음에 수치를 느낀 것과 남녀의 관계가 종속 관계로 변질된 것 사이에는, 기존 상황에 새로운 양상이 끼어들었다는 점에서, 간단하고 자연스러운 평행 관계가 존재한다. 서로 돕는 보완 관계에 있던 남자와 여자는 지배하는 남자와 복종하는 여자라는 양극으로 나뉘게 된다. 창세기의 창조 기사들을 아무리 뒤져 봐도 여성이 남성보다 '열등한' 피조물이라는 생각의 기원을 찾을 수 없다.

성경은 죄와 구원에 관하여 강력한 평행 관계를 제시하고 있다. 이 관계를 알게 되면, 흥미롭다. 인류는 아담의 불순종 때문에 하나님과 나누던 사귐을 잃어버렸다. 그러나 예수 그리스도의 순종 덕분에, 그 사귐이 다시 이루어질 수 있게 되었다. 하와는 불순종한 여자였다. 그러나 예수 그리스도의 어머니인 마리아는 하나님께 순종하였다. 아담의 불순종이 한 동산(에덴 동산)에서 벌어졌듯이, 그리스도가 하나님께 순종하는 모습 역시 또 다른 동산(겟세마네 동산)에서 분명하게 표출되었다. 아담의 생명나무는 결국 사망의 나무가 되었지만, 그리스도가 짊어진 사망의 나무(십자가)는 오히려 생명의 나무가 되었다. 이 모든 점에 비추어 볼 때, 우리는 그리스도의 구원 사역을 에덴의 불순종이 초래한 해악을 제거한 것으로 간주할 수 있다.

이 본문 전체가 강조하는 바는 자명하다. 하나님이 지으신 것들이 죄 때문에 손상된 것은 하나님 뜻이 아니었다. 하나님은 결코 죄를 지어내지 않으셨다. 피조물의 최고봉인 인류가 하나님이 믿고 맡기신 자유와 책임을 남용한 것이 죄를 초래한 직접 원인이다.

피조물은 자신을 사랑하고 염려하는 창조주에게 반기를 들면서, 독자 노선을 걷겠

---

* '마샬'이라는 동사다. 이 말은 '어떤 것 위에 군림하여 다스린다'는 의미를 갖고 있다(가/470).

다고 결심한다. 그 결심이 낳은 결과들은 비극적이다. 이 원죄의 본질은 하나님과 같이 되려는 마음이다. 이 죄의 결과가 나타나는 데는 오랜 시간이 걸리지 않았다. 첫 번째 불순종은 이내 첫 번째 살인으로 이어진다.

창세기 4:1-26
가인과 아벨

4:1-7 아담과 가인의 자식들 죄의 결과, 하나님이 지으신 좋은 것들을 규율하던 질서가 무너지고 그 좋은 피조물들이 서로 갈라서기 시작한다. 창세기 3장은 피조물 가운데 죄와 불신과 지배가 들어온 경위를 기록하였다. 이렇게 피조 세계가 무너지면서 더 심각한 증상들이 나타난다. 창세기 4장은 이 심각한 증상들을 소개하고 있다. 4장이 끝날 즈음이면, 우리는 질투, 사람을 모살(謀殺)하는 행위, 다른 사람에 대한 책임을 부인하는 모습을 보게 될 것이다.

가인과 아벨은 아담과 하와의 자식들이다. 가인의 죄는 아담과 하와의 불순종이 어떤 식으로 인간의 본성에 깊숙이 뿌리를 내렸는지 잘 보여 주는 사례다. 하나님이 아벨에게는 호의를 보이셨으나 가인에게는 그리하지 않은 이유가 무엇인지는(4:4-5) 분명치 않다. 가인과 아벨 모두 하나님께 제물을 드린다. 이는 그들이 소유한 모든 것이 하나님으로부터 나왔음을 인정하는 행위였다. 그러나 웬일인지 하나님은 가인의 제물을 기쁘게 받지 않으신다. 하지만, 이 이야기에서 정작 중요한 것은 이 새로운 사태에 가인이 보인 반응이다. 그는 분노하였다(4:5). 하나님은 가인 자신이 성실하고 의로운지 확인하신다. 만일 가인이 옳은 일을 행한다면, 하나님은 그를 받으실 것이다. 그러나 가인이 옳은 일 하기를 거부한다면, 그는 결국 죄에 게 정복당할 것이다(4:7). 이어지는 말씀은 이 말씀에 담긴 지혜를 뒷받침한다.

4:8-16 가인이 아벨을 죽이다 가인은 아벨을 속이고(4:8) 이어서 하나님을 속이려 한다(4:9). 이를 통해 가인은 하나님께 맞서 반역을 꾸미기 시작한다. 죄 없는 사람을 모살한 이 사건은 죄가 인류를 파멸시키는 결과를 초래한다는 것을 보여 주는 예다. 가인은 자신의 행위에 대하여 어떤 책임도 인정하려 들지 않는다. 그는 이렇게 말한다. "왜 내가 내 아우를 책임져야만 합니까?" 그러나 하나님은 가인의 행위와 그 동기를 알고 계셨다. 때문에 하나님은 그 행위와 동기를 단호하게 꾸짖으신다(4:11-12). 가인은 자신의 죄에 합당한 형벌이 죽음임을 인정한다(4:14). 하지만, 하나님은 가인의 죄가 감당해야 할 결과들을 줄여 주신다. 그 죄에 합당한 형벌이 일부만 시행되도록 개입하신 것이다. 가인은 하나님 앞에 설 수 있는 권리를 잃었지만, 죽음의 벌은 면하게 된다(4:15-16).

4:16-24 가인의 자손들 죄의 목록은 가인의 자손들 가운데서도 계속해서 나타난다. 라멕은 죄의 목록에 일부다처제를 추가하더니(4:19), 이어서 자신을 상하게 한 사람을 죽인 걸 자랑하고 있다(4:23-24). 라멕은 이 살인 행위를 가인이 당한 수모에 앙갚음한 것이라고 말한다. 하지만, 이 살인은 하나님께 대한 더 심각한 거역 행위로 볼 수 있다. 라멕은 자신이 자기 삶의 주인이 되길 원한다. 이를 통해 라멕은 인류가 물려받은 죄의 악순환을 심화시킨다.

4:25-26 사람들이 여호와 하나님을 부르기 시작하다 죄와 폭력만이 난무하는 이 이야기

속에 소망의 음성이 끼어든다. 우리는 사람들이 "그때에 사람들이 비로소 여호와의 이름을 불렀더라"는 말을 듣게 된다(4:26). (성경 저자는 여기서 하나님을 가리키는 특별한 이름인 '여호와'를 사용하고 있다. 하나님은 이 이름을 먼 훗날 모세에게 계시하셨다. 출 3:14을 보라.)* 폭력과 힘만이 난무하는 인간 세상에 구원의 소망이 없다는 것을 깨달은 사람들이 몇몇은 있었던 듯하다. 구원은 하나님께 돌아와 그분을 믿고 의지하는 것이다.

창세기 5:1-32
아담부터 노아까지

5장은 그 서두에서 하나님이 남자와 여자를 창조하시고 그들에게 복 주셨음을 재차 확언한다(5:1-2). 이 5장의 내용은, 많은 점에서, 아담이 하나님께 불순종하고 하나님이 죄를 뿌리 뽑기로 결심하신 시기와 (대홍수로) 모든 것이 다시 시작되는 시기를 잇는 가교 역할을 하는 것으로 볼 수 있다. 5장 본문에는 흥미로운 점들이 많다. (게난과 야렛처럼) 단순히 '살다가 죽었다'는 사실만 기록된 사람들(5:12-14, 18-20)이 있는가 하면, (에녹처럼) '하나님과 동행하였다'고 기록된 사람들(5:24)도 있다. 5장은 단순히 생물학적 차원에서 사는 것과 '하나님을 위하여' 사는 것을 분명하게 구별한다. 하나님을 위하여 산 사람들이 너무나 적다는 사실은 인류가 이 시대에도 계속하여 하나님께 반역하였음을 보여 주는 징표다.

하지만, 5장에서 그 어느 곳보다 주석이 필요한 부분은 5장이 기록하고 있는 사람들의 수명(壽命)이다. 이를테면, 므두셀라는 969세를 산 것으로 기록되어 있다(5:27). 이는 므두셀라가 창세기 6장이 서술하는 대홍수 때 사망했다는 것을 의미한다. 학자들의 견해는 나뉘어 있다. 수명을 기록한 숫자들을 곧이곧대로 받아들이는 이들이 있는가 하면, 그 숫자들을 상징으로 보는 이들도 있다. 그러나 이 숫자들이 뭔가 더 깊은 의미를 함축하고 있다는 점만은 분명하다. 이를테면, 에녹의 나이는 365세라고 기록되어 있는데(5:23), 이 숫자는 완전함이나 완성을 상징하는 것일 수 있다. 365는 1년의 날수를 가리키기 때문이다. 하지만, 이 본문의 중요성이 어디에 있는지 이해하게 되면, 수명의 숫자는 그리 문제될 게 없다. 오히려 이 본문의 관심사는 아담부터 노아까지 곧바로 이어지는 계보를 제시하는 것이기 때문이다. 노아라는 인물은 5장의 마지막 부분에 등장한다(5:29). 그는 이후 몇 개의 장에서 상당한 주목을 받는 인물이 될 것이다.

창세기 6:1-8
인간의 악함

6:1-7 하나님이 인류를 보시고 슬퍼하시다 홍수 기사는 사람의 악함과 죄를 강하게 묘사하는 말로 시작한다. 악이 득세하면서, 하나님이 지으신 선한 피조물들은 그 뿌리까지 부패하게 되었다. 6장의 처음 네 구절(6:1-4)은 그 의미가 분명치 않다. 어쩌면 이 네

---

* NIV 성경은 '여호와'를 '주'(the LORD)로 번역해 놓았다. 유대인들은 '여호와'가 하나님의 이름이므로 함부로 부를 수 없다 하여 '내 주'라는 뜻을 지닌 '아도나이'로 읽는다. 이 때문에 히브리어 구약 본문을 희랍어로 옮긴 70인경은 '여호와'를 '유일한 주'라는 뜻을 가진 '호 퀴리오스'로 번역하였다. 실제로 창세기 4:26의 히브리 본문이 '여호와'라고 기록한 단어를 70인경은 '퀴리오스 호 떼오스'(주 하나님)로 옮겼다.

구절은 천사들('하나님의 아들들'은 천사들로 해석할 수 있다)의 부패를 말하는 것일 수도 있고, 서로 다른 종족끼리 통혼(通婚)이 늘어나면서 전통적 가족 구조가 붕괴된 것을 가리키는 것일 수도 있다. 그러나 이 네 구절을 어떻게 설명하느냐와 상관없이, 그 영적 의미는 확실하다. 하나님이 지으신 것들이 타락하였다는 것이다.

어찌 보면 이 모든 것은 역설이다. 사람은 하나님의 형상대로 창조되었으며, 따라서 하나님을 사랑하고 존경할 수 있는 자유와 능력을 갖고 있다. 그러나 사람들은 하나님이 주신 이 자유를 그릇되게 사용하였다. 그 자유를 자신들의 창조주를 거역하는 데 사용한 것이다. 인류의 소행과 그 동기를 볼 때(6:5), 인류는 스스로 악의 희생 제물이 된 것이다. 이 본문의 기록자는 이런 상황을 목격하신 하나님의 반응을 너무나 솔직하게 서술하고 있다. 하나님은 인류를 지으신 것을 후회하신다. 하나님이 보시기에 이런 상황은 분명 고통이요, 근심거리다. 하지만 결국 하나님은 당신이 지으신 것들을 쓸어버리실 수밖에 없다는 걸 절감하신다(6:7).

6:8 노아 '그러나'라는 대단찮은 낱말이 인간의 악함을 들려주는 이 기사 말미에 불쑥 등장한다(6:8). 성경은 종종 이 '그러나'라는 말을 극적 반전이 이루어지는 장면에서 사용하곤 한다. 이럴 때 이 말은 어쩌면 꿈이 아닌가 싶은 새 장면이 펼쳐지게 될 것임을 미리 알려 주는 역할을 한다. 우리는 바로 이런 종류의 '그러나'를 여기 8절에서 발견한다. "그러나 노아는 하나님께 은혜를 입었더라." 하나님은 쓸쓸히 의인을 찾고 계신다. 그렇게 의인을 찾으시는 하나님의 일은 하나님이 예수 그리스도 안에서 당신 자신을 그 의인으로 나타내실 때 절정에 이르게 된다. 하지만, 여기서는 의인을 찾으시는 하나님의 시선이 노아에게 초점을 맞추고 있다. 노아는 이제 소망과 구원의 표지가 된다.

창세기 6:9-8:22
홍수

고대 근동의 많은 문명들은 문명의 여명기에 있었던 한 홍수에 대해 알고 있었다.* 그러나 창세기의 홍수 기사는 홍수가 지닌 의미를 (다른 홍수 이야기와 달리) 독특하게 해석한다. 그 홍수는 하나님이 죄로 물든 인류를 지표면에서 쓸어버리시는 방편이다. 하나님은 홍수를 통하여 당신이 지으신 것들을 인간의 죄악이라는 오물로부터 깨끗케 하신다(6:11-12). 초기 기독교 시대의 많은 저술가들은 이 홍수와 세례 사이에 강력한 평행 관계가 있음을 간파하였다. 홍수가 온 세상의 죄를 씻어버리듯이, 세례도 그리스도의 피가 인간의 죄를 씻어냄을 상징한다.

6:9-17 하나님이 노아에게 방주를 짓도록 명하시다 성경은 노아를 일컬어 "의인이요 당대에 완전한 자라 그는 하나님과 동행"(6:9) 하였다고 말한다. 분명한 것은 노아가 세상의 죄악에 오염되지 않았다는 점이다. 여기서 성경은 의인 하나가 순종함으로써 다른 사람들이 구원을 받을 수 있다는 한 가지 중

---

* 메소포타미아 문명권에 전해지는 '아트라하시스 홍수 이야기'나 '우트나피쉬팀 홍수 이야기'가 그 예다. 전 세계에 전해지는 홍수 이야기는 현재 150개가 넘는다고 한다. 데이비드 롤, 「문명의 창세기」(김석희 옮김, 서울: 해냄, 2003), 221이하를 보라.

요한 원리를 제시한다. 문제는 그런 의인을 찾아내는 것이다. 그런 의인을 찾지 못한다면, 하나님이 그런 의인을 주셔야만 한다. 노아는 인류를 구원할 방편이다. 하나님은 노아에게 그와 그의 가족, 모든 생물의 수컷과 암컷을 안전하게 보존할 방주를 지으라고 명하신다. 홍수 기사가 전개되면서, 여러 가지 사실이 추가로 등장한다. 이를테면, 하나님은 노아에게 다양한 종류의 생물들을 암수 일곱씩 방주에 태우라고 명령하신다(7:2-3). 그런데, 이 종류의 생물들은 훗날 희생제물로 바쳐지게 된다.* 노아는 하나님의 명령에 순종한다(6:22, 7:5).

6:8-7:10 하나님이 노아와 언약을 세우실 것을 약속하시다
여기서 간과하지 말아야 할 중요한 주제가 하나 있다. 하나님은 노아와 언약을 세우실 것을 약속하신다(6:18).** 우리는 여기서 성경 전체에 울려 퍼지다가 예수 그리스도에 이르러 그 절정을 맞게 되는 한 가지 주제를 만나게 된다. 언약은 본디 하나님이 주신 약속들을 함께 묶어 일컫는 것이다. 이 언약은 하나님으로부터 그 언약을 받은 상대방에게 신뢰와 순종이라는 특유의 응답을 요구한다.

7:11-24 홍수가 일어나다
"사십 일 동안" 비가 내리면서 홍수가 일어난다(7:17). 우리는 성경에서 '사십 주야'라는 말이 하나님의 인류 구원과 관련하여 큰 중요성을 갖는 사건들과 연결되어 있음을 종종 발견하게 된다. 모세가 하나님을 대면한 기간(신 9:11)이나 그리스도가 광야에서 시험받으신 기간(마 4:1-11)이 그 예다. 홍수는 비가 그친 뒤에도 150일이나 계속되었다(7:24). 모든 사물, 모든 사람이 물에 쓸려 멸절당하고, 방주와 그 안에 있던 피조물들만이 살아남았다. (흥미롭게도 성경은 수생 생물을 전혀 언급하지 않는다. 하지만, 이런 생물들은 특별한 도움이 없어도 생존할 수 있으며 또 생존하였을 것이라고 분명하게 추측할 수 있다.)

8:1-22 홍수가 끝나다
홍수가 끝나자 하나님은 노아를 기억하신다(8:1). '기억하다'라는 표현에 해당하는 히브리어***는 단순히 어떤 사람이나 어떤 사물을 다시 마음속에 떠올리는 것 이상의 의미를 담고 있다. 여기서 '기억하다'라는 말은 관심과 염려를 표현하는 행위를 의미한다. "하나님이 노아…을 기억하사"라는 이 아름다운 문구는 하나님이 당신의 백성들을 대하시는 태도를 집약한 표현이다. 하나님의 백성들은 하나님을 잊어버릴 수 있지만, 하나님은 당신의 백성들을 기억하신다. 백성들은 신실치 못할지

---

* 하나님이 암수 일곱씩 싣게 하신 생물들은 정결한 짐승들이다. 히브리 본문은 창세기 7:2에서 이 정결한 짐승들을 '하버헤마 하트호라'라고 일컫는데, '버헤마'는 '짐승', '타호르'(트호라의 절대형)는 '정결한, 불순한 것이 섞이지 않은'이라는 뜻이다. 하나님은 레위기 11장에서 이 정결한 짐승들을 사람이 먹을 것으로 지정하신다. 뿐만 아니라, 말라기 1:11에서는 장차 각처에서 여호와의 이름을 위하여 '정결한 제물'(히브리어로 '민하 트호라')이 드려질 것임을 예언하고 있다(가/86, 271).

** 성경 전체를 통틀어 '언약'이라는 말이 이 구절에서 처음 사용되었다. 히브리 성경은 '언약을 맺는다'는 말을 보통 '언약을 벤다'로 직역할 수 있는 '카라트 버리트'로 표현하지만, 창세기 6:18에서는 '언약을 세운다'(쿰 버리트)로 표현하였다(가/116-117).

*** '자카르'라는 동사다. 이 말은 '누군가를 돌아보면서 그의 처지와 형편을 꼼꼼히 살피다'라는 뜻을 담고 있다(가/197-198).

라도 하나님은 신실함을 내던지지 않으신다. 하나님은 성을 내실 때도 자비를 기억하시며, 당신에게 신실한 이들과 맺은 자신의 언약을 기억하신다. 홍수가 물러가기 시작하자, 다시 한 번 소망이 동터온다. 하나님의 심판은 끝났다. 이제는 재건을 시작할 수 있게 되었다.

홍수가 물러간 것이 분명해지자, 하나님은 노아와 방주에 탔던 모든 생명체에게 방주에서 내리라고 명령하신다. 하나님은 그들에게 땅에서 생육하고 번성하라고 말씀하신다. 그것은 창조 때 피조물에게 주어졌던 명령(창 1:22)의 갱신이었다. 여기서 말씀은 창조 때 주어진 명령이 갱신되었다는 주제를 중요하게 부각시킨다. 더 이상 홍수는 없을 것이다(8:21-22). 또 다시 죄가 하나님이 지으신 것들을 위협하게 된다면, 하나님은 다른 방법으로 그 죄를 다스리실 것이다.

창세기 9:1-29
하나님이 노아와 언약을 세우시다

9:1-17 언약과 언약의 표지 하나님은 이전에 노아와 언약을 세우시겠노라고 약속하셨다. 이제 하나님은 정식으로 그 언약을 세우신다.[뒤에 분명히 드러나게 되지만, 사실 이 언약은 노아와 그의 가족뿐만 아니라, 지상의 모든 생물과 세우신 것이다(9:17).] 하나님은 노아와 그의 아들들에게 번성하여 땅에 충만하라고 명령하신다(9:1, 7). 하나님은 남아 있는 신실한 인류에게 모든 것을 믿고 맡기신다(9:3). 아울러 하나님은 사람의 생명이 존귀함을 강조하신다(9:5-6). 그런 뒤, 하나님은 언약을 선포하신다. 다시는 홍수가 온 땅을 멸망시키지 않을 것이라는 게 이 언약의 내용이었다. 하나님은 이 언약의 표지로써 당신의 무지개를 구름 속에 두신다(9:13). 언약의 표지라는 개념은 아주 중요하다. 언약의 표지는 하나님이 당신의 백성을 긍휼히 여기신다는 것, 그분이 당신 백성들에게 주신 약속과 언약 당사자들이 피차 부담하는 의무들을 되새겨 주기 때문이다.

9:18-29 노아의 죄 노아의 기사가 이쯤에서 행복하게 끝났으면 좋았을지 모르겠다. 노아는 의인이요, 순종하는 사람으로 증명된 인물이었다. 신실함을 지킨 자들이 남은 자로 보존될 수 있었던 것도 노아의 의 때문이었다. 그러나 얼마 지나지 않아 인간의 연약함이 드러나기 시작한다. 노아는 포도를 재배하더니, 그 포도로 만든 포도주를 마시고 취하게 된다(9:20-21). 이 이야기는 인간의 본성이 죄 앞에서 힘없이 무너질 수 있음을 적나라하게 보여 주고 있다. 또 다른 유혹들이 노아와 그의 후손들을 엄습하게 된다면, 어떤 일이 벌어질까? 노아가 승리를 거둔 기사는 이제 결말에 이르렀다. 하지만, 말씀은 죄가 늘 문 앞에 웅크리고 있음을 우리에게 미리 경고한다(창 4:7). 죄는 그렇게 웅크린 채 어리석게도 자신들이 죄를 이길 수 있다고 믿는 사람들을 정복할 기회를 호시탐탐 엿보고 있다.

창세기 10:1-32
노아로부터 바벨까지

노아와 그의 자손들이 받은 명령은 간단하다. 가서 번성하라는 것이었다. 이어서 창세기는 그 명령이 어떻게 성취되었는지 상세히 설명하고 있다. 정확하고 상세하게 기록된 노아 자손의 목록은 창세기의 중심 주제를 이해하는 데 꼭 필요한 것은 아니다. 성경이 제공하는 정보를 자세히 검토해 보면, 노아의 자손들이 광대한 지역으로 퍼져 나갔음을 알게 된다. 어쩌면 그들은 지중해 동부 지역은 물론, 저 멀리 동쪽에 있는 페르시아 만과 카스피 해까지 뻗어나갔던 것 같다.

창세기 11:1-32
바벨탑

11:1-5 성읍과 탑을 세우다 세상에 다시 사람들이 많아지면서, 사람들은 다시금 인간을 신뢰하기 시작한다. 그들은 모두 같은 언어를 말하는데다, 힘만 합치면 여러 가지 모험을 감행할 수 있었다. 죄가 이 사람들의 행동 속에서 그 모습을 드러내기 시작한다. 다시 한 번 이전과 동일한 인간의 본성이 고개를 내민다. 유명해지려는 욕망, 불사(不死)의 존재가 되려는 욕망, 그리고 완전한 안전을 확보하려는 욕망이 등장한다(11:4). 사람들은 이런 야망들을 이루고자 시날 평지에 한 성읍을 세우기 시작한다[시날 평지는 후대의 바빌로니아를 가리키는 말이다. '바빌론'을 가리키는 히브리어(Babel)와 '어지럽게 만들다'라는 뜻의 히브리어는 일종의 동음이의어(同音異議語)다. 이 두 말의 발음은 서로 비슷하게 들린다.]* 본문이 말하는 '탑'의 외관은 아마도 그 지역에서 '지구라트'(ziggurat)라고 부르곤 했던 건축물의 전형적 형태를 따랐을 것이다. 지구라트는 정사각형의 기초 위에 여러 층의 구조물을 계단 모양으로 꼭대기까지 쌓아올린 것이다. 바벨탑은 반항의 상징이었다. '하나님이 없어도 인류가 살아갈 수 있다는 걸 이 바벨탑이 보여 주고 있지 않은가! 아무리 높은 하늘도 우리 힘으로 올라갈 수 있어!' 그것이 바벨탑을 쌓은 인간들의 마음이었다.

11:6-9 하나님이 사람들의 언어를 혼란케 하시고 그들을 사방으로 흩으시다 다시 한 번, 죄가 하나님의 창조 계획을 망쳐놓으려 한다. 바벨탑은 하나님께 맞선 인간의 자만심과 반항심을 보여 주는 그럴싸한 상징물이다. 그러나 하나님은 이미 세상을 다시 멸망시키지 않겠노라고 약속하셨다. 하나님은 죄의 세력을 견제하시고자, 사람들을 흩으시고 그들의 언어를 혼란케 하신다. 하나님은 간단한 방법으로 죄의 응집력을 무너뜨리신다. 죄로 가득한 인간이 악한 일을 공모할 수 없도록 인간의 능력을 제한하신 것이다.

> "자, 우리가 내려가서 거기서 그들의 언어를 혼잡하게 하여"(11:7).

이 문구는 '우리'(royal we)라는 '장엄 복수'를 사용한다.** 이 장엄 복수는 하나님께 맞서 반역을 획책하고 피조 질서 속에서

---

* '바빌론'을 가리키는 히브리어는 '바벨'이지만, '어지럽게 만들다'라는 뜻의 히브리어는 '바랄'이다. 창세기 11:9의 히브리 원문을 보면, '거기서 여호와가 온 땅의 언어를 어지럽게 하셨다'를 '샴 바랄 여호와 셔파트 콜-하아레츠'로 기록해 놓았다. 어떻게 바랄에서 바벨이 나왔는지 분명치 않다(가/82-83, 101; 나 1/107-108, 134).

** '장엄 복수'(pluralis maiestaticus)는 어떤 존재의 장엄함을 강조하고자, 본디 단수인 것을 복수로 표현한 것이다. 보통 장엄 복수의 예로 많이 드는 것이 창세기 1:26의 '우리'와 바로 이 구절(11:7)의 '우리', 그리고 이사야 6:8의 '우리'다. 하지만, 이 '우리'는 하나님이 다른 이에게 하나님(엘로힘)이라는 호칭 안에 함축되어 있는 '충만한 힘과 권능'을 가리키는 것이거나(창 1:26) 하나님이 당신 주위의 천사들에게 말씀하시는 것(사 6:8)이기 때문에, 장엄 복수로 보는 것은 잘못이라고 주장하는 반대론도 있다. 자세한 것은

인간에게 부과된 한계들을 인정하지 않으려는 사람들에게 하나님의 권위와 통치권을 표현한 것이다.

11:10-32 셈부터 아브람까지 바벨탑 기사가 끝난 뒤, 우리는 시간을 거슬러 올라가 노아의 아들 셈을 통하여 이어지는 그의 자손들을 더 살펴보게 된다. 이 자손들의 기사가 중요한 것은 무엇보다 우리에게 아브람이라는 인물을 소개해 주기 때문이다. 아브람은 니느웨 서쪽 약 400킬로미터 지점에 있는 하란에 정착하였다. 아브람은 사래(나중에 그 이름이 사라로 바뀐다. 창 17:15을 보라)와 혼인하였으나, 사래는 자녀를 낳지 못했다(11:27-30). 이 충분치 않은 내용이 훗날 그 이름이 아브라함으로 바뀌게 되는 첫 족장(창 17:5을 보라)을 우리에게 소개해 주는 성경의 첫 번째 기사다. 이 족장은 이스라엘 역사의 중심 인물이다. ('족장'은 이스라엘 민족의 위대한 조상인 아브람과 이삭과 야곱을 가리키는 말로 사용되고 있다.)

창세기 12:1-20
하나님이 아브람을 부르시다

12:1-9 하나님이 아브람을 불러 가나안으로 가게 하시다 하나님은 어떤 이유도 밝히지 아니하신 채 아브람을 불러 하란을 떠나 가나안으로 가게 하신다. 아브람을 부르신 것은 그로 큰 민족이 되게 하시며 그로 말미암아 땅의 모든 족속이 복을 받게 될 것이라는 약속(12:2-3)과 연결되어 있다. 아브람은 이 부르심의 이유를 듣지 못하였다. 하지만, 그가 분명히 느낀 사실은 자신이 이 부르심을 믿고 따를 수 있다는 것, 나아가 믿고 따라야만 한다는 것이었다. 그랬기 때문에 아브람과 하란에서 늘어난 그의 가솔들은 가나안으로 출발한다(12:4-5).

그들은 마침내 세겜에 이른다. 세겜은 가나안 중부 지역의 요지였다. 당시 가나안은 다양한 이방 종교를 섬기는 제사의 중심지였다. 그러나 아브람은 그 지역의 어떤 신에게도 경배하지 않았다. 오히려, 그는 벧엘에서 하나님께 제단을 쌓고 하나님의 이름을 부른다(12:8). 그것은 그 땅을 그의 자손들에게 주시겠다는 하나님의 약속에 대한 응답이었다.

12:10-20 애굽의 아브람 아브람은 가나안 지역에 정착하지 않는다. 그는 유랑을 계속하여 멀리 남쪽과 서쪽으로 옮겨 간다. 그는 네겝(Negev)*을 지나 애굽으로 간다. 기근이 가나안을 엄습하였다. 그러나 매년 범람하면서 강 유역에 기름지고 물기가 많은 토양을 확실하게 공급해 주는 나일 강 덕분에 애굽은 계속해서 풍년을 누리고 있었다. 아브람은 그의 아내에게 자신의 누이인 것처럼 행세하라고 요구한다. 지금은 확실한 내용을 알 수 없는 그 지역의 습속 때문이었다. 변하지 않는 명칭인 바로(Pharaoh, 문자대로 해석하면 '큰 집'이라는 뜻)라고 불리곤 하는 애굽 왕은 사래에게 반한다. 그 때문에 바로는 아브람을 환대한다(12:14-16). 하지

Gesenius-Kautzsch-Bergsträsser, Hebräische Grammatik (Hildesheim: Georg Olms, 1995), 416-418/특히 416-417의 주3을 보라.

* 개역개정판은 창세기 12:9에서 이 '네겝'을 '남방(南方)'으로 옮겨 놓았다. 히브리어 '네겝'은 남쪽이라는 뜻도 있지만, 고유명사로서 지금의 이스라엘 남쪽에 있는 사막 지역을 가리키는 말이다(가/481-482).

족장들의 세계

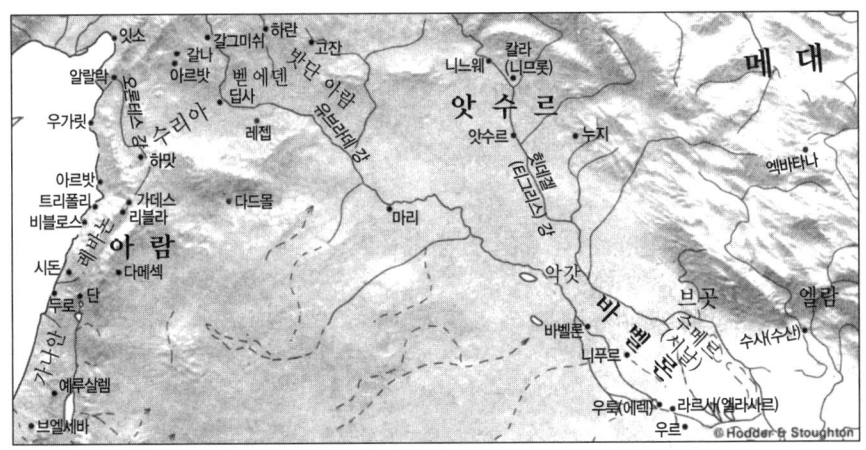

만, 사래가 사실은 아브람의 아내임을 안 바로는 아브람 일가를 애굽에서 추방한다(12:20). 아브람 일가는 가나안으로 돌아간다.

창세기 13:1-14:24
아브람의 상세한 행적

13:1-18 아브람과 롯이 갈라서다 애굽을 떠날 즈음, 아브람은 큰 부자가 되어 있었다. 이 사실은 특히 그가 많은 가축을 가지고 있었다는 성경의 언급(13:2)에서 분명하게 알 수 있다. 기르는 동물의 수가 많아지면서, 아브람은 한 식구인 롯과 방목권(放牧權)을 놓고 마찰을 빚게 된다. 성경은 이미 앞에서 롯을 소개하였다. 그는 아브람의 형제 중 하나인 하란의 아들이다(창 11:27). 그러니까 롯과 아브람은 친족 사이인 셈이다(아브람은 13:8에서 자신과 롯을 '형제들'이라고 말하는데, 성경에서 이 용어는 친족을 의미하는 말이다).* 아브람과 롯이 제 갈 길로 간 것은 아마 불가피한 일이었을 것이다. 롯은 평지에 있는 성읍들 근처에 정착하기로 한다. 그 성읍들은 이미 악행으로 유명하였다(13:10-13). 그러나 아브람은 자기 주변의 땅이 자신의 기업이 될 것이라는 생생한 확인을 하나님으로부터 듣게 된다. 재차 확신을 얻게 된 아브람은 그곳에 장막을 친다. 이때 아브람은 헤브론에서 또 다시 제단을 쌓음으로써 하나님께 응답한다(13:18).

14:1-24 아브람이 롯을 구출하다 하나님이 아브람에게 재차 확신을 심어 주실 때, 롯은 곤경을 당한다. 가나안 지역의 왕들 사이에 합종연횡이 이루어지면서, 롯이 정착한 지역에서 큰 충돌이 일어난다(14:1-11). 소돔과 고모라는 자신의 동맹자들과 합세하여 인접 왕들을 상대로 무익한 군사 행동을 취한다. 결국 소돔과 고모라 진영은 패배하고 그 소유물들을 약탈당한다. 당시 소돔에 살고 있던 롯 역시 포로로 끌려간다(14:12). 아브람은 자신의 피붙이가 사로잡혔다는 소식을 듣자, 318명의 장정들을 거느리고 추격에 나선다. 마침내, 아브람은 롯을 사로잡은

---

* 창세기 13:8의 히브리 원문을 보면, 아브람은 자신과 롯을 일컬어 '아힘', 곧 '형제들'이라고 말한다. NIV도 이를 그대로 번역하여 'brothers'라고 써놓았지만, 개역개정판은 이를 의역하여 '친족'이라고 해 놓았다.

자들을 격파하고 롯을 구출한다(14:13-16).

아브람의 승리는 상당한 이목을 끌게 된다. 그를 주목한 사람 중에 가장 유명한 인물이 멜기세덱이다. 그는 아마 가나안의 왕이자 제사장이었던 것 같다(14:18-20). 어쩌면 멜기세덱이 "지극히 높으신 하나님"이라고 말한 것은 가나안 지역의 한 신(神)을 일컫는 것이었을지도 모른다.* 그러나 아브람은 그 "지극히 높으신 하나님"을 여호와 하나님을 가리키는 것으로 받아들인다(14:22). 아울러 그는 다른 누군가에게 빚을 지게 될 그 어떤 일도 거부한다.

창세기 15:1-17:27
하나님이 아브람과 언약을 맺으시다

15:1-21 언약 아브람의 순종을 보신 하나님은 즉시 아브람 및 그의 자손들과 언약을 세우신다. 이 언약은 하나님이 이전에 노아와 맺으셨던 언약을 뛰어넘는 것이다. 아브람은 여전히 자식이 없었다. 이 때문에 그는 자신의 종 엘리에셀을 법적 상속인으로 지명하였다(15:2). 그러나 하나님은 아브람이 아들을 얻을 것이며 그 아들이 아브람의 상속인이 될 것이라고 약속하신다(15:4). 창세기에서 가장 가슴 떨리는 순간들 가운데 하나가 바로 이 순간이다. 하나님은 아브람을 장막 밖으로 이끌어 내신 뒤, 하늘의 수많은 별들을 찬찬히 바라보라고 말씀하신다. 하나님은 아브람의 자손들이 그 별들처럼 셀 수 없이 많아질 것이라고 약속하신다(15:5). 아브람은 하나님을 믿었고 하나님의 이 놀라운 약속을 신뢰하였다(15:6). 이처럼 믿음은 하나님의 약속에 대하여 마땅히 드려야 할 올바른 응답이다. 하나님은 아브람의 믿음을 의로 여기신다.

아브람에게 아들을 약속하신 하나님은 아브람이 그 주위의 땅을 소유하게 될 것이라고 재차 확언하신다(15:7). 아브람은 하나님께 자신이 그 땅을 소유하게 되리라는 것을 다시 확증해 달라고 요구한다(15:8). 그러자, 하나님은 출애굽을 포함하여 아브람의 자손들이 만나게 될 미래를 환상으로 보여 주신다(15:9-16). 이어서 하나님은 여러 가지 방식으로 아브람과 언약을 맺으신 증거를 보여 주신다. 현대 독자들에겐 이 방식들이 괴이하게 여겨질지 모르지만, 당시에는 가장 엄숙하고 구속력 있는 서약 방식이었을 것이다. 하나님이 아브람과 맺으신 언약은 진실이다(15:18). 따라서 그 언약은 완전히 믿을 수 있는 것이다. 하나님은 그 언약을 이내 확증하시고 확대하신다. 이야기는 이제 아브람의 삶 속에 있는 여인들에게로 옮겨간다.

16:1-16 하갈과 이스마엘 사래는 여전히 자녀를 낳지 못한다(16:1). 사래는 고대 근동의 풍속을 따라 아브람에게 자신의 여종 하갈과 동침하라고 권한다. 하갈은 아브람 내외가 애굽에 있을 때 취했던 여종이었던 것 같다. 아브람은 사래의 말을 따랐고, 하갈은 잉태하게 된다(16:2-4). 하갈과 사래 사이에는 어느 정도 인간적 적대감이 생겨나게 되

---

* 하지만 히브리서를 보면, 멜기세덱은 창세기 14:18이 말씀하는 대로 "지극히 높으신 (여호와) 하나님의 제사장"(히 7:1)이 맞는 것 같다. 이 "지극히 높으신 하나님"이라는 호칭은 신을 지칭하는 고대의 호칭으로서 특히 그 신의 초월성을 나타내는 표현이다. 이 표현은 헬레니즘 시대와 초대교회 시대까지만 해도 분명히 여호와 하나님을 가리키는 표현으로 쓰였다. 이 말이 이방신을 가리키는 표현으로 사용된 것은 초대교회 시대 이후의 일이다. C. Spicq, *L'Épitre aux Hébreux*(Paris: Librarie Lecoffre, 1977)., 120을 보라.

아브라함부터 요셉까지

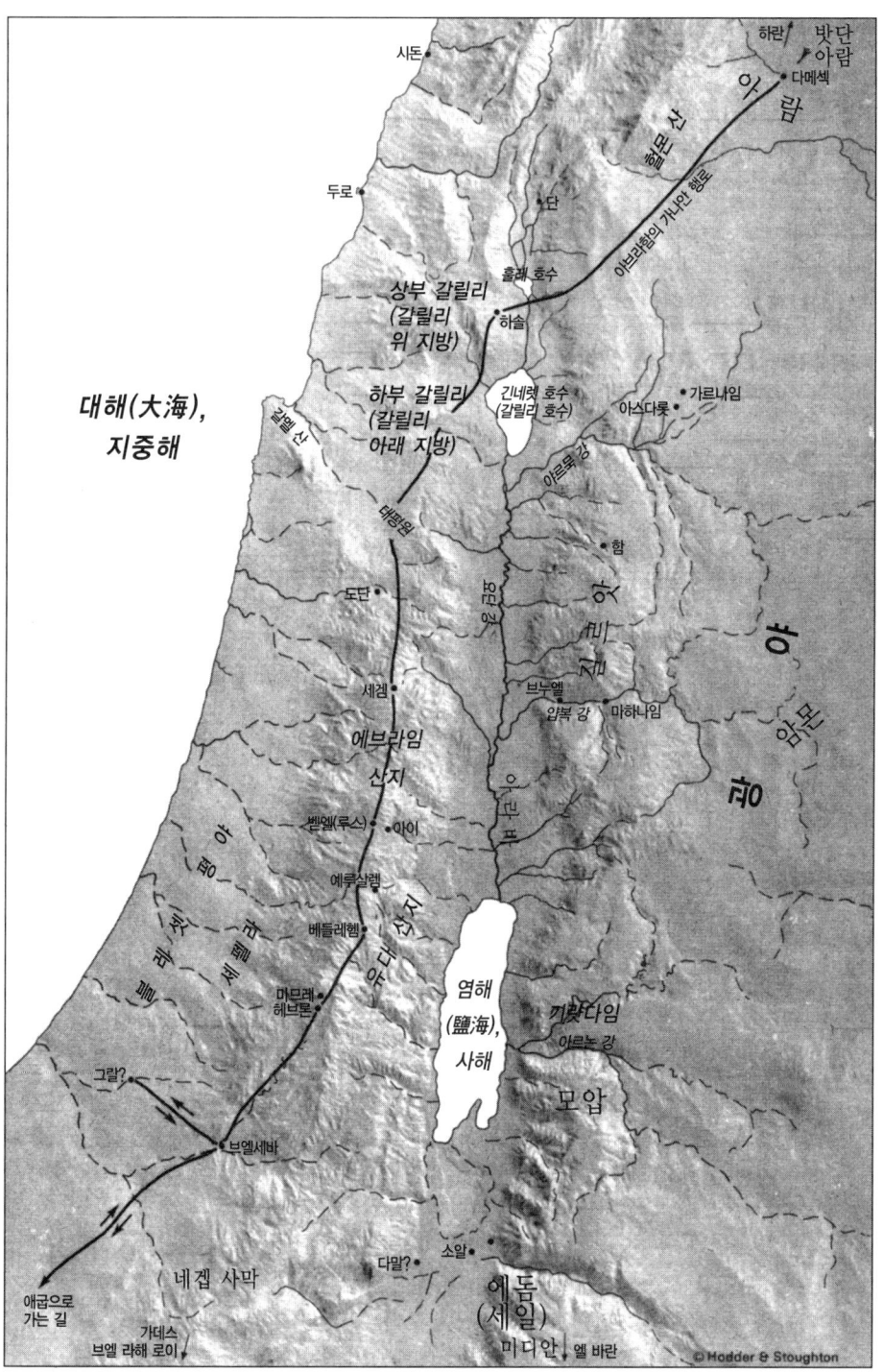

고, 결국 하갈은 집을 떠나게 된다. 그러나 하나님은 환상 속에서 하갈에게 말씀하시면서 그의 미래를 다시 보장해 주신다. 하갈의 아들은 이스마엘이라 불리게 될 것이며(16:11), 하나님이 아브람에게 주신 약속을 이루게 될 것이다. 하지만, 17장에서 분명하게 드러나듯이, 하나님의 뜻은 사래를 향하고 있다.

17:1-27 언약의 표지인 할례 17장은 하나님이 아브람과 맺으신 언약의 다음 단계를 소개한다. 이 언약의 첫째 단계에는 땅을 주신다는 약속이 들어 있었다. 이제, 하나님은 당신이 아브람과 그 자손들의 하나님이 되실 것임을 천명하신다(17:7). 하나님은 이 새 관계의 상징으로 아브람과 사래의 이름을 공식적으로 변경하신다. 아브람은 아브라함이 되고(17:5), 사래는 사라가 되었다(17:15). 하나님은 아브라함과 사라 두 사람에게 복을 베푸시게 된다. 그들 내외는 고령임에도 불구하고, 이삭이라는 아들을 얻게 될 것이다(17:15-20).* 아브라함에게 유업을 이을 아들을 주시겠다는 하나님의 언약은 이스마엘이 아니라 이삭을 통하여 이루어지게 된다(17:19-20). 하나님은 이스마엘이 약속의 아들이 아님을 단호하게 선언하신다. 하지만, 하갈과 이스마엘에게도 분명한 호의와 자비를 베푸심으로써, 사라와 하갈, 이삭과 이스마엘 중 어느 한쪽도 홀대하지 않으신다.

이제 하나님이 아브라함 내외와 맺으시는 언약은 조건부 언약이다. 언약 속에 들어 있는 여러 특권과 혜택은 일정한 의무들과 연계되어 있다. 언약이 그 효력을 유지하려면, 언약 당사자는 이 의무들을 지켜야만 한다. 이 언약에서 중요한 것은 할례다. 할례는 이 언약의 외적 표지다(17:9-14). 할례(이것은 본디 남성 성기의 포피를 제거하는 것이다)의 대상은 남자 아이들에게 한정되었다. 할례는 하나님의 언약 백성이 되는 데 꼭 필요한 표지로 간주되었다. 아브라함은 하나님의 요구를 좇아 자신과 아들 이스마엘과 모든 남자 식솔들에게 그들과 하나님 사이에 새 관계가 수립되었음을 보여 주는 표지인 할례를 시행한다(17:23-27).

창세기 18:1-19:38
소돔과 고모라

18:1-15 세 방문자들 다음 부분은 하나님이 아브라함을 찾아오신 이야기로 시작한다. 아브라함을 찾아온 세 방문자는 하나님과 두 천사였다. (많은 주석가들은 이 방문이 기독교의 삼위일체 교리를 일찌감치 암시한 것이라고 본다.) 아브라함은 이 방문자들의 정체를 몰랐지만, 근동의 손님 접대 전통을 따라 그들을 대접한다. 그들의 발을 씻기고, 먹을 것과 마실 것을 제공한다. 이 방문의 목적은 아브라함의 아내 사라가 정말로 아들을 얻게 될 것이라는 확신을 다시 한 번 아브라함에게 심어 주려는 데 있었다. 하지만, 사라는 자신과 남편이 점점 늙어간다는 것을 알고 있었다. 때문에 그는 자신이 아들을 얻을 것이라는 말을 실없는 농담으로 여긴다. 그러나 하나님은 확고하시다. 하나님은

---

* '이삭'은 히브리 본문의 표기대로 읽으면 '이츠하크'(창 17:7) 또는 '이스하크'(암 7:9)다. 이 두 말의 기원이 된 동사 '차하크'와 '사하크'는 모두 '웃다', '장난하다', '조롱하다'라는 뜻을 갖고 있으며, 특히 '차하크'에는 '애무하다'(창 26:8)라는 뜻도 들어 있다(가/680, 781-782).

이렇게 말씀하신다. "여호와께 능하지 못한 일이 있겠느냐?"(18:14).

18:16-33 아브라함이 소돔을 위해 빌다 세 방문자들은 떠날 채비를 하면서, 죄로 악명이 높던 소돔 성을 내려다본다(18:16-22). 이는 하나님이 그 성을 멸망시키기로 작정하셨음을 분명히 보여 주는 것이다. 하지만, 정의의 원리에 비추어, 소돔의 모습이 실제로 그렇게 악한지 직접 확인하기 위해서 세 방문자 가운데 둘이 소돔으로 가게 된다. 이어지는 아브라함과 하나님 사이의 대화를 보게 되면(18:23-33), 의인을 보존한다는 주제가 아주 중요한 문제로 등장한다. 하나님은 백성 중에 의인이 하나라도 남아있으면 그 의인 때문에 온 백성을 용서하시는 분이다. 아브라함은 온 땅을 심판하시는 하나님의 의로우심을 확신한다(18:25). 하나님은 소수의 의인이라도 남아 있다면 소돔처럼 죄악이 가득한 곳도 보존할 것임을 거듭 천명하신다. 아브라함은 하나님의 이 말씀 속에서 그분의 의로우심을 재차 확인한다.

19:1-29 소돔과 고모라의 멸망 이제 이야기는 소돔 자체로 옮겨 간다. 천사들이 소돔에 당도했을 때, 아브라함의 친족인 롯은 성문에 앉아 있었다. 롯이 성문에 앉아 있었다는 건 그가 소돔에서 제법 비중 있는 인물이었음을 말해 준다. 고대의 전통에 따르면, 성문은 정의를 베푸는 곳(재판 장소)이요, 지역의 관심사를 다루는 곳이었다. 롯은 천사들을 자신의 집으로 데려간 뒤, 아브라함이 따랐던 그 전통 예법대로 그들을 대접한다(19:2-3). 그때, 그 방문자들은 자신들이 두려워했던 소돔의 모습을 현실로 확인하게 된다. 동성애자들에게 능욕을 당할 뻔한 것이다(19:4-11). 본문은 이어서 의인들의 안전을 염려하시는 하나님의 마음을 분명하게 보여 준다. 하나님은 롯과 그의 가족 모두를 소돔에서 내보내심으로써 그 성과 함께 멸망당하는 것을 피하게 하신다. 롯 일가는 근처의 소알 땅으로 피신한다. 소알은 롯 일가 덕분에 멸망을 면한다(19:20-22). 이때 뒤를 돌아보다 소금 기둥이 된 롯의 아내 이야기는 사람들의 입담거리가 되었던 것 같다. 심지어 예수 그리스도도 직접 그 이야기를 언급하신다(눅 17:32).

19:30-38 롯의 딸들 롯과 그의 피붙이들 역시 여느 사람들처럼 연약하고 죄에 빠지기 쉬운 사람들임이 곧 명백히 드러난다. 롯의 딸들은 가문의 대를 잇고자 이틀 밤을 연이어 아버지를 속이고 그 아버지와 동침한다. 이 이야기는 죄가 여전히 세상에 존속하고 있다는 점과 하나님의 백성도 죄의 유혹에 쉬이 넘어가는 경향이 있다는 점을 강력하게 일깨워 준다.

창세기 20:1-25:11
아브라함의 이후 생애와 죽음

20:1-34 이삭의 출생 이어서 창세기는 아브라함의 이후 생애에 초점을 맞춘다. 성경은 아브라함이 아비멜렉과 만난 일을 이야기한 뒤(20:1-17, 이 이야기는 21:22-32에서 더 전개된다), 하나님이 아브라함과 사라에게 약속하신 것이 이루어졌음을 간결하게 서술한다. 이삭이 태어난 것이다(21:1-7). 아브라함은 하나님의 신실하심에 응답하여 자신의 아들에게 할례를 행한다. 하나님이 당신의 언약에 신실하셨듯이, 아브라함도 동일한 언약의 상대방 당사자인 하나님께 영광을 돌린 것이다. 이삭이 태어나면서, 사

라와 하갈의 반목은 점점 더 심각해져 간다. 결국 하갈과 그의 아들 이스마엘은 아브라함의 집을 떠나게 된다(21:8-21). 사라는 하갈 모자(母子)를 대적하였지만, 하나님은 계속하여 이들 모자를 지켜보시고 돌보신다.

22:1-24 하나님이 아브라함을 시험하시다 이삭이 태어난 뒤, 하나님은 아브라함이 정녕 하나님께 헌신하는지 시험하신다. 이 시험은 구약의 유명한 사건들 가운데 하나다. 하나님은 아브라함에게 그의 아들 이삭을 순종의 표시로서 제물로 바치라고 요구하신다. 일찍이 아브라함은 천지를 심판하시는 하나님이 의를 행하실 것이라는 믿음을 천명한 적이 있었다. 그런데, 이제 그 믿음이 심판대에 오른 것이다. 하나님이 아브라함을 시험하시는 이야기는 강렬하고 감동적이지만 동시에 혼란을 안겨 주기도 한다.* 이 이야기는 그리스도의 생애 중 마지막 며칠과 강한 평행 관계를 이루고 있다. 이를테면, 이삭은 자신이 제물이 될 번제에 필요한 나무를 직접 짊어진다(22:6). 그리스도 역시 자신이 매달리게 될 십자가를 형 집행 장소까지 몸소 짊어지신다. 아브라함이 그 아들을 제물로 바치려는 순간, 하나님이 그를 제지하신다. 하나님을 향한 아브라함의 믿음과 순종은 이제 의심할 것이 없다. 아브라함은 주위를 둘러보다가 가시덤불에 걸린 숫양 한 마리를 발견하게 된다(22:13). 그는 이삭 대신 이 숫양을 하나님께 제물로 바친다. 그리스도인들은 이 본문을 읽을 때, 하나님의 어린양인 예수 그리스도가 가시관을 쓴 채 죄뿐인 인류를 대신하여 자신을 하나님께 제물로 드린 사실(막 15:17; 요 1:29)을 기억하지 않을 수가 없다. 아브라함의 순종을 보신 하나님은 그에게 당신이 약속하신 것들을 확실히 보장하신다. 아브라함의 자손들은 하늘의 뭇별처럼, 바닷가의 모래처럼 많아질 것이다(22:17). 아브라함은 자신의 형제인 나홀이 아들들을 얻었다는 소식을 듣게 된다(22:20-23). 이 소식은 아브라함의 자손들이 많아질 것이라는 약속이 성취되기 시작한 것으로 볼 수 있다.

23:1-20 사라의 죽음 이제는 사라와 아브라함 둘 다 매우 노쇠하였다. 사라는 당시 가나안 땅 중 헷 족속이 차지하고 있던 지역에서 숨을 거둔다. "나그네요 거류하는 자"였던 아브라함은 그곳에 가진 땅이 전혀 없었다. 때문에 그는 헷 족속으로부터 아내의 장지(葬地)로 쓸 땅을 산다. 마침내 사라는 가나안에 있는 어느 밭에 딸린 굴 속에서 안식하게 되었다.

24:1-25:11 이삭과 리브가; 아브라함의 죽음 자신의 죽음이 머지않았음을 안 아브라함은 아들 이삭의 배필 얻을 채비를 시작한다. 아브라함은 "자기 집 모든 소유를 맡은 늙은 종"(아마 다메섹의 엘리에셀이었을 것이다. 이삭이 태어나기 전에는 이 엘리에셀이 아브라함의 상속인이 될 사람으로 간주되었다)을 보내 적합한 배필감을 찾게 한다. 당

---

* 오랜 기독교 역사 속에서 사람들은 '사람의 마음을 아시는 하나님이 굳이 아브라함을 시험하셔야만 했을까?', '하나님이 어떻게 사람을 제물로 바치라는 요구를 하실 수 있을까?'라는 의문을 제기하였다. 실제로 하나님은 레위기 18:21, 20:2-5 등에서 자녀를 산 채로 불에 집어던져 (암몬 족속의 신) 몰렉(몰록)에게 사지내는 일을 금지하시고 그런 제사를 드리는 자를 죽이라고 말씀하시기 때문에, 그리스도인들의 혼란은 당연할지도 모른다.

시 아브라함 일가는 가나안에 살고 있었지만, 아브라함은 이삭이 가나안 여인과 혼인하는 것을 바라지 않았다. 이삭이 가나안의 우상 숭배에 휩쓸릴 위험성을 염려한 것이다(이 책에서 스. 9:1-10:44 부분을 보라). 아브라함은 아들이 자신의 고향 출신 사람과 혼인하길 원했다. 그 때문에 자기 종을 자신의 고향으로 보낸 것이다(24:1-11). 그 종은 나홀의 성 밖에서 낙타들에게 물을 먹이려다가, 가족들을 위해 물을 길으러 온 리브가를 만난다(24:15). 이 리브가가 자신이 찾던 여인임을 확신한 그 종은 자신을 (리브가의 오라비인 라반을 포함하여) 리브가의 가족에게 소개할 기회를 마련한다. 그 종은 자신이 아브라함의 종임을 밝힌다. 이어서 그 종은 주인 아들의 배필을 찾는 이 일에서 하나님이 자신을 인도하셨다고 믿는 이유를 설명한다(24:12-49). 리브가와 그의 가족은 모두 그 종의 설명에 설복당한다. 리브가와 그의 여종들은 아브라함의 종과 함께 먼 가나안으로의 여행을 준비한다. 마침내 이삭과 리브가는 부부가 된다(24:50-66). 이들이 혼인한 직후, 아브라함은 숨을 거둔다. 이삭은 어머니 사라가 묻혀 있는 헤브론 근처의 굴에 아버지를 합장(合葬)한다(25:1-11). 이로써 첫 번째 족장의 시대가 막을 내렸다.

창세기 25:12-28:9
이삭과 그 아들들

25:12-34 이스마엘의 아들들과 이삭의 아들들, 야곱과 에서 성경은 이스마엘의 아들들을 열거한 뒤(25:12-18), 이어서 이삭의 내력에 초점을 맞춘다. 처음에 리브가는 아이를 낳지 못한다. 그러나 이삭이 리브가를 위해 기도한 뒤, 리브가는 잉태하여 쌍둥이 아들을 낳는다. 첫째는 몸에 털이 많아서 에서라 불리게 된다. 둘째는 태어날 때 형의 발꿈치를 잡았다 하여 야곱이라 불리게 된다. 에서는 먼저 태어난 덕에 장자의 특권—아버지 이삭이 죽으면 아버지의 재산을 물려받을 권리—을 얻는다. 그러나 에서는 누가 봐도 알 정도로 이 특권을 하찮게 여긴다. 에서는 배고픔을 느끼자 붉은 렌즈콩으로 만든 죽 한 접시*와 이 장자권을 맞바꿔 야곱에게 팔아넘긴다(25:31-34).

26:1-33 하나님이 이삭을 상대로 당신의 언약을 갱신하시다 이어지는 몇 해 동안, 가뭄이 든다. 이때, 하나님은 이삭을 상대로 당신의 언약을 갱신하신다(26:1-6). 하나님은 이 언약 갱신을 통하여 아브라함에게 약속하셨던 것과 동일한 약속들이 이제는 이삭에게 미치게 되었음을 확인해 주신다. 하나님은 얼마 지나지 않아 이삭이 그랄 계곡에 정착한 뒤 동일한 약속을 한 번 더 확실하게 말씀하신다(26:24).

26:34-27:40 야곱이 이삭의 축복을 받다 에서와 그의 부모 사이가 틀어진다. 에서는 40세에 헷 여인 둘을 아내로 맞는다(26:34). 그의 셋째 부인은 나중에 언급된다(28:9). 에서가 헷 여인들을 취한 일은 이삭과 리브가에게 큰 근심거리가 된다. 나중에, 이삭 내외는 아들 야곱이 헷 여인이나 가나안 여인

---

* 히브리 본문은 창세기 25:34에서 개역개정판이 '팥죽'이라고 번역한 요리를 '너지드 아다쉼'이라고 기록해 놓았다. '너지드'는 요리 한 접시를 가리키는 말이요, '아다쉼'은 렌즈콩을 가리키는 '아다샤'의 복수형이다(가/494, 568).

과 혼인하는 일을 막으려고 한다. 그들은 야곱에게 자신들의 고향 출신 여인과 혼인할 것을 강력히 권면한다(27:46-28:2). 그럼에도 불구하고, 에서는 맏아들이었다. 그에게는 아버지로부터 축복 받을 권리를 포함하여 여러 가지 권리가 있었다. 이삭은 자신의 눈이 어두워지기 시작하자, 에서를 축복해야겠다는 생각을 하게 된다. 하지만, 리브가는 에서를 달가워하지 않았다. 때문에 리브가는 야곱을 에서처럼 변장시켜 야곱이 맏아들의 특권을 받게 하기로 결심한다. 이삭은 이에 속아 넘어가 야곱을 축복한다(27:5-29). 에서가 사냥에서 돌아왔을 때, 이 속임수는 들통나고 만다. 두 형제 사이에는 심각한 긴장 관계가 형성된다(27:30-46).

27:41-28:9 야곱이 라반의 집으로 도망치다
이삭과 야곱의 관계 역시 뒤틀리게 된다. 이삭은 야곱에게 리브가의 오라비인 라반의 딸들 가운데 하나를 배필로 맞을 것을 당부하면서 그를 리브가의 고향인 밧단아람으로 보낸다(28:1-5). 하지만, 야곱을 거기로 보낸 것은 잠시 집을 떠나 있게 하려는 목적도 있었을 것이다. 이미 리브가는 야곱에게 에서의 분노가 수그러들 때까지 자신의 오라비 집으로 피신할 것을 권고한 적이 있었다(27:42-45). 리브가의 권고는 사태가 진정될 때까지 '당분간' 라반의 집에 머물라는 것이었다. 그러나 결국, 야곱은 라반의 집에 20년(레아 때문에 7년, 라헬 때문에 7년 그리고 가축 때문에 6년)을 머물게 된다. 이제 이야기는 당연히 주인공이 된 야곱에게 초점을 맞춘다.

창세기 28:10-36:40
야곱

28:10-22 야곱이 벧엘에서 꾼 꿈 결국 야곱은 아브라함의 고향인 하란으로 떠난다. 그는 행로(行路) 중에 한 곳에 잠시 머문다. 그곳은 그때까지 루스로 알려진 곳이었지만, 이후에는 벧엘로 알려지게 된다. 야곱은 잠자는 동안, 꿈 속에서 한 '계단'(사람들은 종종 나무 사다리를 연상하지만, 아마 벽돌 계단이었을 것이다)을 본다.* 그 계단 위로 천사들이 오르락내리락 하고 있었다. 하나님은 아브라함 및 이삭과 맺으셨던 언약을 이 꿈 속에서 야곱에게까지 확장하신다. 야곱에게 땅과 자손들을 약속하신 것이다(28:10-22). 야곱은 속임수가 가득한 사람이었지만, 하나님은 그런 야곱에게 복을 베풀 준비를 하신다. 하나님이 복 주실 것을 확신하게 된 야곱은 하란 행(行)을 계속한다.

29:1-25 밧단아람의 야곱 야곱은 밧단아람에 도착하자, 라반을 아는 이가 있는지 묻는다. 라반은 분명 그 지역에서 잘 알려진 인물이었다. 그러나 라반의 일가 중 야곱이 처음 만난 사람은 라헬이었다. 라헬은 라반의 둘째 딸로서 자신의 언니보다 더 아름다웠다(29:1-12). 라반의 가족들로부터 환대를 받은 야곱은 일을 하면서 스스로 생업을 꾸려 가기 시작한다. 라반은 야곱에게 품삯을 얼마나 원하는지 묻는다. 야곱은 라헬과 혼인하길 원하며 그 혼인의 대가로 7년을 일하겠다고 대답한다(29:18). 라반은 동의했지만, 사실 그에겐 다른 꿍꿍이가 있었다. 야곱이 혼인한 첫날밤, 라반은 라헬 대신 그녀의 언

---

* 히브리 본문을 보면, 개역개정판이 '사닥다리'라고 번역해 놓은 말을 '술람'이라고 기록해 놓았다. 이 '술람'은 사다리로도 번역할 수 있고 계단으로도 번역할 수 있는 말이다(가/516, 545).

니인 레아를 야곱에게 들여보낸다. 아마 아주 깜깜한 시간이었을 것이며, 야곱은 피로연에서 마신 포도주에 대취(大醉)해 있었을 것이다. 어쨌든, 야곱은 신부가 뒤바뀐 사실을 눈치채지 못한다. 레아와 동침한 야곱은 아침이 되어서야 자신이 속은 것을 알게 된다(29:25). 여기에 미묘한 아이러니가 있다. 야곱의 가나안 생활은 온통 타인을 속인 흔적으로 뒤덮여 있었다. 그런데, 이제는 바로 그 야곱이 감쪽같이 속아 넘어간 것이다. 이후의 성경 본문이 가축 떼의 소유 문제와 관련하여 분명하게 기록하고 있듯이(30:25-43), 라반과 야곱은 계속해서 서로 속일 궁리만 한다.

29:26-30:24 야곱이 라헬과 혼인하다; 야곱이 자식들을 얻다 라반은 야곱이 7년을 더 일하면 그에게 라헬을 주겠다고 말한다. 그러나 본문(29:28-30)은 야곱이 라헬을 얻는 데 7년을 기다릴 필요가 없었음을 분명하게 이야기한다. 야곱은 즉시 라헬과 동침할 수 있었고, 라헬을 얻은 대가로 7년을 더 일할 것을 약속한다. 여기서 야곱이 동시에 두 아내를 얻은 일을 이상하게 여기거나 납득할 수 없는 일로 여길 필요는 없다. 하나님이 시내 산에서 모세와 당신의 언약을 세우실 그 때에, 비로소 일부일처제(一夫一妻制)가 하나님 백성을 규율하는 율법이 되었기 때문이다. 야곱은 레아로부터 여러 아들을 얻는다. 그러나 라헬은 자녀를 낳지 못하였다. 야곱은 라헬의 여종(빌하)과 동침하여(그리고 그 뒤 레아가 너무 늙어 자녀를 낳지 못하게 되자, 레아의 여종 실바와 동침하여) 네 아들을 더 얻는다(30:1-21).* 그러다가 마침내, 라헬이 잉태하여 아들을 낳는다. 그 아들의 이름이 요셉이다(30:24).

30:25-31:21 야곱이 라반으로부터 도망치다 야곱과 라반은 가축 떼를 둘러싸고 피차 속고 속이게 된다(30:25-43). 이 때문에 라반 및 그 가족과 야곱 사이에는 긴장이 고조된다. 야곱은 라반으로부터 도망쳐야 할 처지가 되자(31:1-55), 자신의 아내들, 자식들과 가축들을 챙긴다. 그들은 이삭에게 돌아가려 한다. 야곱은 자신의 속내를 라반에게 드러내지 않음으로써 줄곧 라반을 속인다. 흥미로운 점은 야곱이 모르는 사이에 라헬이 라반의 가신상(家神像)**을 훔쳤다는 사실이다. 라헬이 아버지 집의 가신상을 훔쳤다는 것은 그가 여전히 여호와 하나님을 믿지 않는 이교 신앙의 소유자였음을 보여 주는 것이다. 어쩌면 라헬은 라반이 자신들을 죽이지 못하도록 그 신상이 지켜줄 것이라는 믿음을 갖고 있었던 것 같다.

---

* 족장 시대의 관습에 따르면, 아내가 자신이 거느린 여종을 남편에게 주어 낳게 한 아들은 그 아내의 아들로 간주되었다. 그 아들은 아내가 낳은 아들처럼 아버지의 재산을 물려받을 권리가 있었지만, 실제로는 여러 가지 면에서 차별을 받았다. 우리는 이런 예를 라헬과 빌하, 레아와 실바의 경우뿐만 아니라, 사라와 하갈의 경우에서도 볼 수 있다. 자세한 내용은 김성숙, 「구약가족법」(서울: 숭실대 출판부, 1989), 266-267을 보라.

** 히브리 본문이 '트라핌'이라고 말하는 이것은 한 가족의 신들을 형상으로 만든 것이다. 이와 비슷한 가신상이 누지 문서에도 등장한다. 라헬이 훔친 트라핌은 라반의 집에서 경배의 대상이 되었던 것 같다. 한편, 트라핌의 크기는 다양했던 것 같다. 라헬이 훔친 트라핌은 그 크기가 작았던 것 같지만, 사무엘상 19:13, 16에 등장하는 '트라핌'은, 그 본문 내용에 비추어 볼 때, 사람의 모양을 지닌 등신상(等身像)이었을 가능성이 크다(가/890, 나2/1794-1796).

31:22-55 라반이 야곱을 뒤쫓다 라반은 자신의 딸들과 손자들이 자기 몰래 허락도 없이 떠난 것을 알고 분노한다. 그는 야곱 일행을 추격하여 마침내 그들을 따라잡는다. 라반은 하나님을 믿지 않는 사람이었지만, 하나님은 라반의 꿈에 나타나셔서 야곱을 해치지 말라고 말씀하신다(31:24). 그러나 라반은 자신의 가신상들을 도둑맞은 것에 격노하면서, 그 신상들을 돌려달라고 요구한다. 라헬이 훔친 사실을 몰랐던 야곱은 라반 일행에게 그 신상들을 찾아보라고 말한다. 자신의 낙타 안장 밑에 그 신상들을 숨기고 있던 라헬은 아버지 라반에게 생리중인지라 움직일 수 없다고 둘러댄다. 결국 라반은 그 신상을 찾아내지 못한다. 야곱은 라반에게 신세타령 겸 책망을 몇 마디 늘어놓는다. 그러다가 결국 야곱과 라반은 갈등을 봉합하기로 한다. 야곱은 라반에게 라헬 및 레아와 이들의 소생들을 돌볼 것이며, 더 이상 다른 여인을 아내로 취하지 않겠다고 서약한다. 야곱과 라반은 화해하고 헤어진다. 라반은 집으로 돌아가고, 야곱은 에돔 땅에 정착하고 있던 형 에서를 만나러 길을 떠난다.

32:1-33:20 야곱이 에서를 만날 준비를 하다
야곱은 먼저 심부름꾼을 보내 에서에게 자신들이 온 것을 알리게 한다. 심부름꾼들은 에서가 400명의 장정을 거느린 채 야곱 일행을 만나러 오고 있음을 즉시 알려 온다. 야곱은 최악의 상황이 벌어질까봐 두려워한다. 그는 일행을 두 떼로 나눈다. 에서의 공격이 있게 되면, 한 떼라도 살려보려는 심산이었다(32:1-21). 야곱은 에서와 만날 것을 기다리다가, 한밤중에 브니엘에서 천사를 만나게 된다(32:22-32). 이때, 처음으로 '이스라엘'*이라는 이름이 야곱을 가리키는 이름으로 사용된다. 이 이름은 결국 야곱의 자손들을 가리키는 명칭이 된다. 야곱을 만난 천사는 자신의 이름을 밝히길 거부한다. 하나님은 다만 시내 산에서 당신의 이름을 모세에게 알려 주시게 된다.** 이때까지만 해도, 이스라엘 민족은 자신들을 불러 한 민족이 되

---

* 히브리어로 '이스라엘'은 '하나님과 늘 겨룬다, 다툰다'라는 뜻이다. '이스라'는 '싸우다, 다투다'라는 뜻을 지닌 히브리 동사 '사라'의 기본형(Kal), 3인칭, 단수, 미완료 꼴이다. 이 '이스라'에서 마지막 글자인 후음(喉音) '헤'가 탈락한 다음, 하나님을 가리키는 '엘'과 결합하여 이스라엘이 되었다(가/321-322, 793).
** 하나님은 출애굽기 3:14에서 모세에게 당신 이름을 '에흐웨 아쉐르 에흐웨'로 알려 주신다. 여기서 '에흐웨'는 '있다, 존재하다'라는 뜻의 히브리 동사 '하야'의 기본형(Kal), 1인칭, 단수, 미완료 꼴이며 '아쉐르'는 영어의 who에 해당하는 관계사다. 결국 '에흐웨'는 '나는 늘 있다'라는 뜻이 된다. 하지만, 이 '에흐웨'에서 하나님의 이름인 '여호와'가 나왔다고 보려면 그 전에 풀어야 할 난관이 많다. 우선 히브리 문법 때문에 '나는 늘 있다'라는 뜻의 '에흐웨'에서 '그분은 늘 계신다'라는 뜻의 하나님 이름이 나왔다고 보기가 힘들다. '그분은 늘 계신다'는 히브리어로 '이흐웨'이지 '여호와'가 아니기 때문이다(가/178). 사실 히브리 구약 원문은 자음만으로 기록되어 있다. 여기에 모음부호를 붙인 이들은 서기 6세기 무렵에 활약한 맛소라 학파다. 하나님의 이름 역시 그 이전에는 단지 네 개의 자음(YHWH)만으로 되어 있었다. 맛소라 학파는 '내 주'라는 뜻의 히브리어 '아도나이'의 모음을 자음만으로 표기된 YHWH에 옮겨 붙였기 때문에, YHWH의 정확한 발음은 아직도 수수께끼다. 독일의 저명한 구약학자 게어하르트 폰 라트는 교부 시대의 문헌에서 YHWH를 '야베(또는 야오베)'로 읽은 증거가 처음 나타난다고 말한다. 그는 YHWH가 정확히 무슨 의미인지, 이 네 글자의 기원이 명사인지 동사인지 확실치 않다고 말한다. 설령 동사가 그 기원이라 하더라도, 그 동사가 히브리어 동사 기본형(Kal)인지 아니면 사역형(Hiphil)인지도 분명치 않다고 말한다. 어떤 이들은 '야(YH)'라는 신명(神名)에서 YHWH가 나왔다고 말하지만, 폰 라트는 오히려 '야'가 YHWH

게 하신 하나님에 대하여 더 알 준비가 되어 있지 않았다. 마침내, 야곱과 에서가 상봉한다(33:1-20). 그들은 20년 동안 서로 만나지 못한 채, 원수지간이 되어 있었다. 그러나 에서는 아우를 다시 만나게 된 것을 아주 기뻐한다(33:4). 그들은 앙금을 풀고 다시 제 갈 길로 간다.

34:1-35:15 야곱이 벧엘로 돌아오다 그런데, 이제는 다른 곳에서 문제가 생긴다. 레아가 야곱에게 낳은 딸 디나가 그 지역을 다스리는 세겜에게 겁탈당한 것이다. 야곱과 그의 가족들은 분노한다. 야곱의 두 아들은 세겜과 세겜이 다스리는 백성들이 할례를 받는다면(이는 매우 고통스러운 과정이다), 디나가 세겜과 혼인하는 것을 허락할 것이며 자신들도 그곳에 정착하겠노라고 제안한다. 세겜과 그 백성들이 할례의 고통에서 회복하느라 미처 저항할 수 없을 때, 시므온과 레위가 그들을 칼로 죽이고 그들의 소유를 약탈한다(34:1-29). 야곱은 두 아들이 자기 몰래 저지른 일과 그 일이 초래할 결과에 간담이 서늘해졌다. 그들은 그 지역에서 더 이상 안전하게 지낼 수 없었다. 때문에 그들은 일찍이 야곱이 꿈을 꾼 곳인 벧엘로 옮겨 간다. 하나님은 벧엘에서 당신이 야곱과 그의 자손들을 책임지실 것임을 재차 확언하신다(34:30-35:15).

35:16-36:43 라헬과 이삭이 죽다 이때, 야곱에게는 열한 명의 아들이 있었다. 레아가 낳은 아들이 여섯, 라헬의 여종 빌하가 낳은 아들이 둘, 레아의 여종 실바가 낳은 아들이 둘, 그리고 라헬이 낳은 아들이 하나(요셉)였다(자세한 내용은 35:23-26을 보라). 그들이 에브랏(베들레헴으로도 알려진 곳이다)에 다다를 즈음, 라헬이 또 한 아들을 낳다가 죽는다. 야곱은 그 아들의 이름을 베냐민이라고 짓는다(35:16-18). 라헬은 베들레헴 근처에 묻혔다. 야곱은 헤브론 근처에 있던 자신의 아버지 이삭의 집으로 되돌아온다(35:27-29). 드디어, 이삭도 숨을 거두자, 야곱과 에서는 부친을 막벨라 근처의 밭에 있는 가족묘에 장사(葬事)한다(49:29-32을 보라). 이어서 성경은 에서의 여러 자손들과 에서가 살고 있던 에돔 땅의 통치자들을 열거한다(36:1-43). 그런 다음, 이야기는 급작스럽게 야곱의 열두 아들 가운데 하나인 요셉에게 그 초점을 옮겨 간다.

창세기 37:1-50:26
요셉

37:1-38:30 요셉의 형들이 요셉을 팔다 요셉은 야곱이 사랑했던 라헬이 남편 야곱에게서 낳은 아들이었다. 그 때문에, 야곱은 다른 아들들이 몹시 껄끄러워 할 정도로 요셉을 각별히 사랑했던 것 같다(37:1-4). 요셉 자신도 형들 눈 밖에 날 만한 일들을 골라 했다. 그가 꾼 꿈도 형들이 자기 아래 있음을 암시하는 것이었기에 형들의 화를 더 돋을 뿐이었다(37:5-11). 이윽고 요셉의 행동거지를 더 이상 두고 볼 수 없었던 형들은 동생 요셉을 지나가던 미디안 대상(隊商)들에게 팔아 버린다. 요셉의 형들은 풍성한 장식이

보다 뒤에 나왔다고 주장한다. 아울러 그는 라스 샤므라 문서에 나오는 EL신의 아들 YW가 하나님 이름의 기원이라는 주장에도 동의하지 않는다. 참고: G. v. Rad, *Theologie des Alten Testaments 1* (München: Chr. Kaiser, 1992), 24-25.

달린 요셉의 겉옷을 염소 피에 적신 뒤, 야곱에게 가져간다. 야곱은 요셉이 야생 동물에게 죽임을 당했다고 단정한다(37:12-35). 그러나 실상, 요셉은 애굽에 노예로 팔려 갔다(37:36). [이때, 야곱의 아들 유다가 한 가나안 여인과 혼인한 이야기, 그리고 그 유다가 자신의 며느리 다말과 간음한 이야기가 끼어들면서(38:1-30), 요셉의 이야기는 잠시 중단된다.]

39:1-23 요셉과 보디발의 아내 다시 요셉 이야기가 이어진다. 요셉은 바로의 고위 관리 가운데 한 사람인 보디발의 집에 노예로 팔려 간다. 하지만, 하나님은 요셉이 맡은 일들을 형통케 하셨다. 그 결과, 요셉은 보디발의 집에서 높은 지위에 오르게 된다(39:1-6). 그러나 요셉은 그의 빼어난 용모 때문에 어려움을 겪게 된다. 보디발의 아내가 요셉을 유혹하려다 실패하자, 요셉이 자신을 겁탈하려 했다고 무고(誣告)한 것이다(39:7-18). 결국, 요셉은 옥에 갇힌다. 그러나 이처럼 소망이 없어 보이는 상황 속에서도 하나님은 여전히 요셉과 함께 계신다(39:20-23).

40:1-23 술 맡은 관원장과 떡 굽는 관원장 요셉은 얼마 되지 않아 감옥에서 바로의 관원 두 사람을 만나게 된다. 술 맡은 관원장과 떡 굽는 관원장이었다. 그 두 사람은 각각 꿈을 꾸었으나, 자신들이 꾼 꿈을 해석할 수 없었다. 이때, 요셉은 술 맡은 관원장의 꿈은 복직을, 떡 굽는 관원장의 꿈은 처형당할 것을 알려 주는 것이라고 해석해 준다. 요셉은 술 맡은 관원장에게 복직되면 자신을 기억해 달라고 부탁한다. 요셉의 해몽대로, 술 맡은 관원장은 복직되어 바로의 총애를 얻게 되고 떡 맡은 관원장은 처형된다. 그러나 술 맡은 관원장은 여전히 옥고를 치르고 있던 요셉을 기억하지 못한다. 오직 하나님만이 아무도 기억하지 않는 요셉을 기억하고 계셨다.

41:1-57 바로가 꿈을 꾸다; 요셉이 애굽의 총리가 되다 이때, 바로가 꿈을 꾼다. 하지만, 어느 누구도 그의 꿈을 만족스럽게 해석하지 못했다. 마침내, 바로의 술 맡은 관원장이 요셉을 기억해 낸다. 감옥에서 불려 온 요셉은 해몽 능력을 증명해 보인다. 요셉은 바로의 꿈이 7년 동안 풍년이 있은 뒤에 7년 동안 흉년이 이어질 것임을 말하는 것이라고 이야기한다. 이 모든 일은 이미 이 풍년과 흉년을 일으킬 것을 결심하신 하나님이 미리 말씀하신 것이었다. 바로는 하나님이 이 일을 대비할 사람으로 요셉을 뽑아놓으셨다고 확신한다. 바로는 요셉을 애굽에 다가올 기근에 대비할 총책임자로 임명한다.* 그 결과, 애굽 주위의 다른 나라들은 혹독한 기근에 시달린 반면, 애굽은 식량 부족을 겪지 않게 된다.

---

* 요셉을 애굽(이집트)의 총리로 임명한 바로(파라오)가 누구인지 학자들의 견해는 나뉘어 있다. 종래의 학설은 그 파라오가 분명치 않다고 본다. 이 학설은 요셉이 총리로 임명된 때를 이집트 원주민들에게 치욕의 시기였던 힉소스의 이집트 정복 시기로 본다. 때문에 훗날 이집트 원주민들은 힉소스 족을 몰아낸 다음 치욕스러운 기록을 모두 지워버렸으며, 그 바람에 요셉 시대의 파라오가 누군지 알 수 없다는 것이다. 참고. 알프레드 허트, 「고고학과 구약성경」, 강대홍 역(서울: 미스바, 2003), 200. 그러나 이른바 '이집트 새 연대표 이론'을 주장하는 영국의 성경고고학자 데이비드 롤은 요셉이 총리가 된 때를 이집트 중왕국 시대인 12왕조 말의 아메넴헤트 3세 때(주전 1670년경)로 본다. 그는 이집트의 7년 대기근이 나일 강의 유례없는 대범람(大氾濫)이 초래한 결과였다고 주장한다. 참고. 데이비드 롤, 「시간의 풍상」(서울: 해냄, 2003), 427-473.

42:1-38 요셉의 형들이 애굽으로 가다 기근은 가나안에서 특히 심했던 것 같다. 야곱과 그의 가족들도 기근의 영향을 받는다. 마침 애굽에 곡물이 있다는 말을 들은 야곱은 라헬이 자신에게 낳은 둘째 아들 베냐민을 제외한 모든 아들들을 애굽으로 보내 곡물을 사오게 한다. 야곱의 아들들이 애굽에 이르렀을 때, 요셉은 그들이 자신의 형들임을 알아본다. 그는 형들을 정탐자로 몰아 옥에 가둔다(42:1-17). 사흘 뒤, 요셉은 형들을 풀어주면서, 그들이 막내 동생 베냐민과 함께 애굽으로 돌아와야만 한다는 조건을 붙인다. 하지만, 야곱은 베냐민이 애굽으로 가는 걸 허락하지 않는다. 너무나 위험했기 때문이다. 야곱은 이미 라헬이 자신에게 낳은 두 아들 가운데 하나(요셉)를 잃었다. 그는 남은 하나마저 잃고 싶지 않았다(42:18-38).

43:1-44:34 두 번째 애굽 행(行); 은잔 기근이 계속되면서, 야곱과 그 집안은 심각한 식량 부족에 시달리게 된다. 마침내, 그들은 다시 애굽으로 가서 더 많은 양식을 마련해 오기로 결심한다. 이번에는 베냐민이 형들과 동행해야만 했다(43:1-25). 베냐민 일행이 애굽에 도착한다. 여러 해 만에 처음으로 아우 베냐민을 만나게 된 요셉은 치솟아 오르는 감회를 억제하지 못한다(43:29-31). 하지만, 베냐민 일행이 가나안으로 돌아갈 행장을 꾸릴 때, 요셉은 자기가 각별히 여기는 잔을 베냐민의 양식 자루에 집어넣는다. 베냐민 일행이 떠날 즈음, 요셉은 그들 가운데 한 사람이 자신의 잔을 훔쳤다고 주장한다. 요셉은 베냐민 일행에게 양식 자루들을 열어보라고 요구한다. 요셉이 말하던 잔이 베냐민의 자루에서 발견되자, 형들은 요셉에게 돌아가서 자신들을 요셉의 노예로 써달라고 청한다. 형들은 요셉에게 베냐민을 자신들로부터 떼어내 억류하지 말아달라고 애원한다. 자신들의 아버지가 그 아내를 통하여 두 아들을 얻었지만, 그 둘 중 하나를 이미 잃은 터라 나머지 하나인 막내마저 잃게 되면 슬픔을 주체하지 못할 것이라는 게 그 애원의 요지였다(44:1-34).

45:1-47:27 야곱이 애굽으로 가다 마침내 요셉은 형제들에게 자신이 요셉임을 밝힌다. 그는 기겁하며 떠는 형들을 용서한다(45:1-15). 요셉은 형제들에게 하나님이 자신에게 복을 베푸신 일을 이야기한다. 이런 사연에 매료된 바로는 야곱과 그 일가가 애굽으로 이주할 수 있도록 그들을 실어 나를 수단을 준비하라고 명한다. 이어서 바로는 야곱 일가가 환대받는 귀빈으로서 애굽에 정착할 수 있도록 허가한다(45:16-24). 요셉의 형제들은 가나안으로 돌아가 요셉이 그저 살아있는 데 그치지 않고, 이제는 애굽의 총리까지 되었더라고 이야기한다. 야곱은 이 이야기를 듣고 너무나 기뻐한다(45:25-28). 드디어 야곱과 그의 일가 전체가 애굽으로 이주한다. 그들은 바로의 축복을 받으며 고센에서 가장 기름진 곳에 정착한다(46:1-47:12). 애굽에는 여전히 기근이 계속되고 있었다. 하지만, 요셉은 이스라엘 자손을 포함하여 모든 이들이 곡식 종자를 얻을 수 있도록 조치한다(47:13-27).

47:28-48:22 므낫세와 에브라임 야곱은 이제 아주 노쇠하였다. 그는 조상에게로 돌아갈 날이 가까움을 알고, 자신을 가나안의 가족묘에 묻어달라고 당부한다(47:28-31). 그는 요셉과 요셉의 두 아들에게 하나님이 자신과 맺으신 언약의 내용을 들려준다. 야

곱은 요셉의 두 아들 므낫세와 에브라임을 축복한 다음, 요셉에게 하나님이 언젠가는 요셉(의 후예들)을 그 조상들의 땅으로 다시 데려가실 것이라고 말한다(48:1-22). 하나님은 그 땅을 야곱의 자손들에게 주셨다. 그러나 요셉은 애굽에서 죽음을 맞게 된다. 이스라엘 백성이 가나안으로 돌아가는 이야기는 이제 시작일 뿐이다.

49:1-50:21 야곱이 자신의 아들들을 축복하고 숨을 거두다 드디어 야곱은 자신의 열두 아들을 하나하나 축복하고(49:1-28), 이어서 그들의 이름으로 불리게 될 지파들을 축복한다. 그는 자신을 가나안 막벨라 밭의 가족묘에 묻혀 있는 아브라함, 사라, 이삭, 리브가와 레아 옆에 묻어달라고 다시 한 번 당부한다. (라헬은 베들레헴 근처에 묻혔음을 기억하라.) 야곱은 이 말을 마치고 숨을 거둔다(49:29-33). 요셉은 아버지의 유지(遺志)를 받들 것임을 확언하고는, 온 식구를 거느리고 가나안으로 가서 아버지를 장사한다. 장사를 마친 그들은 애굽으로 돌아와 그곳에 정착하여 살게 된다(50:1-21).

50:22-26 요셉이 죽다 야곱은 유언 속에서 가나안이 약속의 땅이며 언젠가는 그의 자손들이 그 땅을 유업으로 차지하게 될 것이라고 말하였다. 요셉 역시, 죽음을 맞으면서, 하나님이 당신 백성을 애굽에서 이끌어 내신 뒤 아브라함과 이삭과 야곱에게 약속하신 그 땅으로 인도하실 날이 이를 것이라고 이야기한다. 요셉은, 이 위대한 날이 이를 때에, 자신의 유골을 그 땅에 묻어달라고 당부한다. 창세기는 요셉이 죽어 애굽에 묻힌 일을 기록하면서 막을 내린다.

그렇다면, 독자들에겐 여전히 이런 의문들이 남아 있을 것이다. '이스라엘 백성은 정말 하나님이 그들에게 약속하신 땅으로 돌아가게 될까, 아니면 그냥 그대로 영원히 애굽에서 살게 될까?', '요셉의 유골은 정말 다시 가나안에 묻히게 될까?' '진정 하나님은 당신이 아브라함과 이삭과 야곱에게 하셨던 약속을 끝까지 지키실까?' 이런 의문들에 해답을 제공해 줄 책이 바로 구약의 두 번째 책이자 창세기 다음 책인 출애굽기다. 이제 우리는 그 책으로 넘어간다.

출애굽기

영어의 '엑소더스'(exodus)는 말 그대로 '출발' 또는 '떠남'이라는 뜻이다.* 출애굽기는 하나님이 이스라엘 백성을 애굽의 종살이에서 구해 내신 과정에 초점을 맞추고 있다. 창세기는 요셉의 장례 기사와 함께 막을 내린다. 요셉은 창세기 마지막 부분에서 하나님이 아브라함과 이삭과 야곱에게 약속하신 그 땅에 자신이 묻히는 날이 오기를 소망하고 있다. 출애굽기는 바로 그 이야기를 이어받아, 이스라엘이 가나안으로 돌아가서 이 약속의 땅으로 들어가는 장면을 보여 주고 있다.

출애굽기 1:1-22
도입

출애굽기는 요셉이 죽은 뒤 이스라엘 백성들(이제 야곱의 자손들은 이 이름으로 알려지게 된다)이 얼마나 번성하게 되었는지 묘사하는 글로 시작한다. 족장들(아브라함과 이삭과 야곱)에게 많은 자손을 주시겠다고 약속하셨던 하나님은 단순히 많은 정도를 넘어 애굽의 원주민들이 경각심을 가질 정도로 이 약속을 이루어 주신다.

애굽 사람들은 점차 이스라엘 백성들을 위협으로 여기게 된다. 출애굽기가 서술하는 사건들을 살펴보면, 애굽 사람들은 요셉이 죽은 후 200여 년이 흐르는 동안에 그 요셉이라는 인물과 그가 애굽에서 한 일을 잊어버린 것처럼 보인다.

마침내, "요셉을 알지 못하는 새 왕"(1:8)이 권력을 잡는다. 사람들은 종종 이 문제의 바로가 셈족을 적대시한 인물로 알려진 아모세(Ahmose)라고 생각하곤 한다.**

---

* 출애굽기를 영어로 쓸 때는 앞의 e를 대문자로 쓴다. '엑소더스'라는 말은 '-로부터 나가다'라는 의미의 희랍어 전치사 '엑스'(eks, 본디 ek이지만 모음 앞에서는 eks가 된다)와 '길, 여정, 삶의 방식'을 가리키는 희랍어 '호도스'(hodos)가 결합된 '엑소도스'에서 유래한 것이다. 실제로 구약 성경을 희랍어로 번역한 70인경은 출애굽기의 제목을 '엑소도스'로 기록해 놓았다. 히에로니무스가 번역한 라틴어 성경 불가타는 이 '엑소도스'를 라틴어 남성명사 어미를 채용하여 '엑소두스'로 바꿔 놓았다. 그러나 히브리 성경은 전통대로 출애굽기의 제목을 첫 문장의 두 낱말을 따서 '버엘레 셔모트'(그런데, 이것들이 -의 이름들이다)로 붙여 놓았다.

** 이 '아모세'는 남부 애굽 출신의 원주민으로서 북부 애굽의 나일 삼각주에 있던 힉소스 왕조의 수도 '아바리스'를 무너뜨리고 이집트 원주민 왕조를 복구한 인물이라고 한다. 참고. 알프레드 허트, 「고고학과 구약 성경」, 212. 하지만 '아집트 새 연대표 이론'을 주장하는 데이비드 롤은 이 왕을 13왕조의 '소베크호테프 3세'로 본다. 그가 주장하는 자세한 내용은 데이비드 롤, 「시간의 풍상」, 355이하를 보라.

('셈족'이라는 말은 노아의 아들 '셈'에서 유래하였다. 셈족은 팔레스타인 지역의 사람들, 특히 이스라엘 백성들을 가리키는 말로 사용되곤 한다.) 이 새 왕은, 이스라엘 백성의 세력이 커지는 데 놀란 나머지, 이스라엘 백성들의 숫자와 영향력을 제한하기 시작한다. 그는 먼저 강제로 이스라엘 백성들을 노예로 삼는다(1:11-14). 이어서, 모든 이스라엘 남자 아이들을 태어나는 즉시 죽이려고 시도한다(1:15-22). 하지만, 이런 전략들은 실패하고 만다. 히브리 산파들이 하나님을 두려워하여, 바로의 소망을 따르지 않았기 때문이다.

출애굽기 2:1-2
모세가 태어나다

모든 이스라엘 남자 아이를 죽이려는 시도가 한창 진행 중일 때, 레위 지파에 속한 한 집에 사내아이 하나가 태어난다. 바로의 칙령을 따르자면, 이 아이는 나일 강에 수장(水葬)될 수밖에 없었다. 아이의 어머니는 차마 아이를 죽일 수 없었다. 그리하여, 그 아이를 상자에 담아 나일 강 유역의 갈대 숲 속에 갖다 둔다. (여기서 '상자'를 가리키는 말은 창 6:14이 노아의 '방주'를 가리킬 때 쓴 말과 똑같다. 노아의 방주처럼, 이 상자도 물에 빠져 죽게 될 생명을 구하는 방편이 되었다.)* 그런데, 바로의 딸이 이 아이를 발견하여 구출한다. 하나님의 은혜로, 장차 이스라엘 백성을 구원할 이가 바로의 가족 가운데 한 사람을 통해 죽음에서 구해진다.

그 아이를 건져 낸 공주는 아이가 이스라엘 자손임을 알아차린다. 공주는 그 아이를 가리키는 말로 '히브리 사람'이라는 독특한 명칭을 사용한다(2:6). 우리가 뒤에 미리암이라는 것을 알게 될 그 아이의 누나는 공주를 위하여 아이에게 젖 먹일 사람을 '히브리 여인들' 중에서 찾아보겠노라고 제안한다. 아이의 누나는 기민하게 자신의 어머니를 아이의 유모로 데려온다. 결국 헤어졌던 모자(母子)가 다시 만나게 된 셈이다. 그 아이는 자라나 바로 집안의 양자가 되어 '모세'라는 이름을 받게 된다.**

모세 이야기는 계속 이어진다(2:11-24). 모세는 '장성하여', 아마 그 나이가 40에 이르렀던 모양이다. 비록 바로의 집안에서 양육되었지만, 모세는 자신의 동포를 한시도 잊지 않았다. 그러던 중, 모세는 우연히 한 이스라엘 사람을 학대하는 애굽 사람을 죽이게 된다. 모세는 애굽에서 도망칠 수밖에 없었다(2:15). 그는 미디안 땅에 정착한다. 미디안은 아카바(Aqabah) 만 동쪽에 있던 황량한 지역으로 애굽에서 수백 킬로미터나 떨어진 곳이었다. 모세는 미디안에 머무는 동안 미디안 제사장 이드로***의 딸과 혼인한다. 모세는 이 미디안에 정착하여 가족들

---

* 모세가 들어있던 '상자'나 노아의 '방주'는 히브리어로 모두 '테바'다(가/869).

** 영국의 성경고고학자 데이비드 롤은 모세가 태어난 때를 자신의 '이집트 새 연대표 이론'에 따라 카네페레 소베크호테프 4세가 통치할 때인 주전 1527년경으로 본다. 그는 모세가 이 바로의 치세 때 애굽의 왕자로 양육되었으며, 모세가 양육된 곳은 파이윰 분지 입구에서 북쪽으로 40킬로미터 쯤 떨어진 이타-타위의 왕궁이라고 주장한다. 참고. 데이비드 롤,「시간의 풍상」, 323-332. 반면, 주후 1세기의 유대인 역사가인 요세푸스는 모세가 주전 1614년에 태어났다고 말한다. 참고. Flavius Josephus, *Judean Antiquities 1-4*. tr. L.H. Feldman(Boston: Brill, 2004). 7.

*** 출애굽기 2:18은 '이드로'를 '르우엘'이라고 기록해 놓았다. 그러다가 3:1에서는 '르우엘'을 '이드로' (히브리어로는 '이트로')라고 기록한다 .

과 함께 여러 해를 보낸다.

하지만, 애굽에서는 이스라엘 백성들이 계속하여 핍박을 받고 있었다(2:23-25). 그러나 하나님은 당신 백성을 잊지 않으셨다. 구약의 위대한 주제인 하나님과 아브라함, 이삭 그리고 야곱 사이의 언약이 그 모습을 드러내기 시작한다. 하나님이 당신 백성들에게 하신 약속은 여전히 유효하다. 그렇다면, 이 약속은 어떻게 실현될까? 과연 어떤 일이 일어나게 될까? 다음 장(3장)에서는 앞으로 전개될 하나님의 위대한 구원 행위의 첫 장면이 시작된다.

출애굽기 3:1-6:30
하나님이 모세를 부르시다

3:1-22 모세와 불타는 떨기나무 덤불 모세는 미디안 땅에서 장인인 이드로의 양 떼를 치고 있었다. 그때, 하나님이 모세의 이름을 부르신다. 뒤이어 하나님은 아브라함, 이삭 그리고 야곱과 맺은 언약을 신실하게 지키실 것이며 이스라엘 자손들을 애굽의 종살이에서 구해 내시겠다는 결심을 재차 확언하신다(3:5-10). 하나님은 이스라엘 자손들을 "젖과 꿀이 흐르는 땅"으로 인도하시겠다고 천명하신다(3:8). 이 때문에 하나님은 모세를 택하여 바로에게 보내 이스라엘 자손들을 애굽에서 이끌어 내게 하신다.

모세는 이 사명 앞에서 주저한다. '왜 하필 나란 말인가?' '내가 이스라엘 사람들의 지지를 얻으려 하면 그들은 뭐라고 말할까?' 모세는 심란하였을 것이다. 하지만, 하나님은 모세의 마음을 굳건히 하신다. 모세는 하나님의 이름을 알고 싶어 한다. 하나님은 당신의 이름을 일컬어 "스스로 있는 자"(3:14)*라고 말씀하신다. 이 이름은 모세가 하나님께 붙여 준 것이 아니다. 오히려 이 이름은 하나님 자신이 당신 백성에게 알려 주시려는 이름이다. 구약을 보면, 어떤 이에게 이름을 지어 준다는 것은 그를 다스릴 권위의 존재나 그런 권위를 주장하는 표현이었다. 하나님 위에 군림하는 권위를 가진 이는 아무도 없다. 따라서 어느 누구도 하나님께 이름을 지어 줄 권리를 갖고 있지 않다. 하나님이 당신 이름을 알려 주시느냐 마느냐는 오로지 그분 뜻에 달렸다. 그분은 '주님'(여호와, the LORD)이시기 때문이다(3:15).** 종종 '네 글자'(tetragrammaton)라는 명칭으로 불리곤 하는 히브리어 '야훼'(여호와)

---

* 히브리어로 '에흐웨 아쉐르 에흐웨'다. 70인경은 이 말을 '에고 에이미 호 온'으로 번역하였다. '에고 에이미'는 '나는 -이다'라는 뜻이며, '호'(ho)는 남성, 주격, 관계사다. '온'은 희랍어에서 남성, 주격, 단수, 현재 분사다. 희랍어에서는 '현재'라는 동사의 시상이 단순히 현재 시제를 가리키는 것이 아니라 '어떤 상태의 계속'을 가리킨다. 따라서 '에고 에이미 호 온'은 우리말로 '나는 늘 있는(항상 존재하는) 그다'로 번역할 수 있다.

** NIV 성경은 YHWH라는 하나님의 이름을 'the LORD'로 번역하였다. 역자는 이 LORD를 '주님'으로 번역하여, Lord(주)와 구별하였다. 루터 역시 독일어로 성경을 번역하면서 'der Herr'로 번역하였다. 반면, 우리말 성경은 이 YWHW를 '여호와'로 번역하였다. 창세기 3:15의 히브리 본문을 보면, '여호와(야훼, 아도나이) 엘로헤 아보테켐(여호와 너희 조상들의 하나님)'이라는 말이 등장하는데, 개역한글판은 이 구절을 번역할 때 '여호와'라는 말을 분명히 기록하였다. 개역개정판은 웬일인지 이 '여호와'를 빼 버렸다. 그러나 이 '여호와'는 맛소라 학파가 자음뿐인 하나님의 이름 YWHW에 '아도나이'의 모음을 붙여 놓은 것을 그대로 읽은 것이기 때문에, YWHW의 본디 발음이 아닐 것이라는 게 학자들의 중론이다. 근래에는 '야훼'로 읽는 경우가 많지만, 이것조차 정확한 발음인지 의문이다. YWHW의 정확한 발음은 아직도 수수께끼다.

역시 하나님을 가리키는 고유한 이름이다. [YWHW라는 이 '네 글자'는 종종 '야훼'(Yahweh)로 적기도 한다. 이전의 오래된 영어 역본에서는 이 네 글자를 종종 '여호와'(Jehovah)로 잘못 표기하기도 하였다.] 이 '주님'(여호와)이라는 이름을 단지 하나님의 권위만을 가리키는 일반 명칭 '주'(Lord)와 혼동해서는 안 된다. '주님'은 하나님을 가리키는 특별한 고유 명칭이다. 하나님은 사람들이 이 이름으로 당신을 알며, 당신께 경배하고 기도하는 가운데 이 이름을 부르길 원하신다. NIV 성경은 '주님'과 '주'의 혼동을 막으려고 아예 '주님'을 모두 대문자로 표기하였다: 'LORD.'* 아울러 하나님은 당신이 아브라함과 이삭과 야곱이 경배하며 순종하던 하나님과 동일한 하나님임을 확인해 주신다. 하나님이 이 위대한 족장들에게 주셨던 약속들은 여전히 유효하다. 때문에 하나님은 "아브라함과 이삭과 야곱의 하나님"(3:16)이신 것이다.

하나님은 모세에게 애굽으로 돌아가 이스라엘의 장로들[장로들은 말 그대로 '연로(年老)한 어른들'이다. 구약은 종종 지혜와 연령이 밀접한 연관을 가진 것으로 보곤 한다.]**을 모으고 그에게 일어난 일을 이야기하라고 명령하신다. 이스라엘 자손들이 구원받을 순간이 멀지 않았다. 이스라엘은 속박에서 풀려나 해방을 누리게 될 것이다(3:18-22).

4:1-17 하나님이 모세를 보내셨음을 보여 주는 표적들
하지만, 모세는 여전히 망설인다. 그는 사람들이 자신의 권위에 도전할 것임을 알고 있었다(4:1-9). 그는 말을 잘할 수 있으리라는 확신도 없었다(4:10-12). 어쨌든, 그는 하나님이 맡기신 일을 하고 싶지 않았다(4:13-17). 하지만, 하나님은 초지일관하신다. 모세는 하나님이 택하신 사람이다. 하나님은 모세의 어눌함이 염려되시면, 모세의 형인 아론의 입을 사용하실 것이다(출 4:27-31을 보라). 그러나 하나님의 백성 이스라엘을 구원할 자로 세움 받은 이는 모세다. 모세는 이제 눈앞에 다가온 과업을 시작해야만 한다.

4:18-5:23 모세가 애굽으로 돌아가다
모세는 장인 이드로의 허락을 얻어 자신의 가족들을 이끌고 애굽으로 돌아간다(4:18-23). 이때 모세는 분명 하나님과 아브라함의 언약 안에 있었지만, 그 언약의 중요한 요구 사항 가운데 하나를 아직 이행하지 않고 있었다. 자신의 아들에게 할례를 행하지 않은 것이다(창 17:9-14). 언약의 요구를 이행하지 않은 사실을 남편보다 더 민감하게 받아들인 모세의 아내(십보라)는 아들의 포피를 벤다(4:24-26). 모세는 애굽에 도착한 뒤, 아론과 더불어 이스라엘 장로들을 모두 불러 모은다. 모세와 아론은 장로들에게 여호와 하나님이 이스라엘을 잊지 않으셨음을 확실하게 증언한다.

이제 본문은 모세와 아론이 바로를 만나는 장면으로 옮겨간다.*** 모세와 아론은 하

---

* 하지만, 역자는 앞으로 'LORD'를 '주님'으로 번역하지 않고, 개역개정판을 따라 '여호와' 또는 '여호와 하나님'으로 번역한다.
** 장로는 히브리어로 '자켄'이다. 이 말은 명사로 쓰이면 '노인, 장로'라는 뜻이지만, 동사로 쓰이면 '나이가 들었다'는 의미의 상태 동사가 된다. 그런가 하면, '자켄'과 자음은 같고 두 번째 모음만 달리하는 명사 '자칸'은 권위나 나이의 상징인 '수염'을 가리킨다(가/204).

나님을 대리하여 바로에게 "내 백성을 보내라!"는 저 유명한 요구를 전한다. 바로는 이 요구에 콧방귀조차 뀌지 않는다. 대체 이 여호와가 누구관대 나 바로에게 이런 명령을 한단 말이냐? 모세와 아론의 요구에 부아가 치민 바로는 이스라엘 백성들의 삶을 더 고달프게 만들기로 결심한다. 이스라엘 백성들이 벽돌을 만드는 데 필요한 짚을 더 이상 주지 않기로 한 것이다.* 이제 이스라엘 백성들은 스스로 짚을 마련해야만 했다(5:1-21). 이스라엘 백성들은 모세와 아론에게 역정을 낸다. 이 두 사람이 바로를 자극하는 바람에 자신들이 더 고달파졌기 때문이다. 모세는 외로운 처지가 되었다. 어찌하여 하나님은 모세를 이런 처지에 빠뜨리셨단 말인가?(5:22-23).

6:1-30 하나님이 구원을 약속하시다 하나님은 다시 한 번 모세에게 당신을 드러내시고 당신의 임재와 권능을 확실히 보여 주신다(6:1-27). 아브라함과 이삭과 야곱에게 나타나셨던 바로 그 하나님이 이번에는 모세에게 자신을 알리신 것이다. 하나님은 당신 백성들의 신음 소리를 들으셨다. 이제 그분은 당신의 언약을 신실히 지키실 것이다. '언약에 신실하신 하나님'이라는 주제는 구약 전체를 관통하는 아주 중요한 주제다. 우리는 출애굽기 19-24장에서 이 주제가 현실로 나타나는 것을 강렬히 느끼게 될 것이다. 하지만, 하나님의 백성들이 하나님의 종들을 거역하거나 하나님의 종들이 자기와 자기를 택하신 하나님을 신뢰하지 않는 것 등, 다른 주제들도 등장한다. 이를테면, 모세는 바로에게 가서 말하라는 하나님의 명을 받자, 어눌함을 핑계 대며 "바로가 어찌 나의 말을 들으리이까"라고 말한다(6:28-30). 그렇지만 결국, 하나님은 '더듬거리는 입술'을 가진 이들조차도 쓰실 수 있는 능력이 있다.

출애굽기 7:1-11:10
하나님이 바로를 심판하시다

만일 바로가 모세의 말을 듣지 않으려 한다면, 그는 모세가 아니라 하나님이 행하시는 일을 감당해야만 할 것이다. 이 본문의 서두에서는 바로가 고집스레 하나님을 거역하면서, 애굽에 잡혀 있는 이스라엘 백성들을 놓아 주지 않겠다고 완강하게 거부하는 내용을 다루고 있다. 이 부분에서는 '바로의 마음을 강퍅케 한다는 것'이 중요한 주제로 등장한다. 그러나 바로의 마음을 강퍅케 한다는 말을 하나님이 일부러 바로가 모세의 말이나 하나님의 뜻을 거역하도록 만드셨다는 의미로 이해하면 안 된다. 오히려 그 말은 바로 자신이 이미 마음속에 품고 있던 생각을

*** 이 바로가 누구인지 여러 가지 견해가 있다. 어떤 이는 (18왕조에 속하는) 주전 1447년을 출애굽 연대로 주장하면서 이 바로를 아멘호텝 2세로 본다. 그런가 하면, 어떤 이는 주전 1290년경에 출애굽이 있었으며, 이 바로는 라암세스 2세라고 주장한다. 반면, '이집트 새 연대표 이론'을 주장하는 데이비드 롤은 주전 1447년을 13왕조 시대로 보면서, 이 해에 출애굽이 있었고 당시의 바로는 두디모세(투트모스)라고 주장한다. 자세한 내용은 알프레드 허트, 「고고학과 구약성경」, 212-247./데이비드 롤, 「시간의 풍상」, 355-376을 보라.

* 당시에는 벽돌이 마른 뒤에도 잘 부서지지 않도록 흙에 짚을 넣어 벽돌을 만들었다. 이스라엘 백성들은 짚을 얻을 수 없었기 때문에, 짚을 구하는 수고에다가 벽돌이 마를 때 부서질 것을 예상하여 더 많은 벽돌을 만들어야만 하는 이중고를 겪게 되었을 것이라고 성경고고학자들은 말한다. 참고. 알프레드 허트, 「고고학과 구약성경」, 220.

하나님이 확인하셨다는 의미로 받아들여야만 할 것이다. 하나님이 바로의 마음을 강퍅케 하셨다고 말하는 본문(이를테면, 출 7:3, 9:12, 10:20)마다 바로의 마음이 (본디) 완강하였음을 이야기하고 있다(이를테면, 출 7:13, 22; 8:15, 32; 9:7). 하나님은 다만 바로의 은밀한 동기와 욕망을 폭로하셨을 뿐이다.

7:14-11:10 재앙들이 이어지다 여호와 하나님은 당신의 존재와 권능을 똑똑히 보여 주셨다. 그런데도, 바로는 이스라엘 백성들을 풀어 줄 생각이 추호도 없음을 분명하게 드러낸다(7:1-13). 결국 재앙들이 이어진다. 재앙들이 하나둘씩 이어질 때마다 애굽의 백성들은 처참하게 무너진다. 이 각각의 재앙들은 자연 현상에 비추어 이해할 수 있다. 이를테면, 물이 피로 변하는 재앙(7:14-24)은 엄청난 화산 폭발로 말미암아 화산재가 나일 강에 흘러들면서 사람과 동물의 식수가 오염되어 일어난 일이었을 수도 있다.* 하늘이 어두워진 것도 화산 폭발 때문이었을 가능성이 있다. 나일 강에서 멀리 떨어진 고센 땅에 거주하던 이스라엘 백성들은 이 재앙의 영향을 받지 않았을 것이다. 하지만, 이런 자연 현상의 배후에는 심판하시는 하나님의 손이 자리 잡고 있었다. 당시 일어난 재앙들을 순서대로 열거해 보면, 다음과 같다: 물이 피로 변한 것(7:14-24), 개구리가 올라온 것(8:1-15), 티끌이 이로 변한 것(8:16-19), 파리가 가득하게 된 것(8:20-32), 가축들의 죽음(9:1-7), 악성 종기가 생긴 것(9:8-12), 우박이 내린 것(9:13-35), 메뚜기가 덮친 것(10:1-20), 그리고 어둠이 온 땅을 덮은 것(10:21-29). 각 재앙마다, 똑같은 말이 후렴처럼 등장한다. '바로가 그의 마음을 완강하게 하여, 하나님의 백성을 보내려 하지 않았다.'

이제 말씀은 바로의 지독한 강퍅함에 마지막 타격을 안겨 주는 장면을 보여 주려고 한다. 장차 유월절 축제를 통하여 기념하게 될 사건이 벌어지게 된 것이다.

출애굽기 11:1-12:30
유월절

11:1-10 처음 난 것들이 죽임을 당하다 하나님이 애굽에 내리신 마지막 심판은 바로가 이스라엘 백성들을 혹독하게 억압한 한 가지 사례와 나란히 비교해 볼 수 있다. 바로는 새로 태어난 이스라엘의 모든 남자 아이들을 죽이라고 명령했다. 그런데, 하나님은 위로는 왕의 집안으로부터 아래로는 몸종과 가축에 이르기까지 애굽에 속한 것을 심판하신다. 그러나 이 심판에도 하나님의 자비가 숨어 있다. 바로는 이스라엘의 모든 남자 아이들을 죽였지만, 하나님은 애굽의 각 가정에서 처음 난 것만이 같은 운명을 겪도록 하셨다. 하지만, 이스라엘은 하나님의 심판을 받지 않는다. 이스라엘은 하나님이 몸소 당신의 백성으로 구별하셨기에, 하나님의 이 심판을 면하게 된다.

---

* 하지만 이 견해는 확실한 근거가 없다. 오히려 강이 핏빛으로 변한 것은 청(靑) 나일과 아트라바 유역에서 운반된 붉은 흙 때문일 거라는 주장이 있다. 그러나 이 견해를 주장하는 사람도 자신의 견해가 그릇의 물조차 피로 변한 현상을 설명할 수 없다는 점을 인정한다. 그러면서, 이 재앙은 어디까지나 하나님이 일으키신 것이었다고 말한다. 참고. NBC 21세기판 「IVP 성경주석: 구약」(서울: 한국기독학생회출판부, 2005), 148-149.

12:1-13 유월절 식사 하나님은 모세에게 이제 일어날 일에 근거하여 새 종교력(宗敎曆)을 반포하도록 명령하신다. 이 종교력은 뭔가 새 일이 임박하였음을 알려 주는 표지였다. (이 종교력에서 새해의 시작은 오늘날 사용하는 달력의 3월이나 4월에 해당한다.)* 하나님은 한 가족 또는 몇 가족이 한 무리를 지어 흠 없는 어린양이나 염소를 희생으로 잡은 뒤, 그 피를 그들이 사는 집의 양쪽 문설주와 인방에 바르라고 명령하신다. 이 피는 그들이 하나님의 백성임을 보여 주는 표지가 될 것이다. 그들은 앞으로 그 식사를 하면서 이제 곧 끝나게 될 그들의 애굽 시절을 기억하게 될 것이다. 이스라엘 백성들이 먹는 음식의 종류나 그 음식을 먹는 방법은 그들이 애굽에서 쓰라린 세월을 보내며 해방을 기다리던 그때를 기억하게 해줄 것이다. 이스라엘 백성들이 애굽에서 난 '쓴 나물'을 먹는 것(12:8)은 그들이 애굽에서 겪은 쓰라린 속박을 상징하는 것이다. '무교병'(누룩 없는 빵)을 먹는 것 역시 이스라엘 백성들이 다급하게 애굽을 떠날 준비를 하라는 요구를 받았음을 의미한다. 이 축제는 '하나님의 유월절'(逾越節)이라 불리게 된다. 유월절은 하나님이 애굽 백성들에게 보복하실 때 당신의 백성들이 사는 집은 그냥 '넘어가셨다'는 뜻이다.

12:14-30 유월절을 기념하다 하나님이 베푸신 구원을 기리는 유월절은 이스라엘 백성의 '영원한 규례'로서 해마다 축하해야 할 일이 되었다. 성경은 유월절을 쇠는 것과 관련하여 뒤에 더 자세한 내용을 규율하고 있다(12:43-49). 신약에서 예수 그리스도의 '마지막 저녁 식사'가 유월절 식사인 것은 결코 우연이 아니다(마 26:17-29; 막 14:12-25; 눅 22:7-20). 예수 그리스도는 예전에 하나님이 베푸신 위대한 구원을 기념하면서, 당신이 십자가의 죽음을 통하여 이루시게 될 위대한 구원을 준비하신다. 하나님이 죄를 심판하시는 역사는 애굽의 처음 난 것들을 심판하시는 것에서 출발하여(12:29-30), 마침내 당신의 독생자를 대속 제물로 바치는 데까지 이르게 된다.

출애굽기 12:31-18:27
출애굽

애굽의 처음 난 것들을 모두 죽이신 하나님의 마지막 심판은 바로의 완강한 고집을 꺾어 버린다. 바로는 이스라엘 백성이 애굽을 떠나도록 허락한다. 더 많은 재앙이 닥칠 것을 두려워한 애굽 사람들은 이스라엘 사람들이 가능한 한 빨리 애굽을 떠나기를 소망한다(12:31-39). 이후에(14:5-6) 그들은 변심하여 이스라엘 사람들을 다시 강제로 노예로 삼으려 한다.

13:1-16 처음 난 것들을 구별하여 하나님께 드리다 이스라엘 백성들이 애굽을 떠나려 할 때, 여호와 하나님은 (동물이나 사람이나) 처음 난 모든 것을 당신께 드리라는 관례를 세우신다. 이스라엘 백성들은 약속의 땅에 정착하더라도 이 관례를 계속 이어갈 것이다. 이스라엘 백성들은 이 관례를 통하여 하

---

* 새 달력에서 첫 달은 '아빕' 월이라고 불리게 된다. '아빕'은 히브리어로 '익긴 익었지만 아직 물러서 빻거나 볶아서 먹는 곡식 이삭이나 열매'를 가리키는 말이다. 바벨론 포로기 이후에는 '아빕' 월을 '니산' 월로 부르게 된다(나1/4, 696).

나님이 애굽에 사로잡혀 있던 그들을 크신 권능과 사랑으로 이끌어 내 "젖과 꿀이 흐르는 땅"으로 인도해 들이셨다는 사실을 되새기게 될 것이다. 이스라엘이 권능의 손으로 자신들을 애굽에서 이끌어 내신 여호와 하나님을 잊어버릴 경우에는, 이 관례가 하나님이 행하신 일을 기억하게 만들 것이다. 하나님이 당신의 백성들을 위하여 행하신 모든 일을 기억한다는 주제는 성경 전체에 걸쳐 빈번히 등장한다.

13:17-15:21 홍해를 건너다 이스라엘이 약속의 땅으로 들어가는 여정을 다룬 성경 기사를 보면, 자주 등장하는 한 가지 심오한 주제가 있다. 그건 바로 하나님은 당신의 약속에 신실하시다는 것이다. 하나님은 아브라함의 자손들에게 가나안 땅을 주시겠다고 약속하셨다. 하나님의 백성들은 하나님께 불순종하며 반역하기를 밥 먹듯 할지라도, 하나님은 가나안을 주시겠다는 그 약속에 늘 신실하실 것이다. 모세는 애굽을 떠나면서 하나님이 약속하신 저 가나안에서의 안식에 동참할 수 있도록 요셉의 유골을 가져간다(13:19).* 그것은 하나님이 당신의 약속에 신실하시다는 것을 보여 주는 징표였다.

그렇다면, 이스라엘 백성들은 어떤 길로 가나안에 갈 것인가? 가장 **빠른** 행로는 고센에서 출발하여 (지중해를 바라보는) 해안으로 간 다음, 그 해안을 따라 블레셋 땅을 지나서 가나안으로 들어가는 것이었다. 그러나 이 행로는 애굽의 적들이 애굽을 침략하는 데 사용할 수 있는 길이었다. 그 때문에 이 행로에는 방어 요새들이 늘어서 있었다. 낮에는 '구름 기둥', 밤에는 '불 기둥'의 인도를 받던 이스라엘 백성들은 북동쪽이 아닌 남동쪽으로 가나안 행로를 잡는다. 시내(시나이) 반도에서 무역로(貿易路)로 자주 사용되던 길들을 피한 것이다. 이스라엘 백성들은 예로부터 '홍해'(the Red Sea)로 알려진 곳으로 나아가는 길을 택한다. 하지만, '홍해'로 번역된 히브리어 '얌-수프'(yam suph)**는 사실 '갈대 바다'란 뜻이다. 이 바다의 정확한 위치는 알려져 있지 않다. '얌'이라는 말은 엄밀한 의미에서 꼭 '바다'를 가리키는 것만은 아니다. 오히려 그 바다는 내륙의 호수를 가리키는 것일 수도 있다.***

이 무렵, 애굽 사람들은 이스라엘 사람들을 평안히 떠나보낸 자신들의 결정을 후회한다(14:1-9). 자신들에게 값싼 노예 노동력을 풍부하게 공급해 주던 원천이 사라진 것을 깨닫기 시작한 것이다. 애굽 사람들은 이스라엘 사람들을 추격하여 다시 사로잡아

---

* 창세기의 마지막 구절(창 50:26)은 요셉이 110세에 죽자 사람들이 그의 시신을 미라로 만들었음을 증언하고 있다. 데이비드 롤은 만프레트 비타크 교수가 이끄는 오스트리아 발굴단이 나일 강의 지류인 이집트 펠루스 강 근처의 텔 에드-다바에서 요셉의 저택과 무덤 유적지를 발굴하였다고 이야기한다. 참고. 데이비드 롤, 「시간의 풍상」, 449-473.
** 히브리 본문은 출애굽기 13:18과 15:4에 나오는 '홍해'를 '얌-수프'로 기록하고 있다.
*** 히브리어 '수프'는 '민물에서 자라는 갈대'를 의미하며(가/539), '얌'이란 히브리어는 '바다, 큰 강, 큰 물줄기'란 뜻이다(가/302). 대부분의 학자들은 이 '갈대 바다'를 고대에 홍해와 직접 연결되어 있던 비터 호 (Bitter Lakes: 비터 호에는 '대 비터 호'와 '소 비터 호', 둘이 있다.) 지역으로 본다. 참고. NBC 21세기판, 「IVP 성경주석: 구약」, 153. 지금은 이 비터 호가 수에즈 운하의 일부가 되어 있다. 유명한 히브리어 학자 빌헬름 게제니우스는 '얌-수프'를 '홍해'로 번역하였으나(가/539), 루트비히 쾰러-발터 바움가르트너는 '얌-수프'를 '갈대 바다'로 번역하였다(나1/747).

출애굽 행로

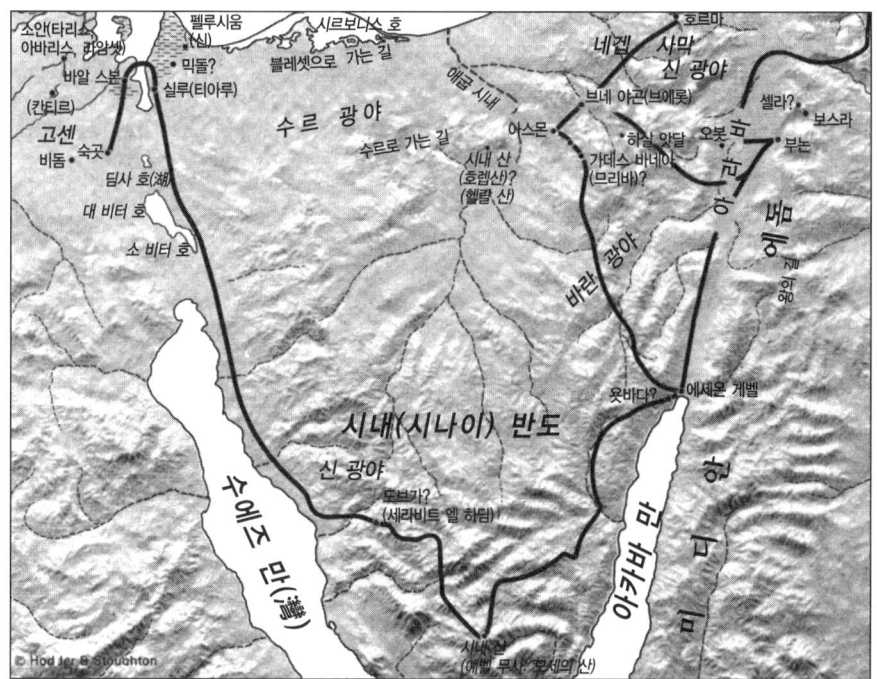

오기로 결정한다. 수색 부대가 출발하여, 떠나간 이스라엘 사람들을 '비하히롯'(Pi Hahiroth)*까지 추격한다(14:9). 순간 이스라엘 진영은 공황 상태에 빠진다. 순식간에 모세를 비난하는 원성이 거세게 일어났다(14:10-12). 그러나 모세는 이스라엘 백성들에게 하나님을 의지할 것을 강력히 촉구한다. 마침내, 우리는 성경이 증언하는 가장 극적(劇的)이며 가장 유명한 사건 하나를 만나게 된다. 강력한 동풍이 홍해의 바닷물을 둘로 갈라 이스라엘 백성들이 그 바다를 가로질러 반대편으로 갈 수 있는 길을 만든 것이다. 하지만, 애굽 사람들은 홍해가 집어삼켰다. 우리는 또다시 여기서 강력한 아이러니 하나를 본다. 애굽 사람들은 이스라엘의 모든 남자 아이들을 물에 빠뜨려 죽이려고 하였다.** 그러나 물에 빠져 최후를 맞이한 쪽은 정작 애굽 사람들 자신이었다. 이스라엘 백성들은 하나님이 베푸신 이 위대한 구원을 보고서야 비로소 정신을 차린다. 이제야 그들은 하나님을 두려워하고 신뢰하면서, 그분의 종 모세의 말을 청종(聽從)하려고 한다(14:13-31). 이스라엘 백성들은 큰 개가(凱歌)를 부르며 당신의 약속에 신실하시고 그 백성들을 약속의 땅 가나안까지 안전하게 인도하실 하나님의 위대한 승리를 크게 기뻐한다(15:1-21). 그러나 이스라엘이 하나님과 하나님의 종(모세)을 신뢰한 것은 잠시뿐이었다.

---

* '피'(Pi)는 고대 이집트의 도시를 가리킨다.
** 출애굽기 1:22을 보라. 바로는 이스라엘 여인이 낳은 '모든' 남자 아이를 나일 강에 던지라고 명령한다.

15:22-27 마라와 엘림의 물 하나님과 그분의 종을 향한 이스라엘의 믿음은 오래가지 못했다. 죄뿐인 인간 본성은 하나님을 믿고 섬기는 것에 금방 싫증을 내면서 순전히 육체의 소욕에 집착하던 옛길로 돌아간다. 얼마 되지 않아, 이스라엘 백성들은 식수(食水)의 질(質) 때문에 불평을 늘어놓는다. 하나님은 이 문제를 곧 해결해 주신다. 하지만, 출애굽기 독자들은 약속의 땅으로 나아가는 이스라엘의 유랑 기사를 읽다보면, 한 가지 주제가 반복하여 등장하는 것을 알게 된다. 참을성 없는 백성들은 불평하며 자신의 욕망을 즉시 채워 달라고 요구하고, 그러다가 난관(難關)에 부딪히면 하나님을 등지려고 한다. 이스라엘 민족은 약속의 땅으로 들어가기 전에 먼저 연단을 받아야 할 필요가 있었다. 성경은 이 점을 분명하게 보여 줄 것이다.

16:1-36 만나와 메추라기 곧이어 불평이 다시 시작된다(16:1-3). 이번에는 먹을 것이 문제였다. 이스라엘 백성들은 애굽의 고기 가마를 그리워한다. "애굽에 있을 때가 좋았지!"라는 말은 이 백성이 하나님께 늘어놓는 장황한 불평 거리 가운데 단골처럼 등장하는 주제다. 이미 하나님은 섭리로써 당신 백성을 돌보신다는 것을 애굽의 종살이에서 그 백성을 건져내실 때 분명히 보여 주셨다. 뒤이은 말씀들이 분명하게 증언하듯이, 하나님의 돌보심은 결코 소멸되지 않는다. 이를테면, 하나님은 이스라엘 백성들이 고기를 먹을 수 있도록 메추라기를 공급하신다(16:11-13). 또 그분은 '하늘에서 내리는 양식'을 이스라엘에게 베풀어 주신다(16:4). 이것은 예수 그리스도의 오심(요 6:32-33)을 통해 극명하게 드러나는 하나님의 선하심을 보여 주는 한 예다. 성경은 이 떡을 가리켜 '만나'라고 말한다(16:31).* 만나의 성질과 모양은 확실치 않다. 어떤 이들은 그 만나를 꿀맛 나는 이슬 모양의 것으로 추측한다. 어쨌거나, 하나님은 이 만나를 거두고 보존하는 일을 꼼꼼히 규율하셨다. 그걸 보면, 만나는 자연의 산물이라기보다 하나님이 당신의 백성이 생명을 건 역사의 순간에 그 백성들을 먹이시고자 베풀어 주신 양식임을 알 수 있다. 흥미로운 점은 일곱째 날의 쉼(안식)이라는 개념이 여기서 처음 등장한다는 것이다(16:23). 나중에 시내 산 언약이 체결될 때, 비로소 이 쉼은 언약이 요구하는 의무로서 공식 규정된다.**

17:1-7 반석에서 물을 내다 이스라엘은 음식을 배불리 먹게 되자, 이번에는 다시 물 때문에 불평하기 시작한다(17:1-2). 우리는 이 경이로운 본문 속에서 모세가 어떻게 반석을 쳐 물이 흘러나오도록 만들었는지 알게 된다(17:6). 구약의 많은 본문들(이를테면, 시 78:15-16과 사 48:21)은 이후에 하나님

---

* 히브리 본문은 '만나'를 '만'으로 기록해 놓았다. 히브리 본문을 보면, 이스라엘 백성들은 만나를 처음 보았을 때 서로 '만 후'라고 묻는다(출 16:15). 여기서 '만'은 '무엇?'에 해당하는 의문사이며, '후'는 '저것/그것'이라는 뜻의 지시대명사다(가/432-433, 175-176). 만나의 히브리어 이름 '만'은 이 의문사 '만'에서 나왔다. 70인경은 이 만나를 출애굽기 16:31에서는 '만', 여호수아 5:12에서는 '만나'라고 기록하였다. 라틴어 성경인 불가타도 70인경과 같다.

** 그러나 하나님은 출애굽기 16장에서 이미 일곱째 날에 완전히 쉬어야 한다는 것을 '당신의 법'으로 정하셨다. 히브리 본문을 보면, 하나님은 일곱째 날의 안식을 '법'(토라)이라고 지칭하신다(출 16:4, 28).

이 당신의 백성들을 선대(善待)하시며 그들과 함께 계심을 보여 주는 표지로서 이 사건을 되새기고 있다.

17:8-16 아말렉을 격파하다 이스라엘은 여기까지 광야를 행진해 오는 동안 별다른 방해자들을 만나지 않았다. 양식과 물 때문에 백성들 내부에서 불평이 일긴 했지만, 외부의 위협은 없었다. 그런데, 이제 상황이 바뀌게 된다. 아말렉 족속이 이스라엘을 공격한 것이다. 약탈자인 아말렉 족속을 어떻게 물리쳤는지 설명하는 이 이야기는 특히 중요하다. 여호수아가 등장하기 때문이다. 모세가 죽은 뒤, 드디어 이스라엘을 약속의 땅으로 인도하게 된 인물이 바로 여호수아다. 아직 출애굽 여정의 초기 단계이긴 하지만, 성경은 여호수아를 하나님께 순종하는 능력자로 부각시키고 있다. 뒤에 그는 모세의 조력자가 되어(24:13), 모세와 함께 시내 산으로 올라간다.

18:1-27 이드로가 모세를 방문하다 광야 유랑의 초기 시대를 설명하는 성경의 이야기는 모세와 그의 장인 이드로의 만남과 함께 끝을 맺는다. 이드로가 살던 미디안은 모세가 진을 칠 곳으로 선택한 지역에서 멀지 않았다. 모세는 자신의 아내와 아들들을 미디안으로 보내 이드로를 영접케 하고 이드로와의 만남을 준비한 듯하다. 미디안의 제사장이었던 이드로는 여호와 하나님을 섬기지 않았다. 하지만, 그는 여호와 하나님이 당신의 백성들을 위해 행하신 위대한 일들을 듣고 깊은 감명을 받는다. 그는 여호와가 참 하나님임을 인정하면서, 그분에게 희생 제물을 드린다(18:9-12). 이제 여호와 하나님을 따르는 사람으로 인정받은 이드로는 모세에게 직무 위임의 요령을 가르친다. 누구 말을 들어서라도, 모세가 반드시 터득해야만 했던 것이었다(18:13-27). 모세가 이스라엘 백성들의 모든 일을 처리하는 건 불가능했기 때문이다. 더욱이 모세가 홀로 재판 업무를 도맡는다는 건 버겁고도 불가능한 일이었다. 잘 조직된 행정 체계와 사법 체계가 싹트는 모습을 여기서 볼 수 있다. 이스라엘 백성들이 시내 산에 다가가면서, 장차 이 두 체계는 하나로 통합된다. 이스라엘 백성들이 애굽을 떠난 지 석 달이 흘렀다.

출애굽기 19:1-24:18
시내 산 언약

이스라엘 백성들은 시내 반도 남동쪽에 있는 시내 산자락에 진을 친다. 하나님은 모세를 그 산으로 부르신 뒤, 이스라엘을 '제사장 나라와 거룩한 백성'으로 만드시겠다고 선언하신다(19:6). 이스라엘은 다른 민족, 다른 백성과 구별될 것이며, 마음과 뜻과 목숨을 다하여 여호와 하나님을 섬기게 될 것이다. 신약 성경 역시 이 구별과 섬김의 개념을 제시하고 있다. 이제는 그리스도를 믿는 이들이 하나님의 왕 같은 제사장이며 그분의 소유된 백성임을 강조하고 있는 것이다(벧전 2:5, 9).* 이스라엘의 독특한 지위는 하나님이 이스라엘과 맺으신 언약이 보장해 줄 것이다. 이 언약은 이스라엘이 하나님의

---

* 하나님은 출애굽기 19:5에서 이스라엘이 하나님의 목소리에 귀를 기울이며 그분의 언약을 잘 지키면 하나님의 '소유'가 될 것이라고 말씀한다. 여기서 '소유'로 번역된 히브리어 '서굴라'는 '각 사람이 소중히 여기는 소유물이나 재산'을 가리킨다(가/536, 나1/742).

백성으로서 가지는 독특한 정체성을 확증해 줄 것이다.

모세와 이스라엘 백성들은 하나님의 언약을 들을 준비를 한다. 그들은 일련의 정결 행위를 통하여 자신들을 정결케 한다 (19:10-25). '죄인은 거룩하신 하나님 앞에 설 수 없다'는 말씀은 중요한 통찰을 담고 있다. 이스라엘 백성들이 하나님의 임재 안으로 들어가려 한다면, 그 전에 무언가 반드시 해야 할 것이 있음을 암시하기 때문이다. 이런 생각을 잘 발전시키고 있는 것이 하나님께 드리는 희생 제사 제도인데, 그것은 하나님께 가까이 나아가기 위해서는 반드시 정결하고 거룩해야 한다는 점을 강조한다. 하지만, 이러한 생각은 신약에서 그 정점에 이른다. 죄인이라도 그리스도가 흘리신 대속(代贖)의 피를 믿는 자는 확신과 기쁨을 품고 거룩하신 하나님의 임재 안으로 들어갈 수 있기 때문이다.

20:1-17 십계명 하나님은 이제 당신이 이스라엘과 맺으신 언약을 반포하신다. 사람들은 대개 십계명을 이 언약의 뼈대라고 이야기한다. 하나님이 이스라엘과 맺으신 언약은 고대 근동의 왕들이 그들의 신민(臣民)과 맺은 언약들과 중대한 유사점을 갖고 있다.* 고대 근동의 언약들은 보통 언약 당사자인 문제의 왕이 누구이며 그의 업적이 무엇인지 소개하는 글로 시작하곤 한다.** 하나님과 이스라엘의 언약 역시, 여호와가 이스라엘을 애굽의 종살이에서 구해 내신 하나님임을 거듭거듭 강조하고 있다. 당신이 누구인지 밝히신 하나님은 당신의 백성들에게 다음과 같은 열 가지 언약 조건들을 부과하신다. 처음에 나오는 네 가지 조건은 이스라엘과 하나님의 관계를, 나머지 여섯 가지는 이스라엘 백성들이 서로 부담하는 의무를 규율한다.

20:3 너는 나 외에는 다른 신들을 네게 두지 말라 이스라엘은 자신들을 애굽에서 구해 내신 하나님 한 분만을 신실히 섬겨야 한다. 그러나 이스라엘은 이 계명을 실천하지 못한다. 이스라엘은 다른 신들과 여신들을 음란

---

* 구약에 나타난 언약과 고대 근동의 언약이 비슷한 구조를 갖고 있음을 처음 주목한 사람은 독일의 구약 학자 마르틴 노트(Martin Noth)다. 그러나 그 언약 구조의 구성 요소를 분석하여 정립한 사람은 멘덴홀(Mendenhall)과 발처(Baltzer)였다. 그 구성 요소를 보면, 과거사 회고-언약의 내용인 권리와 의무-언약을 지키라는 경고-축복과 저주-증인을 세우는 부분 등으로 되어 있다. 참고. Norbert Lohfink, *Studien zum Deuteronomium und zur deuteronomistischen Literatur I* (Stuttgart: Verlag Katholisches Bibelwerk, 1990), 66.

** 고대 근동에서는 언약/조약 당사자가 언약/조약 내용에 합의한 뒤, 당사자가 각각 그 내용을 글로 기록하여 상대방 당사자에게 보냈다. 말하자면, 서로 상대방이 기록한 언약/조약문을 받아봄으로써 언약/조약을 맺은 셈이다. 가령, 이집트의 람세스 2세가 재위 21년에 적대 관계인 헷의 대왕 하투실리스와 맺은 조약의 경우, 하투실리스가 작성하여 람세스에게 보낸 조약문의 서두는 이렇게 시작하고 있다: "강력하신 왕 수피의 아들의 아들(손자)이요 헷의 대왕이자 강력한 분이신 무르실리스의 아들이며 역시 헷의 대왕이자 강력한 자인 하투실리스가 이집트의 위대한 통치자이자 강력한 분이신 멘-페티-레의 아들의 아들(손자)이시요 이집트의 위대한 통치자이자 강력한 분이신 멘-마아트-레의 아들이시며 이집트의 위대한 통치자요 강력한 분이신 우세르-마아트-레를 위하여 은판(銀板)에 기록된 규정들." 참고. James B. Pritchard(ed.), *Ancient Near Eastern Texts Relating to the Old Testament*, 3rd ed.(Princeton: Princeton University Press, 1969), 199.

하게 섬겼으며, 가나안에 정착한 뒤에는 특히 더 그러하였다. 하나님은 당신의 백성들이 당신께 온전히 헌신해야 한다는 점을 분명히 해두시려고 '질투하는'이라는 말을 사용하신다(이를테면, 20:5). 여기서 '질투'라는 말은 하나님이 시시하게 시기하거나 원망하신다는 뜻이 아니다. 오히려 이 말은 하나님이 당신의 백성을 뜨겁게 사랑하시기 때문에, 그 백성을 다른 (거짓) 신들과 공유하는 걸 거부하신다는 뜻이다.

20:4 우상을 섬기지 말라 당시 하나님을 믿지 않는 가나안의 많은 민족들은 우상들을 섬기고 있었다. 말 그대로, 돌이나 나무나 금속으로 신들의 형상을 만들어 섬긴 것이다. 하나님은 이스라엘이 그들과 똑같은 일을 행하는 것을 단호하게 금지하신다. 이스라엘이 경배할 대상은 오직 여호와 하나님뿐이다. 아울러 성경은 태양과 달과 별들을 섬기는 것을 포함하여 우상을 숭상하는 다른 행위들을 정죄한다. 성적 일탈 행위와 아이들을 불사르는 행위처럼, 우상 숭배와 관련된 많은 행위들 역시 금지하고 있다. 그러나 이런 경고도 허사였다. 이스라엘은 그 역사 속에서 허다한 순간을 우상 숭배에 빠지게 된다. 족장들과 모세 시대, 사사 시대, 왕정 시대를 거치면서, 어느 한 시대도 예외가 없었다. 구약은 우상 숭배가 지닌 영적 위험성뿐만 아니라, 우상 숭배 자체가 바보짓임을 설파한다. 나무로 만든 것을 신(神)인 양 진지하게 섬긴다는 것이 대체 말이나 되는 소리인가?

이런 금지 규정에는 또 다른 의미가 숨어 있다. 즉, 여호와 하나님은 어떤 인간의 모습으로 적당하게 그려질 수 있는 분이 아니라는 것이다. 창조주와 피조물을 뒤섞는 것은 쉬운 일이지만 동시에 치명적인 타격을 안겨 주는 일이다. 그런 일은 창조주가 아니라 피조물을 섬기는 결과를 초래할 뿐이다. 이 계명은 하나님이 당신의 언약에 철저히 신실하시다는 것을 강력히 천명하며 끝을 맺는다.

20:7 네 하나님 여호와의 이름을 망령되이 일컫지 말라 거짓 서약을 하면서 하나님의 이름을 들먹이는 경우처럼, 하나님의 거룩하신 이름을 남용해서는 안 된다.

20:8-11 안식일을 기억하여 거룩히 지키라 이 계명은 일곱째 날이 거룩한 날임을 확증한다. 구약의 창조 기사(창 1장)에 따르면, 하나님은 당신의 창조 작업을 마치시고 일곱째 날에 쉬셨다. 이 때문에, 하나님은 일곱째 날(토요일)을 안식할 날로 정하셨다. 현대 유대교는 지금도 이 관습을 따른다. 이 날에는 모든 종류의 노동을 그쳐야만 했다. 일곱째 날은 몸을 쉬면서 하나님께 감사하는 날로 지켜야만 했다. 예수 그리스도의 말씀처럼(막 2:23-28), 안식일은 사람을 이롭게 하려고 제정된 것이다.

그러나 신약 시대에 이르게 되면, 안식일 관련 규정들이 상당히 확장된다. 안식일은 이제 다양한 종류의 율법에 묶여, 그 원래 의도는 감춰지고 말았다. 예수 그리스도는 사람들을 더 많이 옭아맸던 몇몇 안식일 규정들을 공개리에 부숴버리신다. 그분은 안식일이 사람을 위해 있는 것이지 사람이 안식일을 위해 있는 것은 아니라고 선언하신다. 그리스도는 한 주의 첫 날(주일/일요일) 죽음에서 부활하셨다. 이 때문에 이 날은 그리스도인들에게 특히 중요한 날이 되었다. 결국, 그리스도인들은 원래의 안식일인 토요

일이 아니라 '주일'(일요일)을 안식일의 쉼을 누리는 날로 지키게 된다. 그리스도인들은 구약 율법의 문자에 얽매이지 않고도 안식일의 원리를 지킬 수 있게 될 것이다.

20:12 네 부모를 공경하라 바울 사도가 지적하듯이(엡 6:2), 이 계명은 약속이 붙어 있는 첫 계명이다. 부모를 공경하면, 이스라엘은 하나님이 그들에게 약속하신 땅에서 형통하게 될 것이다. 가족 사이에 존재하는 매우 강력한 의무감이 여기서 나타나고 있다. 지나친 개인주의 사고 방식에 더 익숙한 현대 서양의 독자들이 특히 유념해야 할 계명이다. 구약은 여기뿐만 아니라 다른 곳에서도 하나님의 백성들이 서로 상대방에 대하여 여러 가지 책임을 지고 있다는 점을 강조한다. 오늘날 서양 사회에서는 말 그대로 자기만족과 자아도취의 윤리가 판을 치고 있지만, 구약은 그런 윤리를 말하는 데 시간을 할애하지 않는다.

20:13 살인하지 말라 여기서 '살인'을 가리키는 말로 사용된 히브리어*는 보통 미리 진지하게 계획된 살인 행위를 가리킬 때 쓰는 말이다. 성경은 살인(모살, 謀殺)과 과실치사(고살, 故殺)를 구별하였다. 과실치사는 우연한 사고로 사람이 죽게 된 것을 가리키나 살인은 고의로 사람을 죽인 것을 가리킨다는 점에서, 둘은 큰 차이가 있다. 그러나 구약 시대에는 이 계명이 금지하는 행위 중에 중죄인을 처형하는 것이나 전쟁 중에 목숨을 빼앗는 것은 포함되지 않는다고 이해하였다.

20:14 간음하지 말라 성경은 명백하게 그리고 거듭하여 간음을 신뢰를 깨는 행위로 정죄한다. 성경이 묘사하는 간음은 부주의한 자가 걸려드는 덫이요 개인과 사회를 파괴하는 행위다. 구약은 종종, 다른 신들이나 우상들을 섬기는 것처럼, 영적 불신앙을 드러내는 모습들을 간음에 비유한다. 성경은 여호와 하나님을 그분의 백성인 이스라엘의 남편으로 간주한다. 때문에 이스라엘이 다른 신들, 특히 가나안의 농경신(農耕神)들을 음란하게 섬기는 것(이 신들에게 지내는 제사 속에는 성행위도 들어 있었다)은, 마치 혼인한 자가 간음을 저질러 혼인 언약을 어기는 것처럼, 하나님과 맺은 언약을 어기는 일로 간주한다.

20:15 도둑질하지 말라

20:16 네 이웃에 대하여 거짓 증거하지 말라

20:17 네 이웃의 집을 탐내지 말라 '탐내다'라는 말은 조금 예스런 말이다. 어쩌면 이 말은 '부러워하다'나 '시샘하다'로 옮길 수 있을지도 모르겠다.** 무엇보다 이 계명이 정죄하는 것은 다른 사람의 것을 갖고 싶어하는 욕망이다. 다른 사람의 것을 부러워하지 않고, 우리가 가진 것을 받아들일 준비가 필요하다. 그렇게 다른 사람의 것을 욕심내다 보면, 어느 누구라도 아주 쉽게 폭행과 살인을 저지를 수 있으며 위험한 죄가 자신을 드러낼 길을 터 줄 수 있다.

십계명에 이어서 이 계명들을 보충하는

---

* '라차흐'(가/772).

** 히브리 본문은 '탐내다'라는 말로서 '하마드'라는 동사를 쓰고 있는데, 이 말은 '무언가를 대단히 욕심내다', '무언가를 얻으려고 몸부림치다'라는 뜻을 갖고 있다(가/238-239). '부러워하다'나 '시샘하다'라는 말로 이 '하마드'의 뉘앙스를 표현하기엔 모자람이 많다.

일련의 부가 규정들이 기록되어 있다. 이 규정들은 십계명 그 자체가 드러내는 몇 가지 사상들을 더 상세하게 규율한다. 이 법규들은 우상 숭배 금지(20:22-26), 종들에 대한 처우(21:1-11), 사람이 부상을 당하였을 때의 보상 방법(21:12-36), 개인 재산의 보호(22:1-15), 공동체 전체를 보호하는 데 필요한 내용(22:16-23:9), 안식일의 쉼(23:10-13)과 매년 돌아오는 절기를 지키는 것에 관한 규정들(23:14-19)을 규율하고 있다.

하나님은, 언약의 상대방인 이스라엘이 계속하여 당신께 신실함을 지키는 한, 당신 역시 이스라엘에게 신실함을 지킬 것이라고 확언하신다. 이미 앞에서 보았지만, 하나님과 이스라엘의 언약은 많은 점에서 혼인 언약과 밀접한 평행 관계를 이루고 있다. 성경이 이스라엘의 불신앙을 간음 내지 매음(賣淫)에 비유하고 있기 때문이다. 하나님은 이스라엘에게 약속하셨던 땅을 주시겠다고 약속하신다. 때문에 그분은 이스라엘보다 앞서 가셔서 이스라엘이 차지할 그 땅에 혼란과 공포를 퍼뜨리신다(23:20-33). 그런데도, 여기서 하나님은 이스라엘이 이미 그 가나안 땅에 살고 있는 사람들의 종교적 믿음과 행위로 말미암아 쉬이 부패할 수 있다는 점을 경고하신다. 이 경고를 듣고 나서, 이스라엘 백성들은 하나님과 맺은 언약을 확인한다. 그들은 기꺼이 그 언약을 받아 따르겠노라고 선언한다(24:3). 모세는 장엄한 제사 의식이 진행되는 동안 언약서를 이스라엘 백성들에게 낭독한다(24:7). 백성들은 그 언약에 순종하겠다고 서약한다. 그런 다음, 모세는 여호수아를 데리고 '하나님의 산'인 시내 산으로 돌아간다. 모세는 그 산에서 사십 주야를 머무른다(24:18).

출애굽기 25:1-31:18
성막

모세는 하나님의 언약이 하나님의 백성에게 요구하는 내용을 알게 되었다. 이제 그는 이스라엘이 하나님께 합당한 예배를 드리는 데 실제로 필요한 세부 사항들을 듣게 된다. 이 부분의 세세한 내용들은 복잡하다. 그 세부 내용의 기능과 중요성을 제대로 이해하려면, 전문적 주석의 도움을 받으면서 이 부분을 꼼꼼히 읽어볼 필요가 있다. 여기서는 이 세부 규정들이 그리스도를 믿는 현대 독자들에게 어떤 중요성을 갖고 있느냐에 초점을 맞출 것이다.

하나님은 이스라엘을 당신의 백성으로 부르신 뒤, 그들을 '제사장 나라요 거룩한 백성'으로 세우셨다(19:6). 이제 하나님은 성막(문자대로 해석하면, '머무시는 곳')*으로 알려진 성소(말 그대로 '거룩한 곳')**에 계시면서 그 백성들 가운데 머무실 것을 선언하신다(25:8-9). 십계명이 새겨진 두 개의 석판(石板)은 이 성소의 중요한 구성 부분이 된다(25:10-22). 이스라엘이 광야를 떠도는 동안 그 석판들을 담아 나르게 될 상자는 '증거궤'***로 알려지게 된다. 이 증거궤는

---

* 히브리 본문은 출애굽기 25:9에서 '성막'(장막)을 '타브니트 함미쉬칸'으로 기록해 놓았다. '타브니트'는 '건축물, 모형'이란 뜻이며, '미쉬칸'은 '거주'(居住)라는 뜻이다. 결국, '타브니트 함미쉬칸'은 '거주하는 건축물'이란 뜻이다(가/469, 870).
** 히브리어로 '미크쉬' 다(가/455).
*** 히브리 본문은 출애굽기 25:22에서 이 궤를 '아론 하에두트'라고 말한다. '아론'은 '상자'란 뜻이며, '에두트'는 '증거, 어떤 의식을 통해 주어진 의무, 의무를 부과하는 법'이란 뜻을 갖고 있다(가/64, 565). 따라

구약의 다른 곳에서 '여호와의 궤'로 불리기도 한다(이를테면, 삼하 6:11). 이렇게 해서, 하나님과 이스라엘 사이의 언약은 이스라엘이 광야를 떠도는 동안 눈에 보이는 형체로 이스라엘과 함께하게 되었다. 다윗이 예전의 여부스였던 예루살렘을 정복한 뒤, 마침내 이 증거궤는 예루살렘 성전 안에 안치된다.*

26:31-35 성막(성전)의 휘장 성경은 성막과 그 안의 집기에 대하여 세부 사항들을 좀 더 자세히 기록하고 있다. 그 가운데, 성막 자체의 양식(樣式)과 관련된 몇 가지 요소는 반드시 언급할 필요가 있다. '성막(성전)의 휘장'은 성막에서 특히 중요한 부분이었다. 휘장을 친 목적은 성막에서 지극히 거룩한 곳으로 여겨졌던 '지성소'에 사람들이 접근하지 못하도록 막는 것이었다. 성막의 휘장은 이스라엘의 예배와 관련하여 실제로 중요한 기능을 하였지만, 그 기능 이상의 심오한 의미를 갖게 된다. 일반 예배자들은 이 휘장 때문에 '지성소'에 들어갈 수 없었다. 이것은 하나님과 죄뿐인 인류 사이에 그 휘장이 갈라 놓은 것보다 더 골 깊은 단절이 존재함을 보여 주는 것이었다. 그런 점에서, 휘장은 인간의 죄가 하나님과 인류 사이에 만들어 놓은 장벽의 상징이 되었다. 예수 그리스도가 십자가에서 돌아가실 때, 성전 휘장이 둘로 갈라졌다(마 27:51). 사람들은 복음서가 언급하는 이 극적 사건을 그리스도의 죽음이 가져다 준 커다란 혜택 가운데 하나를 상징하는 것으로 본다. 죄가 하나님과 인류 사이에 만들어 놓았던 장벽이 무너진 결과, 신자들이 하나님께 자유로이 나아갈 수 있게 된 것, 그것이 바로 그리스도의 죽음이 가져다준 혜택이었다.

28:1-29:46 제사장직 모세의 형 아론과 아론의 아들들이 제사장으로 택함을 받은 결과, 이스라엘 내에서 제사장직을 맡을 사람들이 계속해서 나올 수 있게 되었다. 제사장직에 관한 세부 규정은 제사장들이 입어야 할 옷들까지 자세히 규정하고 있다(28:1-43). 성경은 제사장들이 이스라엘 내에서 특히 중요하고 존경받는 자리를 차지하게 될 것임을 분명하게 말씀하고 있다. 그들은 이스라엘이 거룩한 백성으로 남아 있게 할 과제를 지게 된다. 이 때문에 말씀은 제사장들을 거룩히 구별하여 세우는 방식(29:1-46)과 이스라엘이 예배의 모든 요소에 주의를 기울여야 한다는 점을 특히 강조하고 있다.

30:1-31:18 이스라엘의 예배 이스라엘은 거룩하신 하나님이 선택하신 거룩한 백성이다. 이스라엘의 장래는 그들이 거룩함을 유지하느냐에 달려 있다. 우리가 지금 살펴보는 본문이 특히 강조하는 것이 있다. 이스라엘이 하나님의 백성으로 남고자 한다면, 하나님이 거룩하시듯이, 이스라엘도 거룩함을 유지해야만 한다는 것이다.

그리스도인들은 이 본문의 많은 세부 내용들을 널리 '의식법'(儀式法) 또는 '제의법'(祭儀法)이라는 범주에 포함시킨다.** 이 세

서 '아론 하에두트'는 '증거궤' 또는 '법궤'로 해석할 수 있다.
* 정확히 말하면, 다윗이 예루살렘을 정복한 뒤에도 이 증거궤는 일단 다윗 성(시온)에 있는 장막에 안치되었다(삼하 6:17, 왕상 8:1). 그러다가 다윗의 아들 솔로몬이 예루살렘에 성전을 건축한 뒤에야 비로소 이 증거궤가 성전 안의 지성소에 자리 잡게 된다(왕상 8:6).
** 보통 구약의 법을 '도덕법', '시민법', '의식법'이라는 세 범주로 나눈다. 도덕법은 시대를 불문하고 어느

부 내용들이 하나님이 이스라엘에게 명령하신 예배와 희생 제사의 정확한 방법을 다루고 있기 때문이다. 기독교 저술가들은 '도덕법'(이를테면, 십계명)과 '의식법' 또는 '제의법'을 구분한다. 전자는 오늘날의 그리스도인들에게도 유효한 구속력을 발휘하지만, 후자는 이스라엘 역사에 존재한 특정 시대만을 규율하는 것으로서 오늘날의 그리스도인들에겐 더 이상 구속력을 갖지 못한다는 게 그 저술가들의 생각이다. 그리스도는 '옛 언약'의 제의법이 더 이상 구속력을 발휘할 수 없는 방식으로 율법을 완전히 성취하셨다. 이제는 예수 그리스도의 '새 언약'이 '옛 언약'의 자리를 갈음하게 되었다. 히브리서는 이 주제를 특히 분명하게 이야기한다(이 책의 히브리서 부분을 보라).

출애굽기 32:1-34:35
이스라엘 백성이 하나님께 반역하다; 하나님이 모세에게 언약을 갱신해 주시다

32:1-35 금송아지 우리는 하나님이 당신 백성을 구원하시는 이야기 속에서 죄라는 주제가 거듭하여 등장하는 것을 목격하였다. 우리는 이제 이스라엘이 금송아지를 만든 광야 유랑 시절의 저 유명한 사건(32:1-4)에서도 죄가 반복됨을 알게 된다. 모세가 없는 동안, 이스라엘 백성들은 여호와 하나님과 맺은 언약이 제일 먼저 언급하는 주제, 곧 우상 숭배를 금지하는 규정을 어기고 하나님을 거역하기 시작한다. 이스라엘 백성들이 자신들을 애굽에서 이끌어 낸 공로를 여호와가 아니라 모세에게 돌린 사실을 주목하라(32:1). 하나님은 이스라엘에게 일체의 우상 숭배를 금지하셨다. 그런데도, 이스라엘 백성들은 황금 송아지를 만든다. (이 송아지는 아마 애굽 사람들이 섬기던 황소 모양의 신 '아피스'와 비슷한 모양을 하고 있었을 것이다. 이스라엘 백성들은 애굽에 머물 때 아피스의 형상을 접한 게 틀림없다.)* 이스라엘 백성들은 이 우상에게 예배하면서, 이 우상이 그들을 애굽에서 인도해 낸 신이라고 선언한다(32:4). 아론은 이스라엘이 우상 숭배에 빠져드는 것을 묵인하였다. 나아가 이스라엘이 그보다 더한 일을 벌이는데도, 이를 막지 않는다(32:5-6).

하나님은 이스라엘의 불순종에 격노하신다(32:7-10). 그리하여 이스라엘이 당신의 언약을 너무나 악독하게 저버린 이상, 하나님도 그들을 버리려 하신다는 점을 분명하게 말씀하신다. 하지만, 모세는 이스라엘 백성들을 용서해 달라고 탄원한다. 그는 하나님께 아브라함과 이삭과 야곱과 맺으신 언

사회에서나 적용될 수 있는 법으로서 십계명이 그 예이며, 시민법은 구약 사회에 적용되는 법, 의식법은 구약의 제사법을 가리킨다고 한다. 그러나 영국의 구약 학자 고든 웬함(Gordon Wenham) 같은 이는 신약이 구약의 법을 이렇게 나누고 있지도 않을 뿐더러, 그것이 도덕법인지 시민법인지 의식법인지 딱 부러지게 구분하기 힘든 내용이 많다는 이유를 들어 이런 구분을 반대한다. 이런 구분 대신, 웬함은 시대 상황이 달라져도 계속하여 적용될 수 있는 원리와 특별히 구약의 상황에 적용될 수 있는 특수한 규정으로 나누어보자고 제안한다. 자세한 내용은 Gordon Wenham, *The Book of Leviticus* (Grand Rapids: W. B. Eerdmans, 1979), 32-37을 보라.

* 이집트 사람들은 아주 오래 전부터 황소를 숭배했다. 황소는 풍요와 힘의 상징이었으며, 멤피스의 주신인 '프타'와 나일 강의 신 '하피'의 현신으로 간주되었다. 더욱이 아피스는 파라오의 화신 가운데 하나로서, 파라오가 죽게 되면 파라오와 함께 사자(死者)의 신인 오시리스로 숭배되었다. 자세한 '아피스' 이야기는 데이비드 롤, 「시간의 풍상」, 67-88을 보라.

약을 기억해 달라고 요청한다. 아울러 그들의 자손을 번성케 하여 그 자손들에게 약속의 땅을 유업으로 주시겠다던 약속을 기억해 달라고 간청한다. 여호와 하나님은 당신께 반역한 백성들에 대한 심판을 보류하시겠다고 말씀하신다(32:11-14). 산에서 내려온 모세는 여호수아와 합류한다. 이스라엘 진영으로 들어간 모세와 여호수아는 하나님의 언약이 철저히 파괴된 모습을 목격한다. 모세는 하나님이 친히 자신의 법을 새겨 주신 두 석판을 깨버린다(32:19). 그것은 이스라엘이 언약을 깨버린 사실을 극명하게 보여 주는 상징이었다.

모세는 이스라엘의 반역에 분노한다. 그는 먼저 금송아지를 불태워 없애 버린다. (이로 볼 때, 그 금송아지는 나무로 만든 형상에 금박을 입혀 만들었던 것 같다.) 모세는 아론에게 그 금송아지가 어떤 경위로 만들어졌는지 설명하라고 요구한다. 아론은 많은 금장식들을 불에 던졌더니 그 불에서 금송아지가 나왔다고 대답했지만(32:24), 설득력이 없는 대답이었다. 사실은 죄악에 가득한 백성들이 아론을 시켜 금송아지를 만든 것이었다. 아론의 교묘한 책임 회피는 지극히 숭고한 하나님의 백성들 속에도 죄가 얼마나 깊이 각인되어 있는지를 사실 그대로 보여 주는 증거다. 모세의 반응은 이스라엘을 정결케 하는 것이었다. 그는 하나님께 반역한 이들을 이스라엘로부터 떼어낸 뒤, 삼천여 명의 우상 숭배자들을 칼로 쳐 죽인다(32:25-35).

33:1-11 여호와 하나님의 신실하심
이제 죄의 결과들이 분명하게 나타난다. 하나님은 아브라함과 이삭 그리고 야곱의 자손들에게 약속하신 것들을 철회하지 않으실 것이다. 이스라엘 백성들은 하나님이 그들의 조상들에게 주리라고 맹세하신 땅을 계속 소유하게 될 것이다. 그러나 하나님은 당신이 그들과 함께하지 않으실 것이며, 당신의 백성들이 지은 죄 때문에 그들에게서 떠나겠다고 말씀하신다. 이런 말씀을 들은 이스라엘 백성들은 낙심한다. 그들은 슬픔과 회개의 표시로 몸에 걸고 있던 장신구들을 떼어 낸다(33:4-6). 모세는 다시 한 번 하나님께 이스라엘과 함께해 달라고 탄원한다. 허물투성이인 백성이지만, 그래도 이스라엘은 여전히 하나님의 백성이었다(33:13). 약속된 땅을 주시겠다고 약속하셨던 분이 함께하시지 않은 채 그 땅에 들어간다면, 그게 무슨 의미가 있단 말인가? 만일 하나님이 이스라엘 가운데 임재하지 않으신다면, 이스라엘은 어떤 모습으로 바뀔 것인가? 결국, 여호와 하나님은 당신의 백성과 함께하겠다고 말씀하신다. 모세를 어여삐 여기셨기 때문이다 (33:17).

33:12-23 모세와 여호와 하나님의 영광
그 때, 모세는 자신에게 은총 베풀어 주실 것을 하나님께 간청한다. 그는 영광 중에 계신 하나님을 뵙고 싶어 한다(33:18). 그러나 빛과 영광이 충만한 가운데 거하시는 하나님을 뵐 수 있는 사람은 아무도 없다. 하나님은 모세를 지나가시면서, 모세에게 당신의 뒷모습만을 살짝 보여 주신다. 하지만, 모세뿐만 아니라 어느 누구라도 하나님의 얼굴을 보는 것은 허락되지 않는다(33:19-23). 오직 예수 그리스도만이 하나님의 충만한 영광을 대면하여 보셨으며, 이 영광을 죄로 가득한 인류에게 나타내셨다(요 1:18). 하나님은 이렇게 당신을 보여 주신 뒤, 모세와 맺으신 당신의 언약을 확인하신다. 하나님은 당신의 백성과 함께 약속의 땅으로 들어가실 것이다.

34:1-35 새 석판들 하지만, 하나님의 백성들은 우상을 섬기는 가나안 지역의 여러 신앙과 어떤 형태의 타협도 하지 말아야 한다(34:1-14). 뒤에 이어진 말씀(34:15-28)은 십계명의 요점을 다시 이야기한다. 이때, 모세가 그것들을 글로 새긴다. 하나님을 만난 결과, 모세의 얼굴은 변화되어 광채가 나게 된다. 하나님의 영광 중에 있었던 까닭에, 모세 자신이 하나님의 영광을 반사하여 빛을 발하게 된 것이다(34:29-35). 여기서 우리는 예수 그리스도의 모습이 변화되었던 변화산 사건의 중요한 예표를 보게 된다(마 17:3-4; 막 9:4-5; 눅 9:30-32). 그 변화산에서도 모세는 그리스도의 영광을 힘입어 빛을 발하게 될 것이다.

출애굽기 35:1-40:38
추가 규정들과 결론

출애굽기는 하나님의 백성이라는 이스라엘의 독특성을 보존해 줄 규정들을 재차 이야기하며 끝을 맺는다. 성막 건축과 예배에 관한 이 규정들의 기본 골격은 이미 제시되었다(25:1-28:43; 30:1-5; 31:1-11을 보라). 하지만, 여기서 이 규정들을 다시 이야기하는 것은 이스라엘 백성들이 그 규정들을 기억하여 준행해야 한다는 것을 확실히 해두려는 데 그 목적이 있다.

출애굽기는 사막을 지나 하나님이 약속하신 땅으로 계속 나아가는 이스라엘 백성들의 모습을 보여 주며 그 막을 내린다. 하나님은 이스라엘의 죄와 반역에도 불구하고 여전히 그들 가운데 계신다. 하나님이 그들 가운데 계심을 눈으로 확인한(40:38) 이스라엘 백성들은 그들의 목적지를 향하여 행로를 재촉한다. 광야 유랑 기사는 민수기에서도 이어질 것이다. 그 광야 유랑 기사는 레위기에서 잠시 휴지기(休止期)를 갖게 되고, 우리는 레위기에서 잠시 순례 여정을 멈춘 이스라엘 백성들을 향한 하나님의 뜻을 더 많이 배우게 될 것이다.

레위기

출애굽기는 성막을 세우는 것으로 끝을 맺는다. 이 성막은 이스라엘 백성들이 광야를 지나 약속된 땅으로 나아가는 동안, 그 백성들의 예배에서 중심이 될 것이다. 이스라엘이 시내 산을 떠나 가나안 접경지인 모압 땅으로 이동하는 이야기는 민수기에서 다시 다루고 있다. 이제 말씀은 그 시선을 성막 자체로 옮겨가면서, 성막에서 드리는 예배에 필요한 법과 규정들에 초점을 맞춘다. 아울러 정결 의식과 같은 사항들을 상세히 규정한 지침들이 예배법과 규정들을 보충하고 있다.

레위기라는 책이름은 레위 지파에서 유래하였다.* 레위 지파는 아론 및 그의 아들들과 함께 성막에서 드리는 예배를 인도하며 백성들을 늘 거룩하게 할 책임을 지고 있었다. 레위기의 중심 주제는 '거룩함'이다. 하나님이 거룩하시듯이, 하나님의 백성들도 거룩해야만 한다. 레위기가 상세히 제시하는 규례들은 삶의 모든 면이 거룩하신 하나님의 뜻을 따라야 한다는 것을 증언하고 있다.

레위기에서 특히 중요한 주제는 희생 제사다. 신약은 희생 제사라는 주제를 거듭 발전시켜 예수 그리스도가 인류의 죄를 완전하게 대속하신 희생 제물임을 강조한다. 예수 그리스도가 드리신 완전한 희생 제사로 말미암아, 구약의 제사 제도뿐만 아니라 그 제사 제도와 결부된 많은 의식법(儀式法) 내지 제의법이 폐지되었다. 히브리서가 말하듯이, 황소나 염소의 피는 죄를 제거하지 못한다(히 10:4). 이 때문에 레위기를 읽는 그리스도인 독자들은 종종 상세한 제사 규정과 정결 규정 때문에 당황하며 혼란스러워 한다.

그렇다면, 레위기는 그리스도인 독자들에겐 가치가 없는 걸까? 아니다! 레위기를 읽는 그리스도인 독자들은 하나님의 백성에게 거룩함이 얼마나 중요한지 절실히 깨닫게 될 것이다. 레위기는 죄의 심각성과 함께 죄가 하나님과 우리의 관계를 해친다는 점을 강조한다. 레위기는 속죄의 필요성을 강조하면서, 선하시며 언약에 신실하신 하나님이 죄를 용서해 주신다는 점을 확언해 준다. 레위기의 이 모든 주제들은 희생 제물로 죽으신 예수 그리스도께 초점을 맞추고 있다. 신자들이 구원을 얻게 된 것은 그분의 보혈 덕분이다. 레위기를 읽게 되면, 예수 그리스도가 오시게 된 배경과 그분의 속죄 제사가 지닌 심오한 의미를 더 풍성히 깨닫게 될 것이다(히 8:1-6, 10:1-7). 이 점을 마음에 새기고 레위기의 주제들을 탐구해 보도록 하자.

---

* 히브리 본문은 본문의 첫말을 제목으로 적는 전통을 좇아 레위기의 제목을 '와이크라' [또 그(여호와)-가(모세를)부르셔서]를 제목으로 기록해 놓았다. 70인경은 '류티콘'이라는 제목을 붙였는데, '류티콘'은 '레위 사람의'라는 뜻이다(다/593).

레위기 1:1-7:38
여호와 하나님께 드리는 제사의 종류

레위기는 그 서두에서 여호와 하나님께 드릴 수 있는 제사의 종류들을 상세히 설명하고 있다. 그 제사에는 다섯 가지 종류가 있다.

1:1-17 번제(燔祭) 이 제사는 동물의 수컷(이를테면, 소나 양의 수컷 또는 숫염소)으로 드린다. 하지만, 궁핍한 사람들은 새의 수컷(이를테면, 비둘기)으로도 대신 드릴 수 있다. 번제에는 여러 가지 목적이 있다. 번제는 하나님께 헌신함을 표현하는 것이자, 예배 행위이며, 고의 없이 저질러진 몇몇 죄를 속하기 위해 마련된 제사 형태다(자세한 내용은 6:8-13, 8:18-21을 보라).

레위기는 제사에서 드리는 제물이 완전해야 하며 어떤 종류의 흠도 없어야 한다는 점을 강조하고 있다(1:3). 어떤 흠집도 없는 제물로 완전한 희생 제사를 드린다는 관념은 신약에 이르러 죄 없는 예수 그리스도가 순종함으로 십자가에 달려 돌아가신 사건에서 완벽하게 이루어진다. 이 순종의 죽음으로 말미암아 마침내 온 인류의 죄가 용서를 받게 된다(히 9:14을 보라).

2:1-16 소제(素祭) 소제는 그 어떤 동물의 생명도 취함이 없이 다양한 종류의 농산물로 드리는 제사 형태다. 소제에 적합한 제물은 알곡, 곡식의 고운 가루 그리고 올리브기름(감람유)이다. 소제 자체에는 동물의 피를 흘린다는 요소가 없지만, 이 소제는 본디 다른 종류의 몇몇 제사들과 함께 드리도록 되어 있었다. 결국, 모든 종류의 제사에는 생명을 취한다는 요소가 들어 있음을 분명히 알 수 있다(더 자세한 규정들은 6:14-23을 보라).

3:1-17 화목제(和睦祭) 화목제는 동물의 수컷이나 암컷을 희생 제물로 드리는 제사다. 이 제사는 예배자가 여호와 하나님께 감사를 표현할 때 드리곤 했던 것이다. 이 화목제에는 제물을 드리는 사람이 그 제물의 일부를 먹을 수 있다는 특징이 있다(기름과 피는 먹을 수 없다). (더 자세한 규정들은 7:11-34을 보라.)

4:1-5:13 속죄제(贖罪祭) 속죄제는 아주 중요하다. 고의 없이 저지른 죄를 용서받는 것과 관련되어 있기 때문이다. 말씀은 사람들을 대체로 제사장, 이스라엘 공동체(회중), 지도자(족장) 그리고 그 공동체의 개별 구성원(평민)이라는 네 부류로 나눈 뒤, 각 부류별로 특정한 제물을 드리라고 요구한다. 어느 경우든지, 제물은 완전하고 흠이 없는 것이어야만 한다. 제사장이나 회중 전체가 죄를 범하였을 때는 수송아지를 제물로 바쳐야만 한다. 지도자(족장)의 경우에는 제사장의 경우보다 덜한 숫염소를 제물로 바쳐야만 한다. (제사장들의 죄를 특히 더 무겁게 여긴 것은, 제사장들의 죄로 말미암아 그들이 대표하는 백성 전체가 죄인이 되기 때문이다.) 이스라엘 회중의 개별 구성원(평민)이 고의 없이 죄를 범한 경우에는 형편에 따라 제물에 차등을 두었다. 대부분의 평민들은 암염소나 어린양의 암컷을 제물로 드려야만 했다. 하지만, 가난한 사람들에겐 산비둘기 한 마리나 집비둘기 한 마리를 예물로 드리는 것이 허용되었다. 그마저 감당할 수 없을 정도로 너무나 가난한 사람은 고운 가루 '십분의 일 에바'(약 2리터)를 속죄 제물로 드릴 수 있었다.(더 자세한 규정들은 6:24-30, 16:3-22을 보라.)

5:14-6:7 속건제(贖愆祭) 속건제는 고의 없이 계명을 어겨 죄를 범하였을 때 드리는 제사다. 죄인은 숫양을 제물로 바치고, 필요한 원상회복 조치를 취하며, 추가로 제사장에게 오분의 일을 주어야만 했다. 일단 이렇게 하고 나면, 죄를 지은 사람은 용서받았음을 확신하며 안도할 수 있었다.(더 자세한 규정들은 7:1-6을 보라.)

레위기 8:1-10:20
제사장직과 제사장의 임무

이 부분은 아론과 그의 아들들을 제사장으로 세운 일(8:1-36)과 그들이 제사장으로서 일한 첫 시기(9:1-10:20)를 기록하고 있다. 제사장의 주요 임무 가운데 하나는 정결한 것과 부정한 것의 구별과 관련되어 있다. 하나님은 이스라엘에게 거룩함을 실천하는 한 방편으로서, 제사장의 경고를 통해 어떤 종류의 제의적 불결함도 피하도록 요구하신다. 불결한 것이 생기면, 제사장은 적절한 방식으로 그 부정한 것을 정결케 해야만 했다.

레위기 11:1-15:33
불결함

11:1-47 정결한 음식과 부정한 음식 이 본문이 논의하는 주요 내용은 우선 음식의 유형에 초점을 맞춘다. 본문은 특정 동물들을 부정(不淨)하다고 선언한다. 이런 동물들을 먹는 것뿐만 아니라 그 시체에 접촉하는 것도 금지되었다. 이런 부정한 짐승들 중에는 낙타, 토끼, 돼지, 쥐가 포함되어 있다. 우연히 이런 동물들의 사체에 접촉하여 불결하게 된 사람들은 그 옷을 빨아야만 비로소 정결케 될 수 있었다.

12:1-8 산후(産後)의 정결례 하지만, 다른 경우에도 불결은 생겨날 수 있다. 아이를 낳은 여인은 불결하다. 따라서 제물을 바침으로써 그 몸을 정결케 할 필요가 있었다(12:1-8). 그 제물은 보통 어린양이다. 그 여인이 가난하다면, 비둘기 새끼 두 마리를 대신 바칠 수 있었다. 여기서 우리는 예수 그리스도의 어머니인 마리아가 가난하였음을 깨닫게 된다. 마리아는 예수를 낳은 뒤, 어린 집비둘기 둘을 제물로 바쳤기 때문이다(눅 2:24).

13:1-14:57 전염성이 있는 피부병 불결을 낳는 주요 원인은 전염성이 있는 피부병들이었다. 성경 시대에는, '나병'(癩病)이라는 말을 전염성이 강하고, 종기와 발진과 헌 자국을 남기는 피부병들을 가리키는 말로 사용하였다. 따라서 성경이 말하는 나병은 오늘날 이 병을 가리키는 '한센 씨 병'과 같은 것이 아니다. [NIV는 오해를 막기 위해 '나병' 대신 '전염성이 있는 피부병'(infectious skin disease)이라는 표현을 쓰고 있다.] 구약은 공동체에 끼칠 위험을 최소로 하고자 여러 규정들을 제시하고 있다. 이 규정들 속에는 나병에 걸린 사람들을 사회로부터 격리시키는 일반 규정과 레위인이 해야 할 일을 수행할 수 없도록 하는 특별 규정이 들어 있다. 제사장은 나병인지 아닌지 판별하여 그 환자들을 강제로 격리시켜야 할 책임을 지고 있었다. 만일 이 나병 환자들이 정상인과 똑같은 사회생활을 누리려면, 병에서 완치되었다는 선언이 있어야만 했다. 완치 선언은 제사장이 나병 환자의 피부를 꼼꼼히 살핀 뒤에 이루어졌다. 그러나 완전한 정결이 이루어지려면, 다시 한 번 제사를 드려야 했다(13:1-14:17).

15:1-33 불결함의 원인이 되는 유출 사람의 몸에서 흘러나오는 것은, 그것이 어떤 것이든, 그 사람을 일정 기간 불결케 하는 것으로 간주되었다. 무언가를 몸에서 유출한 남자는, 그 유출이 무엇이든 불결한 사람으로 간주되었고, 그 사람과 직접 신체 접촉을 한 어떤 사람이나 어떤 물건도 똑같이 불결하게 여겨졌다(15:1-18). 이와 비슷하게, 월경중인 여인도 불결한 사람으로 간주되었다(15:19-30). 어떤 경우이든, 제사장은 성막을 더럽히는 그 어떤 행위도 막아야 할 책임이 있었다(15:31-33).

레위기 16:1-34
속죄일

유대인들에게 특히 중요한 의미를 갖는 구약의 규례가 하나 있다. 속죄일 규례가 그것이다. 속죄일은 하나님의 백성들로부터 죄를 제거하는 연례 행사로 마련되었다. 속죄일의 전체 의식은 복잡하다. 우선 대제사장은 자신을 정결케 한 다음, 수소 한 마리를 자신과 다른 제사장들을 위하여 제물로 바친다. 그런 뒤, 염소 두 마리를 데려온다. 그 두 마리를 각각 제비 뽑아, 한 마리는 속죄 제물로 삼고 다른 한 마리는 사람들의 죄를 짊어지는 염소로 삼아 광야에 버린다. ('제비를 뽑는 것'—현대에 주사위를 던지는 행위와 비슷하다—은 제비를 던져 그 결과에 따라 어떤 결정을 내리는 것을 말한다. 이것은 마치 오늘날 사람들이 동전을 던져 무언가를 결정하는 것과 흡사하다.) 첫 번째 염소는 사람들의 죄를 속하는 제물로 바치게 된다. 그런 다음, 죽은 수소와 염소를 진 밖으로 가져가 불태운다. 이어서 대제사장은 두 번째 염소의 머리에 안수하여 백성들의 모든 죄를 그 불행한 동물에게 전가한다. 그런 뒤, 사람들의 죄를 짊어진 그 염소를 진(陣) 밖으로 끌어 내 광야로 보낸다. 이 염소는 이스라엘 백성들의 죄책을 짊어지고 광야로 간다. ['사람들의 죄를 짊어지는 염소' (scapegoat)는 그 어깨에 사람들의 죄를 짊어진다 하여 그런 이름이 붙게 된 것이다.]*

속죄일은 예수 그리스도의 죽음을 이해할 수 있는 배경이 된다는 점에서 아주 중요하다. 히브리서는 이 점을 특히 분명하게 제시한다(히 8:1-6; 10:1-18). 히브리서는 예수 그리스도를, 매년 속죄일 제사를 드릴 필요가 없게끔, 단번에 완전한 제사를 드린 완전한 대제사장으로 간주한다. 예수 그리스도가 드린 제물은 그리스도 자신이다. 그분이 죽으심으로써, 사람들의 죄가 그분에게 옮겨지고 사람들은 죄에서 벗어나게 되었다. 특히 예수가 예루살렘 성 밖에서 죽임을 당한 사실을 주목할 필요가 있다. 이것은 마치 이스라엘 백성들이 속죄일의 마지막 순서에 제물인 수소와 염소를 진 밖에서 불태운 것과 흡사하다. 레위기의 제의는 더 위대하고 완전한 제사 장면을 예표하고 있다. 그 제사는 장차 도래하게 될 뿐 아니라, 구약의 희생 제사들이 단지 가리켜 알려 줄 뿐, 실제 이루어 내지 못한 것을 이루어 내게 된다(이 책의 히 10-13장 부분을 보라).

---

* 개역개정판은 이 염소를 '아사셀을 위하여 제비뽑은 염소'라고 기록한다. 히브리 본문 역시 이 염소를 '아자젤을 위한 염소'라고 기록한다. '아자젤'이란 히브리어의 뜻은 분명치 않다. 학자들은 이 '아자젤'이 '광야에 사는 악령'일 것이라고 추측한다(가/576).

레위기 17:1-27:34
추가 규정들

레위기의 나머지 부분은 이스라엘이 그 특유한 정체성을 지킬 수 있도록 일련의 규정을 마련하여 제시해 놓았다. 그 가운데 일부 규정은 제사 제도와 연관된 것이며, 일부는 개인 윤리, 다른 일부는 이스라엘이 지켜야 할 절기들과 관련된 것이다. 특히 이 절기들은 이스라엘에게 특유한 정체성과 존재 목적을 부여해 준 사건들을 기억하게 하는 방편이었다.

17:1-16 피 먹는 것을 금지하시다 처음 등장하는 주요 규정들은 피를 다루고 있다. 말씀은 여기서 구약의 희생 제사 제도를 이해하는 데 중요한 근본 원리를 제시하고 있다. "육체(피조물)의 생명은 피에 있음이라" (17:11)는 말씀이 바로 그것이다. 이 때문에, 하나님은 이스라엘 백성이 피를 먹거나 마시는 것을 금지하셨다. 그러나 다른 한편으로, 피와 생명을 결부시키는 이런 사상 덕택에 우리는 구약의 희생 제사에서 피가 갖는 중요성을 이해할 수 있게 된다. 이를테면, 속죄일에 대제사장은 희생 제물인 동물의 피를 속죄소(贖罪所)에 뿌렸다(16:15). 신약의 저자들은 '그리스도의 피'를 상당히 강조한다. 이는 그리스도의 피 흘림이 속죄 제사임을 보여 주는 것이다. 그리스도는 이 속죄 제사를 통해 자신의 생명을 내어 주심으로써 인류가 죄 사함을 얻게 하셨다.

18:1-20:27 위법한 성관계들; 다양한 법들; 죄를 벌하는 규정들 계속해서 말씀은 금지된 성관계들에 관한 규정들(18:1-30)과 기타 규정들(19:1-37)을 제시한다. 이 규정들이 드러내는 거듭된 관심사는, 하나님 자신이 거룩하신 것처럼 이스라엘도 거룩함을 지켜야 한다는 것이다. 죄를 심각하게 받아들여야 한다는 생각은 죄에 대한 처벌 규정에서도 간파할 수 있다(20:1-27). 이스라엘 백성들은 자신들의 독특한 성격을 유지해야 하며, 다른 민족들처럼 되지 말아야 한다. "너희는 내가 너희 앞에서 쫓아내는 족속의 풍속을 따르지 말라.…나는 너희를 만민 중에서 구별한 너희의 하나님 여호와니라" (20:23-24). 이 규정들의 중요성은 이스라엘이 약속의 땅에 들어가 이미 거기 거하고 있는 이방 족속들의 종교적 행태와 신앙에 부닥치게 될 때 특히 분명하게 드러날 것이다.

21:1-22:22 제사장들에 관한 규례들 이미 언급하였듯이, 제사장들은 이스라엘의 거룩한 소명을 떠받치는 데 특별히 중요한 역할을 감당하게 될 것이다. 이 때문에, 하나님은 제사장들의 거룩함(21:1-22:16)과 제사의 올곧음(22:17-33)을 지키는 데 특별한 관심을 보이신다. 죄를 지은 제사장은 온 백성을 오염시킬 것이기에, 제사장들은 그 어떤 죄에도 물들지 말아야 했다. 말씀은 제물에 그 어떤 흠도 없어야 한다는 점을 강조한다(22:17-22). 이 말씀은 예수 그리스도가 드리신 완전한 희생 제사를 내다보고 있다. 그분은 흠이나 죄가 전혀 없는 제물이셨기 때문이다.

레위기 23:1-25:54
주요 절기들

이제 말씀은 상당 부분을 할애하여 이스라엘의 주요 절기들을 다루고 있다. 주요 절기들은 다음과 같다.

23:3 안식일 한 주의 일곱째 날은 거룩하게

지켜야만 한다.

23:4-8 유월절 이스라엘이 애굽에서 구원받은 사건을 기억하는 날이다. 매년 첫 달(현재의 달력으로 3월-4월) 14일에 지켜야 한다.

23:4-8 무교절 이것은 이스라엘이 다급하게 애굽을 떠난 일을 기억하는 절기다. 매년 첫 달(현재의 달력으로 3월-4월), 유월절 직후 7일 동안을 이 절기로 기념한다.

23:9-14 초실절(初實節) 매년 첫 달 16일에 지키는 절기다. 이것은 땅을 기름지게 해주신 하나님의 선하심을 기리는 절기다.

23:15-22 칠칠절(七七節) 매년 초실절로부터 일곱 안식일을 센 뒤 그 다음 날 쉬는 절기(현재의 달력으로 5월-6월)다. 뒤에 '오순절'(五旬節)로 부르게 되는 이 절기는 본디 하나님이 이 땅에서 베풀어 주신 양식에 감사하는 추수(맥추) 감사절의 형태를 띠고 있었다.

23:23-25 나팔절(喇叭節) 매년 일곱째 달(현재의 달력으로 9월-10월) 첫 날에 기념하는 절기로서, 새해 축제의 형태를 띠고 있다. 이 축제는 뒤에 '로쉬 하샤나'(Rosh Hashanah)*로 알려지게 된다.

23:26-32 속죄일 앞에서 언급하였듯이, 이 거룩한 날은 매년 일곱째 달 10일에 지켰다. 속죄일은 의식을 통하여 제사장과 온 백성의 죄를 깨끗케 하는 날이었다.

23:33-44 장막절(帳幕節) 매년 일곱째 달 15일로부터 7일 동안 쉬는 절기다. 이 절기는 이스라엘이 애굽에서 나와 약속의 땅 가나안으로 향하던 여정을 기념한다. 나중에 '초막절'(草幕節)로 알려지게 된다.

25:1-7 안식년 일곱째 해가 돌아오면, 그 해에는 땅을 쉬게 하여 지력을 회복하게 하였다.

25:8-54 희년(禧年) 일곱 안식년을 지키고 난 그 다음 해를 일컫는다. 즉, 오십 년마다 한번 씩 돌아오는 해다. 희년에는 모든 빚을 면제하고 모든 종에게 자유를 주었다. 희년의 목적은 오랫동안 가난에 시달리는 가정이 생기는 것을 막는 데 있었던 것으로 보인다.

말씀은 이 규정들 중간에 '여호와 앞에 진설하는 떡'(24:1-9)과 사형의 시행(24:10-23)에 관하여 더 상세한 규정들을 제시하고 있다. 특히 사형에 관한 규정 속에는 "눈에는 눈으로, 이에는 이로"(24:20)라는 유명한 문구가 들어 있다. 이 문구는 죄와 벌이 서로 균형을 이루어야 한다는 점을 강조한다. 일부러 타인의 생명을 빼앗은 자는 사형으로 다스림이 마땅하다. 하지만, 다른 사람의 눈이나 이를 상하게 하거나 다리를 부러뜨린 사람을 사형으로 다스리는 것은 결코 온당치 않다. 사람들은 종종 '눈에는 눈, 이에는 이'라는 이 유명한 문구가 복수의 당위성을 암시하는 것으로 오해한다. 하지만, 실제로 이 문구는 형벌의 절제를 호소하는 것이다. 형벌의 혹독함은 죄가 초래한 침해의 강도에 비례해야만 한다.**

---

* 히브리어로 '그 해의 첫 날'이라는 뜻이며, '설날'로 번역할 수 있겠다.

레위기 26:1-27:34
순종에 따르는 상급과 불순종에 따르는 벌

레위기는 일련의 규정들로 끝을 맺으면서, 이스라엘이 거룩해야 한다는 점과 여호와 하나님이 그들에게 주신 계명들을 준행해야 한다는 점을 재차 강조한다. 이스라엘 백성이 이 계명들에 순종하면, 그들은 번영을 누리고 민족의 정체성과 완전성을 지키게 될 것이며 하나님이 그 백성 가운데 늘 계시는 상급을 얻게 될 것이다(26:1-13). 하지만, 이 계명들을 신실히 지키지 못하면, 이스라엘 백성들은 민족의 정체성을 잃어버리고 열방으로 흩어지게 될 것이다(26:27-39). 이렇게 상급에 대한 약속과 벌에 대한 경고가 한 자리에 모여 있는 것은 이스라엘 백성의 존속 자체가 하나님께 달려 있음을 그들에게 일깨워 주기 위한 것이다. 하나님은 이스라엘 백성을 애굽에서 인도해 내시고 저 앞에 있는 약속의 땅으로 그들을 인도하시겠다고 약속하신 분이다. 이 점을 마음에 새기고, 이스라엘의 가나안 여정 이야기로 돌아가 보자. 우리는 이스라엘이 시내 산자락에 진을 치고 있을 때 레위기로 떠나왔었다. 이제 민수기는 시내 산에 머물고 있는 이스라엘로부터 이야기를 다시 시작한다.

** 오늘날 형법의 중요한 원리 가운데 하나인 죄형법정주의도 '죄형균형의 원칙'을 구현하려는 한 방편이다.

민수기

출애굽기가 막을 내릴 때, 이스라엘은 아직 시내 산 지역에 머물고 있었다. 이제 민수기는 거기서 이야기를 다시 시작하면서, 가나안으로 나아가는 이스라엘의 광야 여정으로 우리를 인도한다.*

민수기 1:1-4:49
각 지파의 세부 상황

민수기는 이스라엘 각 지파의 지파별 인구를 설명하는 기사(記事)로 시작한다. (민수기는 앞부분 몇 장에서 백성의 숫자에 관심을 보인다. 이 책의 제목이 '민수기'가 된 건 그 때문이다.) 가나안을 정복하려면 군사력을 정비하는 것도 필요하였다. 인구 조사를 실시한 것은 이스라엘이 동원할 수 있는 병력 자원을 확인하려는 목적이었다(1:1-45). 아울러 각 지파는 자신의 진영(陣營)을 설치할 고유 구역을 정하였으며, 성막은 그 진영들의 중심에 배치하였다(2:1-34).

인구 조사 결과, 전투에 나설 수 있는 인원은 60만 3,550명 가량임이 밝혀졌다(1:46). 이로 볼 때, 이스라엘 전체 인구는 200만 명쯤 되었을 것이다. 하지만, 이 숫자는 해석의 난관을 초래한다. 민수기의 다른 구절을 보면, 이스라엘 자손 중 처음 태어난 자의 총수가 2만 2,273명으로 기록되어 있기 때문이다(3:42). 이 숫자는 총인구가 200만 보다는 턱없이 적었음을 보여 준다. 이스라엘 총인구가 200만 명이라는 기록이 맞는다면, 애굽에 처음 정착한 이스라엘 사람은 적은 수였으나 그 이후에 인구가 급격히 늘어난 셈이다. 만일 그랬다면, 그것은 하나님이 아브라함과 그 후예들에게 약속하셨던 자손의 번성이 실제로 이루어졌음을 분명히 확인해 주는 것이 될 것이다.

하지만, 여기서 히브리어의 해석과 관련하여 주목할 만한 난점이 하나 있다. 이를테면, 1:41의 히브리 본문에는 '사만 천오백 명'이라는 말이 나온다. 여기서 '천'이라고 번역한 단어는 히브리어로 다른 뜻을 가질 수 있다. 이를테면, 그 말은 '족장'(창 36:15)을 의미할 수도 있고, '가문'(수 22:14)을 의미할 수도 있다. 따라서 1:41의 '사만 천오백 명'은 '사십일 명의 족장들과 오백 명의 남자들'로 달리 번역할 수 있다.** 민수기의 처음 몇 장에 기록된 숫자들을 의문의 여지

---

* 히브리 본문은 민수기 제목을 '버미드바르', 곧 '광야에서'라고 붙여 놓았다. 첫 장 첫 구절의 첫 말을 제목으로 삼았던 창세기, 출애굽기, 레위기와 달리, 민수기는 첫 장 첫 구절의 중간쯤에 나오는 말을 제목으로 붙여 놓았다. 70인경은 민수기의 제목을 '아리뜨모이'라고 붙여 놓았는데, '아리뜨모이'는 '숫자'를 뜻하는 희랍어 '아리뜨모스'의 복수형이다. 직역하면, '숫자들'인 셈이다.

없이 설명하는 일은 아직 미제로 남아 있다.

3:1-4:49 레위 지파 레위 지파는 다른 지파들과 다른 대우를 받았다. 이들은 (이미 레위기에서 말했던) 특별한 종교적 의무들을 짊어지게 된다. 우선 레위인들은 아론과 그의 아들들을 돕는 일을 하게 되었으며, 특별한 종교적 책무를 지게 된다. 이를테면, 이스라엘이 광야를 유랑하는 동안, 레위 지파의 한 가문인 므라리 자손들은 성막의 구조물을 나르는 책임을 져야 했다(4:31-32). 반면, 역시 레위 지파에 속한 고핫 자손들은 성소에서 봉사하는 데 쓰는 모든 기구를 나르게 된다(4:12). 뒷부분에 가면(8:5-26), 레위 지파의 역할이 좀 더 분명하게 나타난다. 레위인들은 하나님 앞에서 이스라엘 백성들을 대표하게 된다. 그들의 섬김을 통하여, 이스라엘 공동체는 거룩함을 지키게 되며 어떤 종류의 해(害)도 당하지 않게 될 것이다.

5:1-10:10 추가 규정들 민수기는 다음 부분에서 이스라엘의 종교적, 도덕적 순결성을 보존하기 위한 규정들을 상세히 제시한다. 이스라엘의 종교적, 도덕적 순결성을 보존하는 일은 매우 중요하다. 만일 이스라엘이 그들의 고유한 성격을 잃게 된다면, 이스라엘은 더 이상 하나님의 백성으로 존속할 수 없을 것이다. 이 정교한 규정들은 의식과 도덕과 법을 다루고 있다(5:1-31). 민수기 6:24-26에 기록된 축복은 많은 그리스도인들이 익히 알고 있는 것이다.

"여호와는 네게 복을 주시고
너를 지키시기를 원하며,
여호와는 그의 얼굴을 네게 비추사
은혜 베푸시기를 원하며,
여호와는 그 얼굴을 네게로 향하여 드사
평강 주시기를 원하노라."

6:1-21 나실인 이 나실인 규정은 특히 흥미를 끈다(6:1-21). '나실인'이라는 말은 '거룩한 것으로 떼어 구별하다' 또는 '무엇으로부터 분리하다'라는 뜻의 히브리어에서 유래하였다.* '나실인'은 특별한 서약을 통해 자신들을 어떤 것과 '분리함으로써' 하나님께 자신들을 거룩히 구별하여 드리기로 결심한 남녀를 가리키는 말이었다. 이 나실인 서약의 존속 기간은 한정될 수도 있었지만, 때로는 종신 서약도 가능하였다. 나실인 서약은 서약자가 특정한 희생 제물을 드린 뒤 제사장이 몇 가지 제의 행위를 거행함으로써 그 효력을 발휘하였다. 서약을 한 나실

** 히브리 본문은 민수기 1:41의 '사만 천오백 명'을 '에하드 워아르바임 엘레프 와하메쉬 메오트'라고 기록해 놓았다. 저자가 문제 삼는 '천'(千)을 가리키는 단어는 '엘레프'다. 저자의 말처럼, 이 말은 '천'이라는 숫자 외에 '가문'이나 '소'(牛)라는 뜻으로도 쓸 수 있다. 하지만, 창세기 36:15의 히브리 본문은 '족장'을 가리키는 말로서 '알루프'를 사용하고 있다. '엘레프'가 '천 명으로 이루어진 무리'라는 뜻을 갖고 있을 때, '알루프'는 '이 무리의 우두머리'를 나타낸다(나1/54, 59-60). 게제니우스도 '엘레프'와 '알루프'를 구별한다(가/41, 44). 따라서 민수기 1:41의 '엘레프'를 '족장'으로 해석하는 것은 무리라고 생각한다.

* '나실인'은 히브리어로 '나지르'다. '나지르'는 '밭에서 자라도록 놓아둔 채, 안식년에 거두지 않는 작물'이라는 뜻과 함께, '하나님께 바쳐진 사람, 하나님께 구별하여 드린 사람'이라는 뜻을 갖고 있다. 이 말의 뿌리라고 볼 수 있는 히브리어 동사 'nzr'는 '수동형'(Niphal)일 경우 '자기를 부인하다, 자신을 신에게 바치다, 무엇을 공경하다'라는 뜻을 갖고 있으며, '사역형'(Hiphil)일 경우에는 '자신을 제어하여 무엇을 하는 걸 피하다'라는 뜻을 갖고 있다(나1/683-684).

인은 여러 의무를 지게 되는데, 그 중에서도 특히 중요한 의무들이 있었다. 포도나무에서 나는 것은 모두 피해야 할 의무, 머리털을 자르지 말고 시체를 만지지 말아야 할 의무 등이었다. 구약에서 나실인 서약을 한 사람 가운데 가장 중요한 인물은 삼손이었다(삿 13:1-5). 삼손은 나실인으로 평생을 지낼 것을 서약하였으나, 다른 인물들의 서약 기간은 그보다 더 짧았다.

7:1-89 성막을 봉헌할 때 드린 제사 말씀은 이미 앞에서 이스라엘 백성이 성막을 세운 일을 이야기하였다(출 40장). 이제 민수기는 성막을 봉헌할 때 드린 제사를 정확하고 상세하게 서술한다. 아울러 하나님이 이스라엘 백성이 볼 수 있는 구름의 형태로 늘 임재하신 모습을 재차 서술함으로써(9:15-23), 출애굽기의 성막 건축 기사를 보충하고 있다.

9:1-14 유월절 성경은 여기서 유월절 관련 규정들을 거듭하여 분명하게 제시한다. 특히 이 본문은 불결하게 된 사람들(이를테면, 시체와 접촉함으로써 불결케 된 사람들)이 유월절을 어떻게 쇠어야 하는지 규율하고 있다. 이 본문은 이스라엘 역사에서 그 백성들이 기념한 두 번째 유월절 이야기를 서술한다. 이스라엘 백성들은 1년 전에 첫 번째 유월절을 기념하였다. 그때, 그들은 아직 애굽에 있었다. 이스라엘은 가나안에 들어갈 때까지 이 유월절을 다시 쇠지 못하게 된다(수 5:10).

유월절 규정 중에서 그리스도인들에게 특별한 중요성을 갖는 것이 하나 있다. 모세는 유월절 어린양의 뼈를 꺾지 말라고 명령한다(9:12). 예수 그리스도가 십자가에 달려 돌아가신 장면을 서술한 복음서 기사들을 보면, 그분의 뼈가 전혀 꺾이지 않았음을 분명히 알 수 있다(요 19:36). 성경은 예수 그리스도를 참된 유월절 어린양으로 본다(고전 5:7). 그분은 유월절이 예표하는 하나님의 위대한 구원을 성취하고 완성하셨다.

민수기 10:11-12:16
가나안 접경 지역에서

시내 산자락에서 열한 달을 머무른 이스라엘은 마침내 가나안 땅으로 출발한다(10:11-36). 분명 그들은 희망에 부풀어 있었다. 이스라엘이 약속의 땅으로 들어갈 준비를 할 때, 모세는 자신의 처남인 호밥(10:29, 호밥은 모세의 장인 '르우엘의 아들'이며, 르우엘은 '이드로'의 또 다른 이름이다)을 초대하여 이스라엘과 합류케 한다. 우리가 뒤에 알게 되듯이, 호밥은 모세의 초청을 받아들인 것 같다. 그의 자손들이 가나안에 거주하는 사람들 중에 등장하고 있기 때문이다(삿 1:16).

11:1-12:16 여호와 하나님이 불과 메추라기를 보내시다; 모세를 거부하는 움직임 희망에 들뜬 이 분위기는 이내 자취를 감추기 시작한다. 이스라엘 백성들이 불평을 시작한 것이다(11:1-35). "애굽에 있을 때가 더 좋았지! 만나만 먹는 것에 이제 신물이 난다. 고기 좀 먹게 해다오!" 그들은 이렇게 투덜댔다. 여호와 하나님은 바다로부터 메추라기를 몰아들여 이스라엘에게 공급하시는 것으로 백성의 불평에 반응하신다. 그러나 모세는 더 어려운 문제에 부닥치게 된다. 자신의 형인 아론 그리고 누이인 미리암과 불화를 빚게 되었기 때문이다(12:1-16). 불화의 표면적 이유는 아론과 미리암이 모세가 구스 여인을

취한 것을 비방한 것이었다. (모세의 아내였던 미디안 여인 십보라는 이때 이미 세상을 떠났던 것 같다. 모세가 재혼한 것은 십보라가 죽은 뒤였을 것이다.) 하지만, 불화의 진짜 이유는 권위의 문제였다. '여호와 하나님의 이름으로 말할 수 있는 권한을 누가 갖고 있는가?' 바로 이것이 쟁점이었다. 계속하여 본문을 읽다보면, 여호와 하나님이 당신과 모세의 관계를 당신의 선지자들에게 환상과 꿈으로 계시하시는 것과 엄격하게 구분하시는 것을 알 수 있다. 하나님은 모세와 얼굴과 얼굴을 마주 보며 말씀하신다(12:6-8). [이스라엘 백성들은 모세가 죽은 뒤에 모세처럼 친밀하게 하나님을 아는 메시아가 오시기를 앙망하였다. 이 소망은 "아버지 품 속에 있는"(요 1:17-18) 예수 그리스도가 오시면서 마침내 이루어진다.]

13:1-33 가나안을 정탐하다 이스라엘은 이제 시내 반도 동북쪽에 있는 바란 광야에 도착한다. 그곳은 약속의 땅과 경계를 맞댄 곳이었다(13:1-25). 모세는 정탐꾼들을 보내 눈앞에 있는 땅을 살피게 한다. 모세가 12명의 정탐꾼들(이들 중에는 여호수아와 유다 지파 출신의 갈렙이 포함되어 있었다)에게 지시한 사항은 치밀하였다. 모세는, 이스라엘이 진격을 준비할 수 있게끔, 눈앞에 있는 땅에 어떤 사람들이 살고 있는지, 그 땅과 성읍의 형편이 어떠한지 아주 소상하게 알고 싶어 했다. 정탐꾼들은 가나안 남단(신 광야)을 통해 가나안으로 들어가 북쪽에 있는 헤브론까지 침투한다. 40일 동안 그곳을 정탐한 그들은 모세에게 돌아와 자신들이 발견한 것을 보고한다(13:26-33). 그들은 그 땅이 '정말로' 젖과 꿀이 흐르는 땅임을 보고한다. 하지만, 그들은 이스라엘이 그 땅을 차지할 수 없을 것이라고 이야기한다. 그 땅의 거민들은 거인인지라, 그들이 오히려 이스라엘을 굴복시킬 것이라는 게 그 이유였다.

14:1-45 백성들이 반역하다 이스라엘 백성들은 정탐꾼들의 말을 듣고 간담이 녹아버린다(14:1-4). 그들은 애굽 시절이 더 나았다면서, 자신들이 애굽까지 안전하게 돌아갈 수 있도록 인도할 사람을 뽑자고 이야기한다. 이때, 여호수아와 갈렙은 백성들에게 "우리가 두루 다니며 정탐한 그 땅은 정말 좋은 곳이다. 여호와 하나님은 이스라엘과 함께하실 것이다"라고 호소한다(14:5-9). 그들은 "우리가 여기서 머뭇거릴 이유가 없다"며 백성들을 설득한다. 그러나 이스라엘 백성들은 진저리를 친다. 그들은 결국 모세에게 반역하여 여호와 하나님의 진노를 자초한다(14:10-19). 모세는 하나님께 백성들의 불순종을 용서해 달라고 간청한다. 하나님은 모세의 간청을 들어 주신다. 그러나 여호와 하나님의 대답에서 분명하게 알 수 있듯이(14:20-38), 이스라엘 백성들은 불순종의 대가를 치러야만 했다.

이 부분은 한 편의 드라마인 동시에 이스라엘 역사에서 하나의 전환점을 이루는 곳이다. 따라서 이 부분은 꼼꼼히 읽어야만 한다. 이스라엘은 약속의 땅을 눈앞에 두고 하나님께 불순종하였다. 그 결과, 당시 생존해 있던 이스라엘 백성들은 어느 누구도 살아서 가나안 땅을 차지하지 못하게 된다. 하나님의 명령에 신실하였던 사람들(여호수아와 갈렙)만이 살아서 가나안에 들어갈 수 있었다. 이스라엘은 이후 40년 동안 광야를 떠돌게 된다. 40년이 흐른 뒤에야 비로소 이스라엘은 가나안에 들어갈 수 있을 것이다. 그때가 되면, 이스라엘에는 새 세대가 태어날 것이며, 불순종했던 이스라엘 백성들은 광야에 묻히게 될 것이다.

이스라엘 백성들은 여호와 하나님의 이런 결정을 듣고 충격을 받는다(14:39-45). 그들은 분명 모세를 거역하기로 하였던 자신들의 결정을 심히 후회하였다. 이스라엘 백성들은 자신들의 죄를 인정한다. 그러면서, 그들은 자신들도 약속의 땅에 들어가겠다고 말한다. 그러나 모세는 그들의 말을 거부한다. 그들은 또다시 여호와 하나님께 불순종할 것이기 때문이다. 그렇게 되면, 하나님은 이스라엘과 함께하시지 않을 것이다. 이스라엘은 이제 어떤 선택을 할 것인가? 하지만, 많은 사람들이 하나님의 이런 결정을 받아들이려고 하지 않았다. 그들은 자신들의 힘을 신뢰하였다. 그들은 여호와 하나님이 자신들과 함께하시지 않는데도 가나안을 침공하려고 한다. 민수기는 그들의 이 무익한 시도가 초래한 재앙을 숨김없이 그대로 기록하고 있다. 그들은 아말렉 족속과 가나안 족속에게 처참한 패배를 당한다. 가나안 침공은 실패하였다. 이스라엘은 이제 어쩔 수 없이 40년 동안 광야를 유랑해야 하는 비참한 운명을 맞게 되었다.

민수기 15:1-19:22
이스라엘 백성들이 계속하여 모세에게 반역하다

이스라엘은 여호와 하나님께 순종하지 않았다. 그러나 이어지는 본문들이 분명하게 말씀하듯이, 가나안을 주시겠다는 하나님의 약속은 여전히 유효하였다. 이스라엘은 결국 그 약속의 땅에 들어가게 될 것이다. 이제 하나님은 이스라엘 백성들에게 그들이 바로 그 땅에서 드려야 할 희생 제물에 관련된 규정들을 알려 주신다. 약속과 요구가 나란히 등장한다. 그 땅에 들어가게 하실 것이라는 약속과 여호와 하나님이 명령하신 바를 행해야 한다는 요구가 나란히 존재하고 있는 것이다(15:1-31). 고의로 하나님을 순종하지 않는 사람은 누구라도 "그의 백성 중에서 끊어질 것이다." 안식일을 범한 사람의 예에서 뚜렷이 볼 수 있듯이, 하나님은 그 어떤 불순종도 용납하시지 않을 것이다.

16:1-50 고라, 다단 그리고 아비람 그러나 이스라엘은 계속하여 모세에게 반역한다. 고라와 그의 두 동조자가 이끄는 한 무리의 레위인들이 모세가 스스로 모든 사람보다 높아지려 한다며 모세를 참소(讒訴)한다. 그들은 모세가 대체 무슨 권리로 이렇게 행하느냐고 따진다. 다단과 아비람도 그들을 역성 들면서, 모세가 자신들을 젖과 꿀이 흐르는 땅으로 인도하는 데 완전히 실패하였다고 주장한다. 모세가 기껏 한 일은 자신들을 젖과 꿀이 흐르는 땅 밖의 광야로 인도한 것뿐이라는 게 그들의 주장이었다. 애굽의 종살이는 그들의 기억 속에서 사라진 것처럼 보인다. 그 대신, 먹을 것과 마실 것이 풍부한 이상향으로 둔갑한 애굽을 동경하는 향수만이 그들의 기억을 채우고 있었다. 모세는 그들의 태도에 분노한다. 결국 얼마 지나지 않아서, 고라와 다단과 아비람은 지진으로 최후를 맞는다(16:25-40).

하지만, 고라와 다단과 아비람의 죽음은 이스라엘의 새로운 불평거리가 된다. 이스라엘 백성들은 "여호와의 백성을 죽였도다"라며 모세와 아론을 원망한다. 단지 몇몇 사람들만이 아니라, "이스라엘 자손의 온 회중"이 이런 불평을 한다(16:41). 우리는 여기서 이스라엘 백성들 안에 불평이 만연하고 기강이 해이해졌음을 분명히 알 수 있다.

여호와는 이 백성들에게 역병을 일으키신다. 아론이 백성들을 위하여 속죄하자, 비로소 역병이 그쳤다. 그런데도, 이스라엘 백성들은 불평을 그치지 않는다. 아론의 지팡이에 싹이 나면서, 비로소 백성들의 불평이 어느 정도 진정된다(17:1-13). 아론의 지팡이에 싹이 난 것은 하나님이 아론의 비판자들에 맞서 아론을 두둔하신다는 징표였기 때문이다. 여기서 우리는 이스라엘의 미래에 소망이 있는가 여부는 그들이 여호와 하나님을 신실히 따르느냐에 달려 있음을 거듭 확인할 수 있다. 하나님은 이스라엘이 늘 안녕을 누릴 수 있도록 제사장과 레위인들에게 종교적 의무들을 지우신다. 하나님은 이 의무들을 통하여 과거처럼 이스라엘이 반역과 불순종을 범하는 것을 막으려 하셨다(18:1-19:22).

민수기 20:1-21:9
계속하여 이동할 준비를 하다

본문은 어느 정도 시간이 흘렀음을 명확히 한다. 본문의 '첫째 달'이라는 말(20:1)은 사실 출애굽 이후 40년째 되는 해의 첫 번째 달을 가리키는 것이다(민 33:38을 보라). 성경은 이스라엘이 광야를 떠돌면서 자신들의 정체성과 존재 목적 그리고 여호와 하나님께 헌신하는 마음을 되찾은 시기의 일을 전혀 기록하지 않고 있다. 우리는 이 시기에 광야를 유랑하던 이스라엘이 어느 곳에 진을 쳤었는지, 이 시기에 어떤 일이 일어났는지 전혀 알지 못한다. 이스라엘 백성들은, 여호와 하나님께 처음 반역할 당시, 가데스에 있었다. 그런데, 본문은 이스라엘이 처음 하나님께 반역했던 바로 그곳에 다시 도착한 장면을 보여 주고 있다. 그 기간 동안 이스라엘이 어디에 있었는지 우리는 알 수 없다. 한 가지 분명한 사실은 그 사이에 새로운 이스라엘 백성이 형성되고 있었다는 점이다. 가데스에서 처음 여호와께 반역하였던 백성들은 이제 노쇠하거나 이미 세상을 떠난 터였다. 미리암의 죽음(20:1)과 아론의 죽음(20:22-29)은 이스라엘의 옛 세대가 사라져 감을 상징한다. 오직 모세만이 생존해 있었다.

20:1-13 반석에서 물을 내다 그러나 하나님은 모세가 약속의 땅에 들어가는 것을 허락하지 않으신다. 이제 곧 발견하게 되겠지만, 이스라엘은 여전히 걸핏하면 불평을 늘어놓는다(20:2-13). 마실 물이 없자, 이스라엘 회중은 성을 낸다. 그들은 다시 모세와 아론을 원망한다. 여호와 하나님은 반석에게 말하여 백성들이 마실 물을 내라고 모세에게 명령하신다. 그러나 모세는 하나님 말씀을 듣지 않았다. 오히려, 그는 자신의 지팡이로 반석을 두 번 내리친다. 어쩌면 모세는 이스라엘 백성들의 끝없는 불평에 격앙된 나머지, 하나님께 불순종하였던 것인지도 모른다. 하지만, 여호와 하나님은 모세의 이 불순종에 진노하신다. 하나님은 모세와 아론 둘 다 약속의 땅에 들어가지 못할 것이라고 선언하신다(20:12). 오직 여호수아와 갈렙만이 그 땅에 들어가는 특권을 누리게 될 것이다.

20:14-21 에돔이 이스라엘 백성의 통과를 허용하지 않다 그때 모세는 에돔 왕에게 이스라엘 백성들이 모압으로 가는 길에 에돔 땅을 지나갈 수 있게 해달라고 요청한다(20:14-21). 모압은 요단 강 동안(東岸), 가나안 남부 지역의 정동(正東)쪽에 자리하고 있었다. 그곳은 사해의 동쪽 해안과 인접한 곳이었다.

이스라엘 백성이 가데스에서 반역하기 전에는 가나안 서남쪽에서 가나안으로 들어가려는 것이 모세의 원래 의도였다. 그러나 이제 이스라엘 백성들은 요단 강 동쪽으로부터 요단 강을 건너 가나안 땅으로 들어가려 한다. 에돔 땅은 가데스와 요단 강 사이에 자리 잡고 있었다. 에돔 왕은 그토록 엄청난 규모의 백성들이 자신의 영토를 통과하는 것을 그리 달가워하지 않았다. 이것은 새삼 놀랄 일이 아니었다. 그는 모세의 요청을 두 번이나 거절한다. 말로는 충분치 않을 것임을 직감한 에돔 왕은 큰 병력을 소집하여 이스라엘의 행로를 가로막는다. 이스라엘은 에돔의 영역으로 들어가는 대신, 그 경계를 따라 전진한다. 이스라엘 백성들이 호르 산(그 정확한 위치는 알 수 없다)에 이르렀을 때, 아론이 죽는다. 이스라엘 백성들은 그를 조상(弔喪)한다. 하지만, 이 슬픔은 오래가지 못한다. 네겝에 근거를 두고 있던 약탈꾼 가나안 족속의 왕이 이스라엘을 공격하여 몇 사람을 사로잡아 갔기 때문이다(21:1-3). 이스라엘은 보복을 단행하여 그들을 격파한다. 한 세대 전과 비교해 볼 때, 이스라엘의 처지는 완전히 뒤바뀌었다.* 이 승리는 이스라엘 백성들에게 좋은 소식이었을 것이다.

21:4-9 놋뱀 이렇게 승리를 거두었지만, 모세는 에돔을 통과하는 대신 그곳을 에둘러 가기로 결정한다. 그것은 가나안 입성이 지연된다는 것을 의미하였기 때문에, 백성들은 더욱 불평을 늘어놓는다(21:4-9). 이때 독사들이 나타나 백성들을 더욱 곤고하게 한다. 하지만, 이 독사들 때문에 백성들 사이에는 회개하는 마음이 일어난다. 모세는 놋뱀을 만들어 그 뱀을 장대 위에 매단다. 이 놋뱀은 독사에 물린 자들에게 구원을 베풀어 준다. 이 사건은 그리스도인들에게 상당히 중요하다. 예수 그리스도도 이 사건을 언급하고 계신다(요 3:14-15). 모세가 놋뱀을 달아 이스라엘 백성들을 구원하였듯이, 그리스도도 스스로 십자가에 달리심으로써 온 세상을 구원하시게 된다.

민수기 21:10-25:18
에돔부터 모압까지
21:21-35 아모리 족속을 격파하다 조심스레 에돔의 영토를 피한 이스라엘 백성들은 아르논 강을 따라 행진한다. 아르논은 큰 비가 오면 물이 흐르지만 평상시에는 말라 있는 하천(wadi)으로서, 사해 동쪽으로 흘러들어가며 아모리 족속과 모압 족속의 경계 노릇을 하였다. 아르논을 따라간 덕분에, 이스라엘은 모압 영토도 피해갈 수 있었다. 이때, 모세는 아모리 족속의 왕인 시혼에게 아모리 땅을 지나가게 해달라고 요청한다(21:21-35). 에돔 왕과 마찬가지로 시혼 역시 모세의 청을 거부하고 군대를 보내 이스라엘을 가로막는다. 하지만, 이스라엘은 아모리 족속과 맞붙어 그들을 격파한다. 그 결과, 이스라엘은 모압 북쪽의 상당한 영역을 차지하게 된다. 이 영역은 멀리 북쪽으로는 일찍이 야곱이 천사와 씨름하였던 얍복까지

---

* 이스라엘이 가나안을 점령하려고 처음 시도하다 아말렉 족속과 가나안 족속에게 패배하였던 사건(민 14:39-45)과 이스라엘의 이번 승리를 비교해 보라. 민수기 14장에서 가나안 사람들은 이스라엘을 '호르마'까지 추격하였다(민 14:45). 그런데, 이번에는 이스라엘이 가나안 사람들과 그들의 성읍을 멸한 뒤, 그곳 이름을 '호르마'라고 부른다(민 21:3). '호르마'는 '무엇을 완전히 멸망시키다'라는 뜻을 가진 히브리어 동사 'khrm'에서 유래한 것이다(가/259-260).

미치게 된다. 마침내, 이스라엘은 모압 평지를 가로지른 뒤, 요단을 건너 가나안으로 들어갈 준비를 하게 된 것이다(22:1).

22:1-24:25 발락이 발람을 불러오다 하지만, 모압 족속은 이스라엘 백성들이 자신들의 땅을 그저 지나가기만 할 것이라는 점을 알지 못하였다. 그들은 이스라엘이 아모리 족속을 격파한 사실을 알고, 두려움에 떤다(22:2-4). 모압 왕 발락은 이 두려움 때문에 유명한 술객(마술사)이자 브올의 아들인 발람*의 도움을 구한다. 발락은 발람을 설득하여 이스라엘 백성들을 저주하게 하려고 한다. 그 때문에 발락은 발람을 모압으로 초청하여 이스라엘을 저주하는 문제를 협의한다(22:5-35). 하지만, 발람이 모압으로 갈 때, 여호와 하나님의 천사가 발람의 길을 가로막는다. 발람은 술객으로서 열방에 명성이 자자한 인물이었지만, 그 천사를 보지 못한다. 그러나 그의 나귀는 그 천사의 존재를 깨닫고 앞으로 나아가길 거부한다. 마침내, 여호와 하나님은 발람의 눈을 여시고 그 천사를 보게 하신다. 그 천사는 오직 자신이 이르는 말만을 하라고 발람에게 명령한다.

한편, 발락은 발람을 영접하러 길을 떠난다. 그는 이스라엘을 저주함으로써 그들의 행로를 저지할 수 있을 것이라고 철썩 같이 믿었다. 그런데, 발람은 네 가지 예언(신탁)을 전한다(22:36-24:25). 발람이 그 예언으로 이스라엘을 축복하자, 발락은 분노한다. 네 가지 예언 중에 특히 네 번째 예언이 가장 강력하였다. 발람은, 마치 구원자가 구원을 선포하듯이, 강력한 어조로 야곱의 자손들이 모압 족속을 이기게 될 것이라고 선언한다(24:17-19). 이처럼 여호와 하나님은 당신이 결국 그 지역의 이방 종교들을 이기게 될 것임을 선언하시면서, 당신을 믿지 않는 이방 술객조차 도구로 사용할 수 있다는 것을 보여 주신다. 하나님의 이런 능력이야말로 그분의 권위와 주권을 보여 주는 생생한 증거였다.

하지만, 우리는 발람을 이스라엘이나 여호와 하나님의 벗으로 생각해서는 안 된다. 발람은 그저 모압 족속이 시키는 대로 이스라엘을 저주하지는 않겠다고 한 것일 수 있다. 그러나 그는 다른 방법으로 이스라엘 백성들에게 영향을 미칠 수 있었다. 뒤에서 분명히 드러나듯이(31:16), 발람은 이스라엘 남자들과 가나안의 지역 신들을 섬기는 여인들이 동침하게 하는 것이 이스라엘을 무너뜨리는 최선책(最善策)이라고 조언한다.**
발람이 조언한 바로 그 일이 뒤이어 이스라

---

* 히브리 본문은 '빌람'이라고 기록해 놓았다. 이 발람(빌람)은 당시 브돌(히브리어로 '프토르')에 살고 있었다. 브돌은 앗시리아 문서에 등장하는 '피트루'로서 갈그미쉬 남쪽 20킬로미터 지점에 위치하고 있었다. 발람은 '바루'였다. '바루'는 꿈이나 징조를 통하여 미래를 점치는 일을 하는 자로서, 메소포타미아 지역의 제사장이자 술객이었다. 모압 왕 발락까지 멀리 있는 그의 이름을 알고 있었던 것으로 보아, 발람은 당시 중동 지역에서 상당히 유명한 술객이었던 것 같다. 참고. Gordon Wenham, *Numbers*(Leicester: IVP, 1990), 169-170.

** 가나안을 비롯한 고대 중동 지역에서는 남신과 여신을 한 쌍으로 섬기곤 하였다. 특히 여신을 중시하였는데, 그것은 이 여신이 다산과 풍요의 상징이었기 때문이다. 팔레스타인 지역의 경우, 여신은 '아쉬타르트', '아쉐라', '아낫' 등의 통일된 이름으로 나타나지만, 남신들은 널리 알려진 공통 명칭이 없었다. 이런 신들을 섬기는 제사에는 무엇보다도 '신성한 성관계'가 포함되곤 했다. 이는 신의 자녀를 낳는다는 것을 상징하는 동시에 풍요한 수확을 바라는 행동이기도 하였다. 이 거룩한 성관계를 행한 이는 신전의 남자 제사장

엘에게 일어났다.

25:1-18 이스라엘이 음행에 빠지다 군사 문제에 관한 한, 이스라엘은 하나님의 은총을 입었다. 그러나 죄는 여전히 이스라엘 내에서 큰 골칫거리였다. 이스라엘이 가나안에 머물던 초창기에, 우상들을 섬기는 이방의 신앙과 풍속이 하나님 백성의 신앙에 미치는 악영향이 줄곧 중요한 문제로 부각된다. 이 악영향은 이스라엘이 가나안을 건너 약속의 땅으로 들어가기 전에도 중요한 문제가 되었다(25:1-18). 이스라엘이 아직 요단 강 저편 가나안의 여리고 성이 마주 보이는 싯딤에 머물 때였다. 이때, 이스라엘 남자들이 가나안의 여러 농경신들을 섬기는 제사에 동참한다. 이 제사에는 부도덕한 성행위도 포함되어 있었다. 모압 족속과 반(反)이스라엘 동맹을 맺었던 미디안 족속(22:4)이 이스라엘의 심령을 미혹한 이 행위에 연루되어 있었다. 모세 자신이 이 미디안과 인연을 맺었던 역사가 있었음에도 불구하고, 그 때문에 하나님은 미디안을 이스라엘의 적으로 선언하신다.

민수기 26:1-30:16
인구 조사와 추가 규정들

26:1-27:12 두 번째 인구 조사 첫 번째 인구 조사가 실시된 이후, 38년여의 세월이 흘렀다. 이스라엘은 장차 있을 군사 작전에 대비하여 두 번째 인구 조사를 실시한다. 이 조사의 목적은 앞으로 다가올 가나안 진공(進攻)에 동원할 수 있는 군사력을 확인하려는 데 있었다(26:1-65). 지난 번 인구 조사 이후, 이스라엘에는 새 세대가 등장하였다. 처음 애굽을 떠났던 사람들 가운데 생존한 사람은 모세, 여호수아 그리고 갈렙뿐이었다(26:65). 인구 조사 결과를 보면, 이스라엘이 광야를 유랑하던 40년 동안 이스라엘 인구수가 약간 줄어들었음을 알 수 있다. 하지만, 분명 이스라엘은 장차 있을지도 모를 어떤 군사 작전이든 충분히 감당할 준비가 되어 있었다. 그렇지만, 이스라엘은 모든 작전의 성패가 사람의 힘이 아니라, 여호와 하나님이 늘 그들과 함께 계시며 그들에게 은총을 베푸시는 것에 달려 있음을 깨달아야만 했다.

27:12-23 여호수아가 모세를 계승하다 그렇다면, 누가 이스라엘 백성들을 가나안 땅으로 인도할 것인가? 한때는 특권이자 책무인 이 임무가 모세에게 속한 것처럼 보였다. 하지만, 모세는 가데스에서 하나님께 불순종하는 바람에(20:1-13), 이 특권을 잃어버렸다. 하나님은 모세와 아론 둘 다 가나안에 들어가는 걸 허락하지 않으셨다. 아론은 이미 죽었고(20:22-29), 모세 역시 이스라엘이 요단을 건너기 전에 싯딤 근처에서 죽음을 맞게 된다. 그러나 하나님은 모세가 죽기 전에 한 산맥에 올라가 요단 강 건너편 땅을 바라볼 수 있도록 허락하신다(신 34:1-5). 그러면, 이제 누가 이스라엘을 인도할 것인가? 말씀은 이미 우리에게 눈의 아들 여호수아를 소개하였다. 말씀은 그를 성실하고 용감하며 하나님께 순종하는 인물이라고 소개한

들과 여자 제사장들 또는 신전에서 일하도록 특별히 구별된 사람들이었다. 발람이 말한 여인들은 바로 이런 여자 제사장들을 가리키는 것이다. 자세한 내용은 Martin Noth, *Die Welt des Alten Testaments*(Berlin: Alfred Töpelmann, 1974), 251-266을 보라.

다. 여호와 하나님은 여호수아가 당신이 택하신 지도자임을 선언하신다. 이리하여 지도자 계승은 순조롭게 마무리된다(27:12-23).

28:1-30:16 여러 규정들 이 부분 직전에, 성경 말씀은 우리에게 상속권을 둘러싼 다툼 하나를 소개한다(27:1-11). 이 다툼은 상속권에 관한 새 규정들을 도입하는 계기가 되었다. 겸하여, 말씀은 다양한 제사들(28:1-15)과 절기 준수에 관한 규정들(28:16-29:40)을 재확인한다. 이 가운데 일부 규정들은 레위기가 이미 규정하고 있는 것들이다. 하지만, 하나님은 이스라엘이 이 규정들을 확실히 기억하도록 여기서 반복하여 말씀하신다. 규정들의 마지막 부분은 서원을 다루고 있다(30:1-16).

민수기 31:1-36:13
마지막 세부 내용들
31:1-54 이스라엘이 미디안 족속에게 복수하다 말씀은 이미 앞에서 미디안 족속과 모압 족속이 동맹한 사실을 언급한 적이 있다. 모세가 마지막으로 한 일은 미디안이 이스라엘에게 저지른 소행에 복수하는 것이었다(31:1-24). 따지고 보면, 모세와 미디안 족속은 인척지간이었다. 하지만, 모세는 열두 지파에게 각각 1,000명의 군사를 내어 미디안을 치라고 명령한다. 이 전투에서 승리하여 전리품을 분배하고 나자(31:25-54), 두 지파(갓 지파와 르우벤 지파)가 그 지역에 남게 해달라고 요청한다. 그들은 그 땅의 비옥함에 매료되어 요단 강 동쪽에 남기를 희망한 것이다. 그들은 그곳 역시 하나님이 이스라엘에게 주신 곳이라고 주장한다. 모세는 그들로 하여금 요단을 건너 가나안으로 들어가라고 강제하지 않고 그곳에 머무는 것을 허락한다.

32:1-42 요단 강 동쪽 지파들 모세는 갓 지파와 르우벤 지파의 요청에 심기가 불편하였다. 가나안을 정복하여 차지하라는 명령은 하나님이 아브라함과 이삭과 야곱의 자손 전체에게 주신 것이었기 때문이다. 두 지파가 요단을 건너기를 거부하면, 자칫 나머지 지파들도 모두 요단 건너는 걸 거부할 수 있었다. 언짢은 기억이지만, 이스라엘은 일찍이 가데스에서 반역할 때 비슷한 모습을 보여 준 적이 있었다. 그 반역 때문에 이스라엘은 한 세대 동안이나 광야를 떠돌아야만 했다. 더욱이 이스라엘은 가나안을 정복하기 위해 싸울 수 있는 장정들을 모두 동원해야 할 처지였다.

마침내, 타협이 이루어진다. 모세는 갓과 르우벤 지파의 가족들이 길르앗 지역의 견고한 성읍에 남는 것을 허락한다. 그러나 이 허락에는 갓과 르우벤 지파의 전투병들이 이스라엘의 나머지 지파와 합세하여 가나안을 정복해야 한다는 조건이 붙었다. 결국 갓과 르우벤 지파의 전투병들은 가나안을 정복한 뒤에 요단 강 건너편의 가족들과 자유로이 재회하게 된다(32:1-28). 모세는 이전에 아모리 왕 시혼과 바산 왕 옥이 차지했던 땅을 르우벤 지파와 갓 지파, 그리고 므낫세 반 지파에게 준다. 그들은 그 지역에 안전한 성읍들을 건설하게 된다(32:29-42).

33:1-49 이스라엘의 출애굽 여정 뒤이어 말씀은 애굽에서 약속의 땅과 경계를 맞댄 모압 평지까지 이스라엘이 걸어온 여정을 상세히 설명한다(33:1-49). 여기서 말씀은 40곳의 지명을 열거한다. 현재는 이곳들의 위치가 어디인지 대부분 확인할 수 없다. 성경

이 말하는 곳이, 그 위치를 정확히 확인할 수 있는 기존 성읍이 아니라 단지 이스라엘이 진을 쳤던 불분명한 지역이기 때문이다. 그러나 이 지명 목록은 중요하다. 이 지명들 덕분에, 출애굽 여정 후반부의 연대를 확인할 수 있기 때문이다(이를테면, 33:37-38은 이스라엘이 가데스에 진을 친 때와 아론이 죽은 때를 확인해 준다).

33:5-34:29 가나안의 경계 여호와 하나님은 모세에게 가나안을 차지하고 그곳의 모든 거주민을 몰아내라고 명령하신다(33:50-56). 하나님은 이스라엘 백성들이 점령하게 될 그 땅의 주요 경계 넷을 꼼꼼히 일러 주신다(34:1-29). 그런 다음, 모세는 하나님이 약속하신 그 땅의 지역들을 남은 아홉 지파와 므낫세 반 지파에게 각각 나누어 준다. 르우벤 지파, 갓 지파, 그리고 므낫세 반 지파는 이미 "여리고 맞은편 요단 건너편 곧 해 돋는 쪽에서" 그 기업을 나누어 받았다. 레위 지파에게는 특별히 성읍들을 마련해 주었다(35:1-5).

35:6-34 도피성 '도피성'을 정한 것은 상당히 흥미롭고 독특한 일이다. 여호와 하나님은 여러 성읍을 도피성으로 지정하신다. 그중 셋은 가나안에, 나머지 셋은 요단 강 동쪽에 있었다. 이 성읍들을 도피성으로 지정한 목적은 사고로(우연히) 사람을 죽게 한 경우와 관련되어 있다. 전통에 따르면, 사고로 사람이 죽은 경우에도 피해자 집안에 속한 사람은 가해자에게 복수를 해야만 했다('피의 복수자'). 그러나 사고로 다른 사람을 죽게 한 사람이라도 이 여섯 성읍 가운데 한 성읍으로 피신하면, 그곳에 안전히 머물 수 있었다. 당시의 대제사장이 죽게 되면, 일종의 일반 사면이 이루어지게 된다. 그 결과, 사고로 사람을 죽이고 도피성으로 피신했던 사람은 더 이상 보복을 두려워할 필요 없이 자기 지파의 사람들에게 돌아갈 수 있었다.

하나님은 엉뚱한 사람을 살인죄로 처벌하는 것을 막고자 추가 규정들을 제시하셨다. 어떤 사람을 살인 죄목으로 사형에 처하려면, 두 사람 이상의 증인이 있어야만 했다. 이스라엘 백성들은 이제 유목민의 삶에서 정착민의 삶으로 전환할 준비를 하고 있었다. 우리는 이 변화 속에서 지파끼리 복수를 주고받는 관행(이 관행이 있었을 때는, 가족이나 씨족이 자기 구성원을 죽인 자에게 복수할 책임을 지고 있었다)이 시민법에 따른 통치(이 통치 체제에서는 국가나 장로회가 죄인을 처벌하는 동시에 사람들이 멋대로 죄인에게 보응하는 것을 막을 책임을 지고 있었다)로 바뀌어가는 모습을 엿볼 수 있다.

36:1-12 슬로브핫의 딸들이 받은 유산 민수기는 그 말미에서 상속권을 둘러싼 문제를 다시 다루고 있다(36:1-12). 이 문제는 이미 앞에서 제기된 적이 있었다(27:1-11). 열두 지파가 서로 통혼(通婚)할 경우, 한 지파의 소유나 재물이 다른 지파로 이전되는가 여부가 문제의 초점이었다. 모세는 지파끼리 통혼하는 것을 완전히 허락한다. 하지만, 각 지파의 땅이 다른 지파로 이전되는 것은 허락하지 않는다. 설령 그 땅이 유산이라 할지라도 마찬가지였다. 이리하여, 각 지파는 가나안에서 처음에 분배받았던 기업을 보존할 수 있게 되었다.

36:13 결론 이제 이스라엘 백성들은 모압 평지에 모여 약속의 땅으로 들어갈 준비를

한다. 이때, 모세는 아직 살아 있었다. 우리는 민수기의 다음 책인 신명기에서 하나님의 백성들이 요단을 건너 그들을 기다리는 그 땅을 차지하기 전에 하나님과 언약을 갱신하는 장면을 볼 수 있다.

신명기

이 책은 제목부터 범상치 않다. '신명기'라는 말은 말 그대로 '두 번째 법' 또는 어쩌면 '법의 반복'이라는 의미일 수도 있는 두 개의 희랍어 단어에서 유래하였다.* 이 범상치 않은 책 제목은 신명기가 왕위에 오르는 자에게 만들라고 요구한 이 율법(서)의 사본을 가리키고 있다(17:18). 신명기는 일찍이 여호와 하나님이 모세에게 주신 것으로서 출애굽기와 레위기가 기록하고 있는 율법을 반복하고 있다. 신명기는 실상 그 전체가 생애의 마지막 몇 달 동안 모세가 이스라엘 백성들에게 한 설교들로 이루어져 있다. 모세는 이 설교들을 통하여 이스라엘이 광야를 떠돌 때 하나님으로부터 받았던 율법을 재차 설명한다. 이 때문에, 신명기를 가장 잘 이해하려면, 그 배경 자료가 되는 성경의 첫 네 책(창세기-민수기, 또는 적어도 출애굽기와 민수기)을 먼저 읽는 것이 좋다.

신명기에는 율법과 관련된 중요한 부분들이 기록되어 있지만, 그 외에도 역사를 기록한 부분들이 있다. 역사를 기록한 이 부분은 시내 산부터 약속의 땅 접경 지역까지 이스라엘이 걸어온 여정을 요약하고 있다. 동시에 이 부분은 모세의 죽음 그리고 모세가 자신의 후계자인 여호수아에게 남긴 마지막 당부를 이야기한다. 성경 전체를 몇 개의 주요 부분으로 나눌 때, 신명기는 첫 번째 주요 부분('율법서' 또는 '오경'으로 부르는 부분)을 마무리하는 책이다.

신명기 1:1-4:43
역사 배경
1:1-2:6 호렙 산을 떠나라고 명령하시다; 이스라엘이 여호와께 반역하다 신명기는 이스라엘 백성들이 모압 평지에 모여 있음을 보여 주며 그 막을 연다. 이스라엘이 애굽을 떠난 지 어언 40년이 흘렀다. 이미 38년 전에, 하나님은 이스라엘에게 가나안에 들어갈 것을 명령하셨지만, 이스라엘은 이 명령을 거역하였다(민 14:33-34). 그 때문에, 그들은 애굽을 떠나 가나안에 들어갈 때까지 40년 동안 광야를 떠돌게 된다. 이스라엘이 가데스에서 반역할 당시 살았던 사람들은 이제 모두 세상을 떠났다. 오직 여호수아와 갈렙만이 살아남아 약속의 땅으로 들어가게 된다. 모세조차도 이 땅에 들어갈 특권을 부여받

---

* 히브리 본문은 본문의 첫 두 단어를 따서 '엘레 하더바림'이라는 제목을 붙여 놓았다. 이 말은 '이것들이 그 말들이다' 또는 '그 말들은 이러했다'로 옮길 수 있다. 반면, 70인경은 신명기의 제목을 '듀테로노미온'으로 붙여 놓았다. 희랍어로 '듀테로스(남성)/듀테라(여성)/듀테론(중성)'은 '두 번째'라는 뜻이며(다/220-221), '노미온' 곧 '노모스'라는 말은 '법'이라는 뜻이다(다/677-678).

지 못한다. "마흔째 해"(1:3)라는 말은 이내 독자들의 전율을 불러일으킨다. 이스라엘 백성들이 드디어 가나안에 들어갈 해가 바로 그 '마흔째 해'이기 때문이다.

모세는 첫 마디를 떼면서 하나님이 이스라엘 백성들을 부르셨다는 사실을 먼저 되새겨 준다. 그 하나님은 아브라함과 이삭과 야곱과 그의 자손들에게 많은 것을 약속하신 바로 그분이시다. 이어서 모세는 하나님이 드디어 이스라엘 백성들이 시내 산(이 본문에서는 '호렙 산'으로 지칭한다)을 떠나 약속의 땅으로 들어가는 것을 허락하셨다고 이야기한다(1:6-8). 그는 이스라엘이 가데스에서 보냈던 가나안 정탐꾼들이(1:19-25) 좋은 소식을 가져왔던 일을 이야기한다. 그러나 이스라엘은 여호와 하나님의 명령을 거역하여, 그 땅에 들어가 그곳을 차지하는 걸 거부하였다(1:26-46). 아울러 모세는 자신 역시 여호와 하나님께 순종하지 않았던 일을 털어놓는다. 그 때문에 그는 약속의 땅에 들어갈 수 없게 되었다. 이스라엘 백성들은 가데스에서 반역한 일 때문에 이후 38년 동안이나 사해 바로 남쪽에 있던 '세일 산' 주위를 떠도는 벌을 받게 된다(2:1). 그 세월이 흐른 뒤, "너희가 이 산을 두루 다닌 지 오래니 돌이켜 북으로 나아가라"(2:3)는 여호와의 말씀이 이스라엘에게 임한다.

2:7-3:29 땅의 분할; 모세가 요단을 건너는 걸 금하신 하나님 모세는 이스라엘이 북쪽으로 진군하면서 그들의 가나안 행을 가로막은 모든 대적들을 격파했던 위대한 전승사(戰勝史)를 그 백성들에게 이야기한다(2:7-3:11). 백성들은 이 위대한 회상을 들으면서, 하나님이 예전에 그들을 위하여 행하신 모든 일을 되새긴다. 모세의 회상을 들은 백성들은

하나님이 미래에도 그들을 위하여 일하실 것이라는 위대한 소망을 갖게 된다. 여호와 하나님은 이스라엘 백성들에게 가나안을 주시겠다고 약속하셨다. 하나님은 당신의 약속에 신실한 분이시다. 따라서 당신을 청종하고 신뢰하는 백성들을 위하여 뜻하신 바를 이루실 것이다.

이어서 모세는 이 위대한 전승사에서 자신이 한 일을 이야기한다. 그는 요단 동쪽에서 정복한 땅을 르우벤 지파와 갓 지파에게 나누어 주었다(3:12-20). 그런 다음, 그는 자신이 하나님께 순종하지 아니한 탓에 가나안 입성을 허락받지 못하였음을 이야기한다. 그러나 하나님은 멀리서나마 모세가 가나안을 볼 수 있도록 허락하셨다. 그 덕분에 그는 자신의 자손들이 가나안 땅을 차지하게 될 것임을 확신할 수 있었다. 하지만, 모세는 결국 가나안에 들어가지 못하게 될 것이다(3:21-29). 이 부분의 말씀은 가나안 땅을 '소유하게 될 것'임을 줄곧 강조한다. 이것이 중요한 주제이기 때문이다. 아브라함과 이삭과 야곱은 그들이 살던 땅을 소유하지 못했다. 그들은 유목민이요, 그 땅에 정착하지 못한 채 떠도는 거류민이었다. 때문에 그들은 그 땅을 자신들의 소유라고 주장할 수 없었다. 하지만, 이제 그들의 자손들은 가나안 땅을 영원히 소유하게 될 것이다.

4:1-43 모세가 순종을 명령하다; 모세가 우상숭배를 금지하다 모세는 백성들에게 하나님이 행하신 위대한 일을 기억하라고 촉구한다. 사실, 여호와 하나님이 행하신 위대한 구원을 기억하라는 외침은 신명기 전체를 관통하는 공통 주제다. 이스라엘은 애굽에서 종살이하던 시절을 기억해야만 하며, 여호와 하나님이 능하신 손으로 그들을 그 속박

이스라엘의 광야 유랑

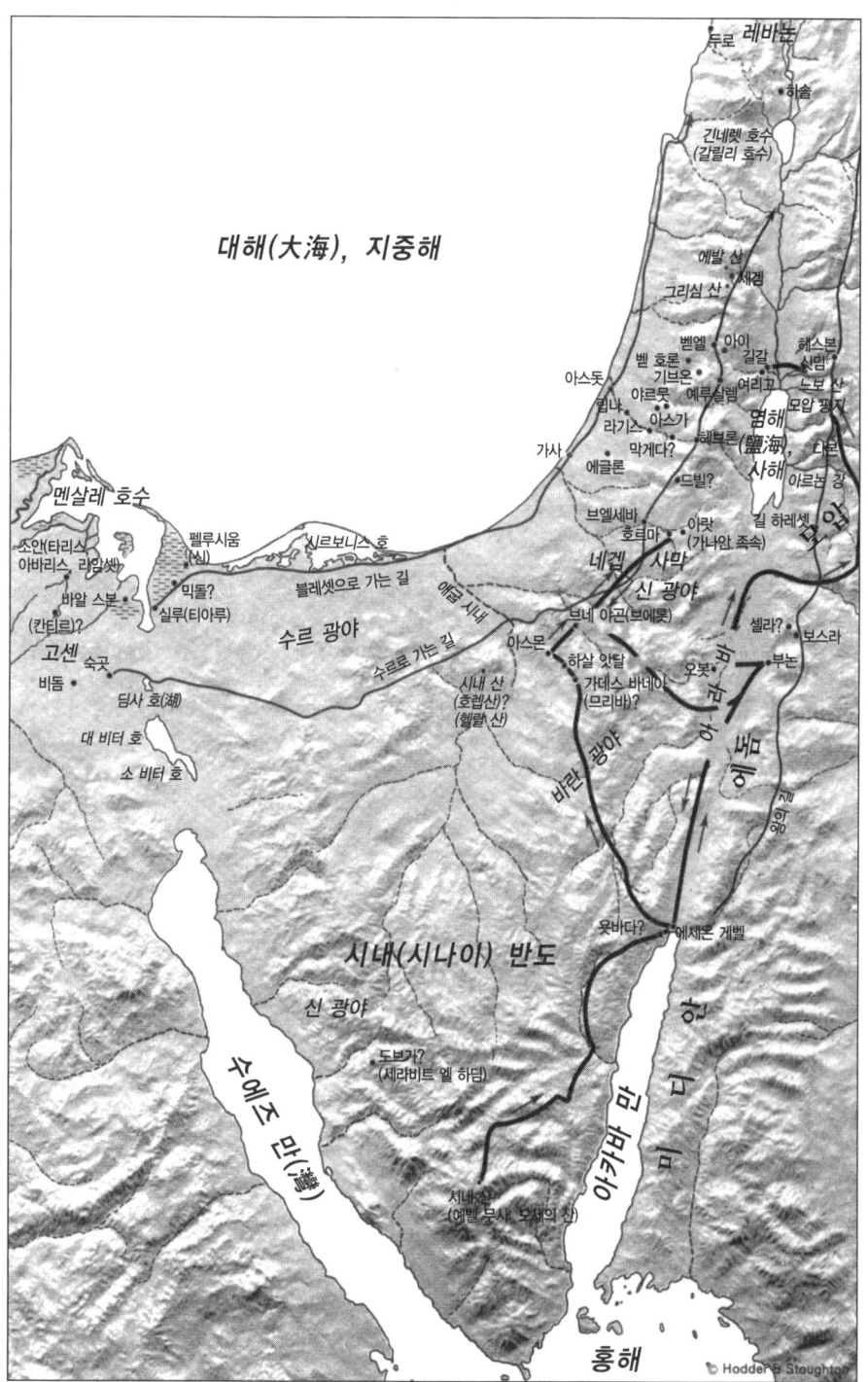

에서 구해 내셨음을 기억해야만 한다(4:1-14). 이스라엘의 하나님은 한 분이시며, 그 분만이 홀로 구원을 베푸실 수 있다. 모세는 이렇게 말한다. "어떤 신이 와서 시험과 이적과 기사와 전쟁과 강한 손과 편 팔과 크게 두려운 일로 한 민족을 다른 민족에게서 인도하여 낸 일이 있느냐? 이는 다 너희의 하나님 여호와께서 애굽에서 너희를 위하여 너희의 목전에서 행하신 일이라"(4:34). 오직 여호와 하나님만을 순종하고 신뢰해야 한다.

신명기 4:44-28:68
여호와 하나님이 이스라엘에게 순종을 요구하시다

4:44-6:3 율법과 언약 이어지는 본문은 이스라엘 백성들이 벧 브올 근처 모압 땅에서 약속의 땅에 들어가기를 기다릴 때, "모세가 이스라엘 자손에게 선포한 율법은 이러하니라"는 선언으로 시작한다(4:44-49). 모세는 이 부분의 서두에서(5:1-5) 하나님이 이스라엘과 맺으신 시내 산(여기서는 또 다른 이름인 '호렙 산'으로 지칭한다) 언약을 강력하게 되새기고 있다. 우리는 이미 십계명을 살펴보았다(이 책의 출 20:1-17 부분을 보라). 따라서 십계명의 상세한 내용을 보려면 거기서 논의한 내용을 참조하기 바란다(5:6-21). 모세는 율법과 언약이 밀접하게 연관되어 있음을 강조한다(5:22-6:19). 당신 백성들과 함께하시겠다고 약속하신 하나님은 그 백성들에게 당신의 법을 지키라고 요구하신다. 모세는 이스라엘이 약속의 땅에서 안녕과 번영을 누리느냐의 여부가 율법을 순종하느냐에 달려 있음을 분명하게 선언한다(6:1-3).

6:4-25 네 하나님 여호와를 사랑하라 이 부분은 유대인들과 그리스도인들의 사상에 지대한 영향을 미쳤다(6:4-9). 모세는 하나님이 오직 한 분이심을 선언한다. 그러기에 그는 이스라엘에게 "마음을 다하고 뜻을 다하고 힘을 다하여 네 하나님 여호와를 사랑하라"는 명령을 내린다. 이스라엘 백성들은 하나님이 주신 계명들을 마음에 새기고, 그 아들에게 가르치며, 언제나 그 계명들을 이야기해야만 한다. 여기서 말씀은 하나님의 법이 지속적으로 하나님 백성의 정체성과 안녕을 보장하는 방편으로서 중요하다는 사실을 강력히 선언하고 있다(이 점은 6:13-19에서 재차 강조하고 있다).

모세는 가나안이 이스라엘에게 주시는 하나님의 은혜로운 선물임을 강조한다(6:10-12). 가나안 땅은 이스라엘 자신의 힘으로 얻을 수 있는 것이 아니다. 다른 이유도 있지만, 바로 이런 이유 때문에, 이스라엘은 하나님과 하나님이 당신 백성을 위하여 행하신 일을 결코 잊어서는 안 된다. 하나님은 이스라엘 백성들을 종살이하던 애굽에서 이끌어 내셨다. 그리고 이제 그분은 그들이 짓지 아니한 성읍과 그들이 심지 아니한 포도밭과 그들이 파지 아니한 우물을 그들에게 주려 하신다. 하나님은 이 모든 것을 당신의 백성에게 은혜로 값없이 베풀어 주셨다. 그런 점에서, 이스라엘 백성들이 방금 받은 율법의 의미가 무엇이냐고 그 자녀들이 묻는 때가 오면, 그들은 하나님이 당신 백성을 위하여 행하신 모든 일을 기억케 하는 것이 바로 이 율법이며 그 자녀들 역시 하나님께 신실해야 한다는 말을 자신의 자녀들에게 들려 줄 수 있을 것이다.

7:1-6 이방 민족들을 몰아내는 일 우리는 하

나님이 당신 백성들에게 은혜 베푸시는 모습을 장차 있을 군사 작전에서도 보게 될 것이다. 이스라엘은 그들의 군사력 때문이 아니라, 여호와 하나님의 임재와 권능으로 승리를 거두게 된다. 이스라엘은 가나안을 차지하게 되었을 때 이방 종교가 만들어 놓은 모든 형상들을 파괴하라는 명령을 받는다. 그 형상들을 파괴하지 않으면, 그것들이 하나님의 백성이 유지해야 할 거룩함에 큰 위협을 끼칠 것이기 때문이다. 이후의 이스라엘 역사는 모세의 이 경고가 결코 빈말이 아니었음을 분명히 보여 준다.

7:7-10:22 하나님이 택하신 백성 이제 우리는 여기서 성경이 드러내는 가장 강력한 주제 하나를 뚜렷이 보게 된다. 바로 '하나님이 당신의 백성을 선택하셨다' 는 것이다. 하나님이 이스라엘을 택하신 것은 그들의 수효나 세력 때문이 아니다. 그저 당신이 이스라엘을 사랑하셨기 때문에 이스라엘을 당신의 백성으로 택하신 것이다(7:7-9). 하나님이 당신 백성들에게 사랑을 보여 주신다는 주제는 성경 전체에서 수시로 등장한다. 심지어 그분께 방자(放恣)히 굴며 반역하는 백성들을 바로잡으실 때도 하나님은 사랑을 보여 주신다. 하나님의 사랑은 아브라함과 이삭과 야곱에게 주신 약속들을 행동으로 옮기시는 모습에서도 볼 수 있다. 당신의 백성을 향한 하나님의 사랑은, 특히 다른 민족들이 이스라엘을 위협할 때 그들이 소망을 품을 수 있는 중요한 근거가 된다(7:9-26).

하나님의 사랑은 광야에서 이스라엘을 징계하거나 그 잘못을 바로잡으실 때도 역사하는 것을 볼 수 있다(8:1-20). 모세는 여기서 이스라엘이 광야에서 반역하고 고통당했던 일을 다시 회상한다. 하나님은 단지 당신이 사랑하는 자들을 연단시키실 뿐이다. 지난 40년 동안 하나님이 광야에서 이스라엘을 징계하신 것도 그분의 사랑과 보살핌의 표현으로 보아야만 한다. 이스라엘은 우리가 "떡으로만 사는 것이 아니요 여호와의 입에서 나오는 모든 말씀으로 사는"(8:3) 줄을 배울 필요가 있었다. 이스라엘은 그런 교훈들을 혹독한 방식으로 배워야만 했다. 그렇지 않으면, 그들은 또 다시 교만해져 하나님을 잊어버릴 수 있기 때문이다(8:12-14). 이스라엘이 과거에서 얻은 교훈은, 그들이 그들을 결코 잊지 않으시는 하나님을 잊어버릴 때 다가올 위험들을 경고해 주었을 것이다.

이스라엘은 요단 강 건너편의 그 땅을 차지하게 될 것이다. 그러나 그 일은 이스라엘 자신의 의로움이나 공로 때문이 아니라, 하나님이 당신 백성을 사랑하시며 당신의 약속에 신실하시기 때문에 이루어지는 것이다(9:1-6). 이스라엘이 과거에 지은 죄, 특히 금송아지를 만들었던 사건(9:7-10:22)을 생각한다면, 이스라엘이 자신들의 거룩함으로 인해 하나님의 은총을 받는다는 것은 그야말로 어불성설이었다. 이스라엘이 그분에게 은총을 기대할 수 있는 건 오직 그분의 사랑 때문이다. 그러기에, 모세는 여호와 하나님께 신실함을 지키며 그분의 명령에 순종할 것을 이스라엘에게 명령하는 것이다.

11:1-32 여호와를 사랑하며 그분께 순종하라 성경은 독자들이 질릴 정도로 이 명령을 반복한다(이를테면, 11:1-12을 보라). 하지만, 이 문제의 중요성은 아무리 강조해도 지나치지 않다. 이스라엘이 존재하느냐 마느냐는 말 그대로 그들이 하나님을 믿느냐 마느냐에 달려 있기 때문이다. 하나님이 계시지

않다면, 이스라엘은 실패할 것이요 존재 이유를 찾지 못할 것이다. 그러다가 끝내 한 민족으로서 존재하지 못하고 그 종말을 맞게 될 것이다. 이 약속들과 요구들을 자꾸 되풀이하는 것은 이스라엘이 하나님께 신실함을 지키는 문제가 그만큼 중요하다는 뜻이요, 이스라엘이 자신들의 유산을 그만큼 쉬이 저버릴 수 있다는 뜻이다. 모세는 가나안 땅이 너무나 사랑스럽고 좋은 곳임을 강조한다(11:10-12). 아울러 그는 이스라엘이 이 기름진 땅을 차지하여 거기에 거하려 한다면, 여호와 하나님께 신실해야 한다는 점을 강조한다. 이제 이스라엘은 선택의 기로에 서 있었다(11:26-32). 하나님의 명령을 따른다면, 그들은 복을 받게 될 것이다. 그러나 하나님의 명령을 따르지 않는다면, 그들은 저주를 받게 될 것이다. 모세는 이스라엘 백성들에게 하나님을 순종함으로써 그분이 베푸시는 풍성한 복을 받아 누리라고 간절히 당부한다.

12:1-13:18 참된 예배 올바른 예배의 중요성은 새삼 강조할 필요가 없었다. 모세는 이스라엘이 여호와 하나님과 가나안의 우상을 겸하여 섬기는 것은 분명 위험한 일이라는 점을 단호하게 이야기한다. 가나안에는 이방 종교의 건물들, 형상들, 잡다한 신앙과 신앙의 관습이 그대로 남아 있었다. 이스라엘이 무턱대고 이것들을 수용한다면, 그들은 여호와 하나님을 잊어버리게 될 것이다. 이스라엘 백성들은 자신들의 고유성을 지켜야만 했다(12:1-32). 특히 그들은 다른 신들을 섬기게 하려는 일체의 유혹에 맞서 싸워야만 했다(13:1-18). 하나님은 이스라엘이 다른 신들을 섬기는 걸 바라신다고 현혹하는 예언자나 환상을 보는 자 또는 선견자가 있다면, 이스라엘은 그 거짓 선지자들을 몰아내야만 한다. 이렇게 우상을 섬기도록 선동하는 이가 있다면, 그를 죽이고 그 재산을 파괴해 버려야 한다. 설령 그가 가까운 친족일지라도 마찬가지였다. 다른 신들을 섬기는 것은 그만큼 위험한 일이다.

14:1-27:26 생명과 예배에 관한 규정들 이어서 말씀이 제시하는 일련의 규정들은 대체로 출애굽기나 레위기에서 이미 제시한 것을 다시 이야기하거나 더 확장한 것들이다. 이 규정들은 매우 정교하고 실제적이다. 독자들이 이 점에 유의하여 이 규정들을 읽는다면 도움이 될 것이다. 이스라엘이 독특한 민족인 것은 비단 그들의 신앙 때문만이 아니다. 그 신앙을 실천하는 방법 역시 그들을 독특하게 만드는 한 가지 이유다. 겉으로 나타나는 실천은 속에 있는 믿음과 신앙을 북돋워 준다. '십일조를 드리는 것'(14:22-29; 26:1-15) 역시 내면의 신앙을 북돋워 주는 실천 규정의 한 예다. 이스라엘은 레위인, 나그네, 고아와 과부를 부양하는 데 사용할 목적으로 그들이 거둔 소산의 10분의 1을 따로 떼어두어야만 했다.

이 본문은 상세한 규정들을 담고 있는데, 그중에서도 특히 중요한 한 구절은 아주 꼼꼼히 살펴볼 만한 가치가 있다. 모세는 자신이 죽은 뒤에 여호와 하나님이 다른 선지자들을 세우실 것이며, 그 선지자들은 하나님의 백성들에게 그분의 말씀을 선포할 것이라고 선언한다(18:14-22). 모세의 이 약속은 구약의 선지자들을 통하여 이루어졌다고도 볼 수 있다. 그 선지자들은 이스라엘의 정치와 종교가 위기에 부딪혔을 때 이스라엘에게 하나님의 말씀을 선포했던 사람들이기 때문이다. 하지만, 모세의 이 약속에는 메시아가 오실 것을 내다보는 강력한 소망이 담겨 있다(요 1:21을 보라. 이 구절에는 메시아가 오실 것을 바라는 소망이 들어 있다). 결국 이 소망은 예수 그리스도 그분이 오심으로써 이루어진다. 자신이 하나님이셨던 그리스도가 이 땅에 오셔서 당신 백성들에게 하나님의 뜻을 직접 선포하셨기 때문이다.

28:1-68 순종에 따르는 복, 불순종에 따르는 저주* 이 부분은 하나님께 순종하면 복 얻을 것임을 거듭 확인한다(28:1-14). 이어서 본문은 하나님께 불순종하면 어떤 결과들이 초래되는지 분명하게 보여 주고 있다(28:15-68). 하나님께 불순종하면, 이스라엘은 파멸할 것이다. 하나님은 이스라엘을 가나안 땅에서 뿌리째 뽑으신 뒤, 열방 중에 산산이 흩어 버리실 것이다. 모세는 약속의 땅에 들어갈 준비를 하는 이스라엘에게 여호와 하나님과 맺은 언약을 갱신할 기회를 준다. 이 언약 갱신이 다음 부분의 주제를 이룬다.

신명기 29:1-34:12
이스라엘을 하나님의 백성으로서 거룩히 구별하다

29:1-30:20 언약 갱신 모세와 이스라엘은 장엄한 의식을 통하여 여호와 하나님과 맺은 언약을 갱신한다. 먼저 모세는 이스라엘 백성들에게 하나님이 그들을 위하여 행하신 모든 일을 상기시켜 준다(29:1-8). 아브라함과 이삭과 야곱에게 약속을 주셨던 그 하나님은 변함없이 이스라엘의 하나님이 되실 것이다. 그러나 이스라엘은 여호와 하나님께 신실해야만 하며, 다른 신들을 섬기는 일을 거부해야 한다(29:9-29). 하나님께 순종하면, 그들은 가나안에서 번영을 누릴 것이며 장차 만나게 될 수많은 대적들로부터 안녕을 누리게 될 것이다. 그러나 이 모든 것은 이스라엘이 하나님께 순종하느냐에 달려 있다. 모세는 이스라엘 백성들에게 생명과 사망 중 하나를 택하라고 요구한다. 선택은 그 백성들에게 달렸다. 만일 그들이 하나님을 사랑하여 그분의 명령을 지키면, 그들은 번영을 누리며 창대하게 될 것이다. 하지만, 그들이 하나님께 반역하여 그분을 저버릴 경우에는, 이제 곧 차지할 땅에서 오래 살지 못하게 될 것이다(30:1-20).

31:1-13 여호수아가 모세를 승계하다 모세는 자신이 이스라엘 백성들을 이끌고 요단을 건너 가나안으로 들어가는 것을 하나님이 허락하지 않으셨다고 이야기한다. 모세 대신, 여호수아가 이스라엘을 통수(統帥)하게 될 것이다. 뿐만 아니라, 여호와 하나님이 그 백성들보다 앞서 가셔서 그들에게 승리를 주실 것이다. 모세는 온 이스라엘이 보는 가운데 여호수아를 격려하면서, 미래에도 여

---

* 히브리 본문은 신명기 28장이 69절까지 기록되어 있다. 개역개정판의 신명기 29:1이 신명기 28:69로 기록되어 있기 때문이다. 이런 구절 배치의 차이는 큰 의미를 담고 있다. 히브리 본문의 신명기 28:69가 모압 언약의 종결 구절이냐, 아니면 모압 언약의 표제 구절이냐를 둘러싼 해석 논쟁을 불러오기 때문이다. 독일의 저명한 구약 학자 게어하르트 폰 라트는 이 구절을 표제어로 본다. 그는 신명기를 모세의 고별 설교이자 시내 산 계시의 해석으로 바라보기 때문에, 여기서 다시 모압 언약이 체결된 사건을 '매우 놀라운 일'이라고 말한다. 그러면서, 그는 언약의 표제어가 29장의 첫머리가 아니라 28장 말미에 기록된 이유에 관심을 기울인다. 참고. Gerhard von Rad, *Das 5. Buch Mose Deuteronomium* (Göttingen: Vandenhoeck & Ruprecht, 1983), 128.

호와 하나님이 항상 이스라엘과 함께하시며 은총을 베풀어 주실 것이라고 이야기한다. 모세는 그들을 떠날 터이지만, 여호와 하나님은 항상 이스라엘 편이 되어 주실 것이다.

31:14-29 이스라엘의 반역을 예견하다 모세는 하나님이 이스라엘 가운데 계실 것임을 확언한다. 그러면서 동시에, 이스라엘은 계속해서 하나님께 반역할 것이라고 단언한다. 이스라엘은 우상을 섬기지 말라는 경고를 귀가 따가울 정도로 들었다. 그런데도, 그들은 다른 신들에게 홀려 그것들을 섬기게 될 것이다. 여호와 하나님은 이스라엘의 이런 실패와 죄를 예견하신다. 하지만, 이것이 곧 그분이 그런 반역을 눈감아 주신다는 뜻은 아니다. 모세는 이런 상황에 대비하고자 율법 책을 글로 적어 언약궤 옆에 두라고 지시한다(31:25-26).

이로부터 수세기 뒤에 벌어진 사건들을 보면, 모세의 이 예언이 진실이었음을 알 수 있다. 이스라엘이 수시로 우상 숭배에 탐닉하는 동안, 이 '율법 책'은 여러 해 동안 방치되었던 것 같다. 요시야 왕이 유다를 다스리던 주전 622년, 이 율법 책이 다시 발견된다(왕하 22:1-10). 이 율법 책을 본 요시야 왕은 유다가 하나님과 맺은 언약 조건들을 얼마나 많이 저버렸는지 깨닫게 된다. 그는 즉시 언약 갱신을 명령하고, 개혁을 통하여 우상을 섬기는 풍속과 신앙을 모두 철폐한다. 모세가 죽은 뒤부터 요시야가 왕위에 오를 때까지, 이스라엘은 슬금슬금 우상을 섬기는 풍속과 신앙에 빠져들었다(왕하 23:1-27). 그러나 요시야 왕의 개혁도 유다를 포로가 될 운명에서 구하는 데에는 역부족이었다. 이스라엘 민족이 포로로 끌려간다는 주제는 열왕기하에서 처음으로 중요하게 등장하기 시작한다. 앞으로 보게 될 터이지만, (통일 이스라엘 왕국이 분열되어 생겨난) 북방의 이스라엘과 남방의 유다는 모두 포로로 끌려가게 된다. 이는 그 왕들의 불순종과 배교(背敎)가 직접 초래한 결과임을 알게 될 것이다.

31:30-33:29 모세의 노래; 모세가 지파들을 축복하다 모세는 백성들에게 이 모든 가르침과 격려와 경고를 선포한 뒤, 여호와 하나님을 확실히 믿는 마음을 찬양으로 표현한다(31:30-43). 이어서 그는 자신의 후계자로 뽑힌 여호수아에게 그가 부른 노래를 기록하여 후대에 전하라고 이야기한다(32:44-47). 이어서 모세는 각 지파들을 축복한다(33:1-29). 모세는 일찍이 야곱이 자신의 아들들을 축복하였던 것(창 49:1-28)과 똑같은 방식으로 각 지파를 향한 자신의 소원을 피력한다.

그러는 사이에, 하나님은 모세가 마지막으로 가나안을 한 번 훑어보도록 허락하신다. 여호와 하나님은 그가 느보 산에서 죽을 것이라고 말씀하신다(32:48-52). 모세는 므리바 물가에서 하나님께 반역하였다. 그 때문에, 하나님은 그가 멀리서 가나안을 바라보는 것은 허락하시지만 거기로 들어가는 것은 허락지 않으신다(32:52).

34:1-12 모세가 죽다 모세는 각 지파들을 축복한 뒤 느보 산으로 올라간다. 하나님은 그가 이스라엘이 장차 차지하게 될 그 땅 전부를 바라볼 수 있도록 허락하셨다. 하나님은 그가 죽기 전에 그 땅을 볼 수 있도록 허락하신 것이다. 모세가 죽자, 이스라엘은 그를 모압 땅에 묻었다. 이스라엘 백성들은 자신들을 애굽에서부터 새 국가의 변경 지역

까지 인도하였던 모세를 위하여 크게 애곡(哀哭)하였다(34:1-9). 신명기는 모세의 중요성을 평가하며 끝을 맺는다(34:10-12). 모세와 같은 사람은 일찍이 없었다. 모세는 여호와 하나님을 대면하여 안 사람이었다. 그러나 예수 그리스도의 오심은 모세보다 더 위대한 인물이 오셨음을 의미한다. 요한복음의 말씀처럼, "율법은 모세로 말미암아 주어진 것이요 은혜와 진리는 예수 그리스도로 말미암아 온 것"(요 1:17)이다. 모세는 진정 "여호와의 종"이었다(34:5). 그러나 예수 그리스도는 그 하나님의 아들이셨다(히 3:1-6).

여호수아

신명기가 막을 내리면서, 흔히 '율법서'로 알려져 있는 구약의 첫 번째 주요 부분이 끝을 맺었다. 하지만, 이스라엘의 역사는 이제 겨우 시작이었다. 이스라엘은 광야를 떠도는 동안 하나님의 백성이라는 고유한 정체성을 부여받았다. 이스라엘은 자신들이 누구인지, 누가 그들을 불러 한 민족으로 존재하게 하셨는지, 그리고 그들이 해야 할 일이 무엇인지 잘 알고 있었다. 이제 이야기는 이스라엘이 약속의 땅을 정복하는 이야기로 옮겨간다. 우리는 이 이야기 속에서 40년 동안 광야를 떠돌았던 하나님의 백성이 약속의 땅에 들어가 뿌리를 내리게 된 내력을 배우게 될 것이다.

여호수아 1:1-18
하나님이 여호수아를 이스라엘의 지도자로 세우시다

모세의 죽음과 함께 이스라엘 역사에는 새 날이 동터온다. 이제 이스라엘은 약속의 땅에 들어가, 여호와 하나님이 오래 전에 그들의 조상에게 약속하셨던 그 땅의 소유권을 마침내 주장할 수 있게 되었다. 이제는 여러 사건들이 눈에 띄게 신속히 전개된다. 여호와 하나님은 이스라엘을 인도하여 요단을 건너게 할 인물로 이미 택하신 여호수아를 공식 임명하신다(1:1-9). 하나님은 여호수아에게 당신이 모세에게 주셨던 율법에 신실하라고 명령하신다. 동시에 그가 그 법을 지킨다면, 성공과 번영을 누리게 될 것임을 보장하신다.

여호수아는 지체하지 않았다(1:10-18). 그는 백성들에게 사흘의 말미를 주고, 요단강 건널 준비를 한다. 그는 이스라엘 백성들에게 주어진 위대한 약속들을 되새겨 준다. 동시에 그는 이 약속들이 성취될 수 있도록 이스라엘이 책임을 다해야 한다는 점을 상기시켜 주었다. 여호수아는 르우벤 지파, 갓 지파, 므낫세 반 지파의 경우에도 우선 약속의 땅을 정복하는 데 참여해야 한다는 점을 재차 강조한다. 그들은 그 땅의 정복이 끝난 뒤에야 요단 동쪽으로 돌아가 아내와 가족들을 만나게 될 것이다(이렇게 된 배경을 알려면, 이 책의 민 31-35장 부분을 보라). 이스라엘 백성들은 여호수아를 그들의 지도자로 맞이하면서, 그도 모세처럼 성공을 거두길 기원한다. 그 성공은 머지않아 이루어지게 된다.

여호수아 2:1-5:12
가나안에서 보낸 첫 날들

2:1-24 라합과 정탐꾼들 모세는 38년 전, 가나안에 정탐꾼을 보냈었다(민 13:1-25을 보라). 여호수아도 이 선례를 좇아 두 정탐꾼을 보내 그들 앞에 있는 가나안의 형편을 알

아오게 한다. 여호수아는 이 두 정탐꾼에게 특히 여리고에 관한 정보를 알아오라고 한다. 당시 여리고는 가나안 제일의 성읍으로서 이스라엘이 공격로로 설정한 길에 자리 잡고 있었다. 당시 대부분의 성읍들이 그러했듯이, 여리고도 '성읍 국가'였다. 성읍 국가는 고전 시대 희랍(그리스)의 도시 국가들과 엇비슷하였다. 여리고는 든든한 성벽으로 방비된 요새여서 공격하기 힘든 군사 목표였다. 뒤에 나오는 본문에서 알 수 있듯이, 그 성벽 위에는(곧, 성벽 안쪽에는) 여러 채의 가옥들이 있었다. 그 중에는 라합의 집도 있었다.*

정탐꾼들은 라합이라는 한 창기의 집에 들어간다. 그 지역 사람들은 모압 땅에 이스라엘 사람들이 있다는 사실을 알고 있었던 것이 분명하며, 이스라엘 백성들의 의도가 무엇인지 몰라 두려워하고 있었다. 그 성읍에 이스라엘 정탐꾼이 잠입하였다는 의심이 돌자, 라합은 그 정탐꾼들을 안전하게 피신시킨다(2:1-7). 라합은 여리고의 모든 사람들이 이스라엘 백성들을 두려워하고 있다고 털어놓는다. 그러면서, 자신도 여호와 하나님이 그 땅을 이스라엘에게 주실 것으로 믿는다고 이야기한다. 그런 다음, 라합은 자신이 이스라엘을 대표하는 이들에게 호의를 베풀었듯이, 나중에 이스라엘도 그 성을 점령하면 자신에게 호의를 베풀어 달라고 요구한다(2:8-14). 정탐꾼들은 이에 동의하면서, 라합에게 창문에 붉은 줄을 매달라고 주문한다. 그렇게 하면, 라합과 그 집안에 있는 이들은 모두 목숨을 건지게 될 것이라고 했다. 출애굽 때, 유월절 어린양의 붉은 피는 하나님의 백성들이 사는 집을 구별해 주는 동시에 그 백성들이 파멸에서 구원받을 것임을 보증해 주었다. 라합이 내건 붉은 줄 역시 그의 안전을 지켜줄 것이다. 라합은 그 정탐꾼들을 성벽 안쪽에 있는 자신의 집 창문에서 밧줄로 달아 내리운다. 추적자들을 따돌린 정탐꾼들은 여호수아에게 돌아가 모든 사람들이 이스라엘을 두려워하고 있다고 보고한다(2:15-24, 아울러 5:1을 보라).

3:1-5:12 요단을 건너다; 길갈에서 할례를 행하다 여호수아는 정탐꾼들의 보고에 고무되었다. 그는 이스라엘 백성들에게 언약궤를 앞세우고 요단을 건너라고 명령한다(3:1-17). 이스라엘이 요단 강을 건넌 사건과 홍해를 건넌 사건 사이에는 명백한 유사점들이 있다. 특히 이 두 사건에는 뭔가 극적인 사건이 일어나리라는 강력한 기대감이 공존하고 있다. 여호수아는 요단을 건너는 지점에 열두 돌을 세운다(4:1-24). 이어서 그는 가나안 땅에서 이스라엘의 가장 중요한 종교 행위 두 가지를 행할 준비를 한다. 첫째는, 이스라엘의 모든 남자들에게 할례를 시행하는 것이었다. 이스라엘은 광야를 떠도는 동안 할례 의식을 거행하지 않았다. 하지만, 이제 이스라엘 백성들은 가나안에서 언약에 순종하는 이 행위를 실천에 옮기게 된다(5:2-8). 이어서 그들은 38년 만에 처음으로 유월절을 지킨다(5:9-12). 이스라엘은 가

---

* 당시 가나안 성들의 모습이 어떠하였는지는 확실치 않다. 만일 므깃도에서 발견된 성문 형태를 따르고 있었다면, 성안으로 들어가는 데 여섯 개의 성문을 지나야 했을 것이다. 여리고 유적을 토대로 학자들이 복원한 여리고 성의 모습을 보면, 성벽은 아래 성벽과 위 성벽 이중으로 되어 있다. 각 성벽 위에 집들이 있으며, 아래 성벽과 위 성벽이 방비하는 지역은 계단 구조로 되어 있다. 자세한 내용은 알프레드 허트, 「고고학과 구약성경」, 280-288(특히 287쪽의 그림 10. 6.)을 보라.

가나안의 여러 족속들

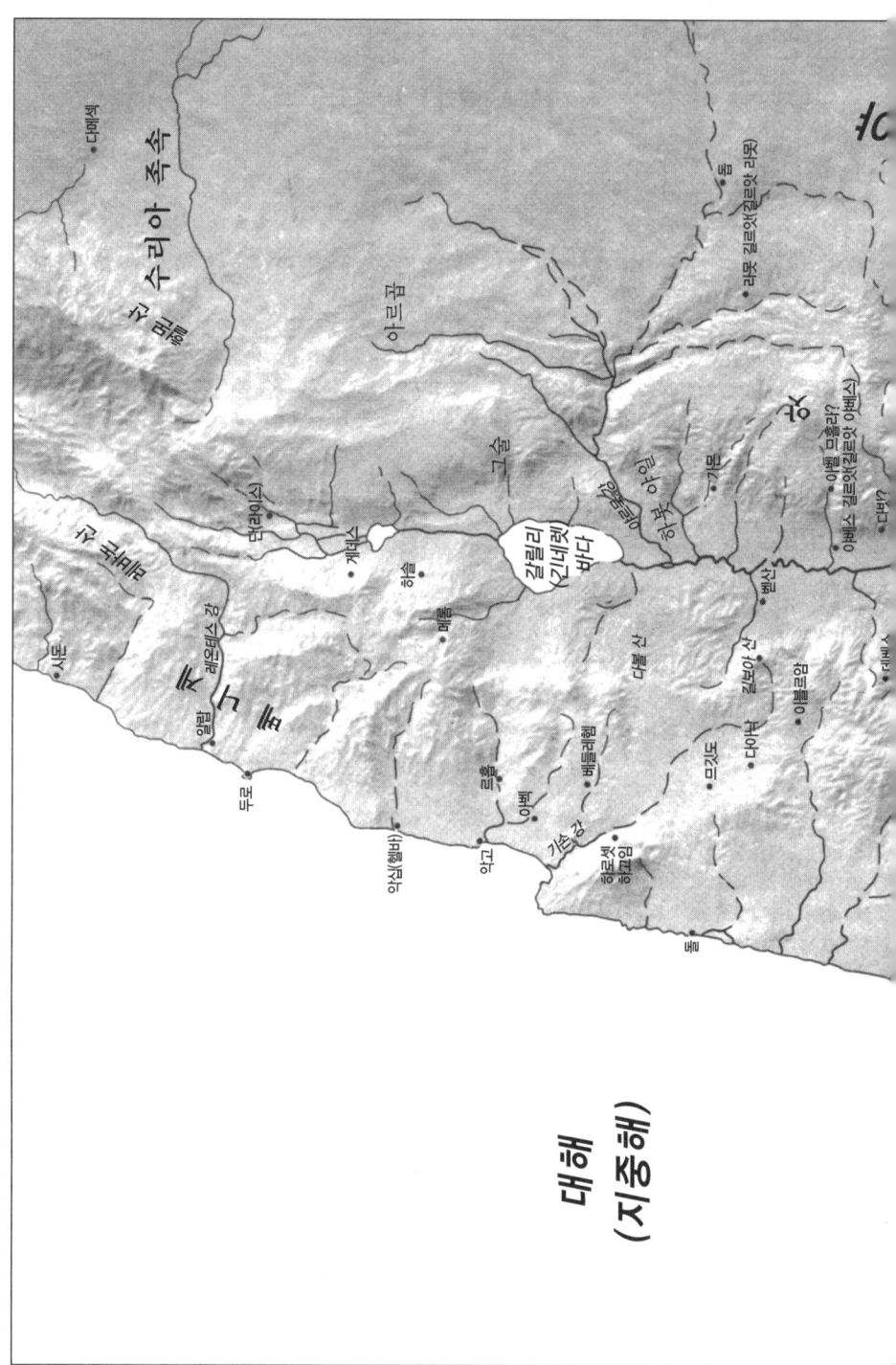

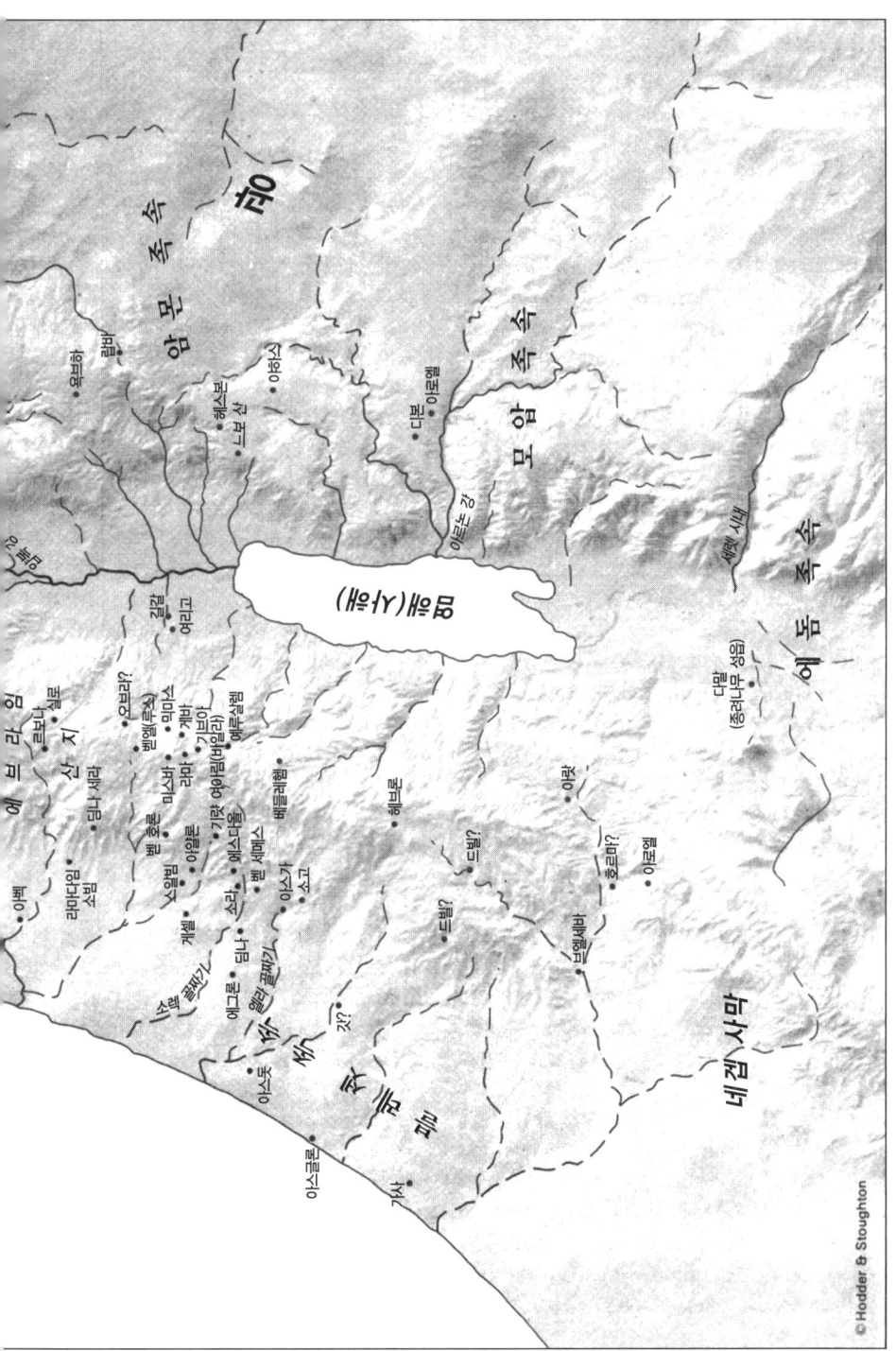

나안 정복의 첫발을 떼려 하면서, 여호와 하나님이 그들을 애굽의 굴레에서 건져 내신 이유가 바로 이것(가나안 정복) 때문임을 되새긴다.

여호수아 5:13-12:24
가나안으로 진공(進攻)하다
5:13-6:27 여리고가 무너지다 이제 이스라엘 앞에는 여리고가 놓여 있다. 여호수아는 환상 속에서 자신이 여호와의 군대 대장임을 밝힌 천상의 인물을 만난다[5:13-15; 이 사건 역시 모세가 불타는 떨기나무 속에서 여호와 하나님의 음성을 들은 사건(출 3장)과 평행을 이룬다]. 그 환상에 힘을 얻은 여호수아는 여리고를 점령할 준비를 한다. 그가 이스라엘 군대에게 여리고 성 둘레를 행진하게 하고 여호와의 언약궤로 그 뒤를 따르게 한 사건(6:2-27)은 성경에서 아주 유명한 사건이다. 여리고 성을 포위한 지 일곱째 되던 날, 성벽이 무너져 내리고 이스라엘은 그 성을 완전히 점령한다. 라합과 그의 가족은 목숨을 건졌다. 하지만, 그 성의 나머지 것들은 모두 멸절당한다. 그곳의 거민들 역시 노유(老幼)를 불문하고 모두 죽임을 당한다.

여리고 정복 기사를 대하는 많은 독자들, 그중에서도 특히 처음으로 이 기사를 읽는 사람들은 이스라엘이 그 땅의 거민들을 멸절시킨 사실에 유감을 표명한다. 그들은 이렇게 묻는다. "어떻게 사랑의 하나님이 그런 살육을 허용하실 수 있단 말인가?", "성읍 전체를 도륙(屠戮)할 이유가 대체 뭐란 말인가?", "하나님은 의인 몇 사람만 있으면 소돔 성도 용서해 주시겠다고 선언하시지 않았던가?" 쉽게 대답할 수 없는 질문들이다. 그러나 고대 세계의 전쟁 원리는 지극히 단순하였다. 말 그대로 '죽든지, 죽이든지' 둘

중에 하나였다. 하지만, 이스라엘이 여리고 성을 멸절시킨 문제와 관련하여, 반드시 짚고 넘어가야 할 것이 하나 있다. 그것을 이해하게 되면, 이 본문의 정황을 적절히 이해하게 될 것이다.

이스라엘은 그들의 역사에서 이제껏 경험한 적도 없었고 앞으로도 다시는 만나지 않게 될 독특한 상황 속으로 들어가고 있었다. 그들은 이방 신앙을 지닌 사람들이 득실대는 지역으로 들어가고 있었다. 그 이방 신앙들은 이스라엘의 신앙을 쉽게 무너뜨릴 수 있는 것들이었다. 때문에 이스라엘은 그런 이방 신앙들과 문화들을 그 땅에서 말끔히 몰아낼 필요가 있었다. 물론, 가나안 정복 때 일어났던 그 일(가나안 거민들을 모두 죽인 일)은 그 어떤 시대에도 죄 없는 사람들을 학살하는 정당한 명분이 될 수 없다. 우리가 이런 이야기들을 더 이상 필요하거나 정당한 것으로 여기지 않을 수 있게 된 것은 그리스도가 오셨기 때문이다. 이스라엘이 가나안에 들어갈 때 경험했던 상황이 다시 벌어지는 경우는 결코 없을 것이다.

7:1-26 아간의 죄 그러나 성공 뒤에 곧바로 죄가 이어졌다. 이스라엘은 하나님께 순종할 것을 맹세하고 또 맹세했다. 그런데도, 그들은 순종을 행할 수 있는 첫 기회에 불순종을 저지르고 만다. 문제의 죄는 여리고에서 얻은 전리품 가운데 일부를 훔친 것이었다. 본디 여리고에서 얻은 전리품은 여호와께 바치기로 되어 있었다. 이 은밀한 절도죄는 한 군사 작전이 실패하면서 비로소 발각되었다. 여호수아는 25킬로미터쯤 떨어져 있던 근처 성읍 아이를 점령하고자 3,000명의 부대를 파견한다. 아이는 인구가 많지 않아, 분명 손쉽게 점령할 수 있는 목표물이었다.

하지만, 실상은 달랐다. 이스라엘은 그 성을 점령하려고 시도하다 상당한 피해를 입는다. 여호수아는 강한 의구심에 사로잡힌다. 하나님이 당신의 언약을 저버리셨단 말인가? 그때, 진실이 드러난다. 언약을 저버린 쪽은 하나님이 아니라 이스라엘이었던 것이다(7:1-15).

여호수아는 방대한 조사를 실시한다. 그는 죄를 지은 당사자가 밝혀질 때까지 제비를 뽑는다. 제비를 뽑은 결과, 먼저 유다 지파가 뽑혔다. 이어서 유다 지파 가운데 세라 족속이 뽑혔고, 이어서 세라 족속 가운데 삽디 가문이 뽑혔다. 마침내 삽디 가문의 일원인 아간의 죄임이 드러나고, 아간은 자신의 죄를 자백한다. 아간은 여리고에서 얻은 전리품 가운데 일부를 훔쳐, 자신의 장막 밑에 감춰 놓았던 것이다. 결국, 아간은 이 일로 이스라엘과 여호와 하나님을 속이려 한 셈이었다. 이 때문에, 아간과 그의 가족은 돌에 맞아 죽임을 당한다(7:16-26). 오직 이 길만이 백성 전체로부터 그들의 죄를 깨끗이 씻어낼 수 있는 방편이었다.

8:1-29 아이 성을 파괴하다 여호수아는 이렇게 백성들의 죄를 씻어 낸 다음, 다시 아이 성에 주목한다. 성경은 이 성읍의 인구를 1만 2,000명이라고 기록해 놓았다(8:25). 이 1만 2,000명이 사는 성읍을 점령하고자, 여호수아는 3만 명의 용사를 동원한다(8:3). 고고학적 증거를 살펴보면, 아이 성은 당시 인구가 많은 요충지가 아니었으며 완전히 폐허였거나 폐허나 다름없는 상태였을 수도 있다는 것이 드러나고 있다. 하지만, 고고학계가 줄곧 아이 성과 동일시해 온 그 장소가 과연 아이 성이 맞는지 조금은 의심스럽다.* 여하튼, 아이 성 공격은 성공하였다(성경은 그 내용을 상세히 서술해 놓았다). 이스라엘은 아이 성을 완전히 파괴하고 그 성의 거민들을 모두 죽인다. 이 사실은 일찍이 여리고 성의 경우에서 제기된 도덕적 의문들을 다시금 불러일으킨다(이 책의 수 5:13-6:27 부분을 보라).

8:30-35 에발 산에서 언약을 갱신하다 이제 성경은 이스라엘이 요단 강 서쪽의 나머지 지역을 정복한 이야기를 시작하려 한다. 이스라엘 백성들은 그 지역 족속들과 전쟁을 벌이느라 여념이 없었다. 그러나 여호수아는 일찍이 모세가 명령한 대로 그 백성이 여호와 하나님과 맺은 언약을 갱신할 자리를 마련한다. 이것은 위험천만한 일이었을 것이다. 이스라엘 주위에는 자신들의 안전을 위협하는 이스라엘을 파멸시키려고 호시탐탐 기회만 엿보는 대적들이 우글거리고 있었기 때문이다. 하지만, 그 지역의 일부 사람들은 이스라엘과 평화롭게 공존할 수 있었

---

* 1930년대부터 가나안 지역을 발굴한 고고학자들은 그 지역의 옛 텔(et-Tell)을 아이 성으로 간주하였다. 그러나 그 고고학자들은 주전 2200년부터 1200년 사이의 기간에는 옛 텔에 사람이 살지 않았음을 발견하였다. 때문에 과연 이스라엘이 아이 성을 공격하여 파괴하였는지 의심을 품는 이들이 많다(여리고 성의 경우도 마찬가지다). 참고. 알프레드 허트, 「고고학과 구약성경」, 288-291. 그러나 데이비드 롤은 고고학계가 여리고 성과 아이 성의 유적을 발견하지 못한 이유로서 가나안 정복 시기를 후기 청동기 시대로 보았기 때문이라고 이야기한다. 그는 이 정복 시기를 중기 청동기 시대로 올리게 되면, 이스라엘이 멸망시킨 성읍들의 유적을 발견할 수 있다고 주장한다. 실제로 그는 그 성읍들이 어디에 있었는지 제시하고 있다. 참고. 데이비드 롤, 「시간의 풍상」, 385-419.

이스라엘의 가나안 정복

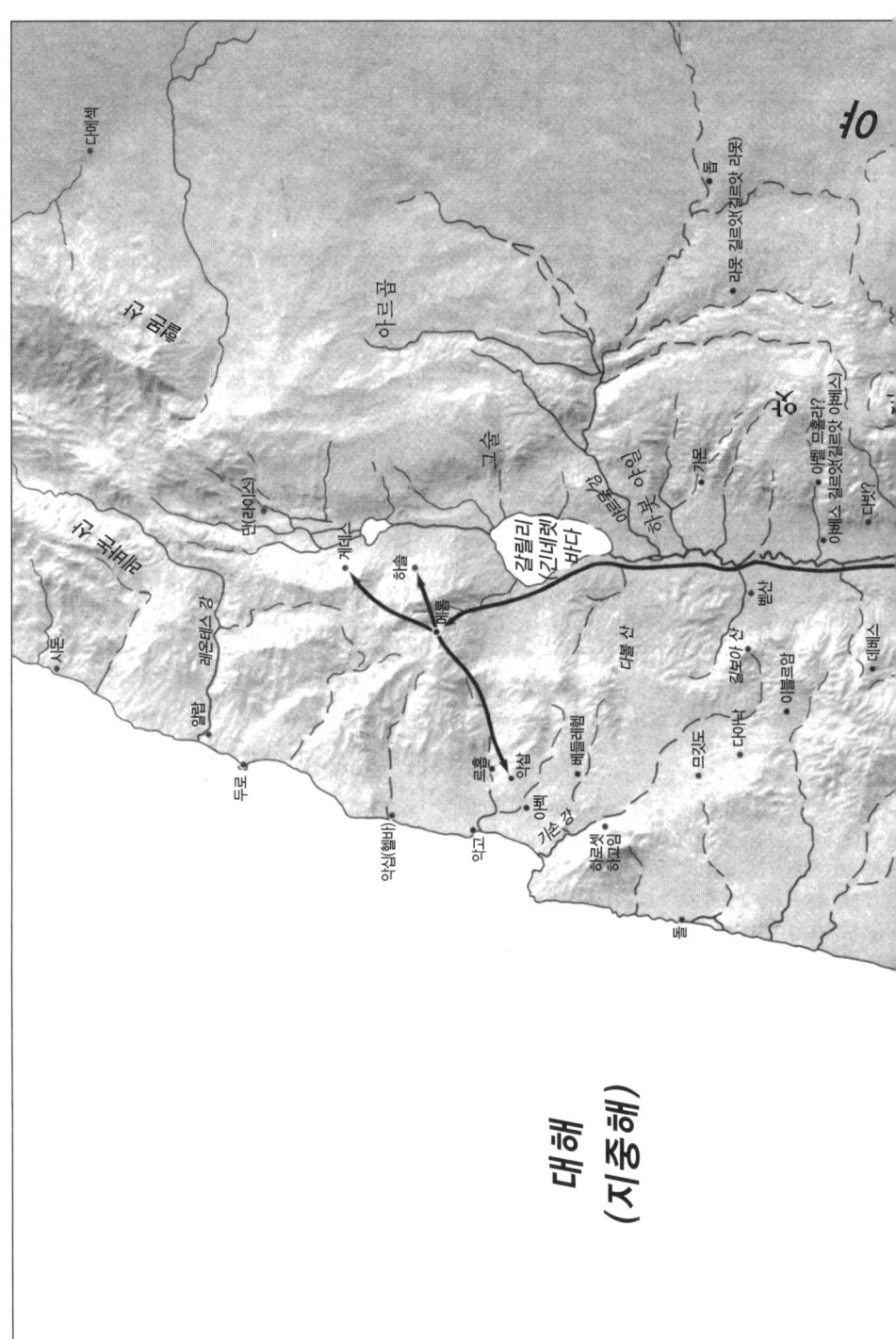

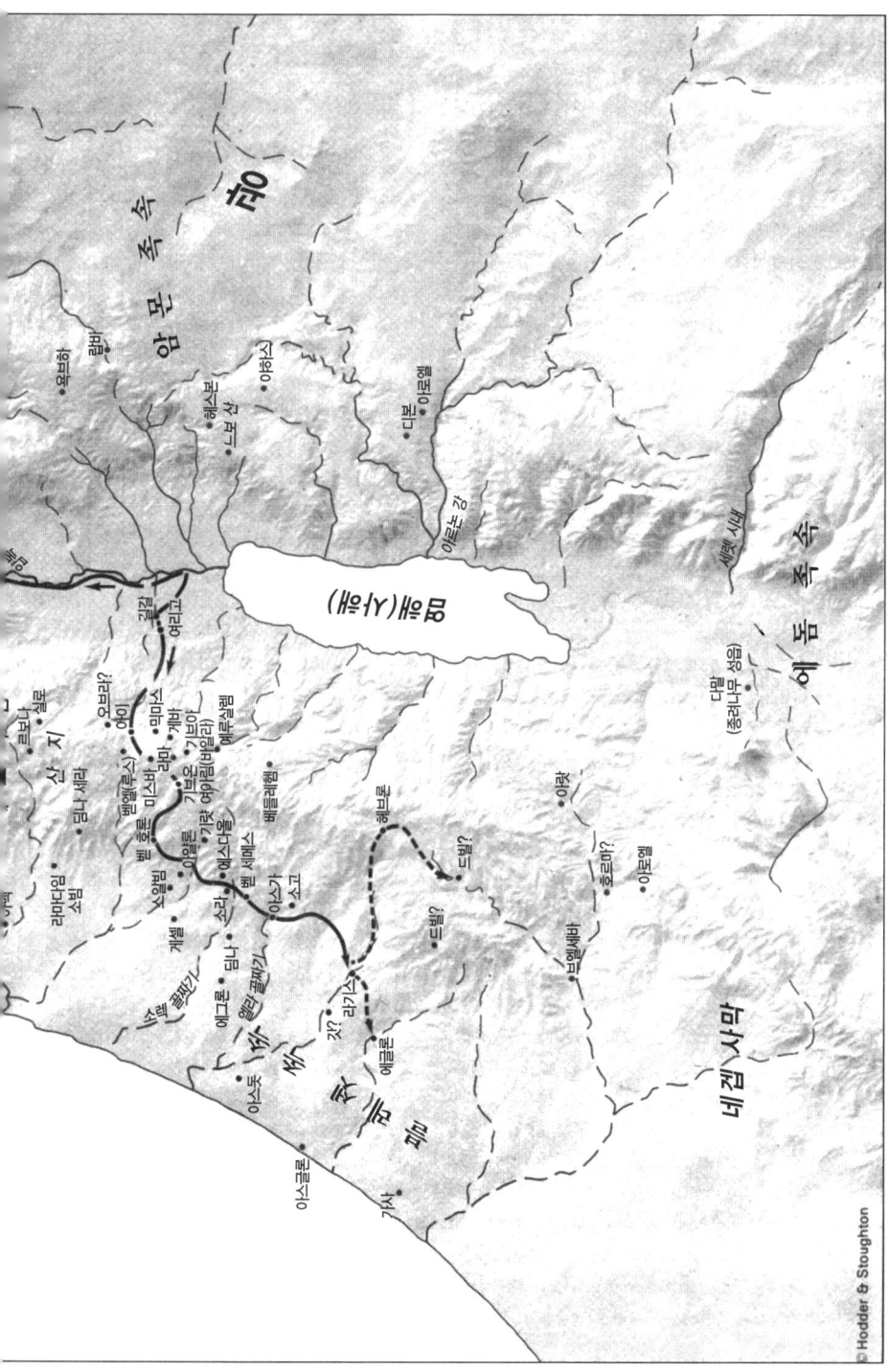

다. 성경은 '이방인들'의 존재를 언급하고 있다. 이 이방인들은 그 지역에 살던 기브온 주민들이거나 히위 주민들이었을 것이다. 이는 여호수아 9장이 상세히 이야기하는 새로운 사태 진전을 미리 짐작케 한다.

에발 산에서 언약을 갱신한 일은 아주 중요하다. 이스라엘 백성들은 여호와 하나님께 제단을 쌓는다. 이는 가나안 땅과 거기 있는 주민들을 다스릴 권위가 여호와께 있음을 확증하는 것이다. 여호수아는 모세가 했던 명령(신 27:1-8)을 신실히 따른다. 이를 통해 여호수아는 그 지역의 지배권을 확보하는 이후의 전투에서 하나님의 계속되는 은총과 임재를 확보하게 된다.

9:1-27 기브온 주민들이 여호수아를 속이다
이어지는 본문은 세 개의 주요 부분으로 되어 있다. 이 세 부분은 이스라엘이 여리고를 교두보로 삼아 요단 강 서쪽 지역을 차지할 수 있었던 경위를 다루고 있다. 이 세 부분은 각각 가나안 중부, 남부, 그리고 북부 지역에서 전개된 군사 작전을 이야기한다. 첫 번째 부분은 예루살렘 북쪽에 살았던 기브온 주민들과의 이야기를 다룬다. 기브온은 진군해 오는 이스라엘 백성들 때문에 자신들이 위험에 빠진 것을 깨닫고, 이스라엘에 평화 사절을 보낸다. 이 사절들은 자신들이 가나안에서 꽤 멀리 떨어진 먼 곳에서 온 것처럼 가장하였다. 여호수아는 여호와께 묻지도 아니한 채 그들과 화약(和約)을 맺기로 한다. 그러나 여호수아가 속임수에 걸려들어 가까이 있는 성읍과 엄숙한 평화 협약을 맺은 사실이 알려지자, 이스라엘 백성들은 분노한다. 결국 이스라엘 백성들은 그 협약 때문에 기브온 주민들을 멸망시킬 수 없었다. 하지만, 여호수아는 자신을 속인 기브온 주민들을 여호와 하나님의 제단에 필요한 나무를 패고 물을 긷는 자들로 삼아, 그들의 속임수에 보응한다.

10:1-43 가나안 남부의 성읍을 정복하다 두 번째 부분은 여호수아가 예루살렘 성읍과 헤브론 성읍을 포함한 가나안 남부 지역에서 연맹을 맺은 왕들을 격파한 일을 다루고 있다(10:1-43). 다섯 개의 아모리 성읍에서 출전한 군사들이 기브온을 포위한다. 때문에, 여호수아는 기브온의 급박한 원조 요청을 받아들일 수밖에 없었다. 여호수아는 길갈에 있던 자신의 진영에서 출발하여 밤새 행군한 끝에 기브온을 포위한 아모리 족속을 급습, 궤멸시킨다. 이스라엘은 다섯 명의 아모리 왕들을 추격하여 끝내 그들을 처단한다. 여호수아는 일련의 공세 끝에 가나안 남부 지역의 주요 성읍들을 포위, 점령한다. 단 한 번의 군사 작전으로 남부 지역 전체를 점령한 것이다. 먼저 공격한 쪽은 가나안 남부 지역의 원주민들이었지만, 여호수아는 오히려 이 공격을 되받아 그 지역을 정복해 버린다. 이 사실을 새겨두는 것이 중요하다. 이와 똑같은 모습이 가나안 북부 지역을 복속시킬 때도 나타나기 때문이다.

11:1-23 가나안 북부의 왕들을 격파하다 여호수아가 길갈로 돌아온 뒤, 가나안 북부 지역의 성읍 국가들이 동맹을 맺는다. 동맹의 목적은 오직 하나, 이스라엘의 위협을 분쇄하는 것이었다(11:1-23). 길르앗 산지의 국가에서 뽑힌 군사들이 메롬이라는 곳에 집결한다. 메롬은 갈릴리 호수에서 서북쪽으로 12킬로미터쯤 떨어진 곳에 있었던 듯하다. 여호수아는 그 군대를 격파한 뒤, 북쪽까지 추격한다. 그러다가 다시 남쪽으로 방향을

돌려 중요한 성읍이었던 하솔을 점령, 파괴한다. 여호수아는 아낙 족속을 격파함으로써 가나안 북부 지역 점령을 완료한다. 이로써 군사 작전은 그 막을 내리게 되고, '그 땅에 전쟁이 그치게 되었다'(11:23). 여호수아는 이제 모세가 나누어 주었던 그대로 가나안 땅을 각 지파에게 분배할 수 있게 되었다. 성경은 다음 몇 장에서 땅 분배 이야기를 좀 더 상세히 다루게 된다. 가나안 정복 기사에 이어, 본문은 모세와 여호수아가 군사 작전으로 격파한 왕들을 상세히 열거하고 있다(12:1-24). 다음 장에서 분명히 드러나게 되겠지만, 아직 정복해야 할 지역이 제법 많이 남아 있었다. 하지만, 이제 이스라엘은 가나안 지역에 견고한 세력 거점을 확보하게 되었다. 때가 되면, 이스라엘은 이 거점을 발판

삼아 점령지를 더 확장할 수 있을 것이다.

여호수아 13:1-22:34
정복한 땅을 각 지파에게 나누어 주다
13:1-19:51 가나안 땅을 나누어 주다 이 큰 단락은 이스라엘 각 지파에게 가나안 땅을 나누어 준 이야기를 상세히 다루고 있다. 아울러 이스라엘 백성들이 점령한 성읍과 지역을 정확하면서도 상세하게 설명하고 있다. 이 본문 기사는 그 서두에서 앞으로 정복해야 할 지역을 상세히 이야기한다(13:1-7). 이어서 본문은 그 시선을 요단 동쪽으로 돌린다. 요단 동쪽은 이미 르우벤 지파, 갓 지파, 므낫세 반 지파에게 분배되었다(13:8-32). 모세는 요단 동쪽을 이 지파들에게 나누어 주었다. 이스라엘 백성들은 이 분배를

이스라엘의 가나안 남부 정복

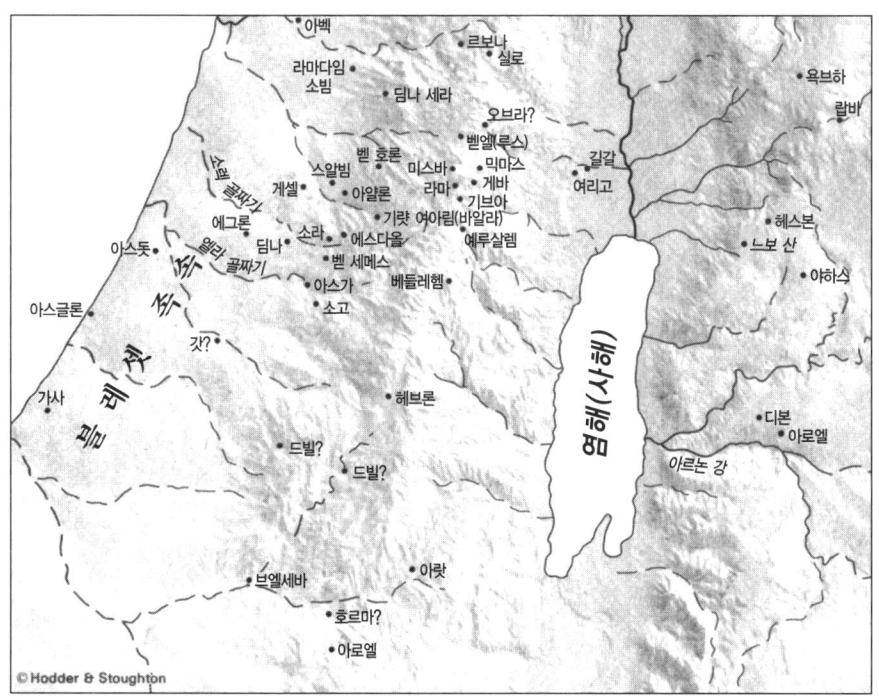

승인하면서, 그 지역을 르우벤 지파 등에게 떼어 준다. 우리는 여기서 이스라엘 백성들이 요단 동쪽을 '약속의 땅'으로 여기지 않았음을 이해할 필요가 있다. 이스라엘은 요단 동쪽 지역의 분할을 승인한 다음, 엄밀한 의미에서 약속된 땅인 요단 서쪽의 정복지로 그 시선을 옮긴다. 이스라엘의 나머지 아홉 지파와 반 지파(므낫세 반 지파)는 그 서쪽 지역을 제비뽑아 나누어 받는다(14:1-19:48). 여호수아 자신도 산지에 있는 한 성읍을 나누어 받았다. 훗날 그는 이 성읍에 묻히게 된다(19:49-50, 24:30).

20:1-21:45 도피성; 레위인들에게 성읍들을 나누어 주다 여호수아서의 이 본문은 마치 법률문서 같다. 많은 독자들은 이 부분을 읽으면서 조금 재미없어 할지도 모르겠다. 하지만, 독자들은 이스라엘이 가나안 땅을 차지하게 될 것이라는 약속이 이루어진 것을 최종 확인할 수 있는 부분이 바로 이 본문임을 기억해야만 한다. 각 지파는 자신들이 살 공간이나 가축을 방목할 곳보다 더 넓은 지

이스라엘의 가나안 북부 정복

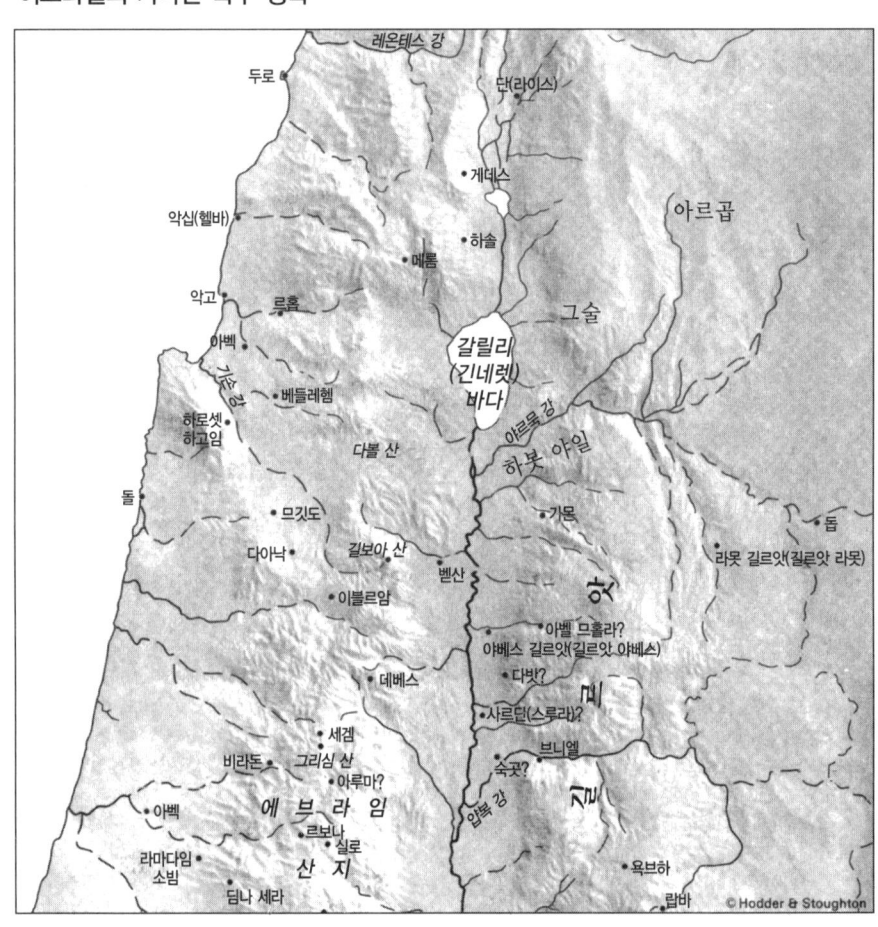

역을 분배받고 있다. 이 지파들은 자신들에게 분배된 지역을 소유할 권리를 받는다. 우리는 이 긴 본문을 읽으면서 아브라함과 이삭과 야곱의 자손들에게 그 땅을 주시겠다던 여호와 하나님의 약속이 구체적 현실로 이루어지고 있음을 볼 수 있다. 바야흐로 여호와 하나님의 약속이 성취되고 있는 것이다. 도피성(20:1-9)과 레위인들에게 주어진 성읍들을 포함하여 하나하나 그 이름이 언급되고 있는 모든 지역과 성읍은 하나님이 당신의 약속에 신실하셨음을 보여 주는 산 증거다.

"여호와께서 이스라엘의 조상들에게 맹세하사 주리라 하신 온 땅을 이와 같이 이스라엘에게 다 주셨으므로 그들이 그것을 차지하여 거기에 거주하였으니…여호와께서 이스라엘 족속에게 말씀하신 선한 말씀이 하나도 남음이 없이 다 응하였더라"(수 21:43-45).

22:1-34 요단 동쪽 지파들이 제 집으로 돌아가다 마침내 전쟁이 끝나자, 여호수아는 르우벤 지파, 갓 지파, 므낫세 반 지파 출신의 군사들이 고향의 가족들에게 돌아가는 것을 허락한다. 그 가족들은 이미 요단 동쪽에 정착하고 있었다. 하지만, 한 가지 오해가 생기는 바람에 요단 동쪽 지파들과 서쪽 지파들은 전쟁 직전까지 가게 된다. 여호수아는 벧엘에서 동북쪽으로 15킬로미터쯤 떨어진 실로에 성막을 세운 적이 있다(18:1). 실로의 성막은 사무엘 시대까지 거기에 있었다(삼상 4:3을 보라). 그런데, 르우벤, 갓, 므낫세 반 지파의 군사들은 길르앗 땅(요단 동쪽)으로 돌아가자, 이스라엘 자손들의 영역인 요단 근처에 제단을 쌓기로 한다. 이는 즉각 이스라엘 나머지 지파들의 분노를 불러일으켰다. 이 나머지 지파들은 요단 동쪽 지파들의 행위가 실로의 성막에 대항할 제단을 세우려는 행위라고 해석한 것이다. 만일 그렇다면, 동쪽 지파들의 행위는 여호와께 반역하는 것이며, 벌을 받아 마땅한 일이었다. 요단 서쪽 지파들은 불가피해 보이는 전쟁을 피하기 위해 길르앗에 대표를 보낸다.

그러나 결국 문제는 해결된다. 요단 동쪽 지파들은 자신들이 여호와 하나님께 예배할 권리를 요단 서쪽 지파들이 잊어버리거나 부인할까봐 염려하였다(22:24-29). 요단 서쪽인 실로에 제단이 세워지면서, 동쪽 지파들은 자칫 여호와 하나님께 예배할 권리나 이스라엘이라는 언약 공동체의 구성원이라는 지위에서 소외될 위험성이 존재하였다. 엄밀히 말하자면, 요단 동쪽 땅은 여호와 하나님이 이스라엘에게 약속하신 땅이 아니었기 때문이다. 때문에, 길르앗 땅에 정착한 지파들은 하나님의 백성이 아니라는 주장마저 나올 수 있는 형편이었다. 요단 동쪽 지파들은 여호와 하나님을 향한 그들의 충성심과 그분께 예배할 수 있는 권리를 주장하는 동시에 그들 역시 하나님의 백성이 누리는 복에 참여할 수 있음을 강조하고자, "요단 언덕 가"(22:10)*에 제단을 쌓은 것이라고 해명한다. 이 해명에 만족한 요단 서쪽 지파들

---

* NIV 성경은 이 구절에서 개역개정판이 '요단 언덕 가'라고 기록한 말을 Geliloth이라고 기록해 놓았다. 이것은 아마 히브리 본문의 '글리로트'를 영어로 옮겨 그대로 표기한 것 같다. 하지만, 이 '글리로트'가 특정 지명을 나타내는 고유명사인지 아니면 보통명사인지는 아직 확실하지 않다. 본디 히브리어 '글리로트'는 '구역'이나 '주위'를 뜻하는 '글리라'의 복수, 연계형(construct)이다. 실제로 수 22:10의 히브리 본문 전반부는 '와야보우 엘 글리로트 하야르덴 아쉐르 바아레츠 커나안'으로 기록되어 있다. 게제니우스 사전은 '글

각 지파들이 분배받은 땅

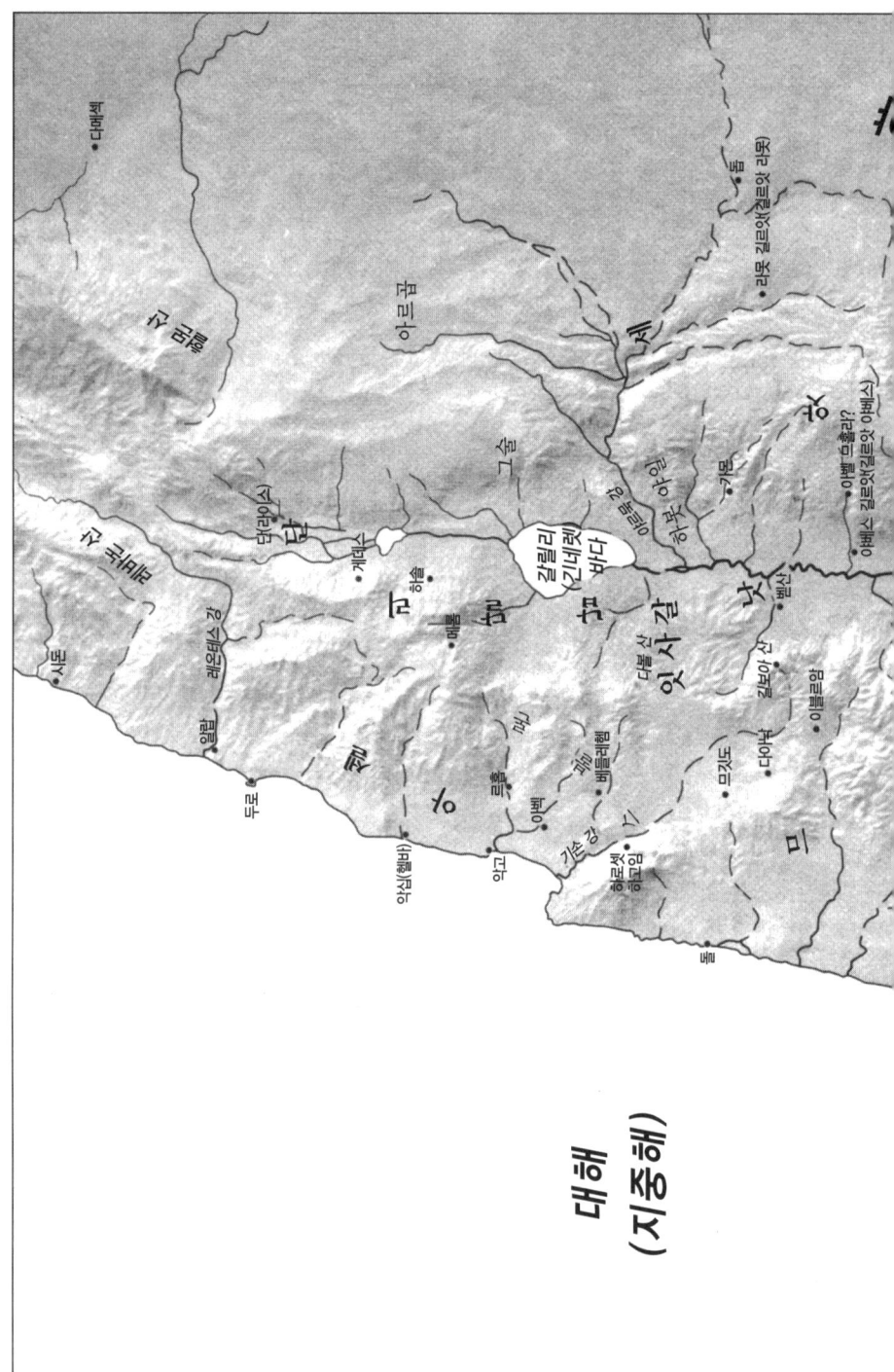

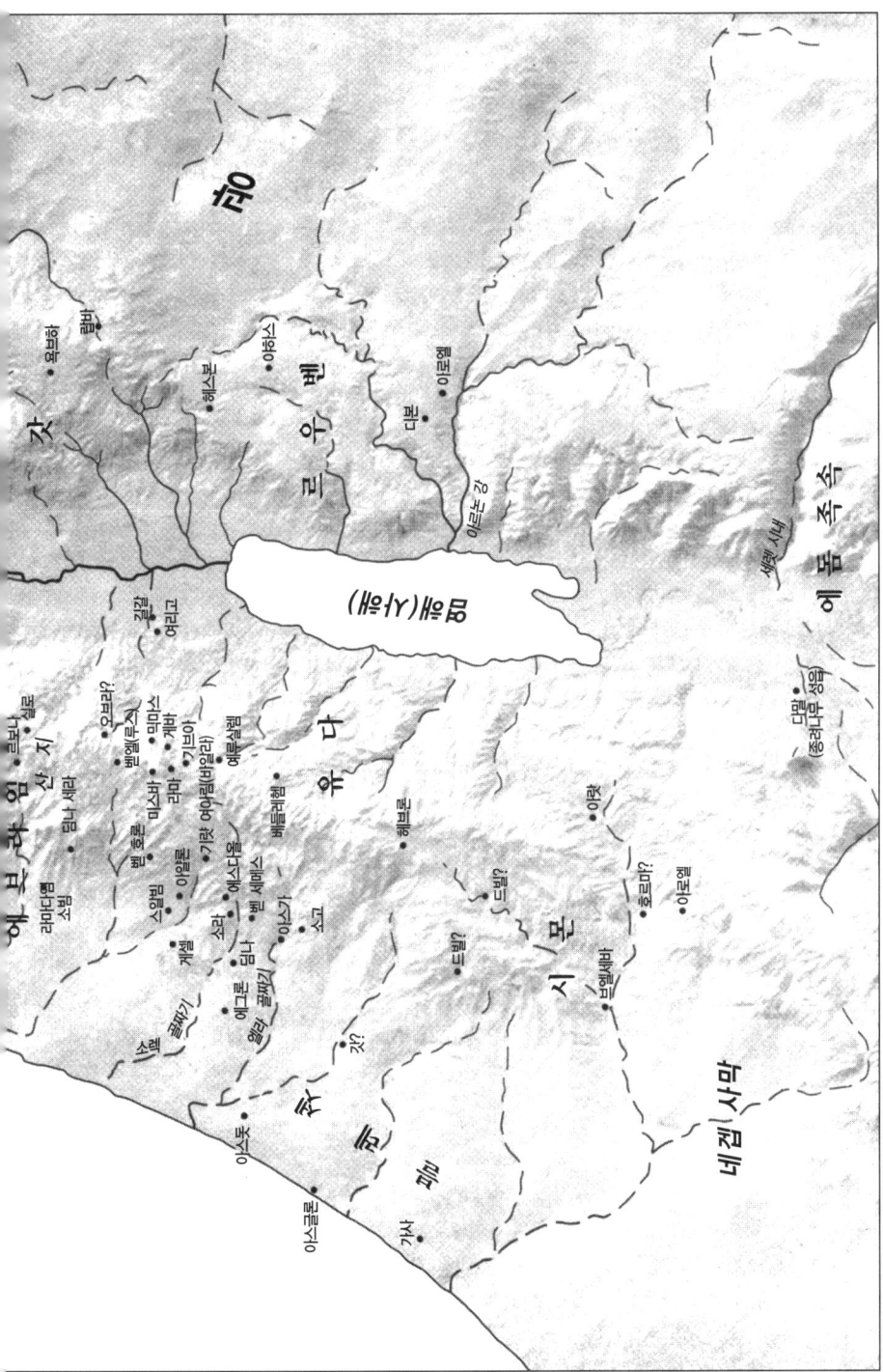

의 대표는 실로로 돌아간다.

여호수아 23:1-24:33
여호수아가 죽다

23:1-16 여호수아가 백성의 지도자들에게 마지막 말을 남기다 몇 년의 세월이 평화롭게 흘러갔다. 그동안 이스라엘은 자신들의 위치를 공고히 할 수 있었다. 전쟁이 끝나고 이스라엘이 가나안에 영구 정착할 수 있게 된 때로부터 최소한 10년의 세월은 흘러간 것처럼 보인다. 이제 여호수아도 늙어서 죽음을 눈앞에 두고 있었다. 여호수아는 여호와께서 자신을 이스라엘을 가나안으로 이끌 지도자로 세우실 때 하셨던 바로 그 격려의 말(1:7-8)로 이스라엘을 격려한다. 그러면서, 이스라엘이 여호와 하나님께 신실해야 한다는 점을 되새겨 준다. 여호수아는 이스라엘이 가나안 사람들과 혼인하는 것이나 어떤 형태의 교류를 갖는 것도 금지한다. 우상을 섬기는 가나안 백성들의 종교가 이스라엘의 신앙에 악영향을 줄 수도 있기 때문이었다.

24:1-28 세겜에서 언약을 갱신하다 여호수아는 이스라엘 지파들을 세겜에 불러 모은다. 그런 뒤, 이스라엘이 약속의 땅에 들어온 직후 에발 산에서 맺었던 언약(8:30-35)을 공식 의식을 통하여 엄숙하게 갱신한다. 여호수아는 강렬하고 심금을 울리는 어조로 이스라엘 백성들의 기원과 역사를 되새겨 준다(24:1-13). 그는 하나님이 아브라함과 이삭과 야곱을 부르셨던 일과 이스라엘 자손들이 애굽으로 내려갔던 일을 자세히 이야기한다. 그는 이스라엘 백성들이 애굽 땅에서 핍박과 고통을 당한 일, 그리고 여호와 하나님이 그들을 그 속박에서 구원하여 약속의 땅으로 안전하게 인도하신 일을 상기시켜 준다.

그런 다음, 여호수아는 거기 모인 모든 이들에게 여호와께 헌신할 것을 다시 서약하라고 요구한다. 여호와께 헌신하지 않으려는 사람들은 얼마든지 다른 신들을 섬길 수 있었다(24:14-15). 이때 여호수아는, 자신은 오직 여호와만을 섬길 것이라고 단언한다. 백성들 역시 여호수아를 따라 자기들도 그리하겠노라고 대답한다. 그들은 자신들의 의지로 늘 여호와만을 섬기기로 약속한 것이다. 물론 그들은 이 서약이 함축하는 모든 것도 받아들였다(24:16-27). 슬픈 일이지만, 뒤이어 벌어지는 사건들은 그들 역시, 광야를 떠돌던 자신들의 조상처럼, 걸핏하면 반역하고 불순종하는 이들이었음을 증명해 주고 있다. 그러나 이런 반역이나 불순종도 아직은 미래의 일이었다. 최소한 이 언약 갱신의 순간만큼은 오직 헌신과 순종을 서약하는 말만이 오고 갔다. 이제 여호수아는 그 백성을 잊어버릴 수 있게 되었다. 백성들은 각각 가나안의 자기 기업으로 돌아간다(24:28).

24:29-33 약속의 땅에 묻히다 신명기는 모세의 죽음으로 끝을 맺었다. 여호수아서 역시 모세의 신실한 후계자인 여호수아의 죽음으로 끝을 맺는다. 여호수아는 일찍이 반세기 전에 모세가 가나안에 보냈던 열두 정

리로트'를 '유역, 주변'이라는 보통명사로 해석하였다(가/141). 그렇게 된다면, NIV의 번역은 그른 것이며, 개역개정판의 번역이 옳다고 볼 수 있겠다. 하지만, 쾰러-바움가르트너 사전은 이 '글리로트'를 고유명사로 보아 '요단 강 상부, 요단 동쪽에 있는 기름진 지역'을 가리킨다고 본다(나/193).

탐꾼 가운데 한 사람이었다. 그때, 이스라엘은 처음으로 가나안을 공격하다 허망한 패배를 맛보았다(민 13:16-30). 그때 그 정탐꾼이 이제는 약속의 땅에 있는 자기 소유지에 묻히게 되었다. 여호와 하나님의 약속이 성취된 결과였다. 이스라엘 백성들이 애굽에서 가져온 요셉의 유골 역시 약속의 땅에 묻혔다. 요셉 역시 그의 자손들에게 하나님이 약속하셨던 그 땅에서 안식을 누리게 된 것이다(24:32). 이스라엘의 유랑 기사는 이렇게 마침표를 찍는다. 이스라엘 백성들은 하나님이 약속하셨던 그 땅에서 안식을 누리게 되었다. 이런 점에서, 여호수아서는 성취된 약속과 현실이 된 소망의 이야기다.

그런데, 여호수아는 자신의 후계자를 지명하지 않았다. 여호수아가 죽은 뒤, 이스라엘은 어떻게 될까? 이스라엘이 새로운 위험에 부딪혔을 경우, 누가 이스라엘을 이끌어 갈 것인가? 과연 이스라엘은 가나안에서 아직 정복하지 못한 지역들을 정복할 수 있을까? 이제 이스라엘 역사의 한 장이 끝을 맺고, 또 하나의 장이 시작되려 하고 있었다.

사사기

사사기는 여호수아가 죽은 뒤부터 사무엘이 등장할 때까지 펼쳐진 이스라엘 역사를 다루고 있다. 이 시기는 가나안 땅에 아직 어떤 형태의 영속적 중앙 집권 체제도 존재하지 않을 때였다. 사사기는 여호수아가 죽은 뒤 그 땅에서 경건한(여호와 하나님을 섬기는) 신앙과 순종이 몰락해 가는 모습과 함께 특히 그 땅이 우상 숭배와 이방 종교의 풍속에 빠져가는 모습을 연대순으로 기록하고 있다. 여호수아가 그토록 경고하고 권면했건만, 이스라엘은 끝내 여호와 하나님을 신실하게 섬기지 못 한다.

여호수아서와 사사기의 가장 두드러진 차이점을 하나 꼽는다면, 두 책이 관심을 보이는 이스라엘의 당면 상황이 다르다는 점이다. 여호수아서를 보면, 이스라엘은 가나안 땅을 차지하고 정복하면서 이미 그 땅에 살고 있는 여러 족속들의 위협에 맞서야 할 형편에 있다. 여호수아서는 이스라엘을 가나안 내부의 이런 위협에 맞서 함께 행동하고 함께 일해야 할 한 민족으로 그려 내고 있다. 반면, 사사기를 보면 커다란 위협들은 가나안 외부에서 온다. 이를테면, 요단 동쪽에 살던 암몬 족속, 미디안 족속과 모압 족속이 그런 위협의 근원이었다. 가나안 내부에서 위협이 발생한 경우는 단 한 번 있었을 뿐이다. 사사기가 그려 내는 이스라엘은 모든 백성이 하나의 중앙 권력에 복종하는 단일한 조직체라기보다, 오히려 가나안의 여러 지역에 자신들의 근거지를 구축하고 있는 여러 지파들로 구성된 하나의 정착 집단일 뿐이다. 이스라엘 백성은 공통된 신앙과 공통된 내력을 공유하고 있었다. 하지만, 그들은 점점 더 자신들의 정체성을 전체 이스라엘의 구성원이라는 점보다는 개개 지파와 씨족에서 찾으려는 경향을 드러내게 된다.

'사사'(재판관, judge)라는 말은 조금 설명이 필요하다.* 우리는 이 책을 읽으면서, 드보라나 사무엘 같은, 많은 사람들을 만나게 될 것이다. 성경은 그들을 '사사'라고 부른다. 현대에는 이 사사(재판관)이라는 말을 '법률 분쟁의 공정한 중재자'나 '재판하는 사람'을 의미하는 것으로 이해하곤 한다. 하지만, 이 책(사사기)은 사사라는 말을 전혀 다른 뜻으로 사용한다. 사사기가 말하는 사사의 본디 의미는 '하나님이 당신의 백성을 위험에서 구하시고자 세우신 강력한 지도자'다. 그 의미의 강조점은 법률을 공정하게 집행한다는 쪽보다 위험에서 구해 낸다는 쪽에 있다. 실제로 사사기의 '사사들'은 재판관들이라기보다 구원자들이었다. 앞으로 분명히 드러날 터이지만, 이스라엘은 죄와 반역에 빠질 때마다, 어김없이 그런 종류의 도움을 필요로 하게 된다.

---

* 히브리 본문은 개역개정판이 '사사기'라고 번역한 이 책의 제목을 '쇼프팀'이라고 기록해 놓았다. '쇼프팀'은 '누구를 바른 길로 인도하다, 재판하다'라는 뜻을 지닌 히브리어 동사 '샤파트'의 남성, 능동 분사인 '쇼페트'의 복수형이다. '쇼페트'는 분사이지만 명사로서 '사사(士師), 재판관'이라는 뜻을 갖고 있다(가/856). 공동번역 성경은 '사사기'의 제목을 '판관기(判官記)'로 붙여 놓았다.

사사기 1:1-3:6
도입

1:1-2:5 이스라엘이 남아 있던 가나안 족속들과 싸우다 사사기는 여호수아가 죽은 뒤의 가나안 내부 상황을 개관하며 그 첫 장을 연다. 약속의 땅 가운데 아직도 많은 지역이 가나안 족속들의 손안에 있었다. 미처 정복하지 못한 이 지역들을 처음 공격한 사람들은 유다 지파의 군사들이었다(1:2-10). 그들의 공격은 상당한 성과를 거둔다. 블레셋 족속의 성읍인 가사, 아스글론, 에그론과 그 주변 지역들을 차지한 것은 특히 중요하다(1:8). 이 성읍들은 각기 상업과 전략의 요충지였다. 애굽과 북쪽 지방을 잇는 주요 교역로에 자리잡고 있었기 때문이다.

요셉 가문을 포함하여 다른 지파들도 성공을 거둔다. 여기서 요셉 가문은 에브라임 지파, 그리고 요단 동쪽이 아니라 요단 서쪽에 정착하는 것을 선택한 므낫세 반 지파를 가리킨다(1:22-26). 하지만, 이스라엘 백성들이 가나안 족속들 사이에 거주하게 되었다는 문구가 눈에 띄게 자주 등장한다. 사사기는 이스라엘이 가나안 족속을 몰아내지 못했다는 점을 여러 차례에 걸쳐 기록하고 있다(1:27-36). 이스라엘의 팽창 계획은 추진력을 잃어버린 것처럼 보인다. 이것은 분명 이스라엘의 실패였다. 이 실패는 여호와의 진노를 불러온다(2:1-5).

2:6-3:6 불순종과 패배 이제 본문은 이야기 전개 속도를 달리 한다. 이 본문은 중요한 가교 역할을 하는 부분으로서 여호수아가 죽은 뒤에 일어난 사건들을 다루고 있다. 아울러 사사 시대에 이스라엘 내에서 무엇이 잘못되어 가고 있었는지 이해할 수 있는 토대를 제공한다. 여호수아가 영도할 때만 해도, 이스라엘은 여호와께 헌신하며 충성했다. 그랬던 민족이 어쩌다가 그렇게 무기력해지고 반역의 길로 빠지게 되었을까? 여호수아가 죽은 뒤, 여호와를 알지 못하며 그분이 이스라엘을 위하여 행하신 일을 알지 못하는 세대가 등장한다(2:10). 이스라엘 역사 중 유목 시대를 살았던 사람들이 죽고, 이스라엘을 약속의 땅에 정착케 한 위대한 사건들을 직접 체험하지 못했던 사람들이 그 뒤를 잇는다.

그러자, 불순종과 배교(背敎)가 시작된다. 이스라엘 백성들은 가나안 원주민들이 섬기던 이방 종교들을 경험하기 시작한다. 특히 그들은 바알을 섬긴다(2:13). 바알은 가나안 사람들이 섬기는 지역신들 가운데 하나로서, 사람과 농작물의 다산(多産)과 관련되어 있었다. 바알과 쌍을 이룬 여신이 아스다롯이었다(2:13이 함께 언급한다). 이 아스다롯 역시 다산을 기원하는 제의와 연결되어 있었다. 바알과 아스다롯을 섬기는 예배에는 흔히 신전에서 간음하는 행위가 포함되었다. 때로는 어린이를 희생 제물로 바치는 행위도 그 예배에 포함되었을 것으로 여겨진다. 이스라엘은 이런 예배 형식들을 받아들이면서, 여호와 하나님을 향한 그들의 헌신을 공공연히 내팽개쳐 버린다. 결국, 이스라엘은 여호와 하나님의 보호와 은총을 잃고, 다양한 약탈자들의 공격에 노출된 취약한 처지가 되고 만다. 사사기는 반역과 회복이 되풀이되는 모습을 보여 준다. 이스라엘 백성들이 우상을 섬기면, 그들은 결국 환난에 빠진다. 그러다가 여호와께 돌아오면, 그들의 형편은 다시 회복된다. 사사기의 이야기는 이런 모습을 수없이 생생하게 보여 주고 있다.

그런 점에서, 말씀은 이스라엘 백성들의 불행을 그들을 시험하사 그들이 진정 당신께 신실한지 알려주시는 여호와 하나님의 결심에서 직접 비롯된 것으로 본다(2:20-23). 특히, 말씀은 이스라엘 영역 안에 가나안 족속들이 계속 거주하게 된 것을, 점점 더 제멋대로 굴면서 당신께 불순종하는 이스라엘 백성들의 승리를 하나님이 막으신 결과로 본다(2:23). 여호수아가 그렇게 철저히 금지했던 일인데도 이스라엘 백성들은 가나안 백성들과 통혼(通婚)하면서 점점 더 하나님으로부터 멀어져 간다(3:1-6).

사사기 3:7-16:31
배교와 구원

3:7-5:31 불순종과 드보라의 노래 이 단락은 그 서두에서 이스라엘이 하나님을 떠난 결과를 다음과 같이 간결하게 요약하고 있다. "이스라엘 자손이…자기들의 하나님 여호와를 잊어버리고 바알들과 아세라들을 섬긴지라"(3:7). 하나님의 은총을 잃어버린 결과, 이스라엘은 가나안 지역의 한 왕(메소보다미아 왕 구산 리사다임)의 압제 아래 놓이게 된다. 그들이 회개하고 여호와의 이름을 부른 뒤에야, 비로소 구원이 이루어진다(3:8-11). 이와 똑같은 모습이 모압 족속의 한 왕(에글론, 3:12-31)과 가나안 족속의 한 왕인 야빈(4:1-24)에게 괴롭힘을 당한 경우에도 되풀이된다. 이스라엘이 야빈에게 괴롭힘을 받았을 때는, 여자 선지자 드보라의 인도 아래 여섯 지파가 연합하여 야빈의 군대 장관인 시스라를 물리친다. 시스라 본인도 헤벨의 아내인 야엘이 그의 머리에 장막 말뚝을 박는 바람에 결국 죽게 된다(4:17-22). 이스라엘은 여이어 야빈을 무찌른다(4:23-24). 드보라가 부른 승리의 노래(5:1-31)는 성경의 시들 가운데 가장 오래된 축에 속하는 것으로 알려져 있으며, 아주 먼 고대의 히브리 낱말들과 표현들을 담고 있다. 드보라의 노래는 하나님 백성들의 원수를 물리친 승리 속에서 만인에게 실증해 보이신 그분의 의로우심을 강조한다.

6:1-40 기드온 이제 본문의 이야기는 구약의 더 유명한 일화(逸話)로 옮겨간다. 다름 아닌 기드온의 이야기다. 여기서도 똑같은 양상을 발견할 수 있다. 이스라엘은 일단 여호와 하나님께 순종할 것을 약속하지만, 얼마 지나지 않아 불신앙과 불순종의 길로 빠져버린다. 그 결과, 이스라엘은 다른 민족들로부터 억압을 받는다. 이 본문에서는 미디안 족속이 억압자 노릇을 하고 있다. 미디안 족속은 아말렉 족속과 같은 요단 동쪽의 다른 족속들과 잠정적이고 느슨한 동맹을 맺고 있었던 것 같다. 이스라엘 백성들은 낙담한 채, 도움이 없으면 자신들이 생존할 수 없다는 것을 깨닫는다. 그제야 그들은 여호와의 이름을 부르짖는다(6:1-6). 그들은 강퍅하였지만, 그래도 하나님은 그들의 실패와 반역 사실을 깨우쳐 주시고 회개를 요구하신다(6:7-10).

하나님이 이스라엘의 구원자로 지명한 사람은 기드온이었다(6:11-24). 그는 므낫세 지파 아비에셀 족속의 사람이었다. 기드온의 아버지 요아스는 이스라엘이 여호와를 믿는 그들의 신앙을 어떤 식으로 내팽개쳤는지 잘 보여 주고 있다. 그는 바알 제단을 쌓고 아세라 상을 세웠다(6:25). 기드온은 자신이 여호와의 부르심을 받은 사실을 믿을 수가 없었다. 그는 보잘것없는 족속 중에서도 가장 하찮은 사람이었기 때문이다. 그러나 성경이 분명히 말씀하듯이, 하나님은 자신을 하찮게 여기는 사람들을 택하여 위대한 일을 행하시곤 한다. 기드온이 바로 그런 경우다.

기드온의 사명도 가정에서부터 시작되었다. 그는 먼저 자신의 집이 바알을 섬기는 것부터 쓸어버려야만 했다. 그런 뒤에 비로소 다른 일을 하더라도 할 수 있었다. 그는 자기 아버지의 바알 제단을 부숴 버리고, 그 대신 여호와께 단을 쌓는다. 기드온이 행한 이 행동 때문에 소동이 벌어진다. 이것은 그 지역에 바알 숭배가 얼마나 깊이 뿌리내리고 있었는지 잘 보여 주는 증거다(6:28-32). 하지만, 기드온의 진짜 사명은 이스라엘을 미디안과 그 동맹들로부터 구원하는 것이었다. 기드온은 이스라엘을 구원할 준비를 하면서, 먼저 자기 씨족, 이어서 자기 지파, 그 다음에는 이웃 지파들과 동맹을 맺는다. 그러나 그는 내심 아직도 자신의 사명을 받아들이는 데 주저하였다. "하나님이 진정 이스라엘과 함께하실까?" 그는 이렇게 의심하였다. 기드온이 하나님의 속뜻을 재확인하고자 양털을 펼쳐 놓았던 저 유명한 이야기는 너무나 잘 알려져 있어서 새삼 더 언급할 필요가 없겠다(6:36-40). 그 이야기의 핵심은 분명하다. 기드온은 그저 자신이 부름받았다는 어떤 막연한 느낌이 아니라, 자신이 일할 때 하나님의 권위와 도우심이 함께할 것이라는 확신을 얻고 싶었던 것이다.

7:1-8:21 기드온이 미디안 족속을 격파하다

결국 기드온이 미디안 족속을 격파한 저 유명한 승리(7:1-25)는 인간의 힘이 아니라 여호와 하나님의 능력이 만들어 낸 것이다. 승리를 이끈 방법만 보더라도 여호와의 능력이 승리의 원인임을 너무나 분명하게 알 수 있다. 하나님은 이스라엘이 자신들의 능력과 세력을 과신하며 자랑하는 것을 막으시고자 그 방법을 사용하신다. 하나님은 한밤중에 이루어진 마지막 공격 때(기드온이 바알 제단을 부순 것도 한밤중이었다), 기드온과 함께한 1만 명의 군사 중 고작 300명만을 사용하라고 말씀하신다. 미디안 족속은 어둠 때문에 갈팡질팡하면서, 엄청난 이스라엘 군대가 그들 중에 있는 걸로 착각하기에 이른다. 그들은 뿔뿔이 흩어져 도망친다. 그러다가, 근처에 있던 더 많은 수의 이스라엘 군대와 나중에 그 전투에 참여한 다른 이들로부터 공격을 받아 진멸당한다. 하지만, 기드온의 성공은 다른 곳에서 원망과 노여움을 불러일으킨다(8:1-21).

8:22-9:57 기드온이 죽다; 아비멜렉이 왕이 되다

비록 일부 원망이 있긴 했지만, 이스라엘 백성들은 기드온을 이스라엘의 구원자로 인정하면서 그와 그의 후손들을 왕으로 추대하려고 한다. 하지만, 기드온은 오직 여호와만이 이스라엘을 다스리는 분이라며 백성들의 추대를 거부한다(8:22-27). 기드온이 살아 있는 동안, 이스라엘은 여호와께 순종하였고, 그 덕분에 비교적 평온을 누린다. 기드온이 죽자, 이스라엘은 또다시 바알을 숭배한다(8:28-35). 심지어 기드온의 아들인 아비멜렉조차도 자신의 아버지를 추념하는 데 반대하여 반란을 일으킨다. 그는 자신의 형제들을 죽인 뒤, 스스로 왕이 되려고 한다(9:1-7).

10:1-12:7 돌라, 야일, 입다

이스라엘의 불순종 뒤에 압제가 뒤따르는 모습은 계속 이어진다. 돌라와 야일 시대에 비교적 안녕을 누렸던 이스라엘은(10:1-5), 재차 여호와께 반역한다. 사사기는 이스라엘 백성들이 가나안의 많은 지역 신들을 섬긴 사실(10:6-14)과 이 사실이 초래한 그 지역의 불안정을 기록하고 있다. 이스라엘은 서쪽의 블레셋 족속과 동쪽의 암몬 족속으로부터 공격을 당한다. 이런 상황이 되자, 그들은 또다시 여호와께 부르짖으며 그분의 도우심을 간구한다(10:10, 15).

여호와 하나님은 길르앗 사람인 입다를 세워 암몬 족속을 궤멸시키게 하신다(11:1-12:7). 입다는 암몬 족속을 격파한 뒤, 에브라임 사람들과 불행한 갈등을 빚는다(12:1-6). 이 본문은 역사상으로 중요한 부분이다. 이 본문 덕택에 우리가 문제의 사건들이 일어난 연대를 확인할 수 있기 때문이다. 말씀은 이스라엘이 그 지역을 차지한 지 300년이 흘렀다고 이야기한다(11:26). 이 말씀은 우리가 알고 있는 이 시기의 연대표와 잘 들어맞는다.

12:8-13:25 삼손이 태어나다 입다 이후에, 이스라엘은 25년 동안 비교적 안녕을 누린다(12:8-15). 그때는 반역과 압제라는 반복 주기가 다시 시작되기 전이었다. 당시 이스라엘을 압제하던 이들은 가나안 서부 해안 지역에 근거지를 두고 있던 블레셋 족속이었다(13:1). 이때 등장한 구원자가 삼손이다. 삼손은 태어날 때부터 나실인의 삶이 예정되어 있었다(13:5). '나실인'이라는 말은 '거룩한 것으로 떼어 구별하다' 또는 '무엇으로부터 분리하다' 라는 뜻의 히브리어에서 유래하였다. '나실인'은 특별한 서약을 통해 자신들을 어떤 것들과 '분리함으로써' 하나님께 자신들을 거룩히 구별하여 드리기로 결심한 남녀를 가리키는 말이었다(민 6:1-21).

14:1-16:31 삼손의 블레셋 사람에 대한 복수와 최후 승리 삼손은 이스라엘의 사사가 될 자격이 도통 없어 보이는 인물이다. 그는 여호와 하나님께 순종하는 종이라기보다, 자기 소견에 옳은 대로 행하곤 하는 사람이었다. 블레셋 여인과 혼인한 것이 그 예다(14:1-3). 하지만, 하나님의 손은 보이지 않게 역사하셔서, 그런 삼손을 자기 백성을 구원할 자로 세우신다(14:4). 삼손 이야기는 너무나 잘 알려져 있으며, 흥미롭게 읽을 수 있는 대목이다.

삼손 이야기는 이스라엘과 관련된 많은 주제들을 담고 있지만, 그중에서도 특히 외견상 삼손이 블레셋 사람들에게 패배한 것처럼 보이는 사건(16:23-30)은 많은 주제를 함축하고 있다. 이 사건은 여호와 하나님이 다곤과 같은 그 지역의 이방 신들에게 패배한 것이라고 생각하던 많은 이스라엘 백성들의 사고 방식을 반영한 것으로 볼 수 있다. 하지만, 최후의 승리자는 삼손이라는 사실이 보여 주듯이, 여호와 하나님은 설령 당신 백성이 당신께 반역한다 할지라도 여전히 그들과 함께 계신다.

그런데, 삼손 이야기에는 더 중요한 부분이 있다. '여호와의 영'이 삼손에게 능력으로 임하였음을 언급한 부분(14:19)이 바로 그것이다. 이 부분은 하나님이 어떤 방식으로 당신 백성들에게 능력을 부여하셔서 대적들의 도전에 맞설 수 있게 하시는지 미리 암시한다는 점에서 중요하다. 신약에 나타난 오순절 성령 강림(행 2:1-47)은 삼손의 생애에 일어났던 이 사건('여호와의 영'이 삼손에게 능력으로 임한 사건)의 직접적 연장선 위에 있는 것으로 볼 수 있다.

사사기 17:1-21:25
맺음말

삼손은 하나님께 숨김없이 순종하기보다 제멋대로 행동하는 경향이 있었다. 그러나 이 부분의 마지막 구절(21:25)이 분명히 말씀하듯이, 삼손의 그런 모습이 이스라엘 백성들의 전형적 행태였다. 본문은 이스라엘이 어떤 중앙 집권 체제도 갖추지 못한 상태였다고 설명한다. 이스라엘 나라에는 왕이 없었다(18:1, 19:1). 그 나라는 타락의 과정을 거쳐 도덕적 무정부 상태로 빠져들고 있었다. 사사기의 종결 부분이 이야기하고 있는 일련의 사건들은 이스라엘 역사에서 이 시기가 도덕적, 종교적 타락의 시대였음을 분명히 보여 주려 한다. 무언가 응급조치가 필요하였다. 이스라엘은 이 부패 상태에서 구원받지 않으면 안 될 처지였다. 하지만, 이 단계에서는, 이런 사태를 맞아 무엇을 할 수 있을지 분명치 않았다.

17:1-18:31 미가와 단 지파 본문은 두 개의 사건을 따로 떼어 내 특별히 언급한다. 그중 한 사건은 종교적 타락에, 다른 한 사건은 도덕적 타락에 초점을 맞추고 있다. 우선, 본문은 미가라는 사람이 에브라임에 한 지역 예배소를 세워 가나안 지역의 몇몇 신들에게 바친 일을 이야기한다. 미가는 레위 사람 하나를 임명하여 이방 종교의 모양을 따른 이 예배 형식을 주관하게 한다(17:1-13). 이런 예배 형식은 단 지파가 라이스 성읍을 비롯하여 그 인접 지역을 정복할 때 받아들여 널리 퍼뜨린 것이었다(18:1-31). 이 사건은 그 정확한 발생 연대를 특정할 수 없다. 하지만, 본문은 이 사건을 통하여 이스라엘 백성들이 너무나 쉽게 이방 풍속을 받아들였음을 분명하게 보여 주려 한다. 가나안에서 정당한 예배 처소는 단 하나, 실로에 있는 제단뿐이었다. 그런데도 미가와 단 지파는 전혀 거리낌 없이 자신들만의 예배 처소를 세우고 여호와를 예배하는 데 이방 종교의 예배 형식을 채용한다.

19:1-30 한 레위인과 그의 첩 두 번째 사건은 당시 이스라엘의 도덕적 타락을 다루고 있다. 이 본문은 두 천사가 소돔의 롯을 방문했을 때에 관한 기사(창 19:5)와 평행을 이룬다. 베냐민 지파에 속한 지역에 살던 이스라엘 사람들이 기브아 성읍에서 동성(同性)인 한 여행자를 욕보이려다, 종국에는 그 여행자 대신 한 여인을 능욕한다. 이 여인은 그 충격 때문에 죽고 만다. 이 여인은 한 레위인의 첩이었다.

20:1-21:25 이스라엘 백성들이 베냐민 사람들과 싸우다 이스라엘은 기브아 사람들의 행위에 경악한다. 그들은 여인을 죽인 행위에 책임이 있는 기브아 거민들에게 복수하기로 결정한다. 처음에 베냐민 지파는 그들의 성읍과 그 거민들을 방어해 냈다. 하지만, 얼마 지나지 않아 베냐민 지파를 제외한 나머지 이스라엘 백성들은 베냐민 지파의 군대를 살육하고, 그들의 성읍을 노략한다(20:1-48). 살아남은 소수의 베냐민 남자들은 이스라엘에서 베냐민 지파의 혈통을 이어가고자 실로 지역의 젊은 여인들을 취할 수밖에 없었다(21:1-23). 이스라엘의 어떤 지파도 그들의 여인을 베냐민 지파에게 출가시키려 하지 않았기 때문이다.

이것이 사사 시대의 마지막에 이스라엘이 드러낸 불쌍한 몰골이었다. 종교적 부패와 도덕적 부패가 확연하게 드러났다. 모든 사람들이 자기 좋을 대로 행하였다. 권위를 가지고 그 백성을 제어할 왕도 없었다(21:25). 그렇다면, 이스라엘은 그들의 고유한 신앙과 풍습을 잃어버린 채, 가나안 사람들처럼 될 것인가? 아니면, 여호와 하나님께 드리는 참된 예배와 그분을 향한 순종을 회복하는 사건이 일어날 것인가? 이제 그 이야기는 사무엘상에서 펼쳐질 것이다.

그보다 앞서, 우리는 이 흥미로운 역사 이야기의 중간에 잠시 멈춰 서서 사사 시대를 배경으로 한 한 사랑 이야기를 듣게 된다. 그 사랑 이야기는 이스라엘의 당면 문제들을 해결하는 데 적지 않은 역할을 하게 된다. 그 점은, 룻기의 이야기를 읽게 되면, 분명히 드러날 것이다.

룻기

룻기라는 책 이름은 그 책의 주인공 중 한 사람의 이름에서 따온 것이다.* 룻기의 무대는 사사 시대다. 사사기를 보면 분명히 알 수 있듯이, 사사 시대는 정치적으로 불안하고 도덕과 종교가 부패한 시기였다. 룻기의 배경에는 모압 사람들과 이스라엘 백성들 사이에 상존(尙存)하던 적대감이 자리 잡고 있다. 이 적대감은 이스라엘이 가나안을 정복할 때부터 모압이 이스라엘에게 품게 되었던 오랜 원한을 그대로 반영하고 있다. 이스라엘은 가나안을 정복할 당시, 모압인들이 살던 지역들과 성읍들을 많이 차지하였다. 유다 지파가 분배받은 땅은 모압 땅 정반대쪽, 그러니까 사해의 서해안에서 멀리 떨어진 곳에 자리 잡고 있었다.

1:1-22 나오미와 룻 본문의 이야기는 이스라엘에 들었던 기근에 대한 기사로 서두를 뗀다. 이 기근 때문에 한 가족(엘리멜렉과 그의 아내 나오미, 그리고 그들의 두 아들)이 모압으로 이주하여 거기서 일거리를 찾을 수밖에 없는 형편이 되었다. 모압 땅에 머무는 동안, 엘리멜렉이 죽고 두 아들은 각각 모압 여인인 룻, 그리고 오르바와 혼인한다. 그러다가 마침내 두 아들마저 죽고 나오미와 두 며느리만이 남게 되었다(1:5-6). 나오미는 기근이 지나갔다는 소식을 듣자, 고향인 베들레헴으로 돌아가기로 결심한다. 두 며느리 룻과 오르바에게는 그들의 친족인 모압 족속과 그들이 섬기는 신들에게 돌아가라고 권유한다. 오르바는 시어머니의 뜻을 따랐지만, 룻은 그렇지 않았다(1:7-15). 룻은 더 이상 나오미에게 바랄 것이 없었지만, 그래도 시어머니 곁에 남겠다고 이야기한다. 결국 두 여인은 함께 베들레헴으로 돌아간다. 그때는 마침 보리를 거둘 때였다.

2:1-23 룻이 보아스를 만나다 말씀은 여기서 나오미의 남편 쪽으로 친족이 하나 있었다고 이야기한다. 그의 이름은 보아스였는데, 그 지역의 유력자였다. 룻은 그 지역의 밭에 나아가 수확한 뒤에 남겨진 이삭들을 줍게 해 달라고 나오미에게 청한다(2:1-2). 룻은 그 지역의 밭에서 일하게 되지만, 그 밭이 보아스 소유이며 그 보아스가 나오미의 인척이라는 사실은 알지 못하였다. 모세의 율법은 가난한 자와 과부와 고아와 나그네의 복지를 위하여 몇몇 규정을 마련해 두었다. 그런 규정들 가운데 하나가 수확할 때 모든 곡식을 다 거두지 말고 그 일부를 나그네와 고

---

* 히브리 성경 역시 이 책의 주인공인 '룻'의 이름 '룻'을 책 제목으로 붙여 놓았다.

아와 과부를 위하여 남겨두어야 한다는 것이었다(신 24:19-22). 그 때문에, 수확한 밭에는 그 토지의 소유자나 소유자가 부린 일꾼들보다 더 가난한 사람들이 가져가 먹을 수 있도록 밀을 묶어놓은 단이나 올리브, 포도가 남아 있곤 하였다. 룻이 고향 모압을 떠나 나오미와 함께 온 사연을 들은 보아스는 룻을 잘 보살펴 주겠노라고 약속한다(2:3-9).

상당히 많은 이삭을 주워 나오미에게 돌아온 룻은 그날 있었던 일들을 시어머니에게 털어놓는다. 나오미는 룻이 보아스의 밭에서 일한 사실을 알게 되자, 보아스가 "우리 기업을 무를 자 중의 하나"(2:20)라고 이야기한다. 나오미의 이 말은 중요하므로 조금 더 상세히 설명할 필요가 있겠다. 기업을 무를 자는, 어려운 일을 당한 가족이 공동체에서 갖고 있던 완전한 권리를 잃거나 잃어버릴 위험에 처한 경우, 이 권리를 그 가족 대신 회복하거나 보존할 수 있는 특권과 의무를 지닌 자였다. '무른다'는 말은 '되산다'는 말이다.* 어려운 일을 당한 가족의 일례로, 빚을 갚지 못한 나머지 자기 자신을 노예로 판 가족을 들 수 있다. 기업을 무를 자는 여러 가지 특별한 의무를 지고 있었다. 그 의무 중에는, 타인에게 팔린 가족의 기업을 되살 책임, 노예가 된 가족을 되사서 자유인으로 만들어 줄 책임, 후손이 끊긴 가족을 위해 혈통 이을 상속자를 제공할 책임, 타인에게 살해당한 가족을 위해 복수할 책임, 그리고 가업(家業)을 위탁받아 잘 관리할 책임 등이 있었다.

룻기에서는 이 기업 무를 자가 특히 중요하다. 아마도 십중팔구 엘리멜렉은 모압으로 떠나기 전에 유다에서 자기 땅을 팔 수밖에 없었던 것 같다. 나오미는 남편이 판 그 땅을 되살 권리를 갖고 있었을 것이며, 그 권리는 나오미의 가족 전체가 갖고 있었을 것이다. 그러나 나오미에게는 그 땅을 되살 수 있는 돈이 없었다. 부득이 나오미는 자신을 위해 그 땅을 사 줄 집안사람 누군가에게 의지할 수밖에 없었다. 이렇게 해서라도 기업을 무르지 않는다면, 나오미는 자신이 권리를 갖고 있는 그 땅을 소유할 수도, 그 땅을 이용할 수도 없었다.

3:1-18 룻과 보아스가 타작마당에서 만나다
이때, 나오미는 룻에게 타작마당으로 가서 보아스의 발치에서 자라고 귀띔해 준다(3:16). 이런 일련의 행동은 어쩌면 보아스와 혼인하기를 바라는 룻 자신의 마음을 표현한 것으로 해석할 수 있을 것이다. 물론 룻에게는 기업 무를 자가 보아스라는 사실을 그에게 알리려는 마음도 있었을 것이다. 보아스는 룻이 자신에게 마음을 두고 있음을 알고 기쁜 내색을 감추지 않는다(3:10). 그러나 보아스는 자신보다 우선하여 기업 무를 권리를 가진 사람이 있다는 것을 일러준다(3:12-13). 하지만, 보아스는 우선권을 지닌 그 사람이 기업을 무르지 않으면 자신이 그 일을 하겠노라고 약속한다. 룻은 흡족한 마음으로 나오미에게 돌아간다.

4:1-17 보아스와 룻이 혼인하다 이후에 보아스는 그 성읍의 성문으로 간다. 고대의 전통

---

* 히브리어로 '기업을 무른다'는 동사는 '가알'이다. 이 말은 '포로나 종을 값을 치른 뒤에 도로 찾다', '어떤 것을 되사다', '되살 의무를 지닌 친족이 그 의무를 이행하다'라는 뜻을 갖고 있다. 이 '가알'의 남성, 단수, 능동 분사가 '고엘'인데, 이 '고엘'이 바로 '기업 무를 자'를 가리키는 히브리어다(가/123-124).

에서, 성문은 상거래와 법률 문제를 다루는 장소였다. 마침 기업 무를 권리를 가진 자가 나타나자, 보아스는 그에게 엘리멜렉의 땅을 무르라고 제안한다. 성경은 이 기업 무를 자의 이름을 기록하지 않고 있는데, 그 사람은 증인의 참여 아래 그 땅을 되사기로 한다. 그러자 보아스는 그에게 룻을 그의 집으로 데려가 아내로 삼으라고 요구한다. 그 제의에 기업 무를 자는 주춤한다. 그는 아마 룻이 사내아이를 낳을 경우 초래될 수 있는 법률 문제를 염려하였던 것 같다. 만일 룻이 사내아이를 낳는다면, 그 아이 역시 기업 무를 자의 재산을 물려받을 권리를 갖게 되기 때문이다(4:6).* 결국 기업 무를 자는 자신의 권리를 포기하고 그 권리를 모두 보아스에게 넘긴다. 보아스는 사람들 앞에서 자신이 기업을 무르겠으며 룻과 혼인하겠다고 선언한다(4:8-12). 결국 이야기는 그렇게 해서 행복한 결말을 맞는다. 룻은 보아스와 혼인하여 오벳이라는 아들을 낳는다.

4:18-22 다윗의 계보 우리는 이제 이 사랑 이야기가 얼마나 큰 중요성을 갖는지 알게 된다. 오벳 역시 혼인하여, 이새라는 아들을 낳는다. 그 이새가 낳은 아들이 이스라엘 역사에서 가장 위대한 왕인 다윗이다. 보아스와 룻은 이 다윗을 통하여 예수 그리스도 바로 그분의 조상이 되었다(마 1:5).** 항간에 떠도는 그저 그런 사랑 이야기처럼 읽을 수 있었던 이야기가 사실은 이스라엘을 새롭게 할 다윗의 길을 마련하며 예수 그리스도가 베푸실 구원을 준비하는 하나님의 섭리였음이 여기서 드러나고 있다.

---

* 문제는 이것뿐만이 아니다. 룻이 기업 무를 자와 혼인하여 사내아이를 낳을 경우, 그 아이는 기업 무를 자의 아이가 아니라 엘리멜렉 가문의 아들이 되어 나오미의 아들로 불리게 된다(4:17 참고). 이때, 기업 무를 자가 되산 땅은 엘리멜렉 가문의 아들이 된 아이가 상속받게 된다. 따라서 만일 기업 무를 자가 그 땅을 갖고 싶다면, 다시 나오미로부터 그 땅을 사야만 한다. 이 경우에도 그 땅의 최종 소유권은 엘리멜렉 가문의 상속인인 나오미의 아들이 갖는다. 따라서 기업을 무른다는 건 별로 이득이 없는 일이다. 이 때문에 자기 잇속을 챙기려는 마음보다 동족을 불쌍히 여기는 마음이 앞서지 않는 이상, 선뜻 기업 무를 권리를 행사한다는 것은 힘든 일이었다. 본문이 기업 무를 권리를 오히려 의무의 관점에서 바라보는 것도 이때문이다. 자세한 내용은 김성숙, 「구약가족법」, 116-119를 보라.
** 위에서 본 것처럼, 구약가족법에 따르면, 오벳은 나오미의 자식이지 보아스와 룻의 자식이 아니다. 그런데도 마태복음은 오벳을 보아스와 룻의 아들로 기록해 놓았다. 이것은 구약의 법을 따지기 전에 실제 이어져 온 혈통을 그대로 기록한 것으로 보인다. 아울러 유대인들이 개처럼 여기는 이방 여인을 통하여 위대한 메시아의 혈통이 이어진 것은 하나님의 섭리 앞에 모든 인간이 겸손해야 한다는 것을 보여 주는 것일 것이다. 화란의 저명한 신약신학자 헤르만 리더보스도 마태복음 1:4-5을 주석하면서, "행실이 순정(純正)했으나 이방인 룻을 예수의 조상으로 언급한 것은 하나님의 무조건적 은혜를 드러내는 동시에 유대인들의 교만과 독신(瀆神)을 고발한 것"이라고 이야기하였다. 참고. 헤르만 리더보스, 「마태복음」, 오광만 역(서울: 여수룬, 1999), 43.

사무엘상 · 사무엘하

사사기는 여호수아 시대의 황금기를 보낸 이스라엘이 정치, 종교, 도덕면에서 부패의 길로 빠져드는 장면을 생생하게 보여 주었다. 사사기를 읽은 사람들은 이어서 일어날 일이 궁금해졌을 것이다. 어떻게 해야 이렇게 부패하고 타락한 상황에서 질서를 회복할 수 있을까? 어떻게 해야 이스라엘이 예전처럼 여호와 하나님을 섬기는 길로 돌아갈 수 있을까? 그 해답을 사무엘상과 사무엘하가 제시하고 있다. 이 두 책은 본디 한 책이지만, 초기 번역자들이 둘로 나누었다. 이 두 책은 모두 이스라엘 왕정의 발전사를 기록하고 있다. 사무엘서를 두 권으로 나누는 것은 전혀 도움이 되지 않는다. 오히려 줄거리의 흐름을 방해할 뿐이다(영감된 성경 본문도 애초에는 나뉘어 있지 않았을 것이다). 사무엘서를 더 쉽게 읽어가면서 그 줄거리의 연속성을 끄집어 내려면, 이 두 책을 한 권으로 다루어야만 한다(이는 열왕기상/하나 역대상/하의 경우에도 마찬가지다).

우리가 사무엘서의 이야기에서 주목해야 할 한 가지 새로운 양상은 본디 가나안으로 불렸던 그 땅의 북쪽 지방과 남쪽 지방을 가리키는 말로서 '이스라엘'과 '유다'라는 명칭이 등장한다는 점이다. '이스라엘'이라는 말은 사울이 다스리는 시대까지만 해도 가나안 전체를 가리키는 말이었다. 그러나 사울이 죽고 난 뒤, 북쪽의 사울 지지자들과 남쪽의 다윗 지지자들은 전쟁 상황에 돌입한다. 다윗 자신은 유다 지파 소속이었다. 때문에, '유다'라는 말이 사울 가문에 맞서 다윗을 지지한 남쪽의 시므온 지파와 유다 지파를 가리키게 된 것(수 19:1-9)은 어쩌면 당연한 것인지도 모른다.

사울 가문은 이스라엘이라는 말 자체를 사울이 계속하여 이스라엘의 통치권을 갖는다는 의미로 받아들였다. 그 때문에 그들은 자신들의 영향력이 미치는 지역을 나타내는 말인 '이스라엘'에 집착하였다. 그럼에도 불구하고, 실상 이 '이스라엘'이라는 말은 그 나라의 북쪽 지방만을 가리키는 말이 되었다. 다윗도 처음에는 남쪽의 헤브론 성읍에서 유다의 왕으로 선포되었다. 그는 여러 전투에서 승리를 거둔 뒤에야 비로소 이스라엘 전체를 다스리는 왕으로 등극할 수 있었다. 사울이 죽을 때쯤, 이스라엘 백성이 아닌 자들이 차지한 회랑 지대가 북쪽 지파와 남쪽 지파를 갈라놓게 된다. 이 회랑 안에는 여부스 족속이 차지한 예루살렘 성읍과 애굽이 통치하던 게셀 성읍이 들어 있었다. 다윗이 예루살렘을 정복하면서, 비로소 열두 지파가 통일된다. 하지만, 이 통일이 완전하게 이루어진 것은 애굽의 바로가 혼인 선물로서 솔로몬에게 게셀을 주었을 때였다(왕상 9:16-17).*

---

* 솔로몬이 바로(파라오)의 딸을 아내로 맞은 일은 열왕기상 3:1이 기록하고 있다. 이 바로는 아마 이집트 21왕조의 바로인 '시아문'이었을 것이라는 게 학자들의 추측이다. 참고 알프레드 허트, 「고고학과 구약성경」,

솔로몬이 죽은 뒤, 이 통일 왕국은 둘로 나뉜다(주전 930년). 당연히 북쪽 왕국은 '이스라엘'이라는 이름을 고수하려 했고, 예루살렘을 중심으로 한 남쪽 왕국은 '유다'라는 이름을 지키려 하였다. 그러나 이 분열은 이미 오래 전부터 이루어진 일이었다.** 우리는 이제 이스라엘에 처음으로 왕정이 세워지게 된 이야기로 돌아가야만 한다.

사사기는 그 마지막 단락에서 '그때에 이스라엘에 왕이 없었다'는 말을 여러 차례 되풀이하였다(삿 17:6, 18:1, 19:1, 21:25). 그렇다면, 대체 어떻게 왕정이 수립될 수 있었을까? 바야흐로 우리는 이스라엘에 왕이 등장하는 이야기를 살펴볼 것이다. 그 이야기는 사무엘의 출생으로 시작한다.

사무엘상 1:1-7:1
하나님이 사무엘을 부르시다

1:1-2:11 사무엘의 출생과 한나의 기도 이스라엘 왕정의 시초를 다룬 이야기는 엘가나와 그의 두 아내인 한나와 브닌나의 사연을 먼저 소개한다(1:1-20). 한나는 자녀가 없었다. 그는 이 사실 때문에 심히 괴로워하였다. 특히 브닌나가 엘가나의 자녀를 낳은 뒤 한나의 무자(無子)함을 조롱하면서, 한나의 괴로움은 더욱 커지게 된다. 한나는 아이를 달라고 기도하면서, 그 아이를 여호와께 나실인으로 드리겠다고 약속한다(민 6:1-21). 그 지역의 제사장인 엘리는 한나의 곤고한 처지를 듣고 이스라엘의 하나님이 그의 소원을 들어 주실 것이라고 확언한다. 얼마 뒤, 한나는 잉태하여 아들을 낳는다. 그 아들이 바로 사무엘이다.

한나는 약속대로 사무엘을 여호와께 드린다(1:21-27). 그는 여호와 하나님이 곤고하고 비참한 자신의 처지를 돌아보신 것을 송축한다(2:1-10). 이 뛰어난 감사와 신뢰의 노래는 마리아가 온 세상을 구원할 아이를 잉태한 사실을 알고 하나님을 송축하였던 감사의 노래(눅 1:46-55)와 유사한 점이 많다.

2:12-36 엘리의 아들들 사무엘은 마침내 엘리의 집을 섬기면서 실로의 성소 섬기는 일을 돕게 된다. 본문은 엘리의 아들들이 저지른 소행을 통하여 이스라엘의 종교와 도덕이 타락 상태에 있었음을 생생하게 보여 주고 있다. 엘리의 아들들은 회막에서 시중드는 여인들과 동침하곤 하였다. 이것은 마치 우상을 섬기는 가나안 사람들이 그들의 신전에서 자행하던 행위를 그대로 보는 것 같다. 하지만, 사무엘은 이런 악행에 물들지 않았다. 그는 "점점 자라며 여호와와 사람들에게 은총을" 받았다(2:26). 이때, 이름을 밝히지 않은 "하나님의 사람"이 엘리를 찾아오면서, 이야기는 하나의 전환점을 맞게 된다. 이 하나님의 사람은 엘리와 그의 가문에게 심판을 전하면서, 장차 여호와 하나님이 그릇된 일을 바로잡을 한 "충실한 제사장"을 세

400-401. 그러나 '이집트 새 연대표 이론'을 주장하는 데이비드 롤은 이 바로를 투탕카멘 시대에 장군으로 활약하다 나중에 바로의 자리에 오른 '하렘헤브'로 본다. 참고. 데이비드 롤, 「시간의 풍상」, 235-240.
** 독일의 저명한 구약학자 마르틴 노트는 이 분열을 가리켜 "애초에 한 지붕 밑에서 두 집 살림을 하고 있던 북쪽과 남쪽이 내놓고 두 집 살림을 차린 것"이라고 묘사하였다. 참고. Martin Noth, *Die Welt des Alten Testaments*, 86-89.

우실 것이라고 선언한다(2:27-36).

3:1-21 여호와가 사무엘을 부르시다
말씀은 이 당시에 "여호와의 말씀이 희귀하여 이상이 흔히 보이지 않았더라"(3:1)고 이야기한다. 이런 이야기를 들어도 우리가 놀라지 않는 것은 부패한 이스라엘의 모습을 익히 알고 있기 때문이다. 하지만, 이때 어떤 사건이 일어난다. 사무엘이 하나님의 궤 옆에서 자고 있을 때, 여호와가 그의 이름을 부르신 것이다. 당시 사무엘은 겨우 열두 살쯤 되었을 것이다. 사무엘은 처음에 엘리가 자신을 부른 것으로 생각하여 엘리를 깨운다. 엘리는 여호와가 사무엘을 부르셨음을 깨닫는다. 그는 사무엘에게 "여호와여 말씀하옵소서. 주의 종이 듣겠나이다"라고 대답하라고 일러준다. 여호와는 사무엘에게 단호한 말씀을 전하신다. 당신이 엘리에게 심판을 행하실 때, 큰 일이 함께 일어날 것을 일러주신 것이다. 엘리는 이 소식을 담담히 받아들인다. 오래지 않아, 많은 사람들이 사무엘을 선지자로 인정하게 된다. 하나님은 실로의 사무엘에게 계속하여 당신을 드러내신다.

4:1-22 블레셋 사람들이 언약궤를 빼앗다
수시로 블레셋과 충돌을 빚고 있던 이스라엘은 최근의 전투에서 타격을 입는다. 그들은 자신들의 실패가 하나님이 자신들을 기뻐하시지 않은 까닭이라고 생각한다. 그 때문에 그들은 다음 원정에서 하나님이 그들과 함께하시도록 만들 방안을 강구한다. 그들은 여호와의 궤를 전장(戰場)에 가져가기로 결정한다. 여호와의 궤가 있는 곳에는 틀림없이 여호와 하나님도 따라가실 것이라고 생각한 것이다. 하지만, 이후의 사건이 증명하듯, 그들은 뭘 몰라도 한참 몰랐다. 신상(神像)이 있는 곳에 신이 있다는 믿음은 우상을 섬기는 이방인들이나 가질 법한 것이다. 여호와 하나님은 그런 신이 아니시다. 그분의 임재는 순종과 신뢰와 회개에 달려 있다. (이스라엘 백성들이 광야에서 불순종하자, 하나님이 당신은 함께하시지 아니한 채 이스라엘만을 약속의 땅으로 들여보내겠다고 위협하셨던 일을 기억해 보라.) 블레셋 사람들은 이스라엘 백성들을 완전히 섬멸한다. 그들은 여호와의 궤를 빼앗고, 엘리의 두 아들을 죽인다.

이 소식을 들은 엘리는 너무나 충격을 받아 의자에서 넘어져서 목이 부러져 죽는다. 그의 며느리도 조산(早産)을 하다 산고로 죽음을 맞는다(4:12-20). 엘리의 며느리는 죽어가면서 낳은 아들의 이름을 '이가봇'(말 그대로 '영광이 없다'는 뜻이다)*이라고 부른다. 이 이름에는 당시 이스라엘의 모습이 그대로 들어 있다. 엘리의 며느리 말대로, 여호와의 영광은 이미 이스라엘을 떠났다(4:21-22).

5:1-7:2 언약궤가 이스라엘로 돌아오다
블레셋 사람들은 그들 가운데 여호와의 궤가 있는 것이 이롭지 않음을 알게 된다. 그 궤가 가는 곳마다 재앙이 임하자, 블레셋 사람들은 그것을 이 성읍 저 성읍으로 옮겨 다니게 한다(5:1-12). 결국, 자신들에게 임한 재앙에 질려버린 블레셋 사람들은 그 궤를 이스라엘에게 돌려주기로 한다. 마침내 기럇 여

---

* 히브리어 발음으로 '이카보드'다. '이'라는 히브리어는 '무엇이 없다, 무엇이 아니다'라는 뜻이며, '카보드'는 '영광, 호사로움'이라는 뜻이다(가/28, 333).

아림에 당도한 여호와의 궤는 거기서 20년을 머무르게 된다(6:1-7:2). 나중에 다윗이 개가를 부르며 그 궤를 예루살렘으로 옮겨 오게 되지만, 아직은 먼 미래의 일이다.

7:3-17 사무엘이 미스바에서 블레셋 족속을 격파하다 당시, 블레셋은 이스라엘에게 근심의 근원이었다. 이스라엘 백성들은 자신들의 불행이 불순종 때문임을 깨닫고 사무엘에게 조언을 구한다. 사무엘은 이스라엘 백성들에게 다시 여호와께 돌아와 헌신할 것과 '바알과 아스다롯'(가나안의 이방 종교가 섬기던 남신과 여신)을 제거하라고 요구한다. 이스라엘 백성들이 이 요구를 이행하자, 사무엘은 여호와께 희생 제사를 드린다. 이스라엘은 연이어 블레셋의 기습 공격을 격파한다. 이 승리는 다시 한 번 여호와께서 이스라엘과 함께하신다는 사실을 확증해 주었다.

사무엘상 8:1-12:25
이스라엘 왕정의 수립

8:1-22 이스라엘이 왕을 요구하다 사무엘은 여러 해 동안 사사로서 이스라엘을 다스렸다. 이윽고 그는 자신의 아들들을 사사로 세워 그들에게 직무를 이양한다. 그러나 그들의 악행 때문에 백성들이 불만을 갖게 되었고 왕을 요구하는 백성들의 목소리는 점점 더 커지게 된다. 왕을 요구한다는 것은 이스라엘 백성들이 자기 주변의 민족들처럼 되기를 요구한다는 말이었다. 여호와 하나님은 이 요구를 불쾌하게 여기셨다. 당신이 곧 이스라엘의 왕이셨기 때문이다. 이미 적법한 왕이 계시거늘, 백성들은 왜 그 왕 대신 또 다른 왕을 세우려 하는 걸까? 하지만, 하나님은 사무엘을 통하여 왕정 수립이 이스라엘에 가져올 결과들을 경고하신다. 왕정은 한 사람에 집중된 권력의 지배와 착취를 가져올 것이었다. 그러나 백성들의 마음은 요지부동이었다. 그들은 다른 모든 민족들처럼 왕을 갖길 원했다. 이스라엘이 가진 독특한 정체성도 그들에겐 호소력이 없었다. 그들은 그저 다른 민족들과 한 통속이 되길 바랐다. 결국 여호와 하나님은 마지못해 그들의 청을 들어 주신다. 그렇다면, 대체 누가 왕이 되어야 할까?

9:1-10:8 사무엘이 사울에게 기름을 붓다 여호와 하나님은 베냐민 지파 출신의 한 젊은이(이때 그의 나이가 서른이었음을 뒤에 알게 될 것이다)가 도착하면 그에게 기름을 부어 왕으로 세우라고 사무엘에게 분부하신다. 그 젊은이가 블레셋의 압제로부터 이스라엘을 구원할 자였다. 얼마 뒤 사울이 도착하자, 사무엘은 하나님이 그를 왕으로 세우셨다고 말한다(9:1-27). 사무엘은 사울에게 기름을 붓는다. 기름부음은 하나님이 그를 택하여 지도자로 세우신다는 표지였다(10:1-8). 하지만, 이 일은 소리 소문 없이 이루어졌다. 사울을 대중 앞에서 왕으로 세우는 일은 나중에 이루어지게 된다. 기름부음(또는 기름을 바름)*은 너무나 중요하기에, 더 깊고 넘어갈 필요가 있다.

기름부음(이나 기름바름)은 구약 시대에 널리 있었던 일이다. 일상의 삶 속에서 기름부음은 개인을 정결케 하는 의식이요, 고귀한 손님에게 영예를 돌리는 것을 상징하였다. 사람들은 장사(葬事)지내기 전의 시신에

---
* 히브리어 '마샤흐'는 '무언가에 기름을 문질러 바르다'라는 뜻도 함께 갖고 있다(나1/643-644).

도 기름을 발랐다. 이 경우에는 매우 비싼 향유와 향료를 사용하기도 하였다. 그러나 종교적 정황에서는 기름부음이 정화(淨化)와 치유를 의미하는 행위였다. 뿐만 아니라, 기름부음은 종교적 중요성을 갖고 있었는데, 이는 특히 공직을 맡은 인물들과 관련하여 큰 의미를 갖고 있었다. 왕과 제사장 그리고 선지자는 모두 기름부음을 받았다. 이 경우 기름부음은 하나님이 그들을 이 특별한 직무를 감당할 자로 택하여 세우신다는 뜻을 갖고 있었다. 이 때문에, '메시아'(말 그대로 '기름부음을 받은 사람'이라는 뜻이다)* 라는 말은 '하나님이 당신의 백성을 구원하고자 세우신 사람'이라는 뜻을 갖게 되었다. 이렇게 단순히 '기름부음을 받은 사람'을 가리키던 메시아가 '하나님이 당신의 백성을 구원하고자 세우신 사람'이라는 의미로 발전되면서, 이 말은 예수 그리스도를 가리키는 말이 되었다('그리스도'라는 말은 '메시아'를 희랍어로 나타낸 것이다).**

10:9-11:15 사울이 왕이 되다 기름부음을 받은 직후, 사울은 여호와 하나님이 이미 약속하셨던 여호와의 영을 받는다(10:9-11). 그런 다음, 사무엘은 모든 이스라엘 백성들을 불러 모아 공식적으로 사울을 왕으로 선포한다. 대부분의 사람들은 사울이 왕이 된 것을 기뻐하였지만, 그를 달가워하지 않은 사람들도 있었다(10:12-27). 사울은 왕이 되었지만, 그가 취임한 곳은 시종들과 호사스러운 시설이 있는 왕궁이 아니었다. 다음에 우리가 그를 만날 때, 그는 들판에서 자기 소떼를 돌보고 있다. 처음에는 그가 왕이 된 것을 염려하는 이들도 있었지만, 그런 염려는 이내 불식된다. 사울이 이스라엘을 침략한 암몬 족속을 무찔렀기 때문이다(11:1-11). 마침내 사울은 사람들이 모인 가운데 길갈에서 이스라엘 왕으로 공식 추대된다(11:12-15). 길갈은 이스라엘이 가나안을 정복할 때 여호수아가 군사 작전을 지휘하던 곳이었다.

12:1-25 사무엘의 유훈(遺訓) 사무엘은 이스라엘에게 유훈을 남기면서, 하나님이 이스라엘을 위하여 행하신 모든 일을 되새겨 준다. 그는 백성들에게 하나님의 위대하신 구원과 신실하심을 일깨워 준다. 그는 백성들에게 왕정이 초래할 결과들을 경고한다. 이스라엘의 안녕은 그 왕과 백성들이 여호와 하나님께 순종하느냐에 달려 있었다. 이스라엘이 여호와가 보시기에 악을 행한다면, 아무리 왕이라도 백성들을 지켜 주지 못할 것이다.

사무엘상 13:1-31:13
사울의 통치

13:1-15 사무엘이 사울을 꾸짖다 이렇게 하여 사울의 42년 통치가 시작되었다. 사울의 통치는 그의 맏아들인 요나단의 블레셋 전초기지 공격으로 그 막을 연다. 이 공격에 블레셋은 분노한다. 블레셋은 대군을 소집한다. 블레셋 군은 이스라엘이 후대에야 갖추게

---

* '메시아'는 본디 히브리어로 '마쉬아흐'다. '마쉬아흐'는 '기름을 붓다'라는 뜻의 히브리 동사 '마샤흐'의 남성, 단수, 수동 분사다.

** '기름부음을 받은 사람'이라는 뜻의 히브리어 '마쉬아흐'의 희랍어 표기는 '크리스토스'다. '크리스토스'는 '기름을 붓다, 기름을 바르다'라는 뜻의 희랍어 동사 '크리오'의 형용사적 분사다. 이 '크리스토스'라는 칭호는 신약 성경과 70인경만이 사용하고 있다(라3/1148).

되는 무서운 병기인 병거(兵車)를 이미 가지고 있었다. 길갈에 진 치고 있던 이스라엘 군은 블레셋의 위협적 군사력을 목격한 병사들이 탈영하면서 무너지기 시작한다. 결국 이레 뒤에, 사울은 임의로 하나님께 제사를 드린다. 이 제사는 본디 사무엘이 드려야 할 것이었다. 사무엘은 사울의 행위에 분노한다. 사울이 사무엘의 가르침을 무시한 것은 하나님께 반역한 것이나 마찬가지였기 때문이다.

13:16-14:22 무기도 없는 이스라엘

블레셋의 병력은 이스라엘보다 상당히 우세하였다. 블레셋 군은 이스라엘이 솔로몬 시대에야 접하게 되는 병거와 다른 선진 병기들을 이미 갖고 있었다. 더욱이 블레셋은 철기 제작법을 터득하고 있었다. 자신들의 군사적 잠재력을 깨달은 블레셋은 자신의 적들이 창칼을 만들 철을 얻지 못하도록 만반의 대책을 강구한다. 이스라엘에 철공소가 세워지는 것을 저지한 것도 그 대책 중 하나였다. 결국 그 때문에, 이스라엘은 블레셋보다 상당한 열세에 놓이게 된다(13:16-22). 이런 열세에도 불구하고, 이스라엘은 기습 공격으로 블레셋을 격파한다. 이스라엘의 기습에 당황한 블레셋 군은 자신들의 철제 검을 적이 아닌 아군들에게 사용하고 만다(13:23-14:22).

14:23-15:35 여호와가 사울을 왕으로 인정하지 않으시다

성경은 조심스레 이스라엘의 승리를 사울이나 요나단이 아닌 여호와의 공으로 돌린다(14:23). 우리는 이어서 사울이 심각한 실수를 많이 저지르는 모습을 목격하게 된다. 그 실수들은 하나같이 왕으로서 그의 자질을 의심하게 만드는 것들이었다. 우리는 사울의 분별없는 맹세 때문에 굶주려 탈진한 병사들이 피까지 게걸스레 먹은 사건을 알고 있다(피를 먹는 것은 모세의 율법이 금한 일이었다). 사울이 여호와께 제단을 쌓으려 한 것도 다른 꿍꿍이속 때문이었다(본문의 말씀처럼, 이것이 그가 처음 쌓은 제단이었다-14:35). 사울의 온갖 실수에도 불구하고, 이스라엘은 블레셋 침략자들을 간신히 그 영토에서 몰아낸다. 하지만, 사울의 치세 내내 이스라엘 백성과 블레셋 사람들 사이에는 전쟁이 끊이질 않았다(14:49-52).

이때, 사울의 여호와께 순종하는 마음 역시 심하게 흔들리기 시작한다. 사울에게 기름을 부어 이스라엘 왕으로 세웠던 사무엘은, 이스라엘 땅에서 아말렉 족속을 몰아내라는 하나님의 말씀을 그에게 전한다. 사울은 사무엘이 말한 것 중 한 가지를 일부러 따르지 않는다(15:1-35). 이 때문에 사울과 씁쓸한 설전을 주고받던 사무엘은 여호와 하나님이 더 이상 사울을 옹호하지 않으실 것임을 선포한다. 거기서 본문은 사무엘의 말을 이렇게 전한다. "여호와께서 왕을 버려 이스라엘 왕이 되지 못하게 하셨음이니이다"(15:26).

16:1-14 사무엘이 다윗에게 기름을 붓다

이전에 사무엘은 여호와께 순종하던 사울에게 은밀히 기름을 부어 이스라엘의 왕으로 옹립하였다. 그때처럼, 하나님은 사무엘을 인도하사 사울을 대신할 왕을 찾게 하신다. 여호와 하나님은 베들레헴 사람인 이새(이새는 보아스와 룻의 손자다)의 여덟 아들 중에 하나를 장래 이스라엘의 왕으로 세우실 것이라고 사무엘에게 일러주신다. 놀랍게도 하나님이 택하신 자는 이새의 막내아들인 다윗이었다. 다윗은 아버지 이새조차도 일부러 불러들여 사무엘을 만나게 할 만한 인물이 못 된다고 생각한 사람이었다. 여호와 하나님이 다윗을 이스라엘 왕으로 택하신 이야기는 중요한 통찰들을 담고 있다. 그중에 하나가 하나님을 섬기는 데 중요한 것은 외모가 아니라는 점이다. 이 점은 어쩌면 가장 중요한 것인지도 모른다. 가령, 본문을 보면, 이새의 아들 엘리압은 분명 헌헌장부(軒軒丈夫)였다(16:6). 그런데도, 결국 하나님이 사무엘을 통하여 당신의 백성을 다스릴 왕으로 삼은 사람은 이새의 막내아들 다윗이었다.

"내가 보는 것은 사람과 같지 아니하니, 사람은 외모를 보거니와 나 여호와는 중심을 보느니라"(16:7).

사무엘이 다윗에게 기름을 붓자, 하나님의 영이 다윗 위에 힘차게 임한다. 다윗은 아직 이스라엘 왕이 아니었다. 그러나 하나님은 그를 부르셔서 그 앞에 놓인 과제들을 감당할 준비를 시키신다. 그와 동시에, 여호와의 영은 사울을 떠난다.

16:14-23 다윗이 사울을 섬기다 그때, 왕은 여전히 사울이었다. 다윗은 사울의 궁정 신료(臣僚)가 된다(16:15-23). 여호와의 뜻을 알지 못했던 사울은 여호와께서 자신을 대신할 인물로 택하신 그 사람을 측근으로 삼는다. 그러나 다윗의 궁정 직책은 상설직(常設職)이 아니었던 게 분명한 것 같다. 본문에서 아버지의 양 떼를 돌보는 다윗의 모습을 종종 발견하게 되기 때문이다. 이렇게 다윗이 양 떼를 돌보며 세월을 보내고 있을 때, 그를 이스라엘 역사의 전면에 등장시키는 사건이 일어나게 된다.

17:1-58 다윗과 골리앗 수시로 블레셋과 충돌을 빚고 있던 사울은 한 전투에서 거인 골리앗과 맞닥뜨리게 된다. 성경은 골리앗의 키가 '여섯 규빗 한 뼘'(대략 3미터쯤 된다)*이라고 이야기한다. 골리앗은 이스라엘을 두려움에 떨게 하였다. 특히 그가 자신과 일대일로 싸울 사람을 내보내라고 요구하자, 이스라엘은 더욱 공포에 사로잡힌다. 이스라엘 진영에는 골리앗의 이 제안에 응수할 마음을 가진 자가 하나도 없었다. 이때, 아버지의 명을 따라 전장에 나간 형들이 잘 있는지 살피러 왔던 다윗이 골리앗을 상대하겠다고 자원한다. 그는 무거운 호신 장구를 벗어던지고, 물매와 물맷돌 다섯 개만을 쥔 채 골리앗에게 다가간다. 그는 하나님이 자신을 구원하실 것임을 확신하였다(17:37). 결국, 그는 골리앗을 일격에 쓰러뜨린다. 다윗은 골리앗의 칼로 칼의 주인인 그 거인을 죽인다. 순식간에 블레셋 진영은 공황 상태에 빠지고, 이스라엘 백성들은 도망치는 침략자들을 궤멸시킬 수 있었다.

18:1-30 사울이 다윗을 시기하다 어쩌면 당연한 결과인지도 모르지만, 사울은 다윗을 시기하게 된다. 다윗의 이름이 더 높아졌기 때문이다. 골리앗을 쓰러뜨린 다윗의 모습은 만인의 마음을 사로잡았다. 이제 사람들의 화제(話題)는 사울이 아니라 다윗이었다. 사울은 다윗을 두려워하였지만, 다윗의 명성이 날로 높아가는 것을 막을 수 없었다

---

* 1규빗은 가운데 손가락 끝부분부터 팔꿈치에 이르는 길이다. 대략 40센티미터쯤 된다.

(18:1-16). 사울은 더 치열한 대(對) 블레셋 전선에 다윗을 보내 그를 죽이려고 시도한다. 하지만, 그 싸움으로 다윗은 사울의 딸 미갈을 아내로 얻게 된다. 이후에도 다윗은 연전연승을 거듭하면서 더욱더 유명해진다(18:17-30).

19:1-24:22 사울이 다윗을 죽이려 하다
사울은 마침내 다윗을 죽이기로 결심한다. 하지만, 다윗을 좋아한 사울의 맏아들 요나단은 아버지의 음모를 다윗에게 일러준다. 어느 날, 사울은 직접 다윗을 죽이려고 시도한다. 결국, 다윗은 도망자가 되어 라마에 있던 사무엘에게 피신한다(19:1-24). 다윗은 요나단의 충고와 인도를 구한다. 성경은 여기서 두 친구(다윗과 요나단)가 우정을 맹세하고 각기 제 갈 길로 가는 감동적 장면을 보여 주고 있다(20:1-42). 다윗은 이제 떠돌이 생활을 하면서, 사울의 추격을 받는 처지가 된다(21:1-23:29). 그러던 어느 날, 다윗은 사울의 생명을 앗아갈 호기(好機)를 맞지만, 그를 살려 주기로 결심한다. 사울은 다윗이 자신을 죽일 수 있었으나 살려 주었다는 사실을 알고 자신의 소행을 뉘우친다. 그러나 다윗은 그 뉘우침이 진심이 아니라고 의심하면서 사울과 그의 부하들을 계속 경계한다(24:1-22).

25:1-26:25 사무엘이 죽다
이런 와중에, 사무엘이 죽는다(25:1). 매우 불확실한 시기가 도래한 것이다. 누가 사무엘의 뒤를 이을 것인가? 누가 장차 이스라엘의 선지자가 될 것인가? 이 문제는 풀리지 않은 과제로 남아 있었다. 사울과 다윗의 반목은 계속되고 있었다(25:2-44). 이제 그 반목은 사울이 이미 다윗과 혼인한 자신의 딸 미갈을 다른 남자에게 줘버리는 지경까지 이르게 된다. 다윗은 다시 한 번 자신을 추격해 온 사울의 목숨을 취할 수 있는 상황을 만나게 된다. 하지만, 이번에도 다윗은 사울을 살려 준다. 이를 안 사울은 자신의 소행을 뉘우친다. 그 뉘우침은 적어도 잠시 동안은 지속되었다(26:1-25).

27:1-28:25 다윗이 블레셋으로 피신하다
다윗은 사울의 뉘우침이 며칠 뒤면 거품처럼 꺼져버릴 것을 알고 있었다. 결국 그는 블레셋 영토로 피신한다. 사울이 적지인 블레셋까지 자신을 추격하지는 않을 것이라고 믿은 것이다. 다윗은 600명의 소규모 군사들을 이끌고 시글락 성읍에 정착한다. 시글락이 정확히 무엇인지, 그 위치가 어디인지는 알려져 있지 않다. 다윗과 다윗의 부하들은 여차하면 블레셋 군을 돕는 조건으로 시글락에 안전히 기거할 수 있게 되었다(27:1-28:2). 후회의 시간을 보내던 사울은 신접한 여인을 찾아가 자신의 미래를 묻는다. 사울은 이 장면에서 여호와를 떠나 신비한 점술에 의지하는 모습을 보여 준다. 여인이 불러 올린 사무엘의 형상은 사울의 장래 운명을 들려 준다. 공포에 질린 채 길보아 산의 자기 진영으로 돌아간 사울은 거기서 피할 수 없는 자신의 운명을 기다리게 된다(28:3-25).

29:1-30:31 아기스가 다윗을 시글락으로 돌려보내다
그러는 동안, 다윗은 블레셋 사람들과 사이가 틀어진다. 블레셋 군에서 복무하던 다윗과 그의 부하들은 거기서 밀려나게 된다. 블레셋이 사울과 전쟁할 때, 다윗이 변심하여 블레셋을 대적할 수도 있다는 우려 때문이었다(29:1-11). 다윗과 그 부하들이 시글락으로 돌아갔을 때, 그곳은 아말렉의 공격으로 폐허가 되어 있었다. 다윗과 그의 부하들은 침략자들을 추격하여, 마침내 그들이 앗아간 사람들과 물건들을 되찾아온다(30:1-31).

31:1-13 사울이 스스로 목숨을 끊다 블레셋 군대는 치밀한 계획 아래 길보아 산에 있던 사울 군대를 공격한다. 그건 분명 잔인한 공격이었다. 블레셋 군대는 요나단을 포함하여 사울의 세 아들을 죽인다. 화살에 치명상을 입은 사울은 더 큰 치욕을 당하지 않기 위해 자결한다. 아군의 패배와 왕의 죽음을 전해 들은 이스라엘 진영은 공황 상태에 빠진다. 이때, 길르앗 야베스 사람들이 사울과 요나단의 시신을 수습하여 야베스에 장사지낸다. 그들이 이런 감동적 장면을 연출한 것은 일찍이 사울이 암몬 족속으로부터 길르앗 야베스를 지켜 준 적이 있었기 때문이다(11:1-11). 이스라엘은 이제 어떻게 해야 이 처참한 패배를 딛고 일어설 수 있을까? 다윗이 사울의 뒤를 이어 이스라엘의 왕이 될 수 있을까? 다윗이 다스릴 이스라엘 백성들이 남아 있기나 할까? 사무엘하는 곧바로 이야기를 이어간다.

사무엘하 1:1-5:5
다윗이 왕위에 오르다

1:1-27 다윗이 사울과 요나단의 죽음을 슬퍼하다 시글락에 있던 다윗은 사울의 죽음을 목격한 자로부터 사울과 요나단의 죽음을 전해 듣게 된다. 그 목격자는 자신이 사울을 죽였노라고 주장하였다. 아말렉 사람이었던 그 목격자는 아마도 다윗이 자기가 한 일을 기뻐할 것이라고 지레 짐작했던 것 같다. 그러나 다윗은 그를 처형하라고 명령하고, 사울과 요나단의 죽음을 슬퍼한다. 하지만, 이 개인적 비통함은 이내 의무감으로 바뀐다. 사울은 죽었고, 다윗은 이미 이스라엘의 왕으로 기름부음 받은 터였다. 그렇다면, 이제 다윗은 블레셋 땅에 숨어 있을 것이 아니라 이스라엘로 돌아가는 것이 마땅한 도리일 것이다. 블레셋 족속은 다윗을 사울의 적으로 여겼다. 그들은 사무엘이 비밀리에 다윗에게 기름을 부어 이스라엘 왕으로 세운 일을 까맣게 모르고 있었다. 만일 블레셋 족속이 이 사실을 알았더라면, 그들은 다윗을 적으로 여겼을 것이다.

2:1-3:38 다윗 가문과 사울 가문이 전쟁을 벌이다 다윗은 여호와의 가르침을 구한 뒤, 헤브론 성읍으로 떠난다. 그곳에서 그는 사람들이 모인 가운데 유다의 왕으로 선포되어 기름부음을 받는다(2:1-7). 하지만, 사울 집안은 사울의 대적인 다윗에게 왕권을 넘길 마음이 추호도 없었다. 사울의 장수 중 하나가 살아남은 사울의 아들을 왕으로 옹립한다(2:8-10). 그러나 여호와 하나님은 그 장수에게 그런 일 행할 권한을 주신 적이 없었다. 결국, 서로 자신이 이스라엘의 왕임을 주장하는 두 진영이 큰 충돌을 일으키게 된다. 두 진영은 블레셋 군영에서 제법 떨어진 기브온에서 처음으로 소규모 충돌을 일으킨다. 이 싸움에서 다윗의 부하들이 승리를 거둔다(2:11-32).

이 싸움은 미래에 전개될 정세를 암시하는 것이었다. 두 가문의 충돌은 이후로도 상당 기간 지속된다. 그러나 다윗 가문이 점점 더 우세를 보이게 된다(3:1-5). 이때, 사울의 아들 이스보셋을 이스라엘 왕으로 옹립하였던 장수 아브넬이 다윗에게 투항하면서, 사태는 전환점을 맞게 된다. 다윗은 아브넬과 협약을 맺는다. 그러나 다윗 군대의 장수로서 승승장구하던 요압은 이 협약을 알지 못한 채, 아브넬을 죽이고 만다(3:22-38). 아브넬을 살려 주기로 약속하였던 다윗은 요압의 살해 음모를 모르고 있었다. 그는 요압의 살인에 분노하여 만인 앞에서 아브넬을 조상(弔喪)한다.

4:1-5:5 다윗이 온 이스라엘을 다스리는 왕이 되다
요압이 아브넬을 죽인 것은 도덕적 파탄이었다. 하지만, 확실히 그 살인은 애초에 요압이 의도했던 것일 수도 있는 결과를 가져왔다. 사울 가문은 완전히 의기가 꺾여버렸다. 정세 변화를 직감한 이스보셋 휘하의 장수 둘이 이스보셋의 머리를 베어 다윗에게 가져온다. 그러나 다윗은 그 둘을 처형하고 이스보셋의 머리를 아브넬과 함께 헤브론에 묻는다(4:1-12). 이런 사태 진전으로 말미암아 사울 가문의 저항은 수그러들고, 마침내 다윗은 만인 앞에서 이스라엘 백성 전체를 다스리는 왕으로 기름부음을 받는다(5:1-5). 백성들은 이미 그를 이스라엘 남부인 유다의 왕으로 인정하고 있었지만, 이제 그의 권위는 이스라엘 전역에 미치게 된 것이다.

사무엘하 5:6-10:19
성공을 거둔 다윗의 초기 치세
5:6-25 다윗이 예루살렘을 정복하다
이스라엘의 왕이 된 다윗은 이스라엘의 위치를 더욱더 공고히 한다. 그는 여부스 족속이 점유하고 있던 예루살렘 성읍을 차지하여, 그 이름을 '다윗 성'으로 고친다. 이것은 대단한 진전이었다(5:6-16). 다윗 성은 다윗의 치세 기간 내내 수도(首都)가 되며, 그 안전을 담보하고자 엄중한 방비를 갖추게 된다. 예루살렘에 근거지를 구축한 다윗은 여전히 위협거리였던 블레셋에 대비할 수 있게 되었다. 블레셋이 다윗을 제거하기 위해 출정하자(물론 블레셋은 일찍부터 자신들의 영토에 숨어 다윗을 제거할 때를 기다리고 있었다), 다윗은 블레셋에 대응할 방도를 여호와 하나님께 묻는다. 다윗은 여호와의 인도하심대로 따른다. 그 결과, 그는 블레셋을 궤멸시킬 수 있었으며, 블레셋은 자신들의 영토로 후퇴할 수밖에 없었다(5:17-25).

6:1-23 다윗이 하나님의 궤를 예루살렘으로 가져오다
바야흐로 군사적인 면에서 정세가 안정되자, 다윗은 하나님의 궤를 예루살렘으로 가져오려는 준비를 한다. 하나님의 궤는 20년 동안이나 아비나답의 집에 방치되어 있었다. 그러나 그 궤를 아비나답의 집에서 옮겨오는 데 반대하는 움직임이 일어난다. 하지만, 마침내 그 궤는 백성이 크게 기뻐하는 가운데 예루살렘에 있는 장막 안으로 옮겨지게 된다(6:1-23).

7:1-29 하나님이 다윗에게 약속을 주시다
하나님의 궤는 장막 안에 있었으나, 다윗 자신은 호사스러운 왕궁에서 살고 있었다. 다윗은 이 일이 옳지 않다고 여긴다(7:1-3). 다윗은 선지자 나단에게 하나님의 뜻을 묻기로 한다. 다윗은 여호와 하나님이 하나님의 궤와 다윗 자손들의 미래에 대하여 말씀하신 것을 나단으로부터 전해 듣게 된다(7:4-17). 하나님은 다윗이 하나님의 집을 건축하는 걸 허락하지 않으신다. 오히려, 하나님은 당신이 다윗의 집(다윗 왕조를 일컫는 것이다)을 세워 주시겠다고 말씀하신다. 하나님은 다윗의 자손들이 여호와의 집을 짓게 될 것이라고 말씀하신다. 여호와 하나님은 다윗의 왕위를 영원케 하실 것이며, 당신은 다윗의 아버지가 되시고 다윗은 여호와의 아들이 될 것이라고 나단을 통해 약속하신다(7:14). 이 강력한 메시아적 예언은 미래에 이스라엘이 갖게 되는 메시아 대망의 기초가 된다. 이 메시아 대망은 결국 하나님의 아들인 예수 그리스도가 오심으로써 이루어진다. 다윗은 감사와 경배의 기도로 응답한다(7:18-29). 그는 이 기도를 통하여 여호와 하나님의 선하심과 신실하심을 기리고 송축한다.

8:1-10:19 다윗의 연이은 승리 다윗은 잇달아 적들을 격파하며 큰 승리를 거둔다. 우리는 이런 다윗의 연전연승 속에서 하나님의 신실하심이 더 깊이 역사하고 있음을 목격하게 된다. 다윗은 여부스 족속, 블레셋 족속, 모압 족속, 아람 족속 그리고 암몬 족속을 포함하여 여러 대적들을 잇달아 격파하였다. 이런 전승들은 많은 점에서 가나안 정복기에 여호수아가 거둔 승리의 연장선 위에 있는 것으로 볼 수 있다. 이스라엘은 다윗의 때에 그 힘과 영토와 영향력이 절정에 이르게 된다. 하지만, 모든 일이 잘 풀린 것은 아니었다. 다윗은 연전연승을 거듭하면서 인간의 연약함을 드러내기 시작한다. 결국 이 연약함 때문에 이스라엘은 분열과 세력 약화의 길로 내닫게 된다.

사무엘하 11:1-20:26
다윗이 이후에 저지른 잘못들
11:1-27 다윗과 밧세바 이 본문에서 처음으로 여호와 하나님이 인정하지 않으시는 다윗의 행위가 등장한다. 다윗이 거느린 유능한 장수들 가운데 하나인 요압은 암몬 족속을 상대로 승리를 거둔다. 이때 다윗 자신은 예루살렘에 머물고 있었다. 그때, 그는 헷 사람 우리아의 아내인 밧세바를 보게 된다(헷 족속은 이미 오래 전에 가나안 지역을 떠났지만, 일부는 남아 가나안에 정착하였다. 여기 나오는 우리아나 사무엘상 26:6이 언급하는 아히멜렉이 그러한 정착민이었다). 밧세바에게 마음을 뺏긴 다윗은 밧세바를 데려오게 하여 동침한다.* 얼마 뒤, 밧세바는 다윗의 아이를 가졌다는 사실을 알게 된다. 이 경우, 모세의 율법에 따르면, 간음한 다윗과 밧세바는 사형을 당할 수도 있었다(신 22:22). 다윗은 우리아를 소환하여 집으로 가게 한다. 우리아가 그 아내인 밧세바와 동침하면 밧세바의 임신이 의심받지 않을 것이며, 설령 일이 잘못 되어도 우리아의 아기라고 주장하면 그만이라는 심산임이 분명하였다. 그러나 우리아는 그 아내와 동침하지 않는다(11:1-13).

이제 다윗은 간음도 모자라 우리아를 죽일 결심까지 하게 된다. 다윗은 요압에게 일러 우리아에게 위험한 임무를 맡기고 그를 죽을 수밖에 없는 자리에 배치하라고 주문한다. 다윗의 전략은 적중하였다. 하지만 요압은 너무나 불필요한 모험을 감행하여, 우리아뿐 아니라 다른 사람들까지 죽게 만든다. 다윗은 이 소식을 듣고도 오히려 요압에게 위로의 편지를 전한다.** 이윽고 다윗은

---

* 본문은 밧세바가 간음을 거부하였다는 말을 전혀 하지 않는다. 오히려 밧세바는 다윗의 부름을 따라 궁에 들어간 뒤, 여러 날을 다윗과 함께 있었던 것 같다(삼하 11:4을 꼼꼼히 읽어보라). 이 때문에 밧세바의 부정(不貞)함을 비난하는 목소리도 있다. 참고. NBC 21세기판, 「IVP 성경주석: 구약」, 443.
** 요압은 왕에게 전과 보고를 올리면서, 혹시 왕이 자신의 실수를 질책하거든 "왕의 종 헷 사람 우리아도 죽

밧세바를 아내로 취하고, 밧세바는 다윗의 아들을 낳는다. 그러나 성경은 "다윗이 행한 그 일이 여호와 보시기에 악하였더라"고 말씀한다(11:14-27).

12:1-30 나단이 다윗을 꾸짖다 다윗이 저지른 이 일로 인해 선지자 나단은 다윗과 갈등을 빚게 된다. 일찍이 다윗에게 하나님의 축복을 선포하였던 나단은 이제 한 비유를 써서 다윗을 질책한다. 나단은 그 비유에서 한 부자가 많은 양을 가졌으면서도 가난한 자가 아끼는 어린양을 빼앗아 자신의 손님상에 올렸다고 이야기한다. 다윗은 나단의 이 이야기를 듣고 분개하면서, 그런 일을 한 자는 죽어 마땅하다고 대답한다. 그때, 나단은 그런 일을 저지른 자가 바로 다윗 자신임을 일러준다. 다윗은 우리아의 아내를 취한 것도 모자라, 우리아 자신을 사지로 내몰았기 때문이다. 나단은 여호와가 다윗의 소행에 진노하셨으며, 그 소행에 대한 보응으로 다윗에게 재앙이 임할 것임을 선언한다.* 간음의 결과로 태어난 아들이 죽자, 다윗은 극심한 고통에 빠진다(12:1-23). 하지만, 다윗의 사정이 나아질 기미를 보이기 시작한다. 마침내 밧세바는 또 한 아들을 낳는다. 그 아들이 솔로몬이다. 이스라엘과 암몬 족속의 전투는 이스라엘의 승리로 끝을 맺는다(12:24-31).

13:1-14:33 압살롬이 암논을 죽이다 하지만, 다윗 집안의 타락과 도덕적 부패를 보여 주는 사건들이 또 일어난다. 다윗의 맏아들인 암논이 이복누이인 다말을 욕보인 것이다. 이 때문에 다말의 친오라비인 압살롬은 암논과 심각한 갈등을 빚다, 얼마 뒤 암논을 죽인다(13:1-39). 압살롬은 예루살렘에서 도망쳤지만, 결국 요압의 적절한 주선 덕분에 다시 돌아오게 된다. 다윗은 압살롬을 지극히 사랑하였지만, 처음에는 그 아들을 만나려 하지 않는다. 압살롬이 암논을 죽였다는 이유 때문이었다. 그러나 결국, 다윗은 마음을 돌려 압살롬에게 입을 맞춘다(14:1-33). 그때까지만 해도, 장차 벌어질 배역(背逆)의 징조는 나타나지 않고 있었다.

15:1-12 압살롬이 음모를 꾸미다 하지만, 압살롬의 검은 야망은 이내 모습을 드러낸다. 그는 병거 하나를 취한다(이때까지만 해도, 이스라엘은 병거라는 이 선진 병기를 사용하지 않고 있었다). 그는 성문 곁에 서서, 예루살렘 밖으로부터 왕에게 재판을 받으러 오는 사람들을 기다린다. 그들을 만난 압살롬은 자신이 재판관이 되면 정의를 베풀겠다고 약속함으로써 그 사람들의 환심을 산다. 4년 뒤, 압살롬은 왕이 되려는 목적을 품고 헤브론으로 돌아온다. 헤브론에 있는 동안, 압살롬은 다윗의 최측근 자문자 중 하나인 아히도벨과 결탁한다(15:1-12).

15:13-16:14 다윗이 도망치다 마침내, 다윗은 압살롬이 점점 더 인망(人望)을 얻고 있다는 이야기를 듣게 된다. 그는 어떤 음모가 진행 중임을 깨닫는다. 자신이 위험에 빠졌다

었나이다"(11:21)라고 말하라고 시킨다. 이를 보면, 요압은 다윗이 우리아를 사지(死地)로 내몬 이유를 알고 있었던 것 같다. 한 마디로 그는 왕의 약점을 알게 된 것이다. 이 때문에 다윗은 요압의 실책을 질책할 수 없었던 것 같다.

* 이때 다윗이 여호와 앞에서 회개한 기도가 시편 51편이다.

는 것을 안 다윗은 자신의 아들이 자기를 배역한 사실에 넋을 잃은 채, 예루살렘에서 도망친다. 하지만, 다윗은 자신의 최측근 중 하나인 아렉 사람 후새에게 예루살렘으로 돌아가 압살롬의 조언자가 되어 그의 계획을 좌절시켜 달라고 당부한다(15:32-37).

16:15-17:29 후새와 아히도벨의 권고 후새가 예루살렘에 당도했을 때, 이미 압살롬은 오직 아히도벨의 조언에만 의지하고 있었다(16:15-23). 압살롬의 주관심사는 자신의 아버지와 아버지의 군대를 제거하는 것이었다. 이 때문에 그는 자신이 무엇을 해야 할지 아히도벨과 후새(압살롬은 후새 역시 자신의 아버지를 반역한 것으로 믿고 있었다)에게 조언을 구한다. 아히도벨은 다윗 한 사람만을 죽이는 특별 임무를 수행할 1만 2,000명의 사람을 즉시 파견해야 한다고 단호하게 주장한다. 다윗만 죽으면, 다윗의 지지자들은 예루살렘으로 돌아와 압살롬에게 충성을 바치게 될 것이라는 게 그의 주장이었다. 반면, 후새는 압살롬에게 이스라엘 백성을 총동원하여 다윗과 그의 군대를 한꺼번에 소탕하라고 권고한다. 백성을 총동원하려면 시간이 걸릴 것이며, 그 사이 다윗은 도망갈 시간을 벌게 될 것이다. 후새는 다윗에게 전갈을 보내 진행 상황을 알린다. 그 결과, 다윗은 자신을 제거하려는 책략을 피할 수 있었다(17:1-22).

자신의 권고가 받아들여지지 않는 것을 깨달은 아히도벨은 목을 매 자결한다(17:23). 이 자결은 단순히 자신의 권고가 거부당한 것에 불쾌감을 표시한 것일 수도 있다. 하지만, 후새의 권고가 받아들여지면, 압살롬의 반역은 실패할 것이며 아히도벨 자신을 비롯한 모든 반역자들은 처형당할 것임을 깨닫고 있었기에 그가 자결하였다고 보는 것이 더 설득력 있는 설명이 될 것이다. 그러는 동안, 다윗은 임박한 결전을 대비할 계책을 마련하고 있었다.

18:1-19:8 압살롬이 죽다 다윗은 자신의 군대를 세 개의 독립 부대로 나눈다. 이 바람에 압살롬은 다윗을 막는 데 어려움을 겪게 된다. 다윗은 자기 휘하의 장수들에게 압살롬을 발견하면 부드럽게 대하라고 이야기한다. 다윗이 군대를 세 개의 부대로 나누었기 때문에, 압살롬의 군대는 수풀 지역을 포함하여 넓은 지역에 포진할 수밖에 없었다(18:6-8). 그리하여, 압살롬 자신은 자신의 군대로부터 격리되고 만다. 압살롬의 종말은 다소 비참하였다. 압살롬의 머리가 번성한 나뭇가지에 걸려서 달려 있을 때, 요압과 그의 동료들이 압살롬을 쳐 죽이고 만 것이다(그러나 다윗은 이 일을 알지도 못하였고, 허락한 적도 없었다, 18:9-18).

다윗은 자신의 아들이 죽었다는 소식을 듣고 심히 상심하여 슬피 운다(18:19-33). 다윗의 애곡은 그를 따르던 군사들을 혼란스럽게 만들었다. 다윗의 장수인 요압은 다윗에게 격렬히 항의하기까지 한다(19:1-8). 다윗의 군사들은 목숨을 구해 줘서 고맙다고 칭찬받기를 바랐지만, 오히려 다윗은 그들이 한 일 때문에 슬퍼했다. 요압은 분명 다윗의 기력이 쇠하였으며 더 이상 왕으로 있기에는 부적합하다는 확신을 갖게 되었을 것이다.

19:9-20:26 다윗이 예루살렘으로 돌아오다 이후의 다윗은 시간이 흐를수록 점점 더 왕의 자질을 잃어가는 것처럼 보인다. 다윗은 예루살렘으로 돌아올 때, (북쪽) 이스라엘

사람들보다 (남쪽) 유다 사람들을 총애하는 모습을 보인다. 자신이 요단 강을 건널 때, 유다 사람들이 자신을 호위하게 한 것이다. 이것은 확실히 분별없는 행동이었다. 이 일로 말미암아 결국 이스라엘 사람들과 유다 사람들이 심각한 갈등을 빚게 되었기 때문이다(19:9-43). 세바는 이 갈등 관계를 악용하여 북쪽 이스라엘 사람들에게 다윗을 배반하라고 선동한다. 결국, 다윗은 오로지 요압과 유다 사람들의 도움에 의지할 수밖에 없었다(20:1-5). 요압은 북쪽에 있던 성읍 아벨과 벧마아가*까지 세바를 쫓아간다. 요압은 그 성읍을 포위한 뒤, 포위를 풀고 그 성읍을 해치지 않는 조건으로 세바를 자신에게 넘기라고 요구한다. 결국, 성읍 거민들은 세바의 목을 베어 성 밖의 요압에게 던진다(20:6-26).

사무엘하 21:1-24:25
결론
21:1-22 기브온 사람들이 복수하다; 블레셋과 전쟁을 벌이다 사무엘서에서 연대순으로 기록된 내용들은 여기서 끝을 맺는다. 사무엘하의 마지막 부분은 다윗의 치세에 관한 내용들을 많이 담고 있지만, 본문의 본론에 부록 역할을 하고 있을 뿐이다. 기브온 사람들과 관련된 사건(21:1-14)은 연대 면에서 압살롬의 반역 이전에 일어난 일임이 분명하다. 본문을 보면, 사울과 기브온 사람들 사이에 벌어졌던 최초의 사건(21:1)이 기브온 사람들과 관련된 이 일화의 배경이자 기근을 일으킨 근본 원인으로 보인다. 그러나 본문은 그 최초의 사건과 관련하여 (사울이 기브온 거민들을 죽였다는 말 이외에) 아무 것도 언급하지 않는다. 우리는 사울 가문의 생존자들이 맞이한 비운을 보면서 여호와 하나님이 사울을 내치셨음을 재차 확인할 수 있다. 사울의 죄가 말끔히 사라지자, 비로소 기근이 끝난다. 이 기사에 뒤이어 본문은 이스라엘과 블레셋이 전쟁을 벌일 때 일어난 네 사건을 기록하고 있다(21:15-22). 이 사건들 역시 그 정확한 연대를 확정하기가 어렵다.

22:1-23:7 다윗의 찬송; 다윗의 마지막 말 다윗이 여호와께 올린 찬송(22:1-51)은 그가 밧세바와 간음하기 전에 지은 것임이 분명하다. 이 찬송은 시편에도 수록되어 있다(시 18편을 보라).

'다윗의 마지막 말'은 '그가 숨지기 직전에 남긴 마지막 말'이라기보다 '그가 숨지기 전에 지은 마지막 시'로 이해할 수 있을 것이다. 다른 곳에서도 분명하게 나타나듯이, 다윗은 유명한 시인이었으며(23:1을 보라), 이 본문의 말도 산문이라기보다 시다. 이 본문 부분은 중요하다. 다윗이 하나님의 영으로 충만한 사람이었음을 우리에게 보여 주기 때문이다(23:2). 그는 여호와 하나님이 자신의 집과 영원한 언약을 세우셨음을 알고 있었다(23:5). 이 시는 "사람을 공의로 다스리는 자, 하나님을 경외함으로 다스리는 자"(23:3)인 왕의 등장을 앙망하고 있다. 아마도 다윗은 이 소망이 자기를 통하여 이루어진 것으로 생각한 것 같다. 하지만, 사무엘서는 다윗이 그런 이상적 왕과 동떨어진 인

---

* NIV 성경은 사무엘하 20:14에서 '아벨과 벧마아가'를 한 지명으로 표기하여 '아벨 벧마아가'(Abel Baeth Macaah)라고 기록해 놓았지만, 히브리 본문은 '아벨과 벧마아가'를 따로 떼어 '아벨라 우베트 마아카'(아벨과 벧마아가에)라고 기록해 놓았다.

물임을 이야기하고 있다. 이 의로운 왕은 '이스라엘의 진정한 왕'이신 예수 그리스도가 오심으로써 비로소 등장하게 된다. 하지만, 이스라엘은 그들의 진정한 왕이 예루살렘에 입성하시자, 그분을 배척하더니 끝내 죽이고 만다. 복음서는 그 사실을 분명히 증언하고 있다.

23:8-24:25 다윗의 인구 조사; 다윗이 여호와께 단을 쌓다 "다윗의 용사들" 37명의 명단(23:8-39)은 분명 고대 기록에서 나온 것이며, 이보다 더 확장된 형태를 역대상 11:11-41에서도 발견할 수 있다. 이 명단에 뒤이어 이스라엘과 유다의 인구 조사 기사가 나온다(24:1-15; 인구 조사 기사는 대상 21:1-17에도 나오지만, 두 기사 사이에는 차이가 있다). 이 본문이 말하는 인구 조사의 정확한 실시 연대는 불확실하다. 분명한 것은 다윗이 자신이 보유한 병력이 얼마나 되는지 그 수를 확인하고 싶어 했다는 점이다. 하지만, 군사령관이었던 요압은 왜 인구 조사를 해야 하는지 이해할 수 없었다. 쓸데없는 일이었기 때문이다. 그러나 본문의 추이를 따라가 보면, 이 인구 조사의 숨은 동기는 다윗의 자만심이었을 수도 있음을 알게 된다. 어쩌면 다윗은 자신이 동원할 수 있는 엄청난 병력 수(북쪽 이스라엘이 80만 명, 남쪽 유다가 50만 명이었다)를 보면서 일종의 인간적 성취감을 맛보고 싶었는지도 모른다. 하지만, 다윗은 이내 자신이 한 일을 후회하게 된다. 이 인구 조사가 죄임을 깨달았기 때문이다. 이 죄의 결과는 이스라엘을 덮친 역병(疫病)으로 나타난다. 역병은 다윗이 여호와께 제단을 쌓은 뒤에야 비로소 멈추었다.

본문은 이처럼 다윗을 이상적 왕의 한 사람으로 그려내고 있다. 그는 분명 이스라엘의 초대 왕인 사울에게서는 좀처럼 찾아내기 힘든 여러 미덕들을 갖추고 있었다. 하지만, 사무엘서는 다윗의 성공이 어디까지나 여호와 하나님 덕택이지 다윗 자신의 지혜 때문이 아니라는 점을 분명하게 이야기한다. 그런데도, 본문은 다윗의 허물과 연약함을 있는 그대로 보여 주려고 한다. 그의 삶은 부패 덩어리요 그의 판단은 여러 면에서 심각한 결함을 드러낸다. 이렇게 다윗은 연약함과 허물을 지닌 사람이었다. 하지만, 여호와 하나님은 그런 다윗을 불러 사용하셨을 뿐만 아니라, 그의 치세를 후대의 전범(典範)으로 만들어 주셨다.

열왕기상 · 열왕기하

열왕기상·하는, 사무엘상·하와 역대상·하처럼 본디 하나로 된 긴 책이었으나, 후대의 번역자들이 편의상 두 책으로 나눈 것이다. 열왕기상·하는 사무엘상·하로부터 곧바로 이어진다. 결국, 이 네 책은 이스라엘 왕정의 수립부터 바벨론 포로기까지 이스라엘 왕국(그리고 이 통일 왕국의 분열 이후에 탄생한 북쪽 이스라엘 왕국과 남쪽 유다 왕국)의 발전과 역사를 연속하여 설명하고 있는 셈이다. 이 연속성은 히브리 구약 성경의 희랍어 역본인 70인경이 이 네 책에 붙여 놓은 제목을 보면 더 분명히 알 수 있다. 70인경은 사무엘상·하의 제목을 '왕국기 1, 2'로, 열왕기상·하의 제목을 '왕국기 3, 4'로 붙여 놓았다.*

이 주석에서는 열왕기상·하를 하나의 책으로 다룰 것이다. 이렇게 하면, 엘리야의 사역을 하나의 연속된 단위로 연구할 수 있는 장점이 있다. 만일 억지로 열왕기상·하를 둘로 나누게 되면, 엘리야의 이야기가 아무런 의미 없는 지점에서 두 동강이 나고 만다. 독자들은 본디 성경 원문에서는 열왕기상·하가 한 책이었다는 점을 유념할 필요가 있다.

열왕기상의 중심 장면은 솔로몬의 치세가 끝난 뒤에 통일 이스라엘 왕국이 분열되는 장면이다. 본디 한 왕국으로서 늘 '이스라엘'로 불리곤 했던 그 나라가 주전 930년에 둘로 나뉜 것이다. 북쪽 이스라엘 왕국은 안정을 이루지 못하였다. 연이어 정치적, 군사적 위기를 겪은 이 나라는, 주전 722-721년, 결국 앗수르에게 멸망당하고 만다. 위대한 성 예루살렘을 소유하고 있던 남쪽 유다 왕국은 형편이 그나마 나았다. 유다는 바벨론에게 멸망당할 때까지 어느 정도 온전한 모습을 유지하였다. 그러다가 주전 586년 예루살렘이 함락되면서, 다윗 치세기에 통일과 안정을 구가했던 이스라엘 민족은 나라를 잃고 만다. 주전 538년, 바벨론 포로들이 돌아온 뒤에야 비로소 유다의 백성들은 다시 한 번 나라의 형태를 갖추기 시작한다.

열왕기상 1:1-12:24
솔로몬의 왕위 계승과 치세
1:1-27 아도니야가 스스로 왕이 되다 열왕기상은 그 서두에서 처연한 다윗의 모습을 그려 내고 있다. 한 때는 온 이스라엘을 다스리던 위대한 왕이 이제는 밤에 이불을 덮어도

---

* 70인경은 사무엘상·하와 열왕기상·하의 제목을 '바실레이온 알파/베타/감마/델타'로 붙여 놓았다. 여기서 '바실레이온'은 '왕국'이라는 뜻을 가진 '바실레이아'의 복수, 소유격이다. 따라서 70인경의 제목을 직역하면, '왕국들의 역사/이야기' 정도로 옮길 수 있겠다.

따뜻하지 아니한 노인이 되어 버렸다(1:1-4). 다윗은 오래 살지 못할 게 분명했다. 문제는 '누가 그의 뒤를 이어 이스라엘 왕이 되느냐'였다. 다윗에게는 많은 아내가 있었고, 여러 아들이 있었다. 그렇다 보니, 선두에서 왕위 계승을 다투는 아들들도 몇몇 있었다. 아도니야도 그들 가운데 하나였다. 자신이 왕으로서 제일 적합한 후보라고 생각한 아도니야는 아버지가 죽으면 왕권이 자신에게 넘어오도록 음모를 꾸미기 시작한다(1:5-10). 본문을 보면, 그는 자신을 왕으로 선포하면서 압살롬의 선례를 따른 것 같다. 당연히 그 다음 단계는 왕(다윗)과 다른 왕위계승권자들을 제거하는 것이었다.

1:28-53 다윗이 솔로몬을 왕으로 세우다 다윗의 치세 초기에 중요한 역할을 했던 선지자 나단은 여호와가 기뻐하시는 방향으로 왕위 계승이 이루어지게끔 노력한다. 그는 밧세바에게 다윗을 만나 지금 벌어지고 있는 일들을 아뢰라고 요청한다. 너무 늦기 전에 아도니야 일당을 저지할 필요가 있었기 때문이다. 다윗은 밧세바와 나단으로부터 사태의 전말을 듣게 된다. 그는 즉시 솔로몬에게 기름을 부어 북쪽 이스라엘 백성들과 남쪽 유다 백성들을 다스리는 왕으로 세울 준비를 한다(1:11-40). 덜미가 잡혔음을 깨달은 아도니야는 새로 기름부음 받은 왕에게 굴복한다(1:41-53).

2:1-46 다윗이 솔로몬에게 당부를 남기다; 솔로몬이 왕권을 확립하다 마침내 다윗이 숨을 거둔다. 그는 여호와께 신실하라고 솔로몬에게 엄중히 당부한다. 다윗은 자신의 성읍인 예루살렘에 묻혔다. 그의 치세 기간은 40년이었으며, 사람들은 보통 그 연대를 주전 1010년-970년으로 보고 있다(2:1-12). 솔로몬의 왕권이 견고해지는 동안, 아도니야는 또 한 번 왕위를 찬탈할 음모를 꾸민다. 그는 밧세바에게 다윗의 후궁 중 하나인 아비삭과 혼인할 권리를 얻게 해달라고 요청한다. 밧세바는 그 요청을 대수롭지 않게 여겼다. 하지만, 솔로몬은 미래에 왕으로 등극할 빌미를 늘리려는 아도니야의 속내를 간파하고, 그의 처형을 명령한다(2:13-25). 유혈극은 더 이어졌다. 솔로몬이 과거에 월권 행위를 저지른 자들(요압이 그러한 일을 저지른 경우였다)을 숙청하고 자신의 왕권에 위협이 될 수 있는 인물들을 제거했기 때문이다(2:26-46). 아울러 그는 애굽과 동맹을 맺음으로써 자신의 치세 기간에 애굽이 침략하는 것을 예방하였다.

3:1-28 솔로몬이 지혜를 구하다 솔로몬은 자신의 위치가 든든해지자, 선친(先親)에게 했던 약속을 실천하기 시작한다. 그는 여호와께 지혜를 구한다. 여호와 하나님은 솔로몬이 왕위에 있는 동안 당신께 신실하게 행한다는 조건 아래, 솔로몬의 간구를 기쁘게 들어 주신다(3:2-15). 이로 말미암아 솔로몬은 지혜로 유명한 왕이 된다. 그러나 그의 지혜는 어디까지나 여호와 하나님이 선물로 주신 것이었지, 그가 날 때부터 지닌 자질이 아니었다. 하나님이 주신 그 지혜는 서로 자신이 아이의 엄마라며 다투던 저 유명한 '한 아이 두 엄마' 사건에서 즉각 발휘되었다(3:16-28). 그의 지혜를 전해 들은 열방의 통치자들은 그에게 지혜를 구하게 된다(4:29-34).

4:1-5:18 솔로몬의 행정 솔로몬은 유능한 행정가이기도 하였다. 본문은 그를 보필한 사람들의 이름을 열거한 다음(4:1-19), 그의

지혜가 그의 백성들에게 번영을 가져다준 모습을 기록하고 있다(4:20-28). 이 번영은 성전 건축이라는 중요한 약속의 이행으로 이어진다. 선지자 나단은 다윗에게 다윗의 후손 중 하나가 예루살렘에 여호와의 집을 건축할 것이라고 예언한 적이 있었다. 이제 다윗의 후손인 솔로몬이 성전을 건축하겠다는 약속을 이행하게 된다. 그는 공사에 필요한 많은 인력과 자재들을 공급한다(5:1-18). 여호와 하나님은 당신이 큰 은총으로써 그 공사를 지켜보실 것이며 당신 백성인 이스라엘 가운데 늘 계실 것이라고 솔로몬에게 확언하신다(6:11-13).

6:1-7:51 솔로몬이 성전과 왕궁을 건축하다

성전 건축은 솔로몬 재위 4년째인 주전 966년에 시작된 것으로 보인다. 성전 완공에는 7년이 걸렸다. 말씀은 성전 건물과 장식을 자세히 설명하고 있다. 그것은 그만큼 이 성전이 중요한 건물임을 나타내는 것이며, 그만큼 솔로몬이 여호와 하나님을 중요한 분으로 생각했음을 보여 주는 것이다(6:1-10, 14-38, 7:13-51). 그렇지만, 말씀은 솔로몬이 성전을 지을 때보다 거의 두 배의 기간을 들여 자신의 왕궁을 지은 일을 들려주고 있다(7:1-12). 여기에는 분명 이 일에 대한 비판이 숨어 있다. 어쩌면 솔로몬은 여호와가 계신 성전의 장엄함보다 자기가 살 집의 영광을 드러내는 데 더 마음을 썼는지도 모른다. 여기서 우리는 뭔가 염려스러운 일들이 싹트는 장면을 목격할 수 있다. 이 일들은 솔로몬의 치세가 계속되면서 결국 하나의 문제로 수렴된다.

8:1-9:9 언약궤; 성전을 하나님께 바치다

솔로몬과 이스라엘 백성들은 장엄한 의식을 통하여 다윗이 장막에 안치했던 여호와의 궤를 성전으로 옮겨온다(8:1-11). 솔로몬은 여호와께 큰 감사와 봉헌 기도를 올리는 가운데 그분의 신실하심을 찬미한다(8:12-21). 아울러 그는 여호와 하나님이 늘 당신의 백성에게 은총과 자비를 베풀어 주시기를 간구한다(8:22-53). 마지막으로, 그는 온 이스라엘이 항상 여호와께 신실해야 한다는 점을 재차 강조한다(8:54-61). 이 기도에 이어 왕과 백성들은 엄청난 규모의 희생 제사를 드린다. 엄청난 수의 희생 제물은 전국 각지에서 온 많은 백성들이 이스라엘 민족사의 이 중요한 순간을 목격하였다는 것을 의미한다(8:62-66). 시내 산 언약 때부터 솔로몬 시대까지 이스라엘과 함께 있었던 언약궤는 이제야 그 영광에 어울리는 영원한 처소를 갖게 되었다. 솔로몬에게 나타나신 여호와 하나님은 그곳 예루살렘(성전)에서 당신 백성과 함께 계실 것을 굳게 약속하신다. 그러나 여호와 하나님은 당신이 늘 당신의 백성과 함께 계시려면, 솔로몬과 그의 자손들이 변함없이 순종하고 신실해야 한다는 사실을 솔로몬에게 되새겨 주신다. 솔로몬과 그의 자손들이 불순종하면, 여호와는 기필코 그들을 버리시며 재앙을 내리실 것이다(9:1-9).

9:10-11:13 솔로몬의 부(富); 솔로몬이 이방 여인들을 아내로 취하다

말씀은 솔로몬이 막대한 부를 누리며 열방의 존경을 받은 사실을 상세하게 알려 주고 있다(9:10-28). 스바 여왕이 솔로몬을 방문한 것만 봐도 솔로몬의 국제적 지위와 명성을 충분히 확인할 수 있다(10:1-13). 더욱이 그의 많은 소유와 업적들(10:14-29), 그리고 그가 취한 많은 여인들(11:1)을 보면, 우리는 그가 차지했던 위치를 말씀이 전하는 그대로 인정할 수밖에 없다. 하지만, 여기서 말씀은 솔로몬이 다른 어느 것보다 더 많은 비판을 받게 될 문제점을 그 서두에서부터 암시하고 있다. 솔로몬이 취한 이방 여인들은 그를 미혹하여 이방 종교의 신앙과 풍습을 따르게 한다. 솔로몬은 그 많은 여인들을 순수하게 사랑하였다. 그렇지만, 여호와를 향한 그의 마음은 나이가 들어가면서 흔들리게 된다. 말씀은 우리에게 솔로몬이 아스다롯과 몰록 같은 이방 신들을 경험하기 시작하였다고 분명하게 이야기한다. 몰록에게 예배할 때에는 어린 아이를 희생 제물로 바치는 경우도 있었다고 알려져 있다(11:2-8).

여호와께 반역한 솔로몬의 모습은 다윗의 연약함 뒤에 숨어 있는 그의 진면목을 다시 들여다보게 한다. 사무엘서가 분명하게 증언하듯이, 다윗은 온갖 유혹과 그릇된 판단에 쉽게 빠지곤 하였다. 그러나 그는 이방 신 때문에 여호와를 저버린 적은 한 번도 없었다. 여호와께 신실하지 못한 솔로몬의 행위가 초래할 결과는 분명했다. 여호와 하나님은 솔로몬의 악독한 언약 위반에 진노하신다. 그러나 여호와 하나님은 당신께 신실했던 다윗을 생각하여 솔로몬이 살아 있는 동안에는 그 나라를 빼앗아 가지 않겠다고 선언하신다. 그러나 솔로몬이 죽은 뒤에는 그 나라가 나뉘게 될 것이다(11:9-13).

11:14-40 솔로몬의 대적들 이제 골칫거리들이 솔로몬을 괴롭히기 시작한다. 분명 그는 하나님의 모든 명령들 가운데 가장 근본이 되는 명령(다른 신을 섬기지 말라)에 철저히 불순종하였다. 그 결과, 하나님은 당신의 은총과 도우심을 거두셨다. 말씀은 단순히 하닷과 르손이 솔로몬에게 반기를 들었다고 이야기하지 않는다. 오히려 말씀은 여호와 하나님이 그 둘을 시켜 솔로몬을 대적하게 하셨다고 이야기한다. 이것은 결코 역사의 우연한 사건이 아니다. 이것은 여호와 하나님의 심판이었다(11:14-25). 솔로몬의 신하 가운데 하나인 여로보암도 솔로몬에게 반역한다. 이 반역의 이면에는 솔로몬의 죄 때문에 이스라엘 열두 지파가 쪼개질 것이라는 아히야의 예언이 숨어 있었다. 솔로몬은 여로보암을 죽이려 하지만 실패한다. 여로보암은 애굽으로 피신하여 안전하게 돌아올 날까지 그곳에 머문다. 여기서 말씀은 장차 일어날 이스라엘의 분열이 솔로몬의 불순종에서 직접 연유한 결과임을 한 번 더 분명하게 이야기한다(11:26-40).

11:41-12:24 솔로몬이 죽다 마침내 솔로몬이 죽고, 그의 아들 르호보암이 왕위를 잇는다(11:41-43). 여로보암은 이스라엘로 무사히 돌아갈 수 있는 때가 되었다고 판단한다. 그는 르호보암에게 남쪽 유다 사람들이 자신과 북쪽 이스라엘을 홀대하지 않으면 르호보암을 섬기겠다고 제안한다.* 그러나 르호보암은 신하들의 간언(諫言)을 물리친다. 그는 오히려 북쪽 사람들의 삶을 더 고달프

---

* 열왕기상 12:4을 보면, 여로보암과 이스라엘 회중이 르호보암에게 요구한 것은 솔로몬이 그들에게 지운 고역과 무거운 멍에를 가볍게 해달라는 것이었다. 아마도 백성들은 솔로몬 치세 기간에 성전과 왕궁을 건축하고 솔로몬의 사치를 뒷받침하느라, 무거운 세금과 중노동에 시달렸던 것 같다. 그러나 학자들은 열왕기상 12:4의 요구하는 사람들을 북쪽 이스라엘 사람들로 보면서, 이 구절을 근거로 무거운 세금과 중노동을 학대로 여겼던 사람들은 북쪽 이스라엘 사람들이었지 남쪽 유다 사람들은 아니었을 것이라고 추측한다. 참고. J. A. Soggin, *Storia d' Israele*(Brescia: Paideia Editrice, 2002), 254.

게 만들겠다고 대답한다. 북쪽 이스라엘 사람들은 분개한 나머지, 다윗의 집에 맞서 봉기하기로 결의한다. 그들은 여로보암을 자신들의 왕으로 옹립한다(12:1-24). 여로보암은 남쪽 유다의 공격 낌새를 눈치 채고, 세겜에 요새를 구축하여 자신의 근거지로 삼는다.

열왕기상 12:25-16:34
엘리야가 등장할 때까지 분열 왕국의 모습

12:25-33 벧엘과 단의 황금 송아지 이때, 문제가 하나 터진다. 다윗과 솔로몬 시대에는 남쪽 유다에 있던 예루살렘이 이스라엘 전체의 예배 중심지였다. 그러나 이제 북쪽 이스라엘 사람들이 예배하러 남쪽으로 가야 한다면, 그들은 르호보암의 권위에 복종해야 하는 처지가 될 수도 있었다. 여로보암은 이런 일을 막고자, 북쪽에 자기 나름의 제사 제도를 창설한다. 이 제사 제도에는 여호와께 드리는 정통 예배 방식에서 빌려온 요소들도 있었지만, 가나안 족속의 여러 전통에서 끌어온 것이 분명한 요소들도 추가되었다. 여로보암의 관심사는 북쪽 이스라엘 백성들이 예루살렘 예배에 참여하는 것을 막는 것이었다. 이 때문에, 그는 나름대로 여러 가지 종교 사상과 예배 형식들을 만든 것이지만, 이것들은 모두 여호와 하나님이 인정하실 수 없는 것들이었다. 결국, 북쪽 이스라엘에서는 우상을 섬기는 이방 종교가 점점 더 영향력을 얻게 되었다. 우리는 이런 사실을 벧엘과 단에 황금 송아지들을 세운 사건에서 처음으로 확인할 수 있다(12:25-33).

13:1-14:20 유다에서 온 하나님의 사람; 아히야가 여로보암에게 재앙이 임할 것을 예언하다 하나님은 이렇게 이방 종교에 빠져가는 이스라엘을 지체 없이 나무라신다. 한 이름 없는 "하나님의 사람"이 우상을 섬기며 이방 종교의 풍습을 따라가는 이스라엘에 심판을 선포한다. 이 선포에 여로보암의 무리는 놀라 당황한다(13:1-34). 하지만, 여로보암은 자신의 행위를 바꾸려 하지 않는다. 오히려 그는 한 술 더 떠 대대로 제사장을 맡아온 레위 지파 사람이 아닌 일반인을 계속하여 '산당'의 제사장으로 임명한다. 여기서 문제가 된 '산당'은 본디 예루살렘 밖에 있던 그 지역의 성소들이었다. 이곳에서 백성들은 종종 이방 종교의 예배 형식을 사용하여 여러 잡신들과 여호와를 함께 예배하였다. '산당'은 이후 선지자들이 이스라엘을 비판할 때 단골 표적이 된다. 그러나 이 산당들은 요시야 왕이 여러 개혁 조치를 단행하는 300여 년 뒤에야 비로소 파괴된다(13:2의 말씀은 이 일을 예언하고 있다). 선지자 아히야는 여로보암에게 심판이 임할 것을 선포한다(14:1-20). 이처럼 이방 종교에 빠져가는 이스라엘에 재앙이 임박했음을 선포하는 예언은 계속 이어진다.

14:21-15:24 이스라엘과 유다가 타락하다 이제는 남쪽 유다 왕국과 그 왕인 솔로몬의 아들 르호보암에게 시선을 돌려보자. 우리는 여기서 가나안 정복 이전부터 존재한 그곳의 독특한 이방 종교에 빠져든 것이 비단 북쪽 이스라엘만은 아니었음을 발견하게 된다(14:21-31). 남쪽 유다 역시 이방 종교에 빠져들었다. 이런 타락은 르호보암의 후계자인 아비야 때도 이어진다(15:1-8). 그러나 아사 왕은 개혁을 시도한다(15:9-24). 그는 자신의 선대에 유다에 침투하였던 이방 종교의 풍속들을 일부나마 제거하였다.

15:25-16:34 이후 왕들의 죄와 반역 본문의 이야기는 다시 북쪽 이스라엘 왕국에서 일어난 사건들로 돌아온다. 여로보암의 아들 나답이 그의 아비를 이어 왕이 된다. 그러나 나답은 앙숙인 바아사에게 살해당하고, 바아사가 왕위를 잇는다. 바아사가 처음 한 일은 남아 있는 여로보암의 가족들을 모두 죽이는 것이었다. 여로보암과 그의 가족들에게 재앙이 임할 것이라던 아히야의 예언이 그대로 이루어진 것이다. 그러나 바아사도 여전히 이방 종교의 신앙과 풍습을 장려한다. 그 결과, 선지자 예후는 바아사의 집안에 하나님의 징벌이 임할 것을 선포한다(15:25-16:7). 죄와 반란이 계속되는 양상은 그 이후의 왕들이 다스릴 때에도 되풀이된다(16:8-28). 이런 양상은 아합 때에 이르러 정점에 이른다. 그는 이세벨과 혼인하면서 이스라엘에 이방 종교를 들여오는 일을 더 강력히 추진한다. 아합과 이세벨의 혼인은 아합의 아비 오므리 때 이미 추진되었다. 이 혼인은 이스라엘과 두로 및 시돈 지역의 동맹을 공고히 하기 위한 방편이었던 것 같다. 이세벨은 버니게(페니키아) 사람이었다. 그는 이스라엘로 시집올 때 바알 숭배 신앙을 함께 가져왔다(아마도 그가 가져온 것은 자신이 살았던 지역의 특유한 숭배 형식이었을 것이다).* 아합은 왕위에 오르자, 바알에게 신전과 제단을 지어 바친다. 이것은 분명 예루살렘에 있는 여호와의 성전과 제단에 맞서는 행위였다(16:29-34).

이렇게 이스라엘은 이방 종교를 섬기는 길로 타락해 갔다. 이런 상황에서 대체 무엇을 할 수 있을까? 엘리야와 엘리사의 사역 속에 그 답이 들어 있다. 이제 그들의 사역을 살펴보기로 하자.

열왕기상 17:1-열왕기하 8:15
엘리야와 엘리사의 사역

본문은 이전에 일언반구 언급조차 하지 않았던 "디셉 사람 엘리야"를 우리에게 소개하고 있다. 지금까지 본문은 그의 등장을 알리는 어떤 암시도 보여 주지 않았다. 당시는 이스라엘의 바알 숭배가 절정으로 치닫던 아합 시대였다. 하지만, 우리는 이런 시류에 맞서는 어떤 저항도 발견할 수 없다. 아합 시대에 이르기까지 여러 왕이 연이어 등장하였지만, 이스라엘은 여호와를 예배하는 길에서 점점 더 멀어지고 있었다. 그러나 바로 여기서, 우리는 이런 사태를 저지할 어떤 일이 곧 일어날 것임을 깨닫게 된다.

17:1-24 엘리야의 초기 사역 본문은 엘리야가 하나님의 은총을 입은 사람임을 우리에게 분명히 알려 주고 있다(17:1-24). 사르밧 과부처럼 엘리야를 만났던 사람들은 그가 사역 초기에 행한 이적들을 목격하였다. 이

---

* 이세벨(히브리어로 '이제벨')의 아비는 시돈의 왕 '엣바알'이었다. '엣바알'은 당대의 설형문자 표기법에 따른 이름 '투발루'를 히브리어로 옮긴 것이다. '엣바알'은 말 그대로 '바알이 함께한다'는 뜻이다(나 1/101-102). 그 이름이 나타내듯, 이세벨의 집안은 바알을 열심히 섬기는 무리였다. 본디 '바알'은 어떤 특정한 신을 가리키는 것이 아니라, '어떤 산, 어떤 오아시스, 아니면 어떤 장소를 차지한 자'를 가리키는 말이었다. 고대 가나안 종교에서 바알은 출산력을 상징하였으며, 하늘의 비는 땅을 기름지게 하는 바알의 정수(精水)로 간주되었다. 바알의 신전에서 일하는 신전 창기들은 풍년을 기원한다는 뜻으로 매음을 자행하였는데, 이는 땅이 바알의 정수를 받아들이는 것을 상징하였다. 참고. Gerhard von Rad, *Theologie des Alten Testaments 1*(München: Chr. Kaiser, 1992), 35-36.

런 이적들은 엘리야가 하나님의 사람임을 확증해 주었다. 그런 점에서, 엘리야와 모세, 아합과 애굽의 바로 사이에는 흥미로운 평행 관계가 존재하고 있다. 이를테면, 아합은 엘리야가 행하는 모든 표적을 보고도 심판을 경고하는 그의 말을 믿으려 하지 않는다. 이는 바로가 모세를 믿으려 하지 않은 것과 마찬가지였다.

18:1-15 엘리야와 오바댜 우리는 엘리야의 이야기를 읽어 가는 동안, 아합이 여호와를 섬기는 이들을 없애고자 초강경 작전을 펼친 사실을 발견하게 된다. 이세벨은 아예 여호와의 선지자들을 차근차근 찾아내어 죽이는 살육 작전을 기획한다(18:4, 13). 그러나 이 작전에 맞서는 저항도 있었다. 아합의 궁궐에서 고위 관리로 일하던 오바댜(선지자 오바댜와 다른 인물이다)는 100명의 선지자들을 비밀 장소에 숨겨 학살을 피하게 하였다.

18:16-46 갈멜 산의 엘리야 엘리야는 위험하기 이를 데 없는 극적 순간에 아합을 만나 심판의 말씀을 선포한다. 그는 이세벨이 후원하는 바알 선지자들과 자신이 갈멜 산에서 만나 (여호와 하나님과 바알 중에 누가 참 신인지) 결판을 내자고 제안한다(18:16-20). 엘리야는 이스라엘 백성들이 여호와와 바알 중에 하나만을 섬길 것을 요구한다. 그는 양자택일 이외에 다른 대안이 없다고 천명한다. 여러 신을 동시에 섬기는 혼합주의는 용납될 수 없었다. 참 신은 오직 하나, 여호와 하나님 아니면 바알이라는 것이 엘리야의 말이었다(18:21-25). 바알 선지자들은 자신들의 몸을 상하게 하는 여러 가지 의식을 통해 바알을 불러 내리려고 애쓴다. 그러나 아무 일도 일어나지 않았다(18:26-29). 그러나 엘리야가 여호와께 간구하자, 여호와는 엘리야가 만든 제단 위에 당신의 불을 내리신다(18:30-39). 백성들은 즉시 분노한다. 그들은 엘리야의 말을 따라 바알 선지자들을 죽인다. 그때, 여러 해 동안 기근이 들었던 그 땅에 갑자기 큰 비 소리가 들려온다(18:40-46). 그 기근은 분명 여호와 하나님이 이스라엘의 불순종을 심판하신 것이었다.

19:1-18 엘리야가 호렙 산으로 도망치다 하지만, 이 큰 승리는 엘리야를 더 큰 위험에 빠뜨렸다. 엘리야가 자신의 선지자들을 죽인 데 격노한 이세벨은 엘리야를 기필코 죽이고야 말겠다고 다짐한다. 신변의 위험을 감지한 엘리야는 아합의 권세가 미치지 못하는 남쪽 유다 왕국으로 피신한다. 자신의 처지에 절망한 엘리야는 하나님께 차라리 죽게 해달라고 간청한다. 그러나 여호와 하나님은 다시 한 번 그에게 확신을 심어 주신다. 하나님이 주신 이 확신 덕택에 그는 40일 밤낮을 걸어 호렙 산(아마 시내 산의 또 다른 이름일 것이다)에 도착한다. 자기 앞에 있었던 모세나 자신의 뒤에 오신 예수 그리스도처럼, 엘리야도 이 기간에 하나님으로부터 용기와 힘을 얻는다(19:1-8).

호렙 산에 당도한 엘리야는 자신의 절망감을 여호와께 털어놓는다. 이스라엘에서 여호와께 신실함을 지키는 자는 그만이 살아남았다. 이제는 엘리야 자신의 목숨마저 위태로웠다. 그런 상황에서 그가 대체 무엇을 할 수 있단 말인가? 그러나 여호와는 강력한 바람이나 지진이나 불 속뿐만 아니라 세미한 음성 속에도 계시다. 우리는 저 유명한 구절들(11-12절)로부터 여호와가 엘리야에게 이 사실을 각인시켜 주시는 것을 듣게 된다. 엘리야는 연약하지만, 여호와 하나님은 그런

이스라엘 왕국과 유다 왕국

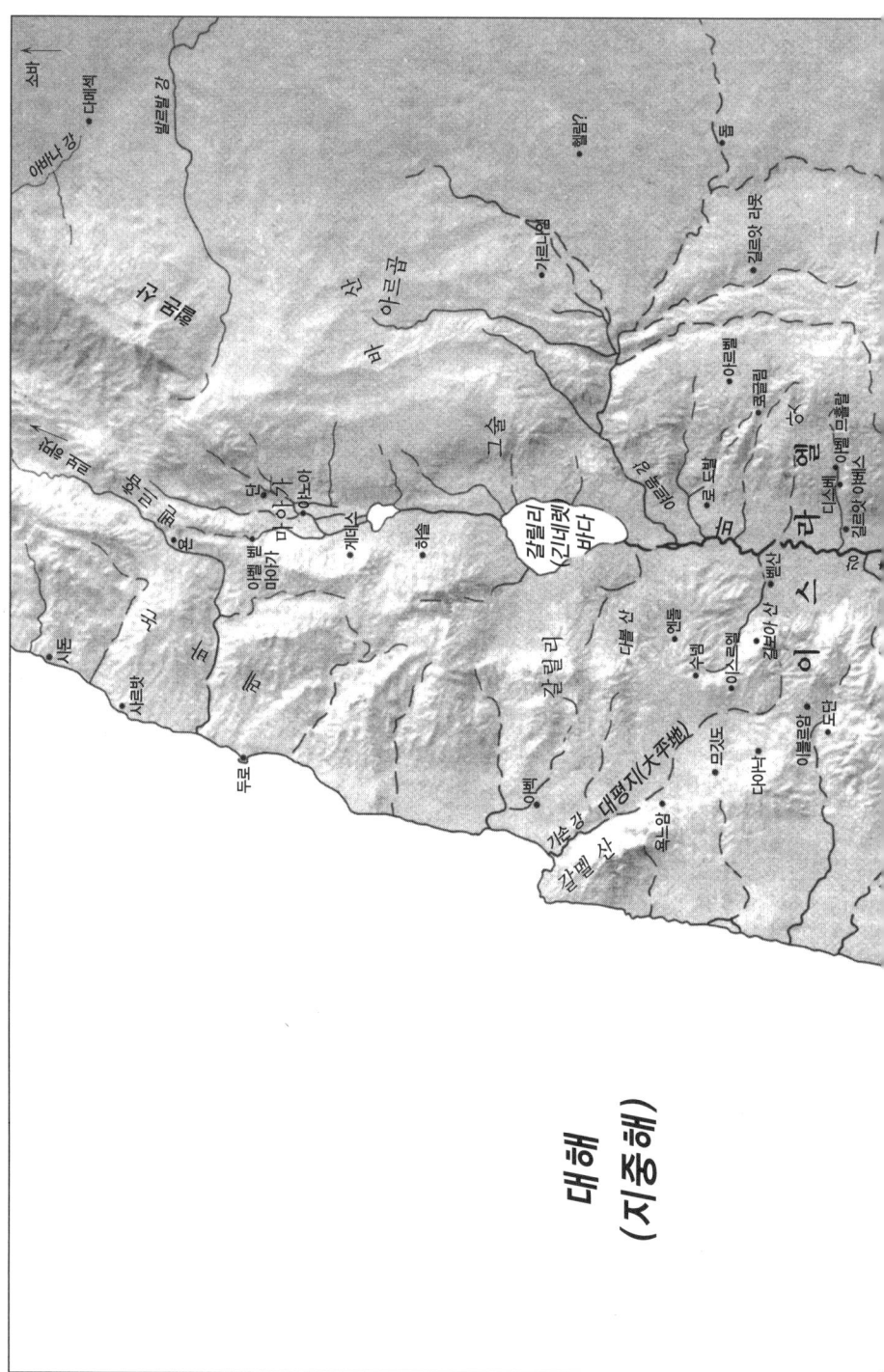

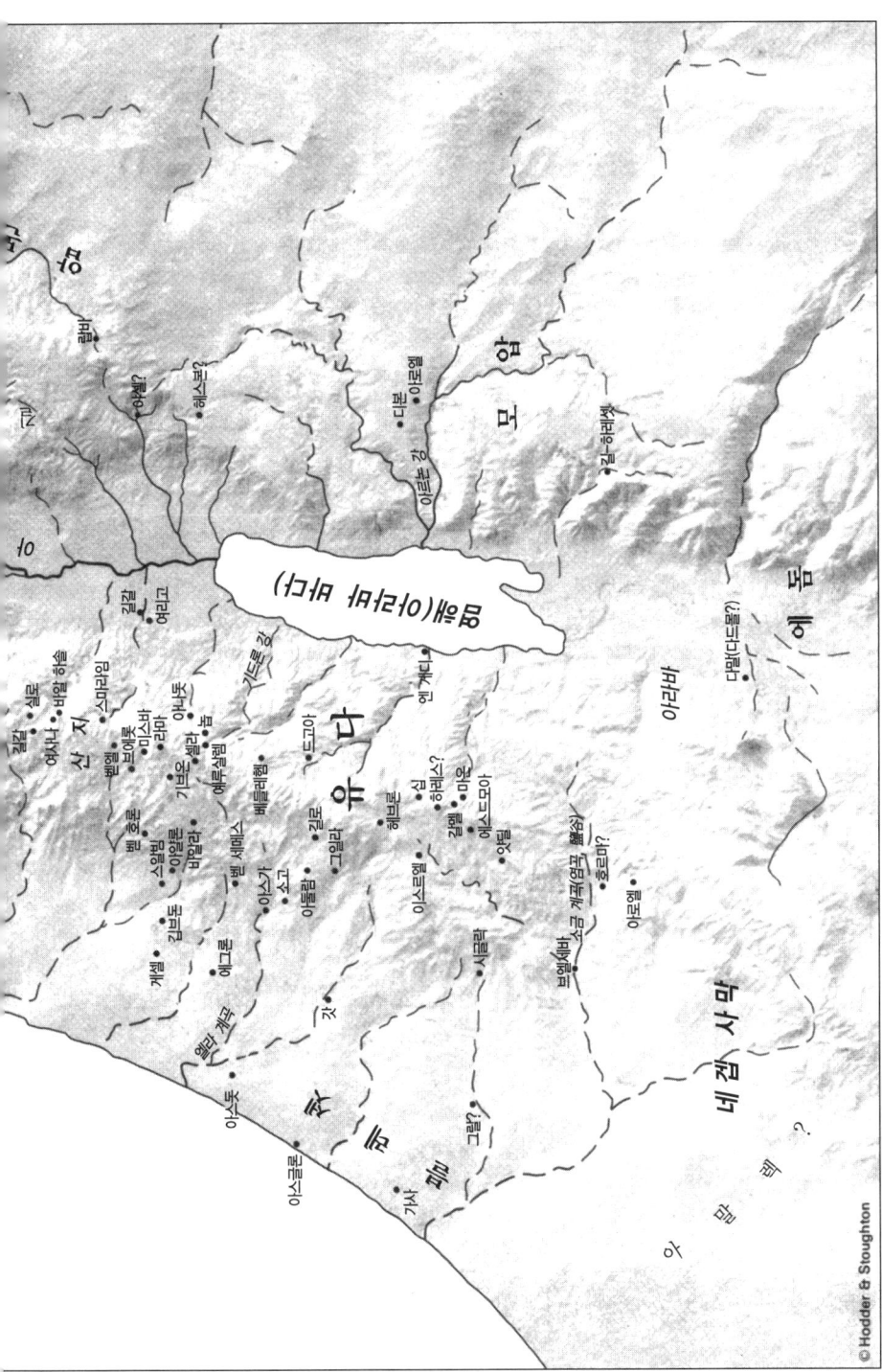

엘리야를 통하여 말씀하실 수 있는 분이다. 게다가 엘리야는 자기 혼자만 남았다고 착각했지만, 사실은 아직 바알에게 무릎 꿇지 아니한 7,000명이 남아 있었다. 엘리야는 이 사실을 듣고 다시 한 번 확신을 얻는다. 우리는 여기서 '남아 있는 신실한 자'라는 주제를 보게 된다. 즉, 적은 무리의 신실한 백성이 훨씬 더 많은 신실치 못한 백성들 안에 존재하고 있다는 것이다. 비록 적은 무리이지만 하나님은 이 신실한 백성들이 있기에 당신의 구원 목적을 이루실 수 있다(19:10-18). '남아 있는 신실한 자'라는 이 주제는 예레미야와 이사야의 예언뿐만 아니라 이스라엘의 운명에 관한 바울의 이해(롬 9-11장)에서도 큰 비중을 차지한다.

19:19-21 엘리사가 부르심을 받다 그렇게 '남아 있는 신실한 자들' 가운데 엘리야가 알게 된 첫 번째 인물이 엘리사였다. 엘리야가 엘리사를 만났을 때, 엘리사는 밭을 갈고 있었다. 엘리야는 그를 불러 여호와 하나님을 섬기게 한다. 예수 그리스도의 첫 번째 제자들이 그물을 버려두고 예수를 좇았듯이, 엘리사도 모든 것을 버리고 엘리야를 따라간다. 엘리사는 자신의 쟁기를 끌던 소들을 죽이고 그 쟁기들을 불살라 버린다. 그야말로 드라마 같은 이 행위에는 결코 뒤를 돌아보지 않겠다는 뜻이 들어 있었다. 엘리사는 철저히 헌신한 것이다(19:19-21).

20:1-34 아람 족속을 물리치다 바야흐로 많은 사건들이 일어난다. 이 사건들은 하나같이 엘리야의 사역과 연계되어 있다. 이스라엘은 아람 사람들과 전쟁을 벌이고 있었다. 하지만, 아합의 사정은 특히 좋지 않게 돌아가고 있었다. 그 때문에, 아합은 아람 사람들로부터 강화 제의를 받자 주저 없이 응낙해 버린다. 그 평화는 큰 대가를 요구하였지만, 아합은 전후 사정을 따질 여유가 없었던 것이다. 이때, 한 선지자가 등장한다. 우리는 그의 이름을 알지 못한다. 그러나 그에게는 뚜렷한 목적이 있었다. 아합은 회개할 기회를 부여받았다. 아합 군대는 적은 수였지만, 여호와 하나님은 아합의 군대로 하여금 아람 군대를 이기게 하실 것이라고 말씀하신다. 이 말씀은 그대로 이루어진다(20:1-34).

20:35-22:40 아합 하지만, 아합은 여전히 여호와 하나님을 진심으로 받아들이기를 꺼려한다. 많은 사건들이 그의 이런 마음을 보여 주지만(20:35-21:28), 그중에서도 가장 중요한 것은 나봇의 포도원을 강탈한 사건이다. 이 사건에서 아합은 그의 아내인 이세벨의 궤계를 통해 나봇의 포도원을 차지해 버린다. 엘리야는 이 일을 이유로 아합과 그의 자손들에게 심판이 임할 것을 선포한다. 비록 심판은 아합의 죽음 이후로 미뤄지지만, 결국은 아합의 아들 시대에 이루어진다. 선지자 미가야의 사역은 이런 심판 예언에 더욱 힘을 실어 주었다. 아합의 전사(戰死)는 엘리야의 예언이 진실이었음을 확증해 주었다(22:29-40).

22:41-왕하 1:18 유다와 이스라엘이 이방 종교에 빠져 가다 그러나 유다(22:41-50)와 이스라엘(22:51-53)은 여전히 이방 종교를 섬기고 있었다. 아합의 아들인 아하시야는 이방 종교로 빠져 가는 이스라엘을 보고도 수수방관하였다. 사실, 아하시야 자신이 이런 상황을 악화시키는 데 중대한 기여를 한 인물이었다. 이스라엘에 인접한 모압 지역에서 반란이 일어났을 때, 아하시야는 (다락 난간

에서 떨어져) 부상을 당한다. 그는 자신의 병이 나을 것인지 신에게 묻기로 한다. 하지만, 그는 여호와께 묻지 않았다. 오히려 그는 블레셋 영토 북단(北端)에 자리한 에그론 성읍에 사람을 보내, 그 지역신인 바알 세붑에게 묻는다. (바알 세붑은 '파리들의 주'라는 뜻이다. 이는 이스라엘 사람들이 '존귀한 자 바알'이라는 뜻의 바알 세불을 비하하여 부른 이름이었다.) 엘리야는 격노한다. '어찌하여 이스라엘 왕이 블레셋 잡신들 중의 하나에게 물어야 한단 말이냐?' 엘리야의 심정은 이러하였을 것이다. 그는 아하시야에게 사람을 보내 이 말을 전하게 한다. "이스라엘에 하나님이 없어서 네가 에그론의 신 바알 세붑에게 물으려고 보내느냐?" 엘리야는 아하시야가 불순종으로 말미암아 죽게 될 것이라고 전하게 한다(왕하 1:1-18).

2:1-25 하나님이 엘리야를 하늘로 취하시다

엘리야의 사역은 이 사건과 함께 막을 내린다. 그의 뒤를 이은 엘리사는 곧바로 엘리야가 보여 주었던 권위와 능력의 징표를 똑같이 보여 준다(2:1-25). 엘리야 자신은 회오리바람을 타고 승천하였다. 후대 사람들은 엘리야가 돌아오기를 고대하였다. 그들은 엘리야가 다시 오는 것을 여호와가 당신 백성을 기억하시며 구원하시는 징표로 여겼다. 말씀은 여호와가 오시기 전에 엘리야가 먼저 올 것이라고 이야기한다(말 4:5-6). 세례 요한의 사역은 엘리야의 사역을 직접 이어받은 것으로 간주되었다(눅 1:17). 복음서에 따르면, 사람들이 이해한 예수 그리스도의 정체 중 하나가 바로 엘리야였다(마 16:14). 변화산 사건 기사를 보면, 모세와 엘리야가 함께 등장한다(마 17:1-13; 막 9:2-13; 눅 9:28-36). 이는 엘리야가 선지자로서 행한 사역을 예수 그리스도가 당신 백성들에게 계속하여 행하시고 확장해 가셨음을 더 확실히 보여 주는 사건이다.

3:1-8:15 엘리사

엘리사의 사역 기사는 그의 영적 권위를 확증해 준 여러 가지 이적들을 상세히 설명하고 있다(3:1-8:15). 이런 이적 기사들은 엘리사가 자신의 선임자(엘리야)와 똑같은 영적 권위와 통찰력을 갖고 있음을 보여 준다는 점에서 독자들을 끌어당긴다. 아람 군대의 총사령관 나아만이 나병에서 치료 받은 기사(5:1-18)는 특히 중요하다. 이스라엘 자신은 그들의 하나님 여호와를 무시하곤 하였지만, 오히려 이스라엘 밖의 중요한 인물들이 여호와를 경배하고 인정한 사실을 보여 주기 때문이다.

열왕기하 8:16-17:41
이스라엘이 멸망할 때까지 분열 왕국의 모습

이후의 본문은 앗수르의 침공으로 이스라엘이 멸망할 때까지 이스라엘과 유다 두 왕국에서 일어난 사건들을 설명하고 있다. 본문의 이야기는, 먼저 그 구조를 이해하지 않으면 다소 읽기 어려울 수도 있다. 본문의 기본 구조는 유다와 이스라엘의 왕들이 나라를 다스릴 때 일어난 사건들을 연대순으로 살펴보는 형식을 띠고 있다. 즉, 본문의 이야기는 이스라엘에서 유다로, 다시 유다에서 이스라엘로 왔다 갔다 하면서 전개되고 있다. NIV 성경은 이 부분을 더 수월하게 읽을 수 있게끔 왕과 왕국을 기준으로 각 단락을 구분해 놓았다. 그 결과, "이스라엘 왕 베가"(15:27-31)라는 제목이 붙은 단락 뒤에는 "유다 왕 요담"(15:32-38)이라는 단락이 이어진다. 여기서 분명히 알 수 있듯이, 이야기는 이스라엘로부터 유다로 진행되어 간다.

하지만, 상황이 다소 복잡한 경우도 있다. '공동 통치', 즉 두 왕이 함께 이스라엘이나 유다를 통치한 시대가 등장하기 때문이다. 이를테면, 여로보암 2세는 주전 793-753년의 기간 동안 이스라엘의 왕이었다. 그러나 그의 치세 초기(주전 793-782년)에는 그와 요아스가 이스라엘을 공동 통치하였다. 유다와 이스라엘 왕들의 재위 연대를 살펴보고 싶은 독자들은 이 책 구약 부분의 말미에 있는 표를 참조하기 바란다.

이 책의 이 부분에서 두드러지게 나타나는 특징이 하나 있다. "아무개의 남은 사적과 그가 행한 모든 일은 유다 왕/이스라엘 왕 역대지략(annals)에 기록되지 아니하였느냐?"라는 문구가 빈번히 등장한다는 점이다.* 이 문구는 일찍부터 나타난다(이를테면, 왕상 14:29; 15:7). 그러나 열왕기서의 뒷부분인 여기에 이르러 특히 두드러지게 등장한다. 이 부분에서 많은 왕들을 개관하고 있기 때문이다. 나아가 본문은 유다와 이스라엘 왕 연대기 이외에도 "솔로몬의 실록"(왕상 11:41)**이라는 제3의 사료(史料)를 언급한다. 결국 본문은 열왕기상/하의 저자가 명백히 끌어다 사용한 기록이 세 개***임을 언급하고 있는 것이다. 어떤 독자들은 우리가 지금은 갖고 있지 않은 이 기록들을 성경의 책인 역대상·하와 혼동하는 실수를 저지르기도 한다. 이런 실수는 '연대기' 보다 '역대지략' 이라는 번역어를 쓰고 있는 성경 역본들을 사용할 때 특히 더 잘 일어날 수 있다.

8:16-9:13 유다 왕 여호람; 예후가 이스라엘 왕이 되다 본문의 이야기는 주전 848년에 일어난 일로 시작한다. 이 이야기는 남쪽 유다 왕국에 초점을 맞춘다. 유다는 여호와께 반역함으로써 줄곧 그분을 진노케 하였다(8:16-29). 하지만, 이스라엘에서는 사정이 변하기 시작한다. 엘리사는 아직 아하시야가 왕위에 있었는데도 자신의 제자를 시켜 예후에게 기름을 붓고 이스라엘 왕으로 세운다(9:1-13). 다윗은 사울이 아직 왕위에 있을 동안에 기름부음을 받고 통일 이스라엘의 왕으로 세움을 받았다. 사울이 하나님의 진노를 불러일으켰기 때문이다. 예후 역시 마찬가지였다. 엘리사는 여호와가 불순종한 아하시야를 대신하고 아합 가문을 심판하시는 도구로서(왕상 21:21-24을 보라) 예후를 택하셨다고 이야기한다.

9:14-10:35 예후와 아합 가문; 바알 숭배 이제 일은 일사천리로 진행된다. 예후는 먼저 아하시야와 요람(아합의 또 한 아들)을 죽이고, 이어서 이세벨을 죽인다(9:14-37). 마침내, 그는 일련의 숙청 작업을 통해 남아 있던 아합의 가족과 지지자들마저 제거해 버린다(10:1-17). 예후는 아합 가문의 세력 거점을 제거한 뒤, 아합이 장려했던 바알 숭배로 그 시선을 옮긴다. 그는 교묘한 속임수를 써서,

---

* 개역개정판이 역대지략(歷代志略)으로 번역한 말을 NIV는 '연대기'(年代記)로 번역하였다. 본디 히브리 본문을 보면, 가령 열왕기하 14:28의 경우, '이스라엘 왕 역대지략' 이라는 말을 '세페르 디브레 하야밈 러말케 이스라엘' 로 기록해 놓았다. 이것을 우리말로 옮기면, '그해에 이스라엘 왕들에게 (일어난) 일들의(일들을 기록한) 책' 이다. 그렇다면, '연대기' 라는 번역이 더 적절한 번역일 수도 있다.
** 히브리 본문에서는 '세페르 디브레 셜로모' 라고 기록해 놓았다. 번역하면, '솔로몬이 한 일들의(일들을 기록한) 책' 이다.
*** '유다 왕 역대지략(연대기)', '이스라엘 왕 역대지략' 그리고 '솔로몬의 실록' 을 가리킨다.

아합보다 더 크게 바알을 섬기겠다고 선언한다. 예후는 자신이 '바알 숭배자가 된 것'을 기념하고자 바알 선지자들, 바알을 섬기는 자들과 바알 제사장들을 잔치에 초대한다. 그 잔치가 열린 곳은 일찍이 아합이 바알에게 지어 바친 신전이었다(10:18-24). 예후는 사람들이 신전에 모두 모인 것을 확인한 뒤, 그들을 전부 죽이고 신전 자체도 파괴해 버리라고 명령한다. 이리하여 이스라엘은 바알 숭배를 깨끗이 제거하였다. 그러나 이런 사태 진전에도 불구하고, 예후는 여로보암이 저질렀던 몇 가지 소행을 그대로 따라 한다. 결국 그 때문에, 그는 여호와께 드려야 할 올바른 예배를 이스라엘에서 회복하는 데 실패한다(10:25-26).

11:1-12:21 아달랴와 요아스 이제 우리는 남쪽 유다 왕국으로 시선을 돌려, 아하시야 왕(이 사람보다 30여 년 전에 북쪽 이스라엘을 다스렸던 동명이인 아하시야와 혼동하지 말라)이 죽은 뒤에 일어난 사건들을 살펴보게 되었다. 아하시야의 어미인 아달랴는 스스로 왕이 되고자 왕가 일족을 간단히 몰살시킬 수 있는 방책을 강구한다. 그러나 결국, 요아스가 아하시야의 뒤를 잇게 된다(11:1-21). 어린 요아스도, 모세처럼, 자신을 죽이려는 시도 속에서 살아남은 것이다. 아달랴가 죽임을 당한 뒤, 마침내 요아스가 일곱 살의 나이로 왕위를 계승한다. 그는 재차 개혁을 시도한다. 그 결과, 예루살렘 성전이 보수되었다. 하지만, 산당을 그대로 두는 바람에 여전히 그곳에 가서 제사 지내는 사람들이 있었다(12:1-21).

13:1-15:26 이스라엘과 유다가 계속하여 여호와께 불순종하다 본문은 이어서 이스라엘 왕들과 유다 왕들의 방종과 불순종을 기록하고 있다(13:1-15:26). 이 본문은 특히 세 가지 점을 중요하게 부각시키고 있다. 첫째, 본문은 '산당'이 그대로 유지되었으며, 이 때문에 사람들이 여전히 그곳에서 예배와 제사를 드렸다고 지적한다(14:4, 15:4). 본문이 살펴보고 있는 이 시대에는 이스라엘과 유다에서 이방 종교를 섬기는 행태가 계속되고 있었던 것이 분명하다. 둘째, 본문은 엘리사의 신상에 관하여 중요한 언급을 하고 있다. 본문은 그가 죽을 병이 든 것을 간결하게 이야기한다(13:14-20). 본문이 제시하는 연대를 고려해 볼 때, 엘리사의 사역은 거의 40년 동안 중단되었거나 아니면 그 동안의 사역이 기록으로 옮겨지지 아니한 것 같다. 셋째, 본문은 디글랏 빌레셀 3세가 이스라엘을 공격한 일을 처음으로 언급한다. 그는 주전 745년부터 727년까지 앗수르 제국을 통치하였는데, 이 기간 동안 앗수르의 영토는 상당히 늘어나 이스라엘 영토까지 잠식해 들어온다(15:19). (15:19에 나타난 '불'이라는 이름은 디글랏 빌레셀이라는 앗수르식 이름을 바벨론 식으로 표기한 것이다.)*

15:27-31 앗수르의 위협 이제 이스라엘 역사에서 암운이 드리우는 시대가 열린다. 주전 740년, 이스라엘 왕이 된 베가는 선왕들이 따랐던 이방 종교의 관습을 그대로 추종한다. 그런데 이때, 앗수르의 위협이 중대사로 등장한다. 이 위협은 결국 이스라엘을 파멸로 몰고 간다. 디글랏 빌레셀은 북쪽 이스

---

* 히브리 본문은 '풀'이라고 기록하였다. 이 이름의 악카드 식 표기는 '풀루'다. '풀'이라는 이름은 바벨론 왕보(王譜)에는 등장하나, 당대 앗수르의 기록에는 나타나지 않는다(나2/918).

라엘 왕국의 일부 영토를 침공하여, 그곳 주민들을 앗수르로 강제 이주시킨다. 그가 강제 이주 정책을 실시한 것은 정복지 백성들이 반란을 일으킬 수 있는 위험을 최소화하려는 목적 때문이었다. 이를 위해 그는 정복지 백성들을 고향에서 먼 곳으로 이주시켜 그곳에 다시 정착하도록 한다. 주전 732년, 호세아는 베가를 죽이고 그를 대신하여 왕위에 오른다.

15:32-16:19 요담과 아하스, 유다의 왕들 유다는 타락하여 여전히 이방 종교를 좇고 있었지만, 그럼에도 불구하고 정세는 평온하였다. 말씀은 요담의 치세기가 비교적 잠잠한 때였다고 기록하고 있다(15:32-38). 주전 735년이 되자, 아하스는 유다 왕으로서 전권을 행사하게 된다(아하스는 이때까지 자신의 아버지인 요담과 공동으로 유다를 통치했던 것 같다). 하지만, 아하스는 얼마 지나지 않아 유다의 왕들보다는 차라리 이스라엘 왕들에 가까운 면모를 그대로 드러낸다. 말씀은 그가 (동족인) 이스라엘에 맞서고자 (이방 민족인) 앗수르와 동맹을 맺은 일과 이방 종교에 빠져든 사실을 가차없이 폭로한다. 아하스는 디글랏 빌레셀 3세의 마음을 살 재물을 확보하고자 성전의 재물까지 탈취한다. 게다가 그는 다메섹에서 본 이방 종교의 제단에 매료되어, 그것과 비슷한 제단을 예루살렘 성전에 세우라고 명령한다. 뿐만 아니라, 그는 성전 기물들의 모양을 제멋대로 바꿔 버린다. 이는 그가 작심하고 (여호와를 경외하는) 유다의 전통 신앙에 반역하였음을 보여 주는 것이다(16:1-19).

17:1-6 이스라엘의 마지막 왕 호세아 이제 이야기는 이스라엘과 그 왕 호세아로 옮겨간다. 주전 732년, 선왕을 살해하고 왕위에 오른 호세아는 이스라엘이 이방 종교에 빠져 가는 것을 제지하지 못하였다. 주전 727년, 살만에셀 5세가 디글랏 빌레셀 3세를 이어 왕이 된다. 주전 725년, 살만에셀 5세는 사마리아 지역을 침공하여 그곳을 3년 동안 포위한다. 전쟁이 끝나자, 살만에셀 5세는 많은 사마리아 사람들을 앗수르 제국의 오지(奧地)로 강제 이주시킨다. 이스라엘은 더 이상 한 국가로서 존재하지 못하는 신세가 되고 말았다.

17:7-41 이스라엘이 죄로 말미암아 포로로 끌려가다 이처럼 이스라엘이 강제 이주를 당하고 국가의 존립을 잃어버린 것은 그들이 여호와께 불순종한 직접적 결과였다. 이 사실은 추호도 의심할 여지가 없다. 말씀은 이스라엘이 여호와께 반역한 전모를 기록하고 있다. 강제 이주는 하나님이 당신께 불순종한 백성에게 내리신 벌이었다. 이 백성들은 하나님께 영광과 존경을 돌리지도 아니하였으며 그분께 순종하지도 않았다. 이제는 사마리아 지역에 앗수르 제국의 다른 지역에서 온 사람들이 정착하게 된다(17:24-41). 그들은 이방 종교의 신앙을 이스라엘 전통 신앙 중의 몇몇 요소와 혼합하였다. 그 결과, 이스라엘은 여호와께 드리는 예배가 타락한 모습으로 활개 치는 본거지가 된다. 이 점은 신약 시대에 유대인과 사마리아인이 심각한 긴장 관계에 있었던 이유를 상당히 잘 설명해 준다. 유대인들은 유다의 자손으로 간주될 수 있었지만, 사마리아 사람들은 앗수르의 침공으로 말미암아 이스라엘에 존재하게 된 혼혈 민족의 후손으로 간주되었기 때문이다.

열왕기하 18:1-25:30
유다의 마지막 때

18:1-16 유다 왕 히스기야 주전 722년, 북쪽 이스라엘은 한 국가로서 그 존립을 마감하였다. 그렇다면, 남쪽 유다 왕국은 어떠했을까? 주전 729년, 히스기야의 치세가 시작되면서 유다에서는 분명 새 시대가 열리고 있었다. 처음에는 자신의 부친 아하스와 함께 통치하던 히스기야는 주전 715년에 이르러 홀로 전권을 행사하게 된다. 히스기야는 대대적인 개혁 프로그램을 실시한다. 본문은 여기서 이 프로그램을 짧게 기록하였다(더 상세한 기록은 대하 29-31장에 나온다). 산당들이 철폐되고, 경배의 대상이던 이방 종교의 형상들 역시 철퇴를 맞는다. 이 중에는 모세가 만들어 달았던 놋뱀도 들어 있었다(18:4). 한 때는 구원의 형상이었던 그 놋뱀이 이제는 우상처럼 섬기는 대상이자 미신의 대상으로 전락해 버린 것이다.

18:17-19:37 앗수르 왕 산헤립 하지만, 유다는 앗수르의 위협을 무시할 수 없었다. 북쪽 이스라엘을 정복한 앗수르 왕 산헤립은 남쪽 유다로 고개를 돌려 예루살렘을 공격한다. 앗수르인들은 우선 말로 회유하려 한다. 그들은 히스기야의 신하들과 백성들에게 항복하지 않으면 비참한 운명을 맞게 될 것이라고 경고한다. 이때, 그들은 아람어(당시 국제 외교에서 사용된 언어였으나, 예루살렘의 평범한 백성들은 알아들을 수 없는 말이었다)가 아닌 히브리어(예루살렘의 평범한 백성들이 알아들을 수 있는 말이었다)를 사용한다. 그것은 분명 백성들을 자극하여 히스기야가 앗수르에 맞서지 못하도록 압력을 가하려는 술수였다. 그러나 히스기야는 여호와를 향한 자신의 믿음을 굳건히 지킨다. 앗수르인들은 히스기야의 이런 모습을 비웃는다. 어떤 성읍의 신이 그 성읍을 앗수르의 손에서 건져낸 일은 그때까지 단 한 번도 없었기 때문이다.

바로 이때, 말씀은 우리에게 선지자 이사야를 소개한다. 우리가 뒤에서 아주 자세히 대면하게 될 그 이사야이다. 이사야는 여호와 하나님을 진노케 한 앗수르인들에게 맞서라고 히스기야에게 권면한다. 히스기야는 선지자의 권면을 따른다. 그는 하나님께 갈 길을 인도해 주시며 용기를 달라고 간구한다. 뒤이어 이사야는 산헤립의 비운을 상세히 예언한다. 이 예언 속에는 산헤립이 몰락하리라는 내용도 들어 있었다(19:20-34; 사 37:21-38도 함께 보라). 그날 밤, 재앙이 앗수르 진영을 엄습한다. 그 재앙에 놀란 산헤립은 니느웨로 후퇴한다. 하지만, 그는 결국 거기서 자기 아들들의 손에 죽임을 당한다(18:35-37). 이사야의 예언이 그대로 이루어진 것이다.

20:1-20 히스기야와 바벨론 여호와 하나님은 이사야를 통하여 히스기야에게 더 큰 용기와 확신을 심어 주신다(20:1-11). 히스기야는 바벨론 사신들을 맞이하면서 주의해야 할 경계선을 넘어버렸다. 당시는 앗수르인들이 세상 끝까지 지배하던 시절이었다. 그런데도, 히스기야는 바벨론 사람들에게 전혀 근거 없는 낙관적 기대를 갖고 있었다. 결국, 이사야는 예루살렘이 장차 바벨론의 손에 함락될 것이라고 예언한다.

21:1-25 유다 왕 므낫세 히스기야의 뒤를 이어 그의 아들 므낫세가 왕이 된다. 므낫세는 이방 종교에 빠진 나머지, 그의 아버지가 헐어 버렸던 산당들을 다시 세우고 이방 종교

유다 왕국

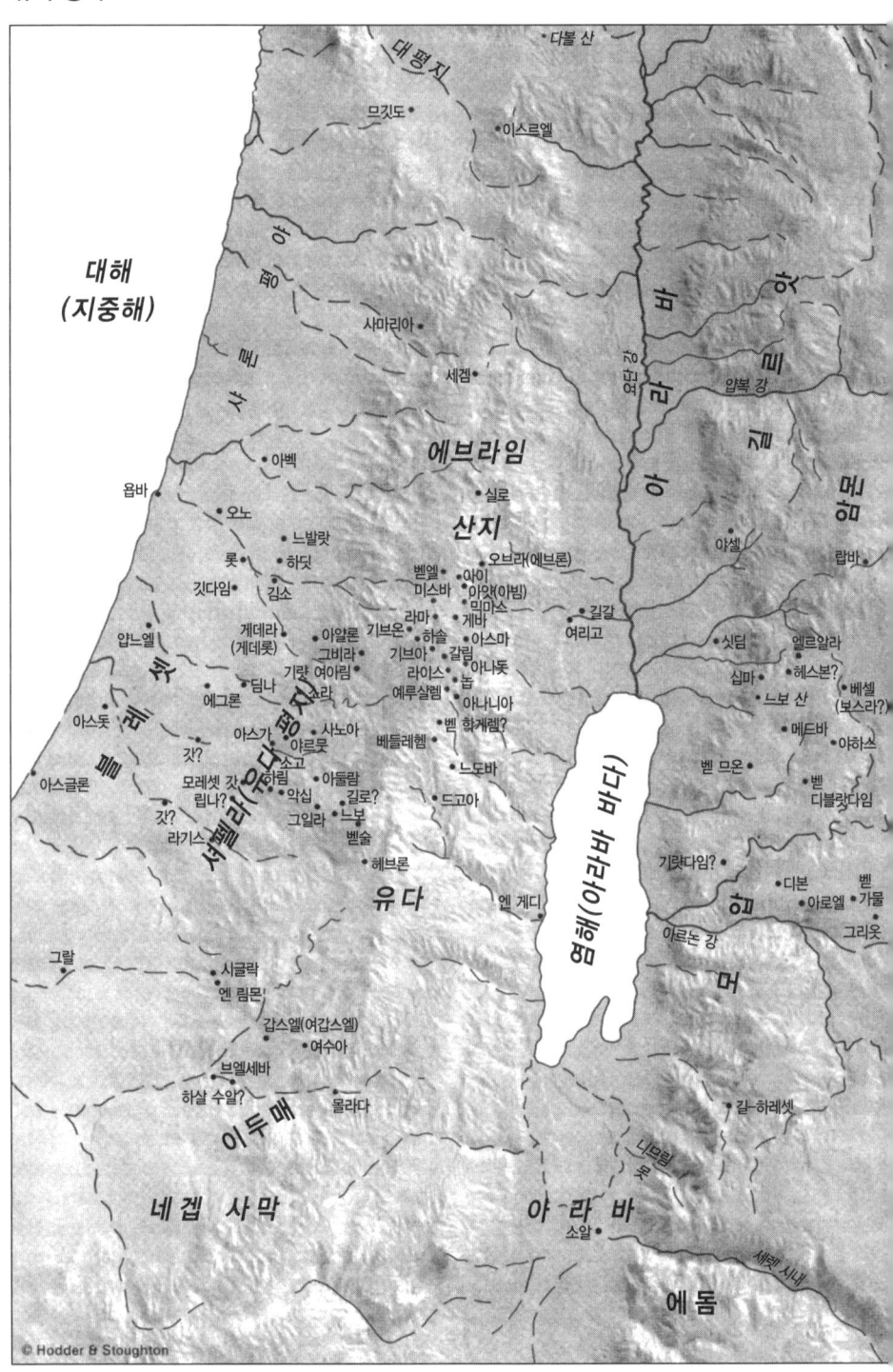

가 경배하는 형상들을 성전에 들여온다. 선지자들은 이 죄를 질책하면서 여호와의 심판이 임할 것이라고 선언한다. 유다는 이스라엘과 똑같은 비운을 맞게 될 것이다(21:1-18). 므낫세의 뒤를 이은 아몬 시대에도 사정은 나아지지 않았다(21:19-26).

22:1-20 요시야; 여호와의 율법책을 발견하다

그러나 주전 640년에 요시야 왕이 등극하면서, 형편은 나아지기 시작한다. 예루살렘 성전을 보수하던 중 '율법책'을 발견했다. 이 '율법책'은 신명기 아니면 적어도 신명기의 중심을 이루는 몇 장을 가리키는 말일 것이다. 요시야 왕은 율법책의 내용을 듣고 소스라치게 놀란다. 왕은 이스라엘이 모세의 율법에서 너무나 멀리 떠나 있었음을 깨닫는다. 그는 무언가 조치가 필요하다는 걸 깨달았다. 장차 예루살렘 성읍과 성전이 파괴될 것이라는 훌다의 예언(22:11-20)은 왕의 이런 생각에 힘을 실어 주었다. 왕은 대대적인 개혁 프로그램을 실천에 옮기기 시작한다(23:1-25). 예루살렘 성전에서 제거된 이방 종교의 물품 목록만 봐도, 여호와께 드리는 예배가 얼마나 뒤죽박죽이었는지 알 수 있다. 여호와의 백성들이 그분께 드려야 할 올바른 예배의 중심지인 예루살렘조차 그 모양이었던 것이다. 우리는 여기서 요시야가 자신의 정화 프로그램을 사마리아 지역까지 확장하여 실행한 사실에 주목해야 한다. 그는 이 지역에 있던 이방 종교의 성소들을 헐어 버리고 웃음거리로 만들어 버린다.

23:1-30 요시야가 언약을 갱신하다

요시야가 실행한 개혁 프로그램의 중심 요소는 언약 갱신이다. 즉, 왕과 백성들이 여호와의 법을 신실히 지키겠노라고 선언하는 것이었다

(23:2-3). 그들은 사사 시대 이후 홀대 받았던 유월절을 회복한 다음, 예루살렘에서 이 날을 지킨다(23:21-23).

요시야는 분명 여호와께 은총을 입었다. 그러나 하나님은 요시야의 순종을 보시고도 모든 면에서 하나님과 당신 백성이 맺은 언약을 어긴 므낫세의 죄를 용서하지 않으셨다. 여호와의 진노는 요시야 자신이 아니라 유다를 향한 것이었기 때문이다. 결국, 유다는 이스라엘과 똑같은 비운을 맞게 된다(23:26-27). 문제는 '언제 그 비운을 맞게 될 것인가'였다. 독자들은 비운이 유다를 엄습하리라는 것을 이미 예견하고 있을 것이다. 유다도 이스라엘처럼 그 불순종 때문에 벌을 받게 될 것이다. 그러나 나중에 밝혀지듯이, 유다가 당할 벌은 이스라엘이 당한 벌과 그 형태를 달리하게 된다. 백성들은 예루살렘에서 쫓겨나 포로로 끌려가게 될 것이다. 하지만, 그 포로 시절은 하나님의 백성들이 자신의 정체성과 의무를 재발견하는 정화와 회복의 시간으로 사용될 것이다. 그러나 그것은 미래의 일이다. 다시 본문의 이야기로 돌아온 우리는 유다의 멸망이 목전에 다가온 것을 알 수 있다.

23:31-24:7 유다 왕 여호아하스와 여호야김

요시야가 전사한 뒤(23:28-30), 여호아하스와 여호야김이 그 뒤를 잇는다(23:31-36). 우리는 여호야김 시대에 유다의 종언(終焉)을 알리는 첫 번째 종소리를 듣게 된다. 주전 605년, 바벨론 왕인 느부갓네살은 갈그미쉬에서 애굽의 대군을 격파하고, 바벨론을 군사와 정치면에서 그 지역의 패권 국가로 만든다.* 결국, 이 지역의 다른 많은 영역들처럼, 유다도 바벨론의 통치를 받게 된다. 그때가 아마 주전 604년쯤이었을 것이다(24:1).

여호야김은 분명 여호와께 신실치 못한 자였다(23:27). 그런 그가 바벨론에 반역하기로 결심한다. 아마도 그는, 주전 601년, 애굽이 바벨론에 반격을 가하여 성공을 거둔 일을 보고 용기를 얻었던 것 같다. 그의 눈에는 바벨론의 이 패배가 바벨론이 쇠퇴의 길로 들어섰음을 보여 주는 증거로 보였던 것 같다. 하지만 그것은 지독한 판단 착오였다. 마침내, 바벨론 군대가 유다를 침공한다(24:2-4). 분명 이 침공은 여호와가 당신께 신실치 못한 백성들과 왕에게 미리 말씀하셨던 심판의 집행이었다. 한때 유다의 소망이었던 애굽 역시 패퇴하여 종이호랑이로 전락하고 만다(24:7). (선지자 예레미야도 이 사건들을 생생하게 기록하고 분석해 놓았다. 예레미야서의 뒷장들은 이 역사 이야기를 염두에 두고 읽어야만 한다.)

24:8-25:30 여호야긴과 시드기야; 예루살렘이 함락되다

주전 598년 말, 바벨론 사람들이 드디어 예루살렘을 포위하기 직전에 여호야긴이 여호야김(이름이 너무 비슷하여 독자들이 늘 혼동하곤 한다)의 뒤를 잇는다(24:8-20). 이듬해인 597년 초, 유다의 왕과 왕족 그리고 신하들은 예루살렘을 포위하고 있던 바벨론 군대에게 항복한다(25:1-12). 그들은 수천 명의 포로와 함께 바벨론으로 끌려갔다(흥미로운 것은 이때로부터 약 2,500년 뒤, 그러니까 1899-1917년에 발굴된 바벨론의 배급 기록이 여호야긴을 언급하고 있다는 점이다. 이는 유다 왕의 비참한 운명을 확인해 주는 것이다.) 바벨론 사람들은 여호야긴의 친족인 시드기야를 그들의 봉신이 된 유다 왕으로 임명한다. 그들은 당분간 그 상태를 유지하는 게 좋다고 보았던 것 같다.

그러나 시드기야는 다른 생각을 품고 있었다. 아마도 그는 바벨론 사람들에게 실제로 위협을 줄 만한 새 바로의 등장에 용기를 얻었던 것 같다. 시드기야는 바벨론에 반역하기로 결심한다. 그러나 바벨론의 대응은 방대하고 단호하였다. 주전 588년 1월, 그들은 예루살렘을 포위한다. 주전 586년 7월, 그들은 마침내 예루살렘 성벽을 돌파하여 그 성읍을 점령한다. 방어하던 군사들은 도망치려 하였지만, 결국 궤멸당하고 만다. 그 다음 달(주전 586년 8월), 예루살렘의 방어 시설과 주요 건물을 파괴하고 그 성읍 거민들을 강제로 이주시키는 일을 감독할 바벨론 관리가 그 성읍에 도착한다(25:1-12). 바벨론 사람들은 성전 기물들을 떼어내 전리품으로 바벨론에 가져간다. 이 성전 파괴 기사와 솔로몬 치세기의 성전 건축 및 장식 기사를 대비하여 읽어보면, 비통한 마음을 금할 수 없다(25:13-17).

포로 생활이 금방 끝나리라는 소망은 이내 사라져 버린다. 반란을 이끌만하거나 정부를 책임질 만한 인물들은 모조리 포로로 잡혀가거나 처형당했기 때문이다(25:18-21). 이스마엘이 바벨론 사람들이 임명한 행정 책임자 그달리야를 죽인 사건은 예루살렘에 남아 있던 사람들에게 충격을 던졌다. 많은

---

* 느부갓네살이 갈그미쉬 전투에서 격파한 이집트의 파라오는 '네코'(느고)다. 레너드 울리(Leonard Woolley)와 토머스 로렌스(T. E. Lawrence; 유명한 영화 "아라비아의 로렌스"의 주인공인 그 '로렌스' 다)는 갈그미쉬를 발굴하여 당시 희랍인들이 썼던 방패를 찾아냈다. 이 때문에 학자들은 바벨론과 이집트가 모두 희랍 용병을 고용하여 전투를 벌인 것으로 추측하고 있다. 참고. Edwin Yamauchi, *Persia and the Bible*(Grand Rapids: Baker Book House, 1990), 98.

사람들이 바벨론의 보복을 두려워하여 애굽으로 도망갔다(25:22-26).

하지만, 이 음울한 유다 멸망 기사는 희망의 음조(音調)로 끝을 맺는다. 포로 생활이 후반기로 접어들면서, 여호야긴을 사로잡아 갔던 자들은 점차로 그를 후대(厚待)하게 된다. 그는 살아남을 것이 분명하였다(25:27-30). 다윗의 가문은 멸절되지 않았다. 다윗의 가문은 회복의 소망을 품은 채 포로기 동안에도 살아남게 될 것이다. 대부분의 사람들은 열왕기상/하가 포로 기간 중에 기록되었다고 생각한다. 당시 사람들은 자신들의 포로 생활이 끝날 때가 올 것임을 알지 못하였다. 그런데도 그들이 살아갈 수 있었던 것은 오로지 이스라엘의 하나님 여호와가 당신의 백성을 기억하사 기필코 구원해 주실 것이라는 소망 때문이었다.

역대상 · 역대하

사무엘상·하와 열왕기상·하처럼, 역대기를 이루는 두 책도 긴 하나의 책이었다. 번역자들이 하나의 책을 편의상 둘로 나누었을 뿐이다. 이 주석에서는, 사무엘서나 열왕기서처럼, 역대기도 하나의 단위로 다룰 것이다.*

역대기는 우리가 이미 앞에서 만났던 내용을 반복하고 있다. 이 주석은 그 점을 고려하여 상세한 역사적 사실 그 자체보다는 이런 역사적 사실에 대한 역대기의 특유한 해석에 초점을 맞추도록 하겠다. 지금까지 성경의 책 순서대로 성경을 읽어온 사람이라면, 역대기의 기초가 되는 상세한 역사적 사실들을 충분히 알고 있을 것이다. 때문에 그런 사실들을 되풀이하는 것은 불필요한 일이다. 역대기만을 따로 떼어 읽으려는 사람이 있다면, 그렇게 하지 말라고 권하고 싶다. 역대기 저자는 독자들이 이미 본문 내용의 배경을 잘 알고 있다는 가정 아래 이 책을 썼기 때문이다. 따라서 나는 독자들에게 사무엘서와 열왕기서를 먼저 읽고 그 다음에 역대기를 읽으라고 강력히 권면한다.

본문을 상세히 살펴보기 전에 역대기를 대략 훑어보는 것이 유익하겠다.

우리는 '이스라엘'로 불리던 한 왕국이 주전 930년에 둘로 나뉘게 된 일을 이미 살펴보았다. 북쪽 이스라엘 왕국은 정치적, 군사적 위기를 연이어 겪더니, 마침내 주전 722-721년에 이르러 앗수르에게 멸망당하였다. 반면, 위대한 성 예루살렘을 품고 있던 남쪽 유다 왕국은 그런대로 평온을 유지하였지만, 이 나라도 결국 바벨론에게 무너지고 만다. 주전 586년, 예루살렘이 함락되면서, 다윗 시대에 통일과 안정을 구가하였던 이 나라는 그 존재를 마감하게 된다. 주전 538년에 바벨론 포로들이 돌아오기 시작하면서, 비로소 유다라는 국가가 다시 한 번 그 형체를 되찾기 시작한다.

역대상·하는 분명 공동체의 회복이 필요함을 각인시키기 위해 쓴 책이다. 역대기는 과거와 현재의 연속성을 증명하고 하나님이 당신 백성들에게 언약하신 것들이 여전히 유효하다는 것을 그 독자들에게 되새겨 주는 데 관심을 기울인다. 역대기는 많은 점에서 사무엘서와 열왕기서에 흩어져 있는 내용들을 모아 놓은 책으로 볼 수 있다. 하지만, 역대기가 덧붙인 내용들도 많이 있

---

* 히브리 구약 성경에서는 역대기가 맨 뒤에 나온다. 이것은 역대기가 구약의 책들 가운데 가장 늦은 시기에 기록되었으리라는 추론을 가능케 한다. 실제로 역대기의 마지막 두 구절(대하 36:22-23)은 바벨론 포로들이 돌아온 이후의 기록을 담고 있는 에스라 1:1-3과 거의 똑같다. 히브리 성경은 역대기의 제목을 '디브레 하야밈', 곧 '그해의(그해에 일어난) 일들'이라고 붙여 놓았다.

는데, 이런 내용들은 아마 고대의 문서 자료들에서 나왔을 것이다. 역대기가 덧붙인 내용 중 일부는 이스라엘의 상고 시대 역사를 서술하고 있다. 역대기가 이렇게 상고 시대 역사를 포함시킨 것은 하나님의 임재와 약속이 그분 백성의 역사와 늘 함께해 왔음을 강조하려는 것이다.

역대기에서 또 하나 주목할 점은 이 책이 다윗과 솔로몬의 모습을 그려낼 때 사무엘서나 열왕기서보다 더 호의를 드러낸다는 사실이다. 이 책은 (이를테면, 다윗이 밧세바와 간음한 일처럼) 다윗의 치부를 강조하는 사건들을 이야기하지 않는다. 한기(寒氣)에 몸을 떨며 자리나 보전하고 있는 노인 다윗의 말년도 이 책은 언급하지 않는다. 이 책은 솔로몬 역시 실제보다 더 훌륭한 인물로 그려 내고 있다. 역대기는 솔로몬이 왕위를 계승할 때 있었던 논란이나 분쟁을 일체 언급하지 않는다. 역대기를 읽는 사람은 누구나 솔로몬만이 다윗의 유일한 계승자라는 인상을 받는다. 역대기는 솔로몬이 이방 여인들을 취한 일이나 이방 종교의 풍습이나 신앙을 장려한 일을 아예 언급조차 하지 않는다.

역대기의 여러 목적 가운데 하나는 다윗과 솔로몬의 중요성과 함께, 이들이 보여 준 모범과 용기를 이제 막 바벨론 포로 생활에서 돌아온 회복된 공동체의 귀감으로 강조하려는 것이다. 뿐만 아니라, 역대기는 다윗과 솔로몬을 메시아를 예표하는 인물들로 간주한다. 이 메시아야말로 이스라엘이 기다리는 이상적 왕이요, 다윗과 솔로몬이 이루고자 했던 모든 일을 완전히 성취할 존재였다. 민족의 명운이 나락으로 떨어졌을 때, 그 민족에게 용기와 영감을 불어넣고자 쓴 책이 바로 역대기다. 아울러 이 책은 다윗 및 솔로몬과 언약을 맺으셨던 하나님이 이날까지 그 언약에 신실하시다는 점을 되새겨 주려고 한다. 역대기는 예루살렘 성전을 이스라엘의 소망과 신앙의 주요 초점으로 간주하면서, 바로 이 주제(곧, 성전)에 특별한 관심을 기울인다. 그 때문인지, 역대기는 솔로몬 치세 기사의 대부분을 성전 건축에 할애하고 있다. 이 책은 그의 성전 건축이 이스라엘의 안녕에 큰 기여를 한 것으로 보고 있는 셈이다.

역대상 1:1-9:44
이스라엘의 계보

역대기는 그 서두에서 하나님이 천지를 창조하실 때부터 이스라엘 왕정이 수립될 때까지 등장한 사람들을 상세히 분석하고 있다. 역대기는 역사의 중요 논제들을 깊이 살펴보려 하지 않는다. 이를테면, 이스라엘 백성들이 애굽을 떠나 약속의 땅으로 들어가게 된 경위나 그들이 가나안 땅을 차지하게 된 경위 등은 역대기의 관심사가 아니다. 오히려 이 본문이 중점을 두고 있는 것은 하나님 백성의 계보가 창조 때부터 왕정 수립 때까지 중단되지 않고 곧바로 이어져 내려왔다는 점이다. 이 외에도 이 본문에는 다윗의 자손들을 상세히 설명한 내용(3:1-24)을 비롯하여 흥미로운 내용들이 들어 있다.

하지만, 독자들에겐 흥미없는 내용들도 많을 것이다. 본문의 서술 방법 때문이다. 특히 사람 이름만을 잇달아 열거하고 있는 부분을 만나게 되면, 독자들은 흥미를 잃어버린다. 그러나 독자들은 이 계보가 왜 제시되어야만 했는지 그 이유를 꼭 알아야만 한다. 이 계보는 하나님 백성이 창조 때부터 회복(바벨론 포로의 귀환) 때까지 끊임없이 발전해 왔음을 보여 주는 이스라엘의 가족사다. 더욱이 이 계보 속에는 중요한 신학적 해석을 담은 요소들이 들어 있다. 이를테면, 말씀은 "유다가 범죄함으로 말미암아 바벨론으로 사로잡혀 갔"(9:1)다는 점을 분명히 강조한다. 이런 해석들은 독자들이 하나님의 백성이 지나온 역사의 의미를 이해하며, 역사의 흐름 그 자체의 배후에 숨어 있는 하나님의 목적들을 발견하도록 도와준다.

역대상 10:1-29:30
다윗의 치세

이 본문에 이르면, 장면이 갑자기 바뀌게 된다. 우리는 여기서 별안간 왕정 시대 초기의 세계를 만나게 된다. 말씀은 처음에 왕정이 등장하게 된 경위나 그 왕정을 수립하고 이끌어가는 과정에서 사무엘이 한 역할에 대하여 아무런 배경 정보도 제공하지 않는다. 말씀은 그저 사울이 자결하면서 이스라엘 왕위가 비게 된 사실을 간략히 이야기하고 있을 뿐이다(10:1-14). 본문 말씀은 사울이 죽은 이유가 그의 불순종, 특히 그가 신접한 여인을 찾아갔기 때문임을 분명하게 이야기한다. 그 결과, 이스라엘 왕국은 다윗에게 넘어간다. 말씀은 다윗이 처음에 유다 왕이 되고 이어서 이스라엘 전체의 왕이 되고자 싸움을 벌이면서 겪었던 난관을 그냥 지나친다. 역대기 저자가 중시하는 것은 역사상 사건의 정확한 전말이 아니라 그 사건에 대한 신학적 해석이기 때문이다. 이런 서술 양식은 역대기 전체에 걸쳐 반복될 것이다. 역대기 저자는 독자들이 개개 역사 사건의 종교적 중요성을 충분히 인식하도록, 사건의 세부 사항은 한쪽으로 제쳐 버린다. 바로 이런 이유 때문에 저자는 몇몇 사건을 그대로 지나쳐 버린다. 역대기 저자가 가장 중요시하는 것은 그 사건에 담긴 메시지(하나님의 뜻)이기 때문이다.

11:1-16:43 다윗이 왕이 되다 다윗은 백성의 환호 속에 온 이스라엘의 왕으로 등극한다. 말씀은 다윗의 순종과 신실함이 그에게 성공과 권세를 가져다준 직접 원인이라고 이야기한다(11:1-12:40). 역대기는 다윗의 치세 때 일어난 일들 가운데 그가 여호와의 궤를 예루살렘으로 가져온 일을 상당히 비중 있게 다루면서, 그 영적 의미를 강조한다(13:1-16:43).

17:1-15 하나님이 다윗에게 약속을 주시다 여호와의 궤를 예루살렘으로 모셔온 다윗은, 자신은 근사한 궁궐에 사는 반면 여호와의 궤는 허름한 장막에 안치되었다는 사실을 용납하지 못한다. 이 일로 선지자 나단에게 물은 다윗은 오히려 하나님이 그와 그의 자손들에게 주신 약속을 통해 확신을 얻게 된다(17:1-15). 이 본문에서는 메시아의 향취(香臭)가 강렬하게 풍겨 나온다. 다윗의 자손 중 하나가 '하나님의 아들'이 될 것이며 그의 나라가 영원히 설 것이라고 말씀하고 있기 때문이다. 이 본문은 예수 그리스도의 중대한 의미를 설파하는 신약의 몇몇 성찰에 밑바탕이 되고 있다. 이 본문 덕택에 우리는 마태복음 서두의 중요성을 이해할 수 있게 되었다. 예수 그리스도가 메시아에게 요구되었던 다윗의 자손이라는 요건을 갖추신 분이라는 점을 그 서두가 강조하고 있기 때문이다.

17:16-20:8 다윗이 거둔 전승들 다윗은 하나님의 약속에 기도와 기쁨으로 응답한다(17:16-27). 말씀은, 마치 하나님의 약속이 즉각 효력을 발생하였음을 보여 주려는 듯, 다윗이 주요 전투에서 승리를 거두었다고 이야기한다(18:1-12). 다윗에게 명성을 안겨

준 대승들은 분명 여호와로 말미암은 것이다(18:13). 말씀은 그런 전투들 가운데 몇몇을 따로 떼어내어 상세히 설명하고 있다. 암몬 족속과 벌인 전쟁(19:1-20:3), 블레셋 족속과 벌인 전쟁(20:4-8)이 그 예다.

21:1-30 다윗이 병력을 계수하다 '이스라엘의 인구 조사'는 역대기에서 커다란 부분을 차지하고 있다. 우리는 이 인구 조사 이야기와 실상은 동일한 이야기를 이미 다른 곳에서 보았다(삼하 24:1-25을 보라). 사무엘서와 역대기의 인구 조사 기사 사이에는 몇 가지 소소한 차이들 말고도 큰 차이점이 하나 있다. 사무엘하에서는 이스라엘에 인구 조사를 실시하려는 다윗의 결정이 하나님으로부터 나온 것이라고 이야기한다. 그러나 여기 역대상에서는 그 결정이 사탄으로부터 나온 것이라고 이야기한다(21:1). 이 차이를 어떻게 설명해야 할지 확실치 않다. 여하튼, 구약에서는 사탄조차도 결국 하나님께 복종해야 하는 심부름꾼 정도로 여겼다. 그런데, 두 책의 인구 조사 기사 사이에는 특히 흥미로운 차이점이 있다. 인구 조사 기사의 위치가 서로 다르다는 점이다. 사무엘하에서는 인구 조사 이야기가 그 책의 말미에 수록된 이야기들 속에 포함되어 있다. 그러나 역대상에서는 인구 조사 이야기가 이 책의 주요 부분을 차지한 채, 장차 예루살렘에 들어서게 될 성전의 고유한 위치까지 설명해 주고 있다. 역대기는 특히 성전에 초점을 맞추고 있다. 때문에 인구 조사 기사를 부록 속에 포함시키기보다 성전 건축 준비를 다룬 기사 바로 앞에 놓아둔 것이다.

22:1-29:30 성전 건축을 준비하다 이제 말씀은 그 초점을 성전 건축 준비로 옮겨 간다. 성전을 건축할 책임은 솔로몬이 지게 된다. 여기서 본문은 솔로몬을 일컬어 다윗이 택한 상속자라고 이야기한다. 다윗 자신은 성전 건축이라는 과업을 맡을 수 없었다. 비록 이스라엘의 안녕을 영구히 보장하고자 어쩔 수 없이 치른 전쟁들이었지만, 그 전쟁들 때문에 다윗의 손에는 피가 묻어 있었다(22:8-9). 다윗 자신은 성전 건축을 허락받지 못했다. 그러나 다윗은 성전 운영과 성전 예배의 기본 원리를 마련해 놓았다. 따라서 솔로몬은 자신의 부친이 세워 놓은 이상과 지침들을 실천할 책임만을 지게 될 것이다. 말씀은 여타 세부 사항들과 함께 다윗이 세워 놓은 지침들을 제법 상세하게 기록하고 있다(23:1-27:34). 여기 실린 내용은 오직 역대기만이 기록하고 있다. 이는 역대기 저자가 구약의 다른 부분에서는 원용되지 아니한 고문서들에 접근할 수 있었다는 것을 말해 준다. 이 본문은 체계 잡힌 성전 예배와 성전 운영을 세밀히 서술하는 데 상당한 관심을 기울이고 있다. 이것은 그만큼 성전 예배와 운영이 회복된 공동체(바벨론에서 귀환한 이스라엘 백성들)에게 특별한 중요성을 갖고 있었다는 반증일 것이다. 회복된 공동체는 이스라엘의 황금 시대였던 다윗과 솔로몬 시대의 예배를 회복하여 그 연속성을 보전하려 했기 때문이다. 이렇게 정교한 세부 지침들은 오랫동안 방치되었던 성전과 예배를 회복하려 하였던 포로기 이후의 유대교에게 꼭 필요한 방향 감각을 제시해 주었을 것이다.

뒤이어 본문은 다윗의 치세에서 솔로몬의 치세로 넘어가는 과정을 상세히 설명하고 있다(28:1-29:30). 다윗은 성전의 설계도를 제시하면서, 자신이 상속자로 내정한 솔로몬이 성전 건축의 이상을 실현하게 될 것이라고 천명한다. 이 본문에는 모세의 경우와 명백히 평행을 이루는 곳이 있다(28:12을 보면, 특히 그 평행 관계가 뚜렷하게 나타난다). 모세는 성막의 설계도를 여호와 하나님으로부터 받았다. 마찬가지로 다윗 역시 예루살렘 성전의 설계도를 여호와 하나님으로부터 받는다. 백성들은 솔로몬을 다윗의 후계자로 인정하였다(29:21-25). 마침내 다윗이 죽자, 솔로몬이 왕위를 잇는다(29:28).

역대하 1:1-9:31
솔로몬과 성전 건축

이제 본문의 관심은 솔로몬의 치세로 옮겨 간다. 본문 기사는 사실상 솔로몬이 예루살렘 성전을 건축한 일에 모든 초점을 맞추고 있다. 역대기는 곧바로 솔로몬이 여호와께 지혜를 구한 일을 다룬다(1:1-17). 이 지혜는 특히 성전 건축에서 분명하게 드러난다. 말씀은 성전 건축의 준비 내용을 제법 상세하게 언급하고 있다(2:1-18). 뿐만 아니라 성전 건축의 전 과정을 설명하면서, 그 방대한 크기와 그 정교한 장식들을 함께 이야기한다(3:1-5:1). 실상 솔로몬은 성전 건축보다 자신의 궁궐을 짓는 데 더 많은 시간을 투자하였다. 그런데도 역대기 저자는 정작 왕궁 건축의 전모를 이 기사에서 빼버렸다.

본문은 이어서 다윗이 여호와의 궤를 그 궤의 처소로 세웠던 장막으로부터 성전으로 옮겨 온 일을 기록하고 있다(5:2-6:11). 이 때, 여호와는 당신 백성들에게 신실하실 것임을 장엄하게 확언하신다. 여호와께 성전을 봉헌한 일(6:12-7:10)은 분명 큰 기쁨과 송축의 계기가 되었다. 뒤이어 여호와 하나님은 다윗의 집과 당신 백성들에게 성실하실 것임을 재차 확언하신다. 물론 여기에는 다윗의 집과 하나님의 백성들이 율법을 신실하게 지킨다는 전제가 붙어 있었다(7:11-22).

그렇다면, 솔로몬은 치세 기간 중 성전 건축 이외에 또 무슨 일을 하였는가? 역대기는 그의 치세 가운데 종교 분야를 빼고는 별로 관심이 없는 것 같다. 본문은 말미에 몇몇 공공 건축 사업과 군사 원정을 언급하지만(8:1-10), 그 부분을 많이 다루지는 않는다. 솔로몬의 치세 이야기에서는 종교 분야가 대부분을 차지한다. 실제로 우리는 곧바로 그가 행한 종교적 행위들을 목격하게 된다. 그는 모세의 명령대로, 규정된 때를 따라 여호와께 제사를 드렸다(8:12-15). 이곳에서 역대기는 솔로몬과 모세 사이의 연속성을 명백히 제시하고 있다.

솔로몬의 지혜는 하나님이 직접 주신 선물이었다. 그 지혜는 하나의 전설이 되어 많은 독자들을 매료시켰다. 역대기는 스바 여왕의 방문 사실을 언급한다. 여왕은 솔로몬을 이스라엘 왕위에 앉히신 여호와 하나님의 지혜를 증명하는 증인이 되었다(9:1-12). 본문은 또 믿어지지 않을 만큼 놀라운 솔로몬의 재부(財富)를 기록하고 있다(9:13-28). 마지막으로 역대기는 솔로몬이 40년의 치세 끝에 숨을 거둔 것과 그의 아들 르호보암이 왕위를 이은 일을 기록하고 있다(9:29-31).

역대하 10:1-36:23
바벨론에 포로로 끌려갈 때까지 유다의 역사

이 새 단락은 솔로몬이 죽은 때로부터 바벨론 포로기까지 펼쳐진 유다의 역사를 다루고 있다. 여기서 다루는 내용은 열왕기상 12장-열왕기하 25장에서 볼 수 있는 내용과 뚜렷한 평행 관계를 이루고 있다. 하지만, 둘 사이에는 중요한 차이가 있다는 점을 언급하지 않을 수 없다. 이를테면, 역대기는 열왕기서 저자가 사용하지 않은 자료들을 인용하고 있다. 덕분에 우리는 당대의 유다 역사에 관하여 이미 우리가 알고 있는 것보다 더 많은 내용을 알 수 있다.

그러나 둘 사이에 가장 중요하고 뚜렷한 차이점이 있다면, 역대기가 오로지 남쪽 유다 왕국에만 초점을 맞추고 있다는 사실일 것이다. 여기서 우리는 역대기의 목적들을 되새겨 볼 필요가 있다. 그 목적들 가운데 하나는 예루살렘으로 돌아온 공동체가 자신들의 역사와 존재 목적을 이해할 수 있도록 도와주는 것이었다. 주전 722년, 북쪽 이스라엘은 앗수르의 침공과 뒤이은 강제 이주로 말미암아 한 국가로서 그 존립을 마감하였다. 때문에 역대기 저자는, 유다와 관련된 사건이 아닌 한, 북쪽 이스라엘 왕국의 역사를 언급할 필요가 없었을 것이다. 그런 탓인지, 역대기는 중요한 인물인 엘리야조차도 (한 서신의 저자로, 2:12-15) 그저 지나가는 인물 정도로 언급할 뿐이다. 사람들은 보통 역대기가 다윗부터 시작하여 이 위대한 왕의 후손들을 지나 역대기의 저작 시기에 이르기까지 하나님이 다윗에게 주신 약속에 신실하셨던 궤적을 따라가는 데 특별한 관심을 보인다고 생각한다. 이런 연속성은 오직 유다의 왕들 속에서만 나타난다. 때문에 역대기가 오로지 유다 왕국에 초점을 맞추는 것은 자연스러운 일일 것이다.

10:1-11:4 북쪽 이스라엘이 르호보암에게 반역하다 새 단락은 통일 왕국의 분열 기사로 시작한다. 이 기사는 르호보암이 북쪽 이스라엘의 여로보암과 빚은 심각한 갈등 때문에 결국 두 나라가 제 갈 길을 가게 되었음을 설명하고 있다(10:1-4). 그러나 본문은 어떻게 해서 둘 사이에 긴장이 초래되었는지는 설명하지 않는다. 긴장이 조성된 배경을 알려면, 열왕기상에 기록된 더 상세한 기사(왕상 11:29-33)를 읽어보아야만 한다.

11:5-27:9 유다 왕 르호보암 역대기가 기록하는 르호보암과 그 후계자들의 역사(11:5-27:9)는 열왕기서의 기사들과 폭넓은 평행 관계를 이루고 있다. 물론 그 세부 내용이나 관심사에 대한 평가를 놓고 보면, 둘 사이에는 서로 다른 점이 있다. 가령, 열왕기상 15:14은 아사 왕이 개혁을 진행하면서 산당들을 모두 철폐하지 못하였다고 이야기한다. 반면, 역대기하 14:3은 단순하게 아사 왕이 산당들을 철폐하였다고 말한다. 이런 차이는 십중팔구 산당이 상징하고 있던 이방 종교가 아사 왕 시대에도 끈질기게 존속하였기 때문에 생겨났을 것이다. 산당들을 철폐하려는 아사 왕의 단호한 시도가 결국 용두사미(龍頭蛇尾)가 되어 버린 것은 그만큼 이방 종교가 끈덕지게 존속하였기 때문이다. 역대기는 아비야에게 대체로 후한 점수를 준다. 그러나 열왕기상 15:1-8은 더 부정적 어조로, 더 짧게 아비야 기사를 서술하고 있다. 몇몇 유다 왕들의 생애는 복잡다단하기 이를 데 없었다. 그런 점을 생각한다면, 역대기와 열왕기서의 상반된 평가는 그리 놀라운 일이 아니다.

28:1-27 유다 왕 아하스 역대기가 가장 혹독하게 비판하는 인물은 아하스다(28:1-27). 그러나 정작 역대기는 아하스가 특별한 관심을 끌게 된 사건은 기록하지 않고 있다(아하스는 자신이 다메섹에서 보았던 이방 종교의 제단을 본받아 예루살렘 성전에 새 제단을 세우려 한 인물이다: 왕하 16:10-16을 보라). 반면, 아하스의 배교는 낱낱이 기록되

어 있다. 역대기는 철저하게 부정적인 수사를 동원하여 아하스를 묘사한다. 역대기가 묘사하는 아하스는 이방 종교에 빠져 자신의 왕국을 도탄에 빠뜨린 무익한 왕 그 자체다. 이 시대에 이방 종교의 제단들이 예루살렘을 가득 채우고 왕국 곳곳에 산당들이 재건되었다. 그는 여호와께 너무나 큰 반역을 저질렀다. 결국 그는 죽어서도 이스라엘 열왕들의 무덤에 묻히지 못하는 신세가 된다.

29:1-32 유다 왕 히스기야

역대기는 아하스의 후계자인 히스기야를 상당히 자세하게 다루고 있다(29:1-32:33). 아울러 역대기는 히스기야를 그의 아버지 아하스 때에 이방 종교에 빠져들었던 유다를 되돌릴 위대한 종교개혁자로 제시한다. 당시 히스기야는 앗수르 왕 산헤립과 큰 전투를 치르고 있었다. 그러나 역대기는 이 전투 사실보다 히스기야의 특별한 경건의 모습에 초점을 맞춘다. 솔로몬의 경우처럼, 여기서도 역대기 저자의 주요 관심사는 신앙과 예배다. 유월절을 다시 쇠게 된 사건(30:1-27)은 역대기 저자에게 특히 중요한 의미를 지닌다. 이 유월절은 여호와가 당신의 백성과 함께하시며 그 백성을 위해 일하신다는 점을 강조해 주기 때문이다. 유월절을 지킨다는 것은 포로기 이후에 회복된 공동체가 그 정체성을 확립하는 데 중요한 초점이 되었을 것이다. 이처럼 예루살렘에서 유월절을 지킨 일을 낱낱이 기록한 기사는 자신들의 정체감과 존재 목적을 되찾고 싶어했던 귀환 포로들에게 상당히 중요했을 것이다.

역대기는, 히스기야가 앗수르 군대와 충돌한 사건처럼, 그 시대에 일어난 다른 사건들도 이야기한다. 그럴지라도, 역대기가 특히 중요시하는 것은 히스기야의 신실함과 순종이다. 역대기는 히스기야를 유다의 왕들 가운데 덕망 있는 훌륭한 인물로 묘사한다. 이 점은 그가 다윗의 자손들 옆에 묻혔다는 사실에서도 나타난다. 하나님께 신실치 못했던 그의 부친 아하스는 이 영예를 누리지 못하였다(32:23-33).

33:1-25 유다의 왕 므낫세와 아몬

히스기야의 뒤를 이어 므낫세가 왕이 된다. 성경의 다른 책은 므낫세를 두말 할 나위 없이 부정적인 인물로 묘사하였다(왕하 21:1-18). 그러나 역대기는 그에게 비교적 호감을 표시한다. 나아가 하나님께 불순종하긴 했지만, 그 죄를 씻을 만한 구석이 일부 있었음을 이야기한다(33:1-20). 이를테면, 역대기는 그가 이방 종교의 풍습을 제거하려고 시도한 일과 그 때문에 백성들의 완고한 불순종이 한풀 꺾인 점을 언급한다. 므낫세는 자신이 처음에 저지른 죄를 회개한 인물로 기록되어 있지만, 왕으로서 통찰력을 보여 주었다는 기록은 어디에도 나타나지 않는다. 하지만, 그의 후계자인 아몬은 아버지의 악행을 그대로 답습하다가 죽임을 당하고 만다(33:21-25).

34:1-35:19 요시야의 개혁

역대기는 요시야의 개혁 정치를 아주 길게 다루고 있다. 본문은 율법책(그 율법책은 신명기 아니면 적어도 그 책의 일부였을 것이다)을 발견한 일과 그 책이 요시야에게 미친 영향을 이야기한다. 그러나 요시야는 이 율법책을 발견하기 이전부터 이미 개혁 프로그램을 진행하고 있었다. 그 프로그램 속에는 여러 이방 종교의 제단들과 신상들을 파괴하는 일이 포함되어 있었다. 요시야는 율법책의 내용을 좇아 여호와와 그분의 백성들이 맺었던 언약을 공식 갱신한다. 그들은 이 언약 갱신을 통하여 여호와의 율법에 순종할 것을 맹세한다(34:29-32). 이어서 본문은 요시야가 유월절을 지킨 일을 상세히 설명한다(35:1-19). 유월절을 지킨 일은 귀환한 포로들에게 중요한 일이었음을 다시 한 번 언급하지 않을 수 없다.

35:20-36:14 요시야의 죽음과 그의 후계자들
본문은 요시야의 죽음을 길게 서술한다(35:20-36:1). 그러나 그의 뒤를 이은 후계자들은 아주 간결하게 다루고 있다(36:2-14). 본문 말씀은 주전 597년, 여호야긴이 예루살렘을 포위한 바벨론 군대에게 항복한 일을 이야기한다. 그러나 이 사실을 이야기하면서도 예루살렘이 사상 처음으로 포위당했다는 점은 언급하려 하지 않는다(36:10). 이와 비슷하게, 너무나 간결한 시드기야의 치세 기사(36:11-14)는 주전 586년에 예루살렘이 함락당한 사실을 확실하게 이야기하지 않는다. 역대기 저자는 예루살렘 성이 파괴된 사건을 조용히 지나쳐 버린다. 어쩌면 그 사건을 언급한다는 것이 너무 고통스러웠는지도 모른다.

36:15-23 예루살렘이 함락당하다 그러나 이런 침묵도 결론 부분에 이르면 종지부를 찍는다. 역대기의 마지막 부분은 예루살렘의 마지막 날에 대하여 간명한 신학적 해석을 제시하고 있다(36:15-21). 유다가 바벨론의 포로가 된 것은 하나님이 당신께 불순종한 백성들에게 내리신 심판이었다는 것이다. 그러나 이 심판의 음조(音調) 속에도 소망의 음조가 섞여 있다. 열왕기서 저자는 포로 생활이 영원하지 않으리라는 것을 알지 못하였다(비록 회복을 내다보는 그의 소망이 아무리 크고 여호와를 향한 그의 신뢰가 아무리 컸다 해도, 그는 포로 생활이 끝날 때가 있을 것임을 몰랐다). 그러나 역대기 저자는 포로 생활이 끝나는 것을 목격하는 행운을 누렸다. 그러기에 그는 포로기의 사건들을 기록하면서도, 그 사건들이 필경은 유다의 구원과 회복으로 마무리될 것임을 알고 있었다. 결국, 역대기는 강력한 확신과 소망의 음조로 끝을 맺는다(36:22-23). 예루살렘 백성들은 본향으로 돌아오게 될 것이며, 여호와의 성전은 재건될 것이다.

그 강력한 확신과 소망의 음조 위에서, 우리는 그 회복과 재건이 어떻게 이루어졌는지 이야기하는 기사를 살펴보게 될 것이다. 이제 우리는 에스라서를 읽을 준비가 된 셈이다.

에스라

"바벨론에 있는 (이스라엘) 포로들은 고향으로 돌아가도 좋다!" 에스라서는 전율을 일으키는 이 선언으로 그 막을 연다. 포로 생활이 끝났다. 이제 예루살렘 거민들은 고향으로 돌아가 그들의 삶과 신앙과 성읍을 재건할 수 있게 되었다. 에스라서의 문체는 역대기나 느헤미야서의 그것과 매우 비슷하다(이것은 어쩌면 에스라 자신일 수도 있는 동일 인물이 이 세 책을 모두 썼으리라는 것을 시사한다). 에스라서는 예루살렘에서 예배를 갱신한 일과 성전 재건을 결정한 일을 다루고 있다.

에스라 1:1-6:22
포로들이 돌아오다

1:1-11 고레스가 포로 귀환을 돕다 에스라서 서두의 몇 구절은 분명 역대하의 마지막 몇 구절을 그대로 이어받은 것이다. 이는 역대기와 에스라서가 연속된 이야기로 함께 읽어야 할 책임을 분명하게 말해 주는 것이다. 성경은 포로 기간 동안 예루살렘 사람들에게 어떤 일들이 일어났었는지 거의 이야기하지 않는다. 그럼에도 불구하고, 우리는 그들이 겪었을 여러 시련과 고향으로 돌아가고 싶어했던 그들의 간절한 향수를 적어도 웬만큼은 이해할 수 있다. 에스라서는 고레스의 조서 공포와 함께 시작한다. 바사(페르시아) 제국의 창건자였던 고레스는, 주전 539년, 바벨론 사람들을 물리치고 포로들을 석방한다.* 주전 538년에 반포된 이 조서는 바벨론 사람들에게서 좀처럼 찾을 수 없었던 이스라엘 종교에 대한 포용과 관용의 정신을 보여 주고 있다.

2:1-70 귀환한 포로의 명단 고레스의 조서가 반포되자, 예루살렘과 유다에서 잡혀 온 많은 사람들이 고향으로 돌아갈 준비를 한다. 이들은 탈취당하였던 예루살렘 성전의 보물도 함께 가져갈 준비를 한다(1:5-11). 2:1-70은 이 첫 귀환 때 바벨론에서 고향으로 돌아가는 포로들의 이름을 길게 열거하고 있다. 현대의 독자들에겐 이 긴 명단이 자신들과 아무 상관이 없는 것처럼 보일 수도

---

* 성경이 여기서 말하는 고레스(퀴루스)는 페르시아 역사에서 퀴루스 2세를 가리킨다. 퀴루스 대제라는 칭호도 갖고 있는 이 인물의 고대 페르시아어식 이름은 '쿠루쉬', 악카드어식 이름은 '쿠라쉬'였다. 그는 주전 559년부터 530년까지 제위에 있었다. 1879년에 발견된 '퀴루스 원통'에 따르면, 그는 바벨론에 무혈 입성하였다고 한다. 참고. Edwin Yamauchi, *Persia and the Bible*, 72, 85-92.

성경의 세계

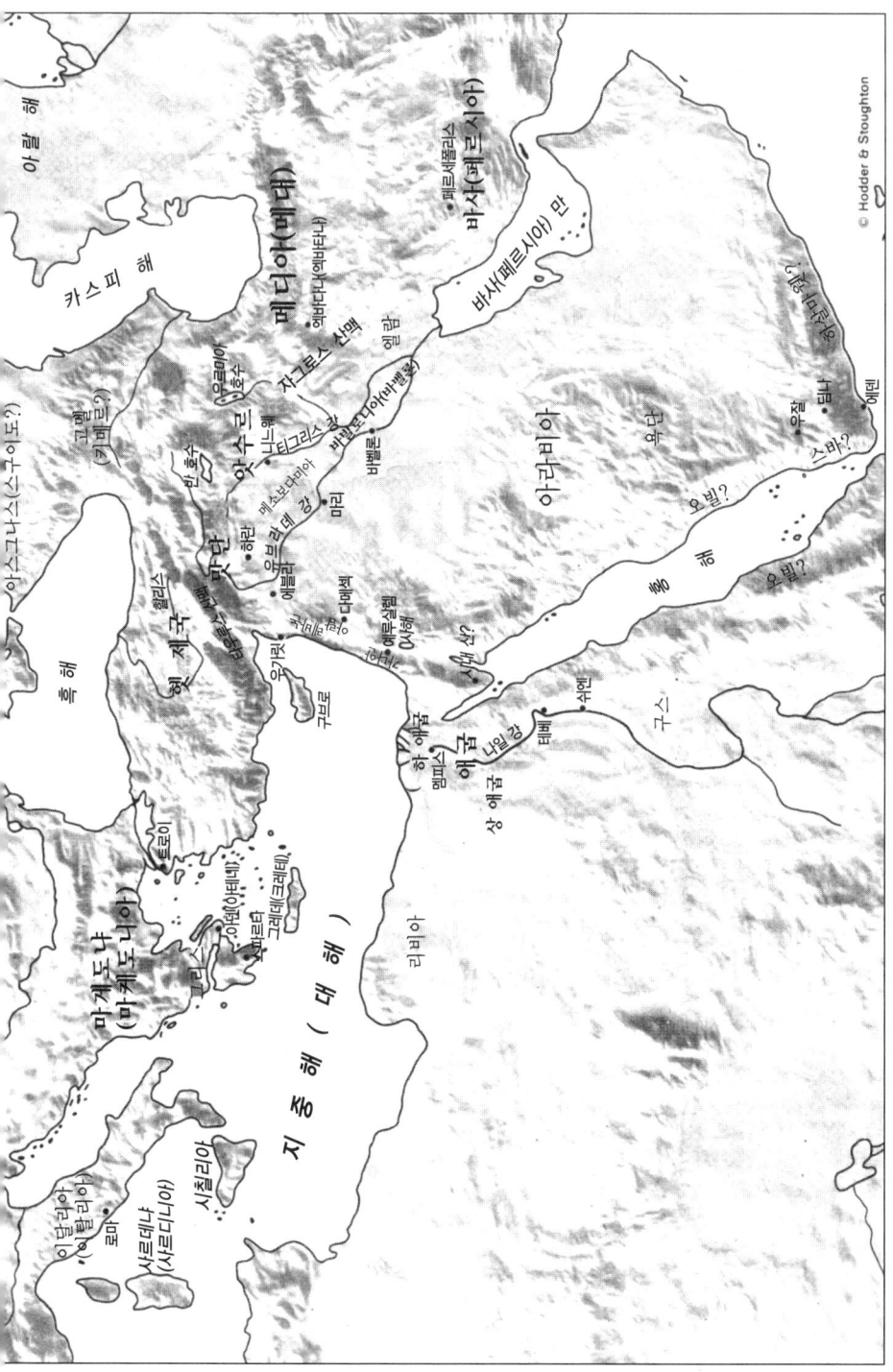

있다. 하지만 잊지 말아야 할 사실은 포로 귀환 이후의 하나님 백성들에겐 이 명단이 생명처럼 소중하였을 것이라는 점이다. 이 명단 덕분에 귀환 이후의 하나님 백성들은 자신들의 가계(家系)를 포로 시대까지 추적해 올라갈 수 있었을 뿐만 아니라, 그들과 이전 세대의 하나님 백성 사이에 연속성이 존재한다는 사실을 이 명단이 강조해 주었기 때문이다.

3:1-6 제단을 다시 만들다 주전 537년 9월-10월쯤, 귀환한 포로들은 자신들의 고향에 정착한 뒤 이전의 예배 방식을 새롭게 바꾸기 시작하였다. 주의할 것은 모든 포로들이 예루살렘으로 돌아온 것은 아니었다는 사실이다. 유다의 다른 고을들에도 귀환 포로들이 정착하였다. 그들은 특별히 초막절을 쉴 목적으로 제단을 만든 뒤, 그 제단과 함께 초막절을 지킨다. 이렇게 절기를 쉴 경우 그들 주변에 있는 사람들로부터 따돌림을 당할 위험이 있었지만, 그들은 이런 위험을 감내하였다. 당시는 예루살렘에 아직 성전이 없었다. 그러나 귀환한 포로들은 여호와께 바칠 제단을 만듦으로써 포로기 이전의 예배를 회복하는 첫 걸음을 뗄 수 있게 되었다.

3:7-13 성전을 재건하다 하지만, 조만간 성전을 재건해야 했다. 바벨론 사람들에게 처참히 파괴당한 옛 솔로몬 성전은 폐허가 되어 있었다. 그러나 이제는 그 폐허가 새 성전의 초석이 될 것이다. 이 무렵, 예루살렘에서는 스룹바벨이 자연스럽게 지도자로 떠올랐다. 주전 536년 봄, 사람들은 그의 지도 아래 성전 재건을 준비한다. 많은 사람이 기뻐하는 가운데 새 성전의 지대(地垈)가 놓여진다. 하지만, (솔로몬이 지었던 장엄한 성전을 기억하는) 노년의 백성들은 비통해하였다. 분명 새 성전의 규모는 이전 성전에 미치지 못하였다.

4:1-24 성전 재건에 반대하는 움직임 본문은 여기서 몇 년의 기간에 걸쳐 일어난 문제들을 함께 다루고 있다. 그 기간은 세 명의 바사(페르시아) 왕(고레스, 아하수에로, 아닥사스다)이 통치하던 시기였다.* 본문은 첫째로 해묵은 문제를 언급한다. 바사 인들은 이스라엘을 자신들의 통제 아래 묶어두려는 전략을 구사하였다. 때문에 그들은 북쪽 이스라엘의 일부 인구를 앗수르로 강제 이주시키고, 그들이 떠난 자리에는 앗수르 제국 각지의 사람들을 이주시켰다. 사마리아 지

---

* 이 기간은 '세' 명의 왕이 아니라, '다섯' 명의 왕이 다스리던 시기였다. 고레스와 아하수에로 사이에 고레스의 아들인 캄비세스(재위 주전 530-522), 그리고 성경이 말하는 다리오(다리우스, 재위 주전 522-486년)가 빠져 있다. 참고. Edwin Yamauchi, *Persia and the Bible*, 93-185. 개역개정판은 페르시아의 왕인 '퀴루스, 크세륵세스, 아르타크세륵세스'를 '고레스, 아하수에로, 아닥사스다'로 표기해 놓았다. 히브리(또는 아람) 본문은 이들의 이름을 '코레쉬, 아하쉐로쉬, 아르타흐샤스타'로 표기한다. 퀴루스나 크세륵세스 같은 표기는 고대 페르시아어나 악카드어의 표기를 희랍 사람들이 희랍어로 옮겨 놓은 말들에서 유래한 것이다. '크세륵세스'의 고대 페르시아어 표기는 본디 '영웅들을 다스리는 자, 사람들을 다스리는 자'라는 뜻의 '흐샤야르샨'이다. 이 이름은 악카드어로 '아흐쉬야르쉬'로 표기하였다. 희랍 사람들은 '흐샤야르샨'을 '크세륵세스'로 옮겼다. 개역개정판이 '아닥사스다'로 표기한 인물은 고대 페르시아어로 '아르타흐샤사'라 불리는 인물이다. 이 이름의 뜻은 '정의의 왕국을 다스리는 자'다. 이 왕은 크세륵세스의 아들이자, 플루타르크가 '페르시아의 모든 왕들 가운데 관대하고 고귀한 성품으로 가장 명망이 높았던 왕'으로서 기록해 놓은 인물이다. 참고. Edwin Yamauchi, *Persia and the Bible*, 187, 241.

역(북쪽 이스라엘)으로 이주해 온 사람들은 자신들이 섬기던 이방 종교의 풍습을 가져온 뒤, 여호와께 드리는 예배와 혼합하였다. 그 결과, 사마리아 사람들은 여호와께 드리는 예배와 이방 종교의 요소를 뒤섞어 놓은 형태의 종교를 발전시키게 된다.

그런데, 이제 일부 사마리아 인들이 성전 재건을 돕겠다고 제의한다. 하지만 스룹바벨은 이 제의를 단호하게 거부한다. 사마리아 인들의 타락한 종교가 어떤 형태로든 재건된 성전과 연관을 맺는 것을 원하지 않았기 때문이다. 사마리아 인들은 마음이 상한 나머지, 모든 방법을 동원하여 성전 재건을 방해한다. 그들은 바사 인들에게 유다 사람들을 허위 고발한다. 유다 사람들이 예루살렘 성벽을 재건하여 그 성읍을 요새로 만들게 되면 바사 인들에게 도전하게 될 것이라고 귀띔한 것이다(4:12-16). 이 방법은 가장 큰 성공을 거두었다. 결국, 성전 재건 공사는 15년 넘게 중단된다. 성전 공사는 새 바사 왕(다리오)이 즉위하는 주전 520년이 되어서야 다시 시작된다.*

5:1-6:12 닷드내가 다리오에게 편지를 보내다; 다리오가 조서를 반포하다 성전 재건을 계속하라는 결정은 우리가 장차 자세히 살펴보게 될 선지자 학개의 사역과 연계되어 있다 (이 책의 학개서 부분을 보라). 바사 총독(닷드내)은 이 재건 공사에 반대하면서, 유다 사람들이 무슨 권한으로 재건 공사를 속개하였는지 묻는다. 닷드내는 고레스가 이전에 분명히 그 공사를 허락하였다는 답변을 듣게 된다. 닷드내는 그 답변 내용이 사실인지 왕에게 물었다가, 실제로 고레스가 그런 결정을 내렸다는 칙답(勅答)을 (다리오 왕으로부터) 듣게 된다. 다리오는 이 성전 재건에 모든 지원을 아끼지 말라는 명령을 총독에게 내린다.

6:13-18 성전을 완공하여 하나님께 봉헌하다
성전 재건 공사는 왕의 후원 덕분에 일사천리로 진행된다. 주전 516년 3월 12일, 마침내 성전이 완공되어 여호와께 봉헌된다. 백성들이 새 성전에서 처음으로 지킨 큰 절기는 유월절이었다(6:19-22). 유월절은 하나님께서 당신의 백성들을 속박에서 구원하신 일과 밀접하게 연관된 절기이자 여호와의 신실하심을 기리는 절기였다. 이때 지킨 유월절은 포로들이 바벨론의 속박에서 구원받은 것을 기뻐하고 당신의 백성들을 향하신 여호와의 신실하심을 되새기는 데 더없이 좋은 계기가 되었다.

유다 사람들(유대인들) 여기서 한 가지 언급할

---

* 여기서 성경은 연대의 혼란을 일으키고 있다. 에스라 4:24-6장이 언급하는 바사 왕 '다리오'가 다리우스 대제로도 알려져 있는 다리우스 1세(재위 주전 522-486년)라면, 에스라 4-6장은 다리우스-크세르크세스-아르타크세르크세스(다리오-아하수에로-아닥사스다)로 이어지는 페르시아 왕통과 전혀 들어맞지 않기 때문이다. 만일 에스라 4:5 다음에 에스라 4:24 이하의 기사가 오고 에스라 4:6-23의 기사는 그 이후의 일로 따로 떼어 다룬다면, 연대의 순서가 맞다. 이럴 경우, 에스라 4:23이 말하는 아르타크세르크세스(아닥사스다) 왕의 조서는 '성전 재건'을 금지한 것이 아니라 '예루살렘 성의 재건'을 금지한 조서로서, 성전 재건과 전혀 관계 없는 조서가 된다. 에스라 6:15의 증언대로 성전 재건이 다리우스(다리오) 6년(즉, 주전 516년)에 끝났다면, 주전 464(465)년부터 424까지 왕위에 있었던 아르타크세르크세스가 성전 재건을 금지한다는 건 앞뒤가 맞지 않기 때문이다. 왜 이런 혼란이 빚어졌는지는 확실히 알 길이 없다.

필요가 있는 사항이 있는데, 본문이 돌아온 포로들을 "유다 사람들"(4:23, 5:1)이라고 부른다는 점이다.* 이전까지 하나님의 백성들은 '이스라엘 백성(자손)'이나 '유다 백성(자손)'으로 불렸다. 포로기 이후에는 '유다 사람(유대인)'이라는 말이 하나님의 백성을 지칭하는 말로 쓰이게 된다. 이후의 기록들은 하나님의 백성을 가리키는 말로서 통상 '유다 사람들'이라는 말을 쓰게 된다.

에스라 7:1-10:44
에스라의 개혁 프로그램

7:1-8:14 에스라와 포로들이 돌아오다 포로 귀환으로부터 60여 년이 흐른 뒤, 유대교는 종교적 갱신이라는 새 장을 맞게 된다. 에스라의 예루살렘 귀환이 그 계기가 되었다. 에스라서는 이 새 국면이 언제 전개되기 시작하였는지 정확한 연대를 제시하지 않는다. 그러나 에스라는 주전 458년 4월에 바벨론을 출발하여 같은 해 8월 예루살렘에 도착한 것으로 보인다. 본문의 내용으로 보건대, 에스라는 분명 모세의 율법에 정통한 사람이었다. 그런 점에서, 그는 유다 사람들이 율법의 가르침에 신실하도록 지도하는 일에는 제격이었다(7:1-10). 더욱이 에스라는 바사 당국으로부터 든든한 지원을 받고 있었다. 이 점은 아닥사스다의 편지 본문에서도 분명하게 알 수 있다(7:11-28). 에스라와 함께 많은 수의 포로들이 돌아왔다. 8:1-14은 이 일을 상세히 기록하고 있다.

8:15-36 예루살렘으로 돌아오다 메소포타미아에서 팔레스타인으로 돌아온 에스라(8:15-36)는 자신이 예루살렘에 도착하였을 때 일어난 일을 이야기한다. 8:1에서는 화자(話者)가 갑자기 '나'로 바뀐다. 이는 여기서부터 에스라의 개인적 회상이 본문에 인용되고 있음을 알려 주는 것이다. 특히 흥미로운 점은 4:8-6:18의 본문이 그 시대의 공문서들을 광범위하게 인용하고 있다는 사실이다. 이 본문 전체는 그 시대의 국제 외교 언어인 아람어로 기록되어 있다. 그러나 에스라는 이 공문서들을 굳이 (히브리어로) 번역할 필요성을 느끼지 못하였기 때문에, 그것을 곧장 자신의 이야기에 옮겨 놓은 것이 틀림없다.

9:1-10:44 유다 사람들이 이방 여인들과 통혼하다 에스라가 예루살렘에 도착하자마자, 백성들 가운데 여러 대표들이 그에게 나아온다. 그 대표들은 당시 벌어지고 있는 상황을 깊이 염려하고 있었다. 이 대표들은 유다 사람들의 지도자들과 제사장들이 그들에게 요구되는 고도의 도덕 기준을 어기고 이방인들과 혼인한 사실을 보고한다. 에스라는 이런 사태에 경악한다. 그가 보기에 그런 행위는 하나님의 율법을 정면으로 위반한 것이었기 때문이다(9:1-15).

그들은 왜 유다 사람들과 이방인의 통혼을 그토록 심각한 문제로 간주하였을까? 그 답은 하나님의 백성들이 그 특유의 정체성을 보존해야 할 필요성에서 찾을 수 있다. 포로기 이전의 이스라엘과 유다 역사에서 볼 수 있듯이, 유다 사람들과 비유다인들이 혼

---

* 성경에서 '유다 사람들'이라는 말은 아람어 복수 강조형인 '여후다예'로 기록되어 있다. 그 단수형은 '여후다' 다(가/909). 참고로 구약 원문에서 다니엘 2:4-7:28; 에스라 4:8-6:18; 예레미야 10:11은 아람어로 기록되어 있다.

인하게 되면, 이방 종교의 풍습과 신앙이 이스라엘의 예배에 유입되는 경우가 거의 대부분이었다. 에스라는 통혼을 통하여 그들의 종교적 신앙을 이스라엘에 들여온 여덟 족속의 사람들을 직접 찾아낸다(9:1). 포로 생활 자체를 하나님이 이방 종교에 빠져든 당신의 백성을 정결케 하시는 과정으로 볼 수 있었기 때문에, 에스라의 분노는 그리 놀라운 것이 아니다. 예루살렘 거민들이 포로로 끌려가게 되었던 문제들 중의 하나(남쪽 유다가 이방 종교를 섬긴 일)가 다시 한 번 되풀이될 것처럼 보였다. 다른 사람들 역시 이런 사태의 심각성을 분명하게 깨닫고 있었다(10:1-4).

에스라는 백성들이 이방 종교에 빠져드는 일을 막고자 행동을 개시한다(10:5-17). 예루살렘 사람들은 하나님께 죄를 저질렀지만, 그 죄 때문에 빚어진 해악은 회개하면 치유될 수 있었다. 에스라는 예루살렘 사람들과 온 유다 사람들을 예루살렘에 불러 모은다. 이때(주전 458년 11-12월)는 마침 우기(雨期)였던 것 같다. 에스라가 회중들에게 어그러진 문제를 바로잡아야 한다고 제안하자, 회중들은 압도적 지지를 보낸다(10:9-15). 결국 일종의 조사위원회가 구성된다(10:16-17). 석 달 뒤, 이 위원회는 조사 결과를 발표한다(10:18-44). 그들은 그 지역에서 100명이 넘는 사람들이 이방 여인들과 혼인하였다고 보고한다. 그 사람들 중에는 레위인들도 상당수 포함되어 있었다. 에스라는 이방 여인들과 혼인한 이 사람들에게 그들의 아내와 헤어질 것을 요구한다. 심지어 자녀가 있는 경우에도 똑같은 요구를 한다.

10:44 결론 에스라서는 여기서 급작스레 끝을 맺는다. 이렇게 급작스런 결말을 맺은 이유 중 하나는 에스라서와 느헤미야서의 관계 때문이다. 영역(英譯) 성경들*은 에스라서와 느헤미야서를 별개의 책처럼 다루고 있다. 하지만, 이 두 책은 본디 한 책이었다는 증거가 있다. 에스라서가 기록하고 있는 마지막 사건(조사위원회의 결과 발표)은 주전 457년 3월에 있었던 일이다. 느헤미야서는 이 이야기를 이어받아 느헤미야가 예루살렘 성읍을 재건하는 데 기여하였던 주전 445년의 일부터 이야기를 이어간다. 곧이어 분명히 알 수 있겠지만, 에스라는 느헤미야 때에도 일을 계속하면서 큰 종교 부흥을 이끌게 된다. 그 종교 부흥이 어떻게 하여 일어나게 되었는가가 바로 느헤미야서의 주제이다. 그렇게 본다면, 에스라서는 느헤미야서의 서언(序言)인 셈이다.

---

* 다른 현대어 역본들도 마찬가지다.

느헤미야

느헤미야서는, 에스라서의 이야기를 이어받아, 유다 포로들이 바벨론의 속박에서 풀려나 예루살렘을 재건하고 유다 땅에서 여호와께 드리는 예배를 재건한 일을 이야기한다. 느헤미야서는 느헤미야가 수많은 좌절과 곤경을 겪으면서도 그것들을 헤쳐 나간 일을 서술하고 있다. 느헤미야도, 에스라처럼, 바사 제국에서 예루살렘으로 온 사람이다. 에스라는 바벨론에서 왔지만, 느헤미야는 바벨론에서 동쪽으로 300킬로미터쯤 떨어진 대도시 수산(수사)에서 왔다. 느헤미야가 예루살렘에 가기로 결심한 때는 주전 445년 봄이었을 것이다. 이 해는 에스라가 예루살렘으로 간 때로부터 약 13년이 흐른 시점이었다.

느헤미야 1:1-7:72
느헤미야가 예루살렘에 도착하여 다스리기 시작하다

1:1-2:10 느헤미야 예루살렘으로 돌아오다
느헤미야가 예루살렘으로 이주한 것은 그가 예루살렘 성벽에 관하여 들은 보고 때문이었던 것이 분명하다(1:1-11). 이 보고는 십중팔구 사마리아인들의 선동으로 말미암아 성벽 공사를 중단한 일(스 4:7-23)을 언급하고 있었을 것이다. 느헤미야는 아닥사스다 왕의 술 맡은 관원(술잔을 받들어 올리는 관원)으로서 왕의 신임을 받는 궁정관리였다. 당시 술 맡은 관원은 왕이 마시는 포도주에 독약이 들어가지 못하도록 해야 할 책임을 지고 있었다. 그는 이 특별한 지위를 이용하여 자신의 고향인 예루살렘으로 돌아가 그 성읍을 재건할 수 있도록 잠시 그 자리를 비워도 좋다는 허락을 얻어 낼 수 있었다(2:1-10). 그 잠시는 결국 12년이라는 긴 세월로 늘어나지만, 이 12년 사이에 아닥사스다는 느헤미야를 유다 총독으로 임명한다.

2:11-20 느헤미야가 예루살렘 성벽을 조사하다
느헤미야는 예루살렘에 도착하자, 밤 시간을 틈타 성벽의 남쪽 부분을 샅샅이 조사한다. 그가 야음을 틈타 은밀하게 성벽을 조사한 것은 자신이 예루살렘에 온 목적을 그 누구도 알지 못하게 하려는 까닭이었다(2:11-16). 그러다가 드디어, 그는 예루살렘 성의 지도자들에게 자신이 온 목적을 알릴 수 있겠다는 생각을 갖게 된다(2:17-20). 그 지도자들은 느헤미야의 성벽 중수 제안을 흔쾌히 받아들였다. 그러나 느헤미야의 가장 강력한 정적이었던 것이 분명한 산발랏은 느헤미야의 생각을 비웃었다.

3:1-4:23 성벽의 재건자들; 성벽 재건을 반대한 움직임 산발랏은 느헤미야의 계획에 대적하였지만, 결국 성벽과 성문 재건 공사가 시작된다. 말씀은 예루살렘 성의 열 개 성문과 함께 그 성문 재건을 책임진 사람들을 일일이 열거하고 있다(3:1-32). 그러나 성벽과 성문의 재건에 반대하는 움직임이 점차 커져 간다. 예루살렘이 재건되면 그 대적이 될 수 있는 이들의 반대가 특히 심하였다. 느헤미야는 재건 공사를 훼방하려는 반대자들의 계획을 알아차리고 무장 경비병들을 세워 반대자들의 습격에 대비한다(4:1-23).

5:1-19 느헤미야가 가난한 자들을 돕다 하지만, 성벽 재건을 계속하면서 반대자들의 기습을 방비하는 일은 고된 노동을 요구하였다. 이 때문에 희생자가 생기기 시작한다. 재정이 어려워지면서 사람들의 불만도 늘어만 갔다. 더욱이 식량 부족으로 인해 곡물과 같은 기본 식료품 가격이 폭등하자, 사정은 더욱 꼬이게 된다. 결국, 느헤미야는 백성들의 부르짖음을 더 이상 외면할 수 없었다(5:1-5). 그는 이 어려운 상황을 이용하여 자기 잇속을 챙긴 자들에게 그들이 받은 이자 그리고 담보로 잡은 재산과 물건을 돌려주겠다는 약속을 요구하여 기어이 그 약속을 받아낸다(5:6-13). 느헤미야는 자신이 이 상황을 얼마나 심각하게 바라보고 있는지 보여 주고자, 진수성찬을 맛볼 수 있는 바사 총독의 전통적 권리를 포기한다. 느헤미야는 동포의 곤궁한 처지에 동참하려 했던 것이다(5:14-19).

6:1-7:3 성벽 재건을 마치다 성벽 재건을 반대하는 움직임은 이제 다른 곳에서 이어진다. 산발랏은 느헤미야가 예루살렘을 요새 삼아 아닥사스다에게 반역하자는 제안을 했다고 헛소문을 퍼뜨린다(6:1-14). 하지만, 느헤미야는 이 소문에 괘념치 않고 성벽 재건을 밀어붙인다. 주전 445년 10월, 예루살렘 성벽이 재건되었다. 성벽 재건에는 52일이 걸렸다(6:15-19). 얼마 뒤, 성문이 설치된다. 예루살렘은 다시 한 번 자신을 방어할 수 있는 성읍의 모습을 갖추게 된 것이다(7:1-3). 느헤미야는 혹시 있을지도 모르는 기습 공격에 대비하여 해가 높이 뜨기 전에는 성문을 열지 말라고 명령한다. 그 결과, 적이 들키지 않고 성안을 미리 정탐하는 것은 어렵게 되었다.

7:4-72 돌아온 포로들의 명단 이제 예루살렘은 자신을 지킬 수 있는 시설을 갖추게 되었다. 사람들은 이제 성 내부, 특히 주민들이 살 집에 관심을 기울일 수 있게 되었다. 느헤미야는 주택 재건의 사전 단계로서 성안에 사는 사람들을 확인하기로 한다. 느헤미야는 이 거주자 등록 과정에서 스룹바벨과 함께 돌아온 포로들을 만나게 된다(7:4-72; 스 2:1-70을 보라). 에스라서의 명단과 느헤미야서의 명단 사이에는 소소한 차이점이 있다. 이것은 이 두 명단이 본디 동일한 자료를 원용하였으나, 이 자료 속에는 조금씩 달리 해석될 수 있는 약자나 부호가 포함되어 있었을 것임을 암시하는 것이다.

느헤미야 7:73-10:39
에스라와 종교 부흥의 시작

7:73-9:3 에스라가 율법책을 낭독하다 구약에서, 종교 부흥이나 종교 개혁이 흔히 사람들에게 율법책을 읽어 주는 것과 연계되어 있다는 것을 보는 것은 흥미로운 일이다. 바벨론 포로기 이전인 요시야 왕 시대에도 사

람들 앞에서 '율법책'을 읽은 일이 있었는데(왕하 23장을 보라), 이것 역시 종교 개혁과 연관되어 있었다. 이제 다시 여기서 에스라가 똑같은 율법책을 읽고 있다. 본문이 말하는 '읽음'은 단순히 사람들 앞에서 그 율법을 읽은 행위만을 가리키는 게 아니다. 그 '읽음'은 분명히 에스라와 한 무리의 레위 사람들이 그 율법의 의미와 그것이 암시하는 바를 상세히 설명한 것까지 포함하는 말이다(8:1-18). 사람들은 "그 읽어 들려 준 말을 밝히"(8:12) 알게 되었다. 그 결과, 그들은 마음에 감동을 받아 자신들의 죄를 자복하고 여호와께 예배하게 된다(9:1-3).

9:4-37 이스라엘 백성들이 기도로 죄를 자복하다
여기서 백성들이 올린 광범위한 기도 내용은 상세히 살펴볼 가치가 있다(9:5-8). 이 기도는 아브라함 때부터 시작하여 출애굽과 광야 유랑, 가나안 정복을 거쳐 이 시대에 이르기까지 하나님이 당신의 백성들에게 베푸신 은혜를 개관하고 있다. 이 기도는 하나님이 자비로우시며 당신의 약속에 철저히 신실하시다는 점을 강력하게 천명한다. 그러면서도, 이 기도는 하나님의 백성들이 계속하여 죄를 범하였음을 숨김없이 철저하게 자복하고 있다. 하나님은 선하시거늘, 그 백성들은 그분을 떠나 반역하고 불순종하였다.

9:38-10:39 백성들이 이룬 합의
이렇게 자신들의 죄를 살핀 백성의 지도자들은 개혁과 갱신에 헌신할 것을 합의하고, 이를 글로 기록한다(9:38-10:27). 이 합의 속에는 중요한 헌신들이 많이 포함되어 있었는데, 그중에는 이방인들과 통혼하지 않겠다는 약속도 들어 있었다(10:30). 이방인들과 통혼하지 않겠다는 약속은 이방인들과 계속하여 통혼한 유다 사람들을 이전에도 혹독하게 비판한 적이 있었던 에스라에겐 중요한 관심사였다(스 9:1-15). 하지만, 이 순종 서약의 범위는 이 정도에 그치지 않았다. 그 서약 속에는 성전과 그곳에서 봉사하는 자들을 부양하는 데 헌신하겠다는 다짐까지 포함되어 있었다(10:31-39).

느헤미야 11:1-13:31
이후에 느헤미야가 실시한 개혁들

11:1-12:26 예루살렘의 새 거주자들 이제 이야기는 느헤미야가 예루살렘 성읍으로 다시 사람들을 이주시키는 데 관심을 쏟는 장면으로 돌아간다. 성벽과 성문들이 재건되었다. 이제는 한때 파괴되었던 그 성읍에 다시 사람들이 살도록 만들어야만 했다. 백성의 지도자들은 자신들이 먼저 성안으로 옮겨와 살기로 동의한다. 이들과 함께 제비뽑기로 뽑힌 가족들이 성안으로 이주하는 대열에 합류한다. 이렇게 뽑힌 사람들은 유다의 시골 촌락이 아니라 예루살렘 성읍에 거주하라는 요구를 받게 된다. 몇몇 가족들이 자원하여 예루살렘에 정착하게 되자, 대다수의 사람들 역시 그들의 뒤를 따를 수밖에 없었다(11:1-2). 말씀은 솔선수범하여 예루살렘에 정착한 유다 사람들의 이름(11:3-36)을 제사장들 및 레위인들(12:1-26)과 함께 소개하고 있다.

12:27-13:31 예루살렘 성벽을 봉헌하다; 느헤미야의 마지막 개혁들 느헤미야는 예루살렘 성벽을 봉헌한 큰 사건(12:27-47)과 사람들 앞에서 모세의 책(신명기를 가리킨다)을 읽은 일을 기록하고 있다. 이 기록은 분명 느헤미야 자신의 비망록에서 발췌한 것들일 것이다. 말씀은 암몬 족속과 모압 족속을 하나

님의 총회에서 제외하는 부분을 언급하고 있다(이것은 사람들 앞에서 읽은 말씀 중에 신명기 23:3-6이 들어 있었음을 시사한다). 백성들은 이 모세의 책에 쓰인 대로 행한다(13:1-3). 율법책에 신실하려는 새로운 다짐이 있었던 것이 틀림없다.

처음에는 불가능하게 보였던 일이 드디어 성공리에 완수되었다. 예루살렘은 또 다시 성벽과 성문을 갖춘 성읍이 되었다. 이제 느헤미야는 자신이 시작했던 일을 다 마쳤음을 알게 되자 편히 쉴 수 있게 되었다. 그 시기는 분명치 않지만, 느헤미야는 주전 433년부터 432년 사이에 다시 아닥사스다의 궁궐로 돌아간다(13:6). 그는 예루살렘 총독으로서 12년의 세월을 보낸 것이다(5:14을 보라). 하지만, 느헤미야는 예루살렘 총독으로 더 일할 수 있도록 임기 연장을 요청하여 허락을 받아 낸다. 임기 연장을 요청한 이유는 분명치 않지만, 어쨌든 그는 예루살렘을 떠난 지 1년도 안 되어 다시 돌아오게 된다.

예루살렘으로 돌아온 느헤미야는 자신이 세운 규정들이 조롱거리로 전락하였음을 알게 된다. 그는 이전에 창고 하나를 따로 마련하여 십일조와 성전에 바친 예물들을 안전하게 간수하도록 조치한 적이 있었다. 그런데 이제 그 방은 도비야 개인이 사용하는 공간으로 바뀌어 있었다. 느헤미야는 도비야가 그런 특권을 얻게 된 경위를 알고 분노하여 즉시 그 일을 질책한다(13:4-9). 그러나 이것은 빙산의 일각에 불과하였다. 느헤미야는 성전이 원활하게 운영될 수 있도록 여러 가지 조치를 마련해 놓았으나, 이제는 그 조치들이 무용지물이 되어 있었다. 결국 그 때문에, 레위인들은 호구지책을 강구하고자 자신들의 밭으로 돌아가 일을 하고 있었다. 느헤미야는 자신이 정해 놓았던 규정들을 회복시킨다. 그 결과, 그가 처음 의도했던 그대로 성전 제사가 이루어질 수 있게 되었다(13:10-14). 그러나 얼마 되지 않아 다른 악행이 나타난다. 사람들이 안식일 규례를 대놓고 모욕하는가 하면(13:15-22), 이방인들과 통혼하는 것이 재차 중요한 문제로 떠오른 것이다(13:23-31).

결국 느헤미야서는 조심스러운 음조로 끝을 맺는다. 느헤미야는 자신이 예루살렘 총독으로 있을 때 이룩한 많은 업적들을 열거할 수 있었다. 그는 성벽과 성문을 재건하였을 뿐만 아니라, 종교 개혁을 단행하여 유다 사람들의 예배에 침투한 이방 종교의 많은 풍습들을 제거하였다. 그러나 독자들에겐 뭔가 꺼림칙한 느낌이 남아 있을 것이다. 만일 포로 생활에서 의기양양하게 돌아온 지 얼마 되지도 않은 자들이 그토록 심각하게 율법에 위반되는 행위를 저지른다면, 미래에는 과연 어떤 일들이 벌어질 것인가? 회복된 예루살렘의 첫 시대가 그토록 많은 일탈로 얼룩졌다면, 과연 새 이스라엘 공동체가 하나님의 법을 신실히 지킬 수 있을 것인가? 내가 보기에, 인간의 죄가 지닌 가장 큰 특징 가운데 하나는 사람들이 하나님께 반역하려는 경향이 있다는 것이다. 설령 하나님을 섬긴다 해도 기껏해야 자신들의 이익에 부합하는 경우에만 그럴 뿐이다.

포로기 이후 처음 몇 년 동안의 예루살렘 역사는 죄가 인간의 본성에 얼마나 깊이 뿌리 박혀 있는지 보여 준다. 이런 상황에서 대체 무엇을 할 수 있겠는가? 온 열방이 여호와의 이름을 알고 그분께 영광을 돌리는 일은 차치하더라도, 이스라엘이 여호와께 신실함을 지킬 수 있는가가 시급한 문제로 떠올랐다. 이런 의문들이 하나님이시요 구세주이신 예수 그리스도가 오시게 된 배경이 되었다.

그러나 예수 그리스도의 오심은 미래의 일이었다. 성경의 이야기는 이제 느헤미야가 예루살렘으로 오기 전에 머물렀던 수산(수사)으로 옮겨간다. 우리는 이제 에스더가 겪은 사연과 바사 제국에 남아 있던 유다 공동체가 맞게 된 운명을 살펴보게 될 것이다.

에스더

에스더서는 아하수에로 왕의 치세기에 바사 제국의 수산 성에 남아 있던 유다 공동체가 겪은 운명을 다루고 있다.* 에스더서와 같은 시대를 다루는 구약의 다른 책들은 예루살렘에서 일어난 사건들에 초점을 맞추는 경향이 있지만, 에스더서는 반대로 제국의 동쪽 지역에 남아 있던 유다 사람들에게 초점을 맞추어 사건들을 다루고 있다. 에스더서의 주인공은 위기를 만난 자신의 동포들을 위하여 헌신한 유다 여인 에스더 왕후다. 이 책의 제목은 이 왕후의 이름에서 따온 것이다.

에스더서에는 한 가지 독특한 점이 있다. 하나님을 분명하게 언급하지도 않을 뿐더러, 예배나 기도에 관련된 어떤 요소도 명백하게 언급하지 않는다는 점이다. 하지만, 하나님을 분명하게 언급하지 않았다 하여 에스더를 순전히 세속의 이야기쯤으로 치부해서는 안 된다. 분명 이 책은 위기를 만난 당신의 백성들을 섭리 가운데 인도하시는 하나님의 모습을 드러내려 하고 있다. 하나님을 분명하게 언급하지 않은 것은 그분의 임재와 행사(行事)에 명시적으로 주목하게 만들 필요가 없었기 때문이다. 이 책 전체는 하나님의 임재와 행사를 전제하고 있다.

1:1-2:23 와스디 왕후가 폐위되고 에스더가 왕후가 되다 이 책은 그 서두에서 장차 일어날 일들의 배경을 보여 주면서, 아하수에로 왕의 권세와 그의 장엄한 궁정을 생생하게 묘사하고 있다(1:1-8). 이어서 말씀은 우리에게 아하수에로의 왕후인 와스디[아하수에로의 치세기를 기록한 희랍 문헌에서는 '아메스트리스'(Amestris)로 기록되어 있다]를 소개한다. 와스디는 주전 483년이나 484년에 왕후의 자리에서 쫓겨난다. 그 이유는 분명치 않다. 와스디가 아하수에로의 명령을 따르지 않은 것은 어쩌면 본문의 이야기가 그저 암시만 하고 있는 궁정 내부의 권력 투쟁 때문인지도 모른다(1:9-22). 결국, 와스디는 폐위되고 아리따운 유다 여인 에스더가 왕후가 된다(2:1-4). 하지만, 에스더는 자신이 유다 사람이라는 것을 비밀로 한다(2:10, 20).

궁정은 음모가 판치는 위험한 세계였다. 에스더의 조언자요 친구인 모르드개는 아하수에로를 시해하려는 음모를 밝혀 낸다. 에스더는 이 음모를 즉시 왕에게 알린다(2:19-23).

---

* 에스더서의 히브리 본문은 에스더의 히브리식 표기인 '에스테르'를 그 제목으로 삼고 있다. 수산(수사, 히브리어로 '슈샨')은 페르시아 왕의 겨울 궁전이 있던 곳이다(가/817).

3:1-4:17 하만이 유다인들을 제거할 음모를 꾸미다

이때, 바사의 귀족인 하만은 모르드개가 자신에게 합당한 경의를 표시하지 않았다는 이유로 음모를 꾸미기 시작한다. 하만은 모르드개뿐만 아니라 바사 제국에 있던 유다인들을 모두 제거하려는 계획을 짠다. 그는 제비(여기서 히브리어는 '제비'를 가리키는 말로 '푸림'을 사용하였다)*를 뽑아 거사일(擧事日)을 정한다(3:1-7).

하만은 아하수에로 왕을 설득하여 유대인들을 몰살할 칙령을 반포케 한다(3:8-15). 이런 사태를 알게 된 모르드개는 에스더에게 직접 나서서 학살극을 막아 달라고 요청한다. 그는 에스더가 왕후라는 고귀한 자리에 오른 것은 바로 이때를 위함이었을지도 모른다고 이야기한다(4:1-17). 이것은 하나님의 섭리가 작동하고 있음을 분명히 암시하는 것이었다. 이 암시는 에스더의 마음을 움직여 행동에 나서도록 만들었다.

5:1-7:10 에스더가 왕에게 간청하다; 모르드개는 영예를 얻고 하만은 목매달리다

에스더는 왕이 자기에게 호의를 베풀겠다면, 다음 날 자신이 베풀 잔치에서 왕에게 원하는 바를 말할 터이니 들어 달라고 간청한다. 다음 날 왕후가 베푸는 잔치에는 오직 왕과 하만만이 초대되었다(5:1-8). 하만은 이 영예로운 초대에 기뻐한다. 그는 모르드개를 매달기 위해 만든 교수대에 그를 매달아서, 왕후의 잔치에 초대받은 그 다음 날을 자신의 행복을 완성하는 날로 만들겠다고 다짐한다(5:9-14).

하지만 불행하게도, 일은 하만의 뜻대로 이루어지지 않았다. 궁정 기록들을 훑어보고 있던 아하수에로는 모르드개가 왕을 시해하려는 음모를 적발한 기록을 발견한다. 왕은 이 공로를 인정하여 모르드개에게 영예를 하사한다(6:1-14). 에스더는 왕과 하만에게 베푼 잔치 자리에서 자신이 유다 여인임을 밝힌다. 그러면서, 자신의 동포들을 죽이겠다고 위협하는 사람을 처벌해 달라고 아하수에로 왕에게 간청한다. 왕은 그런 무도한 일을 저지른 자는 죽어야 마땅하다고 선언한다. 바로 그 자가 하만임을 알게 된 왕은 즉각 그를 처형하라고 명령한다(7:1-10).

8:1-10:3 부림일을 지키다; 모르드개의 위대함

이 일이 있은 뒤에, 유다 사람들은 아하수에로 왕으로부터 특별한 특권을 부여받고(8:1-16), 자신들을 멸절시키려고 했던 이들에게 보응하게 된다(9:1-17). 유다 사람들은 자신들이 구원받은 것을 기념하여 한 절기를 창설한다. 유다 사람들은 하만이 자신들을 죽일 날을 정하고자 제비를 던졌던 일로부터 이름을 가져와 그 절기를 부림일로 명명한다. 에스더서는 모르드개가 권좌에 올라 아하수에로 다음 자리를 차지하게 된 것을 언급하며 끝을 맺는다(9:18-10:3). 에스더서의 사건들과 요셉의 이야기(창 39-47장을 보라) 사이에는 여러 가지 유사점이 있다. 요셉의 이야기에서도 한 유다 사람이 이방인(곧, 유다 사람이 아닌 사람)의 궁정에서 권좌에 오른다.

---

* 에스더 3:7에서는 '푸림'의 단수형인 '푸르'가 사용되었다. '푸르'는 '돌'을 뜻하는 악카드어 '푸루'(나 2/920), 수메르어 '부르'에 그 기원을 두고 있는 것으로 보인다(가/637).

욥기

구약에는 서로 다른 여러 유형의 글들이 있다. 역사서(사무엘상·하가 그 예다), 예언서(이사야서가 그 예다)가 있는가 하면, 지혜서도 있다. 욥기(운율을 맞추고자 '욥'을 '로브'나 '요브'로 읽기도 한다)는 지혜서에 들어간다. 욥기는 구약에서 아주 유명한 책이다. 늘 관심사가 되어 온 중요한 한 가지 질문에 초점을 맞추고 있기 때문이다. 바로 이런 질문이다. "왜 하나님은 고통을 허락하시는가?" 아니, 좀 더 정확하게 말하면 이런 질문이다. "어떤 사람이 고통을 당한다는 사실은 그가 하나님의 은총으로부터 멀어졌다는 것을 의미하는가?", "고통은 죄의 직접적 결과인가?", "고통은 하나님 눈 밖에 났음을 보여 주는 표지인가?" 이 질문들은 하나같이 중요하다. 그러나 욥기를 읽는 그리스도인들은 이 책이 이런 질문들에 대답하는 책이 아니라는 것을 발견할 수 있을 것이다. 두 가지 이유 때문이다.

첫째, 고통은 계몽주의 시대 이래로(그러니까, 1750년대 이후), 서구 문화에서 아주 중요한 문제가 되어 왔다. 사람들은 고통의 문제를 매우 특별한 형태, 곧 하나님의 선하심과 전능하심에 관한 질문에 초점을 맞추어서 이야기하곤 한다. 그 결과, "어떻게 사랑이 많으시고 선하시며 전능하신 하나님이 당신이 만드신 세상에서 당신의 백성에게 고통을 허락하실 수 있단 말인가?"라는 식의 질문이 등장하게 되었다. 그러나 욥기는 이런 특이한 질문을 제기하지 않는다. 인생은 온통 모순투성이요 혼란뿐이지만 그래도 하나님은 늘 '거기에'(그 인생 가운데) 계심을 강조하는 것, 바로 그것이 욥기의 첫 번째 관심사다. 인생에는 수수께끼가 많다. 우리가 보기에 악인이 번영을 누리고 의인이 고통을 당하는 것도 그런 수수께끼다. 그러나 욥기는 어느 누구도 이런 수수께끼들을 풀 수 없다는 점을 분명하게 이야기한다. 인생은 온통 근심거리뿐이다. 그런데도, 우리는 하나님의 변함없는 임재를 거듭 확신할 수 있다. 욥기는 예수 그리스도의 십자가와 부활의 관점에서 읽어야만 한다. 그럴 때에 참된 의인도 고통을 당할 수 있다는 점을 깨닫게 되기 때문이다.

둘째, 욥기는 이미 한 말을 되풀이하고 거듭하여 말하는 문예 양식을 광범위하게 사용하고 있다. 이 때문에 욥기의 논증을 따라가는 것은 아주 어려운 일이 되었다. 우리는 아래에서 욥기가 논증하고 탐구하는 내용 가운데 큰 줄거리만을 골라내도록 할 것이다. 욥기에 등장하는 다섯 사람들은 때로 고도의 시적 화법을 써서 매우 복잡한 사상을 제시하기도 한다. 이 책에서는 그런 사상을 상세히 분석하는 일은 하지 않으려고 한다.

고통은 구약이 빈번하게 제기하는 문제다. "의인들이 불의한 자들보다 더 곤고한 형편에 있는 것처럼 보이는 이유는 무엇인가?", "인생은 어찌하여 이토록 공정하지 못한가?" 욥기 역시 이런 질문들을 일부 다루고 있다. 그러나 많은 점에서, 욥기는 또 다른 의인(곧, 예수 그리스도)

의 고통을 예표하는 책으로 보는 것이 가장 적절하다. "왜 예수는 고난을 당하셔야만 했는가?" "왜 그분은 죽으셔야만 했는가?" 이 질문에 대한 대답은 신약에 분명히 나와 있다. 예수는 마땅히 그래야만 했기에 고난당하고 죽으신 분이 아니다. 오히려 예수는 다른 이들을 살리고 그들이 용서받을 수 있도록 스스로 고난과 죽음을 택하신 것이다.

욥기는 독특한 구조를 가지고 있다. 욥기의 진가를 충분히 음미하려면, 먼저 그 구조를 이해해야만 한다. 욥기는 욥이 고통당하는 장면과 함께 욥 자신이 그 고통을 어떻게 이해하고 있는지 우리에게 들려 주는 것으로 그 막을 연다. 이어서 이 책은 욥의 좋은 세 친구인 엘리바스와 빌닷 그리고 소발을 우리에게 소개한다. 그러나 '욥을 위로하는 자들'이라는 유명한 문구가 암시하듯, 이들은 결국 욥을 처음보다 더 비참하고 혼란스럽게 만든다. 그들은 욥의 고통이 죄에서 비롯되었다는 기본 전제를 갖고 있었다. 하지만, 욥기의 독자들은 이들의 전제가 옳지 않다는 것을 알고 있다. 욥기의 첫 몇 장이 알려 주고 있는 사실들 때문이다.

욥기의 첫 부분은 위로하는 자들의 말에 욥이 답변하는 장면을 세 번 반복한다. 이어서, 엘리후의 몇 마디 언급이 이어진다. 엘리후는 다른 사람들의 이야기를 지켜보다가 이 시점에서 몇 마디 자기 이야기를 하고 싶었던 것 같다. 그러다가 마침내 하나님 자신이 직접 답변하신다. 하나님은 이 답변을 통하여 토론자들이 늘어놓은 속절없는 신학적 방담이 초래한 혼란을 말끔히 정리하신다.

욥기 1:1-2:13
도입

욥기는 욥이라는 인물의 성품을 힘써 강조하는 말로 시작한다. 욥은 확실히 성실하고 신실하며 올곧은 사람이다. 뿐만 아니라, 그는 형통한 사람이었음이 분명하다(1:1-5).

1:6-22 욥이 첫 번째 시험을 당하다 이어서 본문은 갑자기 여호와 하나님이 사탄과 논쟁을 벌이는 장면으로 옮겨간다. '사탄'이라는 말을 조금 설명할 필요가 있겠다. 욥기는 사탄이라는 말을 고유명사로 다루지 않는다. 그 대신 이 말 앞에는 늘 정관사가 붙어 있다. 이런 점에서, 욥기의 이 히브리어(즉, 사탄)는 이 말이 고유명사로서 갖고 있는 전통적 의미인 악 또는 하나님께 반역한다는 뜻보다는 단순히 '고소자' 또는 '반대자'의 뜻으로 번역하는 것이 더 좋을 것이다. 이 사탄은 하늘에 있는 여호와 전(殿)의 천사 또는 그 전의 한 구성원으로서 욥의 신앙과 성실성을 시험하는 존재로 이해하는 것이 가장 타당할 것이다(1:6-12). 만일 욥이 그의 의로움과 성실함을 증명해 주는 겉표지(이를테면, 그가 소유한 가축 떼)를 모두 잃게 된다면, 어떤 일이 벌어질까? 욥은 그런 사태를 어떻게 받아들일까? 본문은 그 답을 분명히 제시하고 있다(1:13-22). 욥은 여호와께서 베푸신 것을 거둬 가실 권리가 그분 자신께 있음을 주저 없이 선언한다.

2:1-13 욥이 두 번째 시험을 당하다 만일 욥이 그 육체에 고통을 당하게 된다면, 어떤 일이 벌어질까? 그러나 욥은 이번에도 하나님을 비방하길 거부한다. 욥은 하나님이 주시려는 모든 것을 받아들일 준비가 되어 있었다. 그것이 좋은 것이든 아니면 시련이든 상

관없었다(2:1-10). 하지만, 욥의 좋은 세 친구가 도착할 무렵, 그의 곤고함은 상당히 악화되어 있었다. 분명 그 세 친구는 욥을 크게 걱정하면서, 곤고한 처지에 있는 그를 돕고 싶어했다(2:11-13). 처음에 그들은 욥 옆에 그저 조용히 앉아 있었다. 그 자체가 그들의 염려와 동정을 보여 주는 것이었다. 앞으로 벌어질 사건에서 알 수 있겠지만, 어쩌면 그들은 그렇게 침묵을 지키면서 욥 옆에 그대로 앉아 있는 것이 더 나을 뻔하였다. 그들이 위로한답시고 건넨 말들은 결국 전혀 도움이 되지 않았다.

욥기 3:1-14:22
욥과 친구들의 첫 번째 대화
3:1-7:21 욥의 말과 엘리바스의 대답 마침내 욥은 입을 열어 자신의 좌절감과 비통한 심정을 털어놓는다. 이것이 첫 번째 대화의 시작이었다(3:1-26). 욥은 자신의 비참한 처지에 절망하여 차라리 태어나지 않았더라면 좋았을 것이라고 한탄한다. 그러자 엘리바스가 끼어들어 욥이 고통당하는 원인을 밝히려고 시도한다. 엘리바스는 욥의 비참함이 그의 죄에서 비롯된 것이라고 단언한다. 하나님이 의인에게 이런 고통을 내리실 리가 없다는 게 그의 주장이었다. 그는 욥이 자신의 고통을 정직하게 받아들이고 자신의 죄를 자복하는 게 최선이라고 이야기한다. 하나님이 베푸시는 연단을 경험한 사람이라면 어느 누구도 그 연단을 무시해서는 안 될 뿐만 아니라, 도리어 그 연단에서 교훈을 얻어야 한다는 게 엘리바스의 논지였다. 엘리바스는 욥을 상하게 하신 바로 그 하나님이 그의 상처를 싸매 주시고 그를 낫게 하실 것이라고 말한다(4:1-5:27). 그러나 엘리바스의 이 말에 욥이 한 대답을 보면, 그의 비참한 심정과 혼란스러운 마음이 극에 이르렀음을 알 수 있다. "사람들을 이토록 비참하고 불행한 처지에 빠뜨리시려면, 왜 하나님은 굳이 사람들을 지으셨다는 말인가?" 욥은 그렇게 탄식하였다(6:1-7:21).

8:1-10:22 빌닷과 욥 그러자, 빌닷이 욥과 엘리바스의 대화에 끼어든다(8:1-22). 욥은 하나님이 명백히 부당하시다고 이야기한다(7:21). 빌닷은 이 말을 되받아 하나님은 모든 일에 공명정대한 분이심을 강조한다. 빌닷은 욥의 자녀들이 비운을 당한 것은 그들이 죄인이었기 때문이라고 이야기한다. 그러나 욥은 강한 자가 약한 자를 이기는 것이 경험의 법칙이라고 대답한다. 욥이 볼 때, 세상에서 일어나는 일 속에는 진정한 정의가 없는 것 같았다(9:1-10:22).

11:1-14:22 소발과 욥 이어서, 세 번째 위로자인 소발이 자신의 존재를 알린다(11:1-20). 분명 그에게는 엘리바스와 빌닷이 지닌 온유함과 동정심이 없었다. 그는 말문을 열자마자, 욥의 경건치 못함을 대놓고 비판한다. 그가 하나님께 이야기하는 경우라면, 이런 식의 비방을 퍼붓지도 않았을 것이며 도가 지나친 몇몇 말들은 감히 내뱉지도 못했을 것이다. 대체 그는 하나님의 신비에 대하여 뭘 알고 있는 걸까? 그는 욥에게 죄를 자복하고 그 비참함을 끝내라고 재촉한다. 만일 소발이 이 말을 함으로써 욥의 입을 다물게 하려고 했었다면, 소발은 이내 실망하게 된다. 욥은 소발의 말이 욥 자신의 경험에 어긋난다는 굳건한 확신을 거듭 피력하였기 때문이다. 욥은 자신에게 일어난 일에서 정의를 찾기가 매우 어렵다고 토로한다(12:1-14:22). 욥의 이 말 속에는 인생의 덧없음

(이를테면, 14:1-2)과 소망 없는 인생의 곤고함(이를테면, 14:7-14)을 깊이 성찰케 하는 말들이 들어 있다.

욥기 15:1-21:34
욥과 친구들의 두 번째 대화
15:1-17:16 엘리바스와 욥 이 두 번째 대화는 어쩔 수 없이 어느 정도 반복되는 부분을 담고 있다. 첫 번째 대화에서 위로자들은 하나님의 본성과 성품에 근거하여 자신들의 주장을 펼쳐나갔지만, 두 번째 대화에서는 인생의 경험에 더 초점을 맞추려 한다. 엘리바스는 두 번째 말(15:1-35)을 시작하면서, 그들이 논의하고 있는 질문들에 대하여 의문을 품었던 사람은 자신이 처음이 아니었다는 사실을 욥에게 되새겨 준다. 엘리바스는 사악한 자가 실제로 번영을 누리는 것처럼 보일 수도 있음을 인정한다. 그러면서도, 그 사악한 자들은 양심의 가책에 시달리면서 자신들의 소행에 따라올 결과를 두려워하며 살아간다고 이야기한다. 욥은 자신을 위로한다는 이 친구들 말고도 자신이 제기한 문제들에 신통찮은 답변을 늘어놓은 사람은 많았다고 대꾸한다(16:11-17:16). 여기서 우리는 죽음을 마주한 자가 얼마나 소망에 갈급해 하는지 엿볼 수 있는 감동적인 표현을 재차 발견한다(17:14-16). 이 감동적인 진술들은 그리스도를 믿는 독자들에게 예수 그리스도의 부활이 지닌 중요성을 충분히 인식시켜 준다. 아울러 그 부활이 마지막 날 부활의 권세와 영광에 동참케 될 것임을 알고 있는 이들에게 가져다준 새 소망 역시 충분히 깨닫게 한다.

18:1-21:34 빌닷, 소발과 욥 빌닷은 사악한 자들의 비참함을 강조하면서, 그들은 어떤 소망이나 영원함도 누리지 못하는 자들이라고 묘사한다(18:1-21). 욥은 그 말에 대답하면서, 자신이 세상의 부조리와 위로자들의 태도에 당황하였음을 강조한다. 자칭 위로하러 왔다는 이들이 오히려 욥을 해치려고 하는 것처럼 보였기 때문이다. 소발은 사악한 자들이 벌을 면하는 것처럼 보여도, 그것은 그 벌의 집행이 잠시 유예된 것뿐이라고 이야기한다. 그는 사악한 자들이 잠시 동안은 잘 되는 것처럼 보이지만, 결국 합당한 벌을 받게 된다고 말한다. 소발은 사악한 자들이 현세에서 당하게 될 불행을 생생히 묘사하면서, 그들이 당하는 물질적, 심리적 고통을 이야기한다(20:1-18). 욥은 소발의 말이 전혀 타당치 않다고 대답한다. 사악한 자들이 집에 평안히 거하며, 그들의 가족과 가축 떼 역시 번성한다. 욥은 "대체 정의가 어디에 있느냐?"며 탄식한다. 욥에게는 그렇게 지각없는 소리를 늘어놓는 소발이 세상 물정 모르는 친구처럼 보였을 것이다(21:1-34).

욥기 22:1-31:40
욥과 친구들의 세 번째 대화
22:1-25:6 엘리바스, 빌닷과 욥 세 번째 대화에는 욥의 친구 중 엘리바스와 빌닷만이 참여한다. 이 대화는 처음 두 대화보다 눈에 띄게 공격적이다. 엘리바스는 욥이 악한 자이며 그가 당하는 불행의 직접 원인은 그 자신의 사악함이라고 주장한다. 그는 욥이 하나님께 굴복하기만 하면 다시 형통을 누리게 될 것이라고 주장한다(22:1-30). 그러나 욥은 엘리바스가 제기한 문제들에 답변하지 않는다. 오히려 그는 무의미해 보이는 삶의 수수께끼에 거듭 초점을 맞춘다. 욥은 사악한 자들이 번영을 누리며 악을 저질러도 보

응을 받지 않는 것처럼 보인다고 말한다(23:1-24:25). 빌닷은 이 토론에 아주 짧게 끼어든다(25:1-6). 그의 말에는 새로운 것이 없었다.

26:1-31:40 욥이 말하다 욥은 자신의 말을 더 이어간다. 그는 자신이 앞에서 이미 말한 몇 가지 요점을 개괄하여 되풀이한다(26:1-31:40). 이 단락에서는 28:1-28 부분이 특히 흥미롭기 때문에, 이 부분을 꼼꼼히 읽어 볼 필요가 있다. 참 지혜는 오직 하나님을 두려워하는 것에서 발견할 수 있다는 것이 이 부분의 요지다. 이 부분은 그 서두에서 고대의 광물 채굴 방법을 요약하면서, 가장 귀중한 금속과 보석을 얻는 것이 어렵다는 점을 강조한다. 그렇게 귀중한 광물이나 보석은 땅속 깊이 묻혀 있다. 때문에 그것을 얻는 일은 어렵기도 하거니와, 값비싼 희생을 요구한다(28:1-11). 그러나 지혜는 어느 광산에서나 캘 수 있는 것이 아닐뿐더러, 귀중한 광물이나 보석으로도 살 수 없는 것이다(28:12-19). 지혜는 오직 하나님을 두려워하는 것에서 찾을 수 있다. 오직 하나님만이 만물을 이해하신다. 오직 그분만이 땅 끝까지 보실 수 있으며, 하늘 아래 있는 모든 것을 살피실 수 있다(28:24). 이 통찰이 욥과 친구들의 토론에 제 자리를 찾아 준다. 이것은 가장 심오한 신비들을 전혀 측량할 수 없는 인간 지성의 무능함을 그대로 보여 준다. 그 신비들 중에는 그때 욥과 친구들이 토론하던 문제들도 들어 있었다.

이어서 욥은 자신이 행복과 번영을 누리던 옛적을 회상하면서(29:1-325), 현재의 비참한 상태를 되돌아본다(30:1-31). 이어서, 그는 자신이 진실함을 지켰노라고 단호하게 선언한다(31:1-40). 욥은 모든 시련과 유혹에도 불구하고 하나님이 자신에게 요구하고 기대하시는 모든 일에 진실함을 지켰노라고 확신한다. 욥은 만일 자신에게 추호라도 진실치 못한 부분이 있었음을 증명할 수 있는 이가 있다면, 기탄없이 그 점을 이야기해 보라고 말한다. 그러나 욥은 강렬하면서도 비통한 마음으로 자신에게 흠이 없음을 믿고 있다. 그는 왜 자신이 그런 고통을 당해야 하는지 이해할 수 없었다.

욥기 32:1-37:24
엘리후가 말문을 열다

여기서 우리가 이제까지 만나지 못했던 다섯 번째 인물이 갑자기 모습을 드러낸다. 엘리후(그는 분명 다른 네 사람보다 나이가 어리다, 32:6-7)는 네 번에 걸쳐 말을 이어간다. 그러면서, 그는 그때까지 자신이 들었던 모든 말이 그들이 씨름한 문제들에 해답을 주지 못했다고 이야기한다. 특히 엘리후는 욥이 자기변호에 급급하여 하나님의 방법을 옹호하거나 설명하려는 시도는 하지 않았다고 믿고 있는 게 확실하다(32:12). 엘리후가 한 네 번의 말은 공통의 주제를 갖고 있는 것으로 보인다. 즉, 욥이 당하는 것과 같은 고난은 하나님이 당신의 백성을 연단시키는 방법으로 보아야만 한다는 것이다. 하나님이 불의한 일을 행하신다는 건 상상조차 할 수 없는 일이다(34:10-15). 세상의 그 어떤 것도 하나님 앞에서 감춰질 수 없다(34:21-30). 따라서 욥의 고통 역시 하나님은 분명 알고 계실 것이다. 욥이 그렇게 고통당하는 이유는 오직 하나, 욥이 지은 죄 때문이라는 게 엘리후의 주장이었다(36:5-21). 그처럼 고통은 인간의 완고한 마음이나 불순종과 이어져 있다. 하지만, 인간이 회개하고 그 삶을 바르게 고치면, 고통은 경감될 수 있다고 엘리후는 이야기한다. 엘리후의 주장들은 많은 점에서 세 '위로자들'이 이미 이야기한 주제들을 반복하고 있다. 그가 그 토론에 새로 덧붙인 내용은 거의 없다. 이제 이 토론은 여호와 하나님이 그 결론을 내리시게 된다.

욥기 38:1-42:17
하나님의 확고한 말씀과 욥의 응답

38:1-41:34 여호와가 욥에게 말씀하시다 이윽고 여호와가 입을 여신다. 그분은 연이어 질문을 던지시는 것으로 욥에게 대답하신다. 여호와는 창조의 경이와 복잡함에 대해 말씀하신다(38:1-40:2). 그분의 말씀은 구약에서 가장 아름다운 시들 가운데 하나로 꼽힌다. 피조 질서의 면면을 샅샅이 살펴보면, 그 세계가 얼마나 경이롭고 복잡한지 알 수 있다. 성난 바다로부터 경이로운 저 밤하늘의 무수한 별들까지, 천둥을 토해 내는 비구름부터 풍요로운 동물들의 삶까지, 여호와는 피조 세계의 모든 면을 개관하신다. 여호와가 이 모든 것을 창조하셨다. 욥이 이것들을 창조하였는가? 아니다. 욥은 세상의 존재 방식을 알기나 할까? 어림없는 소리다. 그런 욥이 감히 하나님을 비방할 수 있을까?

욥의 대답은 뻔하였다. 그는 아무 말도 할 수 없었다. 비로소 그는 하나님이 하실 말씀을 자신이 하고 있었다는 사실을 깨달았다. 욥은 세상의 창조주와 감히 논쟁을 벌일 수 있는 위치에 있지 않았다(40:3-5).

이어서 여호와가 다시 말씀하신다(40:6-41:34). 그분은 당신의 의로우심을 강조하시면서, 그 의가 당신이 지으신 세계를 뒤덮게 될 것이라고 단호하게 천명하신다. 하나님은 삶의 혼란에 대하여 일체 설명하지 않으신다. 그 대신 여호와 하나님은 주권자이신 당신의 정의에 만물이 복종하고 있다는 사실을 힘차게 선언하신다. 욥은 그 말씀을 이해할 수 없었지만, 신뢰할 수 있었다. 여호와는 매우 상징성이 강한 시적 언어로 온 피조 세계가 당신의 주권 아래 있음을 말씀하신다. 그 말씀이 암시하는 바는 명백하였다. 하나님이 피조 세계 구석구석을 낱낱이 돌보신다는 것을 믿어도 좋다는 뜻이다. 이것은 사람이 이해할 수 있거나 이해해야 할 문제가 아니다. 중요한 것은 여호와만이 하나님이시며 만물이 그분께 속해 있다는 것을 거듭 확신하는 것이다.

42:1-17 욥이 말하고 기도하다 욥은 여호와의 말씀을 받아들인다(42:1-5). 그는 자신이 결코 대답을 찾을 수 없는 질문들을 제기하였다는 것을 확실히 깨닫게 된다. 아울러 그는 그 신비로움 때문에 인간의 이해력이 주춤할 수밖에 없는 영역에 자신이 도전장을 내밀었다는 사실을 깨닫는다. 하지만, 욥은 다시 확신을 얻었다. 여호와는 늘 거기에 계신다. 심지어 인생의 수수께끼 속에도 그분이 자리하고 계신다. 마침내, 그는 자신을 위로하려고 하였던 친구들을 위해 기도한다(42:10). 하나님은 그에게 다시 형통을 허락하신다.

욥기 전체의 요지는 분명하다. 하나님은 타당한 이유 없이 당신의 백성들에게 고통을 허락하시는 분이 아니다. 하나님의 백성이라도 고통의 원인을 제대로 깨닫지 못할 수 있다. 그럴지라도, 하나님의 백성들은 여호와가 의를 행하시는 분임을 확신하며 쉼을 누릴 수 있다. 의롭다 하여 고통을 면제받는 것은 아니다. 예수 그리스도의 고난은 하나님이 보시기에 의로운 사람이라도 고통을 당할 수 있다는 사실을 그리스도인들에게 강력히 일깨워 준다. 그러나 한 가지 더 되새겨야 할 것이 있다. 분명 무의미해 보이는 고통이라 할지라도, 하나님은 그 고통을 통하여 무언가를 하실 수 있다는 것이다. 하나님은 그리스도의 고난을 통하여 온 세상에 구원을 가져다주셨다. 그런 분이라면, 당신 백성의 고통에서도 선한 것을 이끌어 내시지 않겠는가?

시편

시편은 몇 권의 시모음집으로 이루어져 있다. 시편의 시들은 아마도 주전 3세기에 이르러 현재의 형태로 배열되었을 것이다. 우리가 보고 있는 시편에는 여러 개의 작은 시모음집들이 들어 있다. '아삽의 시'(시 73-83편), '고라 자손의 시'(시 84-85, 87-88편), 그리고 '다윗의 시'(시 138-145편)가 그 예다. 시편에 실린 150편의 시들은 이 작은 시모음집들을 한데 모아 놓은 것이며, 이 시들은 다시 아래 다섯 권의 책 속에 정리되어 있다.

제1권: 시 1-41편
제2권: 시 42-72편
제3권: 시 73-89편
제4권: 시 90-106편
제5권: 시 107-150편

시편이 그 최종 형태를 갖춘 때는 아마 주전 3세기경이었을 것이다. 하지만, 대부분의 시들은 그보다 훨씬 전인 주전 1,000-500년경에 이미 한데 모여 있었을 것이다. 일부 시들은 그 저작 연대를 알아내기가 어렵다. 하지만, 일부 시들은 그 저작 연대를 제법 확실하게 알 수 있다.

개개의 시를 간단히 언급하기에 앞서, 시편 전체에 관련된 몇 가지 사항들을 개괄하여 짚고 넘어가는 것이 유익하겠다. 시편의 많은 시들에는 제목이 붙어 있다. 이를테면, 시편 30편은 '다윗의 시, 곧 성전 낙성가'라는 제목을 갖고 있다. 이 제목으로 보아, 이 시는 역대기상 22:1-23:6의 기록대로 다윗이 성전 건축에 필요한 자산과 건축 재료들을 봉헌하면서 쓴 시라고 추정하는 것이 자연스럽다. 사람들은 종종 개개의 시에 붙어 있는 제목의 신뢰성에 의문을 제기한다. 하지만, 그 제목들은 원래부터 붙어 있던 진정한 것으로 믿을 수 있다. 적절한 근거들이 있기 때문이다. 이를테면, 시편 이외의 책에 들어 있는 시들도 대개 제목을 달고 있다(삼하 22:1; 사 38:9과 합 3:1의 시들이 그 예다). 게다가, 각 시의 제목이 담고 있는 역사적인 정보가 그 시의 내용과 잘 들어맞는다.

사용된 용어들

최초에 시편을 희랍어로 번역할 때(주전 2세기경의 일이다),* 시편이 사용하고 있는 몇

몇 기술적 용어들은 유다의 학자들에게도 이미 생소한 말이 되어 있었다. 이것은 시의 제목들이 이미 그 이전부터 오랫동안 존속해 왔으며 전통이라는 이유로 그대로 보존되었으리라는 점을 시사해 준다. 덕분에 그대로 제목 속에 남아 있게 된 기술적 용어들 가운데는 '식가욘'(shiggaion, 탄식?), '마스길'(maskil, 묵상?) 그리고 '믹담'(miktam, 속죄의 노래?)이 있다. 그중에서도 특히 흥미를 끄는 용어가 '셀라'(selah)다. 이 말은 시편에 모두 71번 등장하며 하박국에서도 등장한다. 이 말의 뜻은 확실치 않다. 셀라는 '잠시 쉬라'는 의미일 것이라는 게 가장 많은 사람들이 받아들이고 있는 견해다. 즉, 그때까지 불렀던 노래 내용을 되새겨 볼 수 있도록 잠시 쉴 시간을 줄 때, 셀라라는 말을 사용했다는 것이다. 하지만, 셀라라는 말은 후렴을 부르라는 뜻일 수도 있고, 그 부분을 부를 때 목소리를 높이라는 뜻일 수도 있다. (시편의 시들은 노래로 부르고자 쓴 시임을 유념해야만 한다. 시 제목에 종종 다양한 악상 부호들이 등장하는 것은 그 때문이다.)

시편의 저자들

시편의 저자가 누구인가는 복잡한 문제다. 시편의 시들은 그 제목에서 다양한 사람들을 언급하고 있다. 이를테면, 다윗, 아삽, 그리고 고라 자손이 그 예다. 정체를 알 수 없는 '인도자'를 언급한 경우도 55번이나 있다.* 히브리 본문이 기록해 놓은 제목들은 종종 그 의미가 모호하다. 이를테면, 현대어 역본들이 '다윗의 시'로 번역한 히브리 문구는, '다윗이 쓴 시', '다윗에게 헌정된 시', '다윗(의 행적)에 대하여 쓴 시' 또는 '다윗이 사용할 수 있도록 쓴 시'처럼, 여러 가지 의미를 가질 수 있는 말이다.** 하지만, 그렇게 많은 시들을 다윗과 연결지어도 전혀 어색하지 않은 것은 그가 "이스라엘의 노래 잘하는 자"(삼하 23:2)였기 때문이다. 따라서 제목에 다윗의 이름이 들어 있는 시들이 모두 다윗의 저작은 아니더라도, 그 가운데 많은 부분을 다윗이 썼다고 보는 것이 이치에 맞는 것이 분명하다.

구조

시편은, 구약의 많은 기록들처럼, 시의 형태로 쓰여 있다. 아쉬운 일이지만, 히브리 시의 정확한 본질은 아직도 상당한 논쟁의 대상이 된다. 본디 시편의 시들을 읽을 때 사용되었던 발음법은 이제 정확히 알 수 없다. 때문에 그 시들의 운율이나 박자를 되살려 보려는 시도들은 아직도 확답을 얻지 못하고 있다. 그 결과, 학자들은 '평행법'(parallelism)에 초점을 맞추곤 하였다. 한 행과 다른 행이 균형을 이루게 하면서, 약간 말만 바꿔 같은 주제를 반복하거나 반대 주제를 이야기하는 것이 바로 평행법이다. 같은 주제를 반복하는 경우를 '동의평행법'(同意平行法,

---

* 히브리어와 아람어로 된 구약 본문을 희랍어로 번역하여 70인경을 만든 일을 가리킨다.
* 이전에 개역한글판이 '영장'이라고 번역한 것을 개역개정판은 '인도자'로 번역해 놓았다. 히브리 본문은 이 인도자를 '머나체아흐'라고 기록해 놓았다. 이 말은 '무엇을 지휘하다, 무엇을 살살이 조사하다'라는 뜻을 가진 히브리어 동사 '니체흐'의 분사형이다. 이 말뜻은 확실치 않지만, 대개 히브리어 사전들은 '음악 지휘자'로 본다(가/517, 나/716).
** 이렇게 다양한 해석이 가능한 것은 '다윗의 시'로 번역된 히브리 문구 '러다윗'에서 다윗 앞에 붙은 전치사 '러' 때문이다. '러'는 문맥에 따라 그야말로 다양한 해석을 이끌어 낸다.

synonymous parallelism), 반대 주제를 이야기하는 경우를 '반의평행법'(反意平行法, antithetic parallelism)이라고 한다. '동의평행법'의 한 예가 시편 104:33이다.

> "내가 평생토록 여호와께 노래하며
> 내가 살아 있는 동안
> 내 하나님을 찬양하리로다."*

시편의 시들 속에서는 다른 패턴도 찾아낼 수 있다. 많은 시들이 각 행의 첫 머리에 히브리 알파벳의 첫 글자를 배치하는 알파벳 시편의 구조를 띠고 있는 것이 그 예다(시 25, 34, 37, 111, 112, 119, 145편이 그 예다).

시편 시들의 분류

시편의 시들은 다양하게 분류할 수 있다. 대부분의 시들은 두 개의 큰 범주로 묶어 볼 수 있다. 하나는 '탄원의 시'(종종 '탄식의 시'로도 불린다)이며, 다른 하나는 '찬양의 시'다. 이 이외에 '지혜의 시'(시 1, 37, 49, 73, 112편이 그 예다)와 '제의의 시'(시 15, 24, 68, 82, 115편이 그 예다)라는 더 작은 범주로 분류할 수도 있다. 먼저 두 개의 큰 범주를 살펴보자.

시편의 시 가운데 3분의 1이 넘는 시들이 '탄원의 기도' 형태를 띠고 있다. 즉, '탄원의 시'는 시편에서 가장 큰 범주다. 이 시들은 주로 하나님께 올리는 기도로서, 인간의 고통에서 우러나오는 생각과 감정을 그대로 표현하고 있다. 이 범주에 속하는 시들은 다시 두 개의 유형으로 세분할 수 있다. '호소의 시'와 '불평의 시'가 그것이다. '호소의 시'는 개인(시 3, 5, 7, 14, 17, 25, 26편이 그 예다)이나 공동체(시 12, 58, 83, 94, 123편이 그 예다)가 도움을 간구하는 기도다. '불평의 시'는 하나님께 기대하는 일을 그분이 행하시지 아니할 때 불평을 토로하는 시다. 이 경우에도 불평을 토로하는 주체는 개인(시 6, 13, 22, 35, 39편이 그 예다)이나 공동체(시 9, 10, 44, 60, 74, 77편이 그 예다)다.

'찬양의 시'는, 현대의 찬송가처럼, 창조주요 구세주이신 하나님을 기뻐하는 마음을 표현한 시다. 이 시 역시 두 부류로 세분할 수 있다. 하나는 자연과 역사 속에 계시된 하나님의 위대하심을 찬송하는 시다(종종 '찬송의 시'로도 부르는데, 시 8, 19, 29, 33, 47편이 그 예다). 다른 하나는 엄청난 곤고함과 고통 중에 있을 때 돌아보신 하나님께 감사를 표현한 시다('감사의 노래'로 부르기도 한다). 이런 '감사의 노래'는 개인이 부르는 경우(시 18, 30, 32, 34, 92편이 그 예다)가 있는가 하면, 공동체가 부르는 경우(시 67, 75, 107, 124편이 그 예다)도 있다.

시편 시의 주제들

시편에는 풍성하면서도 다양한 내용들이 들어 있다. 이 내용들에 통일성을 부여하는 것은 서로 연관을 맺고 있는 여러 주제들이다. 이 많은 주제의 정점에는 하나님의 주권이

---

* 히브리 본문으로 보면, 평행법의 특징이 명확하게 드러난다. 본문은 이러하다. '아쉬라 라야훼(라아도나) 버하야 / 아잠므라 레(엘)로하 버오디.' 각 행은 각기 세 어구로 되어 있다. 각 행 각 어구의 첫 글자는 모두 '1인칭 동사 미완료형을 나타내는 알렙, 전치사 러, 전치사 버'로 되어 있어 서로 평행을 이룬다. 또 각 어구의 의미 역시 평행을 이루고 있다. 각 행의 첫 어구에는 '노래하다'(아쉬르)와 '악기를 연주하다'(아자메르), 두 번째 어구에는 '야훼'(아도나)와 '엘로힘'(하나님), 세 번째 어구에는 '내 평생'과 '영원히'라는 말이 기록되어 있으며, 이들은 그 의미 면에서 서로 평행을 이루고 있다.

온 피조물을 주관하신다는 주제가 자리하고 있다. 이 주제는 하나님의 여러 성품과 덕성을 선포하는 찬양의 시뿐만 아니라, 탄원의 시에서도 표현되고 있다. 탄원의 시들은 오직 하나님만이 모든 갈급한 필요를 채워 주실 수 있다는 믿음을 표현한다. 따라서 시편은 처음부터 끝까지, 명시적이든 묵시적이든, 온 우주에 미치는 주 하나님의 주권을 강조하고 있다. 주 하나님의 주권이 온 우주에 미친다는 주제는 종종 하나님의 왕 되심과 연결되어 나타난다. 이 점은 특히 하나님이 온 땅의 왕으로 등극하심을 송축하는 시들에서 뚜렷하게 나타난다(시 47, 93, 95, 96, 97편이 그 예다). 이 이외에도 시편의 시들이 아주 중요하게 다루는 하나님의 성품에는 그분의 거룩하심, 의로우심과 선하심이 있다.

시편은 또한 다윗 또는 그의 자손들 가운데서 구현되는 왕정(왕업)에 초점을 맞춘다. 이것은 다윗과 다윗 왕조가 차지하는 독특한 위치를 보여 주고 있다. 하나님은 다윗을 당신 백성들을 이끌 목자로 선택하셨을 뿐만 아니라, 아예 다윗을 당신의 '아들'로 삼으셨다(시 2:7, 89:26-27을 보라). 이 사실은 예루살렘, 아니 더 정확히 말해 시온 산을 성전의 소재지로 선택한 사실과 연관되어 있다. 당대의 사람들은 성전을 이 땅에 있는 하나님의 거소로 여겼다. 사람들은 하나님의 임재를 당신의 통치를 받으며 살아가는 사람들에게 보호와 평강을 베푸시겠다는 하나님의 확약으로 받아들였다. 때문에 예루살렘이 늘 번영과 안녕을 누리는 것은 많은 찬양의 주제가 되었다.

찬양과 기도가 시편에서 아주 큰 비중을 차지하고 있다는 점은 그리 놀라운 일이 아니다. 이런 찬양과 기도는 음악이나 악기 또는 그런 찬양의 중심에 자리잡고 있는 인간의 감사와 기쁨을 특별히 언급하는 말들과 종종 연관을 맺고 있다.

우리는 아래에서 각 시의 주제들 가운데 몇 가지만을 살펴볼 것이다. 이 주제들을 상세하고 깊이 있게 살펴보는 것이 마땅하지만, 주어진 공간의 한계 때문에 그렇게 할 수가 없다. 아마도 시편은 헌신과 묵상의 자세로 읽을 때 그 진가를 가장 잘 음미할 수 있을 것이다. 이처럼 헌신하는 자세로 시편을 읽고자 할 때, 특히 유익이 될 수 있는 사항들을 잘 선별하는 것이 중요하다. 나는 이런 선별 작업에 도움이 되고자 하는 의도를 가지고 주석을 썼다.

제1권
시편 1-41편

시 1편 시편 1편은 애초부터 시편 전체의 서언으로 쓴 시일지도 모른다. 이 시는 여호와의 율법을 기뻐하는 것이 중요하다는 것, 나아가 그렇게 율법을 기뻐할 때 유익을 얻는다는 점을 강조하고 있다. 하나님과 친밀한 관계에 있는 영혼은 늘 신선하고 새로워진다. 이 시는 이 점을 생생히 표현하고자, "시냇가에 심은 나무"(1:3)라는 아주 강렬한 이미지를 활용하였다. 하나님을 거부하거나 무시하는 자와 하나님의 율법을 기뻐하는 자의 대비가 분명하게 드러난다. 하나님을 거부하는 자들은 바람에 나는 마른 겨와 같다(1:4). 시편 전체에서 빈번히 등장하는 주제 가운데 하나는 여호와께서 당신 백성을 지키신다는 것이다(1:6). 이 때문에 그분의 백성들은 온갖 역경 속에서도 안녕을 누릴 수 있다.

시 2편 시편 2편은 '제왕시'(帝王詩)에 속한다. 이 시는 유다의 새 왕이 등극하는 것을 축하하는 동시에 여호와 하나님이 그 백성의 왕 되심을 송축하는 시다. 왕은 인간의 권위가 아니라 하나님의 권위에 의지하여 기름부음을 받는다. 따라서 이 시를 읽을 때는 사무엘이 다윗에게 기름을 부어 이스라엘의 왕으로 세웠던 사건과 같은 사례를 염두에 둘 필요가 있다. 이런 이유 때문에, 시인은 이 땅에 있는 다른 왕들이나 통치자들에게 조심하라고 경고한다. 다른 한 편, 여호와가 세우신 왕은 그분의 보호 아래 있다. 따라서 이 왕을 공격하는 것은 무익하고 그릇된 일이다.

하지만, 이 시에는 강력한 메시아적 요소가 들어 있다. 이 시가 왕을 일컬어 여호와의 특별한 보호와 은총을 받아 누리는 하나님의 '아들'이라고 말하기 때문이다. 여기에서는 분명 다윗의 자손 중에 한 왕을 일으켜 세우실 것을 다윗의 집에 말씀하셨던 여호와 하나님의 위대한 약속(삼하 7:14)이 메아리치고 있다. 이 때문에, 이 시는 그리스도인들에게 특별하고 중대한 의미를 갖는다. 신약의 저자들은 이 시를 하나님의 아들이신 예수 그리스도의 오심을 예표하는 시로 보았다. 실제로 복음서 기자는 예수 그리스도가 세례를 받으시는 장면에서 이 시의 내용을 암시하고 있다(마 3:17). 그리스도는 죽은 자 가운데서 부활하심으로써 하나님이 기뻐하시는 아들로 선포되었다(행 13:33). 히브리서 역시, 예수가 천사보다 위에 계시고 그분이 참된 대제사장이라는 사실과 관련하여, 이 구절을 중요한 증거로 뽑아 쓰고 있다(히 2:7, 5:5).

시 3편 시편 3편의 제목은 이 시가 다윗의 아들 압살롬이 그 아버지에 맞서 심각한 반역을 일으켰을 때(삼하 15:13-17:22) 기록된 것임을 알려 준다. 이 시는 대적들과 마주할 때 여호와가 보살피며 지켜 주실 것이라고 확언한다. 이 사실을 아는 이상 하나님의 백성들은 마음의 평안을 누릴 수 있다는 점을 이 시는 강력하게 설파하고 있다. 이 시는 다윗의 저작임을 분명하게 밝히고 있는 시들 가운데 첫 번째 시다.

시 4편 시편 4편 역시 다윗의 시로 기록되어 있다. 이 시도 곤고한 상황을 이야기한다. 여호와가 절박한 처지에 있는 신자들에게 귀를 기울이실 것이다(4:3). 이 시는 이를 확신하는 신자들의 마음을 이야기하고 있다. 모든 것을 잃어버린 것처럼 보일지라도, 신자는 여호와가 당신을 사랑하는 이에게 신실하신 분이라는 사실을 믿을 수 있다. 이 시는 특별히 하나님의 얼굴빛이 그분의 백성들에게 비춰지기를 간구하는 뛰어난 기도를 담고 있다(4:6). 이 기도는 이스라엘 백성들이 광야를 유랑하던 시절에 하나님께 올렸던 위대한 감사(민 6:25)를 되새겨 준다.

시 5편 시편 5편 역시 대적을 만나게 되자 여호와께 도와달라고 호소하는 시다. 신자는 하나님의 의로우심 때문에 여호와를 확실히 믿을 수 있다. 종국에는 하나님의 의가 그분을 믿지 않는 자들의 악함을 이기고 승리를 거두게 될 것이다. 하나님을 알지 못하는 자들이 하나님께 반역하였지만, 결국에는 하나님이 몸소 그들을 처리하실 것이다. 여기서 시인은 자신의 곤고함이 여호와를 향한 자신의 신실함에서 비롯되었다는 것을 분명하게 알고 있다. 그는 여호와께 신실함을 지켰다. 때문에 그는 여호와 역시 자신에게 신실함을 지키실 것이며 그분이 자신을 그 상황에서 구해 내실 것이라고 기대할 수 있다. 신자는 소망을 품고 기다릴 수 있다(5:3). 여호와의 보호하심을 알기 때문이다. 시인은 여호와의 보호하심을 적의 어떤 공격도 막아 내는 방패에 비유한다(5:12).

시 6편 시편 6편도 곤고한 처지에서 여호와가 구원을 베풀어 주시길 바라는 기도다. 이 시는 번민의 음조를 띠고 있다. 상황의 불확실성 때문이다(6:3). 아울러 이 시는 시인을 슬픔으로 말미암아 극심한 고통에 빠져 있는 사람으로 묘사한다(6:6-7). 여호와는 언제 움직이실 것인가? 이 시는 신자의 유일한 소망은 인간의 힘이 아니라 여호와께 있다는 점을 강조한다(6:2). 더불어 이 시는 이 소망과 관련하여 여호와의 '변함없는 사랑'의 중요성을 강조하고 있다(6:4).

시 7편 시편 7편은, 그 제목으로 볼 때, 다윗이 사울의 추적을 받아 늘 목숨이 위태로웠던 시절과 관련된 시로 보인다. (이 시의 제목 속에 들어 있는 '식가욘'이라는 말이 무슨 뜻인지는 알 수가 없다. 일단 악카드어로 '탄식'에 해당하는 말과 관련된 말로 보인다. 하지만, 이 말이 이 시에 들어 있다는 것은 분명 이 시가 아주 오래된 시임을 시사하는 것이다.)* 이 시는 자신이 위험에 처였을 때 여호와 안에서 피난처를 찾겠다는 다윗의 결심을 이야기해 주고 있다. 다윗은 여호와가 의인들의 방패가 되어 주시며 그들을 지켜 주시는 분임을 알고 있었다. 시편 7편은 확신의 음조로 끝을 맺는다. 이는 하나님이 언약에 신실하신 분임을 반영하는 것이다. 하나님의 백성들은 칠흑 같은 어둠의 순간에도 여호와의 긍휼하심에서 피난처를 찾을 수 있다.

시 8편 시편 8편은 전혀 다른 음조를 띤다. 이 시는 하나님이 당신의 경륜 가운데 인류를 영예로운 자리에 세워 주신 것을 송축하고 있다. 이 시는 먼저 하나님의 엄위를 힘차게 선언한다. 그러나 다윗은 하나님이 지으신 것들의 경이로움을 성찰하면서, 자신에게 주어진 자리에 그저 놀랄 수밖에 없었다. 하나님이 위대하신 창조 작업을 행하시면서 다윗과 같은 사람들에게 그토록 영광스러운 자리를 주셨다는 것은 놀라운 일이다. 하나님은 인류를 당신 자신보다 조금 못하게 하셨다.** 아울러 그 인류에게 온 세상과 나머지 피조물을 다스릴 권세를 주셨다. 더욱이 하나님은 그 인류를 보살펴 주신다! 이 시는 진정 당신이 지으신 것들을 향한 하나님의 놀라운 사랑을 송축하는 시요, 그 사랑을 묵상하는 시다.

---

* 히브리 본문이 '쉭가욘'으로 기록해 놓은 이 말의 뜻을 두고 의견이 분분하다. 우선 '탄식, 애곡'이라는 뜻의 악카드어 '쉬구'에서 이 말이 나왔다는 주장이 있다. '쉬구'는 기도문의 간행기(刊行記)에 기록한 일종의 만가(輓歌)를 뜻한다. 그런가 하면, '비틀거리다'라는 뜻을 지닌 히브리어 동사 '샤가'에서 유래한 말로 보아 '무아의 경지에 빠진 사람이 부르는 노래'로 보는 견해도 있다. '감정을 자극하여 흥분을 불러일으키다'라는 뜻의 아랍어 동사 '사자'와 관련지어 '흥분을 불러일으키는 노래'라는 뜻으로 보는 견해도 있다(나2/1414-1415).

** 개역한글판이나 NIV는 시편 8:5에서 하나님이 인류를 '천사'(또는 천상의 존재)보다 조금 못하게 하셨다고 기록해 놓았다. 그러나 히브리 본문은 분명히 '하나님보다'(메엘로힘) 조금 못하게 하셨다고 말한다. 개역개정판은 히브리 본문을 따르고 있다.

시 9-10편 시편 9편과 10편은 함께 읽어야만 한다. 이 둘은 본디 곤고하고 절박한 처지에 있는 자에게 변함없이 사랑을 베푸시는 여호와를 송축하는 하나의 시이기 때문이다. 이 두 시는, 함께 그리고 각각, 여호와가 당신의 백성에게 온전히 신실하시며 곤고한 처지에 있는 백성들에게 기꺼이 귀를 기울이신다는 점을 강조하고 있다.

시 11-14편 시편 11-14편은 외부의 대적들이 가하는 위협과 여호와께 도움을 구해야 한다는 점을 계속해서 이야기한다. 이 시들은 서로 다르지만 다른 한편으로는 서로 보완하는 방식을 사용하여 신앙에 다가오는 위협이 무엇인지, 여호와가 그런 위협들을 어떻게 다루시는지 밝혀 주고 있다. 특히 시편 14편은 흥미롭다. 하나님의 존재를 부인하는 사람들이 있다는 사실을 인정하기 때문이다(14:1). 중요한 것은, 프랑스의 철학자 파스칼(B. Pascal)이 오래 전에 지적한 것처럼, 성경의 그 어떤 곳도 하나님의 존재를 '증명할' 필요성을 느끼지 않고 있음을 아는 것이다.

시 15편 시편 15편은 다른 음조를 띠고 있다. 여호와께 가까이 나아가고자 하는 자는 거룩하고 정결해야만 한다. 이 시는 바로 그 점을 뛰어난 시적 언어로 분석한다. 원문은 특히 성진(주의 장막)을 언급하면서, 예배하길 원하는 자들을 이야기하고 있다. 하지만, 이 시는 특히 그리스도인의 관점에서 읽을 수도 있다. 하나님께 다가가길 원하는 자들은 거룩해야만 한다는 점을 이야기하고 있기 때문이다. 그리스도인들이 하나님께 다가갈 수 있게 된 것은 우리를 대신하여 죄값을 치르신 그리스도의 죽음 때문이다. 그 죽음이 죄인들을 깨끗케 하고 정결케 하였으며, 죄인들이 하나님께 다가갈 수 있는 길을 열어 주었다.

시 16-18편 시편 16-18편은 곤고한 때 피난처가 되시는 여호와 하나님께 거듭 초점을 맞추고 있다. 여기서는 특히 시인이 하나님의 불변성과 영원성을 표현하는 데 사용한 형상들을 주목해야만 한다. 하나님은 반석이시자 요새이시다(18:2). 바꾸어 말하면, 그분은 누구에게나 안전을 베푸시는 든든한 처소이시다. 각각의 시들은 당신을 의지하는 이들에게 구원을 베푸실 수 있는 하나님의 능력에 대해 이야기하고 있다.

시 19편 시편 19편은 여호와의 영광을 다루고 있다. 특히 하나님의 법을 통하여 만인에게 선포된 영광을 이야기한다. 19편의 첫 몇 구절(19:1-6)은 하나님의 영광이 자연계, 그 중에서도 특히 하늘에서 어떤 모양으로 계시되었는지 들려주고 있다. 그러나 하나님의 법을 통하여 하나님을 아는 지식이 자연을 통하여 하나님을 아는 지식을 더 완전하게 하고 더 정교하게 다듬어 준다. 시인은 하나님의 법이 "금 곧 많은 순금보다 더 사모할 것이며 꿀과 송이꿀보다 더 달도다"(19:10)라고 선포한다. 시편 19편은 특히 별이 총총한 밤에 묵상하기 좋은 시다. 그런가 하면, 하나님의 말씀에 계시된 그분의 긍휼을 깊이 생각할 때에도 아주 좋은 시다.

시 20편과 21편 시편 20편과 21편은 한 묶음으로 생각하는 것이 보통이다. 이 두 시는 전투를 눈앞에 둔 병사들의 기도(20:1-9)와 승리의 날에 올리는 감사 기도(21:1-13)를 담고 있기 때문이다. 이 두 시의 배경이 되는 전투가 동일한 것인지, 나아가 이 두 시가 이야기하는 전투가 정확히 어떤 전투인지는 분명치 않다. 하지만, 격동의 시기였던 다윗의 치세기와 그 치세기 이전에 벌어졌던 사건들을 생각해 볼 때, 이 두 시는 우리가 알고 있는 그 시대의 사건들과 잘 들어맞는다.

시 22편 시편 22편은 상당히 중요한 시이므로 다른 시들보다 더 상세하게 논의할 필요가 있다. 이 시의 중요성은 예수 그리스도가 십자가에서 돌아가실 때 이 시의 첫 구절을 인용하신 사실을 보아도 충분히 알 수 있다(마 27:46; 막 15:34). 이 시는 현재 의인보다 우위를 차지하고 있는 대적들의 공격으로 고통을 당하고 있는 의인의 노래다. 그 의인은 여호와가 베푸실 구원을 고대하고 있다. 그러나 지금은 구원의 도래를 알려 주는 어떤 징표도 없다. 본디 이 시의 정황은 다윗이 겪은 수많은 환난 가운데 하나를 염두에 두고 있었을 것이다. 하지만, 이 시가 각별한 중요성을 갖는 것은 의인으로서 고난당하는 하나님의 종 그리스도의 십자가 사건을 조명하고 있기 때문이다.

시편 22편은 분명 다윗 시대의 사건들과 연관되어 있다. 동시에 이 시는, 마치 선지자의 예언처럼, 예수 그리스도가 오실 때 비로소 성취될 사건들을 미리 내다보고 있다. 이 시는 고난당하는 의인이 그를 조롱하는 자들에게 둘러싸여 멸시와 천대를 받는 장면을 묘사한다(22:6-7). 이는 예수 그리스도가 십자가에서 당하신 운명과 정확히 일치한다(마 27:41). 예수 그리스도의 주위에 있던 이들은 "그가 여호와께 의탁하니 여호와가 구원하실 걸!"(22:8)이라고 말하면서 예수를 놀려댔다. 여기에 있는 시어(詩語)들은 십자가에서 죽어가는 그리스도의 주위에 모여 있던 무리들이 비아냥거렸던 말들이다(마 27:43). 이 시가 의인으로서 고난당하는 자의 고뇌를 묘사한 부분(22:12-16)은 그리스도가 십자가에서 당하신 고통을 그대로 표현하고 있다. 그리스도의 손과 발이 십자가에 못 박힌 사실(22:16; 요 20:25을 보라), 그리스도의 옷을 제비뽑아 나눠 가진 사실(22:18; 마 27:35; 눅 23:34을 보라) 역시, 이 시는 예언하고 있다.

그러나 시편 22편은 희망의 음조로 끝을 맺는다. 모든 걸 잃어버린 게 아니다. 여호와는 고난당하는 당신의 종을 잊어버리지도, 천대하지도 않으셨다. 도리어 그분은 그 종을 살리셔서 당신의 이름을 찬양케 하신다(22:24-26). 이 모든 고통과 고뇌 속에서도 꺼지지 않는 부활의 소망이 이 시 전체에서 환히 빛나고 있다.

시 23편 시편 23편은 아주 유명한 시다. 그 독특한 운율 때문이다. 이 시는 여호와가 당신을 믿고 순종하는 이들에게 베푸시는 선하심과 인도하심과 보살피심을 아름답게 표현하고 있다. 신자들은 인생에서 가장 어두운 순간에도 하나님의 부드러운 보살핌 속에서 안전히 쉴 수 있다.

시 24편 시편 24편은 송축의 시다. 이 시는 어떤 장엄한 종교 행사에 사용하려고 쓴 시임이 분명하다. 이 시의 내용에 가장 어울리는 행사는 다윗이 여호와의 궤를 예루살렘으로 옮겨 온 일(삼하 6:12-19)이다. 그 행사는 큰 기쁨과 찬양의 자리였다. 이 시는 하나님이 모든 피조물의 주(主)이시며 늘 당신 백성 가운데 임재하시는 분임을 강조하고 있다.

시 25-28편 시편 25-28편은 곤고한 상황에서도 여호와만을 믿고 의지해야 한다는 주제를 다시 다루고 있다. 온갖 역경 때문에 소망이 없어 보일 때에도 신자들은 여호와를 믿고 의지해야만 한다. 각 시는 여호와를 향한 신뢰를 이야기하는 동시에, 환난에서 건져 달라는 호소를 담고 있다. 이 네 시 가운데 가장 탁월한 시는 아마 시편 27편일 것이다. 이 27편은 여러 가지 심상(心象)을 강렬하게 활용하여 여호와의 모습을 그려 내고 있다(27:1-3). 나아가, 여호와의 집에 살면서 그분의 아름다움을 찬찬히 바라볼 수 있게 해달라는 간구를 표현하고 있다(27:4). 이 시에는 강력한 소망의 음성이 담겨 있다. 우리는 죽은 뒤에야 여호와의 선하심을 볼 수 있는 게 아니다. 산 자들의 땅에서도 여호와의 선하심을 볼 수 있다(27:13). 이 소망이 있기 때문에, 우리는 불확실한 미래도 확신과 신뢰 속에서 맞이할 수 있는 것이다.

시 29편 시편 29편은 만물의 주가 되시는 여호와를 송축하는 시다. 피조물의 힘은 크고, 그 크기는 방대하다. 그러나 하나님은 그보다 훨씬 더 크고 강력한 분이시다. 이 시는 온 우주를 주관하시는 하나님의 주권을 힘차게 선언한다. 이런 하나님의 주권 때문에, 신자들은 때로 놀라움마저 안겨 주는 엄청난 자연력 앞에서도 소망을 품을 수 있다.

시 30편 시편 30편은 헌신의 시다. 하나님은 위대한 구원을 베푸셨다. 뿐만 아니라, 하나님의 은총은 신자들의 삶을 철저하게 바꿔 놓았다. 이 시는 바로 이런 사실들을 되새기고 있다. 이 시의 저작 배경으로서 가장 개연성이 높은 사건은 다윗이 예루살렘 성전을 지을 재료들을 봉헌했던 일(대상 22:1-6)이다.

시 31편 시편 31편은 곤고한 처지에 놓인 신자들을 의로우신 하나님께 구원해 달라고 호소하는 시다. 이 시는 하나님을 '반석'이자 '요새'라고 말한다. 이는 여호와 하나님이 삶과 신앙에 힘을 주시고 그것들이 요동치 않도록 지켜 주심을 강조한 것이다(31:3). 하나님의 의에 호소한다는 것(31:1)은 중요하다. 구약은 무엇보다도 하나님이 당신 백성을 구원하시겠다는 약속에 신실하신 것을 그분의 의로 이해하기 때문이다.

시 32편 하나님은 사람들이 구원의 능력을 경험하도록 하기 위해서, 그들의 죄를 헤아리지 않으신다. 시편 32편은 이 점의 중요성에 초점을 맞춘다(32:1-2). 이 시는 든든한 방패의 이미지를 사용하여, 하나님의 사랑이 신실한 자들을 둘러싸리라는 점(32:10)을 특히 강조하고 있다.

시 33편 시편 33편은 찬양의 시다. 이 시는 창조와 구원에 나타난 하나님의 위대하심을 되새긴다. 또 그분이 택하신 백성에게 큰 복락이 주어질 것임을 선포하고 있다(33:12). 이 시는 여호와를 두려워하는 것이 왜 중요한지 그 이유를 분명하게 밝히고 있다. 여호와를 두려워하는 자만이 현세의 삶과 내세의 삶을 지키시는 자가 여호와이심을 알게 되기 때문이다(33:19). 하나님을 아는 것은 신자의 강력한 보호막이다. 시인은 이 점을 표현하고자 또다시 방패라는 형상을 사용한다. 하나님을 안다는 것은 곧 그분의 구원과 보호를 체험한다는 뜻이다(33:20-22).

시 34편 시편 34편은 여호와를 두려워하는

것의 중요함을 계속해서 강조한다(34:9). 동시에 이 시는 신앙이 주는 유익을 언급하고 있다. 시인은 거듭 여호와를 신자들의 보호자로 묘사한다(34:7). 의인들은 어떤 환난을 당하든지 여호와 하나님의 변함없는 임재와 보살핌을 확신하며 안식할 수 있다(34:19-22).

시 35-41편 시편 35-41편은 구원이라는 주제에 초점을 맞춘다. 다윗을 저자로 지목하는 이 시들 속에서 이 주제가 큰 비중을 차지하고 있다는 점이 분명하게 드러난다. 이 시들은 다윗이 겪었던 험악한 상황들을 그대로 보여 주고 있다. 다윗은 한 때 자신의 목숨을 앗아가려는 사울을 피해 도망 다녔다. 그러다가 왕이 된 뒤에는 자신을 시해하려는 이들을 피해 다녀야만 했다. 각각의 시들은, 비록 그 표현 방식은 다르지만, 인간의 부족함과 하나님의 은혜를 인정한다. 오직 하나님만이 곤고한 때 피난처가 되신다. 오직 그분만이 안전한 거처가 되신다. 다윗은 그 모든 위험과 위협 속에서도 자신의 참된 안식처는 여호와뿐임을 알고 있다. 그 어떤 것도 그로부터 이 안식처를 앗아갈 수 없다.

제2권
시편 42-72편

시 42-43편 시편 42-43편은 본디 한 편의 시다. 이 시들은 하나님이 함께하시지 아니할 때 느끼는 마음을 생생하게 표현하고 있다. 하지만, 이 마음은 하나님의 임재를 새롭게 느끼게 될 날이 올 것이라는 확신과 결부되어 있다. 시편 42편의 첫 구절은 하나님을 갈구하는 영혼을 갈급하게 시냇물을 찾는 사슴에 비유한다(42:1). 사람들은 이 구절을 성경이 언어로 묘사하는 가장 아름다운 장면 중의 하나라고 널리 인정하고 있다. 이 위대한 소망이 던지는 근본 주제는 하나님의 임재를 아는 지식이 회복될 것이라는 것이다. 지금은 그 지식이 없으나, 그 지식이 회복될 날이 돌아올 것이다. 과거의 위대한 순간을 기억하겠다는 다짐(42:4)은 이런 위대한 순간들이 다시 돌아올 것이라는 소망을 북돋아 준다. 시인은 하나님을 반석(42:9)과 힘(43:2)에 비유한다. 이 두 시는 분투하는 신자가 다시 하나님을 찬양하며 하나님의 임재와 사랑을 확신하게 될 날이 이를 것임을 담대하게 선언하며 끝맺는다(43:5).

시 44편 시편 44편은 이스라엘이 전투에서 패했던 일을 생생하게 묘사하고 있다. 이 시는 과거의 실패에 대한 탄식이자, 미래에는 형편이 바뀌게 될 것이라는 소망을 표현한 것이다. 이스라엘이 실패한 직접적 원인은 하나님의 내침을 받은 탓으로 돌려지고 있다는 것에 주목해야만 한다(44:9-16). 이스라엘의 승리가 하나님의 은총 덕택이듯이(44:4-8), 이스라엘의 실패는 이스라엘이 하나님의 눈 밖에 났기 때문이다. 이 시 전체에는 욥이 했던 말에서 스며 나오는 것과 비슷한 당혹감이 깔려 있다. "대체 왜 이런 일이 일어난 거지?"라는 심정이 시 전체에 스며 있는 것이다. 이스라엘이 하나님께 불순종했다거나 그분을 잊어버렸다거나 그분께 반역했기 때문에 이런 재앙이 닥친 것이라면, 얼마든지 이 재앙을 수긍할 수 있다(44:17-22). 그러나 여전히 재앙의 원인은 수수께끼로 남아 있다. 이스라엘이 할 수 있는 것이라곤 그저 자신의 실패를 슬퍼하며 미래에는 무슨 일이 닥칠지 안절부절못하는 것밖에 없다. 이 시는 미래의 구원을 간구하는 기도로 끝을 맺는다.

시 45편 45편은 축제의 시다. 이 시는 분명 왕가(王家)의 성대한 혼인식에서 사용하려고 쓴 시일 것이다.

시 46편 반면(시 44편과 달리), 시편 46편은 하나님을 온전히 신뢰한다고 선언한다. 하나님만이 우리의 모든 필요를 채워 주실 수 있다. 시인은 청중들에게 침묵을 지키며, 여호와가 하나님이심을 알라고 요구한다. 신자들은 요새가 되시는 여호와를 의지할 수 있다. 나아가 그 어디에서도 찾을 수 없는 안전한 처소를 여호와 안에서 발견할 수 있다. 이 시의 주제들은 마르틴 루터의 유명한 찬송 "내 주는 강한 성이요"의 기초가 되었다.

시 47-48편 시편 46편은 하나님을 찬송하라는 주제를 암시하고 있다. 시편 47-48편은 이 주제를 이어받아 더 발전시키고 있다. 하나님은 왕으로서 온 우주를 통치하시며, 그분의 권능은 모든 나라와 모든 사람들에게 미친다. 시편 47-48편은 이 사실을 아는 기쁨을 표현한다. 이 두 시는 담대함과 확신으로 가득 차 있다. 하나님의 본질과 경륜이 두 시의 든든한 밑바탕이 되어 주고 있기 때문이다.

시 49-50편 시편 49-50편은 시편 47-48편과 연관된 주제를 전개하고 있다. 시편 49-50편은 사악한 자들의 궤계가 아니라 하나님을 신뢰해야 한다는 점을 이야기한다. 시편 49편은 재부(財富)나 자신감에 근거한 그 어떤 확신도 위험하다는 점을 강조한다. 이 시는 부유한 자들이 만나게 될 냉혹한 비운을 지적하면서, 이런 올가미에 걸려들지 말라고 청중들에게 호소한다. 시편 50편은 특히 하나님과 맺은 언약을 지키고 그분께 희생 제사를 드림으로써 이스라엘의 존립이 하나님께 달려있음을 그들 스스로 인정해야 (고백해야) 한다고 말한다(50:14).

시 51편 시편 51편은 그 제목으로 보아 다윗이 밧세바와 간음한 이후에 쓴 시다(삼하 11:1-12:25을 보라). 이 시는 뉘우치는 죄인을 용서해 달라고 하나님께 호소하는 후회와 회개의 시다. 이 시는 다윗이 저지른 중죄(重罪)가 그와 하나님 사이의 관계를 무너뜨렸음을 잘 보여 주고 있다. 동시에 이 시는 하나님과 친밀한 사귐을 되찾고 싶어하는 다윗의 간절한 소원을 표현한다(51:10-12). 시편 51편은 다윗의 죄뿐만 아니라, 참회하며 의지하는 심정으로 진정 당신께 돌아오는 이들을 용서하시려는 여호와의 마음을 증언하고 있다.

시 52-55편 시편 52-55편은 '마스길'이라는 이름의 시들이다. 앞에서도 말했듯이, 마스길의 의미는 확실치 않다.* 마스길은 그 시를 묵상하며 읽어야 한다는 지시어일 수도 있다. 시편 52편은 지극히 곤고한 시절에도 여호와 하나님을 신뢰하는 마음을 다부지게 이야기한다. 시편 53편은 사악함은 곧 어리석은 것이라는 점에 초점을 맞추면서, 여호와가 당신의 백성들을 회복시키실 날을 대망하고 있다. 시편 54편은 다시 고통과 근심의 순간에 여호와를 의지하는 것이 중요함을 강조한다. 시편 55편은 54편의 주제를

---

* '마스길'은 히브리어로 '마스킬'이다. 그 의미를 놓고, '제의가'(祭儀歌), '기억의 글', '음악에 맞춰 부르는 지혜의 노래' 등등, 해석이 다양하다(나1/641).

발전시켜, 사악한 자들의 위협이 심각해도 (55:9-14) 모든 염려를 여호와께 맡겨 버릴 수 있는 기쁨(55:22)으로 확장해 간다. 이 시는 특히 가까운 벗이 적이 될 수 있는 위험성을 경고하고 있다. 이는 장차 예수 그리스도가 자신과 가장 가까운 사람 중의 하나인 가룟 유다에게 배신당할 일을 암시하고 있다.

시 56-60편 시편 56-60편은 '믹담' 시로 이루어져 있다. 믹담이라는 말의 의미는 확실치 않으나, 일종의 탄식을 가리키는 것 같다.* 이 시들은 하나님이 곤고한 때에 구원을 베푸신다는 주제를 다시 한 번 곳곳에서 분명하게 표현한다. 시인은 몇몇 곳에서 아예 자신의 정직함을 주장하면서 하나님께 자신의 대적들을 무찔러 달라고 요청한다 (이를테면, 59:5). 때문에 어떤 독자들은 그런 부분들을 싫어한다. 하지만, 그런 부분들은 여호와께 기도할 때 모든 것을 숨김없이 털어놓으려는 다윗의 모습을 증언하는 중요한 구절들이다. 여호와 앞에서 숨길 수 있는 것은 아무것도 없다. 이 점을 통찰하는 것이 곧 지혜다. 우리는 하나님 앞에서 더 솔직해져야만 할 때 도리어 더 감추려고 하는 경우가 너무 많다.

시 61-65편 말씀은 시편 61-65편을 모두 '다윗의 시'라고 기록해 놓았다. 하나님은 가장 곤고한 상황에서도 모든 필요를 채워 주실 수 있다. 이 시들은 이런 하나님의 능력에 거듭 초점을 맞춘다. 시인이 하나님의 임재가 가져다주는 안전을 묘사하고자 사용한 몇몇 시어들을 주목할 필요가 있다. 이를테면, 하나님의 날개 그늘이라는 형상(63:7)이나 밤에도 깨어 지키시는 하나님의 모습 (63:6)이 그 예다.

시 66편 시편 66편은 예루살렘이 앗수르 사람들의 손에서 구원받은 일을 송축하고자 쓴 것임을 시 곳곳에서 시사하고 있다. 예루살렘이 구원받은 것은 히스기야 왕이 이사야 선지자가 전한 여호와의 말씀에 순종하였기 때문이다(왕하 19:9-36). 하나님은 과거에 위대한 구원을 베푸셨다. 홍해를 가르신 일도 그 한 예다. 시인은 이 사실들을 회상하면서(66:6-7), 대적의 위협에서 베푸신 최근의 구원에 감사하고 있다(66:8-9). 시인은 예루살렘이 위급한 지경에서 구원받은 사건을 '단련'(鍛鍊)이라고 말한다(66:10). 예루살렘이 겪은 위험은 어떤 귀금속을 정련하여 더 순수하고 더 가치 있는 것을 만들어 내는 불과 같은 것이었다.

시 67편 시편 67편도 66편과 비슷한 음조를 띠고 있다. 67편은 그 첫 구절에서 이스라엘이 광야를 유랑하던 시절에 하나님이 베풀어 주신 큰 복을 되새기고 있다(민 6:24-26).

시 68편 시편 68편은 중요한 찬양과 송축의 시다. 이 시는 이스라엘이 광야를 유랑하던 시절에 시내 광야에서 겪었던 큰 사건들 (68:7-10), 가나안 정복(68:11-18), 그리고 다윗 치세기에 이스라엘의 도읍인 시온(예루살렘)을 건축했던 일을 돌이켜보고 있다.

---

* '믹담'은 히브리어로 '믹탐'이다. '명문'(銘文)으로 해석하는 이가 있는가 하면, '경구'(警句)로 보는 견해도 있다(나1/582-583).

이 시는 하나님의 승리를 축하하는 대규모 행진에 사용하기 위해 지었던 것 같다. 바울은 이 시의 주제를 그리스도의 부활과 승천을 표현하는 데 원용하고 있다(엡 4:8-13).

시 69편 시편 69편은 대적의 위협 앞에서 절망하고 슬퍼하는 심정을 재차 표현하고 있다. 만일 이 시가 다윗 시대의 것이라면, 이 시가 말하는 위협이 무엇인지 확실하지 않다. 오히려 이 시는, 히스기야처럼, 다윗의 후대에 있었던 위험한 순간을 다루고 있을 개연성이 더 높다. 이 시는 적의 손에 빠져 고통당하는 모습을 자주 언급한다. 신약의 저자들은 이런 시인의 언급을 예수 그리스도의 고난과 죽음을 미리 내다본 것으로 보았다(시 69:22-23의 주제들을 원용하고 있는 롬 11:9-10이 그 예다).

시 70-71편 시편 70-71편은 시편 69편과 비슷한 주제들을 다루고 있다. 시편 70-71편은 위험하고 절망뿐인 상황에서 하나님의 도우심을 더 애절하게 간구하는 모습을 표현하고 있다. 다시 한 번, 하나님의 의에 호소한다(71:2). 이는 곧 언약에 신실하시며 긍휼이 넘치는 사랑을 베푸시는 여호와께 호소하는 것이다.

시 72편 시편 72편은 솔로몬과 연계된 제왕시의 형태를 띠고 있다. 이 시는 왕과 그 백성의 안녕을 기원하는 기도를 담고 있다.

제3권

시편 73-89편

시편 제3권은 아삽을 저자로 지목한 열 편의 시를 먼저 싣고 있다. 설령 이 시들이 아삽의 시가 아니라 할지라도, 어떻게든 아삽과 연관되어 있을 것이다. 아삽은 예루살렘 성전에서 음악을 담당한 찬양대 지휘자들 가운데 한 사람이었다(대상 6:39, 15:17-19, 16:4-7).

시 73-83편 시편 73-83편은 모두 아삽과 연계되어 있다는 점에서 한 묶음으로 생각할 수 있을 것이다. 여기서 각각의 시를 관통하는 공통 주제들이 열 편의 시에 연속성을 부여해 준다. 이 시들이 표현하는 가장 중요한 주제는 주권자이신 하나님의 통치가 그분의 백성과 온 열방에 미친다는 것이다. 이 주제는 이스라엘이 염려와 불안에 시달릴 때마다 소망을 주는 근거가 되었다.

열한 편의 시 중 첫 번째인 시편 73편은 겉보기에 사악한 자들이 번영을 누리는 현실을 그 주제로 다루고 있다. 시인은 사악한 자들이 누리는 평안하고 부유한 삶을 일련의 시적 형상을 통하여 묘사하고 있다(73:4-12). 이런 현실은 시인을 낙담케 한다. 시인은 하나님의 성소로 돌아가서, 중요한 것은 자신과 하나님의 관계임을 깨달은 뒤에야 비로소 균형 감각을 되찾는다(73:23-28). 그 이외의 시들은 다른 주제에 초점을 맞추고 있다. 이 시들은 여호와가 당신 백성을 외세의 압제에서 구원하실 것이라는 소망을 표현하는가 하면(74, 79, 80, 83편), 여호와만이 이스라엘의 하나님이시며 구원자이심을 인정하기도 한다(75, 76편). 또, 하나님이 과거에 당신 백성들을 구원하셨던 위대한 행위들을 돌이켜보는가 하면(77, 78편), 그분이 당신 백성과 열방을 심판하신 일을 돌이켜 추억하기도 한다(81, 82편).

시 84편 시편 84편은 아름다운 묵상이다. 이 시는 여호와의 집의 사랑스러움과 함께,

그 집이 그곳에 오는 이들에게 안겨 주는 위안과 위로를 묵상하고 있다. 시인은 보금자리를 찾는 제비의 모습을 빌어(84:3) 하나님의 백성에게 합당한 안식처는 여호와 함께 있는 것임을 이야기한다. 자신의 백성을 구원하셨던 여호와 하나님은 이제 그 백성에게 쉼을 주신다.

시 85편 시편 85편은 에스라와 느헤미야가 바벨론에서 예루살렘으로 돌아가 재건과 영적 갱신의 긴 여정을 시작할 당시 상황을 반영하고 있는 것 같다. 시인은 자신의 고국이 다시 한 번 여호와의 영광이 머무는 곳이 될 수 있도록 부흥과 회복을 허락해 주시기를 간절히 호소하고 있다(85:9).

시 86편 시편 86편은 곤고한 시절에 도움을 간구하는 또 하나의 기도다. 이 시에는 여호와 하나님을 확실히 신뢰하는 마음과 자신이 부닥친 심각한 상황에 안절부절못하는 시인의 마음이 함께 드러나 있다.

시 87편 시편 87편은 시온이 '하나님의 도성'으로서 갖고 있는 특별한 위치를 송축하는 시다. 이 시는 온 열방이 그 성의 특별한 위치를 인정하게 될 날이 이를 것을 내다보고 있다.

시 88편 시편 88편은 시편 86편이 표현한 주제를 다시 다루고 있다. 이 시는 적을 마주한 시인의 공포와 그가 경험한 당혹감을 여과 없이 드러내고 있다. 이 시인도, 욥처럼, 자신에게 무슨 일이 일어난 것인지, 하나님이 왜 그런 일을 허락하신 것인지 이해하지 못한다. 그런데도 시인은 계속하여 여호와를 신뢰하며 그분께 기도하려고 한다

(88:13). 여호와는 그를 겸손하게 하셨다. 결국, 그 여호와께서 그를 회복시켜 주실 것이다.

시 89편 시편 89편은 시편 88편과 비슷한 주제를 더 발전시키고 있다. 이 시의 저작 연대는 바벨론이 예루살렘을 공격하여 여호야긴 왕을 포로로 잡아가던 때(왕하 24:8-17)로 보는 것이 타당할 것이다. 이 시는 여호와가 당신의 백성을 회복시키셔서 다윗과 맺은 언약을 이뤄 주시길 기도하고 있다. 여호와는 당신의 백성을 포기하신 것처럼 보인다. 시인은 왜 그분이 이런 식으로 당신의 백성을 포기하셨는지 이해하지 못한다. 하지만, 그는 여호와께 회복을 간구한다.

제4권
시편 90-106편
시편 제4권에는 여호와께 올리는 놀라운 찬양의 노래가 몇 편 들어 있다.

시 90편 시편 90편은 하나님을 떠나 죄에 빠진 인류에게 소망이 없음을 이야기하고 있다. 특히 이 시는 인생의 유한함을 강조한다.

시 91-94편 이 네 편의 시는 여호와를 아는 지식이 큰 유익을 안겨 준다는 점을 부각시키고 있다.

시 95편 시편 95편은 사람들을 예배로 부르는 시다. 이 시는 창조주이신 하나님의 권세와 엄위를 강조하면서, 하나님께 불순종하고 반역할 경우 초래될 결과들을 언급하고 있다.

시 96-101편 이어지는 여섯 편의 시는 온 세상을 창조하시고 당신의 백성을 보전하시는 하나님을 찬양하는 데 초점을 맞추고 있다. 이 시들은 하나님이 행하신 일과 그분의 엄위를 개관하면서, 그분의 위대하심과 신실하심을 송축한다. 101편은 이 여섯 편의 시 가운데 가장 짧은 시이지만, 여타 시들의 내용을 그대로 잘 표현하고 있다. 하나님만이 찬양과 경배를 받으실 수 있다. 하나님께 순종하며 그분을 기뻐하는 백성들이라면, 마땅히 그분의 위대하신 행위에 감사로 응답해야만 한다.

시 102편 시편 102편에 이르면, 그 분위기가 갑자기 바뀐다. 이 시는 본디 상당히 고통스러운 처지에 있는 사람이 올리는 기도다. 이 시의 저자와 저작 정황은 확실하지 않다. 그러나 분명한 것은, 이 시가 지극히 비참하고 불행한 상황 속에서도 여호와 하나님의 견고한 사랑을 확신할 수 있다는 심정을 표현한 것이라는 점이다.

시 103편 시편 102편에 나타난 확신에 찬 음조는 시편 103편에서도 울려 퍼지고 있다. 시편 103편은 그런 확신의 근거들을 과거에 하나님이 행하신 일들(103:7)과 하나님 고유의 본성과 성품(103:2-5)에서 찾고 있다. 이 시는 하나님이 인간의 죄에 보응하려 하시며 그분이 능히 그러실 수 있는 분이라는 사실에 기뻐한다. 그 결과, 하나님과 신자의 관계는 더 이상 무너질 수 없게 되었기 때문이다(103:8-12). 시인은 지극히 절절한 언어를 사용하여 여호와가 당신의 자녀에게 베푸시는 긍휼을 그려 내고 있다. 우리는 연약하다. 그러나 하나님은 여전히 우리를 사랑하시고 보살피신다(103:13-18).

시 104-106편 시편 104-106편은 이 확신과 찬양의 음조를 계속 이어간다. 이 시들은 이런 확신과 찬양의 근거를 이전에 하나님이 행하신 위대한 구원에서 광범위하게 찾고 있다. 시편 104편은 창조의 전 영역에 초점을 맞추면서 여호와 하나님의 창조 작업에 나타난 그분의 위대하심을 살펴보고 있다(104:5-26). 105편은 하나님이 이스라엘을 애굽에서 약속의 땅으로 인도하신 위대한 구원의 행적을 조목조목 살펴본다(105:5-45). 과거에 하나님은 당신의 언약에 신실하신 모습을 보여 주셨다. 신자들이 이 사실을 되새긴다면, 지금도 그분이 자신들에게 신실하시다는 것을 확신할 수 있을 것이다. 106편도 비슷한 내용이다. 하지만, 이 시는 이스라엘 백성들이 광야를 유랑할 때 하나님께 반역했던 일을 언급하고 있다. 하나님의 백성이 신실치 못했다는 사실은 현재를 향한 경고로 보인다. 하나님이 당신의 언약에 신실하시다는 점을 남용하거나 당연한 것으로 여겨서는 안 된다. 이스라엘 역시 언약의 당사자로서 자신의 의무를 지켜야만 한다.

제5권
시편 107-150편
시편의 마지막 권에는 탁월한 찬양의 시가 몇 편 들어 있다. 하나님의 위대하심은 창조와 구원에서, 그중에서도 특히 그분이 행하신 위대한 구원에서 그대로 나타난다. 이 마지막 권에서는 하나님의 위대하심이라는 이 주제를 빈번하게 이야기한다.

시 107편 시편 107편은 하나님의 위대하심을 장엄하게 그려 내고 있다. 특히 하나님이 이스라엘 역사 속에서 행하신 위대한 구원들을 화려하면서도 광범위하게 낭송하고 있다. 이 위대한 행위들을 살펴보고도 여호와가 베푸신 사랑의 위대함을 인정하지 않을 사람이 누가 있단 말인가?

시 108편 시편 108편 역시 하나님의 사랑이라는 주제에 초점을 맞추면서, 시편 57:7-11과 60:5-12의 내용을 원용한다.

시 109-110편 시편 109-110편은 여러 고난과 위협 앞에서도 하나님을 신뢰할 수 있음을 이야기한다. 109편은 억울하게 참소(讒訴)당한 경우를 생생하게 보여 주면서, 시인을 이 상황에서 구해 달라고 여호와께 간구하고 있다. 110편은 신약의 저자들에게 상당히 중요한 시다. 신약의 저자들이 보기에, 이 위대한 예언은 이스라엘의 왕이시자 참된 대제사장이신 예수 그리스도가 오심으로써 성취되었다(히 6:16-20, 7:20-22). 멜기세덱(창 14:18에 처음 등장한다)의 중요성은 히브리서가 폭넓게 다루고 있는 주제다. 히브리서는 멜기세덱을 예수 그리스도가 대제사장으로서 담당하신 역할을 올바로 이해하게 하는 열쇠를 쥔 인물로 본다. 예수 그리스도도 직접 당신의 대제사장 직분을 언급하신다(마 22:44-45).

시 111-118편 시편 111-118편은 제5권 안에서도 작은 시모음집을 이루고 있다. 이 시들을 종종 '할렐루야 시편'으로 부르기도 한다. 말 그대로 '여호와를 찬양하라'라는 뜻을 갖고 있는 히브리어 '할렐루야'(halleluyah)*를 빈번하게 사용하고 있기 때문이다. 이 시들은 특히 과거에 그분이 행하신 위대한 일들(일반적 용어들을 사용하여 개관하고 있다. 111:2-9이 그 예다)과 지금도 그분의 백성들이 체험하고 있는 복(112:2-8, 113:7-9, 115:9-15)과 관련하여, 여호와의 선하심이라는 주제를 줄기차게 전개하고 있다. 117편은 시편의 시들 가운데 가장 짧은 시이지만, 111-118편의 중심 주제를 군더더기 없이 깔끔하게 요약한다.

시 119편 곧이어 시편의 시 가운데 가장 긴 시가 등장한다. 시편 119편은 176개의 구절이 복잡한 구조를 이루고 있다. 이 시는 22개의 묶음으로 되어 있는데, 176개의 구절을 여덟 구절씩 묶어 놓은 것이다. 각 묶음에는 히브리어의 22개 자음이 하나씩 차례대로 배분되어 있다. 때문에 119:1-8에는 히브리어 자음의 첫 글자인 '알렙'(Aleph)이, 119:25-32에는 히브리어 자음의 네 번째 글자인 '달렛'(Daleth)이 배분되어 있다.** 이 위대한 시의 기본 주제는 하나님 말씀의 경

---

* 히브리어 발음을 그대로 옮기면 '할루(하랄루) 야'로 옮길 수 있겠다. '할랄루'는 '(여호와를) 기뻐하다, 찬양하다'라는 뜻을 가진 히브리어 동사 '힐렐'의 남성, 복수, 명령형이다(가/182). '야'는 '야흐웨'에서 나온 '야후'의 단축형으로서 '여호와 하나님'을 가리킨다(가/289).

** 히브리어 알파벳은 자음만으로 되어 있다. 현재 맛소라 사본에 붙어 있는 모음 부호는 주후 5세기 이후에 등장한 맛소라 학파가 만든 것이다. 물론 그 이전에도 고대 히브리어 본문에 모음을 다는 표기법이 있었다. 유대인들이 아람어를 사용하면서 고대 히브리어 본문을 읽을 수 없게 되자, 고대 히브리 본문을 알고 있던 유대 학자들이 히브리 본문을 아람어로 옮긴 타르굼 옹켈로스 같은 경우는 모음 부호를 자음 위에 붙여 놓았다. 이런 모음 표기 방식을 바빌로니아 방식이라고 하며, 맛소라 본문과 같은 모음 표기 방식을 티베리아 방식이라고 부른다. 참고. 토마스 램딘/존 휴네가르드, 「타르굼 아람어 문법」, 배철현 역(서울: 가톨릭 출판사, 2001), 22.

이로움과 위대함이다. 하나님의 말씀은 무언가를 요구하는 동시에 무언가를 제공하는 것으로 보인다. 말씀이 요구하는 것은 순종이며, 말씀이 제공하는 것은 구원과 안녕에 대한 약속이다. 하나님의 법이 지닌 풍성함과 그 법이 성도들에게 시사하는 모든 것을 음미하려면, 119편은 단번에 읽는 것이 좋다. 119편은 하나님의 법이 갖는 중요성과 그것이 주는 기쁨을 강조하고자 여러 가지 시적 이미지를 사용한다. 그중 두 가지만을 언급한다면, 하나님의 법은 우리의 발을 비추는 등불이요(119:105) 꿀보다 더 단 것이다(119:103).

시 120-134편 열다섯 편의 시들로 이루어진 이 시 모음은 '성전에 올라가는 노래'로 알려져 있다. 사람들은 대개 시편 120-134편을 매년 있었던 큰 행사인 예루살렘 순례와 관련하여 사용된 시로 생각하고 있다. 예루살렘 순례는 여호와의 전에 들어가면서 그 정점에 이르곤 하였다. 이 시 모음에 들어 있는 시들은 이런 순서를 따라 배열되었던 것으로 보인다. 먼저 서두에 있는 몇 편의 시들은 고향의 평안한 안식처를 떠난 사람이 긴 여정에서 만날 수 있는 갖가지 위협과 어려움들을 다루고 있다. 그리고 마지막 부분에서는 성소 안으로 들어가면서(134:2) 여행의 목적을 성공리에 달성하는 것으로 끝을 맺는다. 이 시 모음에서 가장 유명한 시는 예루살렘으로 향하는 먼 여로에 도사리고 있는 온갖 어려움들과 여호와가 그 여행자들에게 베풀어 주시는 위로에 초점을 맞추고 있다. 시편 121편에는 예루살렘으로 여행하는 동안 당신이 함께하시며 보호자가 되어 주시겠다는 하나님의 강력한 약속이 들어 있다. 순례자들은 목적지에 도착하기 전에 자신들이 올라가야 할 언덕들을 상상하면서, 변함없이 그들을 보살펴 주시는 여호와 하나님의 모습에서 위로를 얻을 수 있다.

시 135-136편 시편 135-136편은 다시 한 번 하나님이 과거에 행하신 위대한 구원들에 초점을 맞춘다. 각각의 시는 하나님이 이스라엘 백성들을 애굽의 종살이에서 구해 내신 일을 특히 중요하게 다루고 있다(135:8-12, 136:10-22). 하지만, 하나님이 당신의 피조물 가운데서 행하시는 일과 그 피조물들을 주관하시는 그분의 주권(135:6-7, 136:4-9) 그리고 당신 백성을 부르신 일(135:4) 역시 하나님이 베푸시는 구원과 관련된 중요한 내용으로 하나하나씩 다루고 있다. 하나님이 과거에 행하신 일들을 묵상하는 것은 현재에 소망을 주며 영원히 지속되는 하나님의 위대한 사랑을 당신의 백성들에게 각인시켜 준다.

시 137편 시편 137편은 예루살렘 사람들이 바벨론에서 겪은 포로 생활의 고초에 초점을 맞춘 명시(名詩)들 가운데 하나다. 이 시는 고향을 빼앗긴 이들의 통렬한 심정과 더불어 빼앗긴 고향을 되찾으려는 갈망을 자극하고 있다. 이 시는 저주로 끝을 맺는다. 많은 사람들은 이 저주에서 공격적 자세를 발견한다. 하지만 그 저주는 시인의 철저한 정직성을 보여 주는 중요한 증거다. 시인은 자신의 진심을 그저 그런 말 속에 감추기보다 여호와 앞에서 있는 그대로 털어놓고 싶어한다. 하나님 앞에서 자신의 감정을 솔직히 털어놓는 모습은 시편의 순수함을 증명하는 여러 인증서 가운데 하나다. 이 점은 소중히 다루어야 할 부분이다.

시 138편 시편 138편은 다시 의인의 환난이라는 주제를 다루고 있다. 이 시는 당신이 계시하신 목적에 신실하신 하나님의 모습에 초점을 맞춘다.

시 139편 시편 139편은 사람의 마음 속에 있는 모든 것을 들여다보실 수 있는 여호와 하나님의 능력을 강력하게 선포하고 있다. 여호와 앞에서는 그 어떤 것도 숨길 수 없다. 그 어떤 것, 그 어떤 사람도 그분의 임재를 피할 수 없다. 시인은 여호와께 자신을 살펴 자기 안에 있는 모든 거짓된 것들을 다 드러내 달라고 간구한다. 이 시의 내용과 욥이 한 몇 가지 말의 내용은 분명 평행을 이루고 있다. 욥 역시 자신의 허물과 죄를 지적해 달라고 하나님께 요청하고 있기 때문이다.

시 140-144편 시편 140-144편은 고통 중에 쓴 시들이다. 이 시들은 온갖 위험에서 구해 주실 것을 여호와께 간구하고 있다. 이 시들은 모두 하나님의 변함없는 사랑과 신실하심이라는 주제를 반복한다.

시 145-150편 시편 145-150편은 찬양이라는 주제에 초점을 맞춘다. 이 시들은 하나님이 당신의 백성들과 함께하시는 것과 그 백성들에게 베푸신 모든 일들을 생각하며 찬양과 감사를 드리고 있다. 145-147편은 여호와를 아는 것이 그분의 백성들에게 가져다 주는 온갖 복들을 열거한다. 분명 하나님의 복이 무엇인지 아는 것이야말로 찬양을 불러일으키는 가장 유효한 방편 가운데 하나다. 이 세 편의 시들이 모두 찬양과 경배의 분출로 끝을 맺는 것만 보아도 이를 알 수 있다. 시편 148편은 다른 모습을 보여 준다. 이 시는 그저 모든 피조물에게 위대하고 경이로우신 그들의 창조주를 찬양하는 데 동참하라고 촉구한다. 시편 149편은 '여호와를 찬양하라'는 말과 함께 '찬양의 당위성'을 설득하는 정보를 제공'한다. 하나님의 백성들이 사는 이 세상은, 그 백성들이 자신들과 하나님을 변호하지 않는 한, 이 백성들을 무너뜨리려고 위협한다. 하지만 시인은 이런 세상 속에서도 하나님을 찬양해야 한다는 것을 인정한다. 드디어 시편은 시편 150편에 이르러 영광스러운 마침표를 찍는다. 이 시는 시편에 있는 탁월한 찬양시들 가운데 하나다. 이 시는 모든 악기를 동원하여 이스라엘의 위대하신 하나님을 찬양한다. 그분은 실로 당신의 백성들에게 위대한 일을 행하셨기 때문이다.

잠언

구약은 다양한 유형의 글들을 담고 있다. 그중에는 사무엘상·하와 같은 역사서, 이사야서와 같은 선지서(예언서), 그리고 지혜서가 들어 있다. 잠언은 욥기나 전도서와 더불어 지혜서에 속한다. 지혜는 고대 세계에서 매우 귀한 자원이었다. 솔로몬이 많은 이들의 입에 오르내리게 된 것도 결국 하나님이 주신 지혜 덕분이다. 지혜와 예언을 혼동해서는 안 된다. '잠언'의 목적은 삶의 실제적 측면을 조명하면서, 이전 세대에 축적된 지혜를 이후 세대에 전해 주려는 데 있다. 이 지혜는 종종 일상의 삶을 꼼꼼히 관찰한 결과에 그 기초를 두고 있다.

    잠언의 주요 부분(10:1-22:16)은 솔로몬이 지었다는 짧은 훈계조의 말들로 이루어져 있다. 여기서 '잠언'이라고 번역된 히브리 낱말은 사실 '격언'보다 더 광범위한 의미를 지니고 있다.* 그 히브리 낱말은 '비유'나 '신탁'(예언, '비유'나 '신탁'이라는 말 모두 인간의 지혜에 하나님의 손길이 미치고 있음을 암시한다)이라는 의미도 갖고 있다. 성경은 솔로몬이 탁월한 지혜의 소유자였다고 전한다. 사람들은 그가 '말한' 잠언이 약 3,000여 개에 이르는 것으로 믿고 있다(왕상 4:32). 그렇게 본다면, 잠언의 주요 부분에 모아 놓은 말들은 그가 말한 것의 7분의 1에도 미치지 못하는 셈이다. 이 사실은 대부분의 잠언이 주전 10세기에 기록되었음을 시사한다. 주전 10세기는 비교적 평화와 안정을 누리던 시절로, 문학 작품을 창작하기에 적합한 시기였다. 하지만, 잠언에는 잠언이 모아 놓은 내용들이 모두 솔로몬의 입에서 나온 것은 아님을 알려 주는 대목들이 있다. 이를테면, 잠언은 그 신원을 확인할 수 없는 두 명의 저자가 말한 것을 싣고 있다. '야게의 아들 아굴'과 '르무엘 왕'이 바로 그들이다. 잠언서가 시사하는 내용을 보면, 하나같이 이 책의 저작 연대를 주전 10세기로 지목한다. 그러나 잠언서의 본문 자체에는 이 책의 최종 형태가 히스기야 왕의 치세기(주전 715-686년경)에 이루어졌음을 암시하는 대목들이 들어 있다.

    잠언은 엄격히 지켜야 할 법으로 제시된 것이 아니다. 잠언의 목적은 어떤 사람이 어떤 특정 상황에서 해야 할 행동에 관하여 실제적 가르침을 주는 것이다. 인간 관계는 복잡하다. 이런 인간 관계를 다룰 때에는 참된 분별력과 지혜가 필요하다. 대부분의 잠언들은 겨우 두 줄로 되어 있지만, 이보다 약간 긴 잠언도 종종 등장한다. 잠언은 비교법(비유법)을 자주 사용하는데, 대개 일상생활에서 끌어온 장면들에 중점을 두고 있다. 잠언의 기본 주제는 이렇게 요약할 수 있다. "지혜롭게 처신하라, 그러면 형통할 것이다. 미련하게 처신하라, 그러면 멸망할 것이다."

---

* 히브리 본문은 잠언의 제목을 '미쉴레'라고 기록해 놓았다. '미쉴레'는 '비유, 경구' 등의 의미를 지닌 히브리어 '마샬'의 복수형인 '머샬림'의 연계형이다(가/470). 히브리 본문은 잠언 1:1을 '미쉴레 셜로모 벤-다윗/멜렉 이스라엘'이라고 기록해 놓았는데, 이는 '다윗의 아들 이스라엘 왕 솔로몬의 잠언들'이란 뜻이다.

잠언 1:1-9:18
지혜의 중요성

1:1-7 서언 잠언은 삶에서 지혜가 중요하다는 것을 선언하며 그 막을 연다. 여기서 말하는 지혜는 분명 세상의 지혜가 아니다. 그 지혜는 여호와를 두려워하는 데(경외하는 데) 그 바탕을 두고 있다(1:7). 여기서 '두려워하다'라는 말을 하나님이 복수하실 것을 생각하여 공포에 떠는 모습으로 이해해서는 안 된다. 이 두려움은 '하나님의 크신 권능을 충분히 깨달아 공경하는 마음으로 그분의 말씀과 뜻에 복종하는 것'으로 이해하는 것이 가장 적절하다.*

1:8-4:27 지혜를 끌어안도록 강권하다 모든 사람이 다 지혜를 받아들이려 하는 것은 아니다. 본문은 미련함과 죄를 사람의 마음을 끌어당기는 유혹자로 묘사한다. 그러나 그것들은 결국 사람을 꾀어 비참한 운명으로 인도한다(1:8-19). 이어서 강력한 본문이 등장한다. 여기에서는 미련함이 초래하는 위험들과 지혜가 주는 유익들을 대조하고 있다(1:20-2:18). 이 본문의 마지막 부분은 특히 중요하다(2:13-18). 지혜는 모든 것을 포기하더라도 얻을 만한 가치가 있다. 이 부분은 복음을 '극히 값진' 진주에 비유하셨던 예수 그리스도의 말씀(마 13:45-46)과 평행을 이룬다. 복음은 그 어떤 것도 줄 수 없는 만족을 안겨 준다.

젊은이들은 지혜를 구하고 세상의 위험한 유혹거리들을 멀리해야만 한다. 그럴 때에 그들은 미래의 행복과 만족을 확신하며 쉼을 누릴 수 있다(2:19-3:18). 지혜는 "생명 나무"(3:18)와 같다. 생명 나무는 그것을 발견하여 거기에 견고히 붙어 있는 사람들에게 자양분을 공급하고 새 활력을 준다.

말씀은 이제 지혜라는 주제를 새 방향으로 발전시켜 간다. 말씀은 지혜가 하나님의 저 위대한 창조에 하나님과 함께하였다고 선포한다(3:19-20). 이 주제는 나중에 더 전개될 것이다. 본문은 다시 지혜가 주는 심오한 유익들을 탐구한다(3:21-35). 지혜를 가진 사람은 '영광을 기업으로 받을 것'이며, 여호와 안에서 안전을 누리게 될 것이다. 말씀은 자녀들에게 지혜를 전수하는 데 부모들이 특히 중요한 역할을 감당해야 할 존재라고 이해한다(4:1-27). 그러나 이 말씀을 가부장주의자들의 주장처럼 '나이 먹은 사람이 제일 잘 안다'는 식으로 이해하면 곤란하다. 오히려 이 말씀은 자신들의 축적된 지혜와 경험을 자녀들에게 전수할 책임이 부모들에게 있음을 선언한 것으로 보아야 할 것이다.

5:1-7:27 간음과 미련한 행동을 하지 말라는 경고 이제 이 부분에서는 미련함을 보여 주는 사례들을 다루고 있다. 말씀은 간음을 정죄한다. 사람들에게 부정적 영향을 미치기 때문이다(5:1-23). 사실 여기서 주장하는 내용은 그 성격상 도덕이나 신학과 거리가 멀다. 오히려 그 어조로 볼 때, 실제적이며 실용적 성격을 띠고 있다. 간음은 사람을 비참

---

* 히브리 본문은 개역개정판이 "여호와를 경외하는 것"이라고 번역한 말을 '이르아트 야훼(아도나)'라고 기록해 놓았다. '이르아트'는 말 그대로 '두려워 함, 무서워 함'이라는 의미를 지니고 있는 히브리 명사 '이르아'의 연계형이다(가/316). 이 말 속에는 '공경하는 마음으로 무서워하다'라는 뉘앙스도 들어 있지만, '잘못을 처벌하시는 분을 두려워하다'라는 뉘앙스도 들어 있다.

하게 만들 뿐이다. 말씀은 더 나아가 몇 가지 종류의 어리석은 행동들을 경고하고 있다(게으름이나 거짓말이 미치는 부정적 영향을 경고하는 게 그 예다, 6:1-19). 이어서 본문은 중심 주제로 되돌아간다(6:20-7:27).

8:1-9:18 지혜의 부름 이제 말씀은 지혜 그 자체의 본질을 부각시키고 있다. 말씀은 지혜를 사람에 비유하여 이야기한다(8:1-36). 일반적으로 '의인화'(擬人化) 또는 '인격화'(人格化)라는 말로 표현하는 방법을 사용하고 있는 것이다. 지혜는 사람들을 권면하여 유익을 주고자 그들을 매혹하려 드는 한 여인으로 묘사된다. 지혜는 참된 통치의 기초이며 모든 정의로운 법에 밑바탕이다. 이어서 말씀은 천지 창조 때에 지혜가 수행한 역할을 이야기한다(8:22-31). 말씀은 재차 지혜를 사람에 비유하여, 창조 과정에서 하나님을 보필한 조력자이자 능숙한 장인으로 묘사한다. 지혜는 그 어떤 것보다 먼저 존재하였다. 지혜를 가진 사람은 창조의 비밀에 다가가며, 여호와께 은총을 얻을 수 있을 것이다(8:32-36).

다음 부분의 말씀은 지혜의 면모를 사람에 빗대어 더욱 강조하고 있다. 여기서는 지혜와 어리석음을 두 여인에 비유한다. 지혜는 자신의 목소리를 듣는 모든 사람들을 자기 집으로 초대하여 잔치에 참여케 한다(9:1-6). 그 초대에 응하는 사람은 누구든지 생명을 얻을 것이다. 반대로, 어리석음은 미련한 자들을 꾀어 사망에 이르게 한다(9:13-18).

잠언 10:1-22:16
솔로몬의 잠언들
이어서 말씀은 솔로몬의 잠언들을 모아 놓

았다. 이 잠언 모음은 쉽게 요약할 수 없다. 이 잠언 모음을 가장 잘 읽을 수 있는 길은, 먼저 본문이 추천하고 있는 지혜의 종류를 이해하는 것이다. 잠언은 대개 하나하나의 말(잠언)이 한 구절을 이루며, 이 한 구절은 두 개의 부분으로 이루어져 있다. 이는 가령 "적은 소득이 공의를 겸하면 많은 소득이 불의를 겸한 것보다 나으니라"(16:8)라는 식이다. 각 잠언을 구성하는 두 부분은 대개의 경우 서로 대조를 이룬다. 두 부분의 중간에 '그러나'라는 말을 넣으면 이런 대조가 더 분명하게 드러날 것이다.

잠언은 종종 명령문의 형태를 띠는 경우도 있다. 한 예를 들어 본다.

"너는 미련한 자의 앞을 떠나라.
그 입술에 지식 있음을 보지 못함이니라"(14:7).

그러나 여기서 강조하고픈 것은 이런 잠언들을 구약에 나오는 법과 동일한 반열에 놓아서는 안 된다는 점이다. 잠언의 효력은 우상 숭배나 살인을 절대 금지하는 명령의 효력과 견줄 수 없다. 이런 잠언들은 '지혜로운 자라면 미련한 자를 멀리할 것이다' 정도의 의미로 이해하는 것이 가장 적절하다. 잠언은 어디까지나 사람의 권면이지, 여호와가 내리신 명령이 아니다. 자녀에게 체벌을 가하면서 하나님의 권위를 빙자한다는 것은 아무래도 좀 웃습지 않은가?(13:24)

잠언 22:17-31:31
추가된 잠언집(箴言集)들
22:17-24:34 지혜로운 자들의 말들 잠언서의 나머지 부분은 더 짧은 잠언 모음들로 이루어져 있다. 이들이 모두 솔로몬의 잠언은

아니다. '지혜로운 자들의 말씀'과 그에 딸린 부록(24:23-34)은 세상에 속한 자투리 지혜들이다. 이것들은 더 짧고 더 명쾌한 솔로몬의 말들보다 일반적으로 더 긴 형태를 띠고 있다. 일부 잠언들은 세상의 지혜를 대변하지만(이를테면, 23:6-8), 분명 영적 통찰을 담고 있는 것들도 있다(이를테면, 22:22-23). '30개의 말씀들'(22:20)*은 이 부분에 실린 나머지 잠언들을 가리키는 것으로 볼 수 있을 것이다. 따라서 잠언 22:21 이후의 잠언들은 30개 부분으로 나누어지며, 하나하나의 잠언은 대개 두 구절로 되어 있다.

25:1-29:27 솔로몬이 말한 더 많은 잠언들

여기에 더 수록된 잠언 모음은 솔로몬 자신이 말한 것들이다. 이 잠언 모음은 명쾌한 말로 지혜를 표현하고 있는데, 각 잠언은 대개 한 구절로 되어 있다. 이 잠언들 가운데 많은 수는 통치와 경영이라는 주제에 초점을 맞추고 있다.

30:1-31:31 아굴과 르무엘 왕의 잠언들; 맺음말

'아굴이 한 말들'과 '르무엘 왕이 한 말들'이라는 이 짧은 잠언 모음은 두 사람이 한 말을 모아 놓은 것에서 인용한 것이다. 이 두 사람이 누구인지는 확실하게 알려져 있지 않다. 잠언서는 '현숙한 아내'의 덕성을 상찬(賞讚)하는 시로 끝을 맺는다. 이 시는 모두 22개의 구절로 되어 있는데, 각 절의 첫 글자는 히브리어 알파벳 순서를 따르고 있다.

---

* 개역개정판이나 개역한글판에는 이 구절에 '30개의 말씀들'이라는 말이 기록되어 있지 않다. NIV는 이 구절에서 'thirty sayings'라는 말을 기록하고 있다. 이는 아마 히브리 본문에 실려 있는 '샬리심'을 번역한 듯하다. 그러나 히브리 본문의 이 말은, 엄밀히 말하면, '30'으로 볼 수 없는 철자다. 히브리어로 30은 '셸로심'이기 때문이다(가/839). '샬리심'의 정확한 의미는 연구 대상이다.

전도서

전도서는 아마 구약에서 가장 음울한 책일 것이다. 이 책은 잠언서나 욥기처럼, 지혜서의 범주에 속한다. 전도서는 잠언들 그리고 관찰에서 나온 생각들을 모아 놓은 책이다. 이 책 속에 들어 있는 말들은 긴 것도 있고 짧은 것도 있다. 많은 사람들은 이 책을 읽고 혼란을 겪는다. 성경 하면 일반적으로 떠오르는 내용들과 잘 어울리지 않는 견해들로 뒤덮여 있는 것처럼 보이기 때문이다. 하나님이 없는 삶은 무의미하다. 성경적 신앙이 없으면, 결국 처절한 절망과 냉소만이 남을 뿐이다. 이 책은 바로 이런 점들을 강력하고 설득력 있게 주석한 책으로 보는 것이 가장 적절하다. 하나님이 없는 인생은 비참하고 무익하며, 인간의 지혜는 하나님을 온전히 발견할 수 없다. 전도서는 이 사실을 생생하게 그려 내고 있다.

전도서의 저자는 자신을 '전도자'[70인경은 '에클레시아스테스'(Eklesiastes)라고 기록해 놓았다]라고 소개한다.* 본문은 "다윗의 아들 예루살렘 왕"(1:1)을 언급하고 있다. 이 때문에 사람들은 지금까지 이 책의 저자를 솔로몬으로 생각해 왔다. 하지만, "다윗의 아들 예루살렘 왕"이라는 표현은 다윗의 자손들을 가리키는 일반 명칭이었다. 특히 전도서 자체를 봐도, 그 저자가 통치자라기보다 일반 백성임을 암시하는 대목이 종종 등장한다. 더욱이 히브리 본문의 문체는 이 책이 솔로몬 시대 이후의 것임을 알려 주고 있다. 결국 어떤 특정한 저작 연대도 일반적 공감대를 얻지 못하고 있는 형편이다. 아마 이 책의 저작 연대는 영원히 수수께끼로 남을지도 모른다.

1:2-3:22 모든 것이 헛되다 이 책은 삶은 헛되다(1:2)는 극적인 선언으로 시작한다. 온갖 종류의 일들을 분석한 결과는 삶의 헛됨을 생생히 보여 주고 있다(1:3-11). 이 모든 것은 무엇을 말하는가? 죽음과 함께 삶은 막을 내리고 한 시절을 살았던 사람들 역시 기억 속에서 사라져 버린다. 그런즉, 이 삶에 더 미련을 둘 이유가 어디에 있단 말인가?

그러나 그리스도를 믿는 독자들은 너무나 우울하고 쓸쓸한 전도서의 이 말에도 불구하고 초연함을 지킨다. 예수 그리스도 안에서 품게 된 부활과 영생의 소망이 그 사실을 초월하기 때문이다. 전도서의 장면들은 고뇌를 불러일으킨다. 덕분에 우리는 하나님이 없는 삶이나 영생의 소망이 없는 삶은 말 그대로 소망이 없는 삶이라는 것을 깨닫게

---

* 히브리 본문은 전도서의 제목을 '코헬레트'라고 기록해 놓았다. '코헬레트'는 '회중(히브리어로 '카할'이다)에게 설교하는 사람'(가/705)이라는 뜻이다.

된다. 전도서는 그리스도인들의 소망이 얼마나 소중한지 절절하게 되새겨 준다.

하지만, 전도서는 우울한 분석을 이어간다. 헛되 보이는 것은 인생에서 일어나는 사건들만이 아니다. 인간의 지혜 역시 시간이 흘러가면 스러지고 만다. 지혜가 대체 무슨 소용이 있단 말인가? 설령 유익이 있다 해도, 결국은 비참함만을 더해 줄 뿐이다(1:12-18). 즐거움도 마찬가지다(2:1-16). 즐거움을 찾아내려던 저자의 실험들은 재앙으로 끝났다. 그 모든 것이 헛되이 "바람을 잡는 것"(2:11)이었을 뿐이다. 사실, 인간이 이뤄 놓은 모든 것들이 다 헛된 것이다. 지혜도 사람을 죽음에서 건져 내지 못하니, 지혜 있다 하는 것이 대체 무슨 소용이란 말인가?(2:12-16) 모든 것이 시간과 함께 사라져 버리거늘, 무언가를 얻으려고 발버둥친다는 게 무슨 의미가 있단 말인가?(2:17-26) 그 모든 것이 너무나 헛되고 헛될 뿐이다(3:1-22). 인간도 동물과 다를 게 없다. 살다가 죽으면, 모든 게 끝난다. 그러나 그리스도인은 이 말씀을 읽을 때도 역시 기쁜 마음으로 부활의 소망에 의지할 것이며, 부활이 주는 목적 의식과 평강을 누릴 것이다.

4:1-9:12 모든 사람이 똑같은 운명을 맞다 저자는 이제 쓸쓸한 화폭 위에 자신이 헛되다고 생각한 사례들을 세세하게 채워 넣는다. 세상을 압제하고(4:1-12) 높이 올라가고자 몸부림치며(4:13-16) 부를 쌓고(5:8-12) 지혜를 추구하지만, 시간이 흘러가면 이 모든 것이 스러져 버린다(7:1-8:1). 지혜조차도 유한하다. 사람들은 지혜를 소유할 만한 가치가 있는 것으로 인정하지만, 저자는 과연 그런지 심각한 의문을 표시한다. 진정 지혜를 소유하는 사람이 있을까? 지혜는 저 멀리 있어서 도무지 잡을 수 없는 것처럼 보인다(7:23-25). 차라리 그저 먹고 마시며 즐거워하는 게 나을지도 모른다(8:1-17). 먹고 마시며 즐거워하는 것 이외에 기대하고 소망할 게 무엇이 있단 말인가? 지혜로운 자나 어리석은 자나, 죄인이나 거룩한 자나, 죽음이라는 비참한 운명을 맞는 것은 매한가지 아닌가?(9:1-12)

9:13-12:8 청년의 때에 네 창조주를 기억하라 저자는 다시 지혜의 본질을 깊이 생각한다(9:13-10:20). 지혜는 분명 훌륭한 것이다. 그런데 미련한 자들이 가장 좋은 자리들을 차지하는 것처럼 보이는 까닭은 대체 무엇이란 말인가? 결국, 인간의 이해력으로는 이 모든 일들을 알 수가 없다(10:1-6). 전도서는 삶의 덧없음을 계속 반추하면서 끝을 맺는다. 청년 시절은 바람처럼 지나간다. 지나간 그 자리에는 현재의 헛됨을 떠올리는 기억들만 남을 뿐이다(11:7-12:8).

12:9-14 결론 전도서는 마지막으로 소망 없는 일들을 반추하며 끝을 맺는다(12:9-14). '전도자' 자신은 지혜로웠다. 그러나 그의 지혜는 그에게 절망과 깊은 허무감만을 안겨 주었을 뿐이다. 결국 참된 지혜의 유일한 근원은 여호와 하나님을 경외하는 것이다. "하나님을 경외하고 그의 명령들을 지킬지어다. 이것이 모든 사람의 본분이니라"(12:13). 인생에 소망이나 의미가 있다면, 그것은 오직 하나님뿐이다.

하나님은 예수 그리스도를 통하여 놀라운 구원을 이루시고 소망을 베풀어 주셨다. 그리스도인이 이 구원과 소망의 관점에서 전도서를 읽는다면, 이 쓸쓸하고 우울한 작품을 연구하는 것조차도 베드로 사도의 이 말로 마무리할 수 있을 것이다. "우리 주 예수 그리스도의 아버지 하나님을 찬송하리로다. 그의 많으신 긍휼대로 예수 그리스도를 죽은 자 가운데서 부활하게 하심으로 말미암아 우리를 거듭나게 하사 산 소망이 있게 하시며"(벧전 1:3). 이 책의 저자도 저 영광스러운 날을 볼 때까지 살았더라면, 소망을 얻었을 것이다!

아가

'솔로몬의 노래'로 불리기도 하는 이 짧은 책은 탁월한 사랑의 시로 널리 인정받고 있다. 이 책의 제목은 말 그대로 '가장 훌륭한 노래'*다. 그 동안 사람들은 이 책을 솔로몬이 쓴 것으로 이해해 왔다. 하지만, 본문 속에는 솔로몬이 이 책의 저자임을 확증해 줄 증거가 충분히 들어 있지 않다. 이 책은 다섯 차례에 걸친 두 연인의 만남과 두 연인이 헤어져 있을 수밖에 없었던 시간을 되돌아보는 내용이 느슨하게 얽혀 있는 구조로 되어 있다.

많은 기독교 저술가들은 이 책을 그리스도와 그분의 몸인 교회 사이의 사랑을 다룬 일종의 풍유(諷諭, 알레고리)로 보아 왔다. 그런가 하면, 이 책을 그리스도와 신자 한 사람 한 사람의 관계를 나타낸 표지 또는 상징으로 보는 이들도 있었다. 다시 말해, 사람들은 이 책을 인간의 사랑을 찬미한 것이라기보다, 교회 또는 신자들을 향한 그리스도의 신령한 사랑을 시적 언어 내지 비유적 언어로 표현한 것으로 해석하였다. 하지만, 최근에는 이 책을 액면 그대로 인간의 사랑을 탁월하게 풀어 놓은 글로 해석하려는 움직임이 대다수 기독교 저술가들 사이에서 늘어가고 있다. 즉, 이 책이 당신의 백성들을 향한 하나님 사랑의 반향(反響)인 것은 분명하지만, 그래도 이 책은 한 남자와 한 여자가 나누는 깊숙한 사랑의 감정에 초점을 맞추고 있다는 것이다.

이 노래는 많은 부분으로 이루어져 있지만, 그 부분들 가운데 가장 두드러진 부분은 다섯 번의 만남을 표현한 부분이다(1:2-2:7, 2:8-3:5, 3:6-5:1, 5:2-6:3, 그리고 6:4-8:4). 이 책을 읽는 가장 좋은 방법은 한 번에 한 차례의 만남씩 읽어 가는 것이다. 이렇게 읽어 나가면서, 다음 만남을 고대하는 애틋한 심정과 그 만남이 이루어졌을 때의 희열을 음미해 보려고 노력하는 것이다. 연인을 만나는 기쁨과 하나님께 돌아오는 신자의 마음 사이에는 명백한 평행 관계가 있다. 그런 점에서 독자에게 유익이 된다면, 이 책을 당신 백성을 향한 하나님 사랑의 풍유(알레고리)로 읽어서 안 될 이유는 없다고 본다.

---

* 히브리 본문에 붙어 있는 제목은 '쉬르 하쉬림'이다. 말 그대로 '노래들 중의 노래'란 뜻이다.

이사야

이사야서는 네 개의 대선지서(다른 세 개의 대선지서는 예레미야서, 에스겔서, 다니엘서다) 가운데 첫 번째 책이다. 이사야는 주전 8세기 후반에 예루살렘에서 살면서 그곳을 무대로 활동했던 선지자다. 그가 선지자로 부름 받은 해는 웃시야 왕이 죽던 해인 주전 740년이었다(6:1). 그는 적어도 주전 701년까지 예언자로 활동한 것으로 알려져 있다. 이때는 북쪽 이스라엘 왕국이 벌써 앗수르에게 멸망당한 뒤였다. 이 무렵, 남쪽 유다와 북쪽 이스라엘은 긴 평화와 번영의 시대로부터 불확실성과 위험이 도사리고 있는 시대로 접어들고 있었다. 앗수르는 그 지역에서 점점 더 공세적 입장을 취하고 있었다. 이스라엘과 유다 그리고 수리아(시리아)는 앗수르의 이런 위협에 어떻게 대처해야 할지 묘책을 찾지 못하고 있었다. 이사야가 활동하던 때는 이처럼 정치와 군사 면에서 불확실성이 지배하던 시절이었다. 열왕기하가 묘사하고 있는 당시 예루살렘의 모습을 먼저 읽게 되면(이 주석이 요약하고 있는 열왕기하 부분을 보라), 이사야서를 읽는 데 유익할 것이다. 열왕기하는 이 엄청난 예언의 앞부분에 중요한 배경 자료를 제공해 준다.

하지만, 이사야의 예언은 비단 이 시대의 예루살렘 역사에 한정되지 않는다. 이 책의 뒷부분은 바벨론에 끌려간 포로들을 염두에 둔 소망과 회복의 예언들을 담고 있다. 이 예언서의 앞부분은 북쪽 이스라엘 왕국이 멸망하던 주전 722년부터 유다가 앗수르의 위협을 받아 풍전등화(風前燈火)의 처지에 놓여 있던 주전 701년 사이의 시대를 다루고 있다. 이 책의 주요 부분인 36-39장은 유다가 이 앗수르의 위협에서 살아남은 일을 다루고 있다. 이 예언서 뒤쪽의 주요 부분인 40-55장은 이후에 유다가 바벨론에 포로로 끌려갔다가 결국 포로 생활에서 구원받을 것임을 예언하고 있다. 그러나 이사야서가 대망하는 마지막 장면은 가까운 미래에 유다에서 벌어질 사건들이 아니라, 장차 "새 하늘과 새 땅"에 들어서게 될 영광스러운 예루살렘이다.

이사야 1:1-12:6
소망과 심판의 예언들

이사야서는 먼저 그 서두에서 뒤이을 내용이 몇 대 왕들의 치세 기간인 주전 792-686년에 이사야가 유다와 예루살렘에 관하여 예언한 것임을 천명하고 있다. 본지 이사야는 오로지 남쪽 유다 왕국과 그 도읍인 예루살렘에서 활동하였다는 점을 유념하기 바란다. 때문에 이사야서는 북쪽 이스라엘 왕국을 전혀 언급하지 않는다(1:1). 우리는 아직 이사야가 어떤 사람이며, 그가 어떻게 선지자로 부름 받았는지 알지 못한다. 이에 관한 세부 사항은 뒤에 알려질 것이다. 분명 이사야는 대체로 여호와께 불순종하는 경향을 가진 백성들에게 그분의 말씀과 뜻을 선포하는 것이 자신의 임무라고 보았다.

1:2-31 반역한 나라 이 책에 기록한 선지자의 첫 번째 주요 예언(1:2-31)은 여호와의 백성들이 그분께 반역하였다는 점을 강조하고 있다. 이스라엘(이사야서가 지칭하는 이스라엘은 북쪽 이스라엘 왕국이 아니라 하나님의 백성인 이스라엘 백성들을 가리키는 말이다)은 여호와를 버렸다(1:3). 말 못하는 동물들도 하나님의 백성들보다 더 지각이 있다. 이스라엘은 늘 올바른 제사를 드렸을지도 모른다. 어쩌면 그들도 성전에서는 옳은 일만을 했을지 모른다. 그러나 그 백성들의 중심은 여호와로부터 멀어져 있었다(1:10-17). 겉으로는 경건하게 제사를 드렸지만, 그 속에는 여호와를 사랑하며 그분께 순종하는 마음이 빠져 있었다. "여호와의 말씀을 들을지어다"(1:10)라는 반복 문구에 주의를 기울이기 바란다. 이 말은 선지자의 예언에 반복하여 등장하는 독특한 문구로서, 선지자가 제멋대로 말하는 것이 아니라 여호와의 영감을 힘입어 말한다는 점을 알려 주는 것이다. 하지만, 서두에 등장한 이 심판의 예언은 소망의 음조로 끝을 맺는다. 하나님은 당신의 백성을 정결케 하실 것이다(1:25-26). 마치 용광로가 귀금속을 정련하듯이 당신 백성의 모든 불결함을 제거하시고, 그들에게 이전의 영광을 회복시켜 주실 것이다.

2:1-5 여호와의 산 두 번째 주요 예언은 하나님 백성의 반역과 불순종을 재확언한다. 이 예언은 "여호와의 전의 산"에 관한 놀라운 환상(그 핵심 내용은 미 4:1-3에서도 등장한다)으로 시작한다(2:1-4). 여기서 말하는 '여호와의 산'은 시온 산이다. 장차 여호와의 구원 사역이 완성되면, 시온 산은 예배와 평강과 번영의 중심이 될 것이다. 이 본문에는 "칼을 쳐서 보습을 만들고"(2:4)라는 유명한 말씀이 들어 있다. 이 말씀은 장차 여호와가 그리로 인도하실 평강의 통치를 그림 그리듯 생생하게 묘사한 것이다.

2:6-4:1 여호와의 날 그러나 평강의 통치는 미래의 일이다. 지금은 "야곱 족속"(하나님의 백성을 가리키는 말이다)이 온갖 모양으로 여호와께 반역을 저질렀다. 특히 선지자는 예루살렘에서 이방 종교가 점점 더 득세하는 모습에 직격탄을 날린다(2:6-8). 그런 모습은 여호와가 도무지 용납하실 수 없는 일이다. 그러나 선지자는 이 모든 소행들이 말끔하게 씻겨 나갈 "여호와의 날"이 이를 것이라고 예언한다. 그날에 여호와는 위엄과 권능으로 임하셔서 당신 백성들을 정결케 하실 것이다(2:12-22). 선지자는 교만하고 도도한 예루살렘이 장차 무너질 것임을 예언함으로써, 이 심판을 생생하게 그려 내고 있다(3:1-4:1). 여호와께 불순종한 유다와 예루살렘은 화를 자초한 것이다.

4:2-6 여호와의 싹* 선지자는 이내 대상을 더 특정하여 심판을 선포한다. 그러나 여기서 돌연 구원을 약속하는 간결한 본문이 등

---

* NIV는 히브리 본문이 4:2에서 '체마흐 야훼(아도나)'라고 기록한 것을 'The Branch of the LORD'라고 번역하였다. 그러나 히브리어로 '체마흐'는 '가지'(branch)가 아니라 '어린 싹'을 가리킨다(가/686). 개역개정판은 "여호와의 싹"으로 옳게 번역하였다.

장한다. 선지자의 예언은 철저하게 심판의 말씀으로 일관한다. 하지만, 여호와께 신실한 자들에게는 미래에 구원이 임할 것이라는 소망이 이 심판의 말씀을 누그러뜨린다.

5:1-30 포도밭의 노래 여기서 본문은 중요한 심판의 말씀을 시작한다. 이 말씀은 포도밭이라는 형상에 초점을 맞춘다(5:1-7). 여호와 하나님은 이스라엘을 그 소유주가 땅을 갈고 포도나무를 심으며 돌보느라 크게 수고한 포도밭에 비유한다. 당연히 주인은 그 포도밭에서 좋은 포도가 열리기를 바랐을 것이다. 하지만, 그가 그렇게 수고하여 얻은 것은 모두 나쁜 열매뿐이었다. 이 이야기는 이스라엘을 비유한 것이다. 하나님은 이스라엘을 불러 세우시고, 사랑하시며, 보살피셨다. 그분은 이스라엘이 의롭고 순종하는 백성들이 되기를 바라셨지만, 그분이 발견하신 것은 유혈과 고통뿐이었다. 상황은 구제 불능 직전이었다. 여호와를 진노케 한 백성들의 죄와 불의를 기록하고 있는 이 대목에서, 심판의 목소리는 더욱 커지고 있다(5:8-30). 하나님의 백성들은 하나님께 순종하지도, 그분을 알지도 못하였다. 그런 그들 앞에 남은 것은 포로로 사로잡혀 가는 것뿐이었다(5:13).

6:1-13 이사야를 선지자로 세우시다 여기서 우리는 마침내 이사야 자신에 대하여 더 많은 내용을 발견하게 된다. 웃시야 왕이 숨을 거둔 해는 주전 740년이었다. 이 해에, 이사야는 거룩함과 영광이 충만한 가운데 앉아 계신 여호와를 환상 중에 뵙게 된다. 어쩌면 이사야 선지자는 이 환상을 바로 성전 안에서 보았을 수도 있다. 이 환상은 여호와 하나님의 거룩함에 초점을 맞춘다. 이 환상을 본 이사야는 두려움에 떤다. 죄인인 자가 하나님을 보고도 어찌 살아남을 수 있겠는가? 이 때, 스랍(오직 이 본문에만 나타나는 말인데, 그 확실한 의미는 알 수 없다)* 가운데 하나가 불타는 숯을 그에게 댄다. 이것은 일종의 정결 의식이었다. 이제 그의 죄는 말끔히 사라졌다. 그는 거침없이 여호와의 말씀을 백성들에게 선포할 수 있게 되었다. 곧이어 그는 여호와께 부름을 받아 백성들에게 그분의 말씀을 전할 자로 세움을 받는다. 하나님은 그에게 백성들이 말씀을 듣고 오히려 완고해질 것이며, 그 말씀을 따르려 하지 않을 것임을 전부 알려 주신다.

이사야를 선지자로 불러 세우신 기사가 이 책에서 왜 이토록 늦게 등장하고 있는지 그 연유는 확실치 않다. 오히려 이 기사는 책 서두에 있는 것이 더 자연스럽지 않았을까? 그러나 이 기사가 지금 자리에 있는 덕분에, 앞의 내용들이 더욱 중요해질 뿐만 아니라 독자들 역시 아직 등장하지 않은 더 많은 예언들을 기대할 수 있게 되었다.

7:1-25 임마누엘의 징조 여기서 역사의 새 단락이 열린다. 때는 수리아와 에브라임 사이에 전쟁이 터진 주전 735년이었다. 앗수르가 점점 그 세력을 확장하자, 아람과 북쪽 이스라엘 왕국(종종 '에브라임'이라고 불렸다)은 반 앗수르 동맹에 동참하도록 유다를 설

---

* 히브리어로 '스랍들'은 '스라핌'이다. 본디 그 단수형인 '사라프'는 '뱀'이란 뜻을 갖고 있다. 하지만, '스라핌' 역시 동물의 형상을 갖고 있는 것인지, 아니면 사람의 형상을 가지고 있는지 분명하지 않다(나2/1360-1361).

득하려 한다. 그러나 당시 유다 왕이던 아하스는 앗수르 사람들과 손을 잡으려 한다. 결국, 예루살렘은 아람과 북쪽 이스라엘의 공격을 받게 된다.

이사야는 아하스에게 흔들리지 말라고 격려한다. 그는 여호와가 아하스를 이 위협으로부터 구원하실 것임을 알고 있었다(7:1-12). 이사야는 그 징조로서 처녀가 잉태하여 아들을 낳을 것이며 그 이름은 임마누엘이라 불리게 될 것이라고 이야기한다.* 당시의 역사 정황과 관련시켜 볼 때, 이사야가 말한 이 예언은 무엇보다도 아홉 달 내에 예루살렘이 위협에서 벗어날 것이라는 뜻이었을 것이다. 이사야 8:3의 사건도 이것과 관련지어 생각할 수 있을 것이다. 하지만, 이 말씀에는 위대한 예언이 숨어 있다는 것을 지나칠 수 없다. 이 말씀은 분명 임마누엘이라 불리게 될 또 다른 아이(마 1:23)의 출생을 내다보고 있다. 그는 자신의 백성들을 죄에서 구원하실 이였다.

8:1-9:7 한 아기가 우리에게 났으니
이사야는 여호와의 경륜 속에서 앗수르에게 주어진 역할을 이야기한다(8:1-22). 이어서 그는 여호와가 약속하신 미래의 구원을 다시 이야기한다. 그는 갈릴리 지역에 초점을 맞춘다. 바로 그 갈릴리에서 "흑암에 행하던 백성이 큰 빛을" 보았다. 여기서 이사야는 종종 '완료형 예언'(the prophetic perfect)이라고 부르는 문예 기법을 사용하고 있다. '완료형 예언'은 아직 일어나지 않은 일을 이미 일어난 일처럼 예언하는 것을 말한다. 한 아기가 태어나게 될 것이며, 그는 평강의 왕이 되실 것이다. 이 유명한 말씀은 흑암 속에서 살아가는 하나님의 백성들에게 한 구원자가 오실 것이라는 소망을 이야기하고 있다(9:1-7). 신약의 저자들은 예수 그리스도의 오심(눅 2:14을 보라)과 그분의 갈릴리 사역이 이 위대한 예언의 성취였음을 깨닫게 된다.

9:8-10:34 이스라엘을 향한 주님의 분노; 이스라엘의 남은 자
그러나 이 소망의 말씀은 이스라엘의 죄에 대한 심판과 질책 속에 다시금 묻혀 버린다(9:8-10:4). 이사야는 하나님이 앗수르를 심판하실 것임을 확실히 알고 있었다(10:5-19). 하지만, 하나님이 당신께 불순종하고 반역한 백성들을 벌하시는 "진노의 막대기"로 그 앗수르를 사용하려 하신다는 점 역시 분명한 사실이었다. 앗수르도 자기 차례가 되면 하나님을 거역하면서, 자신을 도구로 사용할 권리가 하나님께 있다는 점을 부인하려 할 것이다(10:15-19). 이스라엘에는 오로지 신실함을 지킨 남은 자들만이 살아 있어, 여호와 하나님을 믿게 될 것이다(10:20-34).

11:1-12:6 이새의 가지; 찬양하는 노래들
한 구원자가 이 남은 자 가운데서 나타나, 하나님 백성의 역사를 소망의 새 시대로 인도할 것이다(11:1-10). 이 강력한 메시아 예언은 하나님의 영으로 충만하신 예수 그리스도가

---

* 히브리 본문에는 "보라, '그 처녀'가 잉태하여 아들을 낳을 것이며, 그의 이름은 '임마누엘'(우리와 함께하신 하나님)이라 불리게 될 것이다"라고 되어 있다. 즉, 아들을 낳는 주체를 정관사 '하'와 '처녀, 젊은 여인'의 뜻을 갖고 있는 '알마'가 결합한 '하알마'로 지칭한다. '알마'는 비단 처녀만이 아니라 혼기에 이른 젊은 여인들을 총칭하는 말이다(가/594).

오심으로써 궁극적으로 성취된다. 시므온은 예수 그리스도가 자신이 그토록 오랫동안 대망하던 이스라엘의 구원자이심을 깨닫고 말할 수 없이 기뻐하였다(눅 2:25-32). 마찬가지로 이 구원자가 오시면, 하나님의 백성들 역시 크게 기뻐할 것이다(12:1-6).

이사야 13:1-23:18
하나님이 이스라엘의 이웃 나라들에게 심판을 선포하시다

지금까지 이사야가 전한 심판의 말씀은 누구보다 먼저 유다와 예루살렘을 겨냥하고 있었다. 앗수르도 심판을 받는다. 미래의 일이긴 하지만, 앗수르는 하나님의 심판에 사용된 도구라는 자신의 본분을 거부하고 스스로 자신을 높여 최고 권력자가 되려고 하였다가 심판을 맞게 될 것이다. 이제 예언의 표적은 유다의 주변 국가들로 옮겨간다. 하나님의 의로우신 눈은 이 나라들을 하나하나 감찰하시고 그들의 그릇됨을 질책하신다.

이웃 열방들을 질책하는 말씀들이 이어지지만, 중간에 단 한 번 예루살렘에 관한 예언이 등장한다(22:1-25). 예루살렘에 관한 예언이 언제 일어난 사건들을 언급하는 것인지는 확실치 않다. 이 예언은 주전 586년 바벨론 사람들이 예루살렘을 공격하여 그 성읍을 함락시키고 거기 살던 많은 사람들을 강제로 끌어간 일을 말하는 것일 수 있다. 하지만, 그 이전인 주전 701년에 산헤립이 예루살렘을 포위했던 일을 가리키는 것일 수도 있다. 이사야는 이후의 부분에서 산헤립의 예루살렘 포위 사건을 몇 차례 뚜렷이 언급하고 있다. 그렇다면, 이 본문은 이후에 등장할 부분들을 미리 내다보는 것일 수도 있다. 하지만 이 예언은 바벨론이 주전 588년부터 586년 사이에 예루살렘을 멸망시킨 사건을 내다본 것으로 볼 수도 있다. 그 기간 동안, 바벨론은 예루살렘을 포위하였다가 결국 그 성을 점령하여 파괴하고 만다.

독자들은 이 부분을 읽을 때 예언 하나하나를 꼼꼼히 읽어가면서 전체 예언의 밑바탕이 되는 근본 주제를 간파해야 한다. 종국에는 여호와 하나님이 승리하실 것이며, 그 모든 나라들은 역사의 먼지 속으로 사라질 것이다. 이것이 바로 이 예언의 근본 주제다. 이 부분의 구조는 아래와 같다.

13:1-14:23	바벨론
14:24-32	앗수르와 블레셋
15:1-16:14	모압
17:1-14	수리아와 북쪽 이스라엘 (다메섹과 에브라임)
18:1-20:5	에디오피아(구스)와 애굽
21:1-10	바벨론
21:11-17	에돔과 바벨론
22:1-25	예루살렘에 관한 예언
23:1-18	두로

여호와는 이 땅에 있는 모든 영적 세력들을 물리치고 최후의 승리를 거두시게 될 것이다. 우리가 살펴볼 다음 부분은 이 주제를 역설하고 있다.

이사야 24:1-27:13
여호와가 거두시게 될 최후의 승리
24:1-25:12 여호와가 땅을 황폐하게 하시다
이 부분은 여호와 위로 하늘, 아래로 땅에 있는 모든 대적들(24:21-23)을 물리치고 완전한 승리를 거두실 것임을 먼저 선언한다(24:1-23). 온 우주가 심판을 받게 될 것이며, 어느 누구도 그 심판을 피할 수 없을 것이다. 그러나 이 심판은 압제에 시달리던 하나님의 백성들에겐 구원을 가져다 줄 것이다. 선지자는 이 백성들을 압제하던 세력들이 장차 완전한 파멸을 맞게 될 것이라고 예언한다. 이사야는 이 위대한 사건들이 가져다 줄 환희와 희열을 내다볼 수 있었다(25:1-12). 종국에 가면, 하나님의 백성들은 여호와를 의지했던 자신들의 신앙이 완전히 정당한 것으로 증명되는 장면을 목격하게 될 것이다.

26:1-27:13 찬송과 이스라엘의 구원 그 승리의 날에 부르게 될 찬송은 이스라엘의 신앙을 견고한 성읍으로 묘사한다. 이 성읍은 여호와의 신실하심을 무기 삼아 온갖 공격을 막아 내게 될 것이다. 이스라엘은 장차 모든 혼란과 고통에서 구원을 받을 것이며, 여호와 하나님이 그들을 살피시고 보호하실 것을 확신하면서 평안히 쉴 수 있게 될 것이다(26:1-21). 하나님의 백성들이 저지른 죄는 속죄로 말미암아 깨끗이 씻겨나갈 것이다. 이 속죄는 십중팔구 장차 임할 포로 시대를 가리키는 말일 것이다. 이 포로 시대는 하나님이 당신의 백성이 저지른 죄를 벌하시고 그 죄의 자취를 깨끗이 씻어 내시는 방편으로 간주된다(27:1-13). 하나님의 백성에게 남아 있던 모든 이방 종교의 잔재들과 신앙들은 결국 말끔히 제거될 것이다. 다음 부분에서 분명히 드러나게 될 터이지만, 예루살렘에 화급하게 요구되는 것은 바로 그런 정화 작업이었다.

이사야 28:1-35:10
예루살렘을 향한 심판의 말씀
28:1-30:33 다윗의 성에 화가 임할 것이다 이 부분은 여호와가 당신 백성의 불신앙을 벌하실 것임을 분명하게 선언하며 시작하고 있다(28:1-29:24). 예루살렘의 종교생활은 철저히 타락하였다. 심지어 그곳의 제사장들과 선지자들은 포도주와 독주(맥주)를 과음하여 술 취한 채 비틀거리는 지경이었다(28:7-8). 만일 예루살렘이 자신들의 언어로 여호와의 말씀을 들으려 하지 않는다면, 외국인들의 언어로 그 말씀을 들어야 할 날이 임할 것이다(28:11-13). 이는 앗수르 사람들이 침공하여 예루살렘 거민들이 포로로 끌려갈 위험에 처하게 될 것임을 분명하게 언급한 것이다. 예루살렘은 다윗 자신이 세운 그의 성읍인 것이 사실이다. 그러나 그 때문에 그 성벽안의 타락상이 용서받지는 못할 것이며, 그 성읍이 임박한 심판에서 구원을 받을 수는 없을 것이다(29:1-10). 이 저주의 말씀은 불순종한 예루살렘이 맞게 될 불행들을 계속하여 이야기한다(30:1-33). 하지만, 회복에 대한 약속이 이 심판의 예언을 누그러뜨리고 있다(30:19-26).

31:1-9 애굽을 의지하는 자들에게 화가 임할 것이다 이 부분에서 분명히 알 수 있듯이, 이사야는 이스라엘이 자신의 힘이나 동맹을 맺은 외국이 아니라, 여호와를 의지해야 한다는 점을 힘써 강조하고 있다. 이사야는 특히 애굽에 초점을 맞춘다. 당대의 많은 사람들은 애굽이 이스라엘을 앗수르의 위협에서 벗어나도록 도와줄 수 있는 유일한 나라라고 생각했다. "애굽은 사람이요 신이 아니며 그들의 말들은 육체요 영이 아니라"(31:3)는 말씀은 이사야가 말한 핵심을 분명하게 보여 주고 있다. 예루살렘에게 최후의 소망이자 안전한 피난처가 될 곳은 외세가 아니라, 여호와를 순종하고 그분을 신뢰하는 것뿐이다. 마침내, 이사야는 앗수르도 멸망할 것이라고 예언한다. 그러나 앗수르는 영원

구약 시대의 예루살렘

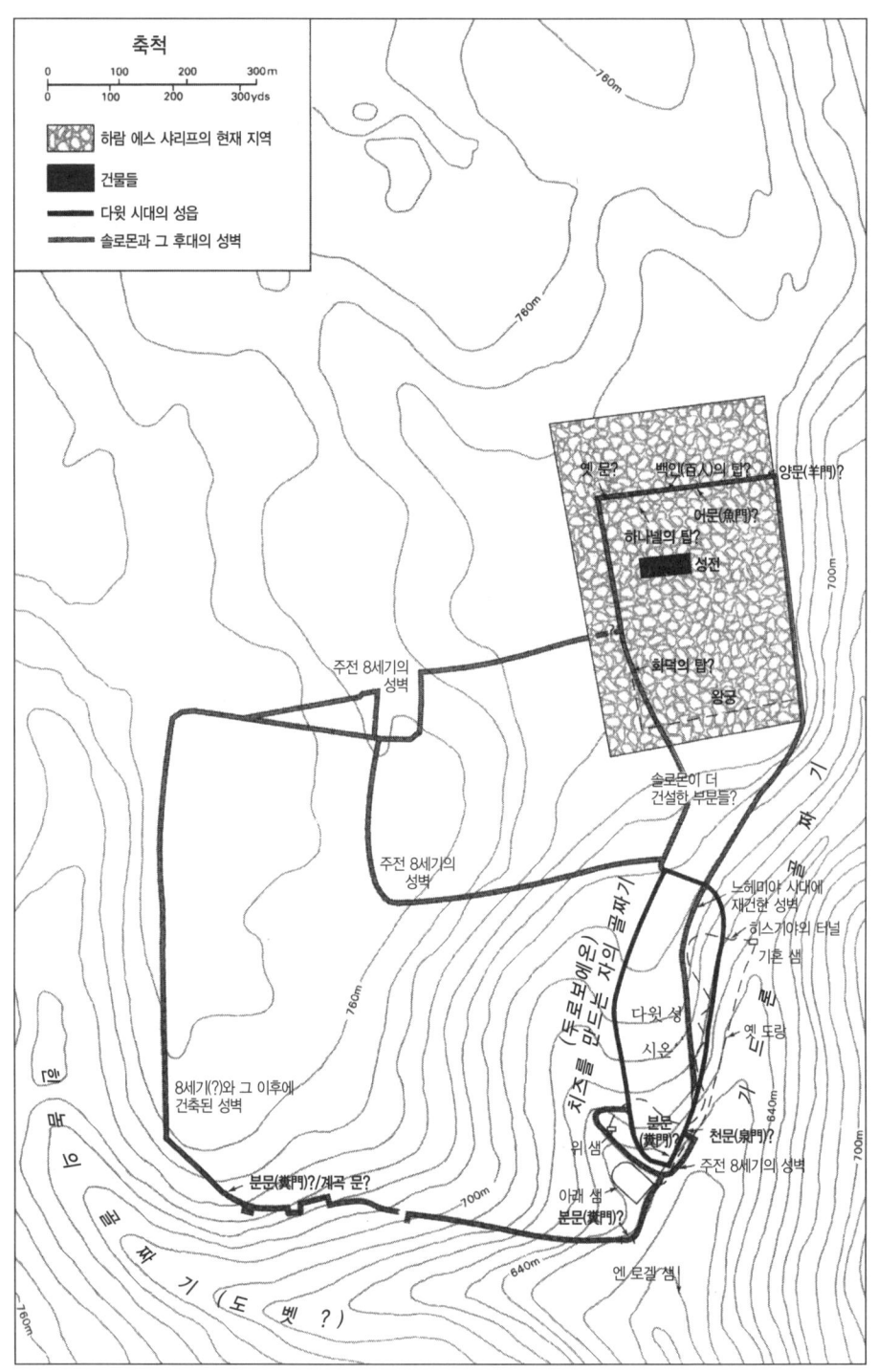

히 죽지 아니할 칼 앞에 무너질 것이다(31:8). 이는 분명 하나님 자신이 당신 백성을 구원하실 것임을 말하는 것이다.

32:1-35:6 의의 나라; 구원받은 자들의 기쁨
이어서 말씀은 미래에 임하실 왕을 약속한다(32:1-33:24). 이 왕은 예루살렘에서 평강과 의로 다스리시게 될 것이며, 이 통치와 함께 위로부터 성령이 부어지게 될 것이다(32:15). 이 예언 속에는 '파괴자'를 향한 심판의 말씀도 들어 있다(33:1-9). 여기서 '파괴자'는 앗수르를 가리키는 말일 것이다. 이어서 에돔을 향한 심판의 예언이 이어진 다음, 예루살렘에 돌아온 이들에게 주어질 구원의 예언이 선포된다(35:1-10).

이 마지막 예언은 여호와가 구원하신 백성들이 시온에 입성하는 것을 온 천지가 기뻐할 날을 내다보고 있다. 아울러 이 예언은 메시아 시대의 몇 가지 징조들을 언급한다(35:5-6). 신약은 예수 그리스도의 사역이 이 예언을 성취한 것임을 보여 주고 있다(이를테면, 마 12:22).

이사야 36:1-39:8
예루살렘과 산헤립의 포위

우리는 이제 히스기야 왕 시대에 일어난 사건들을 읽게 된다. 여기서 예언은 뒤로 물러나고 역사가 전면에 등장한다. 이 부분의 역사와 비슷한 이야기를 열왕기하 18:13-20:19에서도 발견할 수 있다. 이 부분은 이사야의 사역에서 한때나마 그 배경이 된 정치적 위기를 다루고 있다. 앗수르 왕인 산헤립이 유다의 성읍들에 대규모 침공을 단행한다. 이 사건의 배경은 중요하므로 좀 더 설명이 필요하다.

주전 725년, 앗수르 왕 살만에셀 5세는 북쪽 이스라엘 왕국의 도읍인 사마리아를 침공한다. 그는 3년 동안 사마리아를 포위하였다. 전쟁이 끝나자, 앗수르는 그 지역 인구의 상당수를 제국의 오지로 강제 이주시킨다. 북쪽 이스라엘 왕국은 더 이상 한 국가로서 주권을 유지할 수 없게 되었다. 이 재앙이 닥치기 직전인 주전 729년, 유다에서는 히스기야의 치세와 더불어 역사의 새로운 장이 열리고 있었다. 처음에 자신의 부친 아하스와 공동으로 통치하던 히스기야는 주전 715년에 이르러 전권을 쥐게 된다. 이스라엘을 정복한 뒤, 살만에셀의 뒤를 이어 앗수르 왕이 된 산헤립은 남쪽 유다에 눈독을 들인다. 결국, 그는 예루살렘을 침공하기로 결심한다. 바로 이 일이 이사야서에 기록된 이 부분의 배경을 이루고 있다.

36:1-37:20 산헤립이 예루살렘을 위협하다; 히스기야가 기도하다 분명 앗수르는 가능한 가장 손쉬운 방법으로 예루살렘을 차지할 궁리를 하고 있었다. 먼저 앗수르 사람들은 말로 설득하려 하였다. 이때, 앗수르 사람들은 아람어(당대의 국제 외교 언어로서 평민들은 알아듣지 못하는 말이었다)가 아닌 히브리어(당시 예루살렘에 사는 평범한 민초들도 알아들을 수 있는 말이었다)를 사용하여, 그들이 항복하지 않으면 비참한 운명을 맞게 될 것이라고 히스기야에게 이야기한다. 앗수르 사람들은 앗수르에 맞서려는 왕의 의도를 좌절시키기 위해 예루살렘 백성들을 선동하였던 것이 분명하다. 그러나 히스기야는 굳건하게 여호와를 의지한다. 앗수르 사람들은 이런 히스기야의 태도를 조롱한다. 일찍이 그 어떤 신(神)도 자신을 섬기는 성읍들을 앗수르의 손에서 구해 낸 적이 없었다(36:4-22). 히스기야는 괴로워하

며 여호와의 인도하심을 간구한다(37:1-20). 한 것으로 보인다.

37:21-38 산헤립의 몰락
이사야는 앗수르에 맞서라고 히스기야를 독려한다. 그는 산헤립의 비운을 상세히 예언하면서, 그의 몰락을 예언한다(37:21-35). 그날 밤, 한 재앙이 앗수르 군영을 엄습한다. 화들짝 놀란 산헤립은 니느웨로 철군한다. 하지만, 결국 그는 거기서 자기 아들들의 손에 죽임을 당하게 된다(37:36-38). 이사야의 예언이 그대로 이루어진 것이다.

38:1-39:8 히스기야의 병; 바벨론에서 온 사신들
히스기야는 생명을 잃을 수도 있는 중병에 걸렸던 것이 확실하다. 이때, 그는 이사야를 통하여 여호와가 주시는 더 큰 격려와 확신을 얻게 된다(38:1-22). 하지만, 히스기야는 조심해야 할 도를 넘어 바벨론에서 온 사신들을 접대한다. 당시는 앗수르가 세계를 호령하던 시절이었고, 히스기야는 바벨론 사람들에게 아무 근거 없는 낙관론을 품고 있었다(39:1-4). 그 결과, 이사야는 장차 예루살렘이 바벨론 사람들의 수중에 떨어질 것이라고 예언한다(39:5-7). 히스기야는 이 일들이 먼 훗날의 일일 것이라고 치부해 버린다. 그는 자신의 실수가 바벨론 포로 생활을 통하여 자신의 백성들이 겪게 될 징벌과 정련(精鍊)에 한 원인이 되었음을 깨닫지 못

이사야 40:1-55:13
바벨론 포로 생활에서 돌아올 것을 예언하다

이제 상황이 급변한다. 이스라엘이 포로로 끌려가게 될 것이라던 냉혹한 예언은 현실로 이루어졌다. 예루살렘은 바벨론의 포로로 전락한다. 이 새 부분이 전하고 있는 위대한 회복의 예언들은 포로기에 활동한 어떤 선지자가 쓴 글일 것이다. 이 예언들은 포로로 끌려온 공동체에게 직접 이야기한 것들이다. 그게 아니라면, 이 예언들은 그 이전에 있었던 어떤 선지자가 장차 임하게 될 포로 시대와 그 이후의 회복을 예언한 것이라고도 볼 수 있을 것이다. 어떤 학자들은 우리가 이 부분에서 새 저자를 접하고 있다고 믿는다. 그들은 이 새 저자가 (39장까지 기록된 심판과 질책의 예언과 달리) 포로로 끌려온 공동체에게 위로와 소망이 담긴 여호와의 말씀을 전하고 있다고 말한다. 즉, 그 포로 생활이 하나님의 은혜로 말미암아 곧 끝나게 될 것이라고 선포하고 있다는 것이다. 이런 주장이 옳다면, 우리는 일찍이 히스기야 치세기에 활동했던 선지자(이사야를 말한다)와 다른 '제2의 이사야'를 다루고 있는 셈이다.*

예루살렘 백성들의 포로 생활은 주전 586년에 시작되어 약 50년 뒤인 주전 538년

---

* 구약 신학계에서는 이사야서를 제1이사야와 제2이사야로 나눠 보는 것이 통설이 되었다. 이 해석론을 처음 전개한 사람들은 아이히혼(J. G. Eichhorn)과 되더라인(J. C. Döderlein)이다. 이들은 1-39장은 이사야 선지자가, 40-66장은 제2이사야라는 무명의 저자가 기록하였다고 주장한다. 그 근거로서 대략 다음 세 가지를 든다. 첫째, 6:1에 따르면 이사야는 주전 700년 이전 앗수르의 포위 공격 당시 생존했던 인물로 나타나는 데 반해 40장 이하의 기록은 이미 예루살렘이 멸망할 것을 전제로 하고 있다는 점, 둘째, 사용하는 언어나 형식, 사상 세계나 진술의 의도가 40장 이후에는 완전히 달라진다는 점, 셋째, 36-39장은 열왕기하 18-20장의 추보(追補) 부분으로서 35장과 철저히 분리된다는 점이다. 그러나 둠(B. Duhm)이 1892년에 '이사야 주석'을 발표한 것을 계기로, 제2이사야를 다시 40-55장으로 이루어진 제2이사야와 56-66장으로 이루어진 제3이사야

에 막을 내린다. 이 해에 포로 중 일부가 처음으로 예루살렘에 돌아온다(이 사건은 에스라서의 처음 몇 장이 기록하고 있다).

40:1-41:29 하나님의 백성들에게 주는 위로
소망을 안겨 주는 새 장면이 위로의 말씀과 함께 그 막을 연다(40:1-2). 예루살렘의 포로 생활은 이제 끝났다. 예루살렘은 그 죄값을 치렀다. 이제 예루살렘 백성들은 자유인이 되어 고향으로 돌아갈 수 있게 되었다. 여호와 하나님은 귀환하는 당신의 백성들보다 앞서 가시면서 사막에 그 백성들이 귀환할 탄탄대로(坦坦大路)를 만들어 놓으신다. 선지자는 이 광경을 내다보고 있다(40:3-5). 그들의 귀로를 가로막을 장애물은 모조리 제거되었다. 여호와가 당신 백성의 귀향길을 인도하셨기 때문이다. 인간의 힘이 연약하다는 것은 눈앞에 다가온 바벨론의 멸망이 웅변으로 증명해 준다. 오직 하나님의 말씀만이 영원히 존속할 것이며, 그 이외의 모든 것은 사라지게 될 것이다(40:6-8).

선지자는 여기서 자신이 본 영광스러운 환상을 이야기한다. 여호와가 승리를 거두고 당신이 소유하신 성 예루살렘으로 돌아오시는 환상이다. 아울러 그는 여호와의 돌아오심이 예루살렘 백성들을 열광하게 할 것이라고 이야기한다(40:9-11). 여호와는 목자가 되셔서 피곤한 당신의 양떼를 거두어 집(고향)으로 인도하실 것이다(40:12-26). 어느 누구도 그분을 대적할 수 없다. 예루살렘 사람들은 그들의 여호와가 천하무적임을 확신하며 평안한 쉼을 누릴 수 있을 것이다. 그러나 선지자는 여기서 이렇게 묻는다. "그렇다면, 예루살렘 백성들은 왜 여호와가 자신들을 잊어버리셨다고 믿는가? 여호와가 그들을 위로하시며 도우시리라는 것을 알지 못하는 것인가?"(40:27-31). 온 세계가 이 위대한 구원 행위를 목격하게 될 것이며, 이스라엘의 하나님이 위대하신 분임을 인정하게 될 것이다. 그 어떤 우상도 이런 구원을 이룬 적이 없었다. 오직 여호와 하나님만이 구원자이시기 때문이다(41:1-29).

42:1-25 여호와의 종; 여호와께 드리는 찬송
이제 선지자는 그 관심을 '여호와의 종'이라는 인물로 옮겨간다. 그는 하나님의 영을 소유할 것이며, 열방에 정의를 세우실 것이다(42:1-4). 이후의 장(章)들은 이 종의 모습을 상세하게 묘사한다. 여기서 선지자는 다시 자신이 다루던 주제인 여호와의 위대하심과 포로로 끌려간 예루살렘 백성들이 곧 맞이하게 될 위대한 구원으로 되돌아간다(42:5-25).

43:1-44:28 이스라엘의 유일한 구원자; 하나님의 백성으로 선택받은 이스라엘 이 부분은 여호와가 이스라엘의 구속자요 구원자이심을 강조한다. 여호와 이외에는 구원자가 없다(43:1-28). 이 점은 특히 신약과 관련하여 중요한 의미를 갖는다. 신약은 예수 그리스도가 온 세상의 구원자이심을 거침없이 선포하고 있기 때문이다. 이 선포의 밑바탕에는 오직 하나님만이 구원자이심을 아는 충만한 지식이 깔려 있다. 하나님이신 예수 그리스도는 진실로 온 세상의 참 구원자이시다.

여기서 우리는 구원이라는 주제와 함께

로 나누어 보려는 시도가 등장하게 되었다. 참고. W. H. Schmidt, *Einführung in das Alte Testament*(Berlin: Walter de Gruyter, 1989), 210.

선택이라는 주제를 발견한다. 하나님은 이스라엘을 당신 소유의 백성으로 선택하셨다(44:1-8). 뒤이어 우상 숭배를 질책하는 말씀이 등장한다(44:9-20). 생각해 보라. 똑같은 나무 조각이 경배할 우상이 될 수도 있고 난방용 땔감이 될 수도 있다. 그렇다면, 이런 나무로 만든 우상을 어찌 진지하게 섬길 수 있단 말인가? 그 꼴이 너무나 우스워서 그 우상을 진지하게 받아들인다는 것은 상상조차 할 수 없다. 예루살렘 백성들은 자신들에게 이 모든 위대한 일을 행하신 이는 우상이 아니라 여호와이심을 명심해야 할 것이다(44:21-28).

그렇다면 이 위대한 구원 행위가 어떻게 성취될 것인가? 앞서 우리는 여호와가 이스라엘을 징벌하시는 막대기로 앗수르를 사용하신 일을 목격하였다. 즉, 앗수르는 예루살렘의 불순종을 징치(懲治)하시고자 하나님이 사용하신 인간 도구였다. 하지만 앗수르는 자신에게 주어진 권한을 남용하였다(본문은 예루살렘이 마땅히 겪어야 할 분량보다 두 배의 고통을 겪었다고 이야기한다, 40:2). 이제는 앗수르가 겸비해질 차례가 되었다.

45:1-48:22 바벨론이 무너지고 이스라엘이 자유를 얻다
이제 말씀은 앗수르를 겸비하게 만들 인간 도구를 우리에게 소개한다. 바사(페르시아)의 왕인 고레스(퀴루스) 대제(재위 주전 559-530년)가 주전 539년에 바벨론을 정복할 것이다. 고레스는 여호와가 앗수르를 처부수고 당신의 백성을 해방시키시고자 택하여 기름부으신 자였다(45:1-7).

선지자는 이 구원으로 말미암아 고통 중에 해방을 기다리던 하나님의 백성들이 기쁨과 희열을 맛보게 될 것이라고 이야기한다(45:8-25). 열방이 섬기던 모든 신이 실제로 무엇을 위해 존재하는 신인지 온 천하에 드러나게 될 것이다. 자신들을 섬기던 성읍과 제국의 몰락을 막지 못한 바벨론의 신들은 무능한 것들임이 증명될 것이다. 그러나 승리하신 여호와는 당신의 백성들을 그 고향으로 인도하실 것이다(46:1-13). 본문은 미래에 있을 바벨론의 멸망을 지금 눈앞에서 펼쳐지는 장관처럼 생생하게 그려 내고 있다(47:1-15). 예루살렘 백성들이 포로로 끌려간 것은 여호와가 연약하신 탓이 아니다. 그것은 어디까지나 이스라엘이 완고했기 때문이다. 그 완고함 때문에 이스라엘은 벌을 받고 연단을 받아야 하는 것이다(48:1-22).

49:1-7 여호와의 종
우리는 여기서 장차 오시게 될 '여호와의 종'에 대하여 더 많은 것을 알게 된다(49:1-7). 여호와가 택하신 이 종은 이스라엘이 수행하지 못한 과제를 실천하게 될 것이다. 그 종은 분명 메시아인 인물로서, 하나님의 백성을 회복시킬 사명을 띠고 있다. 그는 "이방의 빛"이기도 하다. 그로 말미암아 구원이 땅 끝까지 임하게 될 것이다(49:6). 시므온은 이 놀라운 예언이 예수 그리스도를 통하여 이루어진 것을 목격하였다(눅 2:32).

49:8-26 이스라엘의 회복
여기서 선지자는 이스라엘의 회복이라는 주제를 제법 상세하게 다루고 있다. 선지자는 이 회복의 소식이 하나님의 백성에게 가져다줄 큰 기쁨과 그 백성의 대적들에게 안겨 줄 낙담을 내다보고 있다. 또한 이 본문은 매우 강력하고 호소력 있는 이미지를 활용하여 당신의 백성을 사랑하시는 여호와의 마음을 강조한다. 어머니는 자신이 낳아 품에 안고 젖을 먹인 아기를 결코 잊을 수 없다. 여호와 역시 당신이 낳으시고 사랑하신 당신의 친백성(親百姓)들을 결코 잊으실 수 없다(49:15-16). 말씀은 이 주제를 더 발전시켜 간다.

50:1-52:12 종의 순종; 시온에게 주어질 영원한 구원 바벨론 포로 생활은 하나님이 당신의 백성을 버리셨다거나, 당신의 백성과 언약으로 맺은 유대 관계를 끊어 버리셨다거나(여기서는 이것을 이혼에 비유하고 있다), 또는 그 백성을 타인에게 팔아 버리셨다는 것을 의미하지 않는다(50:1-3). 하나님은 당신의 백성을 구원하여 본향으로 인도하실 것이다.

말씀은 여기서 '여호와의 종'에 대하여 더 많은 것을 이야기한다(50:4-9). 모두 네 개인 '종의 노래'(해당 곡들은 널리 알려져 있다) 가운데 세 번째인 이 노래는 그 종이 조롱받고 멸시당하게 될 것이라고 알려 준다. 이 주제는 이 노래에 뒤이어 곧바로 등장할 네 번째 '종의 노래'에서 가장 완전한 형태로 전개되고 있다. 한편, 선지자의 생각은 포로로 끌려간 공동체가 고향인 예루살렘으로 돌아올 때 맛보게 될 기쁨과 이 귀환이 한때 그 백성들을 괴롭혔던 이들에게 안겨 줄 효과로 다시 옮겨간다(50:10-51:23).

이 주제는 선지자가 장차 일어날 사건들이 예루살렘에 가져다줄 엄청난 기쁨을 상상하면서 그 강렬함을 더하게 된다(52:1-12). 여호와는 당신의 모든 능력과 권능을 드러내실 것이다. 예루살렘의 파수꾼들은 소식을 전하는 자들로부터 예루살렘이 해방되었다는 희소식을 듣고 기쁨의 함성을 지르게 될 것이다(52:7-10). 어쩌면 그들은 그처럼 기쁜 소식을 평생 동안 다시 들을 수 없을지도 모른다. 그들은 예루살렘에서 포로로 끌려간 이들이 돌아올 수 있으리라곤 꿈조차 꾸지 못했을 것이다. 그러나 갑자기, 불가능해 보였던 그 일, 그들이 고향으로 돌아오는 그 일이 현실로 나타나기 시작할 것이다. (이와 동일한 이미지가 나훔 1:15에서도 사용되고 있다. 나훔 선지자는 니느웨 성의 몰락이 가져올 큰 기쁨의 환상 속에서 그 이미지를 목격한다.)

52:13-53:12 여호와의 종이 당할 고난과 그에게 주어질 영광 우리는 이제 네 번째 '종의 노래'에 이르렀다. 사람들은 이 노래를 예수 그리스도에 관한 구약의 예언 중 가장 중요한 대목의 하나로 꼽는다. 이 예언은 먼저 사람들이 이 종을 바라보는 시각이 완전히 바뀌었음을 이야기한다. 이전에 그 종은 볼품없는 용모에다 멸시의 대상이었다. 그러나 이제는 완전히 새로운 시각으로 그를 바라보고 있다. 그를 바라보는 시각에 뭔가 변화가 일어난 것이다(52:13-15). 이것은 무얼 말하는 것일까? 초라하고 멸시받는 이 종은 대체 누구란 말인가? 말씀은 곧바로 상세한 설명을 제시한다(53:1-12). 독자들은 이 본문을 아주 천천히 읽길 바란다. 그러면서, 영혼을 뒤흔드는 본문의 이 예언이 예수 그리스도의 고난과 죽음, 그리고 부활을 통하여 얼마나 강력하게 성취되었는지 음미해 보길 바란다.

그 종은 육체의 아름다움이라곤 도통 찾아볼 수 없는 존재다. 사람들은 그를 멸시하고 배척하였다. 그는 고난을 당한다는 게 무엇인지 알고 있었다. 그러나 그가 고난을 겪은 것은 자신 때문이 아니었다. 그가 짊어진 고난과 아픔은 다른 이들의 것이었다. (그리스도의 몸이 십자가에서 못 박힌 것처럼) 그의 몸이 찔린 것은 다른 사람들의 죄 때문이었다. 그의 상함으로 다른 이들이 나음을 입었다. 모든 사람들이 제 갈 길을 잃어 버렸다. 그러나 여호와 하나님은 이 종에게 인류의 죄악을 담당시키셨다. 그 종은 다른 이들 때문에 고난을 당하고 다른 이들의 죄악을 대신 짊어진 것이다. 그는 의인이었거늘, "범죄자 중 하나로 헤아림을 받았음이니라." 예수 그리스도가 십자가에 못 박히실 때 두 범죄자 사이에 있었다는 사실은 지극히 중요하다(눅 22:37, 23:32-33). 그가 '범죄자 중 하나로 헤아림을 받았다'는 사실보다 더 강력하게 이 예언의 성취를 증명해 주는 사례가 또 있을까? 그는 그들의 죄, 그리고 우리의 죄까지 짊어지셨다. 예수 그리스도가 십자가에 달려 돌아가실 때 자신을 못박은 자들을 위해 기도하셨듯이(눅 23:34), 이 종도 죄지은 자들을 위해 기도하였다.

54:1-55:13 장차 시온에게 주어질 영광 예언은 계속 이어지더니, 하나님과 그분 백성의 놀라운 재결합이 임박하였다는 사실(54:1-17)과 하나님 말씀의 신뢰성을 재차 강조하기에 이른다. 여호와는 약속하신 모든 것을 다 이루실 것이다(55:9-11). 이 놀라운 회복의 예언은 이내 성취될 것이다. 이 예언의 성취는 여호와가 당신의 말씀에 신실하신 분임을 실증해 줄 것이며, 신자들에게 하나님의 약속을 더 진지하게 신뢰할 수 있는 용기를 심어 줄 것이다.

이사야 56:1-66:24
회복된 공동체의 비전
여기서 예언의 어조가 조금 바뀌게 된다. 회복의 도래를 말하던 위대한 예언들은 이제 그 막을 내린다. 그 대신, 우리는 회복된 공동체의 미래상을 제시하는 예언들을 만나게 된다. 이 예언들은 미래를 향한 여호와의 경륜 속에서 그 공동체가 담당할 역할을 이야기한다.

56:1-8 다른 이들에게 주어질 구원 이 새 부분은 먼저 포로로 끌려간 백성들이 바벨론에서 돌아올 것이라고 이야기한다. 여기서 본문은 이 돌아옴을 출애굽에 견주어 이야기한다(56:1-8). 본문이 제시하는 규정들은 애굽의 속박에서 풀려난 이스라엘에게 주어진 규정들과 평행을 이루고 있다. 예루살렘이 여호와가 베푸시는 복을 온전히 누리려면, 그분과 맺은 언약을 신실하게 지켜야만 한다. 본문은 이 점을 강조한다.

그러나 여호와의 복을 누리게 되는 것은 비단 예루살렘만이 아니다. 모든 열방이 그분으로부터 복을 받게 될 것이다. 예루살렘 성전은 유다만이 아니라 온 열방의 기도하는 집이 될 것이다. 이미 이스라엘 포로들을 불러 모으신 여호와는 그 백성들에 덧붙여 다른 백성들을 더 불러 모으실 것이다(56:7-8). 이스라엘은 모든 민족에게 여호와를 알림으로써 그 민족들 역시 여호와 안에서 복을 누리게 할 사명을 부여받았다. 그러나 이후의 이스라엘 역사에서 알 수 있듯이, 이스라엘은 정반대 길을 걸어가게 된다. 이스라엘은 점점 더 배타주의자가 되어간다. 그들은 하나님의 법을 만민을 위한 은혜의 선언서가 아니라, 유다 민족에게 배타적 특권을 부여한 일종의 권리장전으로 여기게 된다.

56:9-57:21 하나님이 사악한 자들을 고소하시다; 회개하는 이들을 위로하시다 여기서 여호와는 당신 백성의 사악함을 질책하신다. 그 백성들은 다른 사랑하는 자들 때문에 여호와를 저버렸다. 이 본문은 매우 비판적이다. 그러면서도 동시에, 여호와가 은혜를 베푸

실 것이라는 소망을 확실하게 이야기하고 있다(56:9-57:13). 겸비하고 충심으로 회개하는 자들은 여호와의 은혜와 용서가 주는 위로를 알게 될 것이다(57:14-21).

58:1-59:21 참된 금식, 죄, 고백 그리고 구원 말씀은 여기서 예루살렘이 참된 예배와 순종과 회개와 죄를 고백하는 것이 중요하다는 점을 강조한다. 인간의 죄는 하나님의 복을 가로막는 장벽이다. 하지만, 여호와는 당신의 언약을 신실하게 지키실 것이다. 그분은 당신 백성들에게 구원자를 허락하시며 성령을 선물로 주실 것이다.

60:1-22 시온의 영광 시온(예루살렘의 또 다른 이름)은 온 세상으로부터 큰 영예와 존경을 받게 될 것이다. 시온의 하나님이 위대하시기 때문이다. 그 백성들은 물질의 번영과 함께, 이스라엘의 하나님 여호와가 그들과 영원히 함께하실 것임을 알고 위로를 얻게 될 것이다(60:1-22). 이스라엘은 열방을 자기에게 인도하여 자신의 하나님을 알게 할 것이다. 이스라엘은 열방을 향하여 그러한 일을 감당할 사명을 가지고 있다.

61:1-11 여호와 은혜의 해 본문은 "여호와 은혜의 해"를 선포하는 위대한 예언을 전하고 있다. 이 예언은 앞에서 말한 시온의 영광이라는 주제를 더 깊이 다루고 있다. 이 예언은 메시아이신 한 인물을 이야기한다. 여호와의 영이 머물게 될 그는 당신의 백성을 해방시키시고 병든 자들을 건강케 하실 것이다. 예수 그리스도는 나사렛의 한 회당에서 설교하시면서 이 위대한 예언의 첫 구절들을 인용하셨다(눅 4:16-21). 이 예언이 말하는 위대한 표적과 이적들은 예수의 사역 속에

서 성취되었다. 이 예언은 특히 예루살렘의 회복과 재건에 초점을 맞추고 있다. 이는 아마 에스라나 느헤미야 때의 정황들을 염두에 두었기 때문일 것이다. 그러나 이 예언은 훨씬 더 폭넓은 의미를 갖고 있다. 그때까지 슬픔과 절망만을 알고 있던 이들에게 위로와 기쁨의 새 시대가 열리고 있음을 알려 주고 있기 때문이다. 그리스도인들이 여기서 예수 그리스도를 언급하는 것은 당연한 일이다.

62:1-63:6 시온의 새 이름 예언은 시온의 위대한 미래상(62:1-12)으로 계속 이어진다. 장차 온 세상이 예루살렘을 여호와가 구원하신 백성들이 사는 곳으로 인정할 날이 이를 것이다. 여호와는 당신이 예루살렘과 그 백성들에게 온전히 마음을 쏟고 계시다는 것을 강조하신다. 그러나 이런 여호와의 마음은 예루살렘과 그곳의 백성들을 향하신 그분의 의도를 반영하고 있다. 여호와 하나님은 열방을 비추는 빛이 되어 열방 백성들을 당신께 인도하도록 예루살렘과 그 백성들을 세우신 것이다. 여호와는 당신 백성의 대적들을 몸소 징계하실 것임을 확언하신다. 여기서 본문은 그 대적의 상징으로 북쪽 이스라엘과 남쪽 유다에게 공동의 숙적이었던 에돔을 들고 있다(63:1-6). 여호와는 당신의 백성을 억압한 이들에게 보응하실 것이다. 그때에는 어느 누구도 그분께 맞설 수 없을 것이다.

63:7-64:12 찬양과 기도 선지자는 여호와가 역사 속에서 행하신 위대한 일들을 영광스럽게 반추하고 있다. 여기서 그는 특히 여호와가 당신의 백성들을 애굽의 포로된 처지에서 구해 내신 일에 초점을 맞추고 있다.

오직 그분만이 역사의 (주관자이신) 하나님이시다. 자신들이 여호와께 신실치 못하였다는 것을 깨달은 백성들은 비로소 회개할 마음을 품게 된다(64:6-7). 백성들이 소망을 둘 곳은 오직 선하시고 자비로우신 여호와뿐이다. 그 선하심과 자비하심 때문에 여호와는 고난당하는 백성들에게 긍휼을 베푸신다.

65:1-25 심판과 구원; 새 하늘과 새 땅 선지자는 여호와를 저버린 자들을 향하여 심판의 예언을 계속해서 쏟아 낸다(65:1-12). 그러나 여호와가 당신께 신실함을 지킨 이들을 회복시켜 주실 것이라는 약속 역시 재차 강조하고 있다(65:13-16). 여호와께 신실한 백성들이 평강을 알게 될 때가 이를 것이다. 그때는 갱신의 때가 될 것이며(65:17-19), 평온이 온 땅을 다스리게 될 것이다. 사람들은 집을 짓고 그 안에 살 수 있게 될 것이다. 또한 포도밭을 일구고 거기서 나는 과실들을 먹을 수 있게 될 것이다. 그때가 되면, 이리와 어린양이 함께 누울 것이다(65:20-25). 그리스도인들이 다 아는 것처럼, 소망과 용기를 안겨 주는 이 위대한 꿈은 여호와 하나님이 역사에 마침표를 찍으실 때에 비로소 현실로 이루어질 것이다. 그때가 되면, 그분의 신실한 백성들은 새 예루살렘에서 평안한 쉼을 누리게 될 것이다(계 21:1-14).

66:1-24 심판과 소망 이 위대한 예언은 회복과 소망을 담은 마지막 장면으로 끝을 맺는다. 여호와는 당신께 대적한 이들을 심판하실 것이며, 당신을 믿고 순종한 이들에게는 자비와 긍휼을 베푸실 것이다. (온 세상 열방을 비롯하여) 모든 사람이 여호와를 하나님으로 인정할 날이 이를 것이다. 이 새 시대에는 (유대인이 아닌) 이방인들이 여호와의 제사장으로 택함을 받게 될 것이다.

우리가 이사야서를 떠나는 이 시점에서 완전히 알게 된 사실이 있다. 예수 그리스도의 복음에 담긴 위대한 주제들과 약속들과 특권들 가운데 많은 부분을 이미 옛 언약 시대를 살아가던 여호와의 신실한 백성들이 내다보고 있었다는 것이다. 이 위대한 약속과 소망 가운데 많은 것들이 예수 그리스도 안에서 그리고 예수 그리스도를 통하여 이미 이루어졌다. 이 성취를 목격하는 특권을 누린 그리스도인들은 큰 기쁨을 맛볼 수 있게 되었다.

예레미야

예레미야서는 '대선지서' 가운데 두 번째 책이다. 이 책은 대선지서뿐만 아니라 성경 전체에서도 긴 책 중에 하나다. 예레미야는 주전 626년에 예루살렘의 선지자로 부름 받았다. 그는 요시야 왕(주전 609년에 애굽과 벌인 전투에서 전사한다)의 치세기 중 남은 기간과 여호아하스(609), 여호야김(609-598), 여호야긴(598-597) 그리고 시드기야(597-586)의 치세기 동안에 선지자로 활동하였다. 이 시대는 격동의 시대였다. 이 시대에 일어난 일들을 좀 더 상세히 알고 싶은 독자들은 열왕기나 역대가 기록해 놓은 유다 왕국 최후의 역사를 읽어 보길 바란다. 열왕기나 역대하의 역사 기록을 읽게 되면, 예레미야의 선지자 활동에 배경이 되었던 역사적 사건들을 이해하게 될 것이다.

예레미야가 활동한 시대에 일어난 사건들을 순서대로 요약해 보면 다음과 같다. 요시야 왕은 일련의 종교 개혁을 단행하여 유다의 종교생활을 정화, 쇄신한다. 그러나 요시야는 주전 609년, 어려움에 빠진 앗수르 군대를 도우려고 애굽 군대의 진군을 저지하려다가 죽고 만다. 당시 앗수르 군대는 바벨론과 메대 연합군의 연이은 공격 때문에 붕괴 일보 직전이었다. 앗수르 수도 니느웨는 주전 612년에 이미 바벨론과 메대 연합군에게 함락당한 터였다. 바벨론이 그 지역에서 최강자로 부상하는 것은 단지 시간 문제였다. 요시야의 죽음은 예레미야 개인에게도 비극이었다. 분명 요시야 왕은 예레미야와 그가 전하는 여호와의 말씀에 공감하던 사람이었기 때문이다. 요시야의 후계자들은 지속적으로 예레미야를 적대시하였다. 그가 선지자로서 선포하는 말씀을 대놓고 모욕하는 경우도 종종 있었다.

국제 무대에서는 바벨론의 세력이 계속 커지고 있었다. 애굽이 그나마 그 지역의 주요 강국으로서 명맥을 이어가고 있었지만, 그 애굽조차도 주전 605년에 갈그미쉬에서 바벨론 육군에게 궤멸당하고 만다. 애굽 사람들은 후퇴하여 자신이 입은 상처나 핥고 있을 수밖에 없었다. 예레미야가 활동할 동안, 애굽은 국제 정치 무대에서 더 이상 중요한 역할을 하지 못하게 된다. 여호야김의 치세기인 주전 605년, 바벨론은 예루살렘을 포위한 뒤, 잠시 동안 이곳을 복속시킨다. 예루살렘 성내의 불안은 커져만 갔다. 결국 바벨론은 주전 598-597년에 예루살렘을 재차 공격하여 여호야김의 뒤를 이은 여호야긴을 포로로 잡아간다.

바벨론은 시드기야를 왕으로 세운다. 하지만, 시드기야는 바벨론에 맞서 봉기한다. 아마도 그는 애굽의 새 바로가 바벨론의 지역 패권을 무너뜨릴 수 있을 것으로 믿었던 것 같다. 그러나 이것은 재앙을 부른 판단착오였다. 주전 588년, 예루살렘을 공격한 바벨론은 2년 뒤에 그곳을 완전히 점령해 버린다. 바벨론은 그다랴를 예루살렘 총독으로 임명한다. 예레미야도 그다랴가 이끄는 무리에 속해 있었다. 그러나 얼마 뒤 그다랴가 암살당하면서, 이 무리도 뿔뿔이 흩어지고 만다. 예레미야는 애굽으로 피신한다. 사람들은 그가 거기서 죽은 것으로 믿고 있다. 히브리서 11:37에 나타난 유다 사람들의 전승에 따르면, 예레미야는 애굽에 피신해 있는 동안 돌에 맞아 죽었다고 한다.

예레미야서의 전체 줄거리는 따라가기 힘든 부분도 있다. 내용의 배열 때문이다. 예레미야서의 내용은 엄격하게 연대 순서대로 배열되어 있지 않다. 그로 인해 한 왕의 치세기에서 다른 왕의 치세기로 넘어가는 방식으로 사건들을 추적해 가기가 쉽지 않다. 이 때문에, 독자들이 핵심 본문의 연대와 역사의 정황을 얼추 알아내어 그 의미를 충분히 음미하려면, 상당한 주의를 기울일 수밖에 없다. 가령, 순수하게 연대순을 따라 본문을 배열한다면, 26장은 7:15과 7:16 사이에, 45장은 36:8과 36:9 사이에 들어 있어야만 한다. 실제로 이 책은 여러 기록들을 복잡하게 모아 놓은 것이다. 때문에 그 핵심을 추적하려면 상당한 인내심이 필요하다. 하지만, 수고를 들인 만큼 좋은 열매를 거두게 될 것이다.

예레미야 1:1-17
여호와가 예레미야를 부르시다

예레미야서는 제일 먼저 주전 626년에 일어난 사건들을 이야기하고 있다. 이 해는 요시야 왕이 즉위한 지 13년째 되는 해였다. 요시야는 유다의 위대한 개혁 군주였다. 그가 '율법책'을 재발견하면서, 유다의 역사는 엄청난 종교적 격변을 겪게 된다(1:1-2). 말씀은 여호와가 예레미야를 부르신 일을 여호와의 말씀이 임하였다는 관점에서 서술하고 있다(1:2, 4). 예레미야는 하나님이 자신을 따로 구별하여 여러 나라의 선지자로 세우셨다는 말씀을 듣게 된다. 두 개의 환상이 급박하게 이어지는데, 이 둘 다 예레미야가 받은 부르심의 일부를 이루고 있다. 첫째, 예레미야는 아몬드 나무 가지*를 본다. '아몬드 나무'에 해당하는 이 히브리어는 '지켜보다'라는 말에 해당하는 히브리어**와 매우 유사하다. 그렇다면, 이 환상은 당신의 백성을 향한 여호와의 관심이라는 관점에서 해석할 수 있다(1:11-12).

둘째, 예레미야는 끓는 가마(큰솥)가 북쪽으로부터 기울어져 있는 것을 보게 된다. '끓는'에 해당하는 히브리어는 '위로부터 부어질 것이다'라는 뜻의 히브리어와 매우 비슷하다.*** 이 환상은 장차 재앙이 북쪽으로부터 유다에 임할 것이라는 해석을 가능케 한다(1:13-14). 예레미야 앞에는 큰 난관

---

* 개역개정판이 "살구나무 가지"로 번역한 이것은 본디 히브리어 본문에 '막켈 샤케드'로 기록되어 있다. 여기서 '샤케드'는 '아몬드 또는 편도 나무'란 뜻이다(가/860).

** 대개 히브리 본문에서는 '지켜보다, 감찰하다'라는 말로 '라아'나 '샤마르'를 많이 사용하나, 특정한 대상을 응시할 경우에는 '샤야'라는 동사를 쓸 경우도 있다(이를테면 창 4:4-5).

*** 히브리 본문은 '끓는 가마'를 '시르 나푸아흐'라고 기록하였다. 여기서 개역개정판이 '끓는'이라고 번역한 말에 해당하는 낱말이 바로 '나푸아흐'다. 이 말은 '불이나 바람을 불어넣다'라는 뜻의 히브리 동사 '나파흐'의 수동 분사다(가/511). 그런데 가령 성령을 '위로부터 부어 주다'와 같은 표현을 쓸 때, 히브리 본문은 '샤파크'라는 동사를 쓴다(이를테면, 욜 2:28-29/히브리 본문으로는 욜 3:1-2). 이 '샤파크'라는 동사를 '부어질 것이다'라는 뜻을 지닌 수동(니팔 동사) 미완료형으로 바꾸면, '니쉬파크'가 된다.

이 도사리고 있었다. 그런데도, 여호와는 당신께 신실하라고 예레미야에게 요구하신다(1:17-19). 예레미야는 선지자로 활동하는 동안 엄청난 고독과 고립감을 감내해야만 했다. 여기서 본문은 그 고독과 고립감의 원인을 예레미야가 신실하게 선포한 하나님의 말씀을 들으려 하지 않은 유다 백성들의 태도에서 찾고 있다.

예레미야 2:1-6:30
예레미야의 최초 예언들

2:1-3:5 이스라엘이 하나님을 저버리다 예레미야의 첫 예언들은 요시야 왕 때의 것이다. 예언의 요지는 유다 거민들에겐 영 듣기 거북한 것이었다. 유다는 여호와로부터 멀찌감치 떨어져 나갔다. 결국 하나님은 외세의 침략을 통하여 당신의 백성을 징벌하시고 연단하실 것이다. 예언은 먼저 하나님과 그분의 백성이 처음에 가졌던 친밀한 관계를 반추한다. 그러나 뭔가가 잘못되었다. 예레미야는 타당한 이유도 없이 여호와를 저버리고 여호와와 자신들은 별개라고 주장하는 백성들을 힐난한다. 그 백성들은 여호와를 버리고 제 입맛에 맞는 일만을 행하였다(2:1-30). 그러나 여호와가 이런 대접을 받을 만한 일을 하신 적이 있었던가? 대체 그분이 당신의 백성들에게 뭘 잘못하셨단 말인가? 어찌하여 이스라엘은 그들의 하나님을 잊어버렸단 말인가? 이스라엘은 마치 창기처럼 굴었다(2:31-3:5).

3:6-4:4 신실치 못한 이스라엘 이 부분은 신실치 못한 유다의 행적을 조목조목 다루고 있다. 유다는 그의 피붙이인 북쪽 이스라엘의 소행을 그대로 따라갔다. 이 북쪽 왕국은 배교와 불순종을 저지르다가 앗수르의 손에 소멸되고 말았다. 유다는 여호와를 저버렸다. 하나님은 유다에게 신실하셨건만, 유다는 그 하나님께 지독히도 신실하지 못하였다. 본문은 이 점을 강조하려고 매음과 간음의 비유를 광범위하게 사용한다. 여호와는 유다에게 회개하고 돌아오라고 간청하신다. 유다가 회개하고 돌아온다면, 그분은 기꺼이 맞아 주실 것이다(3:21-4:4).

4:5-6:30 북쪽에서 임한 재앙 만일 이스라엘이 회개하고 돌아오지 않는다면, 북쪽에서 임한 재앙 때문에 고통을 겪게 될 것이다. 이미 강력한 군대가 유다의 영토와 성읍들을 황폐하게 만들고자 움직이고 있었다(4:5-31). 그러나 예루살렘에는 사악하고 거짓말하는 자들만이 득실대고 있었다. 그들은 여호와를 거부한 자들이었다. 결국, 멀리 있는 국가가 그들을 정복하게 될 것이다. 그러나 이렇게 위협이 코앞까지 닥쳐와도 유다는 선지자의 말을 듣지 않을 것이다. 예레미야는 그것을 알고 있었다. 백성들에겐 지금 벌어지고 있는 일의 진실을 아는 것보다 하나님을 경멸하는 것이 더 입맛 당기는 일이었다(5:1-31).

이 부분은 선지자가 본 환상으로 끝을 맺는다. 예레미야는 이 환상 속에서 예루살렘이 북쪽에서 온 침략자에게 포위당하는 모습을 본다. 여호와가 그 침략자들을 독려하여 당신께 불순종한 백성들을 징벌하시는 광경이었다(6:1-30). 여호와가 유다를 파괴하려는 자들을 격려하시는 모습은 예레미야의 말을 듣는 청중들에게 깊은 고뇌를 안겨 주었을 것이다. 이 청중들은 자신들이 여호와로부터 특권 중의 특권을 받아 누리는 지위에 있다고 생각하였다. 때문에 그들은 자신들이 여호와께 신실하게 순종할 의무를 면제받은 것으로 착각하고 있었던 것이다.

예레미야 7:1-35:19
유다에게 심판이 임할 것임을 더 예언하다

7:1-29 헛된 거짓 종교 예레미야는 유다의 종교생활을 통렬히 비판하며 예언을 이어간다. 그의 첫 번째 예언들은 성전에 초점을 맞추고 있다. 성전은 유다의 종교생활에서 위대한 중심지 노릇을 하고 있었다(7:1-10:25). 여호와의 말씀이 예레미야에게 임한다. 여호와는 그에게 솔로몬 성전 문에서 예언하라고 말씀하신다(7:1-2). 예레미야가 성전에서 말한 예언의 기본 주제는 이렇게 요약할 수 있다. 예루살렘 백성들은 성전을 그들이 구원을 얻고 계속하여 하나님의 은총을 입는 데 필요한 곳이라고 믿을 수 없었다. 이스라엘 백성들은 가나안을 정복할 때 실로에 성막을 세웠지만, 그 성막도 그곳이 블레셋에게 함락당하는 것을 막지는 못했기 때문이다. 여호와의 전은 이제 강도의 소굴과 진배없는 곳이 되어 버렸다. 예수 그리스도는 당신의 공생애 사역 마지막 주간에 예루살렘에서 이 주제를 되풀이하여 말씀하신다.

7:30-9:26 살육의 골짜기; 죄와 벌 예레미야는 이방 종교가 유다의 종교생활에 깊숙이 침투해 들어왔음을 가차없이 폭로한다. 이방 종교의 우상들이 여호와의 전에 안치되었고, 산당들이 재건되었다. 심지어 어린 자녀를 희생 제물로 바치는 악행까지 흘러 들어왔다(7:30-34). 여호와는 이런 상태를 용납하지 않으실 것이다. 그분은 반역하고 불순종한 백성들을 심판하실 것이다. 그러나 그 백성들은 아직도 상황의 심각성을 깨닫지 못하고 있는 것 같다. 그들은 실상 치명상을 입었는데도, 그 상처가 대수롭지 않은 양 허세를 부린다. 그들은 평강을 이야기하지만, 사실 평강은 어느 구석에서도 찾아볼 수 없다(8:11).

예레미야는 예언으로 자기 백성들을 질타하는 것이 달갑지 않았다. 그는 끝을 모르는 백성들의 죄와 그 죄에 마땅히 따라올 수밖에 없는 정당한 형벌을 두려워하였다. 그는 백성들의 모습을 보고 마음을 억제하지 못하여 슬피 운다(8:21-9:6). 백성들이 연단을 받고 정결케 되는 시간이 반드시 임할 것이다. 그때가 되면, 이방 종교와 죄가 남겨 놓은 찌꺼기들은 유다에서 말끔히 제거될 것이다(9:7-9). 무시무시한 파괴가 임할 것이다. 예레미야는 오히려 간단하면서도 덤덤한 이미지들을 동원하여 예루살렘이 황무하게 될 때 벌어질 살육의 광경을 그려 내고 있다(9:17-26).

10:1-25 하나님과 우상들 예루살렘은 지각과 분별을 잃어버리고 우상 숭배의 길로 빠져들었다. 우상들은 어느 누구도 구원할 수 없다. 그것들은 세상을 창조하지 못한다. 그런데, 왜 그들을 의지하는 걸까? 예루살렘은 여호와를 저버림으로써 자기 머리에 심판을 자초하였다. 북쪽에서 폭풍이 일어나려 하고 있었다. 이 폭풍은 필경 유다의 성읍들을 파괴하여 굶주린 들개들만이 우글대는 폐허더미로 만들어 버릴 것이다.

11:1-17 언약을 깨뜨리다 이제 문체가 바뀐다. 산문이 운문을 대신하지만, 말씀의 취지는 똑같다. 유다는 여호와와 맺은 언약을 깨뜨렸다. 결국 그 때문에 유다 자신도 깨뜨려지게 될 것이다. 이 말씀은 언약 당사자의 신실한 언약 준수가 언약 유지의 필요조건임

을 강조한다. 여호와는 당신의 백성에게 신실하시다. 그러나 그분께 신실해야 할 그 백성들은 과거에 명백히 신실함을 저버리는 소행을 저질렀다(11:1-17). 유다 백성들은 이방 종교에 빠짐으로써 여호와의 의로운 진노를 자초한 것이다.

11:18-13:27 예레미야를 제거하려는 음모; 예레미야의 불평과 하나님의 응답 우리는 여기서 다시 한 번 예레미야가 여호와를 대신하여 심판을 전하다가 희생을 치렀다는 사실을 알게 된다. 본문은 예레미야를 죽이려는 시도(11:18-23)와 자신의 주변에서 일어나는 일들에 당황해 하는 예레미야의 모습(12:1-4)을 우리에게 들려 주고 있다. 그러나 여호와는 예레미야에게 다른 대안이 없다는 확신을 심어 주신다. 유다는 통탄할 죄를 저질렀다. 그들은 그 때문에 재앙을 겪게 될 것이다(12:5-17). 만일 유다가 이 악행을 그치지 않는다면, 여호와는 몸소 그들을 뿌리째 뽑아서 던져 버리실 것이다. 여호와는 예레미야에게 처음에는 새 것이었으나 나중에는 썩어서 쓸모없게 된 베로 만든 허리띠의 징조를 보여 주신다(13:1-11). 하나님의 백성도 이 베 띠와 같았다. 처음에는 하나님이 보시기에 깨끗하더니, 이제는 죄로 더러워져 얼룩만이 묻어 있었다. 다시 한 번 예레미야는 북쪽에서 심판이 임할 것이라고 선포한다(13:20). 그 심판은 멸망과 파괴를 불러올 것이다.

14:1-15:21 가뭄, 기근, 칼 여기서 예언의 말투에 살짝 변화가 생긴다. 이제 예언은 그 땅에 닥친 지독한 가뭄에 초점을 맞춘다(14:1-15:9). 예레미야는 이 가뭄을 보고 여호와가 당신의 백성들에게 진노하셨다는 것을 더 확실히 깨닫게 된다. 그 상황에서도 거짓 선지자들은 그 땅에 평화가 지속될 것이라고 이야기하였다. 예레미야는 여호와를 대신하여 이 거짓 선지자들을 질책한다. 평화는 없을 것이다. 예레미야는 파괴와 기근과 역병만이 있을 것이라고 선포한다. 하나님이 작정하신 이상, 이 파괴를 피한다는 건 절대 불가능하다. 예레미야는 이를 생각하며 괴로워한다. 뒤이어 등장하는 '고백'을 보면, 그의 괴로운 심정을 읽을 수 있다. 그는 이 고백 속에서 그 자신의 개인적인 고통을 받아들인다. 하지만, 여호와는 예레미야에게 당신이 함께하시며 도와주실 것이라고 확언하신다. 물론 이 확언에는 예레미야가 하나님의 부르심에 신실하고자 하며, 백성들이 원하는 대로 아늑한 위로의 음성이나 들려 주는 일이 없어야 한다는 조건이 붙어 있었다.

16:1-17:18 재앙의 날 여호와는 예레미야에게 냉기가 감도는 심판의 말씀을 주신다. 물론 이 파멸의 예언 속에서도 위로의 계기들을 발견할 수 있다. 그러나 이 예언의 주된 주제는 임박한 고통과 파멸이다. 유다는 그들이 살던 땅에서 쫓겨나 먼 이방으로 가게 될 것이다(16:13). 유다가 여호와를 저버린 이상, 여호와도 스스럼없이 유다를 버리실 것이다. 분명 이 본문에는 미래의 포로 생활을 예고하는 음울한 음조가 울려 퍼지고 있지만, 그와 동시에 회복의 약속이 함께하고 있다(16:14-15). 여호와는 당신의 백성들을 애굽에서 이끌어 내신 것처럼, 그 백성들을 포로가 되어 끌려간 그곳에서 거둬들이실 것이다.

17:19-19:15 토기장이의 집 말씀은 간결하게 안식일을 지키는 것이 중요하다는 것을 재

차 이야기한다. 그날은 여호와와 당신의 백성이 맺은 언약의 징표이기 때문이다(17:19-27). 이어서 우리는, 예레미야의 사역에서 가장 유명한 사건일 수도 있는 일들을 만나게 된다.

예레미야는 여호와의 명령으로 토기장이의 집을 방문하여 그가 일하는 모습을 지켜보게 된다. 우리가 가장 잘 알고 있는 첫 번째 사건은 토기장이가 터진 진흙 그릇으로 다시 다른 그릇을 빚는 장면에 초점을 맞춘다. 토기장이는 처음에 만들려던 그릇이 성에 차지 않자, 진흙을 깨뜨리고 만족스러운 작품이 나올 때까지 다시 빚는다. 예레미야는 토기장이의 이 행위가 일종의 비유임을 깨닫는다. 토기장이에겐 자기 마음대로 진흙을 다룰 수 있는 자유가 있다. 그와 같이 여호와도 유다 백성들을 깨부순 뒤 그들을 다시 빚으실 수 있는 자유를 갖고 계시다(18:1-17).

그러는 동안, 예레미야를 향한 반감과 비판은 점점 증폭되어 간다. 그는 분명 그런 분위기를 예민하게 감지하였다(18:18-23). 그런데도 그는 여호와의 말씀을 선포할 자신의 사명을 충실히 이행한다. 이어지는 이야기는 다시 토기장이의 집을 찾아간 일에 초점을 맞춘다. 이번에는 예레미야가 옹기를 산다. 하나님은 사람들 앞에서 그 옹기를 산산조각 내라고 예레미야에게 명령하신다. 그것은 곧 여호와께서 불순종한 백성들을 그렇게 산산조각 내실 것임을 알려 주는 징표였다. 이방 종교를 섬긴 유다와 예루살렘은 산산이 부서질 것이다(19:1-15).

20:1-18 예레미야와 바스훌; 예레미야의 불평

예레미야가 옹기를 부순 행동은 제사장 가운데 하나인 바스훌을 자극하였다. 그는 예레미야를 때리고 모욕하도록 조치한다(20:1-6). 예레미야는 자신을 공격한 바스훌이 바벨론에 포로로 끌려갈 것이라고 예언한다. 하지만 예레미야는 이 수모를 겪고 나서 의기를 잃는다. 그는 극심한 회의와 불안감을 드러낸다(20:7-18). 그러면서 그는 자신이 여호와께 속은 것이 아닌가 하는 속내를 토로한다. 그의 예언은 그에게 모욕과 상처만을 가져다주었다. 그러나 그는 자신이 침묵할 수 없다는 걸 깨닫는다. 그는 여호와의 말씀을 선포해야만 했다. 그것이 여호와의 뜻임을 알고 있었기 때문이다. 그러나 모든 게 그를 너무나 비참하게 만들었다. 오죽하면 그의 입에서 차라리 태어나지 않았더라면 좋았을 것이라는 말이 튀어나왔겠는가!

21:1-14 하나님이 시드기야의 요청을 물리치시다

여기서부터 새 부분이 시작된다. 앞에 실린 내용들은 주로 요시야 왕의 치세기와 관련되어 있었다. 이 새 부분은 훌쩍 앞으로 나아가, 유다의 마지막 왕인 시드기야의 치세기에 일어난 사건들을 다루고 있다. 시드기야는 바벨론이 예루살렘의 통치자로 세워 놓은 인물이었다. 하지만, 시드기야는 당시의 군사, 정치 상황을 오판한 나머지, 바벨론에 맞서 봉기할 시기가 왔다고 생각한다. 그러나 이 반역은 결국 그에게 재앙이자 심판이었음이 증명된다. 이 본문이 생생히 보여 주는 정황으로 보아, 우리는 이때가 주전 588년경임을 알 수 있다. 이 해에 바벨론은 시드기야의 반역을 진압하고자 예루살렘을 포위한다.

시드기야는 이 급박한 상황을 해결할 은혜로운 응답을 여호와로부터 얻어 달라고 예레미야에게 요청한다. 그러나 예레미야는 시드기야가 원하는 답을 하나도 얻지 못한다. 여호와는 바벨론 사람들을 사용하여 불순종하고 반역한 예루살렘을 징벌하실 것이다. 저항은 죽음을 가져올 뿐이요, 바벨론에게 항복하여 포로가 된 자만이 목숨을 부지하게 될 것이다. 예루살렘은 황무지가 될 것이다.

22:1-23:8 사악한 왕들에게 내린 심판; 의로운 가지 예레미야는 미래의 여행자들이 폐허가 된 성읍을 지나가면서 어떤 이야기들을 나누게 될지 알게 된다. 그들은 하나님이 그 백성들의 불순종에 보응하여 그 성읍에 이런 일을 행하셨다고 이야기하게 될 것이다(22:1-9). 예레미야의 예언은 당대(當代)와 그 이전의 유다 왕들이 범한 잘못들을 질책하는 것이었다(22:10-30).

이처럼 파멸의 예언이 끝없이 이어지고 있지만, 이 와중에서도 소망의 음조가 울려 퍼지고 있다. 남은 자들이 존속할 것이며, 다윗의 자손인 새 왕이 일어나 그의 백성들을 구원하게 될 것이다(23:3-8). 이 말씀은 결국 예수 그리스도 안에서 완전하게 이루어진다.

23:9-24:10 과실 두 광주리 하나님의 말씀은 백성들이 원하는 말만을 지껄이는 거짓 선지자들을 혹독하게 질책한다(23:9-40). 이어서 우리는 선지자가 본 또 다른 환상을 접하게 된다. 이 환상은 무화과 두 광주리를 보여 준다. 한 광주리에는 좋은 것이, 다른 광주리에는 나쁜 것이 들어 있었다. 예레미야는 좋은 과실을 바벨론에 끌려간 예루살렘 백성들을 상징하는 것으로, 나쁜 과실을 예루살렘에 남아 있게 된 시드기야와 그의 신하들을 상징하는 것으로 해석한다. 좋은 과실들은 언젠가 자신들의 고향으로 돌아오게 될 것이다. 그러나 나쁜 과실들은 하나님의 경륜 속에서 더 이상 차지할 자리가 없게 될 것이다(24:1-10).

25:1-14 70년의 포로 생활 예루살렘은 70년 동안 바벨론의 포로가 될 것이다. 그 이후에 때가 되면, 여호와는 바벨론을 벌하시고 당신의 백성들을 해방시켜 주실 것이다. 수많은 나라들을 노예로 만들었던 바벨론이 이제는 다른 이들의 노예로 전락할 것이다. 이 70년의 포로 기간은 일부 백성들이 포로로 잡혀간 주전 605년에 시작하여 포로들의 첫 귀환이 이루어진 주전 538년에 끝나는 것으로 이해할 수 있을 것이다.

25:15-26:24 진노의 잔; 예레미야가 생명에 위협을 받다 예레미야는 뒤이은 환상 속에서 하나님의 신노의 잔을 본다. 그 잔을 받아 마신 나라들은 비틀거리게 된다. 그들은 취하여 비틀거리다가 칼에 죽임을 당한다(25:15-38). 온 열방을 쓸어 버릴 폭풍이 일어나고 있었다. 이 폭풍은 바벨론의 진격을 가리키는 것이 분명했다. 예레미야는 다시 한 번 생명에 위협을 받게 된다. 끊임없이 불길한 예언들을 쏟아 낸 까닭이었다. 이번에 위협을 가한 이들은 최고위층이었다. 분명 예레미야는 목숨을 잃을 수도 있는 절체절명의 위험에 빠져 있었다(26:1-24). 결국 그는 위험을 모면하지만, 예레미야의 말이 예루살렘 최고위층의 호감이나 관심을 끌지 못한 건 명백한 사실이었다. 거짓 선지자들(이들 중에는 우리가 곧 보게 될 하나냐와 스마야도 들어 있었다)이 왕의 마음을 얻고 있었다. 이들은 예루살렘이 바벨론의 손아귀에서 벗어나 평화 시대를 구가하게 될 것이라고 호언하였다. 그러나 과연 여호와는 예루살렘이 바벨론에 반역하여 자유를 되찾게 되기를 바라셨을까?

27:1-22 유다가 느부갓네살을 섬기다 이 본문의 예언들은 예레미야가 이 거짓 예언들을 들어 알고 있었다는 것을 분명하게 보여 준다. 아울러 그는 이런 거짓 예언들 때문에 어처구니없는 안도감이 왕궁에 팽배해 있다는 사실도 잘 알고 있었다. 그러나 예루살렘은 바벨론에 무릎을 꿇을 수밖에 없다. 다른 길은 없었다. 백성들의 유일한 희망은 바벨론에 무릎을 꿇는 그것이 결국 회복으로 이어질 길임을 깨닫고 하나님이 작정하신 그 길을 그대로 받아들이는 것뿐이었다.

28:1-17 거짓 선지자 하나냐 거짓 선지자들은 이 회복을 전혀 맛보지 못할 것이다. 본문은 거짓 선지자 가운데 한 사람의 이름을 특별히 언급한다. 하나냐는 여호와가 곧 바벨론을 파멸시키실 것이며 그들이 약탈해 간 모든 성전 기물을 회복시켜 주실 것이라고 호언한다. 그러나 예레미야는 멍에를 쓰고 하나냐의 거짓 예언을 통박한다. 그 멍에는 바벨론에게 무릎을 꿇어야만 목숨을 부지하게 될 것임을 보여 주는 상징이었다. 하나냐는 예레미야의 예언에 무척 곤혹스러워한다. 그는 예레미야의 멍에를 부숴 버림으로써 반감을 드러낸다. 그러나 예레미야가 진실을 말하였음이 분명하게 밝혀진다. 두 달도 지나지 않아, 거짓 선지자 하나냐는 여호와께 죽임을 당하고 만다.

29:1-31:40 예레미야가 포로들에게 편지를 보내다 예레미야는 바벨론에 있는 포로들에게 편지를 쓴다. 그는 그들에게 땅과 집을 사고 혼인하여 그곳에 정착하라고 권면한다. 그들의 포로 생활이 길어질 것임을 암시한 것이다(29:1-23). 이 예언은 스마야를 비롯한 거짓 선지자들이 전했던 낙관론과 분명 동떨어진 것이었다. 말씀은 그 예언의 본질을 정확히 알려 주지 않는다. 하지만, 적어도 우리는 참 선지자가 아닌 스마야가 자신이 선지자라고 우겨댔다는 사실, 그리고 그 스마야가 예레미야를 폄훼하려고 한 사실은 알고 있다(29:24-32). 이스라엘은 분명 끌려 간 곳에서 돌아올 것이며, 여호와는 돌아온 그들과 새 언약을 맺으실 것이다(30:1-31:40). 그러나 아직은 때가 아니었다. 백성들이 정결케 되고 연단을 받으려면 시간이 더 필요하였다.

32:1-44 예레미야가 밭을 사다 예레미야에게는 하나님이 주신 확신이 있었다. 여호와가 당신의 백성들을 예루살렘으로 돌아오게 하실 것이라는 확신이었다. 그는 이 확신을 실증해 보이고자, 고향인 아나돗에 밭을 한 떼기 산다. 호기심 반, 당혹감 반의 심정으로 이 장면을 바라보는 이들에겐, 예레미야의 이 행동이 이해가 되지 않았을 것이다. 그때는 바벨론이 예루살렘을 함락시키기 직전이었다. 나라가 무너지는 판국에 무슨 밭을 산단 말인가? 그러나 예레미야에겐 견고한 확신이 있었다. 유다의 죄가 초래한 포로 생활은 눈앞에 다가왔다. 하지만, 포로가 된 그 백성들이 언젠가는 고국으로 돌아와 자신의 땅을 소유할 날이 반드시 이를 것이다.

33:1-35:19 회복의 약속; 시드기야에게 경고하다 포로들은 반드시 돌아올 것이다(33:1-26). 본문은 여기서 23:5-6에서 말한 바 있는 메시아 예언을 반복하고 있다. 이는 여호와가 말씀하신 것이 확실하다는 점을 강조하는 것이다(33:15-16). 언약은 회복되어 갱신될 것이다. 이 큰 단락은 유다와 예루살렘의 상황이 심각함을 거듭 경고하며 끝을 맺

는다(34:1-35:19). 어느 누구도, 심지어 왕인 시드기야조차도 이 상황을 모면하지 못할 것이다.

예레미야 36:1-38:28
예레미야에게 화가 미치다

36:1-32 여호야김이 예레미야의 두루마리를 불태우다 예레미야가 선포한 말씀은 백성들에게 정말 인기가 없었던 것이 분명하다. 특히 궁정 사람들에겐 더욱 더 고까운 것이었다. 이런 사실은, 그가 받은 대우를 증언하는 이 부분 기록을 살펴보면 금방 알 수 있다. 말씀은 먼저 여호야김이 왕위에 있은 지 4년째 되던 주전 605년의 일을 이야기한다. 이 해에 예레미야는 사람들 앞에서 예루살렘 거민들이 70년 동안 포로 생활을 하게 될 것이라고 선포한다(25:1-14). 여호와는 예레미야에게 그의 모든 예언을 글로 기록하라고 명령하신다. 예레미야는 여호와의 명을 좇아 자신의 사환이자 공식 대변인인 바룩에게 자신의 예언을 기록하게 한다. 예레미야의 예언들은 이런 식으로 두루마리에 기록된다. 바룩은 그렇게 기록한 예레미야의 예언들을 성전 근처의 한 방에서 백성들에게 낭독한다. 이어서 바룩은 일부 궁정 관리들로부터 그 기록을 다시 읽어 달라는 요청을 받는다. 자신들이 들은 심판의 말씀에 경악한 관리들은 왕에게 가서 왕이 이 말씀을 들어야 한다고 간언(諫言)한다.

하지만, 왕은 그 말씀을 듣고도 눈 하나 꿈쩍하지 않았다. 왕은, 예언을 낭독하는 즉시, 낭독된 부분을 기록한 두루마리를 잘라 화로 불에 던져 버린다. 왕이나 그의 측근들에겐 예레미야의 예언에 감동하거나 관심을 보이는 기색이 전혀 없었다. 오히려 그들은 즉시 예레미야와 바룩을 체포하여 입을 열지 못하게 만들어 버린다. 그런 와중에도, 예레미야는 예언을 되풀이할 수밖에 없었다. 그 덕분에 바룩은 그 예언들을 다시 기록할 수 있었다. 다시 기록한 것들은 전혀 빼앗기지 않았다. 예레미야는 이때 자신의 예언을 구술(口述)하면서, 처음 한 예언들에 일부 예언들을 더 추가한 것 같다(36:32의 '그 같은 말'을 참조하라).

37:1-21 예레미야가 옥에 갇히다 예레미야의 예언을 이렇게 홀대하는 일은 시드기야 치세 기간 내내 계속되었다. 처음에는 시드기야도 예레미야에게 상당한 자유를 허락하였다. 아마도 그는 애굽 군대가 바벨론을 몰아붙여 후퇴하게 만들자, 장래 걱정은 끝났다고 생각했던 것 같다. 그러나 얼마 지나지 않아서 바벨론은 애굽을 격파하고 예루살렘을 다시 포위한다. 그때가 대략 주전 588년쯤이었을 것이다. 이때 예레미야는 예루살렘의 종말을 알리는 심판의 예언을 선포한다(37:6-10). 그 뒤, 그는 바벨론이 잠시 후퇴한 동안에 예루살렘을 떠나 바벨론 지역에 있던 향리 아나돗으로 가서 가계를 보살피려 한다. 하지만, 이 일은 현명치 못한 처사였던 것 같다. 그는 바벨론에게 항복하려 했다는 누명을 쓰고 투옥당한다(37:11-21).

예레미야의 상황은 요셉이 겪은 일과 흡사한 점이 많다. 특히 옥고를 치렀다는 점이 그러하다. 하지만, 결국 시드기야는 그를 옥에서 불러 내어 여호와가 혹시 말씀하신 게 있는지 묻게 된다. 시드기야는 좋은 소식을 고대하였다. 그러나 그가 들은 것은 심판의 예언이었다. 게다가 예레미야는 시드기야마저 바벨론의 포로가 될 것이라고 이야기한다. 그건 분명 시드기야가 바라던 소식이 아니었다. 그런데도, 시드기야는 예레미야가 좀 더 인간다운 대접을 받을 수 있도록 조치하면서 그에게 신선한 떡을 공급해 준다.

38:1-28 예레미야가 구덩이에 갇히다 예레미야는 재차 투옥당한다. 이번에는 감옥 뜰에 갇히는 신세가 된다. 그는 그곳을 벗어날 수 없었지만, 방문객은 맞을 수 있었다. 방문객들은 필시 그에게 예언의 말씀을 요청하여 그가 한 예언들을 밖에 있는 사람들에게 전달하였을 것이다. 예레미야는 바벨론에게 항복하라고 청중들에게 권면한다. 그것만이 구원을 얻을 수 있는 유일한 소망이었기 때문이다(38:1-3). 하지만, 예레미야의 예언은 성내의 사기를 떨어뜨렸다. 이에 놀란 관리들은 그에게 침묵할 것을, 아니 될 수 있으면 영원히 입을 다물 것을 요구한다. 결국, 그들은 예레미야를 살려두면서 적어도 잠시 동안이나마 그의 입을 막아둘 조치를 단행한다. 그들은 예레미야를 감옥 뜰 안에 있는 깊은 진흙구덩이에 던진다(38:4-6).

예레미야의 고초를 전해 들은 왕은 그를 구덩이에서 꺼내 준다. 예레미야는 다시 한 번 바벨론에게 항복하는 것만이 유일한 방책임을 왕에게 은밀히 진언한다. 그는 감옥 뜰로 돌아가 예루살렘이 함락될 때까지 거기에 머문다. 그러나 시드기야는 예레미야의 충언을 끝내 듣지 않았다(38:7-28).

예레미야 39:1-45:5
예루살렘이 함락당하다

39:1-40:11 예루살렘이 함락당하다; 예레미야가 풀려나다 이 단락은 주전 586년 7월, 마침내 예루살렘이 함락당한 때의 일을 기록하고 있다. 구약이 기록해 놓은 예루살렘 함락 기사 중, 가장 상세한 기사가 바로 이 부분이다. 때문에 이 부분은 꼼꼼히 읽어 볼 필요가 있다. 시드기야는 죽임을 당하고, 성내의 주요 건물은 불타 없어진다. 그 성의 백성들과 이미 항복했던 모든 이들이 바벨론에 포로로 끌려간다(39:1-10). 유다와 예루살렘에 일부 남은 사람들이 있었지만, 대부분 빈궁한 사람들이었다. 바벨론은 골칫거리가 되지 않을 사람들만을 남겨 놓은 것이다.

하지만, 예레미야 역시 다른 연유로 예루살렘에 남게 된다. 그 연유는 명확치 않지만, 그는 느부갓네살의 주목을 받게 된다. 어쩌면 느부갓네살은 예레미야가 항복을 권유한 일을 알고 있었던 것 같다. 때문에 느부갓네살은 예레미야를 동지로 여겼을지도 모른다. 어찌되었든, 예레미야는 예루살렘을 떠나지 못하게 된다. 대신 그는 바벨론 사람들이 예루살렘 총독으로 임명한 그다랴*의 집에 머물게 된다. 그다랴는 예루살렘 북쪽에 있는 미스바 성읍에 머물고 있었다. 본문은 예레미야가 감옥에서 그다랴의 집으로 옮기게 된 사건을 바벨론 사령관 느부사라단의 시각에서 상세하게 이야기하고 있다(40:1-6).

40:7-43:13 그다랴가 살해되다; 예레미야가 애굽으로 피신하다 이제 예레미야는 만사형통인 것처럼 보인다. 그러나 그에겐 재앙이 밀려오고 있었다. 그다랴와 그를 경호하던 바벨론 병사들이 살해당한 것이다(40:7-41:15). 남아 있던 유다 백성들은 바벨론의

---

* 개역개정판은 열왕기하 25:22-25에서는 이 사람을 '그달리야'라고 부르다가, 예레미야 39-40장에서는 '그다랴'라고 부른다. 히브리 본문은 열왕기하 25:22-25과 예레미야 39:14에서 모두 '그달야후'라고 부른다. 여기서는 개역개정판의 예를 따르기로 한다.

대규모 보복을 두려워하였다. 많은 이들이 즉시 애굽으로 피신하려 한다. 사람들은 예레미야에게 여호와의 인도하심을 간구하라고 요청한다. 예레미야는 애굽으로 피신하는 이들에게 장차 재앙이 임할 것이라고 예언한다. 예레미야는 그들이 예루살렘에 남아있더라도, 분노한 바벨론에게 희생당하지 않을 것이라고 예언한다(41:16-42:22).

그러나 예레미야의 이 예언은 많은 군 지휘관들이 바라던 것이 아니었다. 그들은 예레미야를 거짓말하는 자라고 비방하면서 애굽으로 떠나려 한다. 예레미야와 바룩과 그 지역에 남아 있던 백성들에겐 선택의 여지가 없었다. 그들도 애굽으로 떠나야만 했다(43:1-7).

이제 유다에는 두 무리의 남은 자들이 있었다. 하나는 바벨론에 포로로 끌려간 백성들, 다른 하나는 애굽으로 피신한 백성들이었다. 예레미야는 애굽으로 피신한 유다 공동체의 선지자로서 계속 활동하였던 것이 분명하다. 거기서 그는 애굽 역시 바벨론의 손에 무너질 것이라고 예언한다(43:8-13).

44:1-30 우상 숭배 때문에 재앙이 임하다 이 본문은 예레미야의 예언을 마지막으로 기록한 부분이다. 이 예언은 애굽의 유다 백성들이 우상을 섬기면서 생겨난 새로운 위협에 초점을 맞추고 있다. 예레미야는 여호와가 유다 백성에게 진노하셨다고 말한다. 그분의 진노는 그 백성들이 남아서 지켰어야 할 유다 땅을 떠난 것 때문만은 아니었다. 정작 하나님이 진노하신 것은 애굽 사람들이 섬기는 이방 종교의 제사와 신앙을 당신의 백성들이 따라갔기 때문이었다. 그로 인해 그 백성들은 재앙을 맞게 될 것이다(44:1-14).

하지만, 유다 백성들은 예레미야의 예언에 콧방귀조차 뀌지 않았다. 오히려 그들은 자신들의 불행이 이방 신들에게 희생 제사를 드리지 못하게 한 요시야 때문에 빚어진 것이라고 주장한다. 자신들이 '하늘의 여왕'(바벨론 사람들이 여신 이쉬타르─아세라/아스다롯─를 부르는 말이었다)을 섬길 때는 아무 탈이 없었는데, 요시야가 이를 금지하면서 재앙이 임하였다는 것이었다(44:15-19). 예레미야는 이들의 궤변에 격노한다. 그는 애굽에 온 유다 공동체가 철저히 부서지게 될 것이라고 예언한다(44:20-30).

45:1-6 예레미야가 바룩에게 전한 말씀 우리는 예레미야의 예언을 더 이상 들을 수 없다. 아마 그는 애굽에서 숨진 것 같다. 이 부분은 예레미야가 바룩에게 전한 말을 간결하게 언급하며 끝을 맺는다. 물론 바룩은 예레미야가 한 말을 여러 해 동안 받아 적었지만, 성경에 기록된 것은 이것뿐이다.

예레미야 46:1-52:34
열방이 무너질 것이라는 예언

예레미야서는 열방이 심판을 맞게 될 것이라는 일련의 예언들로 끝을 맺는다(46:1-51:64). 이 예언들이 선포된 시기는 명확치 않다. 예레미야서내의 위치로 보면, 이 예언들은 예레미야가 애굽에 있는 동안에 선포한 듯하다. 하지만 예언 자체의 내용만 보면, 이 예언들은 예레미야의 사역 초기에 나온 것으로 보인다. 이 예언들은 대체로 바벨론에서 유래한 재앙이 임박하였음을 선포한다. 이로 보아, 이 예언들은 바벨론이 애굽 군대를 완전히 궤멸시킨 갈그미쉬 전투가 있었던 주전 605년 무렵에 나온 것 같다. 이 예언들을 이 부분에 모아 놓은 것은 그 내용이 유사하기 때문일 것이다. 이 예언들은 애굽부터 바벨론까지 광범위한 나라들을 다루고 있다.

여기서도 가장 큰 주목을 받는 나라는 바벨론이다(50:1-51:64). 하지만, 똑같은 주제들을 이 몇 장 속에서 발견할 수 있다. 바벨론 주변의 국가들 역시 몰락의 길을 걸어가고 있다는 것이다. 바벨론은 여호와가 그 지역 국가들에게 보복하시고 그들을 심판하실 때 사용하신 도구였다. 그러나 바벨론도 여호와의 심판을 피할 수 없을 것이다. 그 역시 멸망당하게 될 것이다.

예레미야서는 예루살렘의 몰락을 더 설명하며 끝을 맺는다(52:1-34). 이 기사는 열왕기하 24:18-25:30이 인용한 자료와 동일한 자료를 인용하고 있는 것 같다. 그러나 예레미야서의 기사가 더 상세한 구석도 있다 (시드기야의 비운을 설명하는 52:10-11이 그 예다). 이 부분은 예루살렘이 멸망할 무렵에 일어난 사건들에 관하여 더 상세한 역사 정보를 제공한다. 그러면서, 예레미야의 예언들이 그 사건들을 통하여 이루어졌음을 증언하고 있다. 대부분의 사람들은 이 부분을 바룩이 모아 놓은 것이라고 본다. 아울러, 이 책은 회복의 소망을 담은 낙관적인 음조로 끝을 맺는다. 예레미야와 (애굽으로 피신한) 두 번째 유민들의 물결은 애굽 속으로 사라져 버린 것 같다. 그러나 바벨론에 끌려간 자들이 돌아올 것이라는 소망은 여전히 고동치고 있다.

예레미야애가

예레미야애가는 주전 586년, 예루살렘이 바벨론 사람들에게 멸망당한 사건을 슬퍼하는 다섯 개의 시 내지 '애가(哀歌)들'로 이루어져 있다.* 다섯 개 중 네 개는 그 형태가 매우 유사하다. 히브리 알파벳 22자를 차례대로 각 절의 첫 글자에 배치하고 있기 때문이다.** 고대의 전승에 따르면, 이 애가들은 예레미야가 직접 쓴 것이라고 한다. 이를 증명할 수는 없지만, 이 책은 분명 주전 586년부터 538년 사이에 기록된 것으로 보인다. 예레미야애가는 예루살렘의 멸망을 그림 그리듯 생생하게 묘사하고 있다. 이것으로 보아, 이 책의 대부분은 주전 586년에 있었던 예루살렘 함락 직후에 기록된 듯하다. 그때만 해도 예루살렘 함락은 그 난리에 살아남은 사람들의 뇌리 속에 여전히 살아남아 있었을 것이다.

1:1-22 첫 번째 애가 첫 번째 애가는 여호와가 예루살렘을 내치신 것에 초점을 맞춘다. 이 애가는 폐허가 되어 버린 성읍의 참경(慘景)을 생생히 그려 내고 있다. 한때 큰 나라였던 유다는 이제 철저히 능욕당한 채 외세에 짓밟힌 처지가 되고 말았다. 멸망당한 유다를 위로할 자는 아무도 없었다. 심지어 여호와조차도 당신 소유의 백성을 분노한 바벨론 침략자들의 먹잇감으로 넘겨 주신 것처럼 보였다. 이것은 역사의 우연이 아니었다. 이것은 하나님이 심사숙고하여 내리신 벌이었다. 한때는 당신이 사랑하셨지만, 이제는 당신께 불순종하는 백성들을 벌하신 것이다. 그 백성이 반역한 것은 삼척동자도 다 아는 일이었다. 의로우신 하나님에겐 당연히 그들을 벌하실 권리가 있었다. 이 애가는 유다의 불순종이 초래한 불행을 강조한다. 이 첫 번째 애가에서는 소망의 음조를 들을 수 없다. 들리는 주제라곤 그저 그런 벌을 받아도 싸다는 소리, 한때는 고고하던 백성들이 어쩌다 이런 수모와 고통을 당하게 되었느냐는 탄식뿐이다.

2:1-22 두 번째 애가 두 번째 애가도 첫 번

---

* 흥미롭게도 히브리 본문은 예레미야애가의 제목을 '에카'라고 붙여 놓았다. 이 '에카'라는 말은 '어떻게 이런 일이 일어날 수 있단 말인가?'의 뉘앙스를 담고 있는 탄식의 감탄사다(가/29).
** 1-4장의 네 장이 이른바 알파벳 시다. 그중에서도 특히 3장은 각 글자마다 3절씩을 할애하여 모두 66개 구절로 이루어져 있다. 즉 1-3절은 각 절의 첫 글자가 히브리 알파벳의 첫 글자인 '알렙'으로, 4-6절은 두 번째 글자인 '베트'로 시작한다. 다만, '아인'과 '페'의 순서가 뒤바뀌어 있는 것과 '신'과 '쉰'을 한 단락으로 묶어 놓은 점이 독특하다.

째 애가와 관련된 주제를 다룬다. 이 애가에서 시인은 예루살렘을 향한 여호와의 진노를 깊이 성찰하고 있다. 예루살렘의 멸망은 여호와의 진노를 불러일으킨 결과였다. 여호와는 당신 자신이 거하시는 곳(성전)마저 폐허로 만드셨다. 예루살렘을 그렇게 망쳐 놓은 이들은 그 선지자들과 제사장들이었다. 그들은 예루살렘이 저지른 죄의 심각성이나 그 죄가 가져올 파멸을 경고하지 않았다. (오직 예레미야만이 예외였다. 대부분의 '선지자들'은 바벨론이 멸망하여 유다가 평화를 얻게 되기를 고대하고 있었다.) 하지만, 왜 여호와는 당신의 백성들을 이렇게 다루시는 걸까? 유다에게 그 상황은 견딜 수 없는 고통이자 슬픔이었다.

3:1-66 세 번째 애가 세 번째 애가에서는 이전의 애가와 다른 장밋빛 음색이 울려 퍼지고 있다. 이 애가는 개인과 공동체가 모두 회개해야 하며, 이 회개만이 갱신의 소망을 가져다줄 것임을 이야기한다. 이 애가는 다른 네 애가보다 훨씬 길다. 이 애가는 세 개의 묶음으로 이루어져 있으며, 각 묶음은 모두 22개의 구절로 되어 있다. 이 22개의 구절들은 히브리어 알파벳 순서대로 배열되어 있다. 이 애가는 한 개인을 저자로 제시하지만, 그 개인(당연히 예레미야일 것이다)은 자기 백성을 대신하여 이 슬픈 노래를 부르고 있는 것이 분명하다. 백성들은 고초를 겪었지만, 그래도 여호와께 돌아와야만 한다. 여호와는 이렇게 돌아온 백성들에게 놀라운 긍휼을 베풀어 주실 것이다(특히 3:21-33을 보라). 이 애가에는 이런 주제가 잘 나타나 있다.

4:1-22 네 번째 애가 이 애가는 백성의 지도자들이 저지른 죄를 이야기한다. 먼저 백성들의 고통을 재차 언급한 이 애가는 이어서 이런 불행을 초래한 책임을 추궁하고 있다. 책임은 선지자들과 제사장들에게 있었다(4:13-14). 그들은 더 지각이 있어야 할 사람들이었다. 나라가 무너진 것은 그들의 잘못 때문이다. 그러면서도 이 애가는 백성들에게 더 광범위한 책임이 있음을 이야기한다(4:17). 하지만, 이 애가는 소망의 음조로 끝을 맺는다. 시온은 자신의 죄 때문에 벌을 받았지만, 그 벌도 언젠가는 끝나게 될 것이다(4:22).

5:1-22 다섯 번째 애가(마지막 애가) 이 애가는 하나님의 백성을 회복시켜 달라는 기도의 형태를 띠고 있다. 이 애가는 앞의 두 애가가 닦아 놓은 소망의 기초 위에 세워져 있다. 이 마지막 애가는 예루살렘의 멸망을 거듭 이야기하면서도, 동시에 여호와께 회복과 갱신을 간구하고 있다(5:21). 하지만, 여호와가 당연히 긍휼을 베풀어 주실 것으로 기대해서는 안 된다. 이 애가는 마지막 부분에서 여호와의 공의로운 진노가 그분의 백성들을 모조리 내치는 결과를 가져올 수도 있다는 것을 인정한다. 그런 점에서, 이 애가의 결말은 음울한 음조를 띠고 있다. 그러나 역사가 증명하듯, 하나님은 당신의 백성을 모두 내치지 않으셨다. 여호와가 시온의 영광을 회복시키시며, 머지않아 그 백성들을 고향으로 돌아가게 하실 날이 이를 것이다.

에스겔

에스겔서는 네 개의 '대선지서' 가운데 세 번째 책이다. 이 책도 이사야서나 예레미야서처럼 배교(背敎)와 죄와 포로로 끌려감이라는 큰 주제들에 초점을 맞추고 있다. 에스겔서는 포로 생활이 눈앞의 현실로 다가오던 시절의 유다 역사를 다루고 있다. 바벨론은 갈그미쉬 전투에서 애굽을 격파한다(주전 605년). 이로써 바벨론이 유다를 포함한 그 지역 전체의 패권을 쥐는 데 장애가 될 것은 모두 사라졌다. 유다가 포로로 끌려갈 것이라고 이야기한 예레미야의 주요 예언들은 이런 사태를 배경 삼아 나온 것이다. 이런 예언들은 주전 586년에 그대로 이루어진다. 예루살렘을 포위하고 있었던 바벨론 군대는 그 해에 그 성을 함락시키고 그 주민들을 포로로 잡아갔다. 그러나 포로의 강제 이주는 이미 주전 597년부터 시작되었다. 이 해에 유다 왕 여호야긴과 약 1만 명의 유다 백성이 포로로 잡혀갔다. 에스겔도 이 포로들 가운데 들어 있었다.

결국 에스겔은 바벨론 근처에서 포로 생활을 하며 예루살렘에서 일어날 일을 예언한다. 에스겔이 바벨론을 떠난 적이 있다는 증거는 찾을 수 없다. 끌려간 포로들은 실상 강이 아니라 관개용 운하였던 "그발 강"(1:1) 유역에 정착한다.* 에스겔은 본디 한 제사장 집안에서 태어났다. 보통 때 같았으면, 그는 당연히 예루살렘 성전에서 봉사해야 할 사람이었다. 주전 593년, 에스겔은 평상시 같았으면 그 해에 성전에서 제사장 직무를 시작했겠지만, 결국 포로들의 선지자로 부르심을 받는다. 그는 주전 593년부터 573년까지 줄곧 바벨론에서 선지자로 활동하였다.

그가 선지자 일을 시작했을 때만 해도 예루살렘 성전은 그대로 남아 있었다. 에스겔서는 상당 부분을 이때의 일에 할애하고 있다. 에스겔이 본 첫 번째 환상은 성전에 흘러 들어온 우상숭배에 초점을 맞추고 있다. 그가 전한 말씀은 간단하였다. "예루살렘은 그 죄 때문에 멸망당할 것이다." 그것이 핵심이었다. 마침내 예루살렘 성이 함락되고 성전이 파괴되면서(주전 586년), 그의 사역도 새 국면에 접어든다(33:21-22). 그 이전의 사역이 질책과 심판의 선포였다면, 이후의 사역은 용기와 확신을 심어 주는 것이었다. 그는 포로로 잡혀온 이들에게 미래의 회복을 예언한다. 하나님의 백성들에게 새 성전과 새 땅이 주어질 날이 임할 것이다.

---

* 그발 강은 메소포타미아 남부에 있던 관개용 운하였다. 바벨론 북부에서 시작된 이 강은 우르 남부에서 유프라테스 강으로 흘러 들어간다. 참고. 알프레드 허트, 「고고학과 구약성경」, 507.

에스겔 1:1-3:27
여호와가 에스겔을 부르시다

1:1-28 생물들과 주님의 영광 여호와는 나이 서른의 에스겔을 선지자로 부르신다. 그때, 에스겔은 바벨론에 포로로 끌려와 있었다. 그의 나이 서른은 중요한 의미를 담고 있다. 서른은 보통 제사장이 성전 봉사를 시작하는 나이였다. 그러나 에스겔은 자신이 기대한 것과 전혀 다른 일로 여호와를 섬기게 된 것이다. 에스겔은 주전 597년, 바벨론에 포로로 끌려간다. 여호와가 그를 선지자로 부르신 때는 주전 593년이었다(1:2). 그는 하나님을 환상 중에 뵈옵는 가운데 부르심을 받았다(1:4-28). 일부 회의론자들은 이 환상을 외계인의 우주선이 착륙한 장면이라고 해석하지만, 설득력이 없다. 이 환상은 에스겔서의 주요 주제인 하나님의 영광을 분명하게 보여 주고 있다.

2:1-3:15 에스겔을 부르시다 그때 여호와가 에스겔을 부르신다. 그분은 에스겔을 "인자"(人子)라고 부르신다. 에스겔서는 이 '인자'라는 말을 빈번히 사용한다(93회 정도 등장한다). 에스겔은, 백성들이 그 내용을 좋아하든 말든, 여호와가 말씀하신 것을 그대로 그들에게 전하라는 명령을 받는다(2:7). 여호와는 그를 부르신 표징으로서 "애가와 애곡(哀哭)과 재앙"의 말씀이 기록된 두루마리를 그에게 주신다. 여호와는 에스겔에게 이 두루마리를 받아먹으라고 명령하신다. 두루마리를 먹은 에스겔은 단 맛을 느끼게 된다. 그러나 여호와가 포로로 잡혀온 백성들에게 전하라고 명령하신 말씀은 달콤함과 거리가 멀었다. 그 말씀은 예루살렘을 향한 심판과 정죄를 담고 있었다. 이 환상과 부르심에 압도당한 에스겔은 이레를 쉬어야만 했다. 그런 뒤에 그는 그가 전할 말씀을 상세히 듣게 된다.

3:16-27 이스라엘에게 주는 경고 에스겔은 "이스라엘 족속의 파수꾼"(3:17)으로 세움을 받는다. 파수꾼은 예루살렘 성벽 위에 서 있다가 임박한 공격이나 전령의 도착을 미리 알리는 사람들이었다. 그 파수꾼들처럼, 에스겔도 여호와의 말씀을 통하여 자신의 백성들에게 심판이 임박했음을 경고하게 된 것이다. 만일 에스겔이 이 임무를 소홀히 한다면, 그는 그 결과에 책임을 지게 될 것이다. 그가 경고하였는데도 백성들이 들으려 하지 않는다면, 그에 따른 불행은 그들의 자업자득이 될 것이다(3:18-21). 에스겔은 그렇게 선지자로서 일을 시작할 준비를 한다. 그러나 여호와는 에스겔에게 그가 전하는 말씀이 아무리 권위가 있어도 백성들은 그것을 들으려 하지 않을 것임을 미리 경고하신다. 에스겔이 상대할 백성들은 "패역한 족속"이었기 때문이다.

에스겔 4:1-24:27
예루살렘에게 심판이 임하다

4:1-5:17 예루살렘이 포위당하여 공격받을 것을 상징으로 보여 주다 이제 예루살렘을 향한 심판의 말씀이 시작된다. 에스겔은 생생한 상징 행위를 통하여 예루살렘의 죄가 심각하다는 것을 보여 준다. 에스겔은 토판을 가져다가 그 위에 포위당한 예루살렘의 모습을 그리라는 명령을 듣게 된다(4:1-3). 이어서 그는 먼저 왼쪽으로 누웠다가 다시 오른쪽으로 돌아누우라는 말씀을 듣게 된다(4:4-8). 이 행동은 북쪽 이스라엘 왕국과 남쪽 유다 왕국이 저지른 죄를 상징하는 것이었다. 여기 등장하는 390과 40이라는 숫자

의 의미는 정확하게 알려져 있지 않다. 아마도 390은 솔로몬이 여호와께 불순종하기 시작한 때로부터 예루살렘이 함락될 때까지 흘러간 햇수를, 40은 유다 왕 므낫세가 유다 땅에서 이방 종교의 행위를 장려했던 햇수를 가리키는 것 같다.

이어서 에스겔은 포위당한 성안의 상황을 생생한 광경으로 재현한다(4:9-17). 그는 사람들이 소량의 곡물과 채소로 근근이 연명하며 인분으로 연료를 대신하게 될 참경(慘景)을 미리 보여 준다. 이어서 에스겔은 자신의 머리털을 깎아, 3분의 1은 불태우고 3분의 1은 칼로 자르며 3분의 1은 바람에 날려 버린다(5:1-4). 이 행동은 예루살렘 주민들이 당하게 될 불행을 상징하는 것이었다. 여호와 하나님은 이 행동을 보고도 그 의미를 이해하지 못할 자들을 위하여 상세한 설명을 덧붙이신다(5:5-17). 예루살렘은 포위당하여 공격을 받게 될 것이다. 그 주민 가운데 3분의 1은 역병이나 기근으로 죽고, 3분의 1은 칼에 죽임을 당하게 될 것이며, 3분의 1은 열방으로 흩어지게 될 것이다.

6:1-7:27 이스라엘의 산들을 향하여 예언하다

에스겔은 이스라엘의 산들로 그 시선을 돌린다. 그곳에는 이방신을 섬기며 예배하는 산당들과 다른 여러 곳들이 있었다(6:1-14). 이 모든 것들이 파괴될 것이다. 거기서 예배하는 자들도 함께 멸망당할 것이며, 단지 일부만이 살아남게 될 것이다. 재앙이 곧 밀어닥칠 것이며, 유다 백성들은 사슬에 묶여 끌려가게 될 것이다(7:1-27). 당시 유다는 역겨운 이방 종교의 제사 행위를 그대로 따라하고 있었다. 바로 이 때문에, 그들은 멸망과 처절한 수모를 당하게 될 것이다.

8:1-9:11 성전에서 우상을 섬기다; 우상을 섬기던 자들이 죽임을 당하다

역겨운 행위들은 비단 이스라엘의 산당에서만 저질러진 것이 아니었다. 이런 일들은 유다에서 가장 거룩한 곳이 되어야 할 예루살렘 성전에서도 버젓이 자행되고 있었다(8:1-18). 여기서 에스겔은 성령이 자신을 사로잡아 예루살렘으로 데려간 뒤 성전 안에서 여호와의 영광을 보여 주신 일을 상세히 이야기한다. 그러나 성전 주위에서는 온갖 이방신을 섬기는 제식(祭式)이 거행되고 있었다. 예루살렘 사람들은 심지어 바벨론의 농경신인 담무스에게 예배하고 있었다(8:14). 에스겔은 이를 보고 경악한다. 그러나 그는 혼자가 아니었다. 예루살렘에도 이 광경에 충격을 받은 이들이 몇몇은 남아 있었던 것이 분명하다. 에스겔은 이 신실한 백성들의 이마에 '타우'라는 글자가 표시되어 있는 환상을 보게 된다. 히브리어 알파벳의 마지막 글자인 이 '타우'는 마치 십자가처럼 보인다(9:4).* (이것은 세례 받은 자에게 십자가를 그어 그가 신자임을 표시하는 기독교 전통을 예표하는 멋진 장면이다.) 이마에 '타우' 표를 받은 그들은 장차 임할 멸망에서 구원을 받게 될 것이다.

10:1-11:25 여호와의 영광이 성전을 떠나다; 이스라엘이 돌아오게 될 것을 약속하시다

에스겔은 여호와의 영광이 성전을 떠나는 장면을 보게 된다(10:1-20). 그러나 그는 연이어 여호와의 영광이 성전에 가득한 광경을

---

* 현재의 '타우'에서는 십자가의 모습을 확실하게 발견할 수 없다. 그러나 주전 9-5세기에 사용된 고대 히브리어 알파벳에서는 '타우'가 현재 영어의 알파벳 중 하나인 '엑스'나 십자가 모양을 하고 있었다.

목격하였다. 그 광경은 그가 그발 강 가에서 본 첫 번째 환상을 떠올리게 하였다. 하지만, 이제는 여호와의 영광이 성전에 머물지 않는다. 천천히 그러면서도 장엄하게, 그 영광은 성전의 문지방을 넘어가 버린다. 여호와 하나님이 당신의 전을 버리신 것이다. 성전은 이제 더 이상 여호와의 임재가 베푸시는 보호를 받지 못하게 되었다. 이어서 여호와는 에스겔에게 예루살렘 지도자들이 나누는 이야기를 들려 주신다. 그건 마치 그 성읍의 어처구니없는 영적 상태를 확인시켜 주시려는 행위 같았다. 그 지도자들은 바벨론의 공격 위협이 수그러질 것이라고 확신한다. 그들은 다시 집을 지을 수 있을 것이라고 확신한다. 하지만, 실상은 전혀 달랐다. 이스라엘 족속에게 파괴가 몰려오고 있었다(11:1-15). 그런데도 근거 없는 위로의 음조가 슬며시 기어들고 있었다(11:16-25). 이스라엘은 열방 중에 흩뿌려질 것이다. 하지만, 여호와는 그 백성들을 고향으로 돌아오게 하실 것이다. 돌과 같은 그들의 마음은 살처럼 부드럽게 바뀔 것이다. 그때가 되면, 언약은 다시 한 번 갱신될 것이다.

12:1-14:23 포로로 잡혀갈 것을 상징으로 보여 주다; 피할 수 없는 심판 그러나 말씀은 여기서 이스라엘이 포로로 잡혀가게 될 것이라는 주제를 다시 한 번 부각시키고 있다. 에스겔은 유다 백성들이 결국 겪게 될 불행을 하나의 상징을 통해 명확히 알려 주라는 명령을 받는다. 에스겔은 행장을 꾸려 어깨에 메라는 말씀을 듣는다. 이것은 그 백성들이 먼 거리를 걸어 포로로 잡혀가게 될 것임을 알려 주는 상징이었다(12:1-28). 거짓 선지자들은 온통 입에 발린 말만을 늘어놓았다. 그러나 포로 생활이라는 형벌은 피할 도리가 없었다. 평화가 사라졌는데도 거짓 선지자들은 태평성대라고 떠벌였다. 그들은 하나님의 말씀을 전할 권한을 갖지 못한 자들이었다(13:1-16). 우상 숭배는 눈 뜨고 볼 수 없는 지경까지 이르렀다. 예루살렘 백성들은 이방의 우상들을 섬기느라 여호와를 내동댕이쳤다. 이제는 여호와가 그런 백성들을 당신으로부터 잘라내 버리실 것이다(13:17-14:11). 임박한 심판을 피할 길이 없었다. 물론 살아남은 자들이 있을 것이다. 그러나 예루살렘의 멸망은 만사의 주관자가 여호와이심을 명명백백히 보여 줄 것이다(14:12-23).

15:1-8 예루살렘은 쓸모없는 포도나무 이어서 예루살렘 자체에 초점을 맞춘 예언들이 이어진다. 이 예언들은 예루살렘을 포도나무에 비유한다. 성경은 종종 포도나무를 이스라엘을 가리키는 상징물로 사용하곤 한다(시 80:8-13; 사 5:1-7은 이스라엘을 가리켜 좋은 열매를 맺지 못하는 포도밭에 비유하였다). 그래도 이사야 같은 선지자들은 좋지 않은 과실이나마 이스라엘이 열매를 맺을 것이라고 예언하였다. 그러나 에스겔은 이스라엘을 아무 열매도 맺지 못하는, 완전히 쓸모없는 것으로 다루는 것 같다. 예루살렘이라는 포도나무는 기껏해야 땔감으로 쓸 수밖에 없을 것이다.

16:1-63 신실치 못한 예루살렘을 빗댄 풍유 또 하나의 비유가 이어진다. 여기서는 예루살렘을 태어나자마자 그 어떤 보살핌이나 관심도 받지 못한 채 버림받은 아이로 묘사한다. 그러나 이 버림받은 아이를 여호와가 거두신다. 여호와는 이 아이에게 좋은 음식을 먹이시고 청년이 될 때까지 보살펴 주신

다. 이토록 전심전력을 다해 아이를 보살핀 여호와께 돌아온 것은 무엇이었을까? 여호와가 사랑으로 양육한 그 아이는 커서 창기가 되었다(16:1-19). 이 예언은 예루살렘의 뿌리가 이방 종교임을 암시하는 것으로 보인다. 예루살렘은 다윗 왕 때가 되어서야 이스라엘 손에 들어온 곳이었다(삼하 5:6-9). 에스겔의 예언은 예루살렘이 과거에 이방신을 섬기던 곳이었음을 재차 확인시켜 주는 것으로 보인다. 분명 이 예언은 예루살렘이 주변 국가들과 마찬가지로 여호와를 믿지 않았음을 시사하고 있다(16:20-34).

이 타락의 결과는 물어보나마나였다. 예루살렘은 자신이 연모하던 자들 앞에서 발가벗겨져, 그들에게 자신의 치부를 그대로 드러내게 될 것이다. 예루살렘이 믿고 의지했던 나라들은 포위 공격을 받아 파괴당하는 예루살렘을 보고도 못 본 척 할 것이다. 예루살렘과 비교하면, 소돔은 거룩한 곳으로 칭송을 받을 만한 성읍이다(16:35-52). 그러나 이런 심판의 예언 속에서도 한 줄기 소망의 빛이 새어나오고 있다. 예루살렘은 기필코 회복될 것이다. 하지만 그 이전에 이 심판을 먼저 받아야만 했다(16:53-63).

17:1-24 독수리 두 마리와 포도나무 하나

뒤이어 두 마리의 독수리와 한 포도나무의 비유가 등장한다(17:1-24). 문제의 두 마리 독수리는 느부갓네살(17:3)과 애굽의 바로(17:7, '호프라'일 가능성이 가장 크다)를 가리킨다. 에스겔이 본 환상은 바벨론 사람들이 일부 예루살렘 주민들(17:3의 "레바논")을 바벨론(17:4의 "상인의 성읍")에 포로로 끌어가는 환상이었다. 바벨론에 끌려간 포로들은 거기서 번성케 될 것이다. 그러나 예루살렘에 남아 있던 사람들은 애굽과 연루되어, 결국 시드는 잎처럼 사그라지고 말 것이다. 말씀은 이 비유의 의미를 상세히 설명한다(17:11-21). 하지만, 여호와 하나님은 몸소 당신의 백성들이 번영을 누리게 하실 것이라고 확언하신다. 여호와는 그 백성들을 다시 심으시고, 그들의 안전과 번영을 책임지실 것이다(17:22-24).

18:1-19:14 죄를 지은 자는 죽게 될 것이다

죄인은 반드시 그 책임을 져야 한다. 하지만, 여호와는 실제로 용서를 베푸시는 분이다. 말씀은 이 점을 강력히 확인하고 있다. 아버지의 죄로 아들이 처벌받는 일은 없을 것이다. 나아가 진심으로 회개하는 자는 살게 될 것이다. 여호와는 죄인들이 회개하여 생명을 얻는 것을 기뻐하신다. 에스겔도 이 점을 분명하게 증언하고 있다(18:1-32). 여호와는 죄인의 죽음을 보고 기뻐하시는 분이 아니다. 그분은 죄인들도 회개하여 영생의 특권을 누리게 되길 바라신다. 이 증언이 암시하는 바는 명확하다. 예루살렘의 현 상태는 질책 받아 마땅하다. 중요한 것은 과거의 죄가 아니다. 예루살렘이 지금 불순종하고 있다는 게 문제다. 그러나 지금이라도 예루살렘 백성들이 자신들의 막심한 죄를 깨닫고 죄의 길에서 돌아선다면, 회개가 불가능한 것만도 아니다. 그러나 회개하지 않는다면, 이스라엘의 왕후장상(王侯將相)이라도 뿌리째 뽑혀 진멸당하고 말 것이다(19:1-14).

20:1-49 반역한 이스라엘; 심판과 회복

이스라엘은 반역하였다. 말씀은 이 사실을 다시 단호하게 주장하고 있다(20:1-29). 주전 591년에 나온 이 예언은 우리에게 익숙한 형태를 띠고 있다. 에스겔은 이스라엘이 애굽에 머물 때부터 약속의 땅에 들어갈 때까지 여호와께 반역한 역사를 추적하고 있다. 이스라엘은 끊임없이 잘못을 저지르고 반역하였다. 여호와 하나님은 그런 이스라엘에게 끊임없이 자비와 긍휼을 베푸셨다. 그러나 이제는 심판의 시간이 다가왔다. 하지만 한 번 더, 소망의 음조가 울려 퍼지고 있다. 심판 뒤에는 회복이 있을 것이다(20:30-49).

21:1-23:49 하나님이 바벨론을 심판의 칼로 사용하시다 말씀은 바벨론을 가리켜 여호와가 당신 백성을 벌하시는 데 사용하시는 칼이라고 주저 없이 선포한다(21:1-32). 바야흐로 여호와는 그 칼을 칼집에서 빼려고 하신다. 그리고 그 칼을 예루살렘의 모든 백성에게 사용하려 하신다. 의인이든 악인이든 그 칼날을 피할 수 없다. 에스겔이 본 파괴의 환상은 불타는 여호와의 진노에 모든 것이 소멸될 것임을 알려 주는 것이었다. 이스라엘 족속의 죄가 얼마나 컸던지, 이제 여호와의 눈에는 그들이 더러운 찌꺼기일 뿐이었다. 하나님의 백성이라는 귀금속이 순수한 귀금속으로 거듭나려면, 도가니 속에서 정련되는 과정을 거쳐야만 할 것이다(22:1-31). 이어서 말씀은 유다가 외세와 정치 동맹을 맺은 것을 간음에 비유한다(23:1-49). 자매로 비유된 유다와 이스라엘은 여호와를 버리고 다른 연인들을 따라갔다. 그러나 이제는 그 대가를 치러야만 한다.

24:1-27 가마 다음에 등장하는 예언은 주전 588년 초의 것이다. 예루살렘에서는 싸늘한 소식만이 들려오고 있었다. 바벨론 사람들이 예루살렘을 포위하였다. 에스겔의 예언은 가마라는 상징물을 활용하고 있다. 그 가마는 일찍이 주전 597년에 아주 적은 수의 백성들만이 포로로 잡혀간 것을 스스로 축하하였던 예루살렘을 상징하는 것이었다. 가마 속에는 고기 중에 가장 좋은 부위들이 고스란히 남아 있었다. 그러나 이제는 다시 가마가 끓기 시작한다. 국물이 졸아 말라붙을 때까지 그 가마는 펄펄 끓게 될 것이다. 남아 있는 고기도 다 타버릴 것이다. 예루살렘이 그렇게 파괴당할 것임을 예언한 것이다(24:1-14). 이 부분은 에스겔의 아내가 죽은 일을 보고하며 끝을 맺는다(24:15-27).

에스겔 25:1-32:32
다른 나라들을 향한 예언들

이 큰 단락에 기록된 예언들은 유다 주변의 나라들을 다루고 있다. 이런 예언 패턴은 이미 이사야와 예레미야의 예언에서도 나타났었다. 유다가 심판을 받았다 하여 그 이웃 나라들은 심판을 면제받을 것이라고 생각한다면, 그건 착각일 뿐이다. 심판은 먼저 신앙의 집안에서 시작되지만, 그 집안에 국한되지 않는다. 이것이 바로 선지서가 제시하는 기본 주제다.

여기서 등장하는 일곱 개의 예언들은 유다의 숙적들을 다루고 있다. 암몬(25:1-7), 모압(25:8-11), 에돔(25:12-14), 블레셋(25:15-17), 두로(26:1-28:19), 시돈(28:20-26) 그리고 애굽(29:1-32:32)이 그들이다. 두로와 애굽을 향한 예언은 다른 나라를 향한 것보다 훨씬 더 길다. 여호와는 당신의 권능으로 유다의 숙적들을 모조리 파멸시키실 것이다. 그들은 그제야 하나님이 여호와이심을 알게 될 것이다. 이것이 이 부분의 기본 주제다. 본문은 바벨론을 심판받을 나라 중에 포함시키지 않고 있다. 하지만, 본문은 바벨론을 여호와가 두로(26:7-14)나 애굽(30:10-12)처럼 오만하게 구는 나라들을 심판하실 때 사용하시는 도구라고 말한다.

에스겔은 다른 대선지자들과 마찬가지로 여호와가 이방 나라들을 사용하여 당신의 경륜을 이루어 가시는 것으로 본다. 이는 중요한 점으로 유념해 둘 필요가 있다. 이방 나라들은 그분을 여호와로 인정하지 않는다. 그럴지라도, 그들은 하나님의 섭리를 드러내는 도구일 뿐이다. 이사야가 볼 때, 앗수르는 신실치 못한 백성들에게 하나님이 휘두르시는 분노의 막대기였다. 그러나 앗수르가 오만해지자, 하나님은 바벨론을 사용하여 앗수르를 징벌하신다. 다시 한 번, 이방 국가가 역사 속에서 하나님의 경륜을 드러내는 도구로 사용된 것이다. 바벨론도 여호와가 사용하시는 범위를 제멋대로 벗어나 교만을 부리다가 바사의 고레스 대제에게 무너지고 만다. 고레스 역시 하나님의 공의를 실천한 도구였다. 이사야는 심지어 고레스를 "그(여호와)의 기름부음을 받은" 자라고 일컫는다. '기름부음을 받은 자'라는 말은 이스라엘의 왕과 제사장에게나 쓸 수 있는 말이었다. 예레미야 역시 바벨론을 가리켜 하나님이 당신 백성을 연단하시고 정결케 하시려고 선택하신 도구라고 본다.

에스겔 33:1-39:29
미래에 위로와 회복이 임할 것을 약속하시다

33:1-20 여호와가 에스겔을 파수꾼으로 삼으시다 이 큰 단락은 예루살렘 함락 이후의 것으로 보아야 할 것이다. 지금까지 에스겔의 예언은 심판과 포로로 끌려갈 것이라는 말씀이 주류를 이루었다. 그러나 이제부터는 소망과 회복의 주제가 부각되기 시작한다. 물론 이 부분에는 좀 더 강력한 질책과 심판의 말씀을 담은 구절들도 많이 있다. 하지만, 분명 분위기는 달라지고 있다. 이 부분은 백성들의 회개를 촉구하는 목소리로 그 막을 연다. 여호와는 그 누구라도 생명을 잃는 것을 기뻐하지 않으신다. 그분은 죄인들이 회개하고 당신께 돌아와 생명을 얻는 것을 더 좋아하신다. 이 부분의 예언에서는 소망과 회복의 주제가 상승 곡선을 타고 있긴 하지만, 그래도 비판의 음색은 여전하다.

33:21-33 예루살렘의 함락을 설명하다 지금까지 에스겔은 여러 예언을 했지만, 그 예언이 실제 사건으로 확증된 적은 한 번도 없었다. 예루살렘은 바벨론으로부터 아주 멀리 떨어져 있었다. 에스라의 경우, 바벨론에서 예루살렘으로 돌아가는 데 넉 달 정도가 걸렸다(스 7:8-9). 여행 조건이 좋았던 것이 분명한데도 그만큼 시간이 걸렸다면, 두 곳이 얼마나 멀리 떨어져 있는지 쉽게 짐작할 수 있을 것이다. 바벨론에서 예루살렘 함락 소식을 들을 수 있는 방법은 전령(파발)을 통하는 수밖에 없었다. 전해져 온 소식은 예루살렘 성벽이 무너지고 성전이 불타 버렸다는 두 가지 주된 소식을 전해 주었다(왕하 25:3-4, 8-9). 이 사건들은 주전 586년 7월 18일부터 8월 14일 사이에 일어났을 것이다. 그렇다면, 바벨론에서 이 소식을 아무리 빨리 듣는다 해도 주전 586년 12월이나 되어야 들을 수 있었을 것이다. 그런데, 에스겔은 예루살렘 성전이 파괴된 때로부터 다섯 달 뒤인 주전 585년 1월의 예언 속에서, 예루살렘을 겨우 빠져나온 사람으로부터 성벽이 무너지고 성전이 불탄 사건이 실제로 일어났다는 것을 전해 들었다고 말한다(33:21-22). 만인이 예루살렘 함락 사실을 알게 된 이상, 에스겔은 거리낌 없이 회복과 소망을 이야기할 수 있게 되었다.

34:1-31 목자들과 양들 회복에 대한 첫 번

째 주요한 예언이 여기서 등장한다. 여호와는 "이스라엘 목자들"(이는 분명 이스라엘의 왕들과 제사장들과 선지자들을 포함하는 말이다)이 이스라엘을 철저히 망쳐 놓았다고 선언하신다. 그 결과, 여호와의 백성(여기에서는 양에 비유한다)은 뿔뿔이 흩어져 버렸다. 여호와는 잘못을 저지르고도 책임을 느끼지 못하는 목자들을 호되게 질타하신다. 이어서 그분은 당신이 몸소 당신 백성들의 목자가 되시겠다고 선언하신다. 하나님은 자신이 직접 당신의 백성들을 흩어진 곳에서 불러 모아 회복시키실 것이라고 말씀하신다. 여호와는 그 양(백성)들을 안전한 초장으로 인도하시고, 그들의 상처를 싸매 주시며, 잃어버린 양들을 되찾으시고, 연약한 양들을 강하게 하실 것이라고 선언하신다. 이 위대한 말씀은 다른 곳들(이를테면, 시 23:1-6), 그 중에서도 특히 자신의 양들을 위해 목숨까지 내놓으신(요 10:11-18) 선한 목자 예수 그리스도의 오심 속에서 더 전개될 주제들을 미리 들려주고 있다.

35:1-36 이스라엘의 산들을 향한 예언 이제 예언은 이스라엘의 불행을 보며 고소해 하는 에돔을 꾸짖는다(35:1-15). 선지자는 "이스라엘 산들"을 향하여 위대한 회복의 예언을 선포하고 있다. 여호와는 이 예언 속에서 당신이 이스라엘 산들을 이전 상태로 회복시키시겠다고 약속하신다. 그 산들에 다시 사람이 살게 될 것이며, 그곳의 폐허는 재건될 것이다(36:1-12). 여호와는 흩어져 버린 당신의 백성들을 고향으로 불러들이실 것이라고 말씀하신다. 국가뿐만 아니라 각 사람도 거듭나게 될 것이다. 돌과 같았던 마음은 살과 같이 부드러운 마음으로 바뀌게 될 것이다(36:13-38).

37:1-14 마른 뼈들의 골짜기 마른 뼈들의 환상을 기록한 이 본문은 에스겔서에서 가장 유명한 말씀이다. 이 말씀에 이르러 이스라엘 백성들의 회복을 이야기하는 위대한 주제가 그 정점에 이른다. 에스겔 선지자는 환상 속에서 마른 뼈들로 가득한 골짜기를 본다. 분명 그 뼈들은 완전히 죽어 있었으며 소생 가망이 전혀 없어 보였다. 그건 마치 회복의 소망이 사라져 버린 하나님 백성들의 모습 같았다. 그러나 여호와의 생각은 달랐다. 여호와는 그 뼈들을 모아 몸을 만드시고 그 안에 숨(생기)*을 불어넣으신다. 이 놀라운 행위를 기록한 본문은 아담을 지으신 이야기(창 2:7)와 직접적인 평행을 이루고 있다. 여호와는 그와 똑같은 방식으로 당신 백성들에게 새 생명을 불어넣어 그들을 되살리실 것이다. 주위를 온통 둘러봐도 소망은 없어 보인다. 그러나 마른 뼈들을 되살리실 수 있는 여호와라면, 당신 백성들도 되살리실 수 있을 것이다.

이 예언은 무엇보다도 예루살렘 백성들을 바벨론에서 건져 내어 고향으로 돌려보내는 것에 초점을 맞추고 있다. 그러나 복음이 안겨 준 부활과 영생의 위대한 소망을 내다보지 않으면, 이 본문의 뒷부분(37:12-14)을 읽는 것은 불가능하다.

37:14-39:29 한 왕이 다스리는 한 나라가 일어설 것이다 여기서는 장차 다윗처럼 자신의 백성들을 다스리게 될 한 왕이 등장할 것이라고 예언한다. 이 예언은 앞에서 나온

---

* 히브리 본문은 '루아흐'라고 기록하였다. 이는 '숨'이나 '영'으로 번역할 수 있다.

마른 뼈들이 되살아나는 환상을 보완해 준다. 그 왕이 다스리게 되면, 예루살렘은 여호와의 언약이 주는 모든 행복을 다시 알게 될 것이며, 그 백성들 가운데 여호와가 계시다는 사실도 알게 될 것이다(37:15-28). 이 부분은 '곡'을 대적하는 상세한 예언으로 끝맺는다(38:1-39:29). '곡'이 누군지는 확실치 않다. 하지만, 당신 백성들을 사로잡힌 처지에서 풀어 주시고 그들에게 당신의 영을 부어 주시려는 여호와의 결심은 분명 확고하다(39:25-29).

에스겔 40:1-48:35
새 성전과 새 땅

40:1-42:20 새 성전 이제 이 위대한 예언의 종결 부분이 시작되고 있다. 주전 573년에 나온 이 예언은 회복된 성전과 백성들을 보여 주는 환상에 중점을 두고 있다. 첫 번째 환상은 성전에 관한 것이다. 에스겔이 환상에서 본 성전은 솔로몬이 지은 장엄한 성전과 견줄 수 있는 것이었지만, 그 뜰은 오히려 더 넓었다. 에스겔의 환상은 회복된 성전이 솔로몬 성전만큼 인상적인 곳이 될 것임을 시사하고 있다. 그러나 회복된 성전에서는 유다의 역대 왕들이 다스릴 때 성전과 거기서 드려지는 예배에 스며들어 온 이방 종교의 영향을 찾아볼 수 없을 것이다.

43:1-48:35 여호와의 영광이 성전으로 돌아오다 이제 회복된 성전과 백성의 환상은 여기서 절정에 이른다. 일찍이 에스겔은 여호와의 영광이 성전을 떠나는 장면을 고통스럽게 지켜보았다. 그것은 여호와가 당신께 반역한 백성들을 버리신다는 표징이었다(10:1-22). 에스겔은 여호와의 임재가 회복될 것이라고 말한 적이 있었다(이를테면, 37:27). 그리고 마침내, 그는 환상 속에서 여호와의 임재가 회복되는 장면을 목격한다. 여호와의 영광이 새 성전으로 돌아오고 있었다(43:1-5). 여호와는 당신의 백성들 가운데 머무실 것이다. 복원된 성전의 환상은 계속 이어진다. 이 환상 속에는 한 나라의 삶을 구성하는 모든 요소, 즉, 그 왕과 제사장과 경계들이 들어 있었다. 그러나 무엇보다 중요한 것은 여호와가 다시금 당신의 백성들 가운데 거하시게 되었다는 점이다. 바로 그 점 때문에, 이후의 예루살렘은 "여호와 삼마"(여호와가 거기에 계신다, 48:35)*라는 이름으로 불리게 될 것이다.

---

* 히브리어로 '야훼(아도나) 샴마'다. 직역하면, '여호와는 거기에'가 된다.

다니엘

다니엘서는 네 개의 '대선지서' 가운데 네 번째이자 마지막 책이다. 이 책은 예루살렘 백성들이 아직 바벨론에 포로로 잡혀 있을 때 일어난 사건들을 다루고 있다. 바벨론의 왕위가 몇 대 계승되는 동안, 유다 백성들도 몇 차례에 걸쳐 강제 이주되었다. 가장 중요한 강제 이주는 주전 586년에 있었다. 이 해에 결국 예루살렘이 함락되고 그 성은 황폐해져 버린다. 하지만 그 이전에도 강제 이주가 있었다. 주전 597년에는 여호야긴 왕과 약 1만 명의 사람들(이 중에는 에스겔 선지자도 들어 있었다)이 강제 이주되었다. 다니엘과 그의 친구들도 이 해에 포로로 잡혀갔을 가능성이 가장 높다. 하지만, 다니엘서는 주전 605년의 갈그미쉬 전투 이후에 이루어진 소규모 강제 이주도 이야기한다. 갈그미쉬 전투에서 애굽에 완승을 거둔 바벨론은 그들이 '하티의 땅'* 이라고 부르던 지역을 복속시키는 데 총력을 쏟는다. 유다도 이 '하티의 땅'에 들어 있었다. 이 정복 정책 속에는 강제 이주도 포함되어 있었을 것이다.

    다니엘서는 아무리 어려운 상황에서도 하나님께 신실함을 지키는 것이 중요하다는 점을 역설한다. 아울러 바로 이 점을 바벨론에 남아 있던 다니엘과 그의 세 친구 이야기를 통하여 생생하게 들려주고 있다. 이 책의 뒷부분에는 다가오는 심판과 보복을 알려 주는 환상들이 기록되어 있다. 이 환상들은 종종 사람들과 나라들을 상징으로 사용한다. 이런 문체의 기록들을 보통 '묵시 문학'이라고 부르곤 한다. 이런 묵시 문학은 주권자이신 하나님이 역사를 주관하신다는 점을 강조한다. 아울러 잠시 동안 득세하는 것처럼 보이는 세력들도 결국 하나님께 무릎을 꿇게 될 것임을 강조한다.

    이 책의 마지막 몇 장은 중요한 사색거리가 되곤 하였다. 많은 저술가들은 이 몇 장의 기록들이 나치 독일이나 구(舊) 소련(蘇聯, 소비에트 연방)의 등장과 같은 현대사를 정확히 예언하고 있다고 보았다. 하지만, 이 환상들은 미래에 일어날 일들을 예언했다기보다 고대 제국들의 흥망성쇠를 자세히 이야기한 것으로 보는 것이 가장 적절할 것이다. 이 환상들의 첫 번째 목적은 제일 먼저 그 환상을 본 사람들에게 확신을 심어 주는 것이기 때문이다.

---

* 유프라테스 강 서쪽 지역을 가리키는 말이다.

다니엘 1:1-6:28
다니엘 이야기

1:1-21 다니엘이 바벨론에서 교육을 받다 본문은 다니엘과 그의 세 친구를 우리에게 소개한다. 그들은 느부갓네살이 예루살렘을 공격하였을 때, 바벨론에 포로로 끌려갔다. 이렇게 보면, 요셉과 다니엘의 내력 사이에는 분명 여러 가지 유사점이 있다. 두 사람은 모두 외국으로 끌려갔지만, 결국 나중에는 왕실 요직에 오르게 된다. 다니엘과 그의 친구들은 이스라엘의 하나님께 순종하고자, 왕이 내린 음식과 포도주를 거부한다(이 음식과 포도주는 필경 우상들에게 바쳤던 것들이었을 것이다). 그런데도 왕은 그들의 지혜를 높이 사, 계속해서 그들의 조언을 구하게 된다.

2:1-49 느부갓네살의 꿈 요셉 때의 바로처럼, 느부갓네살도 꿈을 꾼다. 그러나 그 자신은 물론 그가 거느린 점성술사들도 그 꿈의 의미를 알아내지 못한다. 바로가 요셉에게 해몽을 부탁한 것처럼, 바벨론의 왕도 다니엘에게 해몽을 부탁한다(2:1-26). 다니엘의 해몽은 선지자의 예언 같다. 느부갓네살의 힘과 권세는 막강하다. 하지만, 그의 나라는 결국 작은 나라들로 쪼개질 것이다. 그러다 마침내, 하나님이 몸소 영원히 이어질 한 나라를 세우실 것이다(2:27-45). 이것이 다니엘이 해몽한 내용이었다. 해몽을 들은 왕은 기뻐하며, 다니엘의 노고에 보상한다(2:46-49).

3:1-30 금 신상과 풀무 불 그러나 다니엘이 왕의 호의를 입은 것도 그리 오래 가지 못했던 것으로 보인다. 왕은 자신을 본뜬 거대한 신상을 만들어 바벨론 근처(바벨론 지방의 두라 평지)에 세우라고 명령한다. 왕은 자신에게 복종하겠다는 의사표시로 모든 신하가 그 앞에 엎드려 절할 것을 요구한다(3:1-7). 물론 모든 신하들이 이를 따랐다. 그러나 다니엘과 그의 친구들은 예외였다. 그들은 그 어떤 형상도 섬기지 말라는 하나님의 계명(출 20:3-5)을 성실히 따랐던 것이다. 점성술사들은 이들이 왕의 명령을 어겼다고 고발한다. 아마도 그들은 자신들이 풀지 못했던 왕의 꿈을 해석해 낸 다니엘에게 골이 나 있었던 것 같다. 결국, 다니엘의 친구들(본문은 여기서 이들을 바벨론식 이름인 사드락과 메삭과 아벳느고라고 부른다)은 왕에게 불려가 왕의 명령을 따르라는 요구를 받게 된다(본문은 여기서 다니엘을 언급하지 않는다). 그러나 그들은 왕의 요구를 거부한다. 결국 사형선고를 받은 그들은 풀무불에 던져진다. 하지만, 하나님은 그들을 화염 속에서 구원하신다. 이 구원에 감복한 왕은 그들의 위대하신 하나님을 인정하게 된다(3:8-30).

4:1-5:30 느부갓네살이 꿈에서 한 나무를 보다; 한 손이 벽에 글을 쓰다 다니엘은 하나님의 영감을 지닌 해몽자의 면모를 다시 한 번 보여 준다(4:1-37). 느부갓네살이 또 꿈을 꾼다. 그 꿈은 느부갓네살이 몰락할 것이며 그가 미쳐 버리게 될 것임을 자세히 알려 주고 있었다. 본문은 아무도 풀 수 없는 난제를 하나님이 주신 능력으로 풀어 내는 다니엘의 면모를 더 보여 주고 있다.

문제의 사건은 느부갓네살의 뒤를 이어 왕이 된 벨사살이 베푼 잔치에서 일어났다(5:1-30). 한 손이 나타나 벽 위에 글을 쓰는 일이 벌어지면서, 잔치의 흥은 깨어져 버린다. 큰 충격을 받은 왕은 점성술사들과 마술사들을 불러 그 손이 벽에 쓴 글을 해석하게 한다. 하지만, 그들은 그 뜻을 풀어 내지 못한다. 결국, 다니엘이 불려온다. 다니엘은 그 말이 왕에게 하나님의 심판이 임할 것을 보여 준 것이라고 이야기한다. 다니엘은 "메네 메네 데겔 우바르신"이라는 이 수수께끼 같은 말들이 사실은 메대 사람과 바사 사람의 손에 벨사살이 죽임을 당할 것을 일러준 것이라고 해석해 낸다. 실제로 그날 밤, 벨사살은 죽임을 당하고 "메대 사람 다리오"(바벨론에서는 고레스 대제를 이 이름으로 불렀던 것 같다)가 등극한다. 이로써 다니엘의 무궁무진한 지혜가 다시 한 번 실증되었다.

6:1-28 사자 굴 속의 다니엘 다니엘은 다리오 치하에서도 승승장구한다. 다니엘은 다리오의 광대한 제국을 다스리는 세 총리 중의 하나로 임명된다. 만사형통인 다니엘은 이내 왕의 총신(寵臣)이 될 것처럼 보였다. 그러나 간교한 질투 때문에 다니엘의 형통도 종지부를 찍게 된다. 그의 대적들은 그의 승진가도를 가로막고 목숨까지 빼앗으려고 시도한다. 그러나 고소의 빌미가 될 만한 것은 다니엘이 하나님을 섬기는 것밖에 없었다. 그에게는 도무지 흠잡을 구석이 없었던 것이다(6:1-5). 여기서 본문은 베드로전서에서도 반복하는 중요한 사실을 하나 이야기한다. 즉, 신자들은 하나님을 따르는 신앙이 외에 그 어떤 빌미로도 세상에 책잡히는 일이 없도록 조심해야 한다는 것이다.

다니엘의 정적들은 왕의 허락을 얻어 다리오 이외에는 그 어떤 신도 섬기지 못한다는 법을 제정한다(그들은 다니엘에게 복수하는 것이 그 법의 참 목적이라는 사실을 왕에게 숨긴다). 다니엘은 당연히 이 금령(禁令)을 무시하고 하나님께 기도하였다. (그러나 그가 은밀히 하나님께 기도한 점에 유의하라. 그는 대중의 관심을 끌거나 그들을 선동하는 죄를 저지르려 하지 않았다.) 하지만, 다니엘이 이런 식으로 기도할 것을 알고 있었던 그의 대적들은 그의 기도 현장을 덮친다. 그들은 다니엘을 사자 굴에 던져 넣어야 한다고 왕에게 요청한다. 왕은 주저하며 그를 감싸려고 한다. 그러나 왕 역시 자신의 입으로 반포한 법을 어길 수 없었다(6:6-18). 하지만, 하나님은 다니엘을 죽을 게 분명한 상황 가운데서 구원해 주신다. 이는 분명 왕에게도 위로가 되었다. 더욱이 하나님의 이 구원에는 하나님이 누구신지 알려 주시는 차원도 들어 있었다. 다리오는 다니엘이 섬기는 하나님의 권능과 신실하심에 깊이 감복한다. 결국, 그는 자기 나라에 이 하나님을 섬기라는 명령을 내린다(6:19-28).

다니엘 7:1-12:13
마지막 때의 환상

다니엘서의 문체는 이 부분에 이르러 변화를 보인다. 본문은 다니엘이 본 환상들을 길게 제시한다. 이 환상에 등장하는 형상들을 고찰할 때는 그것들을 잘못 해석하지 않도록 주의해야 한다. 아울러 그 형상들을 무턱대고 아무 시대에나 적용하는 오류도 범하지 말아야 한다. 그것들을 무조건 우리 시대에 적용하려는 태도가 그런 오류의 한 예다. 여기에 기록된 예언들은 다니엘 자신, 그리고 다니엘이 부닥친 상황에 주어진 것이다. 그 예언들을 지금까지 세계 역사에서 일어난 커다란 사건들의 예고편으로 무작정 받아들이는 것 역시 삼가야 한다. 오히려 그 예언들은 다니엘을 포로로 잡아간 그 제국의 장래 운명을 다니엘 자신에게 미리 알려 준 것으로 보아야만 한다. 다니엘은 이 예언들을 통하여 하나님이 자신과 자신의 백성들을 위해 예비해 두신 것들을 미리 알고, 현재를 맞이할 수 있었을 것이다.

7:1-28 다니엘이 네 짐승을 꿈에서 보다 첫 번째 주요한 환상은 네 짐승에 관한 것이었다. 그 네 짐승은 사자, 곰, 표범 그리고 무시무시한 모습을 지녔으나 그 정체를 알 수 없는 어떤 짐승이었다. 그 짐승들은 각각 하나의 제국을 상징한다. 사자는 바벨론 제국, 곰은 메대-바사 제국, 표범은 알렉산드로스 대제*가 세운 제국, 그리고 네 번째 짐승은 로마 제국을 상징한다. 이 꿈의 요지는 바벨론이 쇠망하고 다른 제국들이 등장할 것이나, 종국에는 하나님이 당신의 나라를 세우시고 당신의 백성에게 승리를 안겨 주시리라는 것이었다.

이 환상은 두 가지 점에서 그리스도인 독자들에게 특별한 의미를 지니고 있다. 첫째, 이 환상은 "인자 같은 이"를 언급한다(7:13-14).** 그는 구름을 타고 와서 하나님(성경 본문은 "옛적부터 항상 계신 이"라고 기록하였다)***으로부터 모든 나라들을 다스릴 권세를 받고, 그 나라들은 그를 예배한다. 예수 그리스도는 이 환상이 당신을 가리킨 것으로 보시면서, 특별히 마지막 때에 당신이 영광 중에 온 세상을 심판하러 오실 일을 예표한 것으로 이해하셨다(마 24:27-31; 막 14:62; 계 1:17을 보라). 둘째, 네 번째 짐승은 로마 제국을 언급한 것으로 보인다. 로마 제국은 그리스도의 제자들을 핍박하였다. 이 예언을 읽는 그리스도인들은 이 예언이 말씀하는 공포 정치가 실제로 이루어졌다는 것을 알 수 있지만, 그런 공포도 하나님의 백성을 굴복시키지 못한다는 확신 역시 얻게 된다.

8:1-27 다니엘이 환상 속에서 숫양과 숫염소를 보다 두 번째 환상에는 숫양과 숫염소가 등장한다. 숫양은 메대-바사의 왕들을, 숫염소는 알렉산드로스 대제가 세운 제국의 왕(성경은 "헬라 왕"이라고 말한다)을 가리킨다. 숫염소가 숫양을 정복하고 그 자리를 차지하게 될 것이다. 이 예언의 뒷부분(8:23-25)은 유대인들을 가장 잔혹하게 탄압한 인물 가운데 하나인 안티오쿠스(Antiochus) 4세****를 언급하고 있다.

9:1-11:1 다니엘의 기도 이런 환상들은 특히 예루살렘 함락 소식이 알려지면서 큰 영향을 미쳤다. 다니엘은 이 환상들을 보고 하나님께 기도한다. 그의 기도는 구약에서 가장

---

* 근래에는 영어식 이름인 알렉산더 대신 '알렉산드로스'라는 희랍식 이름을 많이 사용한다. 마케도니아 필립포스 왕의 아들로서 희랍부터 인도 서쪽에 이르는 대제국을 건설하고 세계동포 사상에 근거한 동서 융합 정책을 폈다. 주전 356년에 태어나 주전 336년에 즉위하였으며, 주전 323년에 사망하였다.
** 이 구절은 원문이 아람어로 되어 있다. 아람어 본문에는 "인자 같은 이"가 '커바르 에나쉬', 즉 '사람의 아들 같은 (이)'로 기록되어 있다.
*** 아람어 본문은 "옛적부터 항상 계신 이"를 '앗티크 요마야', 즉 '그날들(햇수)이 오래된 (이)'로 기록하였다.
**** 주전 175년부터 163년까지 유다를 통치한 인물이다. 그는 뇌물을 받고 제사장들을 세웠을 뿐만 아니라, 예루살렘 성전의 보물을 강탈하고 성전을 제우스에게 경배하는 장소로 만들어 버렸다. 그의 치세에 이스라엘의 신앙 전통을 고수하려던 많은 사람들이 순교하였다. 그의 악독한 통치와 이스라엘 전통 신앙 말살 정책은 결국 유다스 마카베우스가 이끄는 민중봉기를 불러일으키게 된다. 참고. F. F. Bruce. *New Testament History*(N.Y.: Doubleday, 1980), 3-4.

의미심장하고 유익한 기도 중의 하나로 꼽힌다(9:1-27). 이 기도는 하나님이 죄와 반역을 저지른 당신 백성에게도 긍휼과 사랑을 베푸시며 위대하심과 신실하심을 보여주신다는 것을 확언하고 있다. 이 기도는 의로우시고 자비로우신 하나님께 당신의 백성을 곤고한 처지에서 구해 달라고 호소한다. 다니엘은 자신이 인간의 의가 아니라 하나님의 크신 긍휼에 의지하여 기도한다는 점을 분명히 밝히고 있다(9:18). 다니엘은 기도 응답으로 예루살렘의 장래와 "기름 부음을 받은 자"(9:25)가 오실 것에 관하여 확언을 듣게 된다. 이 소망은 한 가지 환상(10:1-11:1)을 통하여 확증된다. 이 환상 속에서 다니엘은 하나님이 주시는 힘과 용기를 얻게 된다.

11:2-12:13 남방 왕과 북방 왕; 마지막 때 마지막으로, 다니엘은 또 하나의 환상을 본다. 이 환상은 장차 그 지역을 다스리게 될 헬라 왕에게 초점을 맞추고 있다(11:2-12:13). 이 본문에서 특히 중요한 것은 "멸망하게 하는 가증한 것을 세울 것이며"(11:31)라는 말씀이다. 대개 이 환상은 예루살렘 성전에서 자행된 파괴 행위와 신성 모독 행위들을 가리키는 예언으로 본다. 그런 예로 안티오쿠스 4세 때인 주전 169년에 벌어진 일들을 들 수 있다. 이 환상에 이어 알려지지 않은 왕에 관한 예언들이 등장한다(11:36-45). 그리고 마침내, 어떤 일이 있더라도 여호와 하나님은 당신의 백성에게 신실하실 것임을 보증하는 마지막 말씀이 선포된다(12:1-13).

이제 다니엘은, 비록 포로의 몸이었지만, '자신의 몫'(12:13)을 누릴 날이 이를 것임을 확신하는 가운데 평안히 쉴 수 있다. 이 구절이 특히 중요한 것은 부활과 영생을 분명히 언급하고 있기 때문이다. 다니엘 선지자는 그의 마지막 말 속에서 기독교 복음이 주는 가장 큰 기쁨인 부활과 영생을 확실히 알게 될 날을 고대하고 있다.

호세아

이제 보통 '소선지서'라고 부르는 책들을 다루어 보려고 한다. '소선지서'라는 말은 그 책들에 담긴 예언들이 이사야서 같은 대선지서의 예언들보다 가치가 덜하다 하여 붙여진 이름이 아니다. 소선지서라는 말은 이 열두 개의 선지서가 이사야서나 예레미야서 같은 책보다 분량이 적다는 것을 나타내는 말일 뿐이다.

소선지서의 첫 책인 호세아서는 주전 8세기 중엽에 기록되었다. 호세아도 아모스처럼 북쪽 이스라엘 왕국 사람이었다. 호세아가 예언한 때는 북쪽 이스라엘의 마지막 때였다. 얼마 뒤에 이스라엘은 앗수르에게 멸망당하고 그 백성들은 포로로 끌려가게 된다. 하지만, 이 책 자체는 남쪽 유다 왕국에서 기록되었다. 아마도 호세아는 이스라엘이 멸망하자 남쪽 유다로 피신했던 것 같다.

호세아 1:1-3:5
신실치 못한 이스라엘

1:1-11 호세아의 아내와 자녀들 이 책은 먼저 호세아의 가정생활을 이야기한다. 호세아는 여호와의 말씀을 따라 고멜과 혼인한다. 그러나 고멜은 음행의 전력이 있는 여자였다. 호세아와의 사이에서 아들을 낳은 고멜은 이어서 두 아이를 더 낳는다. 뒤에 낳은 두 아이를 두고 본문이 말씀하는 내용은 의미심장하다(1:6, 8). 그 둘은 호세아의 친자(親子)가 아니었다. 그 둘의 아버지는 따로 있었던 것 같다. 이는 고멜이 과거에 그랬을 뿐만 아니라 현재도 신실하지 못함을 이야기하는 것이다. 우리는 이 이야기가 여호와께 신실치 못한 이스라엘을 빗댄 상징임을 간파해야만 한다. 아이들에게 주어진 이름은 여호와와 그분의 백성 사이에 발생한 문제들을 상징한다. 특히, "로루하마"['긍휼히 여김을 받지 못한 (자)'라는 뜻이다]*라는 이름은 당신의 백성들이 저지른 반역에 여호와의 진노가 머리끝까지 찼음을 가리킨다. 결국, 여호와는 당신의 백성을 내치기로 결심하신다. 여호와의 이런 결심은 셋째 아이의 이름인 "로암미"('내 백성이 아니다'라는 뜻이다)에 집약되어 나타난다.

이리하여 여호와 하나님과 이스라엘 사이의 언약 공식은 완전히 뒤집어져 버렸다. 일찍이 여호와는 당신이 이스라엘의 하나님이시며 이스라엘은 당신의 백성이라고 선언하셨다. 하지만, 우리는 지금 하나님이 "로암

---

* '로'는 '-이 아니다'라는 뜻의 부정어(否定語)이며, '루하마'는 '긍휼히 여김을 받다'라는 뜻으로 히브리어 강조형 수동 동사다(가/755).

미"*라는 이름 하나로 "너희는 내 백성이 아니요 나는 너희 하나님이 되지 아니할 것임"(1:9)을 선언하시는 장면을 목격하고 있다. 하지만, 곧바로 미래의 회복을 약속하는 말씀이 이어진다(1:9-11). 맹렬한 진노를 부드러운 긍휼이 누그러뜨리고 있는 셈이다. 이런 패턴은 대선지서에서도 분명하게 나타나고 있다. 신실치 못한 이스라엘은 분명 심판을 받을 것이다. 하지만, 여기서 이스라엘은 이 심판의 건너편에 회복이 기다리고 있다는 약속을 듣고 있는 것이다.

2:1-23 이스라엘은 벌을 받을 것이나 회복될 것이다   호세아서는 철두철미하게 북쪽 이스라엘 왕국이 여호와께 신실하지 못하였다고 이야기한다. 뒤이어 등장하는 노래도 이 점을 분명하게 말하고 있다. 이 노래는 이스라엘이 다른 신을 좇아가느라 자신들을 사랑하신 하나님을 저버렸다고 꼬집는다. 이것은 번번이 이방 종교에 빠져드는 이스라엘의 모습을 언급한 것이 분명하다. 그것이 당시 북쪽 이스라엘의 일상사였다. 가나안 족속들의 종교 행위와 신앙은 이스라엘 백성의 생활 전반에 침투해 들어와, 이스라엘과 여호와의 특별한 관계를 뒤죽박죽으로 만들어 버렸다. 그러나 여호와는 당신이 다시 한번 이스라엘을 설득해 보겠노라고 말씀하신다. 하나님은 거듭 이스라엘을 달래실 것이다. 그것은 그 백성들이 애굽에서 나오었던 첫 사랑의 시절로 돌아오라고 설득하시려는 것이었다(2:14-19).

3:1-5 호세아가 자신의 아내와 화해하다   호세아는 마침내 자신의 아내와 화해한다. 이는 가정파탄이 행복하게 해결되었다는 것 이상의 의미를 갖고 있다고 봐야 한다. 호세아의 화해는 여호와가 신실치 못한 당신의 백성과 화해하고 싶어하신다는 것을 상징하기 때문이다. 진정 호세아의 화해는 단순한 화해 이상의 것이다. 아울러 이 화해는 소망을 피력한 것이기도 하다. 호세아 내외는 인간이 도저히 화해할 수 없을 것 같은 상황에서 화해하였다. 그렇다면, 여호와와 그분의 백성들도 그렇게 화해할 수 있지 않겠는가?

호세아 4:1-10:15
이스라엘의 불순종과 그에 따른 벌

4:1-5:15 이스라엘에게 책임을 물으시다   호세아의 예언은 이스라엘이 여호와와 맺은 언약 관계를 모독하였다는 고소가 주류를 이루고 있다. 고멜의 간음은 이스라엘과 여호와의 관계가 어떤 상태인지 나타내는 하나의 상징으로 볼 수 있다. 고멜은 바람이 나서 남편인 호세아를 저버렸다. 순간의 쾌락을 취하느라 다른 것들을 까맣게 잊어버린 것이다. 말씀은 뒤이어 이스라엘이 종교적 간음을 저지르고 여호와께 신실치 못하였음을 제법 상세하게 기록해 놓았다. 이스라엘은 우상들과 이방신의 제단을 섬기느라 여호와를 내팽개쳤다(4:1-19). 이스라엘의 제사장들은 백성들이 이방 종교에 빠져 드는 것을 수수방관하였다. 심지어 이스라엘의 지도자들은 마땅히 의지해야 할 여호와를 제쳐 두고 앗수르에 도움을 구걸하였다(5:1-15).

6:1-7:16 회개하지 않는 이스라엘   호세아의 예언 중 가장 아름다운 구절들 가운데 일부

---

* '암'은 히브리어로 '백성'이란 뜻이며, 뒤에 붙은 '이'는 '나의'라는 뜻을 지닌 1인칭 소유 접미어이다.

가 여기서 등장하고 있다. 이 예언은 여호와가 당신의 백성을 사랑하시고, 진정 그들의 상처를 싸매 주고 싶어하시며, 열렬히 그들을 회복시키고 싶어하신다는 사실을 전하고 있다. 말씀은 여호와의 임하심을 땅을 적시고 기름지게 하는 비에 비유한다. 이 본문에서 호세아 선지자는 자신의 백성이 회개하며 여호와께 돌아올 것을 꿈꾸고 있다(6:1-3). 그러나 그건 단지 꿈이었다. 우리는 이내 냉혹한 현실로 돌아와 회개하기를 완강히 거부하는 이스라엘을 보게 된다(6:4-7:16). 심판은 당연지사일 수밖에 없었다.

이 예언은 흥미롭게도 살며시 유다를 언급하고 지나간다. 분명 예언은 북쪽 이스라엘을 겨누고 있지만, 때때로 유다를 언급하기도 한다. 그 경우에는 늘 '유다여, 이 일은 네게도 적용된다'는 식의 말씀이 등장한다. 4:15, 5:5, 5:10, 6:11 그리고 11:12에서 그 예를 찾아볼 수 있다. 유다라고 해서 북쪽 이웃인 이스라엘의 불행과 죄를 고소한 심정으로 바라볼 자격이 있는 것은 아니었다. 유다 역시 허물투성이이긴 이스라엘과 오십보백보였기 때문이다.

8:1-10:15 이스라엘은 화를 당할 것이다 말씀은 이스라엘이 여호와와 맺은 언약을 어긴 사실을 상세히 기록하고 있다. 이스라엘은 우상 숭배에 빠졌다. 그들은 여호와가 원하지 않으신 왕을 세우고 자신들을 결코 잊지 않으신 하나님을 잊어버렸다(8:1-14). 그 대가를 치를 날이 가까이 왔다(9:1-9). 그런데 이런 상황에서도, 여호와는 옛적에 애굽에서 빠져나오던 시절의 청초한 이스라엘을 다정하게 회상하신다(9:10). 그 시절의 이스라엘은 청순하고 흠 없는 규수였다. 그런 이스라엘이 가나안에 들어오더니 타락하고 말 았다(9:11-17). 이스라엘은 번영을 누리게 되면서, 점점 더 번영 그 자체와 물질에만 마음을 쏟고 여호와는 점점 더 뒷전으로 밀쳐 버렸다. 이스라엘 백성들은 우상처럼 손으로 만질 수 있는 신들을 섬기게 된다(10:1-15).

호세아 11:1-14:9
회복의 약속

11:1-11 이스라엘을 향한 하나님의 사랑 이렇게 여호와와 이스라엘 사이가 멀어지면서, 여호와 하나님과 그분의 백성이 사랑을 나누던 처음의 추억은 더욱더 고통스러운 것이 되었다. 그 시절에는 여호와와 그분의 백성이 친밀하게 지냈다(11:1). 그러나 어린 이스라엘은 자라가면서, 여호와를 떠나 자신을 길러 주신 여호와의 은덕을 잊어버렸다(11:2-4). 어찌 이스라엘이 그렇게 여호와를 저버릴 수 있단 말인가? 정의를 관철하자면 이스라엘은 당연히 벌을 받아야 한다. 그러나 긍휼하신 여호와는 이스라엘을 차마 벌하지 못하신다. 어찌 여호와가 당신의 소유인 백성에게 등을 돌리실 수 있단 말인가? 그러기에 여호와는 그 불순종한 백성들이 필경 받게 될 형벌 너머에 회복이 자리하고 있음을 말씀하신다(11:5-11).

11:12-14:9 회개하면 복을 받을 것이다 말씀은 이스라엘이 저지른 죄의 본질과 정도를 더 생생히 묘사하며 이스라엘의 죄를 거듭 확인해 주고 있다(11:12-12:14). 이스라엘은 부자가 되었다. 그러나 늘 옳은 방법으로 치부한 것은 아니었다. 더욱이 그 백성들은 그렇게 모은 부를 외세에 갖다 바친다. 그러면, 여호와는 뭐란 말인가? 왜 여호와께는 헌물을 드리지 않는 것인가? 이스라엘은 이

방신들을 섬기고 외세에 굴복하면서 절뚝발이가 되었다. 이스라엘 백성들은 여호와께 왕을 요구하였다. 여호와는 그들의 청을 들어 주셨다. 하지만, 그들은 여호와를 의지하기보다 인간인 왕들을 신뢰하였다(13:1-16). 그러나 이 죄의 목록과 심판 선언이 여호와가 당신 백성에게 주시는 마지막 말씀은 아니었다. 호세아 선지자는 다정한 환상을 본다. 그는 그 환상 속에서 여호와께 돌아가고 싶어하는 백성들이 그분을 간절히 찾는 광경을 볼 수 있었다. 긍휼이 풍성하신 여호와는 그들의 상처를 싸매 주시고 회복시켜, 다시 그들과 친밀한 사귐을 나누시게 될 것이다(14:1-9).

요엘

요엘은 그의 아버지 이름을 제외하고는 별로 알려진 게 없는 인물이다. 이 책에 수록된 예언의 연대는 알기 어렵다. 잠정적이나마 이 책의 연대를 산정해 볼 수 있는 역사적 사건들이 전혀 언급되어 있지 않기 때문이다. 어떤 이들은 이 책의 연대를 주전 9세기 초로 본다. 어떤 이들은 이 책을 더 후대의 것으로 보아 포로기 이후에 기록되었을 수도 있다고 말한다.

1:1-2:11 메뚜기 떼의 습격 이 책의 중심 주제는 "여호와의 날"이 임하리라는 것이다. 서두의 예언들을 보면, 어떤 재앙이 임하였음을 알 수 있다. 인간과 가축들이 먹을 곡물의 작황에 크게 의존하고 있던 농촌 경제가 메뚜기 떼의 습격 때문에 붕괴 직전에 이른 것이다. 요엘은 메뚜기 떼가 가져온 이 대파멸과 불행을 상당히 자세하게 이야기한다. 그는 이 재앙을 여호와가 당신의 백성을 파멸시키실 심판이 임박한 징조로 해석한다(1:1-20). 어둠의 날이 가까이 왔다. 그날에는 시온에 파멸이 임할 것이다(2:1-11). 이 말씀은 제일 먼저 거대한 메뚜기 떼의 습격을 이야기하고 있지만, 요엘은 이 재앙 속에서 여호와가 내리실 심판의 징조를 간파하고 있는 것이 분명하다.

2:12-27 여호와의 응답 이 재앙은 자기만족에 빠져 있는 백성들을 회개케 하려는 것이었다. 이 회개는 마음을 찢는 철저한 것이어야만 한다. 여호와가 바라시는 것은 겉으로 드러나는 회개 행위(옷을 찢는 행위가 그 예다)가 아니다. 그분이 바라시는 건 내면의 변화다. 그래서 여호와는 "너희는 옷을 찢지 말고 마음을 찢고"(2:13)라고 말씀하시는 것이다. 당시는 심판과 파멸이 임박했다는 것을 모든 사람이 확연히 느낄 수 있는 시점이었다. 그러나 이 시점도 회개하기엔 너무 늦은 시간이 아니었다. 이어서 회복의 예언이 등장한다. 이 예언은 분명 회개하라는 요구와 연관되어 있다. 땅은 파멸을 맞이할 수도 있다. 그러나 그 땅도 회복될 것이다. 다시금 곡식과 포도주와 기름을 산출하는 땅이 될 것이다. 메뚜기 떼는 죽어서 썩게 될 것이다(2:18-20). 메뚜기 떼 때문에 겪었던 불행과 수모의 시간은 잊혀질 것이다.

2:28-32 여호와의 날 이런 회복의 약속을 더 큰 소망이 더 든든히 세워 주고 있다. 여호와의 영이 남녀노소 구별 없이 만민에게 부어질 것이라는 소망이 바로 그것이었다. 그날은 구원의 날이 될 것이다. 그날에는 여호와의 이름을 부르는 모든 이가 구원을 얻게 될 것이다. 이 위대한 예언은 신약 시대의

오순절 성령 강림 때 이루어진다. 이 오순절에 성령은 큰 권능으로 그리스도의 교회에 임하셨다. 그리고 그 교회가 공중 앞에서 사역과 설교를 시작하도록 역사하셨다(행 2:16-21). 부활하신 예수 그리스도는 사람들 앞에서 주(여호와)*로 선포되었다. 결국, 누구든지 예수 그리스도의 이름을 부르는 자는 구원을 얻게 된다. 요엘의 이 예언은 예수 그리스도가 오심으로써 펼쳐지게 될 하나님의 위대한 역사를 미리 이야기한, 가장 중요한 예언 가운데 하나다.

3:1-21 하나님이 백성들에게 복을 주실 것이다

요엘서의 마지막 장은 유다와 예루살렘이 회복될 날을 내다보고 있다. 그날에는 온 나라가 심판을 받게 될 것이다(3:1-3). 말씀은 이스라엘의 대적들이 저지른 죄악들을 열거하고 있다. 그중에는 어린이들을 팔아 그 대가로 간음한 일과 유다 자손들을 헬라 족속에게 판 일도 들어 있다. 이스라엘이 회복되면, 그 대적들이 이뤄 놓은 일들은 물거품이 될 것이다. 여호와는 심판 날에 이스라엘의 대적들을 뿌리째 뽑아 버리시고 파멸시키실 것이다(3:4-16). 요엘 선지자는 미래를 깊이 묵상한다. 미래에는 회복된 이스라엘이 그가 두려워했던 모든 대적들의 손아귀에서 벗어나, 높이 서서 다스리게 될 것이다

(3:17-21). 이스라엘은 물질의 번영을 누릴 것이나, 그 대적들은 핍절하고 빈궁케 될 것이다. 이스라엘을 대적했던 나라들은 그들이 저지른 죄 때문에 벌을 받을 것이나, 예루살렘은 용서를 받게 될 것이다. 그때는 여호와가 예루살렘에 거하시며 그곳의 안녕과 행복을 지켜 주실 것이다.

이 예언은 어쩌면 한 민족주의자의 선동처럼 들릴지도 모르겠다. 한 유대인 선지자가 예루살렘이 세계를 호령할 날을 내다보고 있기 때문이다. 하지만 이 예언은 그런 선동이 아닌 것이 분명하다. 선지자는 여호와가 성령이라는 선물을 모든 민족에게 베풀려고 하신다는 것을 확실하게 예언하고 있다. 이 예언은 오순절 성령 강림을 통하여 성취되었다. 물론 성령은 예루살렘에 있던 사람들에게 임하였다. 그러나 그것은 비단 유대인뿐만 아니라 세상 모든 민족에게 주어진 것이다. 신약의 시각에서 보면, 우리는 이 예언을 성령이 하나님의 모든 백성에게 임할 것을 내다보는 위대한 소망으로 생각할 수 있다. 예수 그리스도는 그 백성들 때문에 죽으셨다. 하나님의 백성은 자신들을 구원해 주신 예수의 죽음에 회개와 신앙으로 응답하는 사람들이다. 요엘서는 어느 민족주의자의 선언문이 아니다. 이 책은 모든 신자가 받게 될 선물(성령)을 고대하고 있다.

---

* 신약 교회는 예수 그리스도가 사람으로 오신 하나님임을 증언하였다. 이때, 예수를 '퀴리오스'로 일컬었는데, 이 '퀴리오스'는 구약 백성들이 여호와를 부르던 호칭(곧, 아도나이=여호와)이었다.

아모스

아모스 선지자는 남쪽 유다 왕국에서 태어났다. 하지만 그는 주로 북쪽 이스라엘 왕국에서 활동한 것으로 보인다. 그가 활동하던 시기는 웃시야(재위 주전 792-740년)가 유다를 다스리고, 여로보암 2세(재위 주전 793-753년)가 이스라엘을 다스리던 때였다. 아모스가 어떤 인물인지 확실히 알려진 것은 별로 없다. 우리가 아는 것이라곤, 그가 유다 드고아 지역 사람이라는 것과 그가 목자(1:1, 7:14-15; 히브리어로는 '양떼를 치는 사람'이라는 뜻일 수도 있다는 것에 유념하라)이자 뽕나무를 재배하는 사람(7:14)이었다는 것 정도다. 그는 아마 부유한 농부였던 것 같다. 그런 그가 고향 유다를 떠나 북쪽 이스라엘에 가서 선지자로 일한 것이다. 그는 주전 767년부터 753년 사이의 어느 시기에 2년이 넘는 기간을 선지자로 일하였다. 그가 예언의 주된 표적으로 삼은 곳은 벧엘의 성소였다. 아모스서의 첫 구절은 지진이 일어났던 사실을 언급한다. 하지만, 이 지진의 연대를 대강이나마 산정할 수 있도록 도와줄 고고학적 정보가 충분치 않다.

아모스서의 예언은 여러 나라와 이스라엘이 그들의 죄 때문에 심판을 받을 것이라고 선언하고 있다. 아니, 이스라엘은 그 어떤 나라보다도 더 큰 죄값을 치르게 될 것이다. 그들은 하나님이 택하신 백성이었기 때문이다. 이 예언 속의 몇몇 내용을 보면, 이 예언이 나온 시기는 분명 민족의 융성기였다. 이 예언만 보면, 북쪽 이스라엘이 주전 722-721년에 앗수르에게 고통을 겪다가 끝내 멸망당하게 되는 대재앙의 조짐을 찾아보기 어렵다. 아모스의 예언은 특히 이스라엘 사회의 불의(부조리)와 여호와와 맺은 언약에 신실치 못한 모습을 질책한다. 아모스 예언의 주된 주제는 질책과 심판이다. 하지만 이 책은 백성 가운데 남은 자에게 회복이 임할 것이라는 확신으로 끝을 맺는다.

아모스 1:1-2:16
열방들을 대적하는 예언들
1:1-2:5 이스라엘의 이웃 나라들을 심판하시다

아모스의 예언은 이스라엘의 이웃 나라들을 대적하는 일련의 선언으로 시작하고 있다. 이 예언들은 아모스의 청중들에게 깊은 인상을 남겼을 것이다. 다메섹(1:3-5)과 블레셋 성읍인 가사(1:6-8)와 두로(1:9-10)와 에돔(1:11-12)과 모압(2:1-3)을 힐난하는 이 예언들은 청중들의 폭넓은 공감을 얻기에 충분한 것이었기 때문이다. 여기 열거하는 나라들은 하나님의 백성인 이스라엘의 숙적이었다. 그들은 통일 이스라엘 왕국 이후로 줄곧 이스라엘 백성의 삶을 괴롭혀 왔다. 이 예언들은 그들의 오만함을 질책하고 있다. 때문에 이 예언을 듣는 이스라엘 백성들은 그 질책에 폭넓은 성원을 보냈을 것이다.

하지만 이어지는 예언은 이스라엘 백성의 심사를 긁어 놓았을 것이다. 유다에 대한 심판을 선포하고 있기 때문이다(2:4-5). 이 예언은 두로와 모압 못지않게 남쪽 유다 왕국을 질책한다. 그러나 유다는 하나님의 백성이었다. 나아가 이 예언에서 장차 멸망받을 도시로 지목된 예루살렘도(2:5) 하나님의 집인 성전이 있는 곳이었다. 선지자가 예언의 표적을 이스라엘로 돌리자, 백성들의 불편한 심기는 절망이나 분노로 바뀌게 된다.

2:6-16 이스라엘에게 심판을 선포하시다 말씀은 이스라엘에 내려질 심판을 다른 나라들을 향한 질책보다 더 길고 상세하게 이야기한다. 아모스는 이스라엘 내에서 사회 정의가 무너져 버렸다고 선언한다. 그는 통탄할 만한 몇 가지 죄들을 예로 든다. 이스라엘은 이방신을 섬기는 이웃 나라들과 똑같이 악한 나라가 되었다. 여호와의 법을 지키지 못한 결과는 참혹할 것이다. 이스라엘은 산산이 무너질 것이며, 아무리 뛰어난 병사나 무기라도 그들을 구해 주지 못할 것이다.

아모스 3:1-6:14
이스라엘을 질책하다

3:1-15 하나님이 이스라엘의 죄악을 증언할 증인들을 세우시다 이제 선지자는 이스라엘의 잘못을 서릿발같이 다그친다. 먼저 그는 이스라엘의 특권적 지위를 강조한다. 여호와가 애굽에서 이끌어 내신 민족은 다른 민족이 아니라 이스라엘이다. 그분이 당신의 소유로 택하신 민족 역시 다른 민족이 아니라 이스라엘이다(3:1-2). 유다와 이스라엘 둘 다 자신들이 하나님의 백성이라는 특권을 지니고 있음을 잘 알고 있었다. 그러나 아모스의 예언은 특히 이스라엘을 겨누고 있는 것이 분명하다. 왜 그런가? 하나님의 백성이라는 특권에는 그에 상응한 의무들이 따른다. 그러나 이스라엘은 그 의무들을 존중하지 않았다. 여호와 하나님은 주위의 모든 나라들을 증인으로 불러 이스라엘을 향한 당신의 심판을 듣게 하신다. 하나님이 여기서 특별히 지목하신 죄가 있다. 여로보암 1세 때 벧엘의 신당과 연계된 이방 종교를 다시 섬기게 된 일(왕상 12:26-33), 그리고 과도한 부를 축적한 이스라엘 상인들이 아방궁 같은 저택을 건축한 일이 바로 그것이었다.

4:1-5:17 회개를 촉구하는 탄식과 호소 본문은 아모스가 선포한 기본 주제를 한층 더 발전시키고 있다. 말씀은 이스라엘이 저지른 죄를 언급한다. 여호와가 당신 백성을 심판하시게 된 것은 그 죄 때문이다(4:1-12). 이스라엘은 언약이 요구하는 많은 것들을 지켰을지도 모른다. 그러나 그들은 그렇게 지킨 것을 두고 으스댔다. 여호와는 이들을 낮추시려고 기근과 가뭄을 내리신다. 하지만, 아무 소용이 없었다. 여호와는 재차 당신께 돌아와 회개하고 생명을 얻으라고 그 백성들에게 촉구하신다(5:1-17). 본문은 "너희는 여호와를 찾으라, 그리하면 살리라"는 말씀을 되풀이한다. 여호와가 더 격렬한 수단을 동원하여 당신의 백성들을 재촉하시기 전에, 여호와께 돌아갈 때가 된 것이다.

5:18-6:14 여호와의 날 아모스는 다시 "여호와의 날"이라는 주제로 돌아온다. 이 "여호와의 날"이라는 말은 구약의 선지서가 폭넓게 사용하는 말이다. 이 말은 여호와가 당신의 대적들을 물리치시고 온 세상을 통치하시게 될 위대한 날을 가리킨다. 많은 이스

라엘 백성들은 분명 그날이 오기를 앙망하고 있었다. 그들에겐 그날이 분명 소망의 징표였기 때문이다. 여호와의 날이 임한다면, 이스라엘에겐 좋은 소식이 될 것이다. 하지만, 아모스는 꿈을 깨라고 잘라 말한다(5:18-27). 그는 여호와가 다른 모든 나라와 똑같이 이스라엘을 심판하실 것이라고 선언한다. 아울러 그는 그날이 "어둠이요 빛이 아니라"고 말한다. 때문에 선지자는 이렇게 묻고 있는 것이다. "너희 이스라엘은 어찌하여 그날을 사모하느냐? 너희는 정녕 그날 너희에게 닥칠 일을 모른단 말이냐?"

아모스는 자기만족에 취하여 으스대는 이스라엘의 실상을 폭로하고 있다. 이스라엘은 절기를 성대하게 지키고 엄청난 희생 제물을 바쳤다. 그들은 그것들이 하나님 앞에서 자신들의 위치를 더욱 공고하게 해줄 것이라고 착각하는 것 같다. 하지만, 하나님이 은총을 베푸시는 기준은 마치 기계처럼 제사를 꼬박꼬박 지내느냐 여부가 아니다. 사회 정의와 의로움, 바로 그것이 하나님이 은총을 베푸시는 조건이다. 만일 "여호와의 날"이 이스라엘에게 무언가를 가져다준다면, 그 무언가는 다메섹 너머에 있는 땅에 포로로 잡혀가는 것이 될 것이다. 말씀은 이스라엘의 자기만족(6:1-7)과 자기자랑(6:8-14)을 더 상세히 살펴보면서, 이것들이 불러올 심판에 더 큰 비중을 두고 있다.

아모스 7:1-9:10
심판의 환상들
7:1-17 메뚜기들과 불과 다림줄 이 부분의 예언들은 일련의 환상이 중심을 이루고 있다. 아모스는 그 환상들 속에서 이스라엘의 장래를 보게 된다. 첫 번째 환상은 먼저 메뚜기 떼를 보여 준다. 이 메뚜기 떼는 여호와가 당신의 백성들을 심판하려고 준비하신 것이었다(7:1-3). 아모스는 자비를 베풀어 주시기를 호소한다. 결국 하나님은 심판을 보류하신다. 또 하나의 심판에서도 똑같은 일이 벌어진다. 이번에는 불 심판이었다(7:4-6).

이어서 아모스는 다림줄 환상을 보게 된다(7:7-9). 이 환상은 이스라엘이 정상 궤도에서 너무나 멀리 벗어났음을 보여 주는 것이었다. 여호와는 이스라엘을 불러 세우시면서 당신이 그들을 세우신 의도에 충실하라고 요구하셨다. 그러나 다림줄은 이스라엘이 그들을 세우신 하나님의 의도에서 얼마나 어긋나 있는지 그대로 보여 준다. 하지만, 벧엘의 성소를 책임지고 있던 제사장 아마샤는 이 예언들을 달갑게 받아들이지 않았다. 분명 아마샤는 이 풋내기(아모스)의 말이 전문 성직자인 자신의 자리를 위태롭게 한다고 느꼈던 모양이다(아마샤는 아모스를 "선견자"라고 부르지만, 이 말에는 멸시하는 뉘앙스가 담겨 있는 것으로 보인다). 아모스는 선지자가 자신의 생업이 아니라고 응수한다. 그는 그저 여호와의 부르심을 받아 그 말씀을 이스라엘 백성에게 전하는 사람이었다. 더욱이 그가 전한 말씀은 이스라엘이 포로로 잡혀 그 땅에서 쫓겨나리라는 것이었다. 어쩌면 아마샤는 아모스가 입을 다물기를 바랐을지도 모른다. 그러나 여호와는 아모스가 입을 열어 말하기를 원하신다(7:10-17).

8:1-9:10 여름 과일 한 광주리* 아모스는 여

---

* NIV 성경은 히브리 본문(암 8:1, 2)의 '케루브 카이츠'를 "a basket of ripe fruit"(잘 익은 과일 한 바구니)로 번역해 놓았다. 그러나 히브리어 '카이츠'는 '한여름, 한여름에 익는 과일'이란 뜻을 갖고 있다(가/713). 개

호와가 자신에게 알려 주신 것을 선포할 뿐이다. 이번에도 여름 과일(아마 무화과였을 것이다) 한 광주리를 환상 속에서 본 아모스는 계속하여 말씀을 선포한다. 여름 과일은 이스라엘이 심판받을 때가 무르익었음을 가리킨다(8:1-14). 여호와는 이스라엘의 죄를 조목조목 열거하시며 그 죄상을 짚어 보신다.

여호와는 한 번 더 환상을 보여 주심으로써 이스라엘에게 임할 심판의 본질을 분명하게 일러주신다(9:1-10). 아모스는 이 환상 속에서 여호와가 성전 제단에서 당신의 백성을 심판하시는 모습을 보게 된다. 이스라엘은 성전 제단이 자신들의 안전을 지켜 주는 곳이 되길 바랐다. 하지만, 이제 그 제단은 여호와가 당신의 백성을 벌하시는 출발점이 되어 버렸다. 여호와께 반역한 백성들은 가차없이 쫓겨날 것이다. 다가올 심판을 피할 수 있는 곳은 아무 데도 없었다. 이스라엘은 하나님 앞에서 특별한 위치를 차지하고 있었지만, 이제 그 위치도 그들을 이 심판에서 구해 줄 수 없다. 이스라엘은 여호와가 이전에 자신들을 애굽에서 구해 주신 일을 생각하며 자신들은 무사할 것이라고 생각했을지 모른다. 하지만 역사를 살펴보면, 여호와가 대규모로 이주시킨 백성들은 이스라엘만이 아니었다(9:7). 이스라엘은 여호와께 더 이상 특별한 존재가 아니었다.

9:11-15 이스라엘의 회복 이처럼 말씀은 쉼없이 심판을 향해 달려가고 있다. 하지만, 결국 그 심판은 회복으로 이어진다. 이 본문에서는 메시아의 체취를 강렬하게 느낄 수 있다. 여기서 아모스는 무시무시한 심판 날의 끝자락에서 희미하게 동터오는 또 한 날을 내다본다. 이 날에는 황폐한 성읍들이 재건될 것이며 그 땅의 밭들은 포도주와 작물을 풍성히 내게 될 것이다. 여호와는 회복된 이스라엘을 다시 한 번 그 땅에 심으실 것이며, 그들을 뿌리째 뽑아 버리는 일은 결코 하지 않으실 것이다. 특히, 다윗의 집(본문에서는 "다윗의 무너진 장막"이라고 일컫는데, 이는 다윗의 집이 쇠락하였음을 의미한다)이 회복되어, 만국을 다스릴 새 권세를 얻게 될 것이다(9:11-12). 이스라엘의 대적들(본문에서는 모압만을 언급한다)은 회복된 다윗의 집이 다스리는 통치에 복종하게 될 것이다. 이 예언은 결국 이스라엘의 왕이시자 만국의 주이신 예수 그리스도가 오심으로써 성취되었다고 볼 수 있다.

역개정판은 이 히브리 본문을 "여름 과일 한 광주리"로 올바르게 번역해 놓았다. 한편, '한여름에 익는 과일'이란 뜻의 히브리어 '카이츠'는 '종말, 멸망'이라는 뜻을 지닌 히브리어 '케츠'(가/719-720)와 그 음이 비슷하다.

오바댜

오바댜라는 인물이나 그가 예언을 전하였던 당시의 상황에 대해서는 알려진 바가 거의 없다. 성경을 뒤져봐도, 그가 했던 예언의 배경 연대를 확정할 만한 역사적 사건이 기록되어 있지 않다. 하지만 주전 605년부터 586년 사이의 어느 시기가 예언의 배경 연대일 가능성이 가장 높다. 이 시기에 바벨론은 유다와 예루살렘을 공격하여, 주전 586년에는 끝내 예루살렘을 함락시키고 그 백성들을 포로로 잡아간다. 이 일은 유다의 숙적이자 이 예언에서 현저한 비중을 차지하는 에돔에겐 희소식이었을 것이다. 하지만, 이 일련의 사건들이 구약에서 가장 짧은 책인 이 예언서의 배경이라는 것은 어디까지나 추정일 뿐이라는 점을 강조해 둔다.

1-14절 예루살렘 함락 후, 에돔은 한때 유다 땅이었던 일부 지역을 차지하였다(겔 35:3-15). 하지만 이제는, 에돔 자신이 외인들에게 파멸당한다. 오바댜는 이것을 오만한 에돔이 그에 합당한 벌을 받은 것이라고 본다. 에돔은 멸시를 당할 것이며(2-4절), 한통속이 된 옛적의 친구와 동맹들에게 철저히 파멸당할 것이다(5-7절). 그들 자신의 오만이 부른 벌이었다. 이제는 유다가 곤고할 때 돕기를 거절했던 나라들과 예루살렘의 멸망으로 이득을 본 나라들이 고통스러운 패배와 수모를 당할 차례가 된 것이다(8-14절).

15-21절 이어서 오바댜는 '여호와의 날'이라는 주제를 이야기한다. 아모스에겐 이 날이 소망의 날이 아니라 이스라엘이 심판받을 날이었다(암 5:18). 그러나 오바댜는 이 날을 더 밝은 시선으로 바라본다. 예루살렘은 이미 죗값을 치렀다. 이제 '여호와의 날'은 예루살렘에겐 회복과 구원의 날, 예루살렘을 파멸시키고 능욕하였던 이들에겐 심판의 날이 될 것이다. 여호와는 정의로우시며 그 권능이 무한하신 분이다. 그러기에 여호와의 백성들은 여호와 하나님을 의지할 수 있다.

요나

요나서는 다른 소선지서와 확연히 다르다. 다른 소선지서들은 주로 선지자의 '말'에 관심을 보이는 데 반해, 요나서는 오히려 선지자의 행동에 더 큰 '관심'을 보인다. 따라서 요나서의 독자들도 요나의 말보다 요나의 행동에 담긴 의미를 더 중요하게 살펴볼 필요가 있다. 사실, 요나서는 요나가 무슨 말을 했는지 정확히 알려 주지 않는다. 오히려 이 책에서 실제 문제가 되는 것은 이야기다. 이 책의 이야기는 구약에서 가장 유명한 이야기 중 하나요, 어린이들을 위한 성경 이야기의 단골 소재이기도 하다.

이 책이 다루는 사건들은 아마도 주전 800년부터 750년 사이에 일어난 듯하다. 이 선지서의 이야기에서 중심 역할을 하는 성읍이 바로 니느웨다. 니느웨는 앗수르의 중심 도시로서, 주전 700년 무렵 앗수르 제국의 도읍이 되었다. 주전 9세기 후반, 니느웨는 문명 세계의 중심축이었다. 군사의 요충지였기 때문이다. 그러나 요나서 자체는 이 시대보다 더 뒤에 기록된 것 같다. 어쩌면 포로기 이후에 기록되었을 가능성도 있다. 하지만, 중요한 것은 '이 책이 말하는 게 무엇이냐'이지 이 책이 언제 기록되었느냐는 그리 중요한 문제가 아니다.

1:1-16 요나가 여호와를 피해 도망치다 요나서는 하나님이 요나를 부르신 이야기로 시작한다. 그는 니느웨로 가서 하나님의 말씀을 선포하라는 부르심을 받는다. 하지만, 요나는 즉시 배를 타고 니느웨와 정반대 방향으로 출발한다. [오늘날 '다시스'는 '타르테수스'(Tartessus)로 보는 게 보통이다. 이 성읍은 페니키아 사람들이 에스파냐에 세웠다. 요나서 저자에겐 이 다시스가 바벨론에서 가장 멀리 떨어져 있는 곳이었을 것이다.] 그러나 맹렬한 폭풍이 뱃길을 가로막았다. 이방신을 믿던 선원들은 이 폭풍에 얼이 빠져 버린다. 그들은 제비를 뽑아 그 폭풍을 초래한 장본인이 요나임을 알아 낸다. 결국 그들은 요나를 바다로 던져 버린다(1:1-16). 중요한 것은 여기서 이방신을 믿는 선원들이 하나님을 그분의 고유한 이름인 '여호와'로 부르고 있다는 점이다(1:14). 이를 보면, 이 선원들도 이 사건의 주관자가 여호와 하나님이심을 인정한 셈이다.

제비를 뽑는 것은 어떤 결정을 내릴 때 쓰던 방법이었다. 이 방법은 고대 근동에 널리 퍼져 있었을 뿐만 아니라, 구약의 신자들도 하나님의 인도하심을 구할 때 사용하던 것이었다. 이스라엘 백성들이 가나안 땅을 제비뽑아 나눠가진 게 그 예다(수 18:10). 하지만, 이 제비뽑기는 특히 죄인을 색출하는 경우에도 사용되었다. 아간의 죄를 밝혀 낸 경우가 그렇다(수 7:13-18, 이 본문에는 '뽑혔다'라는 말이 등장한다). 이방신을 믿는 선원들은 제비를 뽑아 요나를 재앙의 원인으로 지목했지만, 이 일에도 여호와는 요나가 뽑히도록 역사하신 것이다.

1:17-3:3 요나의 기도 그러나 하나님은 요나를 파멸의 구렁텅이로 내몰지 않으셨다. 하나님은 요나에게 자신의 행동을 돌아보고 회개할 기회를 주신다. "큰 물고기"(1:17, 아마 고래였을 것이다)가 요나를 삼킨다. 요나는 물고기 뱃속에서 사흘을 머물렀다. 이는 예수 그리스도가 돌아가신 날로부터 사흘째 되던 날 부활하실 때까지 지하에 머물러 계셨던 일을 예표하고 있다(마 12:40). 이 사흘 동안, 요나는 자신의 처지를 돌아보고, 구원해 주신 하나님께 감사하면서 자신의 잘못을 회개한다. 기도를 마친 요나는, 하나님이 자신의 잘못을 선으로 바꾸셨으며 당신이 약속하신 바를 행하시는 분임을 깨닫는다. 마침내, 요나는 뭍으로 돌아온다. 다시금 여호와가 그를 부르셔서 니느웨로 가라고 명하시자, 요나는 그에 순종한다(2:1-3:3).

3:4-10 요나가 니느웨로 가다 말씀은 요나가 어떻게 여호와 하나님을 니느웨 백성들에게 전하였는지 알려 주지 않는다. 본문에는 그가 한 말과 그가 말씀을 전한 사례들이 나타나 있지 않다. 오히려 요나 기사의 진수(眞髓)는 다른 곳에 있다. 이방신을 믿었던 니느웨 백성들이 여호와의 말씀을 듣고 따랐다는 것이다. 물론 니느웨 백성들은 하나님을 그분의 고유한 이름인 '여호와'로 부르지 않았다. 하지만, 그들은 분명 하나님을 인정하였다. 여호와는 그들의 회개를 받아 주신다. 요나서의 이 부분은 구약의 다른 두 책인 에스더서 및 다니엘서와 뚜렷한 평행 관계를 이루고 있다. 이 책들은 모두 이방인들이 여호와의 부르심에 귀를 기울이고 거기에 순종한 일을 기록하고 있기 때문이다.

4:1-11 요나가 여호와의 긍휼에 화를 내다 그러나 요나는 니느웨에 긍휼을 베푸신 여호와께 화를 낸다. 본문 자체만 보면, 그가 화를 낸 이유는 확실히 알 수 없다. 아마도 요나의 분노는 그가 지닌 이스라엘 민족주의 사상(선민의식)의 발로라고 보는 게 가장 적절할 듯싶다. 여호와를 아는 큰 복락은 오직 하나님의 백성인 이스라엘 민족만이 누려야 한다는 생각이었을 것이다. "왜 여호와는 이방인들에게 긍휼을 베푸시는 거지? 그것도 이스라엘의 원수인 자들에게?" 요나의 심정은 아마 이랬을 것이다. 이런 이스라엘 중심의 신학을 따른다면, 여호와는 오직 이스라엘에게만 긍휼을 베푸시고 이스라엘 밖의 사람들은 벌하셔야 마땅하다. 여호와는 자못 불손하기까지 한 요나의 태도를 보시고도 긴 질책을 하지 않으신다(4:1-4).

요나 이야기는 다소 엉뚱하게도 박 넝쿨 사건(오히려 아주까리일 가능성이 더 높다)*으로 끝을 맺는다. 이 마지막 부분의 요지는 이런 것인 듯하다. 요나는 뜨거운 볕 때문에 고생하고 있었다. 그러나 은혜로우신 여호와는 나무 그늘을 만들어 요나의 고통을 덜어 주신다. 자신에게 그늘을 만들어 주던 식물

---

* NIV는 포도나무(vine)로 번역하였다. 히브리 본문을 보면 '키카욘'이라는 말을 쓰고 있는데, 이는 '아주까리'를 가리키는 말이다(나2/1099).

이 죽자, 요나는 여호와께 화를 낸다. 그의 처지는 여호와가 그 식물을 마련해 주시기 전과 똑같이 되었다. 다시금 괴로움을 겪게 된 것이다.

그런데 본문을 보면, 요나가 잠시나마 그 식물 덕분에 고생을 면한 일로 여호와께 감사했다는 말이 전혀 없다. 이야기에서 분명하게 드러나듯, 요나는 걸핏하면 불평만 늘어놓는다. 여호와는 요나가 겪는 잠시 동안의 고통도 덜어 주시려고 긍휼을 베푸셨다. 하물며 그 큰 니느웨 성읍의 백성들이 회개한다면, 그들에게도 긍휼을 베푸셔서 용서하시는 게 당연한 이치 아니겠는가? 우리는 이 마지막 부분에서 하나님의 사랑과 용서의 은혜가 인류 전체를 향한 보편성을 띠고 있음을 발견한다(4:5-11). 그 보편성 때문에 우리 모두도 혜택을 입은 것이다. 하나님의 은혜와 긍휼이 보편성을 지닌다는 점은 신약이 풍성하게 증언하고 있다. 예수는 모든 민족을 제자로 삼으라고 열렬히 호소하지 않으시는가?(마 28:17-20)

미가

미가는 유다의 산골 사람이다. 그는 주전 750년부터 686년 사이의 어느 시기에 남쪽 유다 왕국에서 선지자로 활동하였다. 미가는 북쪽 이스라엘 왕국의 도읍인 사마리아의 멸망을 분명하게 예언하고 있다. 이는 앗수르가 독립 국가 이스라엘을 멸망시킨 주전 722-721년 이전에 이미 선지자로 일하고 있었음을 보여 주는 증거다. 미가서와 이사야서의 일부는 중요한 평행 관계를 이루고 있다. 이는 이 두 선지자의 예언 시기가 어느 정도 중첩된다는 것을 보여 주는 것이다. 특히 미가와 이사야의 예언 속에는 멸망과 소망의 예언이 뒤섞여 있다. 이것은 유다가 그 죄 때문에 필경 처벌을 받게 될 터이지만, 그 너머에는 회복이 기다리고 있음을 말해 주는 것이다.

1:1-16 사마리아와 예루살렘에 심판을 선언하다

미가서는 그 서두에서 미가가 예언한 시대의 왕들을 밝히고 있다. 아울러 그의 예언이 사마리아(북쪽 이스라엘의 도읍)와 예루살렘(남쪽 유다의 도읍)에 관한 것임을 이야기한다. 이어서 선지자는 이스라엘과 유다에 있는 큰 성읍들의 타락상을 강력하고 영감 넘치는 목소리로 통박한다. 어쩌면 미가는 작은 시골 사람이었기에 더더욱 혹독하게 성읍들의 생활 방식을 질타하였는지도 모른다. 그러나 그가 지목한 죄들은 여호와가 당신의 백성과 맺으신 언약을 중대하게 위반한 것들이었다. 여호와가 당신의 백성을 심판하실 날이 다가오고 있었다.

2:1-3:12 거짓 선지자들

미가가 보기에, 유다나 이스라엘이나 도저히 묵과할 수 없는 죄를 저질렀다는 점에서는 마찬가지였다. 강자는 약자를 억압하였고, 힘있는 지주들은 힘없는 자들의 땅을 강탈했으며, 의지할 데 없는 아이들은 노예로 전락하였다(2:1-5). 이런 일을 통박하며 바로잡아야 할 제사장들과 선지자들조차 철저히 한통속이 되었다. 그들은 심지어 자신들이 하나님 백성이기에 어떤 해도 당하지 않을 것이라는 해괴한 착각을 하고 있었다. 또 이 밉살스런 백성들은 풍성한 포도주와 독주(맥주)를 약속하는 자라면 누구나 선지자로 인정했다. 백성들의 지도자라는 사람들도 자기만족에 빠져 있긴 마찬가지였다. 그들 역시 여호와의 심판이 다가오고 있다는 혹독한 현실보다 평화를 외치는 거짓 예언의 말에 귀가 더 솔깃해 있었다(2:6-3:12).

4:1-13 여호와의 산

이 심판의 예언 뒤에 소망의 미래상이 따라온다. 중요한 점은 미가의 예언 속에서 동시대(同時代)의 선지자인 이사야의 예언 몇 자락(사 2:2-5)이 거듭 울려 퍼지고 있다는 것이다. 미가도 이사야처럼 평화와 번영의 황금시대를 내다보고 있다. 그렇다면, 미가는 평화가 없을 때 평화를 떠벌린다고 그 자신이 책망했던 거짓 선지자들과 한통속이란 말인가? 천만에. 그가 내다보고 있는 평화는 임박한 심판 저 너머에 있는 것을 가리키는 것이다. 그는 저 너머에 있는 소망을 바라보고 있다. 그날에는 사람들이 여호와의 산으로 몰려들 것이며 칼을 갈아 보습을 만들 것이다. 전쟁이 끝나고(4:1-5), 예루살렘의 남은 자들은 개가(凱歌)를 부르며 고향으로 돌아올 것이다. 예루살렘은 왕정을 잃을 것이다(주전 586년, 예루살렘이 함락되면서 유다 왕정은 무너진다). 그러나 여호와의 날이 오면, 예루살렘은 모든 대적들의 손아귀에서 구원을 얻을 것이다(4:6-13).

5:1-4 베들레헴에서 다스리는 자가 나올 것이다
이어서 미가는 장차 이스라엘과 유다를 다스릴 자가 나올 것이라고 예언한다. 이 다스리는 자는 에브라다 지역에 있는 베들레헴에서 나올 것이며, 자신의 백성들에게 평화와 안녕을 가져다줄 것이다. 이 위대한 예언은 결국 예수 그리스도에 의해 성취된다. 그 자신 다윗의 자손이셨던 그리스도는 왕이 나실 곳으로 지목된 이 베들레헴에서 태어나셨다. 그의 근본은 진정 "상고(上古)에, 영원에"(5:2) 있었다. 사실, 예수 그리스도는 창조 때도 하나님과 함께 계셨다. 분명 이 예언은 당신의 백성 앞에 목자로서 오실 예수 그리스도를 내다보고 있다. 그분은 당신의 백성들에게 이 세상 평화가 줄 수 없는 안녕을 안겨 주실 것이다.

5:5-6:16 구원과 파멸 말씀은 미래의 이 구원자가 반드시 오셔야 할 필요를 이야기한다. 앗수르가 와서 그 땅(북쪽 이스라엘)을 파괴할 것이다. 야곱의 남은 자들(앗수르의 침공 시에 살아남은 이스라엘 백성들로서 여호와께 신실함을 지킨 자들)은 열방으로 흩어지게 될 것이다. 여호와는 이처럼 앗수르를 사용하여 그들을 흩뿌리심으로써, 이스라엘이 따르던 이방 종교의 예배 의식을 끝장내실 것이다(5:5-15). 여호와가 원하는 것은 성대한 제사가 아니다. 그분은 당신이 사랑하는 백성들의 겸손과 순종을 원하신다(6:1-8). 이스라엘은 부정한 저울과 자를 써서 사람들을 등쳐먹는 일을 그만 두고, 그 백성들을 위하여 정의를 추구해야만 한다. 그렇지 않으면, 이스라엘이 살아남아 자기가 생산한 것들을 누리는 일은 결코 없을 것이다. 도리어 심판이 임할 것인즉, 이스라엘이 생산하여 저장해 둔 양식과 포도주와 기름은 엉뚱한 이들이 차지하게 될 것이다.

7:1-20 이스라엘은 일어설 것이다 주위를 둘러봐도 온통 고통과 부패뿐이다. 이런 와중에도 미가의 신앙은 견고하다. 그는 여호와가 오실 그날(7:1-7), 이스라엘이 구원받아 회복될 그날(7:8-13)을 소망 중에 기다릴 것이다. 이 때문에, 미가서는 찬양의 음조로 끝을 맺는다. 미가는 여호와가 당신 백성의 목자가 되셔서 주변의 모든 국가들이 그 백성을 부러워하게 될 그날을 내다보고 있다. 여호와는 당신의 백성에게 긍휼을 베푸실 것이다. 그분의 진노는 영원히 계속되지 않을 것이며, 결국 그 백성을 온갖 죄와 사악함의 사슬에서 구해 내실 것이다(7:14-20). 여기서 우리는 위대한 예언을 듣는다. 그 예언은 예수 그리스도의 복음과 그 복음이 하나님의 백성에게 안겨 줄 온갖 복락을 시사하고 있다.

나훔

나훔은 미지의 인물이다. 그는 북쪽 이스라엘 왕국이 멸망한 뒤에 남쪽 유다 왕국에서 활동하였다. 이 책의 시대 배경은 애굽의 테베가 함락된 때(주전 663년)로부터 앗수르의 도읍인 니느웨가 함락된 때(주전 612년)까지의 기간으로 보는 것이 타당한 듯하다. 이 책이 테베 함락을 과거의 일로 이야기하면서, 니느웨 함락은 미래의 일로 이야기하기 때문이다. 나훔서는 분명 유다를 염두에 두고 쓴 책이다. 하지만, 이 책의 예언 가운데 상당 부분은 실상 니느웨를 그 대상으로 삼고 있다. 북쪽 이스라엘과 그 도읍인 사마리아가 함락되면서, 유다에겐 앗수르의 위협이 더욱더 크게 다가오고 있었다.

1:1-15 여호와가 니느웨에 진노하시다 나훔의 예언은 앗수르를 향한 유다의 두려움과 염려를 그 배경으로 삼고 있다. 서두의 예언은 니느웨의 멸망이 안겨 줄 기쁨을 생생하게 묘사한다. 이사야는 바벨론의 속박에서 풀려난 예루살렘의 기쁨을 강조하고자 '좋은 소식을 가져오는 자의 발이 산을 넘는'(사 52:7) 장면을 사용하였다. 나훔도 같은 장면을 활용하여 니느웨 함락 소식이 가져다줄 희열을 내다보고 있다(1:15). 여호와는 당신 백성의 목을 죄는 앗수르의 팔을 꺾으시고, 그 백성들을 앗수르의 위협에서 건져 내실 것이다. 이사야와 예레미야는 앗수르를 여호와가 당신의 백성을 심판하시고 벌주실 때 사용한 도구로 보았다. 그러나 나훔에게 앗수르는 그저 이스라엘을 억압하는 외세일 뿐이다. 그들이 지운 멍에는 당연히 제거되어야만 한다.

2:1-3:19 니느웨는 멸망할 것이다 두 번째 예언은 이스라엘이 옛적의 영광을 회복하고 니느웨가 무섭게 멸망당하는 광경을 내다본다(2:1-13). 나훔 선지자는 한때 위대한 도시였던 니느웨에 큰 두려움이 엄습하는 환상을 본다. 살기 위해 도망치는 니느웨 백성들에겐, 위대하고 안전했던 니느웨는 지나간 이야기일 뿐이었다. 여호와가 몸소 니느웨를 대적하신다. 그러니 니느웨는 무너질 수밖에 없다. 그 예언의 세 번째 부분에서(3:1-19), 나훔은 임박한 니느웨의 멸망을 이미 멸망당한 상(上) 애굽(Upper Egypt)의 도읍 테베(히브리 본문은 테베를 히브리식으로 '노 아몬'이라 부른다)의 멸망에 비유한다. 앗수르는 지독히도 미움을 샀던 터라, 어느 누구도 그의 멸망을 슬퍼하지 않는다. 횡포를 부리던 독재자 앗수르가 사라졌으니, 유다뿐만 아니라 온 세계가 더 나은 세상이 될 것이다.

하박국

하박국은 갈그미쉬 전투(주전 605년)를 전후하여 남쪽 유다 왕국에서 선지자로 활동한 사람이다. 이 전투에서 애굽 군대가 완패를 당하면서, 그 지역에서 바벨론에게 심각한 위협을 가할 수 있는 나라는 완전히 사라졌다. 얼마 뒤에는 유다가 바벨론의 위협에 직면한다. 이 위협은 주전 597년의 예루살렘 공격과 예루살렘 일부 주민의 강제 이주로 이어졌다. 주전 588년, 예루살렘에 최후의 맹공을 퍼붓기 시작한 바벨론은 드디어 주전 586년에 그 성읍을 함락시키고 대부분의 주민을 포로로 끌어간다. 그러나 이 책의 본문만으로는 예언의 배경이 된 시기를 정확히 가늠할 수 없다.

1:1-11 하박국의 불평 이 책은 서두부터 불평이다. 하박국 선지자는 이렇게 불평한다. "여호와께서는 왜 온통 죄악뿐인 유다를 수수방관하시는 겁니까?" 정의는 지켜지지 않았고 폭력은 일상이 된 것 같았다(1:1-4). 여호와의 응답은 기막히다. 분명 이 어이없는 모습을 뒤집어 버릴 뭔가가 다가오고 있었다. 여호와는 바벨론을 징벌의 도구로 사용하려 하신다. 바벨론 족속도 의인은 아니다. 그들에겐 자신들의 힘이 신이다. 그래도 여호와는 그들을 사용하여 유다의 죄를 징벌하려 하신다.

1:12-20 하박국의 두 번째 불평 하박국의 두 번째 불평은 이랬다(1:12-2:1). "아니 의로우신 하나님이 어찌 그런 악한 자들을 징벌의 도구로 사용하신단 말입니까?" 그랬다. 유다 백성들은 죄인이었다. 그러나 바벨론 족속은 더 악한 인간들이 아닌가? 그런데, 어떻게 더 악한 나라를 사용하여 그래도 그들보다는 좀 더 의로운 나라를 징벌하실 수 있단 말인가? 아무리 유다가 죄인이기로서니, 여호와가 어찌 그러실 수 있단 말인가? 그러나 여호와의 대답은 바벨론의 비운에 초점을 맞추신다(2:2-20). 바벨론 족속도 그들의 사악함 때문에 벌을 면치 못할 것이다. 재앙들이 연이어 바벨론에 임할 것이다. 분명 여호와는 그들의 소행 중 하나라도 눈감아 주시지 않을 것이다. 진정 의인은 믿음으로 말미암아 살게 될 것이다(2:4; 롬 1:17). 여호와의 방식은 인간의 이해 범위를 뛰어넘는 것이 분명하다. 그럴지라도 의인이라면 여호와를 신뢰해야 하며, 그분의 길은 의롭다는 것을 깨달아야만 한다. 그리하면 기필코 그들의 목적지에 이르게 될 것이다. 물이 바다를 덮음 같이 여호와를 아는 지식이 온 땅에 충만케 될 것이다(2:14).

3:1-19 하박국의 기도 하박국의 예언은 그의 기도로 끝을 맺는다. 그 기도는 그때까지 그가 알게 된 모든 것에 대한 응답이었다. 그의 기도는 시편의 많은 시들처럼 노래 형식으로 되어 있다. 그의 시는 여호와가 이전에 행하신 위대한 일들을 회상한다. 아울러 그분의 임재 앞에 멸망당한 경우를 돌아보고 있다. 하박국의 노래는 여호와가 당신의 백성들을 압제자로부터 구하시고자 어떻게 행동하셨는가에 초점을 맞추고 있다. 홍해를 갈라 이스라엘 백성들을 건너게 하신 일이 그 예다(3:13-14). 하박국은 어떤 경우든지 여호와를 찬양하며 그분을 신뢰할 것이라고 선언한다. 오직 그분만이 구원자요 주 하나님이시며, 당신의 백성에게 소망을 주시는 분이다.

스바냐

스바냐는 유다 왕족으로서 주전 715년부터 686년까지 유다를 다스린 히스기야 왕의 현손이다. 이 사실은 스바냐 자신이 이 책에 기록해 놓았다. 스바냐는 요시야 왕의 치세기(주전 640-609년)에 예언한 인물이다. 당시는 유다 역사에서 가장 중요한 종교 개혁이 일어난 시기였다. "율법책"의 재발견은 엄청난 종교 개혁을 몰고 왔다. 아울러 그 책의 발견은 요시야 왕 이전에 이방 종교를 따르느라 여호와와 맺은 언약을 어겼던 백성들이 그 언약을 갱신케 하는 촉매가 되었다.

1:1-13 파멸의 임박을 경고하다 스바냐의 예언들은 요시야 왕의 개혁 이전에 나온 것으로 보인다. 예언의 전반적 흐름으로 볼 때, 유다의 종교생활은 퇴폐일로를 걷고 있었던 게 분명하다. 하나님의 심판이 임박하였다는 위협이 들려오고 있었다. 왕과 국가 모두 모종의 개혁과 갱신을 단행하지 않으면 안 될 상황이 된 것이다. 선지자는 유다가 파멸 당할 것이라는 엄청난 경고를 던진다. 그는 여전히 바알을 숭배하고, 별에게 경배하며, 몰렉에게 어린 자녀를 희생 제물로 바치는 유다의 악행에 경고장을 던지고 있다. 이런 악행은 도저히 묵과할 수 없는 것이었다.

1:14-2:3 여호와의 위대한 날 이어서 선지자는 '여호와의 날'이 다가오고 있음을 선포한다. 이 날은 당시 많은 선지자들이 한 목소리로 이야기하던 주제였다. 이토록 부패하고 패역한 백성에게 여호와가 오신다면, 그 이유는 심판밖에 없다. 여호와는 불순종한 당신의 백성들에게 기나긴 시간 동안 벌을 내리실 것이다. 그 시간은 필경 고통과 고뇌의 시간이 될 것이다. 그 어떤 것도 이 심판을 견뎌내지 못할 것이다. 부나 권세도 이 심판을 막지 못할 것이다. 유다가 의롭고 겸비한 길로 나아가는 것만이 이 무시무시한 심판을 피할 수 있는 유일한 소망이다.

2:4-3:20 예루살렘의 미래 이어서 유다 주변 국가들을 대적하는 예언이 등장한다(2:4-15). 이 예언은 이 국가들에 반드시 임하게 될 심판을 상세히 묘사하고 있다. 하지만, 하나님의 거소라고 여겨온 예루살렘 역시 심판을 피하지 못할 것이다(3:1-8). 예루살렘은 여호와를 경외하려 하지도 않았고, 그분의 질책을 받아들이려 하지도 않았다. 이것은 여호와의 진노를 불러일으켰다. 예루살렘은 여호와께 귀를 기울이지 않았다. 결국, 예루살렘은 그 죄 때문에 벌을 받게 될 것이다.

하지만, 그 징벌 뒤에는 역사의 새 시대가 열릴 것이다. 예루살렘은 정결케 될 것이다. 그들이 따르던 이방 종교와 오만하고 방자하던 그 백성들을 깨끗이 씻길 것이다. 정결케 된 성읍에는 여호와를 신뢰하는 겸비한 자들만이 거주하게 될 것이다(3:9-13). 이 백성들은 징벌의 때가 끝났다는 것과 자신들이 다시 여호와의 기쁨이자 사랑의 대상이 되었다는 것을 알고 크게 기뻐할 것이다(3:14-17). 그들은 수모를 당하며 끌려갔던 그 땅에서 고향으로 돌아와, 주변 국가들이 지켜보는 가운데 회복된 자신들을 바라보며 만족을 누리게 될 것이다.

학개

학개 선지자의 이름은 포로 귀환 후에 이루어진 예루살렘 성전 재건 기사가 특별히 언급하고 있다. 학개는 스가랴와 더불어 포로기 이후의 선지자에 속한다. 예루살렘 함락 이후 끌려갔던 포로들이 바벨론에서 돌아온 뒤, 여호와는 당신의 백성들에게 당신이 펼칠 경륜과 뜻을 알려 주셨다. 학개 선지자의 활동 배경에는 포로로 잡혀온 사람들이 고향으로 돌아가는 것을 허락한 바벨론의 정복자 고레스 대제의 결정이 있었다(스 1:2-4). 특히 예루살렘 거민들의 경우에는 성전 재건까지 허락받았다. 그러나 성전 재건은 여러 이유 때문에 곧 중단되고 만다. 학개의 예언은 성전 재건을 시작해야 한다는 목소리를 담고 있다. 성전 재건은 여호와께 대한 의무였기 때문이다.

1:1-14 여호와의 집을 건축하라는 부르심 학개서의 예언은 여호와가 주신 네 개의 말씀으로 이루어져 있다. 이 예언의 연대는 정확하게 알아 낼 수 있다. 여호와가 학개를 불러 예언하게 하신 때는(1:1) 주전 520년 8월말로 볼 수 있다. 여호와의 마지막 말씀은 그로부터 약 넉 달 뒤인 주전 520년 12월 중반에 주어졌다. 여호와의 첫 번째 말씀(1:2-11)은 성전을 재건하라는 명령이었다. 여호와는 이렇게 말씀하신다. "너희 예루살렘 사람들은 어찌하여 나 여호와의 집은 짓지 아니하면서 너희 자신의 집은 으리으리하게 짓는단 말이냐?" "너희들이 너희 하나님을 이렇게 대우하니, 너희 꼴이 이토록 비참한 게 당연하지 않느냐?" 여호와의 집이 재건되어야 비로소 예루살렘은 황무지 꼴을 면하게 될 것이다. 이 말씀은 확실히 의도한 효과를 가져 왔다. 백성들이 스룹바벨의 지도 아래 성전 재건을 시작한 것이다(1:12).

2:1-9 새 집에 영광이 임할 것을 약속하시다 '여호와가 당신의 백성과 함께하신다'는 두 번째 말씀은 간결하면서도 중요하다. 백성들에게 깊은 확신을 심어 준 이 말씀은 두 가지 의미로 해석할 수 있다(본래 의미도 이 두 가지일 것이다). 첫째, 이 말씀은 여호와가 당신의 백성 편에 계심을 선언한 것이다. 한 때, 여호와는 이스라엘과 유다에게 당신의 진노를 드러내시는 도구로써 앗수르와 바벨론을 사용하셨다. 하지만, 이제 여호와는 더 이상 이스라엘과 유다를 대적하지 않으신다. 둘째, 이 말씀은 여호와가 실제로 당신의 백성 가운데 계시다는 것을 확증하고 있다. 여호와는 에스겔에게 한때 성전을 떠났던 여호와의 영광이 그 성전으로 돌아오는 놀라운 환상을 보여 주셨다. 그분은 학개에게도 당신이 회복시킨 당신의 백성과 함께하실 것임을 확실하게 보여 주셨다. 재건된 새 성전은 바벨론이 파괴한 옛 성전(솔로

몬 성전)의 영광을 능가할 것이다. 그 성전은 백성들에게 평화를 가져다줄 것이다.

2:10-19 부정한 백성에게 복을 베푸시다 세 번째 말씀은 백성들의 부정함을 이야기하신다. 일부 귀환 포로들은 바벨론 포로 생활로 말미암아 자신들의 죄가 씻김을 받았다고 생각했던 것 같다. 만일 그런 생각이 온 백성 가운데 널리 퍼졌다면, 사람들은 여호와의 법에 관심조차 두지 않았을 것이며 그 법을 지키려고도 하지 않았을 것이다. 학개는 죄가 거룩함보다 훨씬 더 빨리 퍼진다는 것을 예를 들어 설명한다. 하나님의 백성이라도, 거룩함에 관심이 없는 이상, 부정하게 될 위험성이 존재하고 있었다. 학개는 백성들이 여호와로부터 복을 받아 누리려면 반드시 그들의 거룩함이 선행되어야 한다고 주장한다. 성전 재건은 여호와께 헌신하는 백성들의 마음을 증명하는 증거가 될 것이다. 성전이 재건되면, 여호와는 백성들의 헌신에 응답하사 그들에게 복을 베푸실 것이다.

2:20-23 스룹바벨은 여호와의 인장 반지다 네 번째이자 마지막인 이 말씀은 간결하다. 이 말씀은 여호와가 스룹바벨에게 마음을 쏟고 계심을 그대로 보여 주고 있다. 여호와는 당신이 택하신 스룹바벨을 '당신의 인장 반지'가 되게 하실 것이다. 여호와가 스룹바벨을 분명하게 언급하신 것은 당신의 백성에게 신실하실 것임을 확실하게 보장하신 것으로 볼 수 있다. 여호와의 신실하심은 의심할 여지가 없다. 그러나 백성들은 분명 확신을 필요로 하고 있었다. 그들에겐 여호와의 약속을 증명할 물리적 징표가 필요했다. 여기서 우리는 예수 그리스도가 어떤 목적으로 여러 가지 일을 행하셨는지 예견해 볼 수 있다. 즉, 그리스도는 당신의 말씀과 행위로 하나님의 신실하심을 우리에게 확신시켜 주려 하셨던 것이다. 바울의 말처럼, 하나님의 약속은 예수 그리스도 안에 있으면 늘 '예!'가 된다(고후 1:20). 하지만, 늘 '예'가 되는 것은 오직 예수 안에 있을 때뿐이다.

스가랴

스가랴 역시, 같은 시대 선지자인 학개처럼, 바벨론에 끌려간 포로들이 예루살렘으로 돌아온 직후에 활동한 선지자다. 학개가 선지자로 부름을 받은 때는 주전 520년 8월이었을 것이다. 스가랴가 부름을 받은 때는 그보다 서너 달 뒤인 같은 해 10월 또는 11월이었다. 학개는 불과 몇 달 동안 환상을 보았지만, 스가랴는 학개보다 더 오랫동안 선지자로 활동하였다. 주전 538년, 큰 무리의 포로들이 스룹바벨의 뒤를 따라 예루살렘으로 돌아왔다. 스가랴도 이 귀환자들 가운데 하나였다. 스가랴는 에스겔과 마찬가지로 제사장이었다. 그러나 스가랴는 바벨론 포로기에 태어났다. 그는 주전 538년까지 예루살렘을 본 적이 없었다.

스가랴도 학개처럼 예루살렘 백성들을 독려하여 성전을 재건하려 한다. 스가랴가 선포한 말씀 속에는 성전 재건을 독려하면서 성전 재건에 나서지 않는 백성들을 질타하는 목소리가 들어 있다. 하지만, 이 말씀 속에서는 강력한 메시아 예언들도 찾아볼 수 있다.

스가랴 1:1-6:15
밤에 본 여덟 가지 환상

1:1-6 여호와께 돌아오라고 부르시다 이 책은 서두에서 그 저자를 잇도의 손자로 밝히고 있다. 잇도라는 이름은 느헤미야가 기록한 귀환 포로들의 명단에서 찾아볼 수 있다(느 12:4). 여호와가 스가랴를 선지자로 부르신 때는 주전 520년 10월 또는 11월인 것 같다. 이때는 첫 번째 포로 귀환이 있었던 때로부터 어느 정도 시간이 흐른 뒤였다. 예언은 그 서두에서 백성들이 여호와께 돌아와야 하며 또 그렇게 돌아올 수 있다는 것을 선언한다. 이스라엘 백성들의 몸은 예루살렘으로 돌아왔을지 모르지만, 그들(의 마음)은 아직도 여호와께 완전히 돌아오지 않았다. 여호와는 그들을 벌하여 포로로 끌려가게 하셨다가 다시 회복시켜 주신 분이 아닌가? 포로기를 겪은 백성들이라면, 여호와가 보내신 선지자들의 말을 들어야 한다는 교훈을 뼈저리게 배우지 않았을까?

1:7-21 화석류 나무 사이에 선 사람 이어서 선지자는 밤에 여러 환상들을 연이어 보게 된다. 그가 첫 번째 환상을 본 때는 선지자로 부르심을 받은 때로부터 서 달이 흐른 뒤였다. 그는 첫 번째 환상 속에서 말을 탄 사람 하나가 화석류 나무들 사이에 서 있는 것을 본다(1:7-17). 여호와는 당신의 백성들에게 벌을 내려, 70년 동안 포로 생활을 하게 하셨다. 그러나 유다는 그 주위의 나라들로부터 응당 받아야 할 벌 이상의 벌을 받았다(1:14-15; 사 40:1-2에서도 이와 비슷한 생

각을 읽을 수 있다). 그러나 이제는 여호와의 백성들이 그분의 따사로운 자비와 긍휼을 체험할 때가 되었다. 그들의 성읍들은 번성할 것이며, 여호와의 집은 예루살렘에 중건될 것이다.

두 번째 환상(1:18-21)은 유다와 이스라엘과 예루살렘을 엄습한 혼란에 책임이 있는 강국들이 무너지게 될 것을 보여 준다.

2:1-3:10 척량(尺量)줄을 잡은 사람

선지자는 세 번째 환상(2:1-13)에서 척량줄을 잡은 사람을 본다. 이 환상은 예루살렘이 재건될 것임을 알려 주고 있다. 여호와는 친히 재건된 예루살렘에서 당신의 백성들과 함께 거하실 것이다. 여호와 하나님은 예루살렘을 당신의 거소로 택하셨다. 이제 그분 자신이 예루살렘의 영광이 되실 것이다. 이 환상은 예루살렘의 재건을 선포할 뿐만 아니라, 스가랴의 연소(年少)함을 알려 준다(2:4).

네 번째 환상(3:1-10)은 앞으로 이스라엘의 죄가 깨끗이 씻겨질 것이며, 그 나라가 다시 여호와의 제사장 나라가 될 것임을 일러 준다. 이 환상에 담겨 있는 상징은 특히 중요하다. 스룹바벨과 더불어 그 백성들을 바벨론에서 데리고 돌아온 대제사장 여호수아(스 2:2; 느 7:7)는 처음에 더러운 옷을 입고 있었다. (여기의 여호수아는 이스라엘의 가나안 정복을 이끌었던 그 여호수아가 아니다.)* 그러나 이제는 그 대제사장의 더러운 옷이 제거되고, 대신 깨끗한 옷이 그에게 입혀진다. 마찬가지로, 여호와는 이스라엘의 죄를 제거하시고, 대신 당신의 의를 입혀 주실 것이다.

4:1-14 순금 등잔대와 두 감람나무

선지자는 다섯 번째 환상에서 순금 등잔을 본다. "일곱 관"은 등잔에 감람유를 공급하는 관을 일컫는 것으로 보는 것이 적절하다. 등불이 계속 환한 빛을 낼 수 있는 것은 그 등불에 감람유가 끊임없이 풍성하게 공급되기 때문이다. 이 환상은 그 점을 강조한다. 두 그루의 감람나무는 이를 거듭 확증해 준다. 하지만, 이 환상 속에는 더 심오한 의미가 들어 있다. 감람유는 기름부음의 의식에 사용하는 기름이었다. 특히 하나님 백성의 역사에서 중요한 역할을 담당한 제사장들과 왕들에게 기름을 부을 때 이 감람유를 사용하였다. 이 환상은 스룹바벨과 여호수아가 이전 시대의 왕과 제사장 역할을 계속하여 수행하고 있음을 일러주고 있다. 왕과 제사장의 역할은 결국 메시아가 오시면서 완전하게 성취될 것이다.

5:1-6:15 또 다른 환상들

마지막 환상들은 더 간단하다. 선지자는 여섯 번째 환상(5:1-4) 속에서 날아가는 두루마리를 본다. 이는 여호와의 법이 온 세상에 효력을 미친다는 것을 상징하는 동시에, 그 법을 무시하거나 따르지 않는 자들에겐 저주가 임할 것을 상징하는 것이다. 일곱 번째 환상(5:5-11)은 '에바'에 초점을 맞추고 있다.** 그 에바 속에는 이 땅에서 제거되어 바벨론으로 넘어

---

* 개역개정판은 여기서 '여호수아'로 기록한 이 인물을 에스라서와 느헤미야서에서는 '예수아'로 기록하였다. 히브리 본문 역시, 스가랴서에서 '여호슈아'로 기록한 이 인물을 에스라서와 느헤미야서에서는 '예슈아'로 기록하였다. NIV는 두 경우 모두 'Joshua'로 기록해 놓았다.

** NIV는 히브리 본문의 '에파'를 'a measuring basket'으로 의역하였다. 본디 '에파'는 곡물의 양을 재는 단위로서 10분의 1 오멜(= 약 0.2 리터)에 해당한다(가/32). 개역개정판은 히브리 본문을 그대로 옮겨 '에바'

갈 나라가 저지른 죄들이 들어 있었다. 마지막 환상인 여덟 번째 환상(6:1-8)은 첫 번째 환상의 기본 주제를 반복하면서, 여호와가 모든 대적을 물리치고 최후 승리를 거두실 것이라고 강조한다.

이어서 스가랴는 대제사장 여호수아가 면류관을 쓴 모습을 보게 된다(6:9-15). 이것은 여호수아가 성전 재건을 책임지게 될 것임을 보여 주는 것이었다. 하지만, 이 환상은 그 차원을 넘어 강력한 메시아 예언의 성격을 띠고 있다. 즉, 제사장이자 왕이신 메시아가 오실 것을 예표하고 있는 것이다(6:13). 결국, 이 예언은 완전한 대제사장이시자 이스라엘의 진정한 왕이신 예수 그리스도가 오심으로써 성취된다.

스가랴 7:1-14:21
회개와 회복

7:1-9:8 여호와가 예루살렘에게 복 주실 것을 약속하시다 위에서 말한 여덟 개의 환상을 본 때로부터 약 2년이 흐른 뒤, 여호와의 말씀이 또 스가랴에게 임한다. 여호와는 예루살렘에 참된 정의와 자비와 긍휼이 없음을 질책하신다(7:1-10). 이어서 여호와는 당신에게 귀를 기울이며 순종하는 것이 중요하다는 것을 강조하신다(7:11-14). 예루살렘은 온통 허물뿐이다. 그러나 여호와는 여전히 예루살렘을 특별하게 여기신다. 여호와는 예루살렘을 택하시고 사랑하셨다. 말씀이 중요한 전환점을 맞을 즈음, 여호와는 "내가 시온을 위하여 크게…질투하노라"고 선언하신다(8:1). 여호와는 예루살렘이 여호와 이외에 다른 이를 사랑하는 걸 참지 못하신다. 그만큼, 여호와의 예루살렘 사랑은 극진하다.

과거에 예루살렘은 저주의 대상이었다. 그러나 이제 그곳은 복 주실 대상이다. 당신 백성들을 벌하시고자 포로로 잡혀가게 하셨던 바로 그 여호와가 이제는 그 백성들에게 복을 베풀려고 하신다. 주위의 여러 민족들도 이 여호와를 찾으려 하며, 이 여호와를 발견하고 싶어할 것이다. 결국, 그들도 예루살렘의 기쁨에 동참하게 될 것이다(8:1-23). 예루살렘의 대적들은 파멸을 맞게 될 것이다. 선지자는 그 지역 전체를 둘러보면서, 하나님의 백성에게 대적하는 숙적들을 하나하나 확인한다. 선지자는 그들이 모두 몰락하는 광경을 목도한다(9:1-8).

9:9-11:17 시온의 왕이 오시다 여기서 강력한 메시아 예언이 등장한다(9:9-13). 선지자는 소망이 넘치는 위대한 미래상 속에서 다윗의 자손인 위대한 왕 메시아를 본다. 승리를 거두고 그 성(시온/예루살렘)으로 들어오시는 그분은 구원을 가져오신다. 특이하게도 그분은 군마(軍馬)를 타지 않고, 겸비한 모습으로 입성(入城)하신다. 마치 다윗과 그 아들들이 노새를 타는 것으로 만족하였듯이(삼하 18:9), 그분도 나귀를 타실 것이다. 이 위대한 말씀은 결국 예수 그리스도가 승리자의 모습으로 예루살렘 성에 들어가시면서 완전하게 이루어진다(마 21:1-11). 여호와는 당신의 백성에게 오셔서 그들을 구원하실 것이다(9:14-11:3). 더욱이 두 번째 메시아 예언이 앞에 나온 첫 번째 예언을 보완하고 있다. 왕이신 메시아를 목자(牧者)로 묘사한 두 번째 예언은 그 목자의 품삯이 겨우 은 삼십밖에 되지 않을 것이라고 이야기한다(11:4-17). 이 예언은 가룟 유다가 예수를 배

로 기록하였다.

반할 때 성취되었다. 겨우 은 삼십에 예수를 판 유다의 배반은 이스라엘이 오랫동안 기다려 왔던 메시아가 실제로 오셨을 때 정작 그분을 어떻게 대우하였는지 돌이켜보게 한다.

12:1-9 예루살렘의 대적들은 파멸당할 것이다

스가랴서는 마지막 때의 모습을 담은 환상으로 끝을 맺는다. 선지자는 이 환상 속에서 예루살렘이 재차 포위당하는 장면을 보게 된다. 그 성을 포위한 자들은 바벨론이 아니라, 온 땅에서 몰려온 대군이었다. 아마 이 예언은 로마군이 예루살렘을 파괴하였던 주후 70년의 일을 언급하는 것인지도 모른다. 하지만, 예루살렘이 그의 대적들에게 승리를 거둘 것이라는 말씀은 마지막 때에 영원히 무너지지 아니할 새 예루살렘이 하늘에 세워질 것이라는 말씀에 비추어 이해해야만 한다.

12:10-13:6 그들이 찌른 사람을 위하여 애곡하다; 죄에서 깨끗해지다

여기에는 두 가지 주제가 등장한다. 이 주제들은 신약에 비추어 보아야 그 의미를 완전하게 이해할 수 있다. 첫 번째 주제는 예루살렘 주민들이 '그들이 찌른 사람'을 바라보는 모습과, 그 사람의 죽음을 보며 맏아들이나 외아들이 죽은 것처럼 애곡하는 모습을 언급한다(12:10). 이 예언은 예수 그리스도가 십자가에 달리실 때 성취되었다. 그분이 십자가에 못 박히실 때(요 19:34, 37), 구경꾼들이 둘러싸고 그 처형 광경을 지켜보았다. 그분의 죽음이 곧 하나님의 독생자의 죽음이었으며(요 3:16), 만물보다 먼저 나신 이의 죽음이었다(골 1:15, 18).

두 번째 주제는 한 샘이 열릴 것을 예언하고 있다. 그 샘은 다윗 자손들의 모든 죄와 더러움을 깨끗이 씻어 줄 것이다(13:1). 이 예언은 자신의 친구들에게 상처 입을 미래의 선지자와 연관되어 있는 것이 틀림없다(13:6). 이 구절은 분명 예수 그리스도가 당하실 일을 내다보고 있다. 많은 사람들이 선지자로 인정했던 그분(막 8:28; 요 4:19)도 자신의 친구 중 하나에게 배신당했다. 아울러 이 샘 예언은 사람들의 죄가 그리스도의 죽음으로 말미암아 정결케 될 것을 내다보고 있다(행 22:16; 고전 6:11; 계 22:14).

13:7-9 목자를 치다; 양들이 흩어지다

여기서도 강력한 메시아 예언이 이어진다. 스가랴는 장차 목자를 치는 일이 벌어질 것이며, 결국 그 때문에 그의 양떼가 흩어지게 될 것을 내다보고 있다. 그 목자는 여호와께 은총을 입은 메시아를 상징한다. 이는 장차 오실 메시아가 다윗처럼 왕이자 목자인 존재일 것이라고 말씀하는 것이다. 이 말씀을 읽는 그리스도인들은 즉시 간파할 수 있을 터이지만, 이 예언은 예수 그리스도가 돌아가실 무렵에 일어난 사건들을 통하여 그대로 성취되었다. 그분이 십자가에 달리실 때, 그분의 제자들은 목자 잃은 양들처럼 뿔뿔이 흩어졌다(마 26:31, 56; 막 14:27, 49-50).

14:1-21 여호와가 오셔서 다스리실 것이다

드디어, 예언은 '여호와의 날'이라는 주제로 돌아간다. 그날이 오면, 다시 한 번 예루살렘과 그 성의 백성들은 공격을 받게 될 것이다. 그러나 여호와는 이 재앙의 와중에도 승리를 거두실 것이며, 종국에는 예루살렘의 모든 대적들을 정복하실 것이다.

어쩌면 이 예언은 유다 민족이 온 세상을 지배하기를 바라는 순수한 민족주의의 발로로 볼 수 있을지도 모른다. 하지만, 그렇게 보는 것은 분명 이 말씀이 의도하는 바가 아니다. 그리스도인의 관점에서 볼 때, 이 예언은 그리스도의 교회가 이 세상에서 시련을 당할 것을 예견하고 있는 것이 분명하다. 그러나 동시에, 이 예언은 여호와 하나님이 신앙의 적들을 물리치고 최후의 승리를 거두실 것이라는 확신을 신자들에게 심어 준다. 스가랴는 성전이 정결케 되는 환상을 본다(14:21). 그러나 이 환상은 오직 새 예루살렘 안에서 이뤄질 것이다. 새 예루살렘에는 성전이 없다. 하나님이 만유 안에 만유가 되시기 때문이다. 새 예루살렘에서는 그 어떤 더러움도 찾을 수 없을 것이다(계 21:22-27). 지극히 높으신 하나님이 다스리실 것이며, 그분의 백성들은 모든 수고와 두려움에서 벗어나 평안한 쉼을 누리게 될 것이다.

말라기

말라기도 학개와 스가랴처럼 포로기 이후에 예언한 것으로 보인다. 그 시기는 바벨론에 잡혀간 포로들이 예루살렘으로 돌아온 지 얼마 되지 않았을 때였을 것이다. 이 책을 살펴보면, 이 예언 시기를 암시하는 부분을 많이 발견할 수 있다. 그중 하나를 든다면, 이 책이 저주하는 죄들과 느헤미야가 저주하는 죄들 사이에 긴밀한 유사성이 있다는 점이다. 사람들은 대개 말라기[이 이름은 말 그대로 '내 말을 전하는 자, 내 사자'(使者)라는 뜻이다]가 구약 시대의 마지막 선지자라고 생각한다. 정말 그가 구약의 마지막 선지자라면, 이 책은 옛 언약과 새 언약의 중대한 분기점에서 당신의 백성에게 오신 여호와 하나님, 곧 예수 그리스도의 오심을 내다보고 있는 셈이다.

1:1-5 야곱은 사랑을 받으나 에서는 미움을 받을 것이다 이 예언은 하나님이 당신의 백성을 사랑하신다는 것을 확증하는 말로 그 막을 연다. (여기서 '이스라엘'은 '북쪽 이스라엘 왕국'이 아니라 '하나님의 백성'을 가리키는 말임을 유념해야 한다. 북쪽 이스라엘 왕국은 주전 722-721년에 앗수르에게 멸망당하였다. 그러나 이스라엘 멸망 뒤에 활동한 일부 선지자들은 '이스라엘'이라는 말을 '하나님의 백성'을 가리키는 말로 오랫동안 사용하였다. 이런 용례는 신약 성경에서도 찾아볼 수 있다.) 이런 사랑은 여호와가 에서와 그의 자손인 에돔 족속을 내치신 것과 대조를 이룬다(이 주석의 오바댜서 부분을 보라). 이스라엘은 하나님에게 특별한 존재다. 그러나 다른 나라, 다른 민족들은 그렇지 않다.

1:6-2:9 흠 있는 희생 제물 여호와와 이스라엘의 관계는 이처럼 특별하다. 그러나 만사가 다 좋은 것은 아니었다. 이스라엘은 슬그머니 여호와를 모독하기 시작한다. 그들에게 주어진 제사 규례들을 속이기 시작한 것이다. 어떤 생축(牲畜)을 제물로 드리든, 신경 쓰는 사람은 하나도 없었다. 이스라엘은 아무것이나 제물로 바쳤다. 여호와 하나님은 당신의 백성들이 보여 준 이런 태도를 역겨워하신다(1:6-14). 이와 관련하여, 여호와는 이스라엘 제사장들의 잘못을 혹독하게 질타하신다(2:1-9). 이스라엘은 많은 점에서 여호와와 맺은 언약을 어겼다. 말씀은 특별히 그중 두 가지를 언급하고 있다.

2:10-16 신실치 못한 유다 첫째, 이스라엘 남자들은 이방 여인들과 혼인하고 있었다. 그 결과, 이방 종교의 신앙들이 이스라엘로 들어오게 된다. 이방 여인과 혼인하는 것은 그 여인들이 섬기는 신을 여호와의 땅에 들여오는 것과 같았다. 때문에 느헤미야는 이

런 행태를 맹렬히 비판하면서(느 13:23-29), 이방 여인과 통혼하는 것을 엄격히 금지하였던 것이다. 둘째, 이스라엘 남자들은 그들의 아내를 내버리고 있었다. 이는 혼인 관계를 단단히 묶어 주는 엄숙한 헌신 서약을 내팽개치는 행위였다. 어쩌면, 이 두 가지는 서로 연관되어 있었을 수도 있다. 이스라엘 남자들은 이방 여인들과 혼인하려고 아내인 이스라엘 여인들을 내버렸을지도 모른다.

2:17-3:5 심판의 날   이스라엘의 죄는 여호와를 진노케 하고 진저리나게 만들었다. 뭔가 조치가 필요하였다. 여호와는 크고 놀라운 일을 준비할 "내 사자"[이에 해당하는 히브리어가 이 책의 제목인 '말라기'(Malachi)다]*를 보내시겠다고 말씀하신다. 크고 놀라운 일이란 여호와가 몸소 당신의 성전에 임하실 것을 가리키는 것이었다. 하지만, 이스라엘은 그 자신의 죄 때문에 여호와의 오심을 감당할 수 없을 것이다. 여호와의 오심은 위로하는 것이 아니라, 정련(精鍊)하는 자의 불을 가져다줄 것이다. 진정 모든 것을 정결케 하면서 동시에 모든 것을 상하게 할 불이 바로 정련하는 자의 불이었다. 여호와의 오심은 그분의 백성들을 정결케 할 것이다. 그 과정은 반드시 필요하지만 고통스러운 과정이 될 것이다.

3:6-4:6 하나님의 것을 훔치다; 여호와의 날

그렇지만, 용서와 회복의 약속은 여전히 유효하다. 이스라엘은 분명 죄를 지었지만, 화해의 약속은 그대로 남아 있다. 만일 이스라엘이 여호와께 돌아온다면, 여호와 역시 이스라엘에게 돌아오실 것이다(3:6-18). 만일 이스라엘이 여호와가 그에게 요구하시는 것을 준행한다면(이를테면, 십일조를 준수하는 것), 만사가 형통하게 될 것이다. 그러나 돌아가는 모습을 보면, 잘 되기는 그른 것 같다. 결국, 여호와는 '여호와의 날'이 임할 것임을 선언하신다(4:1). 그날이 오면, 오만한 자들이 깨끗이 제거될 것이나, 의인들은 공의로운 해에서 나오는 광선을 쬐게 될 것이다(4:2).

그렇다면, 이 위대한 날은 언제 임할 것인가? 언제 하나님이 당신의 전에 임하실 것인가? 언제 하나님이 오실 것인가? 말라기는 그 답을 말하지 않는다. 하지만 말라기는 그날이 오기 전에 여호와가 선지자 엘리야를 보내셔서 그가 오실 길을 준비하실 것이라고 말한다(4:5-6). 엘리야가 다시 오면, 사람들은 그날이 곧 동터올 것임을 알게 될 것이다. 그날은 위협의 날이요 약속의 날이다. 오랜 세월이 흐른 뒤, 그러니까 그날이 오긴 글렀다며 소망을 포기하는 사람들이 나타날 즈음에, 세례 요한이라는 인물이 요단 강가에 출현한다. 엘리야의 행색을 한 그는 자신보다 더 큰 분이 오실 길을 준비하러 왔다고 선언한다. 여러분은 여호와의 날이 오기를 바라는 위대한 대망(待望)이 자라간 이유를 이해할 수 있을 것이다.

이 대망은 우리를 신약의 주제인 예수 그리스도의 오심이라는 대사건과, 그 오심이 온 세상에 어떤 의미를 갖고 있는가라는 문제로 데려간다. 우리 역시 이스라엘의 위대한 소망이 이뤄지길 열렬히 고대하며, 신약의 주제로 들어가 보자.

---

* '사자(使者)'를 뜻하는 히브리어는 '말르아크'다. 여기에 '내(나의)'라는 1인칭 소유격 접미어를 붙이면, '말르아키'가 된다(가/425).

구약과 신약의 연대표

성경의 시대와 그 시대를 기록한 책 · 세계에서 일어난 사건들

성경의 시대와 그 시대를 기록한 책		세계에서 일어난 사건들	
역사의 시작 창세기			
아브라함 2000-1825경 이삭 1900-1725경 야곱 1800-1700경 요셉 1720-1550경 야곱과 그의 열한 아들이 애굽에서 요셉과 상봉할 때 1700경		중기 청동기 시대 1950-1550	주전 2000년
출애굽부터 가나안 정복까지 출애굽기-여호수아			
모세 출애굽 1280/1260 광야 유랑 여호수아 여리고 함락 1240/1220		바로 라암셋 2세 1290-1224	주전 1300년
여호수아의 죽음으로부터 첫 번째 왕까지 사사기-사무엘상 12장			
여호수아 1300-1190 사사 시대 1220/1200-1050/1045 사무엘 1075-1035 사울 1050/1045-1010		블레셋 철기 시대	주전 1200년
이스라엘의 황금시대 사무엘상 13장-열왕기상 11장(역대상 10장-역대하 9장)			
다윗 1010-970 솔로몬 970-930		블레셋	주전 1000년
분열 왕국 시대 열왕기상 12장-열왕기하 17장(역대하 10-28장)			
북쪽 이스라엘 왕국	선지자들		주전 930년
930-909 여로보암 1세 909-908 나답 908-885 바아사 885-884 엘라 884 시므리 884 디브니 884-873 오므리 873-853 아합 853-852 아하시야 852-841 요람 841-813 예후 813-798 여호아하스 798-781 요아스 781-753 여로보암 2세 753-752 스가랴 752 살룸 752-741 므나헴 741-739 브가히야 739-731 베가 732-722 호세아 722 이스라엘 도읍인 사마리아 함락	 엘리야 〃 엘리사 〃 요나? 아모스 761-753경 호세아 750-725경 〃 〃 〃 〃	 앗수르의 디글랏 빌레셀 3세 745-727년 앗수르의 살만에셀 5세 727-722년	주전 800년
남쪽 유다 왕국	선지자들		주전 930년
930-913 르호보암 913-910 아비야(아비얌) 910-869 아사 869-848 여호사밧 848-841 여호람 841 아하시야 841-835 아달랴 835-796 요아스 796-767 아마샤 792-740 아사랴(웃시야) 739-731 요담 735-715 아하스	 이사야 740-701 〃 미가 725-701	 앗수르의 디글랏 빌레셀 3세 745-727년 앗수르의 살만에셀 5세 727-722년	주전 800년
유다의 쇠락기 열왕기하 18-25장(역대하 29-36장)			
	선지자들		
715-686 히스기야 710 예루살렘 포위 686-641 므낫세 641-639 아몬	이사야/미가	앗수르의 산헤립	주전 700년

284

640–609 요시야	예레미야/스바냐?/요나? 나훔?/하박국?/요엘? 예레미야애가	앗수르의 도읍 니느웨 함락 612년	
609 여호아하스 609–598 여호야김 605 다니엘이 바벨론에 포로로 끌려가다 597 여호야긴 　'첫 번째' 바벨론 강제 이주 597–586 시드기야 　'두 번째' 바벨론 강제 이주 561 그 외의 바벨론 강제 이주	에스겔 593–571 오바댜	바벨론의 느부갓네살	주전 600년

포로기와 귀환 에스라, 느헤미야, 에스더, 학개, 스가랴, 말라기, 이사야 40–66장

	선지자들		
538 바벨론 함락 538 고레스의 칙령 　첫 번째 포로 귀환 516 예루살렘 성전 봉헌 445 느헤미야 예루살렘 도착 428 에스라 예루살렘 도착	학개 520 스가랴 520 말라기 500–450경	바사의 고레스 바사의 아닥사스다	주전 500년

구약과 신약의 중간기　외경인 마카비 1, 2서

336–323 희랍의 알렉산드로스 대제 323 희랍 제국이 프톨레마이오스(애굽)와 셀레우코스(수리아와 메소보다미아)로 분열됨 328–198 이스라엘이 프톨레마이오스의 지배를 받다		바사 멸망 331년	주전 300년
198–166 이스라엘이 셀레우코스의 지배를 받다 169 예루살렘 성전 모독 사건 　마카비 가문의 봉기 165 예루살렘 성전을 다시 봉헌하다 142 유다 독립 63 로마의 폼페이우스가 예루살렘을 합병하다 주전 40–주후4 헤롯 대왕		셀레우코스 왕조의 왕 안티오쿠스 에피파네스 175–163년	주전 200년 주전 100년

예수의 생애　마태복음, 마가복음, 누가복음, 요한복음

주전 4년? 세례 요한의 출생		주전 27년–주후 14년 로마의 가이사(카이사르) 아구스도(아우구스투스)	
주전 4년? 예수의 출생 주후 29년? 예수가 세례를 받으시다 주후 30/33년 예수가 십자가에 달리시다		주후 26–36년 본디오 빌라도 (폰티우스 필라테)	주후 30년

초대교회　사도행전과 서신서

	문헌		
32–35 바울의 회심 46–48 바울의 첫 번째 선교 여행	53 갈라디아서 50–51 데살로니가전/후서 55–56 고린도전/후서	41–54년 글라우디오(클라우디우스)	
49 예루살렘 공의회 50–52 바울의 두 번째 선교 여행	57 로마서 50–62 야고보서 61 빌레몬서, 골로새서, 에베소서		주후 50년
53–57 바울의 세 번째 선교 여행 56–58 바울이 옥에 갇히다 64 바울이 로마에서 죽다 70 예루살렘이 로마에게 함락당하다	62 빌립보서 54–68 베드로전서 63–67 디모데전/후서, 디도서 64–68 마가복음 65–68 베드로후서 70 히브리서 70 마태복음 65–80 유다서 70–80 누가복음, 사도행전 70–85 요한복음 85–90 요한 1, 2, 3서 81–96 요한계시록	64–67년 네로 81–96년 도미티아누스	주후 100년

신약

The New Testament

마태복음

마태복음은 네 복음서 중 첫 번째 책이다. 각 복음서에는 고유한 특징이 있다. 마태복음의 가장 두드러진 특징은 예수 그리스도가 유대 민족의 예언과 기대를 어떻게 성취하였는지 설명하는 데 관심을 쏟고 있다는 점이다. 마태는 예수 그리스도가 구약이 가리키는 바로 그분임을 독자들에게 제시하는 데 특히 관심을 갖고 있는 것으로 보인다.

신약의 처음 세 복음서는 많은 내용을 공유하고 있다. 사람들은 이 세 복음서가 몇몇 자료들을 공통으로 인용했기 때문에 이런 결과가 나온 것이라고 믿고 있다. 이를테면, 이 세 복음서는 아주 이른 시기의 기억에 의지한 예수의 어록들을 공통으로 인용하였을 수 있다. 어떤 내용들은 세 복음서에 모두 실려 있는가 하면, 마태복음과 누가복음만이 공유하고 있는 내용도 있다(그 때문인지, 마태복음과 누가복음은 마가복음보다 훨씬 더 길다). 그런가 하면, 마태복음 혹은 누가복음만 담고 있는 내용도 있다. 어떤 경우든, 복음서 기자는 자신이 취합한 사료들을 인용하여 기독교 신앙의 중심 인물(즉, 예수 그리스도)을 독자들에게 상세히 제시하고 있다. 이 세 복음서들은 겹치는 부분이 많기 때문에, 사람들은 때로 이 복음서들을 '공관복음'이라는 이름으로 부르기도 한다. 영어로 공관(共觀)을 의미하는 'Synoptic'은 '요약, 총괄'을 의미하는 희랍어 '시놉시스'(synopsis)에서 나온 것이다.

하지만, 기독교회에서 맨 먼저 기록된 문서는 복음서가 아니라 몇몇 바울 서신이다. 복음서들이 이들 바울 서신보다 더 늦게 기록된 이유는 무엇일까? 그것은 교회가 그 탄생 이후 처음 몇십 년 동안, 기억으로 전해 내려오던 예수의 말씀과 행적에 의지하였기 때문이다. 일반적으로 사람들은 마가복음을 최초의 복음서로 간주한다. 이 책은 아마 주후 60년대 중반에 기록되었을 것이다. 마태복음은 주후 70년대에 기록되었을 것으로 보는 이들이 많으나, 그보다 더 일찍 기록되었다고 주장하는 이들도 여전히 존재한다. 누가복음 역시, 많은 학자들은 주후 70년대에 기록된 것으로 보고 있지만, 더 일찍 기록되었을 수도 있다

마태복음 1:1-2:23
예수 그리스도의 출생
1:1-17 예수 그리스도의 계보 마태의 당면 관심사는 독자들에게 복음의 주인공인 예수 그리스도의 배경을 설명하는 것이다. 때문에 그는 예수의 출생 배경을 살펴보는 일부터 시작한다. 우선, 그는 예수의 계보를 추적한다. 마태는 예수가 구약의 위대한 인물인 다윗과 아브라함의 자손임을 밝히고 있다. 이 점은 이 책을 읽는 유대인들에겐

특히 중요한 사실이었을 것이다. 그들은 예수가 메시아일 수밖에 없는 계보를 갖고 있다는 것을 깨달았을 것이다(메시아는 '하나님이 기름부으신 자'라는 뜻으로서, 하나님의 백성에게 역사의 새 시대를 열어 줄 인물이었다). 본문은 예수를 "다윗의 자손"(이것은 강력한 메시아 칭호, 1:1)이자 "그리스도"(1:17)라고 지칭한다. 아울러, 본문이 요셉을 '예수의 아버지'가 아니라, "마리아의 남편"(1:16)으로 지칭하는 것에 유의할 필요가 있다. 마태는 범상치 않은 예수의 출생 정황을 다루기에 앞서, 독자들에게 미리 마음의 준비를 시키고 있는 것이다.

마태복음이 제시하는 예수의 계보와 누가복음의 계보(눅 3:23-37) 사이에는 몇 가지 흥미로운 상이점이 있다. 마태는 예수의 계보를 요셉을 따라 추적하려고 하지만, 누가는 마리아를 따라 추적하려고 한다. 이는 마태가 요셉에게 특히 관심을 기울이는 반면, 누가의 관심은 마리아에게 있는 것과 상응하는 것이다. 이를테면, 마태는 예수의 출생을 요셉의 시각에서 이야기하는 반면, 누가는 마리아의 관점에서 상세히 이야기한다(이 주석의 눅 3:21-38 부분을 읽어 보라). 그러기에 마태는, 법의 시각에서 볼 때, 예수가 다윗의 자손임을 이야기하고 있는 것이다.

또 하나 유념할 점은, 예수의 출생 시기가 하나님 백성의 역사 속에서 치밀한 전략(하나님의 경륜) 가운데 결정되었음을 말하고 있다는 점이다(1:17). 아브라함은 이스라엘의 기원이다. 하나님은 그를 불러 고향 집을 떠나 "큰 민족"을 이루게 하신다(창 12:1-3). 그때로부터 14대가 흐른 뒤, 이스라엘 역사는 영광스러운 새 장을 맞는다. 다윗 왕의 치세가 시작된 것이다. 이때로부터 다시 14대가 흐른 뒤, 이번에는 예루살렘 백성들이 바벨론에 포로로 끌려간다. 구약의 선지자들은 이때를 이스라엘 역사에서 또 하나의 분수령으로 본다. 포로기는 갱신과 정화와 심판의 시기였다. 그때로부터 다시 14대가 흐른 뒤, 마침내 예수 그리스도가 태어나셨다. 이는 분명 하나님이 당신의 백성들을 다른 방식으로 다루시는 시대가 시작되었음을 의미한다. 이스라엘 역사는 또 하나의 전환점을 맞이한 것이다.

'그리스도'라는 말은 더 깊이 음미할 가치가 있다. 종종 이 그리스도를 성(姓)으로 오인하는 경우가 있다. 말하자면, '예수 그리스도'에서 그리스도는 성이고 예수는 이름이라는 식으로 생각하는 것이다. 그러나 그리스도는 사실 성이 아니라 칭호다. 복음서의 주인공이신 이 '예수 그리스도'의 이름을 제대로 번역한다면, '그리스도이신 예수'나 '메시아이신 예수'가 될 것이다 [크리스토스'(christos)라는 희랍어는 '기름부음 받은 자, 곧 메시아'라는 뜻이다].

드디어 메시아가 오셨다는 주장(1:17)은 진정 많은 유대인들에게 좋은 소식이었을 것이다. 그런 점에서, 이런 믿음의 근거들을 설명하는 것은 중요한 일이다. 예수가 메시아이심을 보여 주는 증거들이 예수의 삶에 존재하고 있는가? 사람들이 오랫동안 기다리던 메시아 드디어 오셨다. 그가 바로 나사렛 예수라는 사람이었다. 많은 점에서, 마태복음은 바로 이런 사실을 독자들이 인정하도록 하는 데 중점을 둔 책이라고 생각할 수 있다.

1:18-25 예수 그리스도의 나심 예수의 출생 이야기는 잘 알려져 있다. 하지만, 그 이야기는 세부 내용을 거듭하여 읽어보고 음미

할 만한 가치가 있다. 마리아는 요셉과 '정혼'하였으나, 그와 동침하지는 않았다. 그런데, 마리아가 잉태한 사실이 드러난다. 요셉은 최악의 사태를 피하고자, 은밀히 파혼하려 한다. 요셉은 마리아에게 애정을 품고 있었다. 때문에 그는 마리아를 공중 재판에 붙여 돌에 맞아 죽게 하는 일(신 22:23-24)은 피하려 하였다. 그러나 그가 이 일을 생각하고 있을 때, '주의 천사'*가 꿈에 나타나 사건의 전말을 일러준다. 마리아는 성령으로 말미암아 잉태한 것이었다. 태어날 아이는 범상한 아이가 아니었다. 그 아이는 '예수'라 불리게 될 것이다. "자기 백성을 그들의 죄에서 구원할 자"이시기 때문이었다(1:21). 여기서 요셉에게 아이 이름을 지을 권한이 주어지지 않았다는 것에 유의해야만 한다. 성경 저자들에겐, 누군가의 이름을 짓는다는 건 곧 그를 다스릴 권세를 보유하고 있음을 의미하였다(아담이 다른 피조물들의 이름을 짓도록 허락받은 일을 예로 들 수 있다, 창 2:19-20). 요셉은 아이 이름을 '예수'라 지으라는 명을 받는다. '예수'라는 이름은 그 이름을 갖게 될 아이의 중요성을 생생히 가리키고 있다. 그는 구원자가 될 존재였다.

마태는 이어서 마태복음의 주요 주제 가운데 하나를 소개한다. '예언의 성취'가 바로 그것이다. 마태는 예수의 삶과 죽음 가운데 일어난 사건들이 구약에 기록된 위대한 예언들의 성취임을 열두 가지 점을 들어 설명한다. 여기서 마태는 예수의 출생이 처녀가 잉태하여 아들을 낳을 것임을 예언한 이사야 7:14의 성취라고 말한다. 이사야서는 이 사건을 하나님의 백성에게 표징이 될 사건으로 지목하였다. 이것뿐만이 아니다. 이 아이에게 주어진 이름 '임마누엘'은 더 중요한 의미를 담고 있다. 그것은 "하나님이 우리와 함께 계시다"(마 1:23)라는 뜻이다. '임마누엘'이라는 이름은 복음서의 중심이 되는 두 가지 중요한 개념을 함축하고 있다. 우선, '하나님이 우리와 함께 계시다'라는 것은 우리가 죄와 절망과 죽음에 맞서 투쟁을 벌일 때, '하나님이 우리 편이 되어 주신다'는 뜻을 담고 있다. 아울러, 이 말은 하나님이 이 세상 속에서 보통 사람들과 함께 동고동락하며 살기로 하셨다는 뜻을 담고 있다. 기독교의 이 중심 개념(흔히 '성육신'(成肉身) 교리로 알려져 있다)은 특히 요한복음이 중요하게 다루고 있다(요 1:14을 보라). 예수는 이 위대한 예언(과 뒤이은 다른 예언들)을 성취하심으로써, 당신이 바로 구약의 위대한 소망과 기대를 성취하는 완성자이심을 보여 주신 것이다.

2:1-12 동방 박사들의 방문 이어서 마태는 예수의 나심과 관련하여 또 다른 사건들을 상세히 기록하고 있다. 이것 역시 예언의 성취라는 주제의 연장선 위에 있다. 마태는 예수가 나신 곳이 "유대 베들레헴"이라고 이야기한다(2:1). 베들레헴은 예루살렘에서 남쪽으로 약 8킬로미터쯤 떨어진 곳에 있는 작은 동네였다. 뒤이어 마태는 이곳이 왜 중요한지 설명한다(2:4-6). 이곳이 중요한 것은 장차 하나님의 백성을 다스릴 목자가 태어날 왕의 성읍으로 예언된 곳(미 5:2)이었기 때문이다. 그러나 새로 나신 그리스도께 처음 경배한 이들은 (하나님 백성이라 자부하는) 유대인들이 아니라, 이방인들이었다.

---

* 개역개정판은 "주의 사자"로 번역하고 있다.

신약 시대의 유대 지방

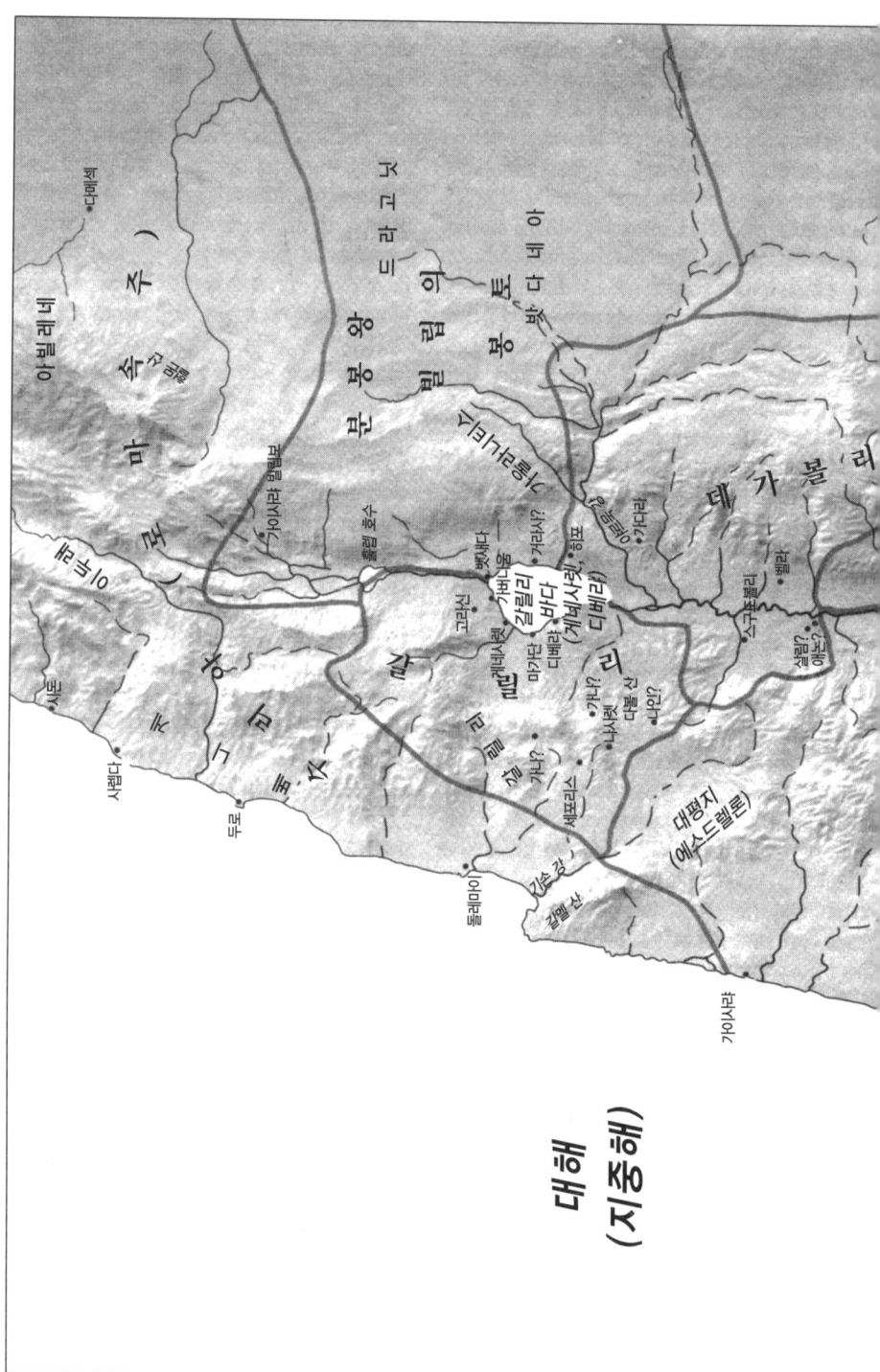

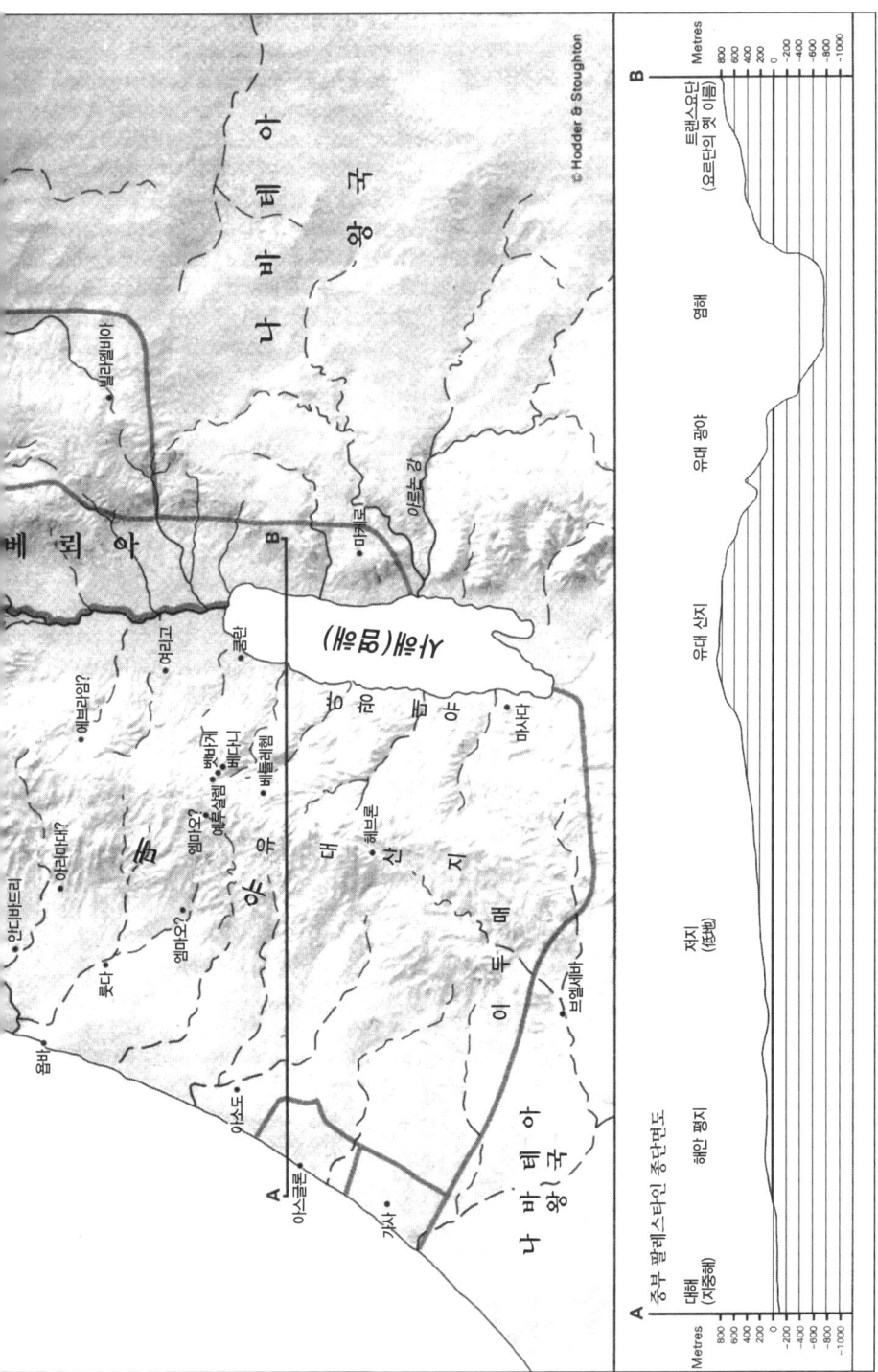

이 이방인들은 세 가지 예물을 드렸다. 예부터 내려온 성탄절 전승은 이 이방인들이 '세 명의 현자들'이라고 말하지만, 우리는 그것이 사실인지 아닌지 알 수 없다. 이 '박사들'(Magi)은 십중팔구 페르시아와 같은 유대 동쪽 지방에서 온 점성술사들이었을 것이다. 본문이 언급하는 '별'은 중요하다. 별의 출현은 분명 보통 때 볼 수 없는 중대한 천문 현상이었을 것이다. 어쩌면, 그것은 초신성(超新星, supernova)이었을 수도 있고, 둘 또는 그 이상의 천체가 서로 매우 가깝게 접근했던 현상을 가리키는 것일 수도 있다. 하지만, 이 '별'은 다른 한 편으로 구약의 위대한 주제이자 메시아 예언으로 널리 인식되었던 '야곱에게서 나올 한 별'(민 24:17)을 가리키는 것이기도 하다.

박사들은 "엎드려 아기께 경배"(2:11)하였다. 이 놀라운 일은 장차 이방인들이 예수 그리스도께 경배하며, 하나님이 천체를 숭배하는 모든 행태를 물리치실 것임을 예표한다. 박사들이 예수께 드린 예물은 고귀한 것이었다. 그것들은 미래의 왕을 영화롭게 할 만한 것들이었다. 그러나 헤롯 왕('헤롯 대왕'으로도 알려져 있는 인물이다)은 이 사태에 심각한 위협을 느낀다. 그는 새 왕이 출현하면 자신이 권세를 잃게 될 것임을 분명히 깨닫고 있었다. 진정 "유대인의 왕"(2:2)이 태어났다면, 로마 당국이 유대의 왕으로 앉혀 놓은 헤롯의 자리는 사라지고 마는 것이다. 헤롯은 예수를 제거하기로 결심한다. 그는 베들레헴에 있는 두 살 이하의 사내아이들을 모두 죽이라고 명령한다(2:16). 이 사건을 읽는 이들은 모세의 이야기를 떠올리게 될 것이다. 모세 역시 두려움에 질린 왕이 명령한 유아 학살로부터 구원 받은 인물이 아니던가?(출 1:22-2:10)

2:13-18 애굽으로 피신하다 요셉은 꿈 속에서 헤롯이 예수를 죽이려 한다는 경고를 받게 된다. 그는 마리아와 예수를 데리고 애굽으로 피신한다. 마태는 이 피신이 구약의 또 다른 예언(호 11:1)을 성취한 것임을 지적한다. 이스라엘은 요셉 때 애굽으로 들어갔지만, 하나님은 출애굽 시대에 드디어 그들을 그곳에서 이끌어 내신다. 마태는 이 출애굽 사건과 똑같은 일이 예수의 삶 속에서 반복되는 것을 본다. 마태복음 2장은 요셉과 마리아와 예수가 갈릴리의 조그만 동네 나사렛에 정착했다고 이야기하며 끝을 맺는다.

마태복음 3:1-4:11
예수가 공생애 사역을 시작하시다

3:1-12 세례 요한이 주의 길을 준비하다 여러 해가 흘러갔다. 마태는 예수의 사역을 소개하기에 앞서, 사가랴와 엘리사벳의 아들인 세례 요한(눅 1:5-80)의 사역을 먼저 소개하고 있다. 요한이 엄청난 반응을 불러일으켰던 것은 확실하다. 청중들이 그의 말을 들으려고 떼를 지어 광야로 몰려들었다. 그는 예수가 오실 것을 앞서 알린 자였다. 요한은 이미 말씀이 약속한 "주의 길을 준비"할 자(3:3, 이 구절은 사 40:3과 말 3:1을 인용하고 있다)였다. 요한이 온 것은 구약 예언의 성취였다. 요한은 유대 종교 당국으로부터 상당한 저항을 받았다(3:7-10). 그는 자신보다 더 큰 이가 오실 길을 준비하는 것이 자신의 역할임을 알고 있었다. 요한은 물로 세례를 줄 뿐이었지만, 장차 오실 이는 성령으로 세례를 베푸실 분이었다(3:11). 그렇다면, 이 수수께끼의 인물은 대체 누구일까?

3:13-17 예수가 세례를 받으시다 마태는 우리를 오래 기다리게 하지 않는다. 예수가 등장하신 것이다(3:13). 요한은 예수께 세례를 베풀려고 하지 않았다. 세례는 회개의 상징이다. 죄가 없으신 예수는 그런 세례를 굳이 받으실 필요가 없었다. 그러나 예수는 세례를 받으시겠다는 뜻을 굽히지 않으신다. 세례의 순간, 예수의 사역에서 가장 강력한 장면 가운데 하나가 연출된다. 성령이 예수께 임하신 것이다. 아울러, 하나님은 예수가 당신의 사랑하는 아들임을 확증해 주신다(3:17). 주의할 점은, 예수가 세례를 받으실 때 비로소 하나님의 아들이 되신 것이 아니라는 점이다. 그분은 본디 하나님의 아들이셨다. 하나님은 예수의 세례 때 그 사실을 확인해 주셨을 뿐이다.

4:1-11 예수가 시험을 받으시다 이스라엘 백성들은 광야에서 40년을 보냈다. 그동안, 그들은 약속의 땅에 들어가기 위한 시험과 준비 과정을 거쳤다. 이스라엘의 경우처럼, 예수도 시험을 거치면서 이스라엘을 향한 당신의 사명을 준비하신다. 마태는 이 사건을 우리에게 들려준다. 예수는 40일 밤낮을 광야에 머무르시면서, 거기서 시험을 받고 그 시험을 물리치셨다. 시험은 하나님의 아들 예수가 자신의 권능과 권세를 자신에게 이롭게 하는 데 사용하는지 아니면 그 권능과 권세가 주어진 본래 목적을 위해 사용하는지에 중점을 두고 있었다. 이 시험들 속에서 우리는 십자가 사건의 중요한 예표를 보게 된다. 특히 성전 꼭대기에서 뛰어내려 하나님이 예수를 구해 주시는지 알아보라는 시험(4:6)이 그런 부분이다. 예수는 십자가에서 내려와 죽음을 모면하려 하실 것인가? 아니면, 십자가에 그대로 달린 채 끝까지 신실함을 지키심으로써, 당신이 구원하시려는 이들을 위해 죽으려고 하실 것인가? 시험이 끝났을 때, 예수가 아버지의 뜻에 순종하실 것이라는 사실이 명백하게 드러난다. 이제 예수는 공생애 사역을 시작할 준비를 마치신 것이다.

마태복음 4:12-13:58
예수의 갈릴리 사역

4:12-17 예수가 말씀 선포를 시작하시다 예수는 갈릴리에서 자신의 사역을 시작하셨다. 예수가 이곳에서 자신의 말씀을 선포하기 시작하심으로써, 구약의 예언이 그대로 이루어졌다(4:14). 예수의 말씀에는 두 가지 중요한 주제가 들어 있었다(4:17). 회개해야 한다는 것, 그리고 하나님 나라가 가까이 왔다는 것. 이 말씀은 그가 첫 번째 제자들인 베드로와 안드레와 야고보와 요한을 부르실 때, 응답을 받는다. 마태는 이 일을 상세히 설명하고 있다(4:18-22). 그 제자들은 학자도 율법사도 아니었으며, 교육받은 사람들도 아니었다. 그들은 그저 어부였다. 그들은 백성들을 압도하는 예수의 엄청난 매력을 탁월하게 그려 내고 있다. 마태는 예수의 초기 치유 사역에 대한 기록에서 이러한 매력을 묘사한다(4:23-25). 예수는 사역 초기부터 돌풍을 일으키고 계셨다.

5:1-7:29 산상 설교 그러나 예수는 단순한 치료자가 아니었다. 그는 하나님 나라의 좋은 소식을 가지고 오셨다. 마태는 즉시, 예수의 가르침을 담은 큰 단락을 우리에게 소개한다. '산상 설교'(5:1-7:29)가 바로 그것이다. 마태복음의 가장 두드러진 특징 가운데 하나를 든다면, 예수가 가르치신 내용들을 편리하게 다섯 개의 묶음으로 묶어

배열해 놓았다는 점이다. 산상 설교는 그 다섯 개 묶음 가운데 첫 번째다. 각 묶음은 비슷한 말로 끝을 맺는다(7:28, 11:1, 13:53, 19:1, 26:1). 저자가 예수의 가르침을 다섯 개로 묶었다는 것은, 그가 자신의 책을 새 법(율법)(오경, 곧 창세기부터 신명기까지 다섯 권의 책을 생각하게 한다)으로, 예수를 모세보다 더 위대한 제2의 모세로 보았다는 것을 시사하는 것일 수도 있다. 산상 설교는 그리스도인들이 행해야 할 수준 높은 명령을 담고 있다. 이 명령을 읽는 그리스도인들은 하나님의 은혜가 없이 이 명령을 스스로 지킨다는 건 불가능하다는 사실을 깨닫는다.

많은 성경 주석가들은 산상 설교가 그리스도인들이 지향해야 할 윤리의 전범들을 제시하고 있다고 본다. 실령, 살아가는 동안 이 전범들에 미치지 못한다 할지라도, 그리스도인들은 이것을 지향해야만 한다. 그렇다 하여, 이 명령들이 완벽주의자의 소망이나 이뤄질 가망이 없는 이상이라는 이야기는 결코 아니다. 산상 설교는 모름지기 그리스도인이라면 여느 사람들과는 다른 삶을 살아야 한다는 점을 제시하고 있다. 아울러, 이 설교는 비록 이르지 못하더라도 그리스도인들이 지향해야 할 목표 지점이 어디인지 알려 준다. 산상 설교는 사람들을 바른 길로 인도하여 그 길을 따라 걸어가도록 격려한다. 이 길로 가는 신자들도 마지막 지점에 이르지 못할 수 있다. 그렇다하더라도, 최소한 그들은 자신들이 옳은 방향으로 가고 있다는 점만은 안다.

5:1-12 팔복 산상 설교는 먼저 '팔복 설교 또는 지복(至福) 설교'로 널리 알려져 있는 말씀으로 시작한다. 각 말씀은 "복이 있나니"라는 문구를 달고 있다. 사람들은 이 '복이 있다'는 말을 곧잘 오해한다. '복이 있다'는 말은 '행복하다'나 '잘산다'는 말이 결코 아니다. 예수가 말씀하셨듯이, 불행할지라도 복이 있을 수 있다. 하나님이 기쁘게 보시고 용납하시는 사람은 '복이 있는' 사람이다. 비록 세상의 눈으로 보면 그 지위가 비천하고 그 처지가 고통스러운 신자라도, 하나님이 자신을 기쁘게 받아들이신다는 사실을 얼마든지 알 수 있다. 실제로, 팔복 설교 중에는 자신을 낮추는 모습(온유함)이나 곤고한 상황(애통하거나 핍박을 받는 모습)을 복으로 인도하는 길로 여기는 부분이 많다는 점에 유의할 필요가 있다.

5:13-16 소금과 빛 예수는 신자들을 소금(5:13)과 빛(5:14-16)에 비유하신다. 신자들은 "세상의 소금"이다. 세상을 새롭게 할 수 있는 사람들이기 때문이다. 하지만, 예수는 신자들이 조심하지 않으면 그들의 '짠맛'을 쉽게 잃어버릴 수 있다고 경고하신다. 이 말씀을 하실 때, 예수는 암염(巖鹽)을 염두에 두셨던 것 같다(물이 암염의 소금기를 씻어가 버리면, 남는 것은 그냥 바위뿐이다). 뿐만 아니라, 신자들은 어두운 세상을 밝혀 하나님을 찾고 찬양하는 길로 사람들을 인도할 수 있는 등불이다.

5:21-48 율법의 완성 말씀은 예수 그리스도의 오심이 율법과 모순되는 것이 아니라 율법의 완성이라고 선언한다. 예수 그리스도가 오신 것은 율법을 폐지하려는 것이 아니다. 그는 율법을 완성하기 위해 오셨다(5:17-20). 율법의 모든 목적과 의도는 예수 그리스도 안에서 그 정점에 이르는 동시에 그분 안에서 완전히 이루어진다. 율법과 선지자들*이 가리키던 그 사람이 바로 예수 그

리스도다. 예수는 당시 유대교 내에서 보편적으로 받아들여지던 정교하고 상세한 율법 해석을 인정하지 않으셨다. 하지만 그는 구약이 신자들의 삶에서 여전히 중요한 역할을 하고 있다고 분명하게 말씀하셨다. 바울은 자신의 책에서 구약의 율법과 신앙의 삶이 어떤 관계에 있는지 상당히 자세하게 설명하고 있다. 그 내용은 이 주석의 뒷부분에서 다루게 될 것이다(이 책의 로마서 1-8장 부분을 보라).

실제로, 예수는 율법을 폐지하신 것이 아니라, 율법을 강화하셨다. 예수가 말씀하는 살인은 단지 사람의 육신을 죽이는 행위를 가리키는 게 아니었다. 그는 이 살해 행위 밑바닥에 깔려 있는 동기를 문제 삼으신다. 간음도 그렇다. 배우자 이외의 사람과 동침하는 육체의 행위만 간음인 것이 아니다. 예수는 그 동기를 문제 삼고 계신다. 만일 누군가가 5리를 가자고 부탁하면, 예수는 그와 10리를 가주라고 말씀하신다. 예수의 이런 말씀들을 통하여 새 언약이 최종 목표로 삼고 있는 의는 옛 언약의 의를 '훨씬 뛰어 넘는다'는 점을 분명하게 선언하시는 것이다. 따라서 예수의 가르침이 그리스도인의 삶에서 '반율법주의'(反律法主義)(즉, 도덕법을 무시하며 모독하는 것)를 조장한다고 비판하는 것은 어처구니없는 짓이다. 그리스도인들은 선을 행할 의무가 있다. 그러나 예수는 사람들의 칭송을 들으려고 선을 행하는 것을 반대하신다. 도리어 그는 은밀히 보시고 상급을 베푸시는 하나님께 기쁨을 드리고자 선을 행해야 한다는 점을 강조하신다(6:1-4). 기도의 경우에도 마찬가지다. 예수는 사람들이 보는 앞에서 큰 소리로, 길게, 과장된 몸짓을 사용하며 기도하는 것을 비판하신다. 오히려 예수는 각 개인의 기도(예수가 여기서 말씀하시는 것은 교회에서 드리는 공중 예배가 아니다)가 은밀한 것이 되어야 한다고 선언하시면서, 거짓된 기도의 유혹에 걸려들지 말라고 당부하신다. 말을 많이 한다 하여 그 기도가 효력을 발휘하는 것은 절대 아니다!(6:5-8)

6:9-15 주기도 예수는 기도를 드리는 자세(정황)를 말씀하신 뒤, 기도의 모범을 직접 일러주신다. '주기도'라는 이름으로 널리 알려진 이 기도의 모범은 시대를 초월하여 그리스도인의 삶을 구성하는 필수 요소가 되었다. 이 기도의 간결함이나 친숙함은 예수가 자신의 제자들도 따라 행하기를 바라시는 기도의 본보기가 되고 있다. 이 기도는 하나님이 우리 아버지이심을 강조한다. 이는 우리가 그분으로부터 났으며, 그분이 당신의 자녀인 우리들을 보살펴 주신다는 사실을 일깨워 준다. 주기도는 하나님의 거룩하심을 상기시켜 준다. 신자들은 기도하면서 하나님을 부르거나, 하나님을 세상에 전하거나, 하나님께 경배할 때에 그분의 거룩하심을 드러내야만 한다. 주기도는 주권자이신 하나님의 뜻을 신자들의 삶 속에서 드러내시기를 간구한다. 이 기도는 위험한 기도일 수도 있다. 하나님도 때로는 당신을 위하여 당신의 백성들이 뭔가 행하길 원하시기 때문이다. 이어서 주기도는 신자들의 필요에 관심을 돌린다. 여기에는 육신이 필요로 하는 양식, 영혼이 필요로 하는 용서와

---

* 이 말은 히브리인들이 구약(성경)을 가리키는 말로 사용하는 것이다. 예수도 이 표현을 사용하셨다(마 5:17이 그 예다).

위로와 시험으로부터 지켜 주시는 것이 포함된다.

여기서 일단 주기도는 끝을 맺는다. 하지만, 후대의 몇몇 역본들은 여기에 하나님께 영광을 돌리는 결론 부분을 추가하고 있다. "나라와 권세와 영광이 아버지께 영원히 있사옵나이다."* 오늘날 많은 기독교 교파에서는 공중 예배를 드릴 때, 하나님께 영광을 돌리는 결론 부분이 추가된 더 긴 기도문을 사용하고 있다. 기도 자체는 여기서 끝난다. 하지만 예수는 그 기도의 중요성을 부연(敷衍)하신다. 예수는 하나님이 우리 죄를 용서하시는 것과 우리가 다른 사람의 죄를 용서하는 것은 서로 연계되어 있다는 것을 강조하신다(6:14-15). 이 점은 결코 간과해선 안 될 말씀이다. 마태복음은 뒤에 유명한 비유를 들어 이 점을 소상히 설명하고 있다(18:21-35).

6:16-34 금식과 하나님의 섭리
예수는 여기서 무엇이 하나님께 영광을 돌리는 것인지 말씀하신다. 그는 결코 경건한 체 하는 자들의 비위를 맞추려 하지 않으신다(6:16-18). 이런 말씀의 밑바탕에는 결코 없어지지 아니하는 보물을 하늘에 쌓아두는 것이 잠시 있다 사라질 땅위의 것을 위하여 수고하는 것보다 더 중요하다는 근본 원리가 깔려 있다(6:19-24). 신자들은 하나님의 섭리를 신뢰하는 것을 배워야만 한다. 예수는 하늘의 새와 들의 백합을 예로 들어 이 교훈을 설파하신다. 중요한 것은 세상이 아니라 하나님을 바라보는 것이다. 하나님의 선하심을 믿고 그분의 의를 구하는 것이 중요하다(6:25-34).

7:1-23 다른 사람을 판단하는 것; 기도 응답; 올바른 행동
계속하여 산상 설교는 인간 본성이 죄로 가득하다는 점을 일깨워 준다. 이런 본성 때문에, 우리는 우리 자신을 점검해야 할 때, 오히려 다른 이들을 비판하곤 한다(7:1-6). 예수는 기도의 중요성과 함께 우리의 필요를 채워 주시는 하나님의 선하심을 강조하신다. 악한 육신의 아버지도 자신의 자녀들에겐 선을 행하고 싶어한다. 하나님 역시 자녀들의 간구를 들어주는 걸 기뻐하신다(7:7-12). 예수는 또 여기서 올바른 행동이 중요하다는 것을 여러 가지 방식으로 강조하신다(7:13-23). 좋은 나무가 좋은 열매를 맺듯이, 진정으로 신앙인이 된 사람은 저절로 선행을 행하게 되어 있다.

7:24-29 지혜로운 건축자와 어리석은 건축자
산상 설교는 반석 위에 지은 집과 모래 위에 지은 집 비유로 끝을 맺는다(7:24-27). 예수는 여기서 신앙이라는 집은 견고한 기초 위에 세우는 것이 아주 중요하다는 것을 분명하게 말씀하신다. 그런 집이라야 어떤 폭풍에도 견뎌 낼 수 있기 때문이다. 우리는 예수 그리스도와 그의 복음 위에 신앙의 집을 지어야만 한다. 그럴 때에 비로소 하나님이 우리 삶에 주려고 하시는 안정과 평화를 확실히 누릴 수 있다.

---

* 애초에 희랍어 사본의 경우에도, 이 부분이 있는 사본이 있는가 하면 없는 사본도 있다. 또 있다 하더라도 그 내용이 다른 사본도 있다. 이를테면, 파리 국립도서관 소장 사본에는 "대개 나라와 권세와 영광이 아버지께 영원히 있사옵나이다"라고 기록되어 있다. 여기서 '대개'는 희랍어 사본에는 '호티'(왜냐하면)로 기록되어 있다. 바티칸 사본의 경우에는 "왜냐하면, 성부와 성자와 성령의 나라가 영원히 당신 것이기 때문입니다"라고 기록되어 있다.

군중들은 이런 가르침에 깊은 감명을 받았다. 그들은 예수가 권세 있게 가르치는 사람이며 그들의 선생들과 다른 분임을 인정한다(7:28-29). 이 권세는 우리가 두 번째 묶음의 가르침(10:5-42)을 다루기에 앞서 살펴보게 될 일련의 사건들이 확증해 주고 있다. 예수는 잇달아 놀라운 치유를 행하신다. 이를 통해 그는 여느 사람과 구별되는 무언가가 자신에게 있다는 것을 보여 주신다. 그의 사역(그가 말씀하신 것과 그가 행하신 것) 속에는 그의 영적 권세와 권능을 드러내는 온갖 표적이 존재한다. 산상 설교는 예수가 말씀하신 것에 초점을 맞추고 있다. 이제 그가 행하신 것을 살펴볼 때가 되었다.

8:1-17 예수가 많은 사람들을 고치시다 예수는 나병 걸린 남자를 고쳐 주신다(8:1-4). 이 사건은 예수가 병을 고쳐 주실 수 있는 능력과 고쳐 주시려는 의지를 갖고 계심을 보여 준다. 아울러 이 사건은 예수가 구약의 율법을 긍정하신다는 사실을 보여 주고 있다. 그가 고침받은 나병 환자를 제사장에게 보내 병이 나은 사실을 확인받게 하셨던 일이 그 증거다. 백부장의 종을 고쳐 주신 일(8:5-13)은 고침을 받는 데 믿음이 중요하다는 것을 보여 주는 예다. 아울러 예수의 말씀에서 분명히 알 수 있듯이, 이 사건은 이방인도 예수께 와서 그분의 은덕을 입을 수 있다는 것을 보여 준다. (백부장은 로마군의 고위 장교였다. 그에 비추어 볼 때 그는 유대인이 아니라 로마인이었을 것이다.) 이 외에도 예수는 많은 사람들을 고쳐 주셨다. 이 병 고침들은 모두 구약의 예언을 그대로 성취한 것이다(8:14-17).

8:18-9:8 예수의 권세 예수는 자신을 따라오려면 희생을 치러야 한다는 것을 강조하신다. 이어서 그는 자연계와 영의 세계를 다스리는 자신의 권세를 생생히 보여 주신다. 폭풍을 잠잠케 하고, 마귀를 쫓아내는가 하면, 중풍병자를 고치셨다(8:18-9:8). 군중들은 그의 권세에 놀란다. 중요한 것은, 마귀조차도 그가 누구신지 알아보았다는 점이다. 마귀는 예수를 높여 "하나님의 아들이여"(8:29)라고 부른다.

9:9-13 마태를 제자로 부르시다 예수가 마태(여러 자료를 모아 이 복음서를 기록한 인물이 바로 이 사람이라고 보는 것이 일반적이다)를 부르신 사건은 특별한 중요성을 갖고 있다(9:9-13). 마태-예수가 마태를 부르신 사건을 기록한 마가복음의 기사(막 2:13-17)에서는 마태를 "알패오의 아들 레위"라는 본명으로 부르고 있다-는 세리였다. 말하자면, 그는 동포들로부터 경멸을 받고 배척당하는 부류에 속해 있던 사람이었다. 당시는 로마가 팔레스타인 지역을 점령하고 있을 때였다. 세리들은 점령자인 외세와 결탁한 사람들이었다. 더욱이 그들은 할당받은 세액(稅額)보다 더 많은 세금을 거둬, 자신들의 배를 불리고 있었다. 그 결과, 유대인들은 그들을 역겨운 존재요 매국노로 여겼다.* 그런데, 예수는 그런 사람 중 하나를 자신의 제자로 부르신 것이다. 여기서

---

* 당시 로마에서는 정부가 징세권을 징세권 임차인들에게 빌려 주었다. 이 임차인들은 거금을 주고 정부로부터 한 지역의 징세권을 빌리면서, 정부가 정해 준 징세 목표액보다 더 많은 돈을 챙길 수 있는 권리를 확보하였다. 징세 지역이 넓고 사무가 복잡한 탓에, 이 임차인들은 아랫사람들을 부리게 되는데, 이 아랫사람들이 바로 세리들(희랍어로 '텔로나이')이었다(라3/835-836).

우리는 예수의 사역이 갖고 있는 가장 중요한 특징 가운데 하나를 발견할 수 있다. 즉, 그는 유대교가 구원의 가망이 없는 자들로 여겼던 사람들, 이를테면 창기나 이방인이나 세리들을 받아들이셨다. 예수는 자신의 이런 행동을 "나는 의인을 부르러 온 것이 아니요 죄인을 부르러 왔노라"(9:13)는 선언으로 집약하여 표현하셨다. 이 선언 속에는 분명 강력한 역설이 존재하고 있다. 어쩌면, 바리새인들처럼, 스스로 의인이라고 자부하는 사람들은 자칭 의인에 불과한 사람들일지도 모른다. 유대교라는 낡은 가죽 부대는 복음이라는 새 포도주를 담을 수 없었다(9:14-17).

9:18-38 예수가 병을 고쳐 주시다 말씀은 예수가 병을 고치신 사건들을 더 기록하고 있다. 그중에 하나, 특히 흥미로운 사례가 있다. 열두 해 동안 혈루증(血漏症)을 앓은 여인이 있었다. 몸에서 유출이 있었기 때문에, 유대인들은 그 여인을 불결하게 여겼을 것이다. 그러나 예수는 주저함 없이 그 여인을 고쳐 주신다. 유대교가 불결하다고 여기는 그 여인을 예수는 마땅히 고침을 받을 가치가 있는 사람으로 보신다.

10:1-42 예수가 열둘을 보내시다 이제 예수의 사역에서 새로운 국면이 펼쳐진다. 예수는 당신의 제자들에게 권세를 주어 당신의 사역을 이어가게 하시고, 그 제자들을 가르쳐 파송하신다(10:1-4). 예수는 제자들에게 하나님 나라가 임하였다는 좋은 소식을 이스라엘 백성들에게 전하라는 사명을 부여하신다. 동시에, 그 나라가 임하였음을 보여 줄 증거가 될 병 고침과 거듭남의 표적을 그 백성들에게 행하라고 명하신다(10:5-42). 이때, 예수가 당신의 제자들을 오직 유대인에게만 보내시면서 사마리아인 같은 외인(外人)들을 피하라고 지시하시는 점은 눈여겨 볼 필요가 있다. 예수는 분명 유대인들을 하나님의 백성으로 간주하신다. 하나님의 백성은 하나님이 당신의 백성들을 위하여 행하시는 일들을 다른 누구보다도 앞서서 들을 권리가 있다. 그러나 시간이 흘러갈수록, 유대교는 예수와 그의 제자들을 배척한다. 그 결과, 예수의 복음과 그 복음이 담고 있는 온갖 혜택들을 모든 민족이 누리게 된다. 이는 특히 바울에게 중요한 주제가 되었다. 예수는 이런 배척이 있을 것을 예견하셨다. 때문에, 그는 제자들이 이스라엘에서 이 좋은 소식을 선포할 때 환난을 당할 것이라고 분명하게 말씀하신다. 그러나 예수는 당신의 제자들을 보내시면서 하나님이 계속하여 그들을 보호하시고 그들에게 필요한 것을 공급하실 것이라고 확약하신다. 성령은 큰 고통의 순간에도 그들이 해야 할 말을 주실 것이다.

11:1-19 예수와 세례 요한 이제 이야기는 헤롯이 옥에 가둔 세례 요한(14:3-4을 보라)으로 옮겨간다. 요한은 자신의 제자들을 예수에게 보내어, 예수가 오랫동안 기다리던 메시아인지 아니면 다른 누군가를 더 기다려야만 하는지 묻는다(11:2-3). 예수는 그 대답으로 메시아가 오시면 나타날 표징으로서 옛적에 선지자가 예언했던 일들(사 35:4-6, 61:1)을 열거하신다. 당시 예수의 사역을 보면 알 수 있듯이, 선지자가 예언했던 일들은 모두 이루어졌다. 이미 메시아가 오신 게 분명했다. 예수는 세례 요한이 한 시대의 종언을 고하였음을 선언하신다. 요한은 주가 친히 오시기 전에 올 것이라고

구약이 약속했던 바로 그 엘리야였다(말 4:5). 예수의 말씀을 들어보면, 우리는 예수가 구약이 예언한 그 주(하나님)라는 결론을 내릴 수밖에 없다.

11:20-12:14 회개하지 않다; 안식일의 쉼

많은 사람들이 예수의 부르심에 응답하였지만, 회개를 거부한 이들도 많이 있었다(11:20-24). 그러나 예수는 회개한 이들에겐 쉼과 새 힘을 주신다(11:25-30). 이 쉼이라는 주제는 예수가 안식일에 이삭을 자르시고 병자들을 고치심으로써 안식일의 규례를 깨버리신 기사에서 더 깊이 전개되고 있다(12:1-13). 여기서 말씀은 두 가지 점을 분명하게 제시한다. 첫째, 예수가 바로 안식일의 주인이시다. 둘째, 안식일은 사람들에게 짐을 더 얹어 주려고 만들어진 것이 아니라, 사람들에게 새 힘을 주려고 만들어진 것이다.

12:15-50 구약의 예언, 그리고 악한 영들을 제어하는 예수의 권세

마태는 여기서 예수와 구약 예언의 관계라는 주제를 다시 끄집어 낸다. 그는 예수의 사역이 구약의 위대한 메시아 예언 중 하나를 어떻게 완성하였는지 보여 준다(12:15-21; 사 42:1-4을 보라). 그는 또한 예수가 죽음에서 부활하심으로써 "요나의 표적"(12:38-42)을 보여 주시게 될 것이라고 이야기한다. 그러나 이 부분에서는 악한 영들을 제어하는 예수의 권세 역시 중요한 주제로 등장한다(12:22-37, 43-45). 분명 예수는 그런 영들을 제어할 권세를 갖고 계셨다. 문제는 '그런 권세가 어디에서 유래하였느냐'는 것이었다. 군중들은 그 권세가 메시아이신 예수의 지위에서 나왔다고 생각했다. 그러나 예수를 대적한 자들은 예수가 "귀신의 왕 바알세불"(12:24)과 한 통속이기에 그런 권세를 가질 수 있는 것이라고 비방하였다. 이런 주장은 용서받을 수 없는 죄였다. 그건 성령을 모독하는 것이요, 하나님의 위대한 행위를 사탄의 행위로 폄하하는 것이었기 때문이다.

13:1-52 천국을 비유로 가르치시다

마태는 예수의 가르침을 다섯 묶음으로 묶어 제시하였다. 그 가운데 세 번째 묶음이 여기서 시작된다(13:1-58). 이 묶음 속에는 너무나 유명한 '천국의 비유들'이 몇 개 들어 있다. 예수가 비유를 사용하여 가르치셨다는 것은 그 자체만으로도 의미심장한 일이다. 그것은 구약의 또 다른 예언(13:35; 시 78:2; 호 12:10을 보라)이 이루어졌음을 보여 주는 것이기 때문이다. 마태복음 13:35에서 암시하고 있는 히브리어* 속에는, '수수께끼'나 '이해할 수 없는 말'처럼, 여러 가지 의미가 담겨 있다. 앞으로 분명하게 드러날 터이지만, 이 '이해할 수 없는 말'은 그것을 이해할 수 있는 특권을 부여받은 사람만이 이해할 수 있다. 듣긴 들어도 그 뜻이 무엇인지 도무지 알아듣지 못하는 사람들이 있다. 그들은 보아도 깨닫지 못한다(13:10-17).

이런 일을 염두에 둔 비유로서 처음 등장하는 것이 '씨 뿌리는 자의 비유'(13:1-9, 18-23)다. 이 비유는 똑같은 씨를 여러 종류의 땅에 뿌렸다고 이야기한다.** 그러나 '그

---

* '비유'를 뜻하는 히브리어 '마샬'을 가리킨다(가/470).

** 당시 팔레스타인 지역에서는 토질을 가리지 않고 일단 지면에 씨를 뿌린 다음, 그 토지를 갈아엎는 농사법

씨가 어떻게 될 것이냐'는 결국 씨가 떨어진 토양의 질에 달려 있다. 마찬가지로, 예수는 설교를 통하여 하나님의 말씀이라는 씨를 뿌리신다. '그 말씀이 사람에게 어떤 효과를 미치느냐'는 '그 사람이 어떻게 반응하느냐'에 달려 있다. 만일 누군가가 그 말씀을 따르지 않거나 실족한다면, 그건 씨의 잘못이 아니다.

두 번째 비유는 곡식밭에 초점을 맞춘다. 원수는 농부의 밭에 가라지를 뿌린다(13:24-30, 36-43). 결국 곡식과 가라지는 함께 자라게 된다. 이 단계에서 가라지를 뽑게 되면, 자칫 곡식까지 상할 수 있다. 때문에 농부는 추수 때까지 기다리기로 결심한다. 추수 때가 되면, 곡식과 가라지는 나누어지게 될 것이다. 세상에도 선한 사람과 악한 사람이 있게 마련이다. 이들 역시 마지막 심판 때가 되어야 나뉘게 될 것이다. 지금 악인을 솎아내다 보면, 자칫 의인을 다치게 할 수도 있기 때문이다. 하나님은 마지막 때까지 기다리셨다가, 악인들을 영원히 뽑아 버리실 것이다. 그물의 비유도 같은 내용을 담고 있다(13:47-50).

두 개의 간단한 비유─씨가 자라는 비유와 반죽 속에 넣어둔 누룩이 반죽을 부풀게 하는 비유─는 그 시작이 미약한 하나님 나라가 나중에는 크게 불어날 것임을 생생히 보여 준다(13:31-33). 이어서 등장하는 감춰진 보화 비유와 극히 값진 진주 비유들은 복음의 가치와 매력을 실감나게 묘사하고 있다(13:44-45).

13:53 영광을 얻지 못하는 선지자 예수의 가르침을 담은 세 번째 묶음은 예수가 향리인 나사렛 사람들에게 배척당하는 장면을 보고하며 끝을 맺는다. 예수는 이적과 표적으로 자신의 신령한 권세와 권능을 드러내셨다. 그러나 나사렛 사람들은 그를 멸시한다. 그들에겐 믿음이 없었다. 그러기에 예수는 정작 당신의 고향에서는 아무 이적도 행하지 않으신다. 이 일은 '믿음이 없으면 이적도 없다'는 중요한 일반 원리를 우리에게 일러주고 있다. 그리스도로부터 은덕을 받아 누리려면, 믿음이 선행되어야 한다.

마태복음 14:1-20:34
예수 사역의 마지막 국면

14:1-36 세례 요한이 목 베임을 당하다; 군중들이 예수를 따르다 세례 요한이 참수당하면서, 예수의 사역은 새 국면을 맞는다(14:1-12). 예수는 요한의 죽음을 보시고 대중 사역을 접으려 하신다. 그러나 군중들은 그를 홀로 놔두지 않았다. 예수는 5,000이나 되는 무리들을 (떡 다섯 개와 물고기 두 마리로) 먹이신다(14:13-21). 이 일은 예수의 긍휼과 권능을 보여 주는 것이기도 하지만, 동시에 이제는 엄청난 군중들이 그를 따르게 되었음을 보여 주는 사건이었다. 그런가 하면, 예수는 물 위를 걸으시고 폭풍에게 명하여 잠잠케 하신다. 이것들은 예수에게 자연계를 제어하는 권세가 있음을 재차 강조하는 사건들이었다. 예수가 가는 곳마다 큰 무리들이 따라다녔다(14:22-36). 이는 사람들이 예수에게 큰 관심을 기울이고 있었음을 그대로 보여 주는 증거다.

을 사용하고 있었다고 한다. 때문에 돌밭이나 길가에도 씨가 뿌려졌던 것이다. 참고. Joachim Jeremias, *Die Gleichnisse Jesu* (München: Siebenstern Taschenbuch, 1969), 9.

15:1-39 예수와 유대교 마태는 당시 예수와 유대교의 관계에 재차 초점을 맞춘다. 둘 사이에서 유대교의 정결례(淨潔禮)가 중요한 논쟁거리로 떠오른다. 바리새인들이 정결례 전통을 지키지 않는 예수의 제자들을 통박하면서, 논쟁이 불거지게 된 것이다(15:1-19). 그러나 예수는 바리새인들이 하나님의 말씀보다 인간의 전통을 더 위에 두었다고 힐난하신다. 예수는 씻지 않은 손으로 음식을 먹는 행위가 사람을 더럽게 하는 것이 아니라 사람의 마음속에 있는 악한 생각이 사람을 더럽게 만든다고 말씀하신다. 예수가 전통만을 내세우는 바리새인들을 통박하시면서, 유대교가 따돌렸던 사람들(본문에서는 예수가 두로와 시돈 지방에서 만나신 한 가나안 여인을 예로 든다)은 예수에게 매료되어 그를 믿게 된다(15:21-28). 예수는 또 (물고기 두 마리와 떡 일곱 개로) 4,000명을 먹이신다(15:29-39). 이전에 5,000명을 먹이신 일과 흡사한 이적을 또 행하신 것이다. 이 일로 예수의 호소력과 권세가 다시 한 번 증명된다.

16:1-12 바리새인들과 사두개인들이 표적을 구하다 하지만, 모든 사람이 예수의 권세를 인정하려 한 것은 아니었다. 바리새인과 사두개인들(둘 다 유대교 내의 큰 종교 분파였다)*은 예수를 시험한다. 그들은 예수에게 그의 권세를 증명할 수 있는 표적을 요구한다(16:1-4). 그러나 예수는 그들에게 "요나의 표적"만을 일러주신다. 그것은 당신이 장차 죽은 자 가운데서 부활하실 것을 분명하게 언급하신 것이었다(12:39-40을 보라). 예수는 제자들에게 바리새인들과 사두개인들의 악영향을 주의하라고 경고하신다(16:5-12). 그런 다음, 예수와 제자들은 가이사랴 빌립보로 길을 재촉한다. 바로 이 가이사랴 빌립보에서 예수의 사역 기간 중에 일어난 사건들 가운데 가장 유명한 사건 하나가 벌어진다. 하지만, 이 사건에서는 예수보다 그의 제자들이 더 큰 주목을 받게 된다.

16:13-20 베드로가 예수는 그리스도이심을 고백하다 예수는 제자들에게 중요한 질문을 던지신다. "사람들이 나를 누구라 하느냐?" (이때, 예수는 자신을 가리켜 "인자"라고 말씀하신다.) 제자들은 사람들로부터 들은 다양한 대답을 이야기한다. "어떤 이는 선지자 중의 하나라 하고, 어떤 이는 세례 요한이 다시 살아났다고 말합니다. 엘리야라고 말하는 사람도 있습니다." 이때, 예수는 제자들에게 다그쳐 물으신다. "그러면, '너희'는 나를 누구라 하느냐?" 이것은 아주 중요한 질문이었다. 군중들과 달리, 제자들은 예수의 공생애 기간 내내 스승 예수와 동고동락해 왔기 때문이다. 그들은 예수가 하시는 일을 보았고, 그의 말씀을 들었다. 그 결과, 그들은 어떤 결론을 내리게 되었는지 예수는 묻고 계셨다.

---

* 바리새인들은 성경과 더불어 대대로 내려온 랍비들의 해석을 존중하였으나, 사두개인들은 오직 경에 기록된 것만을 존중하였다. 예수 당시 바리새인들은 주로 율법사와 서기관들이 많았고, 사두개인들은 산헤드린 공회를 중심으로 이스라엘 내의 종교 권력을 휘어잡고 있었다. 자세한 내용은 요아힘 예레미야스가 쓴 「예수시대의 예루살렘」(한국신학연구소 역)이나 독일의 귄터 쉬템베르거(Günter Stemberger)가 쓴 「바리새파, 사두개파, 엣세네파」(Pharisöer, Sadduzäer, Essener)를 참조하라.

베드로가 제자들을 대표하여 입을 열었다. 그는 예수가 "그리스도(곧, 메시아)시요 살아계신 하나님의 아들"이시라고 대답하였다(16:13-20). 이는 곧, 예수가 오랫동안 기다려 온 메시아이시며, 그 메시아가 당신의 백성에게 오셨음을 고백한 것이었다. 예수는 베드로의 말이 옳다고 선언하신다. 그러나 베드로의 이 고백은 베드로 자신의 힘으로 얻을 수 있는 결론이 아니었다. 베드로가 이토록 중대한 결론을 얻을 수 있었던 것은 하나님의 도우심이 있었기 때문이다. 예수는 제자들에게 그들이 알게 된 예수의 진짜 정체를 어느 누구에게도 발설하지 말라고 당부하신다. 어쩌면 예수는 사람들이 '메시아'라는 칭호를 순전히 정치적 의미로 오인할까봐 염려하셨던 것인지도 모른다. 당시의 상황만 본다면, 메시아를 점령자인 로마로부터 이스라엘을 해방시켜 줄 백전백승의 정치 지도자로 오해하는 것은 당연지사였을지도 모른다.

16:21-28 예수가 당신의 죽음을 예언하시다

하지만, 제자들조차도 예수를 오인하고 있었다. 제자들이 예수가 메시아이심을 고백한 직후, 예수는 당신이 예루살렘으로 올라가 고난당하시고 죽임을 당하신 뒤, 죽은 자 가운데서 다시 살아나야 할 것이라고 말씀하신다. 그는 이렇게 해야만 하였다. 그것이 그의 사명이었고, 그의 의무였다. 하지만, 그가 고난당하시고 죽임을 당하셔야만 한다는 것은 제자들이 생각하던 전통적 메시아의 모습과 동떨어진 것이었다. 베드로는 그런 일이 있어서는 안 된다고 말한다. 그러나 예수는 그런 베드로를 꾸짖으신다(16:21-28).

17:1-13 변화산 사건

이어서 부활을 예견케 하는 중대한 사건이 일어난다. 변화산 사건(17:1-13)은 예수가 모세와 엘리야의 연장선 위에 계심을 보여 주는 동시에, 그리스도가 얻으실 부활의 영광을 예표하고 있다. 하나님은 예수의 신분과 권세를 인정하심으로써 예수의 사역과 사명을 다시 한 번 확인해 주신다.

17:14-18:20 교회 내의 겸손과 죄

마태는 예수가 그 지역에서 병을 고치시고 말씀을 선포하신 일을 더 기록하고 있다(17:14-27). 그리고 이제 우리는 예수의 가르침을 담은 네 번째 묶음에 도달했다(18:1-35). 이 가르침은 겸손의 중요성(18:1-9)과 개개 그리스도인의 중요성(18:10-14)에 초점을 맞추고 있다. 예수는 죄가 교회 내에서 어떻게 처리되어야 하는지 분명하게 말씀하신다. 아울러 그는 두세 사람이 당신의 이름으로 모인 곳에는 늘 함께하실 것이라고 약속하신다(18:15-20).

18:21-35 자비심이 없는 종의 비유

이 부분의 가르침은 용서와 관련된 중요한 비유를 담고 있다. 예수는 어떤 왕의 종이면서 막대한 빚을 진 사람의 이야기를 꺼내신다. 그 빚이 얼마나 많았던지, 그 종과 종의 일가가 모두 노예로 팔려가야 겨우 그 빚을 다 갚을 수 있을 정도였다. 종은 자신의 빚을 면제해 달라고 애걸한다. 자비로운 왕은 종의 간청을 들어준다. 그런데, 종은 자신의 빚을 면제받자마자, 자신에게 빚을 진 또 다른 종에게 빚을 갚으라고 독촉한다. 이 불쌍한 채무자는 빚을 갚을 능력이 없었다. 결국 그는 옥에 갇히는 신세가 되고 만다. 왕은 이 이야기를 듣고 격노한다. 그는 즉시 채무

면제를 철회해 버린다. 이 비유는 주기도의 중요한 종결부(6:14-15)를 보완해 준다. 뿐만 아니라, 이 비유는 하나님이 우리를 용서하시는 것이 우리가 다른 사람을 '일흔 번씩 일곱 번'이라도 용서해 주느냐에 달려 있음을 보여 준다. 용서에는 횟수의 제한이 없는 셈이다.

19:1-30 이혼, 어린 아이; 부자 청년 이 일 후에, 예수는 요단 강을 건너가 사람들을 가르치시고 병을 고치신다. 이때, 예수는 이혼에 관한 모세의 가르침이 지닌 참뜻을 설명하시고(19:1-12), 어린아이들과 같은 자들이 천국을 얻을 것이라고 강조하신다(19:13-15). 이어서 예수는 한 부자 청년을 만나신다(19:16-30). 예수는 이때 그 청년과 구원의 조건을 놓고 말씀을 나누신다. 예수는 그 청년이 계명을 신실하게 지켰다는 것을 인정하신다. 하지만, 예수는 그 청년에게 가진 것을 다 팔고(팔아 가난한 이웃들에게 나누어 주고) 자신을 따르라고 요구하신다. 청년은 이 요구에 낙담한다. 그는 크게 슬퍼하며 그 자리를 떠났다. 우리는 여기서 예수가 당신의 주장에 그 어떤 타협점도 설정하려 하지 않으셨다는 점을 유념해야만 한다. 부자가 하나님 나라에 들어가는 것은 어렵다. 그러나 예수는 그것이 불가능하다고 말씀하지 않으셨다. 부는 분명 하나님께 나아가는 데 장애가 된다. 그렇지만, 예수가 분명하게 말씀하시듯이, 하나님은 모든 걸 하실 수 있다. 하나님의 구원 경륜 밖에 있는 사람은 아무도 없다. 하나님은 예수 그리스도를 믿으면 누구나 구원을 얻게 될 것이라고 약속하셨다.

20:1-16 포도밭 품꾼의 비유 하나님은 당신의 약속에 신실하시다. 예수는 바로 이 주제를 포도밭 품꾼의 비유를 통하여 가르치신다(20:1-16). 이 비유는 한 포도밭 주인에게 초점을 맞춘다. 그 주인은 몇몇 일꾼들에게 자신의 포도밭에서 하루 종일 일하는 조건으로 한 데나리온(당시 보통 하루 품삯이었다)을 주겠다고 제안한다. 시간이 좀 흐르고 나서, 그는 일꾼 몇 명을 더 고용한다. 주인은 처음 고용한 일꾼보다 더 짧은 시간 동안 일하게 될 이들에게도 똑같은 품삯을 약속한다. 그는 정오에, 그리고 오후에 고용한 일꾼들에게도 이와 같이 한다. 해가 질 무렵, 주인은 모든 품꾼에게 똑같은 품삯을 지불한다. 종일 일한 사람이나, 겨우 두세 시간 일한 사람이나 같은 품삯을 받은 것이다. 이를 보고, 하루 종일 일했던 품꾼들은 성을 낸다. 이유인즉, 품삯이 불공평하다는 것이었다. 하지만 주인은 분명 자신의 약속을 신실히 지켰다.

이 비유는 두 가지 차원에서 신자들에게 중요성을 갖고 있다. 첫째, 하나님은 유대인보다 늦게 이방인들을 부르셨지만, 하나님은 그 둘에게 똑같이 구원이라는 상급을 베푸신다. 이 비유는 신자들에게 이 점을 깨우쳐 준다. 둘째, 이 비유는 용서와 구원의 약속이 모든 이에게 열려 있음을 깨우쳐 준다. 때늦은 오후에야 주인의 제안을 받아들이는 이도 있다. 하지만 그런 사람도 일단 그 제안을 받아들이면, 똑같이 용서와 구원을 얻게 된다.

20:17-19 예수가 당신의 죽음이 많은 사람을 위한 대속물이 될 것임을 미리 말씀하시다 구원에는 값비싼 대가가 지불되었다. 독자들은 여기서 그 점을 다시 한 번 되새기게 된다. 예수가 배반당하고 고난당하신 뒤에

부활하실 것을 재차 예언하시기 때문이다. 이 말씀을 읽으면서, 우리는 예수의 죽음이 결코 우연이 아니란 것을 거듭 깨닫게 된다. 예수의 죽음은 하나님의 목적 가운데 이루어진 일이요 예언된 일이었다. 예수는 죽으셔야만 했기에 죽으신 것이다. 죄뿐인 인류를 구원하려면, 다른 길이 없었기 때문이다. 십자가 사건은 반드시 일어나야만 했다.

자신이 고난당하고 죽으실 것을 미리 말씀하신 예수는 이어서 우리의 심정을 절절히 울리는 말씀을 선포하신다. 자신은 사람들을 섬기고 자기 목숨을 많은 사람의 대속물로 주시고자 이 땅에 오셨다고 선언하신 것이다(20:20-28). '대속물'은 노예가 자유를 얻을 때 그 대가로 지불하는 것을 말한다. 예수 그리스도의 죽음은 신자들을 죄의 굴레에서 해방시켰다. 세상의 통치자들은 그의 백성 위에 군림하려 들 수 있다. 그러나 그리스도를 믿는 지도자라면, 그리스도를 본받아 자신의 백성들을 섬겨야 한다. 이어서 예수는 두 소경을 고쳐 주신다(20:29-34). 다시 한 번 자신의 긍휼을 보여 주신 것이다.

마태복음 21:1-28:20
마지막 주간

21:1-11 영광스러운 예루살렘 입성 이러는 동안, 예수와 그의 제자들은 점점 더 예루살렘에 가까이 가고 있었다. 신명기 16:16은 모든 유대인들에게 예루살렘 지경 내에서 유월절을 지키라고 요구한다. 예루살렘에 가까이 온 예수와 제자들도 유월절을 눈앞에 두고 있었다. 이 유월절은 예수에게 특별한 의미를 갖게 된다. 예수가 온 세상의 죄 때문에 희생당하는 참된 유월절 어린양이라는 사실이 이 유월절에 드러나기 때문이다. 예수는 제자들에게 당신이 예루살렘에 들어가 배반당한 뒤, 결국 십자가에 달려 돌아가실 것이라고 말씀하셨다. 이제 예수는 위대한 성 예루살렘에 막 들어가시려는 참이었다(21:1-4). 예수는 나귀를 타시고 겸비한 모습으로 입성하신다. 구약의 위대한 메시아 예언(슥 9:9)이 그대로 이루어진 것이다. 예수는 왕으로서 예루살렘에 들어가셨다. 오늘날 그리스도인들은 이 사건을 기념하여 종려 주일을 지킨다. 분명 많은 사람들이 이 사건을 고대하고 있었다. 군중들은 예수를 환영하면서, 그에게 영광을 돌리고 그를 찬양하였다(21:5-11). 예수는 왕의 대우를 받으셨으나, 군중들은 그를 선지자라고 불렀다(21:11). 그들은 아직 예수가 선지자요 왕이라는 것을, 나아가 구원자라는 것을 깨닫지 못하고 있었다.

21:12-22 유대교 지도자들과 충돌하시다 예수의 공생애 마지막 주간은 가르침, 그리고 유대교 지도자들과 충돌을 빚은 일로 점철되어 있다. 첫 번째 큰 사건은 성전 정화 사건이었다. 예수는 성전에 들어가 상인들을 내쫓으시고, 환전상(換錢商)과 비둘기를 파는 자들의 상을 엎어 버리신다(21:12-17). 어쩌면 이 행동은 성전을 장터로 전락시킨 소행에 반감을 표시한 것으로 볼 수 있을지도 모른다. 그러나 십중팔구 확실한 사실은, 한 개인이 어떤 형태이든 금전 거래나 매매 행위를 거쳐야 비로소 하나님께 예배할 수 있다는 사실에 예수가 분노를 표시하셨다는 점이다. 예수는 잎만 무성하고 열매를 맺지 못한 무화과나무를 저주하신다(21:18-22). 이 일은 많은 열매를 맺어야 하는데도 전혀 열매가 없는 당대의 유대교에 예수가 분노하고 계셨음을 보여 주는 사건이다.

21:23-46 예수를 추궁하고 배척하다 예수와 유대교 지도자들의 반목은 점점 더 강도를 더해 간다. 예수를 비판하던 자들은 다시 한 번 그의 권세를 시비한다(21:23-27). 하지만, 그들은 예수가 그들에게 던지는 도전에 적절한 대답을 내놓지 못한다. 예수는 하나님의 뜻에 관하여 말만 늘어놓는 것보다 그 뜻을 실천하는 것이 더 중요하다고 강조하신다. 바로 이런 점 때문에, 예수는 바리새인보다 창기와 세리들을 더 두호(斗護)하신다(21:28-32). 이런 점은 포도밭 소작인 비유(21:33-46)에서 한층 더 강하게 표명되고 있다. 이 비유는 하나님의 선지자들을 배척했던 유대교가 이제는 하나님의 아들마저 배척하려 하는 것을 생생하면서도 고통스럽게 묘사하고 있다. 종국에는 포도밭 주인의 아들마저 죽임을 당하는 이야기를 들으며, 우리는 자신이 예루살렘에서 죽임을 당하게 될 것이라던 예수의 예언을 떠올리게 된다. 예수의 죽음은 유대교가 끝내 그를 배척하였음을 보여 주는 증거가 될 것이다.

이어서 예수는 혼인 잔치의 비유를 들어 하나님 나라에 들어갈 자가 누구인지 말씀하신다(22:1-14). 혼주는 성대한 혼인 잔치를 준비하고 몇몇 손님만을 엄선하여 초대한다. 그러나 초대받은 이들은 이 초대를 거절한다. 결국 혼주는 모든 사람을 그 잔치에 초대한다. 이 비유가 말하고자 하는 바는 간단하다. 처음에는 이스라엘만이 복음을 듣도록 초대받았다. 그러나 그들은 그 초대에 응낙하지 않거나, 아예 퇴짜를 놓았다. 결국 하나님은 모든 이방인을 복음의 잔치에 초대하신다. 그러나 그 초대에는 일정한 조건이 붙어 있다. 혼인 잔치에 가는 손님은 적절한 예복을 갖춰 입어야 한다. 마찬가지로, 하나님 나라에 들어가려는 손님은 회개와 신앙이라는 예복을 갖춰 입어야만 한다.

22:15-46 바리새인들과 사두개인들이 더 강경한 시비를 걸다 바리새인들과 사두개인들은 예수의 허를 찌르려고 호시탐탐 기회만 엿보고 있었다. 그들은 예수께 잇달아 시비조의 질문을 던진다. 제일 먼저 예수를 함정에 빠뜨리려고 한 이들은 바리새인들이었다. 그들은 예수를 로마 당국과 관련된 논란에 끄집어 넣으려고 시도한다(22:15-22). 그들은 유대인이 로마에 세금을 내야 하는지 여부를 물었다. 당시 바리새인들은 로마에 세금을 내지 말아야 한다는 입장이었다. 반면, 로마를 강력히 지지했던 헤롯 당원들은 납세에 찬성하고 있었다. 바리새인과 헤롯 당원 둘 다 예수를 반대하고 있었다. 예수는 그 대답에 따라, 로마에 반역한 인물이 되든지, 아니면 로마에 부역한 인물이 될 처지에 봉착하였다. 그러나 예수는 그 어떤 쪽도 택하지 않으신 채, 자신 앞에 놓인 함정을 거뜬히 지나가 버리신다. 당시 세금을 내는 데 쓰는 주화에는 가이사(카이사르)의 얼굴이 들어 있었다.* 예수는 그들에게 그 주화에 새겨진 형상을 보게 하신다. 그러고 나서 이렇게 말씀하신다. "가이사의 것은 가이사에게, 하나님의 것은 하나님께 바치

---

* 당시 로마 황제는 로마 제정 시대를 연 아우구스투스의 후임자 율리우스 카이사르 아우구스투스 티베리우스(Iulius Caesar Augustus Tiberius)였다. 그는 전 황제인 아우구스투스와 혼인한 리비아 드루실라와 드루실라의 전 남편인 티베리우스 클라우디우스 네로 사이에 태어난 인물이었다. 재위 기간은 주후 14-37년이다. 참고. Edward Gibbon, 「로마제국쇠망사 I」, 김영진 역(서울: 대광서림, 1990), 365.

라." 인류가 하나님의 형상을 따라 창조되었다(창 1:26-27)는 점을 생각한다면, 결국 예수의 대답은 모든 사람이 하나님께 자신을 드려야 한다는 것을 선언하신 것이었다.

그러자, 사두개인들이 또 질문을 던진다. 이번에는 부활 때에 혼인 관계가 어떻게 되느냐와 관련된 질문이었다(22:23-33). 부활을 인정하지 않았던 사두개인들은 예수를 함정에 빠뜨려 부활이 없다는 응답을 끌어내려 한다. 그들은 하늘에도 혼인이 있다는 전제 아래, 부활이 논리상 불가능하다는 결론을 끌어 내고자 억지로 지어 낸 질문을 던진다. 그러나 예수는 하늘에는 혼인이 없다는 것을 지적하시면서, 그들의 논리가 어처구니없는 것임을 만천하에 폭로하신다. 사두개인들은 예수의 대답을 듣고 할 말을 잃어버린다. 이를 본 바리새인들은 다시 어느 계명이 가장 크냐는 질문으로 예수를 압박한다(22:34-40). 이것은 특별히 십계명에 국한된 질문이 아니었다. 당시에는 율법이 613개의 계명으로 이루어져 있다고 여기는 게 중론(衆論)이었다. 그들은 예수에게 그 많은 계명 중 어느 것이 최고인지 고를 것을 요구한 것이다. 그러나 예수는 신명기 6:5과 레위기 19:18을 함께 인용하시면서, 이 질문에 명쾌한 대답을 주신다. 그런 다음, 바리새인들에게 자신이 주(主)*이심을 천명하신다. 예수의 대답은 아무나 할 수 있는 대답이 아니었다. 결국, 예수의 대적들은 입을 다물 수밖에 없었다.

23:1-39 일곱 가지 화(禍)
예수는 예루살렘에서 당대 종교의 많은 잘못들을 질타하시고 논박하시면서 사역을 계속하신다(23:1-39). 예수는 특히 외양(外樣)과 형식에 치우친 바리새인들의 종교 행태를 비판하셨다. 늘 그랬듯이, 바리새인들은 소소한 문제들에 집착하느라 큰 문제인 정의와 신앙은 무시하곤 했다. 그들은 "하루살이는 걸러내고 낙타는 삼키는"(마 23:24) 지경이었다. (여기서 말하는 하루살이와 낙타는 부정(不淨)한 피조물 가운데 가장 작은 것과 가장 큰 것을 가리킨다.)

24:1-35 시대의 마지막에 나타날 징조들
이제 예수의 가르침을 담은 마지막 다섯 번째 묶음이 시작되었다. 이 부분은 시대의 마지막에 초점을 맞추고 있다(24:1-25:46). '감람산 담화'로도 불리곤 하는 이 부분은 제자들에게 장차 임할 환난을 경고한다. 이 부분은 미래의 고난과 고통을 생생히 묘사하고 있다. 이 가운데 많은 말씀이 주후 70년, 로마군이 예루살렘을 파괴할 때 최소한 일부나마 그대로 이루어진다. 마지막 때는 배신과 핍박과 거짓 가르침이 난무하는 시대가 될 것이다. 그러나 결국 예수가 말씀하시고자 하는 것은 세상의 마지막 그 자체다. 그 마지막이 언제 임할지, 그때와 그날은 아무도 모르며, 심지어 아들조차도 알지 못한다(24:36). 오직 아버지만이 알고 계신다. 그날은 한밤중에 침입하는 도둑처럼 임할 것이다(24:42-44). 바울은 예수의 이 말씀을 데살로니가전서 5:2에서 그대로 인용하고 있다.

---

* '주', 곧 '내 주'는 히브리어로 '아도나'다. 이는 유대인들이 하나님의 이름인 여호와(YWHW)를 감히 그대로 부를 수 없어서 대신 부르던 명칭이었다. 따라서 예수가 자신이 '주' 이심을 말씀하신 것은 자신이 곧 '여호와 하나님' 임을 밝히신 것이다.

24:36-25:13 그날과 그때는 아무도 모른다

세상의 마지막은 갑자기 임할 것이다. 때문에 예수는 항상 깨어 있어야 한다는 점을 특별히 강조하신다. 집주인은 재산을 훔쳐가는 도둑을 대비하지 못할 수도 있다. 하지만, 신자들은 주가 오실 때에 깨어 있어야만 한다. 열 처녀 비유는 이 점을 분명하게 이야기하고 있다(25:1-13). 예수는 이 비유를 통하여 청중들을 이렇게 권면하신다. "깨어 있으라, 너희는 그날과 그때를 알지 못하느니라."

25:14-30 달란트 비유

예수는 주가 다시 오실 것이라는 주제를 달란트 비유를 통하여 다른 시각에서도 깊이 있게 살펴보신다(25:14-30). 이 비유는 주인이 없는 동안 종들이 행한 일에 초점을 맞추고 있다. 이 비유 속에서, 주인은 자신의 종들에게 달란트(본디 달란트는 은의 양을 재는 단위이나, 당시에는 돈 역할을 하였다)를 맡기고 출타한다. 종들은 주인이 맡긴 돈을 여러 방법으로 사용한다. 이 비유의 요점은, 주인이 예고 없이 돌아와 자신이 없는 동안 일어난 일을 살펴볼 것이라는 점이다.

하지만, 이 비유는 다음 세 가지 점을 더 강조하고 있다. 첫째, 달란트는 하나님의 선물이다. 종들에겐 그 돈(달란트)이 자기 것이라고 주장할 수 있는 권리가 없다. 그 돈은 주인의 소유로서, 주인이 출타한 동안 잠시 종들에게 맡긴 것일 뿐이다. 종들은 그 돈의 소유자가 아니라 관리자일 뿐이다. 주인이 출타한 동안, 종들은 그 돈을 지혜롭게 사용해야 할 책임을 진다. 둘째, 하나님이 주신 선물은 사용하라는 것이다. 출타했다가 돌아온 주인은 받은 달란트를 땅 속에 묻어둔 채 사용하지 않은 종에게 화를 낸다. 신자들은 이 세상에서 자신이 받은 달란트를 사용해야 하며, 그 달란트를 사용하는 방식에도 책임을 져야만 한다. 셋째, 하나님의 선물은 사용되어야 늘어난다. 비유를 보면, 두 종은 자신의 달란트를 사용하였으나, 한 종은 달란트를 땅 속에 묻어둔다. 이 마지막 달란트는 아무 변동 없이 그대로 땅 속에 묵혀둔 셈이다. 이 달란트는 사용되지 않았기에 늘어나지 않았다. 하지만, 다른 두 종은 자신들이 맡은 달란트를 지혜롭게 사용하여 더 불려 놓았다. 정체된 신앙은 깊어지지 않는다. 삶에 적용된 신앙이라야 깊어지는 것이다.

25:31-46 양과 염소

이어서 등장한 양과 염소의 비유는 심판이라는 주제를 다루고 있다. 이 비유는 마지막 때에 선한 자와 악한 자가 구별될 것임을 이야기한다. 이는 이미 가라지 비유(13:24-30, 36-43)와 그물 비유(13:47-50)가 말했던 내용이다. 이 비유는 그리스도인이 삶 속에서 선한 행위를 실천하는 것이 중요하다는 것을 분명하게 이야기한다. 선한 행위는 진정으로 그리스도께 헌신하는 믿음을 보여 주는 표지이기 때문이다.

26:1-13 예수를 죽이려고 획책하다

이 본문에 들어서면서, 이야기의 전개 속도가 급작스레 빨라진다. 유월절 이틀 전, 예수는 자신이 십자가에 달려 돌아가실 것이라고 다시 한 번 말씀하신다. 그러는 동안, 유대 관원들은 예수를 체포할 방책을 짜고 있었다. 이때, 가룟 유다는 대제사장들에게 가서 예수를 그들의 손에 넘기기로 약조한다. 이런 일이 진행되고 있을 때, 예수의 몸에 기름이 부어지는 일이 일어난다. 그것은 예수의 장례를 준비하는 것이었다.

26:17-30 마지막 만찬 여러 가지 방법으로 예수의 죽음이 임박했음을 암시한 마태는 마침내 예수의 마지막 만찬 사건을 이야기한다. 이 만찬은 유월절 식사로서, 예수가 십자가에 달리시기 전날 밤에 이루어졌다. 유월절 식사는 유대인들에게 중요한 의미가 있었다. 그것은 하나님이 당신의 백성을 애굽에서 이끌어 내심으로써 그들에게 위대한 구원을 베푸셨음을 기억하는 계기였기 때문이다. 예수는 열두 제자와 함께 유월절 식사를 하신다. 그건 분명 예수와 제자들이 아주 가까운 관계임을 보여 주는 일이었다. 그러나 예수는 그 열둘 가운데 하나(자신의 최측근 중의 하나)가 당신을 배반할 것이라고 말씀하신다. 제자들은 이 말씀에 충격을 받는다. 그러나 예수는 그 일이 반드시 일어나야 할 일이라고 말씀하신다. 그 일은 이미 성경이 예언한 일(사 53:1-12에서와 같이)이었기에, 일어날 수밖에 없는 일이었다. 하지만, 일어날 수밖에 없는 일이라 하여 배신자의 죄가 면책되는 것은 아니다. 이제 우리는 그 배신자가 유다라는 것을 모두 알고 있다. (여기서 다른 제자들은 예수를 '주'라고 부르는데, 유다는 그저 '랍비', 곧 선생님으로 부르는 것에 유의하라.) 이어서 예수는 떡을 쪼개어 제자들에게 나누어 주신다. 그것은 자신의 몸이 곧 그렇게 쪼개질 것임을 보여 주는 표지였다. 그런 다음, 자신의 피를 통하여 세워지게 될 새 언약의 표지로써 포도주를 나누어 주신다. 이 그리스도의 피로 말미암아 비로소 죄가 용서받을 수 있게 된다. 오늘날도 그리스도인들은 예수를 기념하며 떡을 떼고 잔을 나눈다. 이를 통해 그리스도인들은 그리스도가 인류 구원을 위해 죽으신 일이 너무나 중요하다는 것을 영원히 기억하게 될 것이다.

26:31-46 베드로가 부인할 것을 예언하시다; 예수와 제자들이 겟세마네로 가다 예수와 제자들은 감람산으로 간다. 거기서 예수는 곧 일어날 사건들로 말미암아 제자들이 자신을 버리고 흩어질 것이라고 말씀하신다. 그 말씀은 스가랴 13:7의 메시아 예언이 이루어질 것임을 일러주신 것이었다(26:31-35). 그러나 이 어둡고 우울한 순간에 한 줄기 빛이 그 광채를 드러낸다. 예수가 자신이 부활하신 뒤에 제자들보다 앞서 갈릴리로 가실 것임을 선언하신 것이다. 베드로는 예수의 말씀을 믿으려 하지 않았다. 그는 어떤 일이 벌어지든 자신은 주님이신 예수 옆에 있겠다고 맹세한다. 그러나 예수는 부드러운 목소리로 베드로가 그 밤에 자신을 세 번 부인할 것이라고 말씀하신다. 예수와 제자들이 겟세마네로 옮겨간 후, 제자들의 연약함이 이내 드러나고 만다(26:36-46). 예수는 자신이 당할 일이 임박했음을 아시고 극심한 고통에 시달리시며 기도하신다. 그러나 제자들은 그저 잠만 자고 있었다.

예수의 기도는 아주 중요하다. 그는, 할 수만 있다면, '자신이 마셔야 할 그 잔'을 자신으로부터 치워 주시길 하나님께 기도하였다. 여기서 이 잔은 슬픔과 고난을 상징한다. 이 기도는 예수가 참 인간이심을 여실히 보여 주고 있는 것이다. 그는 죽음을 바라지 않으셨다. 그러나 하나님이 그의 죽음을 작정하셨다면, 그는 기꺼이 그것을 감내하겠노라고 기도하신다. 많은 성경 주석가들은 이 기도 속에서 인류가 저지른 엄청난 죄의 짐이 예수에게 지워지기 시작했다는 것을 보여 주는 증거를 발견한다. 그 죄의 짐이 예수를 아버지와 갈라 놓았다. 예수는 십자가 위에서 하나님 아버지가 자신을 완전히 버리시는 것을 처절히 체험하게 된다. 그렇게 버림을 받으신 것은 오로지 인류가 저지른 죄의 짐 때문이었다. 여기 겟세마네에서, 우리는 우리의 죄가 예수에게 전가되는 것을 목도할 수 있다.

26:47-56 예수가 붙잡히시다 드디어, 배신의 순간이 다가왔다. 비록 예언된 사실이긴 했지만, 그래도 이 비극의 애통함은 수그러들지 않는다. 유다는 거듭 예수를 '랍비'라 부르며 인사한다. 그러나 그는 사랑의 표시인 입맞춤으로 예수를 배반한다. 예수는 이 배반에 그대로 따른다. 성경의 예언이 이루어져야만 했기 때문이다. 늘 그랬듯이, 예수는 아버지의 뜻에 순종하여 자신을 체포한 자들에게 그대로 끌려간다. 그의 제자들은 뿔뿔이 흩어졌다. 목자를 치자 양들이 흩어져 버린 것이다(26:47-56).

26:57-68 예수가 산헤드린 앞에 끌려가시다 예수는 유대 종교 체제의 대표자들 앞으로 끌려가신다. (대제사장 앞에서 종교 재판을 받은 뒤, 로마 총독인 본디오 빌라도로부터 로마법에 따른 재판을 받아야 했다.) 베드로는 멀찌감치 떨어져서 예수를 따르고 있었다. 유대 법은 어떤 종류의 죄든지 유죄를 확정하는 데 두 명의 증인을 요구하고 있었다. 이 때문에 문제가 생긴다. 예수의 유죄를 증명할 증인들이 없었던 것이다. 마침내, 두 명의 증인들이 예수의 말씀 몇 마디를 왜곡하여 증거로 제시한다. 이 왜곡된 증언만으로도 예수는 유죄임이 확정될 수 있었다. 하지만, 대제사장은 예수에게 특별한 질문을 던진다. "네가 하나님의 아들 그리스도"냐고 물은 것이다. 예수는 이 노골적 질문에 "네가 말하였느니라"고 대답하신다. 여기서 예수가 스스로 자신을 가리켜 메시아(메시아를 희랍어로 표현하면 '그리스도'다)라고 주장하지 않으셨다는 점을 유념해야만 한다. 하지만, 다른 사람들이 예수가 메시아이심을 인정할 때(이를테면, 가이사랴 빌립보에서 제자들이 그랬던 것처럼, 16:13-17)나 예수가 메시아이신지 물었을 경우에는, 스스로 그렇다는 것을 인정하셨다. 대제사장은 어느 누가 감히 그런 주장을 할 수 있겠느냐며 격노한다. 그는 예수가 하나님을 모독하는 죄를 범했다고 선언한다. 메시아도 하나님의 아들도 아닌 사람이 자신을 가리켜 메시야요 하나님의 아들이라고 말했다면, 그것은 하나님을 모독한 것이 될 것이다. 하나님을 모독한 자가 받을 벌은 사형이었다. 하지만, 걸리는 게 있었다. 로마인들이 산헤드린(71명으로 이루어진 유대 사회의 최고 법원으로서, 대제사장과 장로들과 율법사들로 이루어져 있었다)의 사형 선고권을 박탈해 버렸던 것이다. 사형은 오직 로마 당국만이 선고할 수 있었다. 결국 예수는 로마인 앞으로 끌려가신다. 그 다음 일은 로마인들의 소관이었다.

26:69-75 베드로가 예수를 부인하다 이제 이야기는 베드로로 옮겨간다. 그는 멀리 바깥뜰에서 기다리고 있었다. 분명 그는 큰 두려움에 떨고 있었다. 대제사장의 종들 가운데 몇몇이 그를 알아보고 추궁하였다. "당신도 예수와 함께 있었지?" "당신도 분명 그 제자 중 하나지?" 그러나 베드로는 자기는 예수와 무관한 사람이라며 세 번이나 잡아뗐다. 그렇게 세 번 예수를 부인한

뒤, 닭이 울었다. 베드로는 그제야 자신이 예수께 신실하지 못했다는 것, 그리고 자신이 부인할 것을 예언하셨던 예수의 말씀이 그대로 이루어졌음을 깨닫는다.

여기서 잠시 "닭이 울더라"는 말을 설명할 필요가 있다. 로마인들은 저녁을 네 개의 '경'(更)으로 나누었다. 일경(一更)은 '저물 때'로서 오후 6시-9시, 이경(二更)은 '밤중'으로서 오후 9시-12시, 삼경(三更)은 '닭 울 때'로서 자정-오전 3시, 그리고 사경(四更)은 '새벽'으로서 오전 3시-6시를 가리켰다. 마가복음 13:35에서도 이 네 개의 경을 언급하고 있다. 베드로가 예수를 세 번 부인한 뒤에 "닭이 울더라"는 말은 실제로 닭이 울었다는 말이 아니라, 삼경이 지났음을 알리는 나팔 소리가 울렸다는 뜻일 수도 있다.

27:1-10 유다가 목을 매 자결하다 그러나 베드로의 잘못은 유다의 잘못에 완전히 가려져 버린다. 유다는 은 삼십을 받고 예수를 배반하였다. 구약의 예언(이 예언은 렘 19:1-13과 슥 11:12-13 말씀을 함께 가리키는 것으로 보인다)이 그대로 이뤄진 것이다. 그는 자신의 죄짐에 눌려 있었고, 분명 자신의 소행을 회개하고 용서받길 원했다. 그러나 당대 유대교를 상징하던 유대인 지도자들은 용서하길 거부한다. 그들은 모든 게 유다 자신의 책임이라며 등을 돌렸다. 우리는 여기서 복음의 엄청난 역설을 하나 발견한다. 어쩌면 유다야말로 가장 용서가 필요한 인물이었는지도 모른다. 그런 그가 마침내 죄 용서받을 길을 여신 그분을 죽게 만든 것이다.

27:11-31 예수가 빌라도 앞에 서시다 이제 다시 이야기는 예수에게 옮겨간다. 예수는 본디오 빌라도 앞으로 끌려가신다. 빌라도는 주후 26년부터 36년까지 유대를 관할하는 로마 총독으로 있었다. 빌라도는 기소된 죄목에 따라 예수를 심문한다. 그러나 그는 예수가 아무런 항변도 하시지 않는 점에 놀란다. 우리는 여기에서도 고난당하시는 메시아가 잠잠한 양처럼 입을 열지 아니할 것이라던 구약의 중요한 예언(사 53:7)이 이루어진 것을 간파할 수 있다. 빌라도는 어쩌면 예수를 처벌하는 시늉만 하고 그 이상의 처벌은 내릴 생각이 없었을지도 모른다. 예수의 결백을 믿었던 그의 아내가 예수를 강력 두둔하였기 때문이다. 그러나 선동자들이 군중들을 부채질하여 광란지경으로 몰아가고 있었다. 그들은 예수에게 십자가형*을 내릴 것을 요구하였다.

빌라도는 유월절이 되면 죄인을 사면해 줄 권한을 가지고 있었다. 그는 예수와 바라바라는 죄인 중 하나를 풀어 주겠다고 군중에게 제안한다. 군중들은 바라바의 석방과 예수의 죽음을 요구하였다. 결국, 바라바는 예수의 죽음으로 인해 직접 은덕을 입은 최초의 인물이 된 셈이다. 바라바는 마땅히 죽어야 할 인물이었으나, 그 대신 예수가 죽으신 것이다. 빌라도는 그 모든 일에 자신의 책임이 없다는 뜻으로 손을 씻는다. 그런 뒤, 그는 예수가 채찍질당하고 십자가에 달리도록 군중들에게 넘겨 준다. 로마 군인들

---

* 로마의 형법은 노예나 천민만을 십자가형의 대상으로 규정하고 있었다. 더욱이 십자가형을 받을 죄목도 노상강도, 해적, 노예 반란, 소요, 반역의 중범죄에 국한하였다. 참고. 조규창, 「로마형법」(서울: 고려대 출판부, 1998), 171-172.

은 예수에게 우스꽝스런 거짓 용포를 입히고 가시 면류관을 씌우며 놀려댄다.

당시 로마인들의 채찍질은 악독하기 그지없었다. 죄수들이 십자가에 달리기 전에 채찍에 맞아 죽는 경우도 있었다. 유대의 법은 채찍질 횟수를 40회로 제한하였다. 그 40회도 관용을 베푸는 의미에서 늘 39회로 줄어들곤 하였다. 그러나 로마법은 죄인들의 고통은 안중에도 두지 않았다. 그들에겐 형벌의 한계가 없었다. 형벌용 채찍은 보통 여러 개 가죽 끈으로 되어 있었는데, 각 끈의 끝부분에는 작은 금속 조각이나 부러진 뼛조각이 붙어 있었다. 이 채찍에 맞으면 살점이 떨어져 나갔으며, 결국 많은 사람들이 매질을 견뎌내지 못하고 죽어갔다.

27:32-43 예수가 십자가에 못 박히시다

예수는 심하게 맞은 터라 극도로 쇠약해져 있었다. 자신이 달릴 십자가를 짊어지는 일은 감당해 낼 수 없었다. 결국 구레네 사람 시몬이 예수를 대신하여 십자가를 짊어질 수밖에 없었다. 마침내, 예수와 군병들과 군중들은 처형 장소인 골고다('해골의 곳'이란 뜻이다)에 이른다. 이곳은 '갈보리'로 불리기도 한다. '갈보리' 라는 말은 '해골'을 뜻하는 라틴어 '칼바리아'에서 나왔다.* 예수가 십자가에 달리실 때, 그 광경을 바라보던 이들은 그를 조롱하였으며, 로마 군병들은 예수의 옷을 놓고 제비뽑기를 하였다. 이 사건들 역시 의인으로서 고난당하는 자의 비참한 운명을 예언한 시편 22편(시 22:7-8, 18을 보라)을 그대로 성취한 것이었다.

예수와 시편 22편의 고난당하는 자가 동일인이라는 사실은 예수의 고통이 정점에 이르렀을 때 그의 입에서 나온 말(27:46)로도 확인할 수 있다. 그 말은 이 중요한 시인 시편 22편의 첫 구절을 그대로 가져온 것이었다. 바로 여기서 예수는 하나님이 자신을 버리셨다는 것을 처절하게 체험하신다. 예수가 자기 백성들을 대신하여 짊어지신 죄가 이제는 예수와 그의 아버지를 갈라 놓았다.

27:45-56 예수의 죽음과 장사(葬事)

마침내, 예수는 숨을 거두신다. 순간, 어둠이 온 땅을 뒤덮었다. 그것은 아마 "세상의 빛"(요 8:12)이 사라졌음을 알려 주는 것이었을지도 모른다. 잇달아 일어난 여러 사건 역시, 예수의 죽음이 갖고 있는 중요성을 시사하고 있었다. 무덤들이 열리고 죽었던 사람들이 살아났다는 것은 그리스도의 부활을 예표한다. 하지만, 무엇보다도 중요한 것은 '성소 휘장'이 둘로 갈라진 사건이다. '성소 휘장'은 구약의 성막에서 특히 중요한 것이었다(출 26:31-35). '성소 휘장'은 성전 안에서도 지극히 거룩한 곳으로 여겨지던 '지성소'에 사람들이 접근하는 것을 막는 역할을 하였다. 휘장은 이스라엘의 예배와 관련하여 중요한 실제적 기능을 갖고 있었다. 하지만, 휘장에는 사실 그보다 더 깊은 의미가 담겨 있다. 성소 휘장 때문에 일반 예배자들이 지성소에 들어가지 못했다는 사실은 하나님과 죄뿐인 인류 사이에 너무나 깊은 단절이 있었음을 가리키는 것이었다. 결국, 성소 휘장은 인간의 죄로 말미암아 하나님과

---

* 본디 '해골, 두개골'을 뜻하는 히브리어는 '굴고레트'(사 9:53등에 나온다)다(가/139). 학자들은 '골고다(희랍어로 골고따)'가 '해골'을 뜻하는 아람어 '굴굴타'의 변형인 '굴고타'의 희랍식 표기가 아닐까 생각하고 있다(다/204).

인류 사이에 놓이게 된 장벽을 상징하게 되었다. 예수가 십자가에 달려 돌아가실 때 이 성소 휘장이 갈라졌다는 것(27:51)은 그리스도의 죽음이 가져다준 커다란 유익 가운데 하나를 상징한다. 즉, 그리스도의 죽음은 하나님과 인류를 가로막았던 죄의 장벽을 산산이 부숴버렸으며, 그 결과, 어느 신자라도 그의 죽음을 힘입어 하나님께 자유로이 나갈 수 있게 되었다(롬 5:1-2).

그런데, 우리는 이 장면에서 제자들을 전혀 발견할 수 없다. 마태는 조심스럽게 예수의 죽음을 목격한 몇몇 증인들을 열거한다. 그러나 그중에 예수의 제자는 한 명도 없다. 그들은 목자 잃은 양처럼 흩어진 것 같다. 예수의 예언대로 이루어진 것이다. 그 증인들 가운데 로마의 백부장도 들어 있었다. 그는 예수가 "하나님의 아들"이었다고 선언한다(27:54). 이것은 이방인의 입에서 흘러나온 매우 중요한 증언이다. 그러나 예수의 동족(同族)을 상징하는 대제사장은 예수가 하나님의 아들임을 인정하지 않았다(26:63-65). 도리어 우리는 여기서 예수가 하나님의 아들이심을 인정하는 이방인을 목격할 수 있다. 이를 보며, 우리는 이방인들에게 복음이 선포되고, 그 복음이 유대교 밖에 있는 이들에게 엄청난 호소력을 발휘하게 될 것임을 예견할 수 있다. 예수의 죽음을 목격한 증인들 중에는 여인들도 있었다. 마태는 그 여인들의 이름을 열거한다(27:55-56). 그들의 이름은 영원히 기억될 것이다. 마침내, 예수는 빌린 무덤에 묻힌다(27:57-61). 여인들은 여전히 무덤 곁에 서서, 그 금요일이 다 가도록 지키고 있었다.

하지만, 사람들은 아직 부활의 예언을 잊지 않고 있었다. 적어도 유대인의 지도자들은 그러했다. 그들은 그리스도의 제자들이 스승의 시신을 훔쳐 그 스승이 부활했다는 소문을 퍼뜨리지 못하도록, 빌라도에게 경비병을 요청하여 무덤을 지키게 한다(27:62-66).

28:1-15 예수가 부활하시다 예수가 무덤에 묻히신 지 사흘째가 되었다. 일요일이 된 것이다. 마태는 여인들이 빈 무덤을 발견한 기사를 간략하게 기록해 놓았다. 이 기사는 예수가 죽은 자 가운데서 부활하신 뒤, 제자들보다 앞서 갈릴리로 가셨다고 일러준다. 빈 무덤을 처음 발견한 여인들은 일어난 일에 놀란다(28:1-10). 빈 무덤이 예수의 부활을 암시하는 것임을 깨달은 유대 지도자들 역시 놀라기는 마찬가지였다. 그들이 하나님을 모독했다는 죄목으로 십자가에 못 박아 죽일 것을 요구했던 그 예수가 사실은 메시아요 그들의 주 하나님임이 밝혀졌기 때문이다. 그들은 부활 사실을 은폐하고자 엉뚱한 소문을 퍼뜨리려고 하였다(28:11-15). 그러나 다른 복음서와 사도행전에서도 알 수 있듯이, 그런 시도는 부질없는 것이었다.

28:16-20 선교의 지상명령(至上命令) 결국, 마태복음은 그 유명한 결말 부분에 이르게 되었다. 제자들 중에는 여전히 예수의 부활을 의심하는 이들이 있었다. 하지만, 예수는 제자들에게 자신의 부활이 사실이라는 것과 자신이 세상 끝날까지 그들과 함께 계실 것이라고 확언하신다. 예수는 제자들에게 이스라엘의 경계를 넘고 땅 끝까지 이르러 모든 민족을 제자로 삼으라고 명령하신다. 선교의 지상명령(또는 대위임령)을 내리신 것이다. 여러분이 이 복음서를 읽고 있다는 사실 자체가 이미 이 지상명령이 성공리에 수행되었음을 보여 주는 증거다. 오늘

의 기독교 신앙과 당시의 지상명령 사이에는 밀접한 연관이 있다. 신자들은 부활하신 그리스도의 완전한 권세를 의지하여 복음을 설교할 수 있다. 뿐만 아니라, 그리스도가 다시 오실 때까지 그분의 임재와 권능을 확신하며 평안한 쉼을 누릴 수 있다.

마가복음

마가복음은 공관복음 가운데 두 번째 책이다. 하지만, 대부분의 사람들은 이 책이 복음서 가운데 가장 먼저 기록된 책이라고 보고 있다. 마가복음의 저자는 베드로(벧전 5:13)와 바울(행 12:12, 25)의 동역자로 알려진 '마가 요한'이라는 것이 정설이다. 이 복음서는 로마에서 기록된 것으로 보이며, 베드로가 기억하는 내용을 폭넓게 인용하고 있다. 생생한 세부 묘사는 이 복음서의 특징이다('예수가 배안에서 베개를 베고 주무셨다'는 4:38의 표현이 그 예다). 나아가 이 복음서는 가끔씩 비판의 시선으로 제자들의 모습을 그려 내곤 한다(8:14-21이 그 예다). 제자들의 그런 모습은 베드로의 입에서 흘러나왔다고 보는 것이 가장 적절할 것이다. 학자들은 이런저런 이유를 들어 마가복음을 최초로 기록된 복음서로 보는 경향이 있다. 동시에 그들은 마태와 누가가 추가 자료를 사용하여 마가가 기록한 예수의 생애 기사를 확장하였다고 보곤 한다.* 베드로는 로마 황제 네로가 그리스도인들을 핍박하던 주후 64-68년 사이에 처형당하였다. 베드로의 죽음은 마가가 복음서를 쓰는 일에 전념하게 한 자극제가 되었을 수도 있다.

마가복음의 가장 큰 특징 중 하나는 예수의 가르침보다 예수의 행위를 강조한다는 점이다. 마가는 예수의 가르침보다 오히려 예수의 십자가에 초점을 맞춘다. 이 때문에 사람들은 마가복음의 독특함을 강조한다. 하지만, 마가도 몇 가지 중요한 예수의 비유와 말씀을 전해 주고 있다.

마가복음 1:1-6:29
예수의 갈릴리 사역

1:1-8 세례 요한이 주의 길을 예비하다 마태와 누가는 예수의 나심을 상세히 이야기한다. 그러나 마가는 곧장 예수의 사역으로 뛰어들어, 그 사역의 배경이 된 세례 요한부터 다루고 있다. 특히 마가는, 주의 길을 준비할 자가 미리 올 것이라고 언급하면서 주 하나님이 당신의 백성에게 오실 것을 말했던 위대한 예언을 일깨워 준다. 마가는 곧바로 세례 요한을 소개한다. 그가 바로 구약의 예언을 성취할 인물이었다. 마가가 묘사하는 요한의 모습은 중요한 의미를 담고 있다. 엘리야의 모습(왕하 1:8)과 너무나 닮았기 때문

---

* 이것이 신약학자들이 주장하는 '마가복음 우선설'이다. 이 마가복음 우선설에도 여러 지류가 있다. 그 중 가장 큰 지류는 마태와 누가가 서로 의존함 없이 마가복음과 예수의 말씀(로기아)을 담은 또 하나의 원자료 Q('원천'을 뜻하는 독일어 Quelle의 앞 글자)를 사용하여 자신의 복음서를 기록하였다고 주장하는 설이다. 자세한 내용은 Oscar Cullmann, *Einführung in das Neue Testament* (Gerd Mohn: Gütterlohrer Verlags, 1968), 29쪽 이하를 보라.

이다. 구약의 예언은 주 하나님이 당신의 백성에게 오시기 전에 그의 길을 준비할 엘리야가 다시 올 것이라고 이야기하였다(말 4:5). 그 때문에 엘리야의 모습과 비슷한 세례 요한의 모습을 묘사한 마가의 기록은 상당한 중요성을 갖는다. 요한 자신이 분명하게 이야기하듯이, 그는 단지 오실 이의 길을 준비할 자였다. 그보다 더 큰 이가 곧 오시게 된다.

1:9-13 예수가 세례를 받으시고 시험을 받으시다 우리는 이미 요한 뒤에 오실 이가 누구인지 짐작할 수 있지만, 마가는 곧바로 그분이 누구인지 확인해 준다. 예수가 등장하신 것이다. 예수는 요단 강에서 요한에게 세례를 받으신다(1:9). 마가는 숨 돌릴 틈도 주지 아니한 채 예수가 공생애 사역을 준비하시는 사건 현장으로 우리를 데려간다. 그런데, 마가는 정작 예수가 시험 받으신 사건을 단 몇 줄로만 언급하고 있다. 오히려 마태와 누가의 기록이 더 상세하다. 마가는 또 부리나케 다음 기사로 넘어간다. 그는 마치 우리가 시간을 허송하느라, 예수 그리스도가 누구시며 그가 왜 중요한 분인지 발견하는 일은 뒷전으로 미뤄 놓을까 봐 전전긍긍하는 것 같다.

1:14-20 첫 번째 제자들을 부르시다 요한이 옥에 갇힌 일은 예수의 사역을 재촉하는 자극제가 된 것으로 보인다. 요한이 옥에 갇힌 뒤, 예수는 "하나님의 복음"을 선포하시기 시작한다. 하나님 나라가 가까이 왔다. 회개할 때가 임박한 것이다. "하나님의 나라"라는 말은 지리(地理)나 영토의 차원에서 이해해야 할 말이 아니다. 그것은 하나님이 다스리시는 어떤 땅이 아니라, 하나님이 몸소 왕으로서 통치하심을 가리키는 말이다. 우리는 왕이신 하나님의 통치가 시작되었음을 보여 주는 첫 증거를 첫 번째 제자들을 부르신 사건에서 발견할 수 있다. 예수가 그 제자들을 부르셨을 때, 그들은 모든 걸 버려두고 예수를 따랐다. 분명 예수에겐 그들을 빨아들이는 뭔가가 있었던 것 같다. 그것은 그의 권세였다. 제자들은 그 권세에 순종한 것이다.

1:21-45 예수가 악한 영을 몰아내시고 많은 사람을 고치시다 이제 이야기는 갈릴리에서 가버나움으로 옮겨간다. 바로 이곳에서 처음으로 뭇 사람들이 예수가 누군지 깨닫게 되는 사건이 벌어진다. 우리 독자들은 예수가 하나님의 아들이심(1:1, 11)을 이미 알고 있다. 그런데, 우리가 알고 있는 이 사실을 이제 악한 영(더러운 귀신)이 공중 앞에서 인정한다(1:21-28). 예수는 분명 귀신을 제어할 권세를 갖고 계셨다. 이 사건은 구경꾼들에게 깊은 인상을 남겼다. 순식간에 소문이 퍼져나갔다. 기가 막힌 일이 벌어지고 있었던 것이다. 게다가 예수는 잇달아 병자들을 고쳐 주신다. 이 때문에 예수는 사람들이 열심히 좇아다니는 인물이 되었다(1:29-45). 아무리 예수가 사람들을 피하려 해도, 이미 그의 이름은 만인의 입에 오르내리고 있었다.

2:1-12 예수가 한 중풍 병자를 고치시다 그렇다면, 예수 그리스도는 누구신가? 그는 대체 무슨 권세를 가지신 건가? 2장에서는 이 질문들이 전면에 등장한다. 예수는 한 중풍 병자를 고쳐 주신다. 얼핏 보면, 이 사건은 그저 치유의 이적을 또 한 번 행하신 것에 불과한 것 같다. 그러나 이 사건에는 예수의 정

체를 올바로 이해할 수 있는 중요한 실마리가 들어 있었다. 예수는 그 병자를 고쳐 주시면서, 그의 죄가 사함을 받았다고 선언하신다. 서기관들은 이 말에 격노한다. 오직 하나님만이 죄를 용서하실 수 있거늘, 감히 한 인간이 죄 사함을 받았다고 선언했기 때문이다. 그들은 예수가 하나님을 모독했다고 비방한다. 한편으로 보면, 이 비방은 타당한 것이었다. 진정 하나님만이 죄를 사하실 수 있기 때문이다. 그런데 예수는 죄 사함의 권세를 갖고 있다고 선언하심으로써, 하나님의 자리에 자신을 앉혀 놓은 것이다. 그러나 그리스도인 독자들은 여기서 두 가지 점에 주목해야만 한다. 첫째, 병자가 고침을 받았다는 사실이다. 예수는 분명 병 고치는 능력을 갖고 계셨다. 따라서 죄를 용서할 권세도 갖고 계신다. 둘째, 이후에 예수는 죽은 자 가운데서 부활하신다. 이는 그가 하나님의 아들이심을 확증해 주는 사건이었다(롬 1:3-4). 그분이 하나님의 아들이라면, 죄 사함의 권세를 갖는 것은 당연한 일이다. 그러나 예수의 사역 초기 단계에서는 앞으로 일어날 일을 암시하는 어떤 흔적도 발견할 수 없다. 이런 사정은 곧 달라지지만, 아직은 그때가 아니었다.

2:13-17 레위를 부르시다 예수는 곧이어 세리 한 사람을 당신의 제자로 추가하신다. 이를 지켜 본 사람들은 분노하였다. (마가와 누가는 이 세리를 본명인 '레위'나 '알패오의 아들 레위'로 부른다. 그러나 마태복음에서는 사도 시절에 쓴 이름인 '마태'를 사용하고 있다.) 세리들은 그들의 동포로부터 널리 경멸을 받고 따돌림당하던 사람들이었다. 당시, 팔레스타인은 로마의 점령지였다. 세리들은 이 이방인 점령자들과 한 통속이었다. 뿐만 아니라 그들은 할당받은 징세 목표액보다 더 많은 세금을 거둬, 자신들의 치부(致富) 밑천으로 삼았다. 그 결과, 유대인들은 세리들을 역겨워하며 그들을 매국노로 간주하였다. 그런 세리를 예수가 측근 중의 하나로 부르신 것이다. 유대교는 창기와 이방인과 세리 등등의 사람을 구원의 소망이 없는 자들이라고 내팽개쳤다. 하지만, 예수는 레위를 제자로 부르심으로써 그들을 받아들이신다는 것을 보여 주신 것이다. 예수는 자신의 이 행동을 "나는 의인을 부르러 온 것이 아니요 죄인을 부르러 왔노라"(2:17)는 한 마디로 집약하신다. 물론 이 말씀 속에는 강한 역설이 들어 있다. 그렇다면, 의인이라 자부하는 바리새인들은 그저 자칭 의인에 불과했단 말인가?

2:18-22 사람들이 금식 때문에 예수를 추궁하다 예수를 향한 비판은 계속된다. 예수는 비단 유대 사회가 배척하는 자를 제자로 부르시는 일만을 하신 게 아니었다. 예수는 제자들에게 엄격한 금식 명령을 내리지 않으셨다. 사람들은 왜 예수의 제자들은 금식을 하지 않느냐고 따졌다. 예수는 손님들이 신랑(분명 예수 자신을 가리키는 표현이었다)과 함께 있을 동안에는 금식할 필요가 없다고 대답하신다. 복음이라는 영광스러운 새 포도주는 유대교라는 낡은 가죽 부대에 담을 수 없었다(2:22).

2:23-3:6 안식일의 주인 그래도 비판은 줄기차게 이어졌다. 바리새인들은 예수의 제자들이 안식일에 밀 이삭을 잘랐다며 예수를 힐난한다. 그러나 예수는 인자(예수 자신을 가리키는 표현이다)가 안식일을 다스릴 권세를 가지고 계신다면서 그들을 꾸짖으신

다. 이는 창조주가 피조물을 다스릴 권세를 갖고 있음을 분명하게 말씀하신 것이었다. 여하튼, 예수는 안식일이 사람을 위해 있는 것이지 사람이 안식일을 위해 있는 것은 아님을 지적하시면서, 다윗의 선례를 인용하신다. 아울러 예수는 자신이 안식일에 병 고칠 권리를 갖고 계심을 강조하시면서, 그와 다른 생각이 있으면 말해 보라고 재촉하신다. 그러나 유구무언(有口無言)의 침묵이 이어질 뿐이었다. 예수에게 분노한 바리새인들과 헤롯당원들은 예수를 제거할 음모를 꾸미기 시작한다. 정치적 입장을 달리 하던 두 패거리(바리새인들은 대체로 민족주의자이자 반로마파였으나, 헤롯당원들은 친로마파였다)가 동지로 변한 것이다.

3:7-19 열두 제자들을 세우시다 한편에서 예수 제거 음모를 꾸미는 동안, 군중들은 예수 주위에 모여들고 있었다. 악한 영들은 예수가 하나님의 아들이시며 자신들을 다스릴 권세를 갖고 계심을 인정한다(3:7-12). 이때, 예수는 열두 제자들을 부르시고(3:13-19), 그들을 '사도'(사도라는 말은 '보내심을 받은 자'란 뜻이다)라 칭하신다.* 예수는 이 열둘에게 예수의 이름으로 말하며 행동할 권세를 주신다. 이 열두 제자들은 예수의 사역에서 중요한 역할을 감당하게 된다. 그러나 마가는 이미 이 시점에서 장차 있을 잔인한 배신을 언급한다(3:19). 유다가 예수를 배신하고 자살하면서, 한 제자의 자리가 비게 된다. 맛디아가 그 자리를 대신함으로써(행 1:15-26) 열둘이라는 수는 계속 유지될 수 있게 되었다. 이 열둘이라는 숫자가 그토록 중요한 이유는 무엇인가? 어쩌면 그 숫자는 '이스라엘 열두 지파'를 상징하는 것일 수도 있기 때문이다. 그 '이스라엘 열두 지파'가 상징하는 하나님의 백성을 그분의 뜻대로 회복시키실 이가 바로 예수셨다.

3:20-35 예수와 바알세불 이제 예수의 대적들은 예수의 권세가 어디에서 나온 것인지 의문을 제기한다. 그들은 예수의 권세를 부인할 수 없게 되자, 그 권세가 "귀신의 왕"인 바알세불로부터 나온 것이라고 주장한다. 예수는 이것이 용서받을 수 없는 죄임을 선언하신다. 그들의 말은 분명 성령을 모독하는 것이요, 예수의 사역 속에 나타난 하나님의 위대한 행위를 사탄의 소행으로 돌리는 것이었기 때문이다.

4:1-34 몇몇 비유들 예수는 몇몇 비유를 잇달아 말씀하신다. 이 비유는 씨라는 이미지에 초점을 맞추고 있었다. 첫 번째 비유는 '씨 뿌리는 자의 비유'다(4:1-20). 이 비유는 사람이 땅에 씨를 뿌리는 모습을 통하여 세상에 하나님의 말씀을 선포하는 것을 표현하고 있다. 예수는 이 비유에서 똑같은 씨가 여러 종류의 땅에 떨어지는 것을 말씀하신다. 그 씨가 어떻게 될 것이냐는 씨가 떨어진 토양의 질에 달려 있다. 예수도 설교를 통하여 하나님 말씀이라는 씨를 뿌리고 계셨다. 그 말씀이 사람들에게 어떤 영향을 미치느냐는 말씀을 받는 사람들이 어떤 반응을 보이느냐에 달려 있었다. 그 말씀에 반응을 보

---

* 열두 제자들을 세우시고 그들을 '사도'라 부르셨다는 대목은 누가복음 6:13에 나온다. '사도'는 희랍어로 '아포스톨로스'다(다/122). 이 말은 '누군가를 보내다, 어떤 전갈을 보내다'라는 뜻을 지닌 희랍어 동사 '아포스텔로'에서 나왔다(다/120-121).

이지 않거나 실족하는 사람이 있더라도, 그것은 결코 말씀이라는 씨의 책임이 아니었다.

두 번째 비유는 등경 위의 등불 비유였다. 씨라는 주제를 잠시 벗어난 이 비유는 등불이라는 형상을 인용한다(4:21-25). 등불이 방을 밝혀 주듯이, 복음도 온 세상에 영향을 미치게 될 것이다. 이어서 '자라는 씨의 비유'가 등장한다. 이 비유는 두 가지 점을 강조한다. 첫째, 어떤 씨가 자라가는 흔적을 보여 주지 않는다 하여 그 씨가 자라지 않는 것은 아니라는 점이다(4:26-29). 하나님 나라도 그 존재가 세상 앞에 확연히 드러날 때까지 은밀하게 자라간다. 둘째, 겨자씨 같이 작은 씨가 아주 큰 식물로 자라듯이(4:30-34), 미미하게 시작한 하나님 나라도 거대하게 자랄 것이다.

4:35-5:20 예수의 권세가 확인되다 일련의 사건들이 잇달아 일어난다. 이 사건들은 자연계와 초자연계를 모두 다스리시는 예수의 권세를 확증해 주었다. 마가는 이 사건들을 아주 상세하게 기록해 놓았다. 이를 보면, 마가가 그 사건들을 직접 체험한 자로부터 사건의 전말을 전해 들었다는 것을 알 수 있다. 예수는 바람과 파도를 잔잔케 하심으로써, 제자들을 놀라게 하신다(4:35-41). 또 그는 귀신 들린 사람을 고쳐 주신다(5:1-20). 우리는 이 이야기 속에서 다시 한 번 악한 영들이 예수가 하나님의 아들이심을 인정하고 그의 권세에 굴복하는 장면을 목격하게 된다. 이 장면을 목격한 이들은 또다시 놀라움과 두려움에 사로잡혔다. 그들은 자신들의 눈앞에서 벌어진 일에 할 말을 잃고 만다.

5:21-43 죽은 소녀와 병이 든 여인 드디어, 예수는 자신에게 죽음마저 다스릴 권세가 있음을 보여 주신다. 지역 회당장 중의 하나인 야이로의 딸을 소생시키신 것이다(5:21-24, 35-43). 이 기적과 더불어, 우리는 또 하나의 치유 사건을 목격한다. 여러 해 동안 혈루증을 앓은 탓에 불치 환자로 여겨졌던 여인을 고쳐 주신 것이다. 그러나 이 병 고침에는 병 고침 이상의 의미가 들어 있었다. 이 병 고침 역시 유대 사회가 배척한 자를 예수가 받아들이신 행위였다. 유대인들은 그 여인을 불결하다고 여겼을 것이다. 몸에서 계속 유출이 있었기 때문이다. 그러나 예수는 아무 망설임 없이 여인을 고쳐 주신다. 유대교는 불결하게 본 여인이었지만, 예수에겐 구원받을 만한 가치가 있는 사람이었던 것이다. 아울러 이 본문은 예수가 사용하신 아람어를 그대로 기록한-그리고 그 의미를 설명한-몇몇 복음서 본문 가운데 하나다(예수가 사용하신 아람어의 또 다른 예는 막 7:34에서 발견할 수 있다).*

6:1-13 영광을 얻지 못하시는 선지자; 예수가 열둘을 보내시다 예수는 이 모든 위대한 일과 행위로서 자신의 신령한 권세와 권능을 드러내 보이셨다. 그런데도 예수의 고향 사람들은 그를 배척한다(6:1-6). 나사렛 사람들은 예수의 신령한 권세와 권능을 보여 주는 온갖 표적을 보고도 그를 경멸하며 인정하길 거부했다. 예수 자신도 신앙이 없는 고

---

* 마가복음 5:41의 '달리다굼'이 여기서 말하는 그 아람어다. 아람어 발음대로 읽는다면, '탈여타, 쿰'이 될 것이다. '탈여타'는 '탈야'의 강조형으로서 '소녀여!'라는 뜻이다(다/988). '쿰'은 '일어서라'는 뜻이다(다/563).

향 사람들의 모습에 놀라신다. 예수는 그들의 불신앙을 보시고, 고향에서는 아무런 이적도 행하지 않으신다. 이것은 한 가지 중요한 일반 원리를 시사한다. 즉, 믿음이 없으면 기적도 없다는 것이다. 믿음은 그리스도의 은혜를 받아 누리는 전제 조건이다. 그런가 하면, 마가는 여기서 제자들의 신앙을 확인해 주고 있다. 예수는 열둘을 보내어 복음을 선포하게 하신다. 그들은 가는 곳마다 귀신들을 몰아내고 병자를 고쳤다(6:7-13). 이것은 제자들과 복음을 들은 자들에게 믿음이 있었다는 것을 분명하게 증명해 준다.

6:14-29 세례 요한이 목 베임을 당하다 이야기는 이제 세례 요한으로 옮겨간다. 세례 요한의 죽음은 아주 유명한 사건이다. 헤로디아(유대인 역사가인 요세푸스에 따르면, 이 여자는 '살로메'라는 이름을 갖고 있었다)의 딸은 헤롯이 자신에게 한 약속을 빙자하여 세례 요한의 처형을 요구한다. 헤로디아는 요한을 싫어하였다. 요한이 헤롯과 헤로디아의 혼인을 비판하였기 때문이다. 헤로디아는 헤롯과 혼인하려고 자신의 첫 남편이자 헤롯의 동생인 빌립을 버렸다. 요한은 이 행위가 모세의 율법을 정면으로 어긴 것이라고 지적하였으며, 이 때문에 헤로디아는 요한을 괘씸하게 여겼던 것이다.

6:30-56 예수가 오천 명을 먹이시다; 예수가 물위를 걸으시다 우리는 다시 예수의 사역을 살펴보게 되었다(6:30-44). 제자들이 복음 전파를 마치고 돌아오자, 예수는 제자들과 함께 고적(孤寂)한 시간을 보내려 하셨다. 그러나 군중들은 예수와 제자들을 그대로 놓아두지 않았다. 예수가 5,000명을 먹이신 이 적(오병이어의 이적)이 보여 주듯이, 이제는 엄청난 군중이 그들을 따라다니고 있었다. 그것은 동시에 그리스도의 긍휼과 권능을 보여 주는 것이기도 했다. 예수는 물위를 걸으시고 폭풍을 잠잠케 하심으로써, 다시 한 번 자연계를 다스릴 권세가 자신에게 있음을 보여 주신다(6:45-56). 예수가 가는 곳마다 엄청난 군중들이 모여들었다. 그만큼 예수는 엄청난 관심의 대상이었던 것이다.

이 큰 단락은 예수의 놀라운 권세를 생생히 보여 주며 끝을 맺는다. 예수는 이 권세를 그의 가르침, 그리고 자연계와 초자연계를 다스리는 그의 능력 속에서 분명하게 보여 주었다. 분명 예수는 아주 특별한 존재셨다. 그렇다면, 그는 단지 놀라운 일을 행하는 사람일 뿐인가? 아니면 위대한 선생인가? 그것도 아니라면, 그 이상의 어떤 존재인가? 마가복음은, 양파껍질 벗기듯이 차근차근, 예수의 정체가 갖고 있는 엄청난 중요성을 보여 주기 시작한다.

마가복음 7:1-10:52
예수의 후기 사역

7:1-23 정결함과 부정함 마가는 여기서 당시 예수와 유대교의 관계에 재차 초점을 맞춘다. 바리새인들은 예수의 제자들이 대대로 내려온 정결례를 따르지 않는다 하여 비난을 퍼붓는다. 이 때문에, 정결례가 예수와 바리새인 사이에서 중요한 쟁점으로 떠올랐다. 예수는 바리새인들이 하나님의 말씀보다 사람의 전통을 더 위에 둔다고 통박하신다. 예수는 씻지 않은 손으로 음식을 먹는 행위가 아니라 마음 속에 들어 있는 악한 생각이 사람을 더럽게 만든다고 말씀하신다. 마가는 예수가 모든 음식을 정결하다고 선언하신 점을 강조하고 있다.

7:24-37 수로보니게 여인의 믿음 예수는 이렇게 하나님 말씀보다 전통을 우선시하는 바리새인들을 비판하셨다. 이 때문에, 유대교로부터 소외당한 사람들(이 본문에서는 두로와 시돈 지방에서 온 수로보니게 여인이 그 예로 등장하고 있다)은 예수에게 매료되어 그를 믿게 된다(7:24-30). 그러나 정작 이 사건에서 중요한 점은 이 여인의 믿음이다. 이 여인은 유대인이 아니었다. 그런데도 예수의 은덕을 입었다. 이 지방을 떠나 갈릴리로 돌아오신 예수는 계속하여 병자들을 고치시며 자신의 권세를 나타내신다(7:31-37). 예수가 하시는 일마다 군중들의 입을 타고 온 지역으로 퍼져나갔다.

8:1-26 예수가 권세를 나타내시다; 바리새인들이 예수의 권세를 믿지 않다 예수는 다시 (물고기 두 마리와 떡 일곱 개로) 4,000명을 먹이신다. 이전에 5,000명을 먹이신 일과 비슷한 일을 또 행하신 것이다. 이 일을 통하여 예수는 자신의 호소력과 권세를 재차 나타내셨다. 그러나 모든 사람이 그 권세를 인정한 건 아니었다. 바리새인들은 예수를 시험하여, 이 권세가 진정 예수의 권세임을 증명할 표적을 요구한다(8:11-13). 그러나 예수는 그 어떤 표적도 행하시지 않는다. 도리어 그는 제자들에게 바리새인들과 헤롯당원들의 악영향을 조심하라고 당부하신다(8:14-21). 예수는 또다시 소경의 눈을 뜨게 하는 이적을 행하신다(8:22-26).

8:27-30 예수가 그리스도이심을 베드로가 고백하다 예수와 제자들은 가이사랴 빌립보 지방으로 길을 재촉하셨다. 바로 이곳에서 예수의 사역 중 가장 중요한 사건 가운데 하나가 일어난다. 그러나 이번에는 예수가 아니라 제자들에게 그 초점이 옮겨진다. 예수는 제자들에게 아주 중요한 질문을 던진다. "사람들이 나를 누구라고 하느냐?" 제자들의 입에서는 여기저기서 들은 온갖 대답이 흘러나왔다. "어떤 이는 선지자 중의 하나라 하고, 어떤 이는 세례 요한이 다시 살아났다고도 합니다. 어떤 이는 엘리야일지도 모른다고 말합니다." 예수는 당신이 묻고자 하시는 것을 서둘러 물으셨다. "너희는 나를 누구라 하느냐?" 이 질문은 너무나 중요한 질문이었다. 군중들과 달리, 제자들은 예수의 사역 기간 내내 동고동락했기 때문이다. 그들은 예수가 행하신 것을 보았고 그가 말씀하시는 것을 들었다. 그런 그들이 내린 결론은 무엇인지 예수는 묻고 계셨다.

베드로가 모든 제자를 대표하여 예수가 그리스도이심을 믿는다고 대답하였다(8:27-30). 이는 곧, 예수가 오랫동안 기다려 왔던 그 메시아, 당신의 백성들 가운데 오신 메시아이심을 고백한 것이었다. 예수는 제자들이 깨달은 자신의 진짜 정체를 어느 누구에게도 발설하지 말라고 당부하신다. 어쩌면, 예수는 사람들이 '메시아'라는 칭호를 순전히 정치적 관점에서 잘못 이해할 수도 있다는 점을 염려하셨던 것 같다. 당시는 로마가 이스라엘을 점령하고 있던 상황이었다. 그런 상황에서, 메시아는 점령자 로마로부터 이스라엘을 해방시킬 백전백승의 정치 지도자로 오인될 소지가 충분하였다.

8:31-9:1 예수가 자신의 죽음을 예언하시다 그러나 제자들조차도 예수를 오인하였다. 제자들의 고백이 있은 직후, 예수는 자신이 예루살렘으로 가셔서, 고난받으시고, 배척당하시며, 죽임을 당하신 뒤, 결국 부활하게 될 것이라고 일러주신다. 그것이 예수가 지신

사명의 핵심이었다. 그게 그의 의무였다. 그러나 제자들은 예수의 사명을 받아들일 수 없었다. 그들이 대대로 생각해 온 메시아는 고난을 받고 죽임을 당하는 메시아가 아니었다. 베드로는 예수의 말씀에 반기를 든다. 그러나 예수는 그를 꾸짖으신다. 십자가는 예수의 사역을 기록한 마가의 기사에서 중요한 주제로 등장하게 된다.

9:2-13 변화산 사건 하지만, 부활을 예견케 하는 중요한 일이 일어난다. 변화산 기사는 예수가 모세와 엘리야가 펼친 사역의 연장선 위에 있음을 잘 보여 주고 있다. 아울러 이 기사는 그리스도의 영광스러운 부활을 내다보고 있다. 하나님은 하늘에서 예수의 정체와 권세를 확증해 주신다. 이를 통해 예수의 사역과 사명이 거듭 확인되었다. 여기서 제자들이 보인 반응에 유의할 필요가 있다. 제자들은 두려워하였다. 예수의 부활은 바로 이런 두려움을 불러일으켰다(16:8). 변화산 사건은 부활이 불러일으킨 두려움의 전조(前兆)였다.

9:14-32 귀신들린 소년을 고치시다 마가는 악한 영들을 제어하시는 예수의 권능을 더 증언한다(9:14-29). 뒤이어 바로 예수의 고난이 임박하였다는 주제가 재차 등장하고 있다(9:30-32). 제자들은 이 예언을 듣고 여전히 혼란스러워 한다. 고난당하시는 메시아의 모습은 그들이 고대한 메시아의 모습과 일치하지 않았기 때문이다. 그들이 생각한 메시아는 고난당하는 인물이 아니라 승리자였다. 하지만, 예수는 오직 십자가만이 눈앞에 다가온 부활의 영광을 가져다준다는

점을 분명히 하신다.

제자들은 예수가 '다시 살아나신다'는 말을 이해할 수 없었을 것이다. 물론 제자들은 부활이라는 말에 익숙했다. 하지만, 사실 당대 유대교의 양대 종파*가 말하는 부활 개념은 예수가 말씀하시는 부활과 유사점이 전혀 없었다. 사두개인들은 아예 부활이라는 개념조차 부인하고 있었다(바울은 어려운 순간에 바로 이 점을 잘 이용하였다, 행 23:6-8). 반면, 대부분의 사람들은 역사의 종말인 마지막 날에 모든 사람이 부활할 것이라고 기대하고 있었다. 예수가 말씀한 부활은 그 시대 사람들이 생각하던 부활과 동떨어진 것이었다. 제자들도 예수가 말씀하시는 부활을 마지막 날에 예수가 살아나실 것이라는 말로 이해했을 것이다. 그들은 아직도 역사의 시계가 돌아가는 도중에, 그것도 곧, 예수가 부활하신다는 것을 상상조차 할 수 없었을 것이다. 우리는 예수가 말씀하시는 부활 개념에 익숙해져 있다. 그러나 당시의 제자들에겐 이 말이 너무나 어려웠을 것이란 점을 인정할 필요가 있다.

9:33-50 누가 크냐?, 유혹, 소금처럼 되라 마가는 다시 예수의 가르침을 들려주고 있다. 예수는 높은 자리란 것이 아무런 의미가 없다는 것, 오히려 종의 자세로 섬기는 게 중요하다는 것을 말씀하신다(9:33-41). 이어서 예수는 죄의 문제와 함께, 유혹에 빠지지 않도록 늘 깨어 있어야 한다고 말씀하신다(9:42-49). 예수는 자기 스스로 유혹에 걸려들지 않도록 조심해야 할 뿐만 아니라, 다른 사람을 미혹하여 넘어지게 하는 일도 피해야 한다고 말씀하신다. 이어서 예수는 제자

---

* 바리새파와 사두개파를 말한다.

들에게 소금같이 될 것을 당부하신다. 그래야 그들이 이 세상을 새롭게 할 수 있기 때문이었다(9:50). 예수는 신자들이 주의를 기울이지 않는다면, 너무나 쉽게 그 '짠 맛'을 잃어버릴 수 있다고 강조하신다. 예수는 이 말씀을 하실 때, 아마도 암염(巖鹽)을 염두에 두고 계셨던 것 같다(암염의 소금기는 물에 쉽게 씻겨 나간다. 물이 지나가면, 그냥 바위만이 남을 것이다).

10:1-31 유대 땅에서 가르치시고 병을 고치시다

이 일 후에, 예수는 유대 땅으로 가셔서 가르침과 치유 사역을 펼치신다. 이때, 예수는 모세가 가르쳤던 이혼의 의미를 설명해 주시고(10:1-12), 어린 아이들처럼 하나님 나라를 받들어야 한다는 중요한 말씀을 하신다(10:13-16). 이어서, 예수는 한 부자 청년을 만나신다(10:17-31). 이때, 예수와 청년은 구원의 조건을 놓고 대화를 나눈다. 예수는 청년이 계명들을 신실히 지켰다는 사실을 발견하신다. 그러나 예수는 그 청년에게 가진 것을 다 팔고(다 팔아서 가난한 사람들에게 주고) 자신을 따르라고 요구하셨다. 청년은 이 말에 낙담한 나머지, 크게 슬퍼하며 떠나갔다.

여기서 예수가 자신의 가르침에 그 어떤 타협도 허용하시려 하지 않는다는 점을 유념할 필요가 있다. 부자는 하나님 나라에 들어가기가 어렵다. 부자가 하나님 나라에 들어가는 것보다 낙타가 바늘귀로 지나가는 것이 더 쉽다는 저 유명한 비유는 이 점을 분명하게 보여 주고 있다. 하지만, 예수는 부자가 하나님 나라에 들어가는 것이 불가능한 일이라고 말씀하시지 않는다. 분명 부는 하나님께 나아가는 데 장애가 된다. 그러나 예수가 분명히 말씀하시듯이, 하나님은 그 어떤 것도 행하실 수 있는 분이다. 하나님의 구원 경륜 밖에 있는 사람은 아무도 없다. 하나님은 예수 그리스도를 믿는 자는 누구나 구원을 얻게 될 것이라고 약속하셨다.

10:32-34 예수가 거듭 자신의 죽음을 예언하시다

구원에는 큰 대가가 따른다. 이 부분은 그 점을 재차 일깨워 주고 있다. 예수는 자신이 배반당하시고, 고난당하신 뒤, 부활하실 것임을 다시 한 번 예언하신다. 이 말씀은 예수의 죽음이 결코 우연이 아님을 우리에게 일러주고 있다. 예수의 죽음은 의도된 것이요 예언된 것이었다. 예수는 죽으셔야만 했기에 죽으신 것이다. 그 길이 아니면 죄뿐인 인류를 구원할 방도가 없었기에 죽으신 것이다. 십자가 사건은 반드시 일어나야만 했다. 마가복음은 여기서 세 번째로 예수의 수난을 예언한다.

10:35-52 야고보와 요한의 요구; 맹인 바디매오를 고쳐 주시다

예수는 자신의 고난과 죽음을 예언하신 뒤, 절절한 말씀을 우리에게 들려주신다. 제자들 사이에서 누가 가장 높으냐를 놓고 사소한 시비가 벌어졌다. 예수는 이를 보시고, 하나님의 나라에서는 하나님이 그 자리의 위아래를 결정하신다는 점을 일러주신다. 더욱이 높은 자리에 앉으려면, 예수가 겪으실 것과 같은 고난을 거쳐야만 했다. 나아가 예수는 섬기는 리더십이 중요하다는 것을 단언하신다. 예수는 사람들을 섬기고 자신의 목숨을 많은 사람들의 '대속물'로 주시고자 이 땅에 오셨다(10:35-45). '대속물'은 자유를 얻는 대가로 지불하는 돈을 말한다. 예수 그리스도의 죽음은 신자들을 죄의 굴레에서 해방시켰다. 세상의 통치자들은 백성 위에 군림한다. 하지만, 그리스도를 믿는 지도자들은 그리스도를 본받아 자신의 백성들을 섬겨야만 한다. 예수는 한 눈 먼 사람(바디매오)을 고쳐 주심으로써, 자신의 긍휼을 재차 드러내신다. 그 맹인은 육신의 눈은 멀었지만 심령의 눈은 열린 사람이었다. 예수가 다윗의 아들이심을 즉시 인정하였던 것이다(10:46-52).

이러는 동안, 예수와 제자들은 예수 자신이 배신당하시고 죽임당하실 곳이라고 예언했던 그 성 예루살렘에 점점 더 가까이 가고 있었다. 예수가 그 맹인을 고쳐 주신 여리고는 예루살렘에서 20킬로미터쯤 떨어져 있었다. 예루살렘 입성과 그 성에서 당할 고난과 죽음이 눈앞에 다가와 있었다.

마가복음 11:1-16:8
예수의 수난과 죽음과 부활

11:1-11 영광스러운 예루살렘 입성 예수는 이제 큰 성 예루살렘으로 들어가려 하신다(11:1-11). 예수는 겸비하게 나귀를 타고 들어가셨다. 구약의 위대한 메시아 예언(슥 9:9)이 그대로 이루어진 것이다. 예수는 왕으로서 예루살렘에 입성하셨다. 오늘날 그리스도인들은 이 사건을 특별히 종려주일로 기념하고 있다. 당시에 이 사건을 고대하는 사람들이 많이 있었던 것은 분명하다. 군중들은 예수를 환영하며, 그에게 영광과 찬양을 돌렸다. 하지만, 마가는 이때 예수가 성전에 관심을 두고 계셨음을 분명하게 이야기한다. 예수는 예루살렘 입성 직후, 성전으로 가서 그곳을 둘러보신다(11:11). 그날 저녁에는 아무 일도 일어나지 않았다. 예수는 피곤하셔서 베다니로 가셨다. 예루살렘에서 3킬로미터쯤 떨어진 곳이었다. 그러나 그 다음 날, 예수는 마침내 행동을 개시하신다.

11:12-25 예수가 성전을 깨끗케 하시다; 무화과나무가 말라 버리다 예수는 왜 성전의 모습을 보고 분노하셨을까? 우리는 무화과 사건에서 그 해답의 실마리를 얻을 수 있다(11:12-14). 예수는 베다니에서 예루살렘으로 가시다가 무화과나무 한 그루를 보시게 된다. 그 나무는 겉으로 보면 과실이 많은 듯했지만, 가까이 가보니 잎만 무성할 뿐이었다. 어쩌면 이 사건은 예수가 성전을 보시고 분노하신 이유를 보여 주는 것인지도 모른다. 열매를 맺어야 할 나무가 잎만 무성하였다. 만민이 기도하는 집―이는 하나님의 좋은 소식이 이방인들에게도 전파될 것임을 예표한다―이어야 할 성전도 유대 민족주의와 종교적 특권을 상징하는 건물로 전락해 있었다.

예수는 성전으로 들어가셔서 상인들을 몰아내시고 환전상과 비둘기 파는 자들의 상을 엎어 버리셨다(11:15-17). 어쩌면 이것은 성전이 장터로 전락한 모습에 반감을 표시한 것일 수도 있다. 하지만, 이 행동은 십중팔구 금전을 지불하고 무언가를 사야만 하나님께 예배할 수 있다는 사실에 예수가 분노를 표출하신 것이라고 볼 수 있을 것이다. 그러나 더 깊은 차원에서 본다면, 예수의 이 행동은 이스라엘이 하나님의 좋은 소식을 온 세상에 선포하지 못한 것을 질책하신 것으로 볼 수 있다. 이것은 예수가 이사야 56:7을 인용하고 계신 것만 봐도 잘 알 수 있다. 그날 저녁 예수와 제자들은 베다니로 돌아가다가 무화과나무가 마른 것을 보게 된다(11:20-25). 자신들의 사명을 다 하지 못한 이스라엘의 심령도 그렇게 말라 있었다.

11:27-12:12 예수의 권세를 문제 삼다 예수와 그 반대자들의 반목은 그 강도를 더해 갔다. 예수를 비판하는 자들은 다시 한 번 예수의

권세를 문제 삼았다(11:27-33). 하지만, 그들은 예수의 질문에 적절한 답을 내놓지 못한다. 소작인들의 비유(12:1-12)는 하나님의 선지자들을 배척했던 유대교가 이제는 그분의 아들마저 배척하려 한다는 것을 생생하게 보여 준다. 아들마저 죽임을 당하는 그 비유를 들으며, 우리는 자신이 예루살렘에서 죽임당할 것을 예언하신 예수의 말씀을 떠올리게 된다.

12:13-17 가이사에게 세금을 내는 것 예수는 바리새인들과 사두개인들이 던진 몇 가지 질문에 대답하신다. 그들은 예수를 함정에 빠뜨려 트집거리가 될 말실수를 끌어 내리고 하였다. 먼저 예수를 시험한 이들은 바리새인들이었다. 그들은 로마와 관련된 유대 사회의 해묵은 논쟁거리를 들고 나왔다. 유대인이 로마에 세금을 내야 하는지 물은 것이다. 바리새인들은 납세에 반대하고 있었다. 하지만, 열렬한 친로마파인 헤롯당원들은 납세에 찬성하고 있었다. 그러나 이 둘은 모두 예수의 반대자라는 공통점을 갖고 있었다. 예수는 그 대답에 따라서 반역을 지지하거나 로마를 지지하는 사람으로 몰리게 될 형편이었다. 납세를 찬성하면 많은 백성들의 신망을 잃게 되지만, 납세를 거부하면 반역 선동 혐의로 체포될 진퇴양난에 빠진 것이다.

하지만, 예수는 그 둘 중 어느 쪽도 택하시지 아니한 채, 그 함정을 빠져 나가신다. 예수는 세금을 내는 데 쓰던 주화 표면의 가이사 형상을 가리키셨다. 그리고 이렇게 말씀하셨다. "가이사의 것은 가이사에게, 하나님의 것은 하나님께 바치라"(12:17). 인류는 하나님의 형상으로 창조되었다(창 1:26-27). 그렇다면, 예수의 이 대답은 사람이 하나님께 헌신해야 한다는 점을 선언한 것과 똑같은 것이었다.

12:18-27 부활 때 혼인 관계 이어서 사두개인들이 예수께 질문을 던졌다. 그들은 부활을 믿지 않았으면서도, 사람이 부활하면 혼인 관계가 어떻게 되는지 묻는다. 그들은 예수를 함정에 빠뜨려 부활 개념에는 극복할 수 없는 논리적 난점이 있다는 고백을 끌어 내리고 하였다. 그들의 질문은 하늘에서의 결혼 관계에 초점을 맞추고 있었다. 그들은 이 땅에서 많은 남편을 두었던 여인은 하늘에서 누구의 아내가 되는지 물었다. 그러나 하늘에는 혼인이 없다. 예수는 이 점을 지적하시면서, 사두개인들의 주장을 허사로 만들어 버리신다.

12:28-34 가장 큰 계명 이어서 예수를 추궁한 이들은 율법사들이었다. 그들은 율법의 계명 중 어느 것이 가장 크냐고 묻는다. 여기서 이 율법사들이 말하는 계명은 십계명이 아니라, 모세 율법 안에 들어 있는 더 광범위한 계명들을 일컫는 것임을 유의할 필요가 있다. 당시 그들은 일반적으로 모세 율법 안에 모두 613개의 계명이 있는 것으로 간주하고 있었다. 그들은 그중에서 어느 것이 최고 계명인지 예수께 물은 것이다. 그러나 예수는 신명기 6:5과 레위기 19:18을 한데 묶어 구약 율법의 근본 목적과 목표를 명쾌하게 일러주신다. 그야말로 우문명답(愚問名答)이었다.

12:35-44 그리스도는 누구의 자손인가?; 과부의 헌금 지금까지 질문을 당하시던 예수가 이제는 바리새인들에게 질문을 던지신다(12:35-40). 질문의 초점은 시편에 있는 한

메시아 시(시 110편)였다. 바리새인들은 예수의 물음에 답하지 못한다. 자신의 대적들을 곤경에 빠뜨리신 예수는 인간의 연약함만을 드러내는 율법사들을 책망하신다. 반대로 예수는 자기 잇속을 차리지 않고 아낌없이 하나님께 드리는 가난한 과부를 칭송하신다(12:41-44). 그 과부는 성전에 있는 여인의 뜰(the Court of the Women) 담을 따라 늘어서 있던 헌금함에 두 '렙돈'(한 '고드란트')*를 넣었다. 예수는 그 여인이 미미한 액수를 드렸지만, "자기의 모든 소유"를 드렸다고 말씀하신다. 말씀 자체는 간단하였다. 하지만 그것이 함축한 의미는 너무 중요하였다.

13:1-31 시대의 마지막을 보여 주는 징조

계속 예루살렘에서 일하시던 예수는 이제 시대의 마지막에 초점을 맞추신다. 예수는 '감람산 담화' 로도 불리는 이 말씀을 통하여 제자들에게 그들 앞에 환난이 기다리고 있음을 일러주신다. 예수는 장차 다가올 환난과 고통을 생생하게 설명하신다. 이 말씀 가운데 많은 부분이 주후 70년 예루살렘이 로마 군에게 파괴당할 때 이루어졌다. 예수는 마지막 때가 오면 배신과 핍박과 거짓 가르침이 난무할 것이라고 말씀하신다. 하지만, 예수가 결국 하신 말씀은 그 마지막이 언제 올지 아무도 모른다는 것이었다. 오직 아버지만이 그때와 그날을 알고 계신다. 심지어 아들조차도 이때를 알지 못한다(13:32). 마지막 때가 갑자기 임할 것이다. 때문에, 예수는 늘 깨어 있어야 한다고 특별히 강조하신다.

14:1-26 베다니에서 한 여인이 예수에게 향유를 붓다; 마지막 만찬

유월절을 불과 이틀 앞둔 날, 예수는 다시 한 번 당신이 십자가에 달려 돌아가실 것이라고 예언하신다. 이때, 한 여인이 예수께 향유를 부었다. 묘한 우연의 일치였지만, 그 사건은 예수의 장사를 준비하는 것이 되었다(14:1-11). 제자들은 여인이 예수를 사랑하는 것은 좋지만 값 비싼 향유를 낭비했다며 화를 냈다. 하지만, 예수는 도리어 제자들을 꾸짖으셨다. 예수는 복음이 닿는 곳마다 이 여인이 한 행동을 기억하게 될 것이라고 선언하셨다. 유다가 예수를 배반하려고 준비할 즈음(말씀은 여기서 이미 예언된 이 배반이 임박하였음을 처음으로 언급하고 있다), 예수는 제자들과 유월절 만찬을 드시며 기념이라는 주제를 말씀하신다(14:12-26).

예수의 죽음이 임박했음을 여러 모로 암시한 마가는 마지막 만찬을 상세히 기록한다. 십자가 사건 전날 밤에 이루어진 이 만찬은 유월절 식사였다. 유월절은 유대인들에게 당신 백성을 애굽에서 이끌어 내신 하나님의 위대한 구원을 일깨워 주는 날이었다. 예수는 한 다락방에서 열두 제자와 함께 미리 준비된 유월절 만찬을 드셨다. 예수는 이때 제자 가운데 하나가 자신을 배반할 것이라고 선언하신다. 제자들은 이 말씀에 당황한다. 이 배반은 일어나야만 했다. 성경이 이미 예언한 이상(이를테면, 사 53:1-12), 일어날 수밖에 없는 일이었다. 하지만, 일어날 수밖에 없는 일이라 하여 유다의 배신이 정당한 것은 아니었다.

---

* '렙톤' 이라는 희랍어는 '양이 작거나 무게가 가볍거나 두께가 얇다' 는 뜻의 형용사다. 하지만, 이것은 매우 작은 동전(1 데나리온의 1/128)을 가리키는 말이기도 하였다(다/592). 두 렙돈은 로마 주화 중 가장 작은 단위인 한 '코드란테스'(라틴어로 '쿠아드란스')와 같았다(다/550).

예수는 다시 기념이라는 주제를 말씀하신다. 유월절 만찬에는 떡과 포도주가 포함된다. 여기서 예수는 이 떡과 포도주에 새로운 의미를 부여하신다. 그는 떡을 자신의 몸, 포도주를 "많은 사람을 위하여 흘리는 나의 피 곧 언약의 피"라고 말씀하신다. 이 말씀은 분명, "자기 목숨을 많은 사람의 대속물"로 주실 것이라던 이전의 선언(10:45)과 그 궤(軌)를 같이 하는 것이었다. 이 본문은 하나님과 이스라엘이 시내 산에서 언약을 맺었던 사건을 풍성하게 암시하고 있다. 동시에 이 본문은 하나님과 그분의 백성이 그리스도의 죽음을 통하여 새 언약을 맺게 되었음을 일러주고 있다.

14:27-42 베드로가 부인할 것을 예언하시다; 겟세마네 만찬을 마친 예수와 제자들은 감람 산으로 간다. 거기서 예수는 이내 닥칠 사건들 때문에 제자들이 뿔뿔이 흩어지게 될 것이라고 예언하신다. 스가랴 13:7의 메시아 예언이 이뤄질 것임을 일러주신 것이다(14:27-31). 그러나 베드로는 이를 믿으려 하지 않았다. 그는 어떤 일이 일어나도 자신은 주님의 곁을 지킬 것이라고 단언한다. 그러나 예수는 부드럽게 그를 나무라시며, 그 날 밤 베드로가 자신을 세 번 부인할 것이라고 예언하신다. 겟세마네로 옮겨간 제자들은 이내 연약한 모습을 드러낸다(14:32-42). 예수는 어떤 일이 자신을 기다리고 있는지 알고 계셨기에 극심한 고뇌에 시달리신다. 그는 제자들에게 깨어 있으라고 당부하신다. 하지만, 제자들은 잠들어 버린다. 그들에겐 깨어 있을 만한 기운이 없었다.

여기서 예수가 드린 기도는 특히 중요하다. 이 기도는 예수와 하나님의 친밀한 관계를 분명하게 보여 주고 있다. 예수가 '아빠' (Abba)라는 말을 사용하고 계신 게 그 증거다(14:36). '아빠'는 '아버지'라는 뜻의 아람어로서, 공관복음 가운데 오직 이곳에서만 볼 수 있는 말이다. 예수는 가능하면 '이 잔'을 치워 달라고 아버지께 간구하셨다. 그 잔은 문맥상 슬픔과 고난을 상징하는 게 분명하다. 이 기도에는 참 사람이신 예수의 모습이 숨김없이 드러나고 있다. 그는 죽음을 바라지 않으셨다. 그러나 그가 죽어야 하는 것이 하나님의 뜻이라면, 그는 기꺼이 그 고통을 감내하려 하셨다. 많은 성경 주석가들은 이 기도에서 인간의 어마어마한 죄가 예수 위로 옮겨지기 시작했음을 간파하였다. 그 죄의 짐이 예수와 아버지를 갈라 놓았다. 십자가에 달리신 예수는 하나님이 자신을 철저하게 외면하시는 것을 체험한다. 그 모든 것이 그가 짊어진 인간의 죄짐 때문이었다. 바로 여기 겟세마네에서, 우리는 우리 죄가 예수께 전가되는 장면을 목격할 수 있다.

14:43-52 예수가 붙잡히시다 마침내, 배신의 순간이 이르렀다. 비록 예언된 사건이었지만, 그래도 제자가 스승을 배신한 이 비극의 비애는 줄어들지 않는다. 유다는 ('주여'가 아니라) 그저 '랍비여'라고 부르며 예수께 인사한다. 그는 사랑의 표시인 입맞춤과 함께 예수를 팔아 넘긴다. 예수는 이 모든 것을 그대로 받아들이셨다. 성경의 예언이 이루어져야만 했기 때문이다. 늘 그랬지만, 예수는 아버지의 뜻에 따라 순순히 체포에 응하신다. 제자들은 뿔뿔이 흩어졌다. 마가는 여기서 한 청년이 벗은 몸으로 도망하는 장면을 안타깝게 기록해 놓았다. 주석가들은 이 청년이 마가 자신일 수도 있다고 본다. 마가도 분명 그 배신 현장에 있었을 것이다.

14:53-65 산헤드린 앞에 서시다 예수는 당시 유대 사회의 종교 조직을 대표하던 산헤드린(71명으로 이루어진 유대 최고의 법정으로서, 그 구성원은 대제사장, 장로, 율법사들이었다) 앞으로 끌려가셨다. 대제사장이 주관하는 이 종교 재판에 이어, 필요한 경우에는 로마 총독 본디오 빌라도가 로마 법에 따라 행하는 재판이 이어질 수도 있었다. 당시 유대 법은 어떤 종류의 죄목이든지 유죄로 인정하려면 둘 이상의 남자 증인을 요구하였다. 이 때문에 예수 재판은 몇 가지 난관에 부닥치게 된다. 증인들의 진술이 모두 앞뒤가 맞지 않기 때문이다. 결국, 두 증인이 예수의 말 몇 마디를 왜곡하여 증언한다. 어쩌면 이 명백한 거짓 증언만으로도 예수의 유죄를 확정할 수 있었을 것이다. 그러나 대제사장은 모호하기 이를 데 없는 이 기소 내용에 항변해 보라고 예수에게 요구한다. 그는 결국 단 한 마디의 항변도 하시지 않는 예수의 모습에 놀란다. 하지만, 우리는 여기서 '고난당하는 메시아가 그를 고소하는 자들 앞에서 침묵하실 것'이라던 구약의 중요한 예언(사 53:7)이 성취되었음을 알 수 있다.

하지만, 그러고 나서 대제사장은 예수께 특별한 질문을 던진다. "네가 찬송 받을 이의 아들 그리스도냐"라고 물은 것이다. 이 노골적 질문에 예수는 "내가 그니라"라고 대답하신다. 여기서 예수가 스스로 '자신이' 메시아(희랍어의 '그리스도'에 해당하는 말이다)이심을 주장하지 않은 점을 유의할 필요가 있다. 그러나 예수는 다른 사람들이 당신의 정체를 인정할 때(이를테면, 가이사랴 빌립보에서 제자들이 고백하였을 때처럼, 막 8:27-29)나 특히 그가 메시아인지 묻는 사람이 있을 경우에는 자신이 메시아이심을 인정하셨다. 대제사장은 이 대답을 듣고 누가 그런 참람한 주장을 할 수 있느냐며 크게 분노한다. 그는 예수가 하나님을 모독한 죄를 저질렀다고 선언한다. 메시아도 아니며 하나님의 아들도 아닌 자가 그리 말했다면, 그건 분명 신성모독일 것이다. 하나님을 모독한 자가 받을 벌은 사형이었다. 하지만, 단 하나의 예외 사항으로서, 로마는 산헤드린으로부터 사형 선고권을 박탈하였기 때문에, 이 문제는 로마 당국의 관할 아래 있었다.

14:66-72 베드로가 예수를 부인하다 이제 이야기는 베드로에게 옮겨 간다. 그는 대제사장의 집 뜰 밖에 멀리 선 채, 안에서 벌어지는 일을 주시하고 있었다. 이때, 한 여종이 그를 알아보고 추궁한다. "당신도 나사렛 예수와 함께 있지 않았나?", "틀림없이 당신도 그의 제자 가운데 한 사람이지?" 그러나 베드로는 예수를 모른다고 세 번이나 잡아뗀다. 그렇게 세 번을 부인한 뒤, 닭이 운다. 베드로는 순간, 자신이 예수께 신실치 못했다는 점과 자신이 부인할 것을 예언한 예수의 말씀이 그대로 이루어졌음을 깨닫는다. 그는 주저앉아 운다.

여기서 '닭이 울더라'라는 말은 중요하다. 로마인들은 저녁 시간을 네 개의 경(更)으로 나누었다. '저물 때'는 오후 6시부터 9시까지(일경), '밤중'은 오후 9시부터 12시까지(이경), '닭 울 때'는 자정부터 다음 날 오전 3시까지(삼경), '새벽'은 오전 3시부터 6시까지(사경)였다. 이 사경은 이미 13:35에서 말하고 있다. '닭이 울었다'는 말씀은 실제로 닭이 운 것이 아니라, 삼경이 지났음을 알리는 나팔 소리가 울렸다는 말로 볼 수 있다. 여러 역본들은 여기서 닭이 두 번 울었다고 말하지만, 많은 초기 사본들은 닭이 단 한 번 운 것으로 이야기한다.

15:1-32 빌라도; 예수가 십자가에 못 박히시다

이제 이야기는 다시 예수께 옮겨 간다. 예수의 생애에서 마지막 날이 될 금요일 이른 아침이었다. 산헤드린은 예수가 하나님을 모독했다는 최종 결정을 내린 뒤, 그를 본디오 빌라도에게 넘긴다. 빌라도는 주후 26년부터 36년까지 유대 총독을 지낸 인물이다. 빌라도는 예수의 죄목을 갖고 그를 심문한다. 먼저 빌라도는 예수에게 "네가 유대인의 왕이냐?"고 물었다. 빌라도가 이를 물은 것은 아마 정치적 관심 때문이었을 것이다. 만일 예수가 어떤 형태로든 자신이 유대인의 왕이라고 주장했다면, 유대인들에게 로마에 맞서 봉기하도록 선동하였다는 말이 성립될 수 있기 때문이었다. 뒤이어 빌라도는 특별히 대제사장들이 고발한 종교적 죄목을 추궁한다. 그러나 예수는 대제사장들의 고발 내용을 듣고도 일체 항변하지 않으신다. 빌라도는 이런 예수의 모습에 놀랄 뿐이었다. 여기에서도 메시아가 자신을 고소하는 자들 앞에서 잠잠하실 것이라던 구약의 중요한 예언(사 53:7)이 그대로 이루어진 것을 알 수 있다. 빌라도는 예수로부터 사형을 선고할 만한 죄를 발견할 수 없었던 것이 분명하다. 하지만, 엄청난 군중이 예수를 십자가에 못 박으라고 그에게 요구하고 있었다.

빌라도는 유월절이 되면 죄수 하나를 풀어 줄 권한을 갖고 있었다. 그는 군중에게 예수와 바라바라는 죄인 중 누구를 풀어 주길 원하는지 물었다. 군중은 바라바의 석방과 예수의 죽음을 요구한다. 바라바는 결국 그리스도의 죽음 덕분에 직접 은덕을 입은 첫 번째 인물이 된 셈이다. 본디 바라바가 죽어야 했지만, 예수가 그 대신 죽게 된 것이다.

빌라도는 예수를 군중들에게 내주어 채찍질 당하고 십자가에 못 박게 한다. 로마 병사들은 예수에게 우스꽝스런 용포를 입히고 가시 면류관을 씌운 채 놀려댔다. 사람들은 그를 "유대인의 왕"(15:16-20)이라며 조롱했다. '유대인의 왕'이라는 칭호는 그의 죄목에도 들어 있었을 뿐만 아니라, 십자가에 달린 그의 머리 위에 붙은 죄패(罪牌)에도 기록된다.

로마인들의 채찍질은 악명이 높았다. 죄수가 십자가에 달리기 전에 채찍에 맞아 죽는 경우도 있었다. 심하게 맞은 예수는 탈진하여, 자신이 달릴 십자가조차 지고 나를 힘이 없었다. 결국, 구레네 사람 시몬이 억지로 그 십자가를 지게 된다. 마침내, 그들은 처형 장소인 골고다에 도착한다. 이곳은 '해골'—'골고다' 역시 해골이란 뜻이다—을 뜻하는 라틴어 '칼바리아'(Calvaria)에서 유래한 갈보리(Calvary)라는 이름으로도 불리던 곳이었다. 드디어, 예수가 십자가에 달리셨다. 그의 죽음을 구경하러 온 이들은 그를 조롱하였고, 로마 병사들은 예수의 옷을 놓고 제비를 뽑았다. 이 모든 것이 고난당하는 의인의 비참한 운명을 예언한 시편 22편(시 22:7-8, 18을 보라)의 성취였다. 시편 22편의 고난당하는 의인이 바로 예수라는 사실은 숨지기 전에 그의 입에서 나온 처절한 절규(15:34)가 확증해 준다. 그 절규와 시편 22편의 첫 구절은 정확히 일치한다. 이때, 예수는 하나님이 자신을 버리셨음을 뼈저리게 체험한다. 예수가 자기 백성 대신 짊어진 죄가 예수와 아버지를 갈라 놓았던 것이다. 십자가 주위에 있던 군중들은 예수더러 십자가에서 내려와 자신을 구원해 보라고 요구한다. 하지만, 예수는 십자가에 그대로 계셨다. 그는 그렇게 죄로 가득한 인류를 구원하신 것이다

(15:21-32).

15:33-41 예수가 숨을 거두시다   마침내, 예수가 숨을 거두셨다. 어둠이 땅을 뒤덮었다. 어쩌면 그것은 "세상의 빛"(요 8:12)이 꺼져 버렸다는 사실을 일러주는 것 같았다. 동시에 '성소 휘장'이 위로부터 아래까지 찢어져 둘로 나뉘었다. 구원의 맥락에서 큰 중요성을 갖고 있는 그리스도의 죽음에 비추어 보면, 이 사건은 매우 의미심장한 일이다. '성소 휘장'은 구약의 성막을 구성하는 중요한 부분이었다(출 26:31-35). 이 휘장은 성막에서 지극히 거룩한 곳으로 여겨지던 '지성소'에 아무나 다가가는 것을 막는 수단이었다. 그렇게 보면, 성소 휘장은 이스라엘의 예배에서 실제로 중요한 기능을 담당하고 있었던 셈이다. 하지만, 휘장에는 그보다 더 깊은 의미가 담겨 있다. 일반 예배자들이 휘장 때문에 '지성소'에 들어갈 수 없었다는 사실은 하나님과 죄인인 인류 사이에 더 깊은 단절이 자리잡고 있음을 암시하는 것이다. 결국, 휘장은 인간의 죄 때문에 하나님과 인류 사이에 가로놓인 장벽의 상징이 되었다. 예수가 십자가에서 숨을 거두실 때 이 성소 휘장이 갈라졌다는 것은 그리스도의 죽음이 가져다준 중요한 은덕 중의 하나를 상징한다. 즉, 그리스도의 죽음은 죄가 하나님과 인류 사이에 만들어 놓았던 장벽을 무너뜨렸으며, 그 결과 이제는 어떤 신자라도 자유로이 하나님께 나아갈 수 있게 되었다(롬 5:1-2).

마가는 여기서 한 로마 백부장의 증언을 들려주고 있다. 그 백부장은 예수를 보고 "이 사람은 진실로 하나님의 아들이었도다"(15:39)라고 선언한다. 이방인의 입에서 흘러나온 이 증언은 너무도 중요하다. 사람들은 대개 마가복음이 로마에서 기록된 것으로 보고 있다(이를테면, 15:16이 '브라이도리온'을 언급하고 있는 점에 유의하라).* 그 점을 생각한다면, 백부장의 이 중요한 증언은 마가가 염두에 두고 있던 독자들**과 특별한 연관을 지니고 있었을 것이다.

15:42-47 예수를 장사지내다   이어서 우리는 세 여자, 곧 막달라 마리아와 야고보와 요세의 어머니 마리아와 살로메의 역할에 주목하게 된다(15:40-41). 제자들은 행방이 묘연하였지만, 이 여인들은 예수의 죽음을 끝까지 지켜보았다(바로 이 여인들이 나중에 부활을 목격하는 최초의 증인이 된다). 마침내, 예수는 빌린 무덤에 묻힌다(15:42-47). 이 순간에도 제자들은 눈에 띄지 않았다. 예수의 장사를 주관한 사람은 유대 사회에서 명망 있는 종교 지도자였던 아리마대 요셉이었다. 그는 예수를 앙모하는 자였던 것이 분명하다. 세 여자 가운데 둘이 그 길었던 첫 금요일이 다 가도록 무덤 주변을 계속 지키고 있었다.

16:1-8 부활   안식 후 첫 날(일요일)이 되었다. 세 여자는 아침 일찍 예수의 시신에 향유를 바르고자 다시 무덤으로 간다. 전날은 안식일이어서 그 일을 할 수 없었던 것이다. 여

---

* 개역개정판이 '브라이도리온'이라고 말하는 이곳은 희랍어로 '프라이토리온', 라틴어로 '프라이토리움'을 가리킨다. 본디 '프라이토리움'은 사령관의 군막(軍幕)과 그 주변 지역을 일컫는 말이었으나, 후대에는 총독 관저를 일컫는 말이 되었다(다/859).
** 아마 로마의 그리스도인들이었을 것이다.

기서도 제자들은 등장하지 않는다. 제자들은 분명 완전히 맥이 풀려 있었을 것이다. 무덤에 다가간 여자들은 무덤이 비고 예수가 부활하셨다는 것을 알게 된다. 겁에 질린 여자들은 도망쳤다(16:1-8).

여기서 유념할 점은 네 복음서가 모두 빈 무덤을 처음 발견한 사람이 여자들이었다고 기록해 놓았다는 점이다. 부활절에 일어난 사건 중에서 네 복음서가 모두 상세하게 기록해 놓은 사건은 여자들이 예수의 무덤을 찾아간 사건뿐이다. 마가는 예수의 부활을 목격한 이 여자 증인들의 이름을 열거하고 있다. 막달라 마리아, 야고보의 어머니 마리아, 그리고 살로메였다. 마가는 이 여인들의 이름을 '세 번이나 거푸' 언급하고 있는 셈이다(막 15:40, 47, 16:1). 하지만, 유대교에서는 여인들의 증언을 믿지도 않았을 뿐더러, 아예 그들에게 증인 자격을 주지도 않았다. 법률 문제에서는 오직 남자만이 의미 있는 존재였다. 그렇게 본다면, 지금까지 이 세상에 전해진 소식 중에 가장 좋은 소식을 처음 알려 준 이들은 증인 자격조차 없는 사람들이었던 셈이다. 이 점은 복음서 기사를 실제 역사로 믿을 수 있느냐와 관련하여 상당한 중요성을 갖고 있다. 만일 예수의 부활 이야기가 지어낸 것이라면, 부활을 처음 목격한 증인으로 증인 자격조차 없는 사람들을 제시한다는 것은 아무래도 앞뒤가 안 맞는 이야기이기 때문이다. 하지만, 복음서는 당시에 일어난 사실들을 변조하여 더 신빙성 있는 것으로 꾸미지 않고 주저없이 있는 그대로 보고한다.

16:9-20 후대의 사본들이 기록해 놓은 마가복음의 마지막 부분 여기서 마가복음은 일단 끝을 맺는다. 하지만, 이후의 몇몇 사본들에는 본문에 16:9-20이 더 들어 있다. 이 부분은 예수가 부활하신 뒤 제자들 앞에 나타나신 일을 상세히 기록하고 있다. 아울러, 엠마오로 가는 길에서 일어난 사건(16:12, 그 자세한 내용은 눅 24:13-35이 기록하고 있다) 역시 이 부분에 언급되어 있다. 그러나 대다수 학자들은 마가복음 본문의 마지막 구절은 16:8이라는 데 동의한다. 여자들은 자신들이 본 것 때문에 무서워한다. 이것은 무슨 의미일까? 제자들은 변화산 사건이 일어났을 때 무서워하였다. 마찬가지로 부활 역시 처음에는 무서움을 불러일으켰다. 그러나 일단 무슨 일이 일어났는지 그 실상을 완전히 알게 되면, 무서움은 기쁨으로 바뀌게 될 것이다.

누가복음

누가복음은 공관복음서 중 세 번째 책이다. 아울러 누가복음은 2부작의 첫 번째 작품으로, 그 두 번째 작품은 사도행전이다. 누가복음과 사도행전을 하나의 책으로 묶게 되면, 신약에서 가장 큰 책이 될 것이다. 이 두 책은 데오빌로(말 그대로 '하나님을 사랑하는 사람' 이라는 뜻이다)*라는 사람에게 헌정한 것이다. 데오빌로는 로마에 살던 부유한 명망가로서 그리스도의 가르침에 공감을 표시하던 인물이었을 것이다. 누가 자신은 본디 비유대인으로서 희랍어를 능숙하게 구사한 인물이었을 것이다. 그는 의사였으며, 바울과 여러 차례 선교 여행을 함께하였다. 누가복음은 비유대인의 관심사와 필요를 염두에 두고 기록된 책임이 분명하다. 아울러 이 책은 '좋은 소식' (복음)이 가난한 자들과 억압받는 자들 그리고 곤고한 자들과 연관되어 있음을 제시하는 데 특별한 관심을 기울이고 있다.

누가복음의 기록 연대는 확실치 않다. 사도행전이 바울의 투옥 기사로 갑자기 끝나는 걸 보면, 누가복음과 사도행전 둘 다 일찌감치 기록되었을 수도 있다. 이를테면, 주후 59-63년 사이에 기록되었을 수도 있다. 하지만, 많은 학자들은 누가복음이 마가복음을 여러 곳에서 인용하였다고 주장하면서, 누가복음의 저작 시기를 마가복음보다 늦은 주후 70년대로 보고 있다.

누가복음 1:1-2:52
예수 그리스도의 탄생

1:1-4 들어가는 글 누가는 먼저 이 복음서 서두에서 기독교 복음의 배경이 된 사건들을 증인들의 목격담을 인용하여 가능한 한 정확하게 설명하려 했음을 밝히고 있다. 누가는 이와 똑같은 서술 방법을 사도행전에서도 사용한다. 그는 믿을 만한 자료들을 취합하여, 기독교 복음의 기초와 그 이후의 확산 과정을 일관되게 기록하였다.

1:5-25 세례 요한의 출생을 예고하다 누가는 다른 복음서 기자들이 참조할 수 없었던 자료들을 인용하여 세례 요한의 출생 경위를 자세히 설명하고 있다(1:5-25). 요한은 제사장 집안에서 태어났다. 그의 부모인 사가랴와 엘리사벳의 처지는 사무엘의 부모인 엘가나와 한나의 처지(삼상 1:1-2:11을 보라)와 비슷하였다. 두 집안 모두, 하나님의 섭리로 말미암아 아들을 얻었고, 태어난 그 아들은 선지자가 되었다. 세례 요한과 사무엘 사

---

* 희랍어식으로 표기하면 '떼오필로스', 라틴어식으로 표기하면 '테오필루스' 다. 희랍어로 하나님은 '떼오스', '친구, 연인' 은 '필로스' 이므로, '떼오필로스' 는 '하나님의 친구' 라는 뜻이 된다.

이에도 비슷한 점들이 있다. 이를테면, 둘 다 나실인이 될 것을 서약함으로써 모든 주류(酒類)를 멀리하겠다고 맹세한 것이 그 예다(민 6:1-4; 삿 13:4-7; 삼상 1:11).

세례 요한은 하나님의 섭리 가운데 태어나기 전부터 특별한 인물로 구별되었다. 그는 엘리야 같은 인물이 되어 주의 길을 준비할 사람이었다(1:17). 구약의 선지자 말라기는 주 하나님이 엘리야 선지자를 보내어 당신이 오실 것을 예비케 하실 것이라고 선포하였다(말 4:5-6). 만일 엘리야가 다시 오게 된다면, 그것은 곧 머지않아 위대한 날이 시작된다는 뜻일 것이다. 그날에 주 하나님은 당신의 백성에게 오셔서 심판과 구원을 베푸시게 될 것이다. 아직 서두 부분인데도 여기서 우리는 주 하나님이 당신의 백성에게 오실 때가 임박했음을 느끼게 된다.

1:26-45 예수의 나심을 미리 알려 주다; 마리아가 엘리사벳을 방문하다 하나님은 당신이 당신의 백성에게 오실 때가 가까웠음을 곧 확인해 주셨다. 천사 가브리엘이 마리아를 찾아온 것이다. 가브리엘은 마리아가 한 아이를 잉태하게 될 것이라고 일러준다(1:26-38). 천사는 구약의 많은 위대한 메시아 예언들을 압축하여 이야기한다. 그는 마리아가 하나님께 은혜를 입었으며 장차 한 아들을 낳을 것인즉 그 이름을 예수라 지으라고 말한다. 천사는 태어날 아기가 다윗의 위를 이어받아 당신의 백성을 다스리실 것이라고 말한다. 마리아는 아직 처녀였지만, 성령의

능력으로 말미암아 아이를 낳게 된 것이다. 그 뒤, 마리아는 친족인 엘리사벳을 방문한다. 그 둘은 자신들에게 일어난 일을 서로 이야기했다(1:39-45). 이어지는 구절(1:56)을 보면, 마리아는 엘리사벳이 임신 9개월, 즉 요한이 태어날 막달이 되기까지 함께 있었던 게 분명하다.

1:46-56 마리아의 찬가 말씀은 이어서 마리아의 위대한 찬가를 들려주고 있다. 마리아는 자신이 전해 들은 소식과 그 소식이 이스라엘에게 의미하는 바를 생각하며, 자신의 기쁨을 표현한다(1:46-55). 대개 '마그니피카트'(Magnificat, 마리아가 부른 찬가를 기록한 라틴어 성경 본문의 첫 단어다)*로 부르는 이 찬송은 사무엘의 어머니 한나가 부른 위대한 찬송과 아주 흡사하다. 한나도 자신이 아들을 낳게 될 것을 알고 너무나 기뻐하지 않았던가?(삼상 2:1-10) 마리아의 찬가는 하나님이 당신의 백성에게 큰 신실함을 보이신 것과 자신처럼 비천하고 겸비한 사람들에게 자비와 은총을 베푸신 것을 강조하고 있다. 하나님의 위대하신 구원이 눈앞에 다가와 있는 것이 분명했다.

1:57-66 세례 요한의 출생 세례 요한이 태어나면서, 백성들은 하나님의 손이 그들 위에 임하셨음을 깨닫게 된다. 이 때문에, 구원의 때가 임박하였다는 기대감이 한껏 부풀어 오른다. 요한의 아버지 사가랴는 아들의 출생을 기뻐하며 노래를 부른다. 그는 이 노

---

* 라틴어 성경 불가타를 보면, 마리아의 찬가 첫 소절을 '마그니피카트 아니마 메아 도미눔'으로 기록해 놓았다. '아니마 메아'는 '내 영혼'이라는 뜻이며, '도미눔'은 '주'를 뜻하는 '도미누스'의 목적격이다. '마그니피카트'는 '어떤 것을 크게(위대하게) 생각하다, 찬미하다'라는 뜻을 가진 동사 '마그니피카레'(magnificare)의 3인칭, 단수, 직설법 현재 능동태 동사다.

래로 하나님이 당신의 백성에게 크나큰 신실함을 보여 주셨다고 선포한다(1:67-80). 이 노래—라틴어 성경 본문이 기록한 이 노래의 첫 단어를 따서 '베네딕투스'(Benedictus)로 부르곤 한다*—는 이스라엘의 주 하나님이 당신의 백성에게 크나큰 신실함을 보여 주사, 백성들이 더 큰 구원의 소망을 품도록 하셨다고 선언한다. 사가랴의 아들 요한은 주보다 앞서 가서 주가 오실 길을 준비할 자였다. 구원과 용서의 때가 눈앞에 다가와 있었다.

2:1-20 예수의 나심 이제 우리는 곧장 누가복음 1-2장의 절정인 예수의 출생 기사에 이르게 되었다. 이 단락은 그 서두에서 구원사의 사건들을 세계사의 사건들과 연관지어 설명하고 있다(2:1-7). 누가는 예수의 출생 연대를 두 통치자와 연관지어 설명한다. 먼저 누가는 예수가 주전 31년에 즉위하여 주후 14년에 사망한 로마 제정의 초대 황제 가이사 아구스도**의 치세기에 태어나셨다고 말한다. 이어서 누가는 예수의 출생 연대를 구레뇨(퀴리니우스)가 수리아(시리아) 총독으로 있었을 때라고 증언한다. 구레뇨의 총독 재직 연대는 정확히 알아내기가 어렵다. 하지만, 주후 1년으로부터 몇 년 전후일 것으로 보고 있다. 구레뇨가 수리아 총독이 되었을 때, 로마는 인구 조사를 실시한다. 아마 징세 자원을 파악하려는 목적이었을 것이다. 결국, 이 때문에 마리아와 요셉은 왕이 태어날 곳인 베들레헴으로 가게 된다. 예수는 바로 그곳에서 태어나셨다. 제국의 호적령 때문에 미가 5:2의 위대한 메시아 예언이 성취된 것이다. 말씀은 가축의 여물통인 "구유"를 언급하고 있다(2:7). 이 때문에 예수의 탄생 장소를 마구간으로 보는 것이 전통적 견해다.

이어서 본문은 한밤중에 근처 들판에서 양떼를 지키던 목자들을 언급한다(2:8-20). 한 천사가 그들에게 나타나, 구주 곧 그리스도 주가 태어나셨음을 일러준다. 이 부분을 기록해 놓은 희랍어 본문은 상당히 복잡하다. 아마 이렇게 번역하는 것이 가장 좋을 것이다. "한 아기가 나셨으니, 그분이 바로 구주 메시아이시며 주이시다." 천사는 오랫동안 메시아를 고대하던 당신 백성들을 구원할 주가 태어나셨음을 선포한 것이다. 목자들은 가서 새로 나신 아기를 보고, 천사가 예수의 나심에 대해 일러준 말을 전하였다.

2:21-40 예수의 정결례 아기 이름은 천사가 마리아에게 일러준 대로 예수라 하였다(2:21-24). 예수의 부모는 모세의 법을 따라 아기에게 할례를 행하고 그 첫 아들을 주께 드린다. 마리아는 40여 일의 불결 기간(레 12:2-8)이 지나자, 자신의 정결 예물을 드린다. 마리아가 드린 이 정결 예물(산비둘기 한 쌍이나 어린 집비둘기 둘)은 가장 가난한 백성들이 드리는 예물이었다. 이를 보면, 마리아와 요셉의 빈궁한 형편을 짐작할

---

* 라틴어 성경인 불가타의 누가복음 1:68은 '베네딕투스 데우스 이스라엘 퀴아 비(위)시타비(위)트 에트 페키트 레뎀티오넴 플레비 수아이'로 기록되어 있다. 해석하면, '이스라엘의 하나님께 찬양을 돌릴지니, 그가 (당신의 백성들을) 돌아보사(찾아오사) 당신의 백성들에게 구원을 베푸셨기 때문이라'가 된다. 베네딕투스는 '찬양하다'라는 뜻을 지닌 라틴어 동사 '베네디케레'(benedicere)의 서술형용사다.
** 가이우스 율리우스 카이사르 옥타비아누스 아우구스투스(Gaius Iulius Caesar Octavianus Augustus)를 말한다. 주전 63년에 태어나 주후 14년에 죽었다.

수 있다.

여기서 아기 예수의 영적 중요성을 다시 한 번 확인해 준 두 사건이 일어난다. 첫 번째 사건은 시므온이라는 사람이 예수가 오신 메시아이심을 알아본 사건이었다. 그는 성령을 통하여 특별한 분별의 은사를 받은 자였다. 시므온은 '눈크 디미티스'(Nunc Dimittis, 이 찬송을 기록해 놓은 라틴어 성경 본문의 첫 문구에서 나온 제목이다)*라 불리는 찬송으로 이스라엘에 구원이 임하였음을 보여 주신 주를 찬양한다. 그 구원은 하나님 백성의 영광이요, 이방인에게 주신 하나님의 계시였다. 이어서 예수는 여선지자 안나를 만나게 된다(2:36-40). 안나는 "예루살렘의 속량을 바라는 모든 사람에게" 예수가 그 속량을 베푸실 자임을 선포한다.

2:41-52 소년 예수가 성전에 가시다 여기서 누가는 예수가 열두 살 때 일어난 사건을 마리아와 요셉의 관점에서 이야기한다. 예수의 부모가 성전을 방문하였다가 예수를 잃어버린 사건이었다. 예수의 부모는 예수가 보여 준 지혜와 자신이 자기 아버지 집에 있어야 하지 않겠느냐는 예수의 반문에 당황한다. 예수의 이 반문이 갖고 있는 커다란 의미는 조금 뒤에 밝혀질 것이다. 이런 패턴은 복음서 전체에서 찾아볼 수 있다. 예수가 하신 말씀과 행하신 일들은 그의 십자가와 부활에 비추어 보아야 비로소 그 중요성과 의미를 풍성하게 알 수 있는 경우가 종종 있다. 이를테면, 그가 성전을 다시 지을 것이라고 말씀하시는 부분(요 2:19-22)이나 자신이 배신당하여 죽게 될 것을 예언하신 경우(막 9:31-32)가 그러하다. 아직 이르긴 하지만, 지혜로운 사람이라면 "내가 내 아버지 집에 있어야 될 줄을 알지 못하셨나이까"라는 말씀의 의미를 간파할 수 있을 것이다.

그렇다면, 누가는 이 모든 정보를 대체 어디에서 가져왔을까? 이 모든 정보를 그에게 일러준 사람은 누구였을까? 가장 가능성이 큰 인물은 마리아 자신이다. 마리아는 여기에 기록된 모든 사건들을 직접 목격하였기 때문이다. 말씀을 보면, "마리아는 이 모든 말을 마음에 새기어 생각하니라"(2:19)나 "그 어머니는 이 모든 말을 마음에 두니라"(2:51)라는 기록들이 등장한다. 이는 마리아가 이 모든 것을 기억하였으며, 누가는 마리아의 이 기억들을 인용하여 누가복음 1-2장을 서술한 것임을 암시하고 있는 것이 분명하다. 마태는 예수의 나심과 어린 시절을 요셉의 시각에서 서술하려고 하지만, 누가는 마리아의 시각에서 설명하려고 한다.

누가복음 3:1-9:62
예수의 갈릴리 사역

3:1-20 세례 요한이 주의 길을 예비하다 누가는 다시 구원사의 사건들을 세계사의 사건들과 연관지어 상세하게 설명하려 한다. 구약에도 그런 부분이 많지만, 누가는 고대 역사가들의 서술 전통을 따라 예수의 사역이 시작된 연대를 지역이나 세계 통치자의 치세 연대를 기준으로 기록해 놓았다(3:1-2). 이들 가운데 몇몇은 그 정확한 연대를 알아내기가 쉬운 편이다. 본디오 빌라도(Pontius Pilate)는 주후 26년부터 36년까지 로마의 유대 총독(더 정확히 표현하면, '프로쿠라토

---

* '눈크'는 '이제'라는 뜻이며, '디미티스'는 '놓아 주다, 풀어 주다'라는 뜻을 지닌 라틴어 동사 '디미테레'(dimittire)의 2인칭 단수, 직설법 현재 능동형이다.

르')*으로 있었다. "디베료(Tiberius) 황제가 통치한 지 열다섯 해"는 주후 28-29년일 것이다. 다른 연대들은 그 정확한 연대를 밝혀내기가 위 두 경우보다 어렵다. 우리가 그 연대와 관련된 인물들을 잘 모르기 때문이다. 물론 유대인과 이방인을 가릴 것 없이, 누가 시대의 독자들은 누가 열거하는 인물들을 잘 알고 있었을 터이지만, 지금 그들과 관련된 연대를 정확히 알아낸다는 건 꽤 힘든 일이다. 하지만, 누가의 기록을 볼 때, 예수의 사역이 주후 30년 직전에 시작된 것만은 분명하다. 누가가 뒷부분에서 예수가 가르치심을 시작하실 때 "삼십 세쯤 되시니라"(3:23)고 말하기 때문이다.

예수의 사역은 세례 요한과 만나는 것으로부터 시작되었다. 누가는 요한에 관하여 상당한 배경 정보를 제공하고 있다(3:3-20). 엄청난 군중들이 요한의 말을 듣고자 벌 떼처럼 광야로 모여들었다. 이를 보면, 요한은 당시 유대 사회에 큰 반향을 불러일으킨 게 분명하다. 요한은 메시아가 오실 길을 준비하는 사람이었다. 처음 항간에는 요한 자신이 메시아일지도 모른다는 말이 있었지만(3:15-17, '그리스도'라는 희랍어는 '메시아'란 뜻이다), 요한은 즉각 이런 말을 반박한다. 구약의 예언은 '주의 길을 준비할 자가 오실 것'(3:4; 사 40:3; 말 3:1을 인용하고 있다)을 약속하였다. 요한이 옴으로써 이 예언이 성취되었다. 요한은 자기보다 큰 분의 길을 준비하는 것이 자신의 본분임을 알고 있었다. 요한은 물로 세례를 베풀지만, 장차 오실 그분은 성령으로 세례를 베푸시게 될 것이다(3:16). 여기서 누가는 장차 요한이 당할 일을 살짝 귀띔해 주고 있다. 요한이 동생의 아내인 헤로디아를 유혹한 헤롯을 질책한 것이 그 일의 단초가 되었다.

3:21-28 예수가 세례를 받으시다; 예수의 계보

예수는 보통 사람들과 함께 요한에게 세례를 받으셨다(3:21-22). 예수가 세례를 받으신 뒤, 그가 하나님의 아들이심을 확인해 주는 목소리가 하늘에서 들려왔다. 시편 2:7의 위대한 메시아 대망(待望)이 현실로 이루어진 것이다. 하지만 예수는 세례를 받으실 때 비로소 하나님의 아들이 '되신 게' 아니다. 하나님은 예수가 본디 당신의 아들임을 확인해 주셨을 뿐이다. 예수는 분명 하나님의 아들이셨다. 그런데도, 누가는 대부분의 사람들이 그를 단지 요셉의 아들로 생각하고 있었다고 말한다.

누가는 이어서 예수의 계보를 기록해 놓았다. 그는 그 계보를 아브라함이 아니라 아담에서부터 시작한다(3:23-28). 마태는 예수가 유대 혈통임을 강조하였지만, 누가는 예수가 인류 전체에게 더 큰 의미를 지닌 분임을 강조하였다. 그렇다 하여, 예수가 유대 민족(유대교)에게 특별한 의미를 지닌 존재임을 부인하는 것은 아니다. 누가는 다만 예수가 온 세상에 중요한 의미를 지닌 존재임을 제시하려 했을 뿐이다. 마태가 제시하는 예수의 계보(마 1:2-16)와 누가가 제시하는 계보 사이에는 차이가 있다. 이런 차이가 생겨난 까닭은, 마태가 다윗으로부터 내려온 예수의 혈통을 요셉을 통하여 추적한 반면, 누가는 마리아를 통하여 추적하였기 때문이라고 보는 것이 가장 적절할 것이다. 이는, 우

---

* '포로쿠라토르'(procurator)는 로마 황제의 재산을 관리하는 '재정 정무관'을 가리키는 말이다. 참고. 조규창, 「로마법」(서울: 법문사, 1996), 71.

리가 앞에서 본 것처럼, 누가는 마리아에게 특별한 관심을 보이는 반면 마태는 요셉에게 특별한 관심을 보이는 것과 그 맥락을 같이한다고 볼 수 있을 것이다.

4:1-13 예수가 시험 받으시다 이스라엘은 애굽에서 나와 40년을 광야에서 보냈다. 그 기간은 약속의 땅에 들어가기 위한 시험 기간이요 준비 기간이었다. 마찬가지로, 예수 역시 이스라엘을 향한 당신의 사명을 준비하면서 시험을 치르신다. 그는 40일 밤낮을 광야에서 지내면서 마귀에게 시험받으시고, 끝내 그 시험을 물리치셨다. 시험의 중점은 하나님의 아들이신 예수가 당신의 권능과 권세를 사리(私利)를 채우는 데 사용하느냐 아니면 그 권능과 권세가 주어진 본래 목적을 이루는 데 사용하느냐에 있었다. 이 시험이 끝날 즈음, 예수는 아버지 뜻에 순종하시겠다는 뜻을 분명하게 선언하신다. 예수는 이제 공생애 사역을 시작하려 하고 계셨다.

4:14-44 예수가 나사렛에서 배척당하시다 그러나 예수의 사역은 고향인 나사렛 사람들의 배척과 함께 시작되었다. 누가는 예수가 성령의 충만함을 입으셨다고 강조한다(4:1, 14). 그렇게 성령의 충만함을 입으신 예수는 갈릴리로 돌아가서서 그 지역의 회당 예배에 참석하신다. 그는 이미 대단한 관심의 표적이 되어 있었다. 본문은 분명하게 이야기하고 있지 않지만, 예수는 나사렛에 오시기 전부터 이미 왕성한 사역을 펼치고 계셨던 것 같다. 이 무렵, 예수는 이미 유명한 인물이 되어 그 지역 회당에서도 자주 가르치셨던 게 분명하다. 그러나 그는 향리인 나사렛에서는 문전박대를 당하셨다. 그는 나사렛의 회당에서 이사야 61:1-2의 위대한 메시아 예언을 읽으신 다음, 이 예언이 자신에게서 다 이루어졌다고 선언하신다.

이 예언은 복음을 전파하고 눈먼 자를 고치는 것에 대해 언급하고 있다. 이것들은 예수의 공생애 사역의 핵심이었다. 예수가 이사야서의 예언을 자신이 이루었다고 선언한 것은 그 예언의 내용들이 자신의 공생애 사역 속에서 세세히 확증될 것임을 알고 계셨기 때문이다. 그러나 예수에게 돌아온 것은 분노와 배척이었다. 이후에 읽게 될 사건들에서도 분명히 드러나듯이, 귀신들조차 예수가 "하나님의 거룩한 자"(4:31-37)요 "하나님의 아들"(4:38-44)이심을 인정하였다. 그런데, 정작 예수의 고향 사람들은 그의 말에 콧방귀도 뀌지 않았다. 예수는 이런 배척을 무릅쓰고 여러 회당에서 계속 말씀을 전하셨다. 분명 다른 사람들은 이 말씀을 뜨거운 마음으로 영접하였다.

5:1-11 첫 번째 제자들을 부르시다 그 뒤, 예수는 첫 번째 제자들을 부르신다. 분명 많은 사람들이 그를 추앙하였지만, 예수는 몇몇 사람만을 불러 자신과 동역할 수 있는 특별한 위치를 부여하신다. 첫 번째 제자들은 평범한 어부였지만, 예수는 그들을 '사람을 낚는 어부'가 되게 하시겠다고 선언하신다.

5:12-26 예수가 계속하여 병자를 고치시다 예수는 나병 환자를 고쳐 주신다(5:12-16). 이것은 예수의 치유 능력과 치유 의지를 증명하는 사건이기도 했지만, 그가 구약의 율법을 긍정하신다는 것을 보여 주신 사례이기도 했다. 예수가 고침받은 자를 제사장에게 보내어 완치되었음을 확인받게 하셨기 때문이다. 얼핏 보면 이는 또 하나의 치유 이적에 불과한 것 같으나(5:17-26), 실은 예수

의 정체를 올바로 이해하는 데 중요한 의미가 있는 사건이 뒤이어 일어난다. 예수는 중풍 병자를 고쳐 주시면서 그 병자의 죄가 사함받았다고 선언하신다. 서기관들은 이 말에 격노하였다. 오직 하나님만이 죄를 사하실 수 있거늘, 한 인간이 감히 죄 사함의 권세가 있는 것처럼 행세하였다고 생각했기 때문이다. 그들은 예수가 하나님을 모독했다고 비난하였다. 하지만, 예수는 자신이 죄 사함의 권세를 가지고 있다고 주장하신다. 이는 자신을 하나님의 자리에 놓는 것이었다. 이 본문을 읽는 그리스도인들은 두 가지 점을 유념하기 바란다. 첫째, 중풍 병자는 치료되었다. 예수는 분명 치유 능력을 갖고 계신다. 따라서 그에겐 죄를 사하실 권세도 있다. 둘째, 이후에 있게 될 예수의 부활은 그가 진정 하나님의 아들이심을 확증해 준다(롬 1:3-4). 그가 하나님의 아들이시라면, 죄 사함의 권세를 갖는 건 당연한 일이다. 그러나 예수의 사역 초기인 이때만 해도, 장차 벌어질 일(예수의 죽음과 부활)을 암시하는 그 어떤 단서도 찾아볼 수 없었다. 그런 사정은 곧 변하게 되지만, 아직은 아니었다.

5:27-32 레위를 제자로 부르시다 예수는 이어서 세리인 레위를 제자로 부르신다. 이는 예수를 지켜보던 사람들을 분노하게 만들었다. (마가와 누가는 이 사람을 본명인 '레위' 또는 '알패오의 아들 레위'로 부른다. 그러나 마태복음은 같은 사건을 기록한 기사에서 사도가 된 뒤의 이름인 '마태'로 기록하였다.) 세리들은 동족으로부터 모멸과 배척을 받았다. 당시만 해도 팔레스타인 지방은 로마의 수중에 있었다. 세리들은 이 이방인 점령자들의 부역자 노릇만 한 게 아니었다. 그들은 거둬야 할 세금보다 더 많은 세금을 거둬 자신들의 치부 밑천으로 삼았다. 때문에 유대인들은 그들을 싫어하며 매국노로 간주하였다. 그런데, 예수는 그런 세리 중의 하나를 제자로 부르셨다. 유대교는 창기나 이방인이나 세리들을 구원의 소망이 없는 자로 여겨 배척하였지만, 예수는 레위를 제자로 받아들이심으로써 이런 이들을 용납하신다는 것을 생생히 보여 주셨다. 예수는 이런 자신의 행동을 이 한 말씀으로 집약하셨다. "내가 의인을 부르러 온 것이 아니요 죄인을 불러 회개시키러 왔노라"(눅 5:32).

5:33-6:11 예수의 권세에 의문을 제기하다
예수를 향한 비판이 끊임없이 이어졌다. 예수는 단지 유대 사회에서 버림받은 자들을 부르기만 하신 게 아니었다. 그는 제자들에게 엄격히 금식을 요구하지 않으셨다. 바리새인들과 서기관들은 왜 예수의 제자들이 금식을 하지 않는지 물었다. 예수는 손님들이 신랑(분명 예수 자신을 가리키는 표현이다)과 함께 있는 동안에는 금식할 필요가 없다고 응수하신다. 복음이라는 영광스러운 새 포도주는 유대교라는 낡은 가죽 부대에 담을 수 없었다(5:33-39).

그러나 예수를 향한 비판은 계속되었다(6:1-11). 바리새인들은 예수의 제자들이 안식일에 밀 이삭을 잘랐다 하여 예수를 비판한다. 이에 예수는 인자(이것 역시 예수 자신을 가리키는 표현이었다)가 안식일의 주인이라고 응수하신다. 창조주에겐 모든 피조물을 다스릴 권세가 있음을 분명하게 말씀하신 것이다. 어쨌든, 예수는 안식일이 사람을 위하여 있는 것이지 사람이 안식일을 위하여 있는 것이 아님을 지적하시면서, 이전에 다윗이 했던 일을 예로 인용하신다. 동시에 예수는 자신이 안식일에 병을 고칠 권리를 갖고 계심을 천명하시면서, 다른 생각을 가진 이가 있으면 그 타당성을 증명해 보라고 일갈(一喝)하신다.

6:12-19(이하) 평지 설교 열두 제자들을 부르신 예수는 때로 '평지 설교'로 불리기도 하는 말씀을 선포하신다. 이 설교 중에는 '산상 설교'(마 5:1-7:29)의 내용이 일부 들어 있다. 이 설교는 방금 고침을 받은 이들에게 주신 말씀이라기보다는 제자들에게 주신 말씀이었다. 평지 설교는 그리스도인들에게 요구되는 고도의 규범을 강조한다. 이 설교는 하나님의 은혜가 없으면 이 규범들을 행할 수 없다는 것을 깨닫게 해준다.

6:20-26 복과 화를 선포하시다 평지 설교는 '지복'(至福)으로 널리 알려져 있는 말씀을 선포하는 것으로 시작한다(6:20-23). 각 말씀의 중간에는 "복이 있나니"라는 말씀이 들어 있다. '복이 있다'는 말은 단순히 '행복하다'나 '잘 산다'는 뜻이 아니다. 예수는 불행하면서도 복이 있을 수 있음을 일러주신다. 하나님의 은혜를 입어 그분의 마음에 든 자는 '복 있는' 사람이다. 세상에서 비천한 지위나 고통스러운 처지에 있는 신자들도 얼마든지 자신들이 하나님의 은혜를 입은 자들임을 알 수 있다. 오히려 그들에게는 하나님의 은혜를 입는 것이 더 중요할 것이다. 예수는 연거푸 '화'를 선포하실 때에도 이 점을 강조하신다(6:24-26). 이 세상에서 안녕과 만족을 누리려고 하는 자는 하나님의 은혜를 입지 못하게 될 것이다.

6:27-45 원수를 사랑하라; 다른 사람을 판단치 말라; 나무와 그 열매 예수는 다시 하나님 나라가 요구하는 고도의 윤리 명령을 제시하신다. 예수가 말씀하신 일련의 명령들은 복음의 요구가 얼마나 철저한 것인지 잘 보여 주고 있다. 많은 주석가들은 이 일련의 규범들이 그리스도인의 목표라고 이야기한다. 물론 그리스도인들은 자신들의 삶 속에서 이 규범들을 따르지 못할 수도 있다. 그렇다 하여, 이 규범들이 완벽주의자나 이상주의자의 전유물이라는 이야기는 아니다. 이 규범들은 그리스도인이 다른 사람들과 구별된 삶을 살아야 하며, 그리스도인들이 도달해야 할 목표가 어디인지 일러주는 것일 뿐이다. 설령 그 목표에 이르지 못하더라도 상관없다. 예수의 설교는 인간의 본성이 죄로 가득하다는 점을 일깨워 주신다. 이 본성 때문에 우리는 자신을 살펴야 할 때 도리어 다른 이의 흠을 찾으려고 한다(6:37-42). 좋은 나무가 좋은 열매를 맺듯이, 진정한 신앙인도 저절로 선한 행동을 하게 되어 있다(6:43-45).

6:46-7:10 지혜로운 건축자와 어리석은 건축자; 예수를 믿는 신앙 평지 설교는 반석 위에 집을 짓는 자와 모래 위에 집을 짓는 자의 비유로 끝을 맺는다. 예수는 이 비유에서 견고한 기초 위에 신앙이라는 집을 짓는 것이 너무나 중요하다는 점을 분명하게 말씀하신다. 그런 집이라야 인생에서 불어오는 어떤 폭풍도 견뎌 낼 수 있기 때문이다. 하나님이 우리 삶을 위해 마련해 두신 안정과 평화를 누리는 길은 예수 그리스도와 그분의 복음을 믿는 것뿐이다. 누가는 이 점을 더 분명하게 해두려는 듯, 그리스도를 믿는 믿음의 중요함을 보여 주는 일련의 사건들을 기록해 놓았다. 로마군의 백부장은 예수가 자신의 종을 고쳐 주실 수 있다고 믿었다. 예수는 그 백부장의 믿음을 보시고 칭송하시며 그 종

의 병을 고쳐 주신다(7:1-10). 죄 많은 여인의 경우도 마찬가지였다(7:36-50). 예수가 선언하시듯이, 여인을 구원한 것은 그 자신의 믿음이었다(7:50).

7:11-32 예수와 세례 요한 여기서 예수가 누구냐 하는 문제가 다시 등장한다. 예수가 과부의 죽은 아들을 살리신 뒤(7:11-17), 세례 요한의 두 제자가 그에게 찾아온다. 당시 요한은 옥고를 치르고 있었다(7:18-32). 요한은 제자들을 시켜 예수가 오신다던 바로 그 메시아인지, 아니면 다른 누군가를 더 기다려야 하는지 여쭤보게 하였다. 예수는 메시아가 오시면 나타나리라고 예언되었던 위대한 표적들이 자신으로 말미암아 이루어졌다는 말씀으로 대답을 대신하셨다. 분명 예수가 지적하신 위대한 메시아 예언들은 예수의 사역을 통하여 성취되었다(7:22; 사 29:18-19, 35:4-6, 61:1-2을 보라). 예수가 나사렛 회당에서 인용하시던 메시아 예언들도 마찬가지였다. 예수는 세례 요한이 오실 길을 준비했던 그 사람이 바로 자신임을 확인해 주셨다.

7:33-50 예수가 죄인의 친구로 비판받다 그러나 예수를 향한 비판은 계속되었다. 예수는 계속해서 "죄인의 친구"라는 비판을 받았다(7:33-35). 예수는 이 비판에 죄가 클수록 죄 사함에 감사하는 마음도 커진다고 응수하신다(7:36-50). 예수는 그 지역에 사는 한 여인의 죄를 용서해 주시면서, 자신의 권세에 관한 문제를 다시 말씀하신다. 오직 하나님만이 죄를 사하실 수 있다. 그런데, 예수는 여인에게 죄 사함을 받았다고 선언하신다. 사람들은 "이가 누구이기에 죄도 사하는가" 의아하게 생각하였다(7:48-49, 5:20-26을

보라). 열두 제자들과 여자들이 예수를 따라다니며 그 사역을 도왔다. 말씀은 그 가운데 몇몇의 이름을 특별히 언급하고 있다(8:1-3).

8:4-15 씨 뿌리는 자의 비유 씨 뿌리는 자의 비유는 땅에 씨를 뿌리는 자의 모습을 인용하고 있다. 이 모습은 하나님의 말씀을 세상에 뿌리는 모습을 비유한 것이다. 예수는 이 비유에서 똑같은 씨가 각기 다른 땅에 떨어졌다고 말씀하신다. 결국 그 씨가 어떻게 될 것이냐는 씨가 떨어진 흙의 질에 달려 있다. 예수 역시 자신의 설교를 통하여 하나님의 말씀을 뿌리신다. 그 말씀이라는 씨가 사람들에게 어떤 영향을 미치느냐는 그 말씀을 받는 사람들의 태도에 달려 있다. 그 말씀을 무시하거나 말씀에서 실족해 버린다면, 그것은 결코 말씀이라는 씨의 잘못이 아니다.

8:16-21 등경 위의 등불 예수는 두 번째 비유에서 등불의 이미지를 활용하신다. 등불 하나가 온 방을 밝혀 주듯이, 복음도 온 세상에 그 효과를 미치게 될 것이다. 예수는 믿음과 그 믿음에서 연유한 행실의 중요성을 거듭 강조하신다. 그러면서 그는 "하나님의 말씀을 듣고 행하는" 사람들이 자신의 형제들이라고 명확히 말씀하신다(8:19-21).

8:22-39 예수의 권세가 확증되다 이어서 자연계와 초자연계를 다스리시는 예수의 권세를 확인해 주는 사건들이 잇달아 일어난다. 예수는 폭풍을 잠잠케 하심으로써 바람과 파도조차 제어하시는 자신의 권세를 드러내 보이신다. 제자들은 예수의 이 권세를 보고 놀란다(8:22-25). 또 예수는 귀신 들린 사람을 고쳐 주신다(8:26-39). 귀신은 다시 한 번

예수가 "지극히 높으신 하나님의 아들"이심을 알아보고 그의 권세 앞에 굴복한다. 주위에 있던 사람들은 또 다시 놀라고 두려워하였다. 그들은 자신들 눈앞에서 벌어진 일을 보고 넋이 나가 버릴 정도였다.

8:40-56 죽은 소녀와 병이 든 여인 마침내, 예수는 죽음마저 다스리시는 권세를 갖고 계심을 드러내신다. 그 지역 회당장인 야이로의 딸이 죽었을 때, 그 딸을 다시 살려 주신 것이다. 예수는 또 여러 해 동안 혈루증으로 고생하면서 불치병 환자로 여김받았던 여인을 고쳐 주신다. 그러나 이 치유에는 병 고침 이상의 의미가 들어 있었다. 이 병 고침 역시 사회에서 배척받은 사람을 받아들이시는 의미심장한 행위였다. 여인은 오랫동안 몸에서 유출이 있었다. 때문에, 유대인들은 이 여인을 부정하게 여겼을 것이다. 예수는 자신의 사역에서 이런 장벽을 인정하지 않으셨다. 인간이 만들어 낸 그 어떤 장애도 병을 고쳐 주시는 예수와 그가 고쳐 주신 사람들 사이를 가로막지 못한다.

9:1-17 예수가 열두 제자를 보내시다; 오천 명을 먹이시다 예수는 열두 제자를 보내서서 복음을 전하게 하셨다. 제자들은 곳곳에서 귀신을 쫓아내고 병자를 고쳤다(9:1-6). 일찍이 세례 요한을 목 베어 죽였던(이 사건은 막 6:14-29에서도 상세하게 다루고 있다) 헤롯은 이런저런 보고들을 듣게 된다. 헤롯 역시, 다른 사람들처럼, 예수의 정체를 몰라 갈팡질팡 한다. 예수를 일컬어 세례 요한이 다시 살아났다고 말하는 이들도 있었고, 엘리야라고 말하는 이들도 있었다(9:7-9). 누가는 잠시 막간을 이용하여 예수가 5,000명을 먹이신 일을 설명한 다음(눅 9:10-17), '예수가 누구신가'라는 문제를 다시 이야기한다.

9:18-27 베드로가 예수는 그리스도이심을 고백하다 예수는 '예수가 누구신가'라는 바로 이 물음을 제자들에게 던지신다. 제자들은 항간에 떠도는 여러 말들을 들은 대로 말한다. 사람들은 예수를 가리켜 선지자 중의 하나, 다시 살아난 세례 요한 또는 엘리야일지도 모른다고 이야기하고 있었다. 이때, 예수는 제자들에게 다그쳐 물으신다. "너희는 나를 누구라 하느냐?" 이것은 매우 중요한 질문이었다. 여느 무리들과 달리, 제자들은 예수의 사역 기간 내내 동고동락하였기 때문이다. 그들은 예수가 하시는 일을 보았고, 그가 하시는 말씀을 들었다. 이제 예수는 그런 그들에게 '예수가 누구신가'에 대하여 어떤 결론을 내렸는지 묻고 계신 것이다.

베드로가 모든 제자를 대신하여 자신은 예수가 "하나님의 그리스도"이심을 믿는다고 고백하였다(9:20). 바꾸어 말하면, 이스라엘이 오랫동안 기다려온 메시아가 바로 예수이시며, 그 메시아가 지금 여기에 오셨다고 대답한 것이다. 이 대답을 들으신 예수는 아무에게도 자신의 진짜 정체를 말하지 말라고 당부하신다(9:21). 어쩌면, 예수는 사람들이 '메시아'라는 말을 순전히 정치적 의미로 오인할까 봐 염려하셨던 것 같다. 당시의 상황에 비추어 보면, 메시아를 점령자인 로마의 세력으로부터 이스라엘을 해방시켜 줄 백전백승의 정치 지도자로 오해하는 것은 어쩌면 당연지사였을지도 모른다. 베드로의 고백이 끝나기가 무섭게, 예수는 자신이 예루살렘으로 올라가 고난당하시고, 배척당하여, 죽임을 당하신 뒤, 마침내 부활하시게 될 것이라고 선언하신다. 그것이 그의 사명의 핵심이었다. 그는 고난당할 메시아로 오신 것이다.

9:28-45 변화산 사건; 귀신을 제어하시는 예수의 권세
변화산 사건은 부활을 예표하는 중요한 사건이었다(9:28-36). 이 사건은 예수가 모세와 엘리야가 펼친 사역의 연장선 위에 있음을 보여 주는 동시에 그리스도의 영광스러운 부활을 미리 보여 주는 것이었다. 예수의 정체와 권세를 확증해 주는 목소리가 하늘로부터 울려 퍼졌다. 이 목소리는 예수의 사역과 사명을 확인해 주는 것이었다. 예수는 악한 영을 제어하시는 권능을 재차 보여 주신다(9:37-43). 뒤이어 예수의 고난이 임박했다는 주제가 다시 등장한다(9:44-45). 이 예언을 들은 제자들은 계속 혼란스러워했다. 고난당하시는 메시아의 모습은 그들이 고대하던 메시아의 모습과 일치하지 않았기 때문이다. 그들이 고대한 메시아는 승리하는 메시아였지 고난당하는 메시아가 아니었다.

9:46-62 누가 더 크냐? 제자가 되려면 치러야 할 대가
예수의 초기 사역은 '누가 더 크냐'는 제자들의 다툼으로 막을 내린다(9:46-62). 하나님 나라에서는 지위의 높고 낮음을 따지는 세상의 기준이 아무 의미가 없다. 예수는 이 점을 분명하게 선언하셨다. 이어서 예수는 자신의 제자가 되려면 혹독한 대가를 치러야 한다고 말씀하셨다. 예수는 이 대가를 조금도 깎아 주지 않으셨다. 예수를 따르려는 이들은 모든 것을 다음 순위로 제쳐 놓아야만 한다(9:57-62).

누가복음 10:1-19:27
예수의 후기 사역
10:1-37 예수가 칠십 인을 보내시다*
예수는 70명의 제자를 따로 세워 하나님 나라의 복음을 전하게 하신다(10:1-24). 예수의 이름으로 말씀을 선포할 권세를 부여받은 그들은, 돌아와 기쁜 마음으로 사역 결과를 보고한다. 그때, 어떤 율법사가 예수를 시험하여 사람이 무엇을 해야 영생을 얻을 수 있는지 물었다(10:25-28). 예수는 질문한 자에게 그 답을 되물으신다. 예수는 그 율법사의 대답이 옳다고 말씀하시며, 신명기 6:5과 레위기 19:18을 함께 인용하여 하나님을 사랑하고 이웃을 사랑하는 것이 중요함을 역설하신다. 하지만, 율법사는 예수를 시험코자 또 다른 질문을 던졌다. 예수가 말씀하시는 이웃이 누구를 말하느냐는 것이었다. 예수는 선한 사마리아인의 비유를 들어 이 질문에 답하셨다(10:30-37). 예수가 유대인과 사마리아인 사이의 해묵은 증오심을 비유에 원용하신 것은 그 어떤 사회적, 민족적 편견보다 자비가 앞서야 한다는 점을 강조하신 것이다.

10:38-11:13 마리아와 마르다; 주기도
마리아와 마르다 이야기(10:38-42)는 이런저런 일에 마음을 쓰며 부산을 떠는 것보다 예수

---

* 개역개정판은 누가복음 10:1에서 예수가 "따로 칠십 인을 세우사 둘씩 앞서 보내"셨다고 기록해 놓았으나, NIV는 '칠십이 인'(the Seventy-two)으로 기록해 놓았다. 이는 번역대본으로 삼은 희랍어 본문의 차이에 따라 생겨난 것이다. 어떤 사본에는 '칠십 인'(헵도메콘타)으로 되어 있으나, 어떤 사본에는 '칠십이 인'(헵도메콘타 뒤오)으로 기록되어 있다. 런던의 영국도서관 소장본이나 파리 국립도서관 소장본 등의 주요 사본에는 '칠십 인'으로 기록되어 있다. 이 책의 원서인 *NIV Bible Companion*도 NIV를 따라 '칠십이 인'으로 기록하였으나, 역자는 개역개정판을 따라 번역하였다.

와 함께 시간을 보내며 그분의 임재와 가르침을 향유하는 것이 중요하다는 것을 가르치는 일화로 보는 게 보통이다. 주와 함께 시간을 보내는 것이 중요하다는 주제는 뒤이어 기도를 다루는 부분에서 한층 더 자세하게 다루고 있다. 예수는 흔히 '주기도'로 알려져 있는 기도의 본보기를 하나 일러주신다. 주기도는 간결하고 친밀한 내용을 담고 있다. 이런 내용은 예수가 당신을 따르는 이들에게 바라시는 기도가 어떤 것인지 그 본을 보여 주고 있다(11:1-4). 주기도는 하나님이 아버지이심을 확언한다. 이는 우리가 그분으로부터 나왔으며, 그분이 우리를 자녀로 돌봐 주신다는 것을 일깨워 주는 것이다. 아울러 주기도는 하나님의 거룩하심을 되새겨 주고 있다. 신자들은 기도하며 아버지를 부르거나 아버지를 세상에 전할 때나 그분께 예배할 때, 하나님의 거룩하심을 드러내야만 한다. 이어서 주기도는 신자들이 필요로 하는 것을 간구한다. 신자들의 육신은 양식을 필요로 하며, 신자들의 영혼은 용서와 위로와 시험에서 지켜 주심을 필요로 한다. 죄뿐인 육신의 아버지도 자신의 자녀들에겐 좋은 것으로 베풀기를 원한다. 하물며 하나님은 어떠하시겠는가? 하나님도 간구하는 이들에게 당신의 성령을 주시고 싶어하신다(11:5-13).

11:14-32 예수와 바알세불; 요나의 표적 예수의 반대자들은 예수가 "귀신의 왕 바알세불"과 한 패이기 때문에 귀신들을 제어할 권세를 갖고 있는 것이라고 헐뜯었다(11:14-28). 예수는 자신의 권세를 사탄과 결부시키려는 대적들의 시도를 단호하게 비판하셨다. 하지만, 예수를 비판하는 자들은 그 불신앙을 더 강하게 드러낸다. 예수에게 그 권세가 하늘로부터 온 것임을 증명할 표적을 요구한 것이다. 예수는 그들에게 "요나의 표적"밖에 보여 줄 것이 없다고 말씀하셨다. 이 표적은 분명 장차 있을 자신의 부활을 가리킨 것이었다(11:29-32; 마 12:39-42을 보라).

11:33-12:2 예수가 바리새인들을 비판하시다 이어서 예수는 일련의 가르침을 설파하신다. 이 가르침들은 이 무렵 예수가 사역하시는 동안에 제기된 문제들을 다루고 있다. 특히, 예수는 바리새인들의 위선을 비판하신다. 바리새인들은 겉으로 나타난 일에만 초점을 맞춘 채, 내면의 신앙과 동기는 등한히 하였다. 바리새인들에게는 은혜의 교리란 게 없었다. 때문에 그들은 다른 이들을 도와주려 하지 않고, 그저 그들에게 짐만 지워줄 뿐이었다. 예수는 제자들에게 그런 이들을 경계하며 그들의 위협을 조심하라고 당부하셨다.

12:13-13:9 항상 깨어 있어라 이어서 항상 깨어 있어야 한다는 주제에 초점을 맞춘 일련의 가르침들이 등장한다. 예수는 제자들에게 삶의 영원한 차원을 생각지 않고 이 땅에 부를 쌓는 데 급급한 어리석은 부자처럼 되지 말라고 가르치신다(12:13-21). 아울러 예수는 육신의 것 때문에 염려하지 말라고 당부하신다(12:22-34). 하나님은 공중의 새와 들판의 백합도 돌보시는 분이다. 그런 하나님이 당신의 자녀들을 돌보시지 않을 리가 있겠는가? 정작 제자들이 염려해야 할 것은 그들이 방심하고 있는 사이에 주가 다시 오실 수 있다는 점이었다. 예수는 비유를 들어 출타한 주인이 돌아올 때를 준비하는 것이 중요함을 역설하신다(12:35-48). 이는 그리스도의 오심을 준비하라는 말씀이었다. 예수는 '마지막 때를 준비하라'는 가르침을

다른 방향으로 더 전개해 가신다. 그는 자신이 화평을 주러 오신 것이 아니라 분쟁을 일으키러 오셨다고 말씀하신다(12:49-53). 이어서 그는 제자들에게, 사람들이 징조를 보고 날씨의 변화를 가늠하듯이 마지막 때의 징조를 분별하라고 당부하셨다(12:54-59). 그런 다음, 예수는 실로암에서 망대가 무너져 사람들이 죽은 사건을 언급하시고 열매 맺지 못하는 무화과나무가 찍힘을 당하게 될 것이라고 말씀하신다(13:1-9). 이는 시급히 회개해야 한다는 점을 강조하신 것이었다.

13:10-14:35 예수가 병 고침과 가르침을 계속 하시다 예수는 병을 고치는 것과 가르치는 일을 계속 하셨다. 예수가 안식일에 병 고치는 것을 비방하는 이들이 있었다. 그러나 예수는 이들을 통박하셨다. 사람들은 예수의 통박을 듣고 기뻐하였다. 그는 겨자씨 비유를 들어 하나님 나라의 시작은 비록 미약하지만 급속히 자라갈 수 있다는 점을 일러주셨다(13:19). 안식일에 병을 고치는 것이 옳은가라는 문제는 예수가 한 바리새인 지도자의 집에 식사하러 들어가셨을 때(14:1-14) 다시 다루어진다. 예수는 이 기회를 활용하여 자리의 높고 낮음과 중요성을 따질 때 세상의 시각과 신령한 세계의 시각이 다르다는 점을 강조하신다.

예수는 식사 자리에서 음식(떡) 이야기가 나오자, 큰 잔치 비유를 말씀하신다(14:15-24). 그는 이 비유 속에서 선택된 몇몇 사람들만이 잔치에 초대받았으나, 이들은 하나같이 여러 핑계를 대며 참석하지 않았다고 말씀하신다. 결국 잔치를 베푼 사람은 모든 사람을 그 잔치에 초대한다. 이 비유는 하나님 나라의 복음이 이스라엘이라는 좁은 테두리를 벗어나 이방인들에게까지 확장될 것임을 분명하게 일러주신 것이었다. 그러나 예수는 하나님 나라가 단지 먹고 마시는 나라가 아님을 분명하게 선언하신다. 예수의 제자가 되어 그 제자로서 살아가는 것은 고통과 고난과 손해를 감수하는 삶이다. 이 점은 깊이 생각해야 할 문제다.

15:1-32 잃어버린 자의 비유 이어서 세 비유가 잇달아 이어진다. 이 비유들은 하나같이 잃었던 그 무엇을 되찾은 기쁨에 초점을 맞추고 있다. 동시에 이 비유들에는 이른바 '죄인들'을 환영하시는 예수를 비판한 바리새인과 율법사들을 통박하는 의미도 담겨 있었다. 하나님은 잃어버렸던 자가 돌아오는 것을 너무나 기뻐하신다. 첫 번째 비유는 '잃어버린 양'을 되찾은 일을 다루고 있다(15:3-7). 두 번째 비유는 '잃어버린 드라크마'를 발견한 일을 다루고 있다(15:8-10). 흔히 '탕자의 비유'라고 부르는 세 번째 비유는 제 고집을 피우며 제 갈 길로 갔던 아들이 아버지께 돌아온 일을 다루고 있다(15:11-32). 이 세 번째 비유는 잃어버린 자식처럼 포기했던 아들이 돌아온 것을 아버지가 얼마나 기뻐하는지 생생하게 보여 주고 있다. 동시에 이 비유 속에는 아버지가 아우의 돌아옴을 기뻐하는 이유를 깨닫지 못한 큰 아들의 불만도 들어 있다.

16:1-18:14 계속하여 비유로 말씀하시다 여기에서는 계속해서 비유들이 등장하지만, 예수 일행이 예루살렘으로 가는 도중에 벌어진 사건들이 간간이 기록되어 있다(16:1-19:27). '약삭빠른 청지기'의 비유는 미래를 대비해야만 한다는 것을 일러준다. 이 비유는 특히 다가올 심판을 준비해야 한다는 의

미를 담고 있다. 이 비유는 해석하기 어렵지만, 이렇게 이해하는 것이 아마 가장 적절할 것이다. 당시에는 상인들이 물건을 사는 사람들에게 바가지 씌우는 게 보통이었다. 하지만, 이 청지기는 자기 주인이 씌운 바가지 때문에 더 많은 빚을 지게 된 억울한 채무자의 빚을 탕감해 주고 있다. 결국, 주인은 그 청지기가 한 일을 어느 정도 기뻐할 것이며, 고객(채무자)들도 그 청지기를 좋아하게 될 것이다.

'부자와 나사로' 이야기(16:19-31)는 부가 초래하는 여러 악과 함께 예수의 권세를 확증해 줄 부활의 중요성을 설파하고 있다. 하지만, 예수는 죽음 이후의 세계를 경험하고 돌아온 자가 '부자와 나사로' 이야기를 하더라도 사람들은 듣지 않을 것이라고 말씀하신다. 그만큼 사람들이 악하다는 것을 꼬집으신 것이다. 어쩌면 죄란 것은 불가피한 것인지도 모른다. 그러나 '타인으로 하여금 죄를 짓게 하는 일'은 피해야만 한다(17:1-4). 이어서 예수는 믿음의 중요성을 강조하신다. '나병 환자 열 사람'이 고침을 받은 것은 믿음의 중요성을 실증해 주었다(17:11-19). 오직 한 사람, 그것도 유대인이 아닌 사마리아 사람만이 병을 고쳐 주신 예수께 감사를 드렸다. 예수는 그 사람을 칭송하시면서, 그의 믿음이 그를 구원하였다고 확인해 주신다. 예수는 다시 '하나님 나라가 임하였음'을 역설하시면서, 늘 깨어 있어야 한다는 점을 강조하셨다(17:20-37).

이어서 예수는 두 가지 비유를 들어 복음의 모습을 생생히 묘사하신다. '집요하게 간청하는 과부'의 비유(18:1-8)는 불의한 재판관이라도 결국 과부의 끈질긴 간청을 들어준다는 내용을 담고 있다. 하물며 선하고 자비로운 재판장이신 하나님은 오죽 하시겠는가? 그분은 당신의 백성들이 끈질기게 간청하는 소원을 더욱더 잘 들어주실 것이다. 이어서 예수는 '바리새인과 세리'의 비유(18:9-14)를 말씀하신다. 이 비유는 겸손의 중요성을 가르쳐 주고 있다. 비유를 보면, 바리새인은 자신의 수많은 공덕을 늘어놓으며 하나님께 감사한다. 그러나 세리는 모든 사람들 앞에서 자신이 비참한 죄인임을 인정한다. 이 비유는 비유 속의 바리새인이 위선자라고 암시하지 않는다. 그는 자기가 말한 모든 것을 행하였다. 더욱이 그는 율법이 요구하는 것보다 더 많은 것을 행하였다. 이를테면, 율법은 오직 속죄일에 금식하는 것만을 요구하지만, 비유 속의 바리새인은 일주일에 두 번이나 금식하였다. 그러나 예수가 말씀하시는 핵심은 간단하다. 즉, 예수는 겸손한 자만이 하나님의 자비와 용서를 받을 수 있다는 것을 말씀하셨던 것이다.

18:15-30 어린아이; 예수와 부유한 관리 본문에 기록된 서로 다른 두 사건은 하나님이 칭송하시는 겸비함이 어떤 것인지 잘 보여 준다. 첫 번째 사건에서, 예수는 사람들이 믿음과 기쁨으로, 그리고 어린아이처럼 의지하는 마음으로 하나님 나라를 받아들여야 한다고 선언하신다(18:15-17). 두 번째 사건은 예수가 젊은 부자 관리를 만난 사건이었다(18:18-30). 이 사건은 부가 하나님 나라에 들어가는 것을 막는 장애물임을 보여 주었다. 예수는 그 청년이 계명들을 신실하게 지켰다는 것을 인정하셨다. 그러나 예수는 그에게 가진 것을 다 팔아 가난한 자들에게 나누어 주고 자신을 따르라고 요구하셨다. 청년은 예수의 이 요구에 낙담한다. 결국 그는 크게 슬퍼하며 그 자리를 떠나갔다. 부는 분명 하나님께 나아가는 것을 가로막는 장

애가 된다. 하지만, 예수는 사람이 할 수 없는 그 어떤 것도 하나님은 하실 수 있다고 분명하게 선언하신다. 하나님의 구원 경륜 밖에 있는 사람은 아무도 없다. 하나님은 예수 그리스도를 믿는 모든 이에게 구원을 약속하셨다.

18:31-43 예수가 다시 자신의 죽음을 예언하시다; 눈 먼 걸인을 보게 해주시다 예수는 다시 한 번 자신이 배신당하고, 고난당하신 뒤에, 부활하실 것임을 예언하신다(18:31-34). 우리는 이 말씀을 들으며 그리스도가 베푸신 구원이 얼마나 값비싼 것인지 새삼 되새기게 된다. 예수의 구원은 결코 우연이 아니다. 그것은 하나님이 목적하신 바요 예언된 일이었다. 예수는 죽으셔야만 했기 때문에 죽으셨다. 죄로 가득한 인류가 구원을 얻을 수 있는 길은 그 길밖에 없었기 때문이다. 십자가 사건은 반드시 일어나야만 했다. 예수는 당신이 당하실 고난과 죽음을 예언하신 뒤, 한 맹인을 고쳐 주신다(18:35-43). 이 사건은 믿음의 중요성을 일러주지만, 동시에 육신의 눈이 먼 소경이 오히려 예수가 '다윗의 자손'임을 알아볼 영적 분별력을 갖고 있었음을 생생히 보여 준다.

19:1-10 세리 삭개오 예수가 사람들에게 끼치신 인격적 감화는 그가 세리 삭개오를 만나신 사건에서도 잘 증명되고 있다. 앞에서도 보았듯이, 세리들은 이스라엘 백성들에게 증오의 대상이었다. 그들은 정직하지 않았을 뿐만 아니라, 로마에 부역하였다. 하지만 삭개오는 예수에게 매료되었다. 그는 비록 사람들의 경멸을 받고 있었지만, 예수는 그를 용납하시고 그의 집에 유숙하신다. 이를 본 사람들은 격노하였다. 그러나 예수를 만난 삭개오는 완전히 다른 사람이 되었다. 삭개오는 정직하지 못했던 자신의 모습을 회개하고, 자기가 속여 빼앗은 것을 네 배로 갚겠다고 선언한다. 예수는 이 사건을 잃어버린 자를 찾아 구원하시는 것이 자신의 사명임을 보여 준 또 하나의 사례로 지목하신다.

19:12-27 열 므나 비유 이어서 등장한 열 므나 비유는 주가 다시 오실 것이라는 주제를 자세히 이야기하고 있다. 이 비유는 우리에게 좀 더 친숙한 비유인 마태복음 25:14-30의 달란트 비유와 아주 흡사하다. 이 비유는 주인이 없는 동안 종들이 한 일에 초점을 맞추고 있다. 주인은 출타하면서 자기 소유의 므나('므나'는 은의 양을 재는 단위로서, 통화 역할을 하였다)를 종들에게 맡긴다. 종들은 그 므나를 다양하게 활용하였다. 주인은 소리 소문 없이 돌아와 종들이 한 일을 살펴볼 것이다. 이것이 바로 이 비유가 말하려는 요지였다.

누가복음 19:28-24:53
그리스도의 수난과 죽음, 그리고 부활

19:28-44 영광스러운 예루살렘 입성 이러는 동안, 예수와 제자들은 점점 더 예루살렘에 가까이 다가오고 있었다. 예수는 이전에 예루살렘에서 배신당한 채 십자가에 못 박히실 것이라고 제자들에게 말씀하신 적이 있었다. 이제 예수는 바로 그 예루살렘으로 들어가시려 하고 있었다. 예수는 겸손하게 나귀를 타고 입성하셨다. 그 장면은 구약의 위대한 메시아 예언(슥 9:9)이 이루어졌음을 보여 주었다. 예수는 왕으로서 예루살렘에 들어가셨다. 오늘날 그리스도인들은 이 입성 사건을 특별히 종려 주일로 기념하고 있

다. 분명 수많은 사람들이 이 사건을 고대하고 있었다. 군중들은 예수를 환영하며 그에게 영광과 찬양을 돌렸다. 하지만, 이런 모습은 분명 바리새인들의 심사를 뒤틀리게 만드는 것이었다.

19:45-48 예수가 성전을 깨끗케 하시다 예수의 공생애 마지막 주간은 가르침과 더불어 유대의 종교 당국과 빚은 마찰로 점철되어 있다. 예루살렘 입성 후, 처음 벌어진 큰 사건은 성전 정화 사건이었다. 예수는 성전에 들어가셔서, 상인들을 내쫓으시고 환전상과 비둘기 파는 자들의 상을 엎어 버리신다. 어쩌면 예수의 이런 행동은 성전을 장터로 전락시킨 것에 반감을 표시하신 것일지도 모른다. 하지만, 예수는 십중팔구 한 개인이 하나님께 경배하기 전에 반드시 돈을 지불하거나 물건 사는 행위를 해야만 한다는 사실에 분노하셨던 것 같다.

20:1-19 예수의 권세를 문제 삼다 예수와 유대교 세력 간의 반목은 점점 더 그 강도를 더해 갔다. 예수를 비판하던 자들은 다시 한 번 예수의 권세를 문제 삼는다(20:1-8). 그러나 그들은 세례 요한의 권세가 어디에서 온 것이냐는 예수의 질문에 대답을 내놓지 못한다. 포도밭 소작인의 비유(20:9-18)는 일찍이 하나님의 선지자들을 배척했던 유대교가 이제는 하나님의 아들마서 배척하려 한다는 점을 장엄하면서도 처절하게 묘사하고 있다. 그 소작인들이 끝내 주인의 아들마저 죽였다는 비유 내용은 자신이 예루살렘에서 죽임을 당하실 것을 일러주셨던 예수의 예언을 기억케 한다. 이 죽음이야말로 유대교가 끝내 예수를 배척하였음을 확증해 준 사건이었다. 하지만 예수가 배척당한 일이 이야기의 끝은 아니었다. "건축자들의 버린 돌이 모퉁이의 머릿돌이 되었느니라"(20:17; 시 118:22을 보라)는 예언이 이를 시사하고 있다. ('머릿돌'은 아치 아래 부분에 놓여 건물 전체를 떠받치는 돌이었다.)

20:20-26 가이사(카이사르, 로마 황제)에게 세금을 내야 하는가? 서기관들과 대제사장들은 정탐을 보내 논쟁의 소지가 있는 질문들을 예수에게 던졌다. 그들은 예수를 속여 책잡을 거리를 찾고자 하였다. 그들은 먼저 로마 당국과 관련된 질문을 던져 예수를 함정에 빠뜨리려고 하였다. 그들은 유대인들이 가이사에게 세금을 내야 하는지 물었다. 당시 바리새인들은 로마에 세금 내는 것을 반대하고 있었지만, 열렬한 친로마파였던 헤롯당원들은 납세에 찬성하고 있었다. 그러나 그 둘 모두 예수의 대적들이었다. 어떤 대답을 하든, 예수는 함정에 빠지게 되어 있었다. 납세를 반대하면 반역자로 몰릴 판이요, 납세에 찬성하면 로마를 지지하는 매국노가 될 판이었다. 그러나 예수는 그 어느 쪽도 택하지 아니하신 채, 함정을 비껴가신다. 그는 세금을 내는 데 쓰는 주화에 새겨진 황제의 초상을 가리키시며 이렇게 말씀하셨다. "가이사의 것은 가이사에게 하나님의 것은 하나님께 바치라." 온 인류가 하나님의 형상대로 창조되었다는 점을 생각한다면(창 1:26-27), 예수의 이 대답은 실상 모든 사람이 하나님께 자신을 드려야 한다는 것을 선언하신 것이었다.

20:27-44 부활과 혼인 이어서 사두개인들은 부활을 하게 되면 혼인 관계가 어떻게 되느냐고 묻는다(20:27-40). 부활을 인정하지 않던 사두개인들은 예수로부터 부활이 없다

신약 시대의 예루살렘

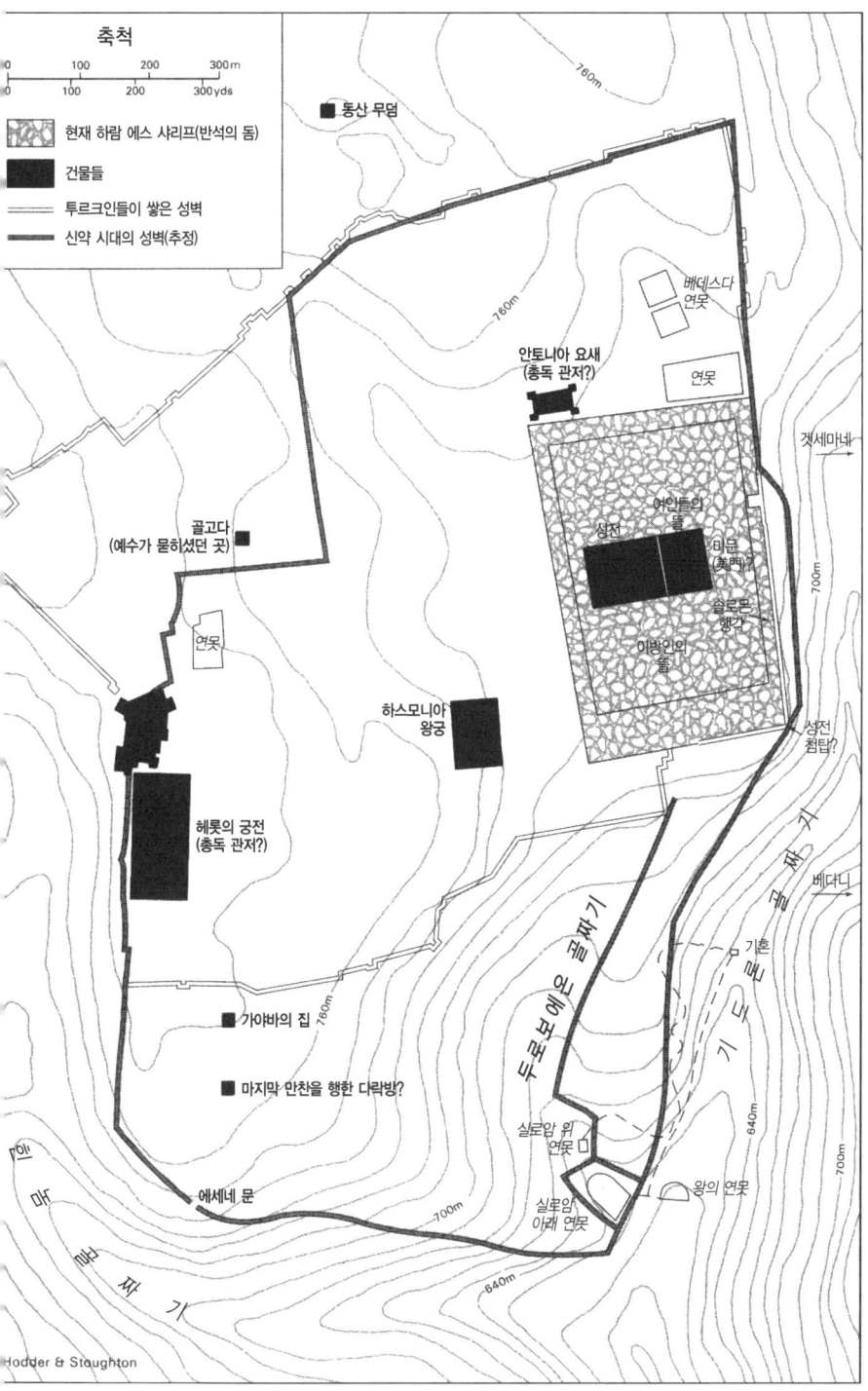

는 답을 끌어 내려고 시도했다. 그들은 하늘에도 혼인이 있다면 부활은 논리상 불가능하다는 점을 증명하고자 억지 질문을 만들어 예수께 물었다. 그러나 하늘에는 혼인이 없다는 예수의 대답에 그들의 논리는 맥없이 무너지고 만다. 나아가 예수는 사두개인들이 시편 110:1에 기록된 메시아 예언의 의미조차 깨닫지 못하고 있음을 온 천하에 드러내심으로써 그들을 당황하게 만드셨다(20:41-44).

20:45-21:38 시대의 마지막을 알려 주는 징조들

예수는 겸손의 중요성을 강조하시면서, 자신이 가진 것을 아낌없이 하나님께 드린 가난한 과부를 칭찬하셨다(20:45-21:4). 그런 다음, 예수는 시대의 마지막에 관하여 말씀하신다(21:5-38). 이 부분에서 예수는 제자들에게 환난이 그들을 기다리고 있음을 일깨워 주신다. 그는 장차 다가올 고난과 고통을 생생하게 묘사하신다. 이때 하신 많은 말씀들은 주후 70년 로마가 예루살렘을 멸망시킬 때 최소한 일부나마 성취된다. 마지막 때는 배신과 핍박과 거짓 가르침이 횡행하는 시대가 될 것이다. 하지만, 결국 예수는 마지막 때가 되면 '인자'가 영광 중에 온 세상을 심판하러 오실 것이라는 점을 분명하게 말씀하신다. 예수는 그런 일이 일어나도 놀라지 말라고 제자들에게 당부하신다. 그런 일은 제자들이 마지막 구원 얻을 시간이 이르렀음을 보여 주는 징조이기 때문이다.

22:1-38 마지막 만찬

그리스도가 돌아가시기 전에 이 땅에서 보낸 마지막 며칠은 유월절 무렵이었다. 유월절은 이스라엘 백성들이 그들의 조상들을 애굽의 속박에서 구해 주신 하나님의 위대하신 구원을 기념하는 날이었다(22:1-12). 하나님은 신명기 16:16절에서, 모든 이스라엘 남자들이 예루살렘에 와서 유월절을 지키라고 요구하셨다. 그러나 이번 유월절은 예수에게 특별히 중요한 의미가 있다. 예수가 온 세상의 죄를 짊어진 진정한 유월절 어린양이라는 사실이 밝혀지게 되기 때문이다. 구원이 가까이 오고 있었다.

예수가 예루살렘에서 보내게 될 마지막 며칠 동안의 이야기가 시작될 즈음, 우리는 죄의 권세가 현존하고 있음을 분명히 깨닫게 된다. 누가는 유대인의 지도자들이 예수를 제거하기 위해 음모를 꾸밀 때, 사탄이 가룟 유다의 마음에 들어갔다고 이야기한다. 돈을 사랑하는 마음이 하나님을 사랑하는 마음을 이긴 것이다. 유월절은 진정 과거에 이루어진 구원 사건을 기념하는 절기였다. 그러나 죄의 권세는 여전히 남아 있었다. 죄를 일거에 무찔러 버릴 어떤 조치가 필요했다. 이후의 말씀을 보면, 우리는 그리스도의 죽음이 죄의 권세가 격파당하는 중요한 사태 진전에 핵심 단서가 되었다는 것을 알게 된다.

유대 백성들이 유월절 어린양을 잡으려고 준비할 때, 예수는 자신의 죽음을 준비하고 있었다. 이스라엘이 과거에 행하신 하나님의 구원 행위를 기념할 때, 하나님은 그들 가운데서 더 큰 구원의 새 역사를 이루시려 하고 있었다. 예수와 제자들은 다락방에 모여 유월절 만찬을 함께하였다(22:14-23). 예수는 사도들에게 자신이 "하나님의 나라가 임할 때까지" 다시 유월절을 기념하지 못할 것이라고 엄숙하게 말씀하셨다. 여기서 유월절은 유월절 그 자체를 넘어 장차 성취되어야 할 더 큰 무엇을 가리키고 있음을 보게 된다. 만찬이 진행되는 동안, 예수의 말씀이 무슨 의미인지 차근차근 드러나기 시작하였다. 예수는, 유월절 어린양이 죽임을 당하듯이, 당신도 죽임을 당하게 되실 것임을 말씀하고 계셨던 것이다. 예수의 몸은 꺾임을 당하고, 피를 흘리게 된다. 그러나 그의 죽음으로 말미암아 "새 언약"이 세워지게 된다.

예수의 말씀은 중요하다. 예수 안에서, 그리고 예수를 통하여 유월절이 완성되기 때문이다. 그렇다면, "새 언약"은 무슨 뜻인가? 여기서 '언약'을 가리키는 말로 사용된 희랍어*는 '유지'(遺志)나 '유언'(遺言)이라는 의미를 갖고 있다. 결국 '언약'이란 말은 유언자가 죽은 뒤에 비로소 효력을 발생하는 약속들과 유증(遺贈)을 가리키는 말이다. 예수는 자신의 죽음을 통하여 용서와 영생의 약속이 효력을 발휘하게 될 것이라고 선언하신 것이다. 그 약속이 효력을 발휘함으로써 비로소 신자들은 영생이라는 유업을 물려받게 된다. 하지만, 이 약속의 말씀을 끝내시기가 무섭게 예수는 죄의 실재와 현존을 일깨워 주신다. 제자 중의 하나가 자신을 배반할 것이라고 선언하신 것이다.

누가는 다시 현존하는 죄의 권세를 언급하면서 그리스도가 이 땅에서 보내신 마지막 며칠 동안의 삶을 계속하여 증언하고 있다(22:24-38). 제자들은 그리스도의 죽음이 다가오고 있는 이 엄숙한 순간에도 언쟁을 벌이고 있었다. 누가는 사도들조차도 구원받아야 할 인생임을 말하고 있는 것일까? 구원받지 못한 인간의 본성이 얼마나 연약한지 암시하고 있는 것일까? 만일 그렇다면, 인류를 죄의 권세로부터 해방시켜 주신 그리스도의 십자가가 너무나 고귀한 것임을 더욱 더 인정할 수밖에 없다. 죄가 현존하고 있다

는 사실은, 예수가 그 장면을 보셨다면 낙담하셨을 정도로, 베드로가 단호하게 예수를 부인한 것만 보아도 알 수 있다. 베드로는 분명 이렇게 말했다. "주여, 내가 주와 함께 옥에도, 죽는 데에도 가기를 각오하였나이다"(22:33). 하지만, 결국 벌어진 사건을 보면, 이 말은 속 빈 강정이었다.

예수는 자신이 자기의 백성들을 섬기러 왔다고 선언하셨다. 이방인들의 왕은 권력을 사랑하지만, 그는 종처럼 섬기는 왕이셨다. 그의 섬김은 "그는 불법자의 동류(同類)로 여김을 받았다"라는 예언이 자신에게 이루어지는 것을 기꺼워하셨다는 사실만 봐도 분명하게 알 수 있다. 예수는 이 위대한 예언이 '이루어져 간다'고 말씀하셨다. 새로운 위기감이 고조되고 있었다. 자신에 관한 예언이 이루어져 간다는 말씀을 듣는 순간, 우리는 "여호와께서는 우리 모두의 죄악을 그에게 담당시키셨도다"(사 53:6, 12)와 같은 예언들을 떠올리게 된다. 예수는 죄가 없으시다. 그럼에도 불구하고, 그는 죄인들을 구원하시고자 죄인 취급당하는 것을 감수하신 것이다.

22:39-53 예수가 감람산에서 붙잡히시다 예수와 제자들은 아늑하고 안전한 다락방을 떠나 캄캄한 어둠이 드리운 밖으로 나갔다(22:39-53). 많은 주석가들은 이때에 인간의 죄짐이 예수에게 옮겨지기 시작하였다고 본다. 하나님의 어린양은 자신의 어깨에 인간의 죄짐을 올려놓고, 그 고통을 체휼하기 시작하셨다. 예수 자신도 여느 인간들처럼 하나님에 대한 확신이 흔들리기 시작하셨을까? 우리의 심정을 절절히 울리는 그의 기

---

* 희랍어로 '디아떼케'다.

도를 들어보면, 예수도 미래의 일(십자가에서 죽어야 한다는 것)을 두고 온전한 순종과 망설임 가운데 갈등하고 계셨던 것이 분명하다.

> "아버지여, 만일 아버지의 뜻이거든 이 잔을 내게서 옮기시옵소서. 그러나 내 원대로 마시옵고 아버지의 원대로 되기를 원하나이다"(22:42).

(구약의 전통 속에서 '잔'이란 말은 고난을 가리키는 것이었다.) 누가는 여기서 고통하고 고뇌하는 예수의 모습을 생생하게 증언하고 있다. 그는 예수의 "땀이 땅에 떨어지는 핏방울 같이 되더라"고 말한다. 그리스도의 고난은 십자가에서 죽임을 당하시는 순간에 비로소 시작된 것이 아니다. 누가는 예수가 자신 앞에 놓인 일을 생각하시며 극심한 마음의 고통을 겪고 계셨음을 분명하게 증언한다. 가장 친밀한 벗 중 하나가 자신을 배반하리란 점도 그를 괴롭게 한 원인이 되었을 것이다.

유다가 입맞춤으로 예수를 배반한 일은 유명한 사건이다. 많은 주석가들은 사랑의 표현인 입맞춤이 배신 행위였다는 점을 이 사건의 역설로 지목한다. 교회사는 그리스도를 사랑한다고 선언한 이들이 여전히 그 행동으로 그리스도를 배신할 수 있다는 교훈을 가르쳐 준다. 예수는 배신당하는 순간에도 너그러운 마음을 보여 주셨다. 제자들 중 하나는 어리석게도 대제사장의 종에게 칼을 휘둘러 귀를 잘라 버렸다. 그러나 예수는, 공생애 사역 기간 동안 많은 이들을 고쳐 주셨던 것처럼, 그 종의 귀도 고쳐 주신다. 십자가에서 죽임을 당하실 일이 다가오고 있었는데도, 예수는 여전히 고침이 필요한 이들에게 하나님의 긍휼을 베푸셨던 것이다.

22:54-62 베드로가 예수를 모른다고 부인하다

누가는 또 하나의 실패 사례를 들려준다. 예수는 방금 전에 한 제자로부터 배신을 당했다. 이번에는 다른 한 제자가 그를 부인하게 된다. 예수와 가장 가까운 사도였던 베드로는 자기는 그리스도께 충성할 것이라고 확언하였다. 그는 감옥은 물론 죽는 자리까지 그리스도를 따라갈 것이라고 선언하였다. 하지만 사정이 난처해지자, 그는 철저하게 실패한다. 그는 거듭하여 자신은 예수와 무관한 인물이라고 주장하였다. 그러고 나서, 그는 처절하게 절망한다. 그는 용감하게 예수를 끝까지 따를 것이라고 큰 소리쳤던 자신의 모습을 떠올리며 부끄러워한다. 누가는 그가 "밖에 나가서 심히 통곡하니라"고 증언한다.

22:63-67 병사들이 예수를 조롱하다; 대제사장이 예수를 신문하다

제자들로부터 배신과 부인을 당한 예수 앞에는 이제 조롱이 기다리고 있었다. 병사들은 예수를 조롱하고 모멸하였다. "그는 멸시를 받아 사람들에게 버림받았으며 간고를 많이 겪었으며 질고를 아는 자라"(사 53:3)는 구약의 예언이 그대로 이루어진 것이다. 마침내, 대제사장들 앞으로 끌려간 그는 불신앙과 반역을 마주하게 된다. 그들은 예수가 과연 "그리스도"(22:67)인지, 그리고 "하나님의 아들"(22:70)인지 물었다. 그 시대 유대인들은 메시아가 오시면 그의 백성들이 무릎 꿇고 그를 경배하게 될 것이라고 믿었다. 그러나 막상 예수가 하나님의 아들임을 시인하시자, 대제사장은 그를 처형해 달라고 로마인들의 손에 넘겨 버린다. 이스라엘의 중심에는 하나님께 반역하려는 죄의 뿌리가 깊이 박혀 있었던 것이다. 이스라엘은 스스로 자신을 구원할 수 없었다. 그들에겐 구원자가 필요했다. 인간의 현실은 죄로 점철된 비극 그 자체였다. 예수를 처형하려는 유대인들의 모습은 이런 인간 현실을 극명하게 보여 준다. 구원자가 오셨는데도, 그들은 오히려 그 구원자를 모멸하고 배척하였다.

23:1-25 예수가 빌라도와 헤롯 앞으로 끌려가시다

예수는 이제 빌라도 앞으로 끌려가신다(23:1-12). 예수를 대적하던 유대인들은 그를 "자칭 왕 그리스도"(23:2) 행세를 하였다는 죄목으로 고발한다. 우리는 여기서 재차 역설을 발견한다. 메시아가 오셨다면, 그 백성들은 당연히 그분 앞에 무릎을 꿇어야 한다. 그런데 그들은 오히려 메시아께 반역하였다. 메시아가 오셨다면, 그 백성들은 마땅히 그분을 높여야 한다. 그런데 그들은 오히려 그 메시아를 고발하였다. 유대인들은 빌라도가 예수를 가장 나쁘게 볼 수 있는 죄목을 고안하여 그 죄목으로 예수를 고발한다. 그들은 예수가 "가이사에게 세금 바치는 것을 금하며" 왕으로 행세하였다고 고발하였다. 이 두 죄목은 로마 총독이 예수에게 의심을 품게끔 교묘하게 지어 낸 것이었다. 로마 총독은 늘 자신의 관할 지역에서 선동이나 반역이 일어나지 않도록 억누르기 위해 노심초사하였기 때문이다. 대제사장은 총독이 예수를 의심하길 바라며, 예수가 선포하신 말씀을 정치적 관점을 써서 왜곡하였다. 하지만, 그들의 의도는 수포로 돌아간다. 빌라도가 주저 없이 "그가 행한 일에는 죽일 일이 없느니라"고 선언해 버린 것이다. 빌라도는 예수를 헤롯에게 보낸다. 헤롯은 예수를 조롱하였지만, 그 역시 예수를 처벌할 근거를 찾지 못한다. 군중들은 불만이었다. 그들은 예수가 죽임을 당하길 바라고 있었기 때문이다.

이때, "성중에서 일어난 민란과 살인으로 말미암아 옥에 갇힌" 바라바가 등장한다(23:19). 바라바는 반역죄와 살인죄를 저지른 자였다. 율법에 따르면, 그는 죽어야 마땅했다. 그러나 군중들은 예수를 죽이고 바라바를 풀어달라고 요구했다. 빌라도는 거듭하여 예수가 죽임당할 만한 죄를 저지르지 않았다고 말한다. 그러나 결국 그는 백성들의 동요를 완전히 억누르지 못한다. 마침내, 빌라도는 백성들의 엄청난 요구에 굴복하고 만다. 바라바는 석방되고, 예수는 처형장으로 가게 되었다.

22:26-46 예수가 십자가에 달려 돌아가시다

누가는 예수 그리스도의 고난과 죽음을 상세히 기록해 놓았다. 누가복음의 이 부분은 종종 '수난 이야기'로 부르기도 한다(23:26-46). 예수는 너무나 지치신 상태였기 때문에, 구레네 사람 시몬이 그의 십자가를 지고 갈 수밖에 없었다(23:26). 예수는 두 죄인 사이에서 죽임을 당하면서(23:33), 자신을 죽인 사람들을 위해 기도하셨다(23:34). 다시 한 번, 구약의 예언이 이루어진 것이다(사 53:12). 예수는 자신이 구원하러 오신 백성들로부터 모욕과 조롱을 받으셨다(23:35). 지켜보던 무리들(관리들)은 "만일 하나님이 택하신 자 그리스도이면 자신도 구원할지어다"라고 놀려댔다. 군인들도 예수를 희롱하며 자신을 구원해 보라고 요구했다(23:36-37). 죄인 중의 하나도 예수를 저주하며 예수 자신을 구원해 보라고 하였다(23:39). 그러나 예수는 십자가에 그대로 계셨다. 그는 자기 자신을 구원하는 대신, 온 인류를 죄에서 구원하셨다. 두 죄인 중의 하나는 일어난 일을 보고 깊은 감명을 받아, 예수를 믿게 된다. 결국, 그는 그리스도로부터 그와 함께 낙원에 있을 것이라는 확언을 듣게 된다(23:42-43).

마침내, 예수는 숨을 거두셨다. 누가는 예수가 돌아가실 때 일어난 몇 가지 사건들을 언급하는데, 이 사건들은 하나같이 깊은 의미를 담고 있다. "해가 빛을 잃고 온 땅에 어둠이 임"(23:44)하였다. 이는 세상의 빛이 꺼져 버렸음을 의미한다. 아울러 "성소의 휘장이 한가운데가 찢어"(23:45)졌다. 성소 휘장은 죄 때문에 하나님과 인류 사이에 놓이게 된 장벽을 의미한다. 이 장벽이 무너진 것은 그리스도의 죽음 덕택이다.

23:47-56 예수는 죄가 없으신 분 누가는 다시 그리스도는 죄가 없으시다는 점을 이야기한다. 이미 빌라도의 입을 빌려 그리스도의 무죄를 증언한 누가는 여기서 다시 "이 사람은 정녕 의인이었도다"(23:47)라는 로마군 백부장의 말을 원용하여 그리스도의 무죄를 거듭 증언한다. 예수의 무죄를 선언한 빌라도와 로마군 백부장의 말은 누가에게 아주 큰 의미가 있었을 것이다. 그가 염두에 둔 독자 중에는 예수를 죄인 또는 반역자로 지목한 풍문을 들었을 법한 로마인도 있었을 것이기 때문이다. 누가는 예수가 자신의 죄 때문에 죽은 것이 아니라 다른 사람의 죄 때문에 죽었음을 밝혀 헛소문을 바로잡으려 한 것이다. 누가는 유대의 모든 고위 성직자가 예수의 사형을 옳게 여긴 것은 아니었음을 분명히 한다. 그는 그 예로 아리마대 사람 요셉을 든다(23:50-51). 그는 벌어진 모든 일을 보며 심히 괴로워하였다.

23:50-56 예수를 장사(葬事)하다 드디어, 누가는 예수의 장사를 기록하고 있다. 이 본문 전체에는 슬픔의 음색이 완연하다. 부활을 예표하는 그 어떤 암시도 찾아볼 수 없다. 예수는 자신이 부활하실 것이라고 약속하셨지만, 그 약속은 잊혀져 버린 것 같다. 예수께 헌신하며 그를 도왔던 이들은 자신들의 신실한 벗 예수를 영예롭게 장사하려고 한다. 누가는 "여자들"이 이 모든 일을 지켜보았다고 강조한다(23:49, 55).

24:1-12 부활 "(그가) 살아나셨느니라!"(24:6) 그리스도의 죽음을 목격하였던 이들은 하나같이 이 말을 듣고 기겁하였다. 첫 번째 부활절을 목격한 관련자들은 모두 놀라, 일어난 일을 믿지 못하였다. 제자들은 아무리 이야기해도 그리스도가 부활하셨다는 것을 믿으려 하지 않았다. 고지식한 남녀들은 부활의 증거를 접하자 그 사건이 암시하는 중대한 의미를 간파하려고 애썼다. 그들이 알았고 사랑했던 그 사람, 그들이 죽음을 목격했던 그 사람, 그리고 그들이 장사지냈던 바로 그 사람이 부활한 것이다! 복음서는 부활을 목격한 사람들의 첫 반응이 두려움이었다고 강조한다(24:5). 부활을 처음 목격한 여자들은 무슨 일이 벌어진 것인지 이해하지 못하였다.

천사는 그리스도가 돌아가시기 전에 제자들에게 주셨던 부활 약속을 여자들에게 되새겨 준다(24:6-7). 예수는 일찍이 자신이 배신당하여 십자가에 못 박히셨다가 다시 살아나실 것이라고 예언하신 적이 있었다. 잠시 뒤, 정신을 수습한 여자들은 예수의 말씀을 기억해 낸다. 그러나 누가는 제자들이 성급하게 예수가 부활하셨다는 결론을 내리지 않았다는 점을 강조한다. 그들에겐 일의 전말을 곰곰이 생각해 보고 그 의미를 깨닫게 되는 시간이 필요하였다. 여자들의 말은 "허탄한 듯이" 들렸다(24:11). 심지어 베드로조차도 "그 된 일을 놀랍게 여기며" 집으로 돌아갔다(24:12).

24:13-35 엠마오로 가는 길에서 예수가 제자들에게 나타나시다 누가는 이런 흥분과 혼란의 와중에 우리를 예루살렘에서 엠마오로 내려가는 한적한 길로 데려간다(24:13-35). 두 제자들이 근래 벌어진 일을 이야기하며 그 일에 놀라워하고 있었다(24:13-17). 두 제자 중 하나의 이름은 글로바였다. 누가는 그들이 아직도 예수의 부활을 확실히 믿지는 못하고 있었다는 것을 알려 준다(24:19-24). 그들이 이야기를 나눌 때, 또 한 사람이 그들과 합류하였다. 부활하신 그리스도셨다. 그러나 제자들은 그가 누군지 알아차리지 못한다.

그 낯선 인물은 입을 열어 성경을 이야기한다. 그러면서 그는 예수가 "이런 고난을 받고 자기의 영광에 들어가야 할 것"(24:26)이라고 설명하였다. 여기서 우리는 다시 한 번 그리스도의 죽음이 필연이었음을 알게 된다. 그의 죽음은 우연이 아니었다. 자기 백성들이 자유와 용서를 누리도록 값 주고 사시기 위해 그리스도는 고난당하시고 죽으셔야만 했다. 예수는 이상히 여기는 이 제자들에게 구약의 예언들을 원용하여 "모든 성경에 쓴 바 자기에 관한 것을 자세히 설명"(24:27)하셨다.

그들은 여전히 자신들과 함께 계신 분이 부활하신 예수임을 깨닫지 못했다. 그러나 얼마 지나지 않아 진실이 밝혀진다. 예수는 떡을 떼시며 자신이 누구인지 알려 주셨다(24:30-31). 별안간, 모든 것이 드러났다. 제자들은 그가 누구며 그들이 당한 이 일이 어떤 의미를 가지고 있는지 모두 깨달았다. 결국 두 가지 일이 일어나게 된다. 제자들은 그들과 함께 있었던 그분이 누구며, 그가 일러 주던 성경의 의미가 무엇인지 '깨닫게' 된다(24:32). 그리하여 그들 역시 부활이 사실임을 '증언하는' 증인이 되었다(24:33-35).

24:36-53 예수가 제자들에게 나타나시다; 예수가 승천하시다 누가는 우리를 다시 제자들이 모여 있는 예루살렘으로 데려간다(24:36-53). 예수는 제자들에게 나타나셨다. 이번에도 첫 반응은 기쁨보다는 두려움이었다(24:37). 사도들은 아직도 예수의 부활을 믿지 못하고 있었다. 예수는 말은 없지만 여전히 의심하고 있는 그 제자들에게 자신이 정말로 살아나셨음을 확인시켜 주신다. 그는 자신의 손과 발을 보여 주시며 부활 사실을 증명해 주셨다(24:39). 이어서 예수는 이 모든 일이 자신에게 일어나야만 했다는 것을 차근차근 설명해 주셨다(24:44-47). 그는 분명 고난당하시고 죽으셨다. 하지만, 그는 부활의 권능으로 그 고난과 죽음을 이기셨던 것이다. 두려움은 점차 기쁨과 놀라움으로 변하였다(24:41). 마침내 제자들은 의심을 거두게 된다.

예수는 자신의 부활을 확인한 제자들에게 이 좋은 소식을 온 세상에 전파하라는 사명을 부여하셨다. 예수의 부활은 그들의 친밀한 벗(예수)을 되찾은 제자들에게만 좋은 소식이 아니었다. 그것은 온 세상이 함께할 좋은 소식이었다. 온 세상 역시 그들을 구해 주신 구원자를 얻었기 때문이다. 사도들은 세상으로 나아갈 사명을 부여받게 된다. 예수는 제자들에게 "너희는 이 모든 일의 증인이라"(24:48)고 말씀하셨다. 제자들이 진정으로 그리스도의 부활을 믿게 되자, 비로소 예수는 다른 이들에게 그 좋은 소식을 전하라고 명하셨다. 누가는 여기서 '예수의 부활이 진실' 임을 분명하게 말하고 있는 것이다.

그러나 제자들은 아무런 도움 없이 증인 노릇을 해야 하는 것은 아니었다. 예수를 죽은 자 가운데서 일으키신 하나님의 능력이 그들의 증언과 말씀 선포를 이끌게 된다. 그들은 "위로부터 능력으로 입혀질"(24:49) 것이다. 이는 예로부터 약속된 성령이 그의 백성들에게 오셔서 예수 부활의 좋은 소식을 온 세상에 전할 수 있도록 능력을 부어 주실 것임을 가리키는 말씀이었다. 예수는 베다니에서 제자들에게 축복하셨다. 그런 다음, 제자들은 "큰 기쁨으로 예루살렘에"(24:52) 돌아갔다. 제자들이 떠맡은 좋은 소식은 이제 버거운 짐이 아니었다. 그것은 기쁜 소식이었기 때문이다. 오늘날 그리스도인들은 자신들의 삶 속에서 그리스도의 부활을 증언할 증인으로 부름받았다. 그들은 복음이 진실이요 그 복음이 이 세상에 기쁨을 가져다줄 수 있음을 확신하며, 누가복음을 덮을 수 있다. 누가의 두 번째 작품인 사도행전은 당시 세상이 이 좋은 소식에 어떤 반응을 보였는지 우리에게 알려 줄 것이다.

요한복음

요한복음은 그 문체나 내용면에서 처음 세 복음서(공관복음)와 확연히 다르다. 사람들은 종종 경건한 독서에 가장 잘 어울리는 책으로 요한복음을 들곤 한다. 그 이유는 요한복음이 강력한 심상들을 활용하여 예수 그리스도가 신자들에게 끼친 풍성한 영향과 함께, 그가 온 세상에 얼마나 중요한 인물인지 상세하게 설명하고 있기 때문이다.

요한복음은 '예수가 사랑하신 그 제자'(이를테면, 13:23-26, 18:15-16)가 이 복음서 저자임을 증언하고 있다. 예부터 내려온 전승은 이 제자를 사도 요한과 동일시한다. 하지만, 이 복음서 본문에는 이 제자가 요한이라는 말이 분명하게 기록되어 있지 않다는 것에 유념해야 한다. 이 복음서는 몇 가지 점에서 에베소 지역의 교회들을 염두에 두고 쓴 책으로 보인다. 요한복음의 저작 시기는 확실치 않다. 요한복음 본문은 베드로와 '예수가 사랑하신 그 제자' 둘 다 죽었다고 이야기한다(21:19, 22-23을 보라). 이는 요한복음이 주후 70년 이후에 기록되었다는 것을 시사하는 것이다. 대부분의 학자들은 요한복음의 저작 시기를 주후 1세기 말엽(85년 전후)으로 보고 있지만, 그보다 더 빠를 수도 있다.

요한복음 1:1-51
예수의 사역 배경

1:1-18 말씀이 육신이 되었다 요한복음은 그 서두부터 이 복음서만이 갖고 있는 특유한 면모를 분명하게 드러낸다. 마태, 마가, 누가복음은 그 서두에서 예수의 사역 배경을 설명할 때 중요한 역사상 사건들을 제시하였다. 이를테면, 예수의 조상들을 설명하거나 예수의 출생을 둘러싼 사건들 또는 세례 요한의 출생을 설명한 것이다. 그러나 요한복음은 다르다. 이 복음서는 처음부터 역사 이전의 장면을 제시하며, 하나님 자신의 관점에 비추어 예수 그리스도가 오시게 된 배경을 설명한다.

요한복음도 흔히 '서언'으로 부르는 부분으로 그 막을 연다(1:1-18). 이 부분은 그리스도가 오시게 된 배경을 보여 준다. 예수 그리스도가 오시게 된 배경은 역사 이전에 자리잡고 있다. 예수는 바로 "육신"이 되신 "말씀"이시다(1:14). 요한복음의 서언은 그 첫머리에서 창세기 창조 기사의 위대한 말씀을 다시 들려주며, 우리를 곧장 태초의 시간으로 데려간다(1:1; 창 1:1을 보라). 여기서 "말씀"[희랍어로 '로고스'(logos)]은 그리스도를 가리키는 말로 사용되었다. '말씀'이라는 말은 대단히 중요하다. 이 말은 예수 그리스도를 통하여 당신 자신을 알리실 수 있는 하나님의 능력을 가리키기 때문이다.

하나님이 예수 그리스도를 통하여 당신 자신을 알리셨다는 것은 요한복음의 중요한 주제이기도 하다.

하나님의 창조와 하나님의 구원은 떼려고 해야 뗄 수 없는 밀접한 관계에 있다. 요한복음은 서두부터 이 점을 분명하게 보여 준다. 본문 말씀은 하나님이 그리스도를 통하여 구원을 이루셨듯이, 그리스도를 통하여 만물을 창조하셨다고 분명하게 선언한다(1:3). 하나님이 이루신 이 구원의 과정 속에는 그리스도가 세상 속으로 들어오신 일도 들어 있다. 이어서 요한은 말씀에서 빛으로 그 초점을 옮겨 간다. 이를 통하여 그는 그리스도의 오심 속에는 이 세상을 심판하는 의미도 들어 있다는 것을 분명히 한다. 빛은 사물의 모습을 숨김없이 드러낸다. 그런 점에서, 빛은 심판과 정화(淨化)의 소망을 가져다준다. 세상은 흑암이다. 그러나 그 세상도 어둠을 뚫고 들어오는 빛을 이길 수 없다(1:3-5).*

이제 우리는 세례 요한을 만나게 된다(1:6-9). 요한은 세상에 오시는 빛을 증언하러 온 자였다. 요한 자신은 그 빛이 아니었다. 그렇지만, 그는 그 빛이 올 것임을 일러 주었다. 그러나 정작 그 빛이 이 세상에 왔을 때, 세상은 그 빛을 배척하였다(1:11-13). 그 백성들은 그 빛의 소유였지만 그 빛을 거부한 것이다. 이는 분명 유대교(유대인들)가 오신 메시아를 인정하지 아니한 일을 가리키는 것이었다. 그러나 그리스도를 알아보고 그를 인정한 이들은 하나님의 자녀가 되는 특권을 부여받았다.

사도 요한은 예수의 중요성을 이 유명한 한 마디로 집약해 놓았다. "말씀이 육신이 되어 우리 가운데 거하시매"(1:14). 그리스도의 영광은 바로 하나님 자신의 영광이다. 우리는 그리스도를 통하여 하나님의 영광을 보고 체험한다. 많은 기독교 저술가들은 그리스도의 오심을 표현할 때 '성육신'(成肉身)이라는 말을 쓴다. 이 말은 '말씀이 육신이 되었음'을 가리키는 것이요, 하나님이 예수 그리스도라는 참 인간으로서 당신이 지으신 세상에 오셨음을 말하는 것이다. 세례 요한은 이렇게 증언한다. '진정 나는 이 사람을 증언할 증인으로 보내심을 받았다.' 어느 누구도 하나님의 얼굴을 대면하여 본 적이 없다(모세도 자신을 지나쳐 멀리 사라지시는 하나님의 뒷모습만을 살짝 봤을 뿐이다). 하지만, 하나님은 예수 그리스도를 통하여 당신 자신을 나타내시기로 결심하셨다(1:15-18). 그렇다면, 예수 그리스도는 어떻게 하나님을 나타내실 수 있는 걸까? 요한의 답은 간결하고 명쾌하다. 예수가 하나님을 나타내실 수 있는 것은 그 자신이 하나님이시기 때문이다.

1:19-28 세례 요한이 자신은 그리스도가 아니라고 말하다 이제 우리는 인류 역사의 영역으로 들어오게 되었다. 예수 그리스도가 오실 무대가 마련된 것이다. 말씀은 우리에게 예수 그리스도가 역사의 무대에 자신을 드러내셨음을 이야기하기 시작한다. 요한은

---

* 개역개정판이 "깨닫지 못하더라"라고 번역한 희랍어는 '이기지 못하더라'라는 의미도 갖고 있다. "깨닫지 못하더라"로 번역된 희랍어 본문은 '우 카텔라벤' 이다. '우' 는 '-이 아니다' 라는 부정어이며, '카텔라벤' 은 '이기다, 파악하다, 자기 것으로 만들다' 라는 의미를 지닌 희랍어 동사 '카타람바노' 의 제2부정과거, 3인칭, 단수, 능동형이다(다/520).

먼저 세례 요한의 사역부터 설명한다. 세례 요한은 주가 오실 길을 준비하는 것이 자신의 사명이라고 선언한다. 그는 자신이 중요한 사람이 아님을 강조하였다. 자신은 백성들이 오랫동안 기다렸던 선지자도, 메시아도 아니라는 것이었다. 그는 단지 누군가를 가리키는 사람으로 서 있을 뿐이었다.

1:29-34 하나님의 어린양인 예수
그렇다면, 대체 누가 메시아이신가? 요한복음의 서언을 읽은 우리는 이미 그 답을 알고 있다. 예수가 세례 요한에게 나아올 때, 이 답은 역사의 현실이 되었다(1:29-34). 요한은 그리스도를 증언하면서, 이 사람이 바로 자신이 오실 것이라고 선포하던 그 사람임을 분명하게 선언한다. 이 사람은 바로 하나님의 아들이셨다. 세례 요한의 몇몇 제자들도 예수에게 매료되어 예수와 함께 시간을 보냈다. 처음에 그들은 예수를 단지 '랍비'(선생을 가리키는 말)로 불렀지만, 예수를 만난 뒤에는 메시아로 부르게 된다(1:35-42).

1:35-51 예수의 첫 제자들
예수의 첫 제자들이 이웃들에게 예수를 알리기 시작하면서, 더 많은 사람들이 예수를 만나게 된다(1:43-51). 빌립은 예수가 어떤 분이신지 분명하게 깨닫고 있었다. 그는 예수를 "모세가 율법에 기록하였고 여러 선지자가 기록한 그이"(1:45)라고 소개하였다. 예수가 곧 구약이 말했던 모든 위대한 소망과 기대를 이루신 분이라고 소개한 것이다. 빌립이 나다나엘에게 이 모든 일을 설명했을 때, 나다나엘은 믿으려 하지 않았다. 도리어 나다나엘은 나사렛에서 무슨 선한 것이 나오겠느냐고 반문한다. 나다나엘의 이런 의문에 빌립은 "와서 보라"고 간명하게 대답했다. 일단 와서 예수를 만나보면, 당신의 의심이 다 사라질 것이라는 대답이었다. 이것은 전도의 중요한 본보기를 보여 준다. "와서 보라"는 말은 사람들의 관심을 논증이나 논쟁이 아니라, 그리스도의 인격 자체로 이끄는 것이기 때문이다. 빌립의 말은 옳았다. 예수를 만난 나다나엘은 예수가 "하나님의 아들"이시자 "이스라엘의 임금"임을 확신하게 된다(1:49).

요한복음 2:1-12:11
예수 그리스도의 공생애 사역

2:1-11 예수가 물을 포도주로 바꾸시다
예수의 공생애 사역은 축하 잔치(갈릴리 가나에서 벌어진 혼인 피로연)로 시작되었다. 예수는 이 잔치에서 이적을 행하신다. 그 덕분에 이 잔치는 유명한 사건이 되었다. 무르익어 가던 혼인 잔치는 포도주가 떨어지면서 중단될 위기를 맞는다. 마침 연회장 주변에는 유대인의 정결례에 사용하는 돌 항아리 여섯 개가 놓여 있었다. 예수는 그 항아리에 가득 채운 물을 포도주로 바꾸신다. 그 포도주가 얼마나 훌륭했던지, 처음 마신 포도주보다 더 낫다고 "연회장"이 칭찬할 정도였다.

물론, 이 사건은 그저 하나의 이적으로 치부해 버릴 수도 있다. 물이 포도주가 되게 한 것은 분명 이적이었다. 요한도 이 사건을 "첫 표적"(2:11)이라고 표현한다. 그러나 이 사건은 표적 그 이상의 것이었다. 이 사건 속에는 많은 상징적 의미가 들어 있다. 이를테면, 새 포도주가 처음 마셨던 포도주보다 좋았다는 것은 새 언약이 옛 언약보다 우월하다는 의미로 받아들일 수 있다. 뿐만 아니라, 포도주로 바뀐 물이 애초에는 정결 예식에 쓸 물이었다는 점도 중요하다. 의식을 통한 정결을 강조하던 종교가 "사람의 마음을 기쁘게 하는"(시 104:15은 포도주의 효과를 이렇게 묘사하고 있다) 신앙으로 바뀌었기 때문이다.

2:12-25 예수가 성전을 깨끗하게 하시다 다시 장면이 바뀐다. 유월절이 가까워오자, 예수는 절기를 쇠러 예루살렘으로 올라가셨다. 신명기 16:16에 따르면, 모든 유대 남자들은 예루살렘에 와서 유월절을 지켜야만 했다. 뒤에 가면 밝혀지지만, 유월절은 예수에게 특별한 의미가 있는 절기다. 그가 곧 온 세상 죄를 짊어진 채 희생당하는 진정한 유월절 어린양이셨기 때문이다. 그러나 이번 유월절에 예수의 관심사는 성전 자체와 성전 경내에서 이루어지는 온갖 착취 행위에 있었다. 요한은 예수의 성전 정화 사건을 예수의 공생애 사역 서두에 기록하였지만, 공관복음서들(마태, 마가, 누가복음)은 모두 예수의 사역 마지막 주간에 일어난 사건으로 기록해 놓았다. 확실치 않지만, 이런 차이가 생긴 연유를 두 가지로 설명할 수 있다. 첫째, 요한복음의 성전 정화 사건과 공관복음의 성전 정화 사건은 서로 다른 사건이기 때문에 이런 차이가 생겼다고 할 수 있을 것이다. 즉, 전자는 예수의 공생애 사역 초기에 벌어진 일이지만, 후자는 사역이 끝날 즈음에 벌어진 사건이라는 것이다. 전자와 후자의 세부 내용에 차이가 있는 점도 이런 설명을 가능케 한다(이를테면, 요한은 성전 정화 기사에서 소와 양을 파는 사람을 언급하고 예수가 노끈 채찍을 사용하셨다고 이야기한다. 그러나 공관복음의 성전 정화 기사에는 이런 내용이 나오지 않는다). 둘째, 요한복음의 성전 정화 사건과 공관복음의 성전 정화 사건은 같은 사건이지만, 요한이 그 사건의 신학적 중요성을 강조하고자 일부러 예수의 사역 초기 부분에 이 기사를 기록해 놓아서 이런 차이가 생겼다고도 볼 수 있다. 요한은 이 사건을 예수 사역의 서두에 기록함으로써, 예수가 사역의 완료 시점만이 아니라 사역 기간 내내 심판을 행하셨다는 사실을 제시하려고 했다는 것이다.

예수의 성전 정화 사건은 예수의 말씀을 둘러싼 오해 때문에 특히 유명하게 되었다. 예수는 "이 성전을 헐라, 내가 사흘 동안에 일으키리라"(2:19)라고 말씀하셨다. 사람들은 예수가 말씀하신 성전을 건물로 오해하였다. 예수의 이 말씀은 그가 대제사장 앞에서 심문당하실 때 그를 고발하는 빌미가 되었다(마 26:60-61). 예수 주위에 있던 유대인들은 그 성전을 짓는 데 46년이 걸렸다며 예수를 힐난하였다(주전 20년 무렵에 시작된 성전 공사는 주후 64년이 되어서야 끝나게 된다. 성전을 46년 동안 지었다는 말로 보아, 예수의 성전 정화 사건은 주후 26년경에 일어난 것 같다). 그러나 예수가 말씀하시고자 했던 참 뜻은 그가 부활하신 뒤에야 비로소 밝혀지게 된다. 그가 성전을 사흘 안에 다시 일으키시겠다고 한 것은 자신의 부활을 가리키는 말씀이었다. 예수의 이 말씀은 중요하다. 예수의 많은 언행은 그의 부활에 비춰 볼 때 비로소 완전하고 올바르게 이해할 수 있다는 것을 시사해 주기 때문이다.

3:1-21 예수가 니고데모를 가르치시다 많은 사람들이 예수가 행하시는 표적을 보고 그에게 매료되었다. 그러나 이것은 잠깐의 흥미에서 비롯된 피상적 관심이었다. 예수는 자신의 제자가 되고자 하는 이들에게 이런 피상적 관심을 넘어 더 철저한 헌신을 요구하셨다. 이 점은 예수와 니고데모의 만남에서도 분명하게 드러난다. 이 만남은 요한복

음에서 아주 친숙한 일화로서, 꼼꼼히 살펴볼 만한 가치가 있다.

니고데모도, 다른 이들처럼, 예수에게 매료된 사람이었다. 그러나 그는 유대교 지도자였기에 밤을 틈타 예수를 찾아온다. 그는 71명의 대제사장들과 장로들과 율법사들로 이루어진 유대 사회의 최고 법정 산헤드린의 회원이었다. 그러나 이런 지위도 예수를 향한 그의 관심을 막을 수는 없었다. 니고데모는 자신과 다른 이들이 예수가 특별한 분임을 알고 있다고 털어놓는다. 그는 하나님과 특별한 관계에 있는 사람만이 그런 표적을 행할 수 있다고 말한다.

하지만, '거듭 난' 사람만이 하나님 나라를 볼 수 있다는 예수의 대답은 니고데모를 미궁 속으로 빠뜨렸다. 니고데모는 예수가 말씀하신 거듭남을 육신의 재출생(再出生)으로 이해하였다. 말하자면, 모태로 들어갔다가 다시 태어나야 한다는 말로 받아들인 것이다. 그러나 예수의 말씀은 더 심오한 의미를 함축하고 있었다. 예수가 분명하게 말씀하시듯이, 그가 말씀하신 거듭남은 영혼의 거듭남이었다. 이미 육신의 생명을 갖고 있는 사람이 영의 차원에서 다시 태어나는 것, 그것이 바로 영혼의 거듭남이었다. 육신이 이 땅에 현존하고 있는 사람은 이미 산 사람이다. 그러나 그는 아직 완전한 생명을 갖지 못한 사람이다. 완전한 생명은 거듭날 때 비로소 얻을 수 있기 때문이다. 이 점은 예수가 육과 영을 언급하신 것(3:6)만 봐도 분명하게 알 수 있다. 그러나 거듭난다는 말에는 또 다른 의미가 들어 있다. '거듭'으로 번역된 희랍어 '아노뗀'은 '위로부터' 라는 뜻도 갖고 있다("성소 휘장이 위로부터 아래까지 찢어져 둘이" 되었다고 기록한 마 27:51이 '아노뗀'을 '위로부터' 라는 의미로 사용한 예다). 이 거듭남은 아래로부터 일어나는 것이 아니라, 하나님 그분으로부터 일어난다. 하나님 나라에 들어가려면 물과 성령으로 나야만 한다(3:5). 이는 육으로 태어날 뿐만 아니라, 영으로도 태어나야 한다는 것을 의미한다. 아울러 예수는 물로 겉을 깨끗케 하는 것과 성령으로 내면을 새롭게 하는 것은 서로 구별된다는 점을 말씀하시는 것일 수도 있다.

그렇다면, 예수는 무슨 권세로 거듭나야 한다는 말씀을 하시는 걸까? 예수는 스스로 이 질문에 대답하신다. 그는 하늘에서 내려온 자―나아가 다시 하늘에 올라갈 자―만이 하늘의 일을 말할 권세와 능력을 가지고 있다고 강조하신다(3:13). 여기서 우리는 예수의 부활이 그의 권세를 확증하는 데 중요하다는 사실을 분명히 알게 된다. 육신이 되어 이 땅에 오신 예수는 이미 하나님에 대하여 말씀할 수 있는 권세를 완전하게 갖고 계셨다. 부활은 예수의 이 권세를 만인 앞에 실증해 보인 사건이자, "하늘에서 내려온 자"가 다시 하늘로 돌아갈 수 있는 길이었다.

예수는 자신 앞에 기다리는 죽음과 복음의 풍성한 은덕 사이에 중요한 연관이 있음을 선포하셨다. 그는 이스라엘을 역병과 뱀으로부터 구해 낸 모세(민 21:8-9)를 언급하셨다. 그와 더불어, 그는 자신의 죽음으로 말미암아 신자들이 영생이라는 선물을 얻게 될 것이며, 이 영생 덕분에 사망에서 구원을 얻게 될 것이라고 말씀하셨다. 여기서 '영생'은 매일의 삶이 무한히 연장된다는 의미가 아니다. 오히려 영생은 믿음으로 말미암아 지금 여기서 시작된 새 삶을 가리키는 것이며, 이 삶은 부활을 통하여 완성된다. 이런 영생이 가능하게 된 것은 오직 하나님의 사랑 덕택이다. 하나님은 당신이 지으신 세상을 너무나 사랑하신 나머지, 당신의 독생자까지 내어 주셔서 죽게 하셨다(3:16). 이 놀라운 사실은 하나님의 사랑을 극명하게 보여 준다.

이 본문에는 독자 이삭을 바치라는 요구에 아브라함이 받았을 법한 큰 충격이 메아리치고 있다. 결과적으로 아브라함은 독자 이삭을 바치라는 요구를 받지 않았지만, 하나님은 죄인인 인류가 영생의 소망을 가질 수 있도록 기꺼이 당신의 독생자를 죽이셨다. 그런 점에서, 하나님은 인류에게 영생을 베풀어 주시고자 아들의 죽음을 대가로 치르신 것이다. 하나님은 이렇게 놀라운 선물을 이 세상에 베풀어 주셨다. 그런데도, 세상은 그 선물을 받아들이려 하지 않았다(3:19-21). 세상은 빛보다 어둠을 더 사랑하였으며, 영광스러운 영생의 소망보다 아무것도 보이지 않는 캄캄한 죽음을 더 사랑하였다.

3:22-36 세례 요한이 예수를 증언하다 이제 이야기는 유대 땅으로 옮겨 간다. 거기에서는 세례 요한이 자신의 사역을 계속하고 있었다(3:22-36). 요한은 예수의 명성과 영향력이 커져간다는 소식을 전해 들었다. 그는 이 모든 것이 하나님을 대변할 수 있는 예수의 권세 때문임을 강조하면서, 자신에게는 그런 권세가 없다고 분명히 말한다. 예수의 말씀은 곧 하나님의 말씀이다. 그런 점에서 그는 최고의 권세를 지닌 분이었다. 바로 이런 이유 때문에, 우리는 여기서 슬픈 기운을 느낄 수 있는 것인지도 모른다. 예수는 흥해야만 하고, 요한은 쇠해야만 했다.

4:1-26 예수가 사마리아 여인과 말씀하시다 예수와 제자들은 유대에서 갈릴리로 가신다. 그들은 유대의 앙숙인 사마리아 땅을 지나 가야만 했다(4:1-4). 여로에 지치신 예수는 야곱의 우물(성경은 이 우물의 정확한 위치를 말하지 않는다)로 알려진 곳에서 쉬기로 하셨다. 제자들은 가까운 동네인 수가로 양식을 얻으러 갔다. 예수가 쉬고 계실 때, 한 사마리아 여인이 우물에 물을 길으러 왔다. 이리하여 요한복음의 가장 유명한 대화 한 편이 시작된다(4:9-26).

사마리아 여인은 예수가 자신에게 말을 건네려 하시자 깜짝 놀란다. 그 여인은 사마리아 사람이요(유대인들은 사마리아 사람과 상종조차 하려 들지 않았다), 여자였기 때문이다(유대의 남자들은 사람들이 모인 자리에서 여자들을 기피하였다. 어떤 형태의 성적 유혹이나 부도덕한 행위도 피하려 했기 때문이다). 예수와 사마리아 여인은 먼저 목마름을 놓고 대화를 나눈다. 예수는 영원히 목마르지 아니할 '생수'(샘에 고여 있는 물과 다른 물)를 여인에게 주시겠다고 말씀하신다(4:13). 여인은 그 말뜻을 몰라 당황한다. 하지만, 여인은 예수가 자신의 내밀한 사생활을 속속들이 알고 계신 것에 깊은 인상을 받는다(4:16-18). 여인은 예수가 특별한 분임을 눈치 채지만, 그 특별함의 실체가 무엇인지는 깨닫지 못했다.

여인은 예수가 선지자라고 생각하였다 (4:19). 그러나 여인은 곧 선지자라는 말도 예수의 실체를 표현하기에 부족한 말임을 깨닫는다. 여인은 미래에 메시아가 오실 것이며, 그 메시아가 모든 것을 깨닫게 해주실 것으로 믿는다고 말했다. 그러자 예수는 자신이 바로 여인이 기다리는 그 메시아이심을 선언하신다(4:26). 결국 여인은 목마르다며 물을 달라던 그 남자가 선지자, 나아가 자신이 오랫동안 고대하던 메시아이심을 발견한다.

4:27-42 제자들이 예수와 합류하다 예수께 돌아온 제자들은 예수가 사마리아 여인과 대화하는 것을 보고 깜짝 놀란다. 하지만, 그 대화의 효과는 뚜렷하게 나타난다. 여인의 말을 들은 마을 사람들이 예수께 모여들었다. 그들은 예수에 대하여 더 많은 것을 알고 싶어했다. 처음에 그들은 여인의 증언 때문에 예수에게 관심을 갖게 되었지만, 예수를 만난 뒤에는 여인의 증언 때문이 아니라 예수 자신을 보고 예수를 믿게 된다. 그들은 예수가 온 세상의 구주이심을 깨닫게 된다.

4:43-5:15 예수가 관리의 아들을 고치시다; 베데스다 못에서 병자를 고치시다 예수는 갈릴리 지방에서 치유의 이적을 행하셨다. 이때 고쳐 주신 사람 중에는 한 관리(왕의 신하)의 아들도 들어 있었다. 이런 이적들은 예수를 온 세상의 구주로 믿는 신앙이 옳다는 것을 증명해 주는 동시에, 그 이적들을 목격한 사람들에게 믿음을 심어 주었다(4:43-54). 말씀은 예수가 관리의 아들을 고쳐 주신 사건을 "예수께서…행하신 두 번째 표적"이라고 증언한다. 첫 번째 표적은 갈릴리 가나에서 물을 포도주로 바꾸신 사건이었다. 얼마 뒤, 예수는 예루살렘에서 또 다시 치유의 이적을 행하신다(5:1-15). 이 치유 사건은 여러 가지 점에서 중요한 의미를 갖고 있다. 단순히 예수의 치유 권세를 실증하는 차원을 넘어, 그가 안식일에도 병자를 고치실 수 있는 권세의 소유자이심을 생생히 보여 주었기 때문이다. 이 치유 사건은 "인자는 안식일에도 주인이니라"(막 2:23-28)는 말씀을 다시 한 번 되새겨 주는 중요한 사건이다.

하지만, 여기에서 또 하나 유념하여 봐야 할 것은 예수가 병자에게 던지신 질문("네가 낫고자 하느냐?")이다. 병자가 고침을 받으려면, 먼저 자신이 고침을 받아야 한다는 것과 예수의 치유 능력을 인정하고 그의 고쳐 주심을 받아들여야만 한다. 죄를 용서받는 것도 마찬가지다. 예수로부터 죄를 용서받으려면, 먼저 자신이 용서받아야 한다는 것과 죄를 용서하실 수 있는 권한이 예수께 있다는 점을 인정하고 기꺼이 그의 용서를 받아들여야만 한다.

5:16-47 하나님의 아들을 통하여 생명을 얻을 수 있다 안식일에 병을 고치신 예수의 행위는 논란을 불러일으켰다. 그러나 예수는 계속하여 자신의 권세를 주장하셨다. 예수의 권세는 예수와 아버지의 관계에 그 기초를 두고 있었다. 아버지 하나님과 아들 예수의 관계는 가장 친밀한 관계다. 때문에 아들은 아버지를 대리할 전권을 갖고 계셨다. 특히 심판의 경우가 그러하였다. 아버지는 온 세상이 아들을 통하여 아버지의 생명(곧, 영생)을 누리게 될 것이라고 선언하셨다. 예수의 부활은 아버지의 이 중요한 선언이 진실임을 완전하게 증명한 사건이었다. 하지만, 예수는 사역 초기부터 자신과 아버지의 특별한 관계를 말씀하시면서, 자신만이 영생의 통로라고 선언하셨다. 이는 예수 자신이 그의 사역 기간 내내 하나님을 대리할 권세를 갖고 계심을 분명히 해두시려는 것이었다.

예수는 특히 세례 요한과 같은 이들이 자신에 대하여 증언하였음에도 불구하고 듣지 아니한 이들을 책망하셨다. 요한은 자신보다 더 큰 등불이 올 길을 준비했던 등불이었다. 그러나 사람들이 이해하고 깨달아야 할 또 다른 증언이 있었다. 성경의 증언이 바로 그것이었다. 여기서 예수가 말씀하시는 성경은 구약을 가리킨다. 일찍이 나다나엘은 "모세가 율법에 기록하였고 여러 선지자가 기록한 그이"(1:45)가 바로 예수임을 인정하였다. 나다나엘이 예수를 그렇게 인정할 수 있었다면, 다른 사람들도 그렇게 할 수 있다. 예수는 성경을 연구함으로써 영생을 얻을 수 있다고 생각하는 사람들이 많다는 점을 지적하셨다. 하지만, 영생은 성경이 지목하는 그 사람(곧, 예수 그리스도)을 만나야 비로소 얻을 수 있는 것이다. 예수는 만일 성경을 상고하는 사람들이 모세의 글을 올바로 연구하였다면, 그 글이 예수에 관한 것임을 깨달았을 것이라고 말씀하셨다.

6:1-24 예수가 오천 명을 먹이시다; 예수가 물 위로 걸으시다

말씀은 다시 예수가 행하신 이적에 초점을 맞춘다. 요한은 예수가 5,000명을 먹이신 사건을 서술하면서, 자연계를 다스리시는 예수의 권세를 다시 한 번 생생하게 증언한다(6:1-15). 이 이적을 목격한 사람들의 반응은 중요한 의미가 있다. 비로소 사람들이 예수를 "세상에 오실 그 선지자"(6:14)임을 인정하게 되었기 때문이다. '그 선지자'란 모세가 하나님이 장래에 일으키실 것이라고 말했던(신 18:15-19) 바로 그 선지자였다. 예수는 물 위를 걸으심으로써 자연계를 다스리시는 자신의 권세를 다시 한 번 실증해 보이셨다(6:16-24). 하지만, 예수가 5,000명을 먹이신 사건이 진정 중요한 것은 이 사건이 그 위대한 "생명의 떡" 담화로 이어지기 때문이다. 예수는 이 담화에서 이미 5,000명을 먹이실 때 말씀하셨던 주제를 더 깊이 있게 이야기하신다.

6:25-59 생명의 떡이신 예수

예수가 이 본문에서 말씀하시는 주제는 떡에 초점을 맞추고 있다. 예수는 군중들에게 이런 의문을 던지셨다. 어찌하여 사람들은 쉽게 썩어 없어질 떡을 얻으려고 그렇게 발버둥치는가? 왜 사람들은 영원히 이어질 것을 얻으려고 하지 않는가? 잠시 잠깐 육신을 만족시켜 줄 떡을 먹는 대신에, 어찌하여 영생을 줄 떡을 먹지 않는가? 처음에 주위의 군중들은 예수가 말씀하시는 떡이 만나라고 생각하였다. 이스라엘이 광야를 유랑하는 동안, 하나님이 섭리 가운데 공급해 주셨던 그 양식을 말씀하신다고 생각했던 것이다. 그러나 예수가 말씀하신 영생의 떡은 바로 자기 자신을 가리키는 것이었다. 이어지는 말씀을 보면, 이를 분명하게 알 수 있다.

예수는 자신이 "생명의 떡"이라고 선언하셨다(6:35). 이 말씀은 아주 중요하다. 처음으로 '나는 무엇이다'*라는 화법을 사용하고 계시기 때문이다. '나는 무엇이다'라는 희랍어 표현은 문법상 드문 표현 방식이어서, 본문의 다른 부분보다 더 눈에 잘 띈다. 희랍어에 익숙하지 않은 독자들은 이 말을 이해하기 힘들 것이다.** 하지만, 중요한 것은 '나는 무엇이다'라는 이 말씀과 출애굽기 3:14에서 하나님이 모세에게 당신을 드러내실 때 사용하신 "나는 나다"(에흐웨 아쉐르 에흐웨)라는 말씀이 서로 긴밀한 유사성을

---

* 희랍어로 '에고 에이미'다. 이 표현은 히브리어의 '에흐웨'와 같은 의미다. 히브리 본문을 보면, 하나님은 당신을 모세에게 '에흐웨 아쉐르 에흐웨'라고 소개하신다(출 3:14).
** 희랍어에서는 동사가 인칭, 수, 시상, 태, 법에 따라 변화한다. 따라서 동사만 써도 그 동사의 주어를 알 수 있다. '에고 에이미'도 '에이미'라는 동사만 있으면, 이 문장이 현재 시상이며, 그 주어가 1칭 단수라는 것을 알 수 있다. 따라서 굳이 '에고 에이미'라고 쓸 필요가 없는 것이다.

갖고 있다는 점이다. 이는 곧 예수가 암암리에 자신이 하나님이심을 선언하고 계시다는 것을 의미한다. 요한복음에는 '나는 무엇이다' 라는 화법이 일곱 번 등장한다.

6:35, 48	나는 생명의 떡이다
8:12, 9:5	나는 세상의 빛이다
10:7, 9	나는 양의 문이다
10:11, 14	나는 선한 목자다
11:25	나는 부활이요 생명이다
14:6	나는 길이요, 진리요, 생명이다
15:1, 5	나는 참 포도나무다

예수는 "생명의 떡"이다. 그는 하늘에서 내려와 세상에 생명을 주신다(6:33). 그를 먹는 자는 마지막 날에 다시 살아나 영생을 누리게 될 것이다. 예수가 이 세상에 주시는 떡은 그 자신의 살이다 그러기에, 그가 바로 "생명의 떡"(6:48)이시다. 광야에서 만나를 먹었던 자들은 모두 죽었다. 그러나 그리스도를 먹는 자는 영생을 얻게 된다. 예수는 자신이 이 세상에 생명을 주고자 하늘로부터 내려오셨음을 거듭하여 강조하셨다. 그렇다면, 사람들은 이 떡으로부터 어떤 방법으로 은덕을 입을 것인가? 이 떡을 '먹는다' 는 것은 대체 무슨 뜻인가? 예수는 자신이 믿음에 관하여 말씀하시는 것임을 분명하게 이야기하신다. 즉, "믿는 자는 영생을" 가진다(6:47)는 것이 예수가 말씀하시는 취지였다. '생명의 떡인 그리스도를 먹는다' 는 표현은 예수와 신자가 지극히 친밀한 사이임을 시사해 준다. 신자들이 그리스도를 먹을 때, 그 그리스도가 신자들의 생명을 구성하는 부분이 되기 때문이다.

6:60-71 많은 제자들이 예수를 떠나다 그러나 예수의 이 말씀은 사람들을 갈라 놓았다. 예수에게 매료되어 그를 따라다녔던 많은 사람들이 이 말씀을 듣고 그를 떠난 것이다. 하지만, 이것은 예견된 일이었다. 예수는 아버지가 주신 자만이 자신에게 올 수 있다고 말씀하셨다. 예수를 따르는 것은 사람이 스스로 선택할 수 있는 일이 아니다. 그러나 열두 제자는 그대로 예수 곁에 남아 있었다. 베드로의 말처럼, 예수만이 생명의 말씀이셨기 때문이다. 그 어디에도 예수와 비길 수 있는 사람이 없었다. 곧이어 열두 제자 중의 하나가 자신을 배반할 것을 말씀하시면서, 죄라는 주제가 잠깐 등장한다.

7:1-24 예수가 초막절을 지키러 예루살렘으로 가시다 또 하나의 큰 단락이 여기서 시작된다(7:1-8:59). 이 부분은 점점 거세지고 있는 예수 반대 움직임과 이에 대응하는 예수의 모습에 초점을 맞추고 있다. 이 초막절 기사에서 그 첫 사례를 볼 수 있다. 초막절은 이스라엘 백성들이 애굽에서 나와 약속의 땅에 들어가기까지 광야를 유랑하는 동안, 하나님이 당신의 백성들에게 필요한 것을 공급해 주신 것을 기리는 절기였다(7:1-13; 레 23:33-43을 보라). 예수의 제자들은 그 절기를 쇠러 갈릴리에서 예루살렘으로 올라갔다. 하지만 예수는 나중에 은밀히 따라가신다. 자신이 비판의 표적이 될 것을 아셨기 때문이다. 절기가 반쯤 지났을 무렵, 예수는 예루살렘 성전으로 가셔서 가르치기를 시작하셨다(7:14-24). 가르침을 들은 청중의 첫 반응은 놀라움이었다. 그들은 모두 공식 교육을 받아본 적이 없는 예수가 어떻게 그토록 많은 것을 알 수 있는지 의아해 했다. 이와 비슷한 반응은 열두 살 예수의 놀라운 율

법 지식을 기록한 누가복음 기사에서도 찾아볼 수 있다(눅 2:46-47). 그러나 예수는 자신의 지혜가 자기 자신으로부터 나온 것이 아니라, 자신을 보내신 하나님으로부터 직접 연유한 것이라고 선언하셨다.

7:25-52 예수가 그리스도인가? 예수는 자신의 지혜가 하나님으로부터 나온 것임을 힘써 강조하셨다. 이런 주장은 상당한 저항을 불러일으켰다. 예수는 자신을 가리켜 하나님이 보내신 사람이요 하나님의 권세로 말씀하는 사람이라고 주장하셨다. 이 말씀을 들은 사람들 중에는 흥분하여 예수를 해치려고 하는 이가 있는가 하면, 예수를 믿는 이들도 있었다. 어떤 이들은 예수를 오신 선지자로 믿는가 하면, 그를 진정 메시아로 믿는 이들도 있었다. 물론, 예수를 반박하는 이들도 있었다. 이들은 성경이 메시아를 가리켜 다윗의 자손이요 베들레헴에서 나올 것이라고 예언한 이상, 갈릴리 사람인 예수는 메시아가 아니라고 주장하였다. 물론, 예수는 갈릴리 지방에 있는 나사렛에서 생애의 대부분을 보내셨다. 그 때문인지 대부분의 사람들은 예수의 출생 정황이나 그의 역사적 혈통(마 1:1-2:1을 보라)을 모르고 있었다. 이런 정황이나 혈통을 모르기는 바리새인들도 마찬가지였다. 때문에 그들은 갈릴리에서 선지자가 나올 턱이 없다며 예수를 거짓말쟁이라고 무시하였다(7:45-52).

이 본문은 예수가 성령이 오실 것을 말씀하고 계시다는 점에서도 중요한 의미를 지니고 있다(7:37-39). 말씀은 예수가 영광을 받으시게 되면, 성령이 임하실 것이라고 이야기한다. '예수가 영광을 받으신다'는 것은 분명 그의 부활을 가리키는 말이다. 장차 오실 성령은 신자들 속에서 "생수의 강"처럼 흘러나와 그들에게 새 생명과 새 힘을 주게 될 것이다.

7:53-8:11 간음 현장에서 붙잡힌 여인 이 부분은 최초에 기록된 요한복음 사본들에는 등장하지 않는다. 간혹 이 부분을 기록하고 있는 사본들도 여기가 아닌 다른 곳에 기록해 놓았다. 이를테면, 어떤 사본은 요한복음 21장 말미에 기록해 놓았는가 하면, 심지어 누가복음 21장 말미에 기록해 놓은 사본도 있다. 그러나 이 사건은 우리가 알고 있는 예수의 사역 모습과 너무나 잘 들어맞는다. 이 사건에는 간음한 이유로 돌에 맞아 죽게 된 한 여인이 등장한다. 예수를 고발할 빌미를 찾고 있던 이들은 예수에게 그 여인을 율법대로 죽여야 하는지 물었다. 예수를 올무에 빠뜨리려던 자들이 가이사에게 세금을 바쳐야 하는지 물었던 경우와 흡사한 상황이 벌어진 것이다. 만일 예수가 그 여인을 돌로 쳐죽이는 것이 합당하지 않다고 말한다면, 예수는 졸지에 율법을 거역하는 자로 몰릴 판이었다. 하지만, 예수는 율법을 그대로 지지하시면서도, 어느 누구 하나 감히 돌을 던질 수 없는 조건을 그들에게 제시하셨다. 예수는 누구든지 "죄 없는 자"(여기서 말하는 죄는 간음죄만이 아니라, 널리 모든 죄를 가리키는 것이다)가 돌로 치라고 말씀하셨다. 예수의 말씀을 들은 이들은 가장 나이 많은 이(아마 가장 많은 죄를 지었을 것이다)부터 슬금슬금 꽁무니를 빼기 시작했다. 이 말씀은 죄가 인간 본성에 얼마나 깊이 스며들어 있는지 적나라하게 보여 준다.

8:12-59 예수의 증언의 효력 논쟁은 한층 더 가열되었다(8:12-59). 예수는 자신이 "세상의 빛"(8:12)이라고 선언하신다. 여기서

그 위대한 '나는 무엇이다'라는 표현이 두 번째로 등장하고 있다. 이 본문은 예수가 어둠과 죄뿐인 세상 속에서 길을 잃고 헤매는 자기 백성들을 구원하시는 등불임을 강조하고 있다. 아버지와 아들이 함께 이 말씀이 진리임을 증언하신다. 아브라함의 자손인 사람들도 죄의 종인 이상, 스스로 죄의 굴레에서 벗어날 수 없다. 오직 예수만이 그들을 죄로부터 해방시켜 주실 수 있으며(8:46), 사람들에게 자유를 안겨 줄 진리를 알려 주실 수 있다. 아브라함과 선지자들은 위대한 사람이었지만, 여느 사람들처럼 죽었다. 그러나 예수는 자신에겐 다른 일이 일어날 것이라고 말씀하신다. 이는 분명 자신의 부활을 가리키는 말씀이었다. 예수의 말씀을 듣던 사람들은 이 대담한 주장에 큰 충격을 받는다.

예수는 이 대담한 주장에서 한 걸음 더 나아가 "아브라함이 나기 전부터 내가 있느니라!"(8:58)고 선언하셨다. "아브라함이 나기 전부터 내가 있느니라!"는 말씀의 희랍어 본문도, 이 단락의 서두에 나오는 "나는 세상의 빛"(8:12)이라는 말씀처럼, 하나님이 모세에게 계시하신 그분의 이름(출 3:14)*을 담고 있다. 아브라함이 있기 전부터 그가 계셨다는 것은 곧 예수 그리스도의 영원성을 암시하는 것이다. 요한복음을 읽은 그리스도인들은 이미 예수의 영원성을 알고 있다. 요한복음의 서언(1:1-18)이 그리스도가 모든 것보다 먼저 계셨으며, 그가 하나님과 함께 창조 사역을 행하셨다는 것을 강력하게 천명하고 있기 때문이다. 예수 그리스도는 아브라함 이전에, 나아가 이 세상이 존재하기 이전에 이미 존재하시고 일하셨다. 아브라함이 있기 전부터 내가 있다는 말씀은 그리스도의 신성을 강조하는 영광스러운 말씀이다. 그러나 예수 당시의 많은 유대인들은 예수의 이런 말씀을 그저 신성모독으로 치부하였다. 간음한 여인을 돌로 치려 하였던 것처럼, 그들은 한술 더 떠 예수도 돌로 치려하였다.

9:1-41 예수가 날 때부터 맹인인 사람을 고쳐 주시다

그러나 예수는 계속하여 병을 고치시고 가르치시는 권세가 자신에게 있음을 실증해 보이셨다. 예수는 자신이 "세상의 빛"(8:12, 9:5)임을 확증하시기라도 하듯이 날 때부터 눈 먼 자를 고쳐 주셨다. 이 사건은 이 세상이 영적 맹인인 고로, 세상의 빛인 예수를 보고 예수로부터 은덕을 입기 위해서는 고침을 받아야 한다는 예수 자신의 선언에 중심이 되었다. 그러나 이 치유와 거기에 담긴 의미를 둘러싸고 논란이 벌어진다. 바리새인들은 이 치유 사건의 의미를 애써 폄하하려고 했다. 하지만 그들은 고침을 받은 사람의 끈질긴 주장 때문에 망신을 당하고 만다. 고침을 받은 맹인은 자기가 고침을 받게 된 사연과 고쳐 주신 이를 모든 사람들에게 알리려 하였다. 결국, 바리새인들은 자신들의 의도가 수포로 돌아가자, 그 사람을 "쫓아내어 보내"버렸다(9:34). 이 말은 출교 처분을 내렸다는 뜻인 것 같다. 그러나 이전에 맹인이었다가 고침을 받은 그 사람은 예수 그리스도를 순전하게 믿고 그분께 절하였다(9:38). 유대인들은 오로지 하나님께만 절할 수 있었다(출 20:4-5)는 점을 생각한다면, 그 사람이 예수께 절한 것은 그가 하나님이심을 인정한 것이었다. 그 사람은 동족으로부터 배척당했다. 하지만, 예수는 그를 받

---

* '나는 나다'라는 뜻의 '에흐웨 아쉐르 에흐웨'를 말한다.

아 주셨다.

10:1-21 목자와 양떼 이제 말씀은 "세상의 빛"인 예수 이야기로부터 "선한 목자"인 예수 이야기로 옮겨 간다. 이 부분에는 요한복음에 있는 일곱 개의 '나는 무엇이다' 표현 중 두 개가 들어 있다. 이 부분은 그 서두에서 하나님의 백성을 양들로 묘사하고 있다. 이런 묘사는 우리에게 친숙하다. 하나님의 백성을 양들로 묘사하는 표현을 이미 구약에서 많이 보았기 때문이다(이를테면, 시 74:1, 78:52, 79:13, 100:3, 119:176을 보라). 마찬가지로, 구약은 하나님을 당신의 백성을 이끄시는 목자로 묘사하곤 했다(이를테면, 창 49:24; 시 23:1, 80:1; 렘 31:10을 보라). 예수는 이렇게 잘 알려져 있는 '양과 목자'의 이미지를 활용하여, 자신이 "양의 문"임을 선언하신다(10:7, 9). 이것이 요한복음에 등장하는 세 번째 '나는 무엇이다' 표현이다. 예수는 이 강렬한 이미지를 활용하여, 양들이 안전히 거할 수 있으려면 오직 자신을 거쳐야만 한다는 점을 강조하셨다. 양들이 위험이 난무한 타락한 바깥 세상으로부터 안전하고 평안한 우리로 들어갈 수 있는 통로는 오직 예수 그리스도뿐이다. 예수는 자신을 거쳐 우리 안으로 들어가는 자는 누구나 구원과 꼴과 생명을 얻을 것이라고 말씀하셨다(10:9-10).

이번에는 목자의 이미지로 이야기가 옮겨 간다. 과거에 이스라엘은 사리사욕만을 채우며 백성들을 돌보지 않는 무책임한 지도자들 때문에 큰 고통을 겪었다. 예수는 이런 지도자들을 "삯꾼"이라고 부르신다. 에스겔은 이스라엘의 위대한 미래상을 제시하면서, 여호와 하나님이 몸소 당신의 백성들의 목자가 되실 날이 올 것이라고 예언하였다

(겔 34:1-17). 예수가 자기 자신을 "선한 목자"라고 말씀하신 것은(10:11), 에스겔이 말한 그날이 이르렀음을 선언하신 것이었다. 선한 목자인 예수는 양들을 돌보시되, 이 양들을 위해 목숨까지 버리신다. 그는 아버지께 순종하여 기꺼이 자기 목숨을 내놓으셨다. 아버지는 그런 아들을 다시 살리신다.

10:22-42 믿지 않는 유대인들 일부 유대인들은 예수의 이런 말씀들과 다른 많은 말씀들을 듣고 분노하였다. 그들은 예수가 하나님을 모독했다고 비판하였다. 그들은 사람인 예수가 하나님 행세를 하려 한다고 비난하였다(10:33). 예수는 이런 비판을 물리치셨다. 그의 말씀과 행하시는 일들이 그가 "하나님의 아들"이심을 실증해 주었기 때문이다. 그렇다면 그 스스로 "하나님의 아들"이라고 선언하는 것은 신성모독이 아니지 않은가? 예수를 비판하는 자들은 그의 말씀에 귀를 기울이려 하지 않았다. 최소한 예수가 행하시는 이적들이 무슨 의미인지 묻기라도 했어야 하는 게 아닐까? 이처럼 대놓고 예수를 대적하는 이들이 있었지만, 계속하여 예수를 믿는 사람들도 많이 있었다.

11:1-44 죽은 나사로를 살리시다 이어서 예수의 권세를 확증하는 놀라운 사건이 벌어진다. 예수가 죽은 나사로를 살리신 것이다. 이 사건은 요한복음에서도 아주 유명한 사건이다. 나사로는 마리아와 마르다의 오라비였다. 베다니에 살았던 이 두 자매는 다른 복음서에도 등장한다(눅 10:38-42). 이 자매의 가정은 예수와 친분이 있었던 게 분명하다. 예수는 나사로가 병들었다는 소식을 듣자, 그 가정을 방문하러 가신다. 예수는 마침내 베다니에 도착하셨지만, 나사로는 이미

나흘 전에 숨을 거둔 터였다. 이 나흘이라는 기간은 중요한 의미를 담고 있다. 나사로가 살아날 가능성이 전무(全無)하다는 것을 강조해 주기 때문이다.

마르다가 예수를 맞이하였다. 예수는 나사로가 다시 살아날 것이라고 마르다에게 확언하셨다. 마르다는 마지막 날 부활 때에는 다시 살아날 줄로 믿는다고 대답하였다(11:23-24). 이는 당시 보통 유대인들이 갖고 있던 믿음이었다(물론, 사두개인들은 부활을 믿지 않았다). 그러자, 예수는 자신이 곧 "부활이요 생명"이라는 놀라운 선언을 하신다. 다섯 번째로 '내가 무엇이다'라는 표현을 사용하신 것이다. 그리스도인들은 예수 그리스도만이 부활과 영생을 주실 수 있다고 믿는다. 그러나 예수의 이 간결한 선언은 그리스도인들이 믿고 있는 그 내용 이상의 것을 담고 있다. 이 선언에는 예수 자신이 '영원한' 생명이라는 의미가 담겨 있기 때문이다. 예수는 그의 부활을 통하여 사람들이 영원한 생명을 누리게 하셨다. 영생은 그리스도와 함께 사는 것이다. 부활은 그리스도와 함께 죽음에서 일어나 그와 함께 사는 것이다. 예수 그리스도는 단지 복음의 기초이기만 한 것이 아니다. 그가 바로 복음이시다.

여기서 예수가 말씀하시는 것은 아주 중요하므로, 꼼꼼히 살펴볼 필요가 있다. 첫째, 예수는 "나를 믿는 자는 죽어도 살겠고"(11:25)라고 선언하신다. 이 말씀은 예수 그리스도를 믿는 자라면 누구나 부활과 영생의 소망을 갖게 되며 더 이상 죽음을 두려워할 필요가 없다는 것을 천명하신 것이다. 예수는 여기서 한 걸음 더 나아가, "무릇 살아서 나를 믿는 자는 영원히 죽지 아니하리라"(11:26)라고 선언하신다. 이 말씀은 강조점을 약간 달리하고 있다. 예수를 믿는다는 것은 '지금' 뭔가를 시작하는 것이다. 적어도 그런 의미에서 본다면, 예수를 믿는 사람은 결코 죽지 않는다. "무릇 살아서 나를 믿는 자는 영원히 죽지 아니"할 것이라는 말씀은 그런 의미를 갖고 있다. 죽음은 분리를 의미한다. 하지만, 바로 지금 믿음을 통하여 신자와 그리스도 사이에 사귐이 시작된다면, 죽음조차도 신자를 그리스도로부터 갈라놓을 수 없다. 예수는 이 점을 강조하시는 것이다.

마르다는 예수의 이 말씀을 즉각 받아들였다. 그는 예수와 예수의 말씀을 믿었다. 나아가, 예수가 진정 메시야(곧, '그리스도')요 세상에 오신 하나님의 아들이심을 인정하였다(11:27). 예수는 이런 마르다의 믿음이 옳은 것임을 즉시 증명해 주셨다. 예수는 나사로를 죽은 자 가운데서 살려 주셨다. 심지어 죽음마저도 다스릴 권세가 자신에게 있음을 보여 주신 것이다. 사람들은 모두 이를 보고 놀란다. 죽은 사람조차도 예수의 말씀에 순종하였기 때문이다. 결국 산 사람들도 예수를 따르게 된다. 마리아의 많은 벗들이 그 광경에 깊은 감명을 받고 예수를 믿게 되었던 것이다(11:45).

11:45-57 예수를 죽이려고 음모를 꾸미다

대제사장들과 장로들과 율법사들로 이루어진 유대 사회의 최고 법정인 산헤드린도 예수가 행하신 이런 일들을 전해 들었다. 그러나 그들은 예수를 믿으려 하지 않았다. 오히려 그들은 예수를 제거할 음모를 꾸민다(11:46-57). 당시 대제사장이었던 가야바는, 상황이 그들의 통제를 벗어나고 많은 사람들이 예수를 따르게 되면 로마가 개입할 수 있다며 우려하였다. 그는 예수가 유대 백성 전체를 대신하여 죽는 것이 온 백성이 멸망 당하는 것보다 낫다는 논리를 폈다. 말 그대로 정치적 현실론을 주장한 것이다. 하지만, 예수가 온 백성을 위하여 죽어야 한다는 그들의 말에는 그들도 미처 생각하지 못했던 심오한 의미가 들어 있었다. 예수는 정말로 자기 백성을 위하여 죽으신다. 하지만, 그 죽음은 주후 70년에 로마가 예루살렘에서 저지른 대규모 보복과 유사한 일이 벌어지는 것을 미연에 막으려는 행위가 아니었다. 예수는 자기 백성들의 죄가 용서받도록 하기 위하여 죽으신 것이다.

12:1-11 마리아가 베다니에서 예수에게 향유를 붓다 마리아는 베다니에서 예수에게 값비싼 향유를 부었다. 이는 예수의 죽음이 가까웠음을 분명하게 보여 준 사건이었다. 유월절이 가까워오면서, 예수는 자기 백성을 위해 죽을 준비를 하신다.

요한복음 12:12-17:26
예수 그리스도의 고별 담화

12:12-19 영광스러운 예루살렘 입성 유대의 종교 지도자들은 여전히 예수를 해치려 하고 있었다. 이런 상황에서, 예수는 당당하게 예루살렘 성으로 들어가신다. 유대 지도자들은 온갖 위협과 비판을 예수에게 퍼부었지만, 예수를 믿는 사람은 날로 늘어만 갔다. 우리는 이 입성 기사를 읽으면서, 이미 앞에서 보았던 주제를 다시 만나게 된다. 즉, 당시만 해도 제자들은 예수의 예루살렘 입성이 갖는 의미가 무엇인지 완전히 깨닫지 못하고 있었다. 그 의미를 완전히 깨닫게 된 것은 예수가 부활하신 뒤였다(12:12-19).

12:20-36 예수가 자신의 죽음을 예언하시다 예수는 자신의 죽음을 예언하시며, 자신이 이 세상에 오신 것은 그 죽음 때문이라고 선언하셨다. 그는 자신이 이 땅에서 들리게 되면, 모든 사람을 자신에게 이끌게 될 것이라고 말씀하셨다(12:32). 이 구절은 고난당하는 종이 오실 것이라던 이사야의 위대한 예언(사 52:13-53:12)의 의미를 생생하게 밝혀 주고 있다. 이사야는 이 고난당하는 종이 "받들어 높이 들려서 지극히 존귀하게 되리라"고 말했다(사 52:13). 이 구절은 자칫하면 '세상에서 중요한 자리에 오른다'는 뜻으로 오해할 수도 있다. 그러나 이제 우리는 이사야가 말한 그 구절의 참뜻이 그런 의미가 아님을 깨닫는다. 그 구절은 고난당하는 종이 만인 앞에서 십자가에 높이 달리게 될 것을 말하고 있었다. 하지만, 그 종이 부활하리라는 소망도 그 구절 속에 들어 있다. 그러나 부활이 있으려면, 예수는 먼저 조롱하는 사람들의 시선을 무릅쓰고 십자가에 달려 죽임을 당해야만 했다.

12:37-50 유대인들이 계속하여 예수를 믿지 않다 그렇다면 왜 소수의 사람들만이 예수를 믿었을까? 예수는 모든 말씀과 행사를 통하여 자신의 권세를 나타내 보이셨다. 그런데도, 유대 사람들 사이에는 예수를 믿지 않는 분위기가 팽배하였다. 요한은 이미 구약의 위대한 선지자들이 예수를 배척하고 믿지 않을 것임을 예언하였다고 말한다. 요한은 특히 이사야의 예언들을 언급하면서, 예수의 영광을 목격한 이사야가 그의 예언들 속에서 그리스도를 말하고 있다고 선언한다.

13:1-17 예수가 제자들의 발을 씻겨 주시다 이제 여기서부터 그 위대한 예수의 '고별 담화'가 시작된다. 고별 담화는 예수가 죽음을 준비하시면서, 가장 친밀한 제자들에게 남기신 말씀이다. 모여 있던 무리들과 헤어지

신 예수는 비로소 남아 있는 이들에게 자신 앞에 놓여 있는 일에 관하여 터놓고 말씀하실 수 있었다. 그러나 요한은 먼저 고별 담화의 배경 무대를 보여 준다(13:1-30). 때는 "유월절 전"이었다. 유월절은 이스라엘이 자신들을 애굽의 속박에서 해방시켜 주신 하나님의 위대한 구원을 기념하는 절기였다. 유월절에는 어린양 한 마리가 위대한 구원을 기리는 의미로 희생되었다. 여기서 요한은 능숙한 솜씨로 자신의 독자들을 요한복음의 중심으로 끌고 가, 하나님이 베푸시는 새 구원이 눈앞에 다가와 있음을 보여 준다. 진정한 유월절 어린양이신 예수가 자기 백성들의 죄를 속하고자 그 생명을 희생 제물로 바치려 하고 계셨다. 요한은 예수가 자신이 죽어야 한다는 것을 알고 계셨다고 강조한다(13:1, 3). 예수의 죽음은 우연이 아니었다. 그것은 그저 전도양양한 선생 하나가 미처 빛을 보기도 전에 죽임을 당한 사건이 아니었다. 예수는 온 세상의 구주셨다. 그런 그가 자신이 사랑하는 이들을 위해 죽을 준비를 하고 계셨던 것이다.

이 본문은 예수의 겸손을 강조한다. 예수는 기꺼이 제자들의 발을 씻겨 주신다(13:4-5). 인도에 있는 한 신학교에는 베드로의 발을 씻겨 주시는 예수의 동상이 서 있다. 이 신학교를 방문하는 힌두교 신자들은 그 동상 앞에 멈춰 서서 경의를 표하곤 한다. 이 힌두교 신자들은 동상을 보면서 제자가 예수의 발 앞에 무릎을 꿇고 예수께 경배하는 것으로 생각한다. 그러나 그들은 무릎을 꿇은 이가 예수이심을 알고 깜짝 놀란다. "예수가 제자들을 대단히 사랑하셨나보다"라고 말하는 사람들도 있다고 한다.

제자들의 발을 씻겨 주신 예수는 이 행위의 중요성을 설명해 주셨다(13:12-17). 우리는 여기서 권세를 갖고 있으면서도 군림이 아닌 섬김으로 그 권세를 행사하는 '섬기는 왕'의 모습을 생생하게 목격한다.

13:18-30 예수가 자신이 배신당할 것을 예언하시다 신약이 말하는 위대한 주제 가운데 하나는 예수가 구약의 위대한 예언들을 성취하셨다는 것이다. 이 예언들 중에는, 메시아가 당신의 백성들에게 오셔서 놀라운 일을 행하실 것이라고 말하는 예언 등, 소망을 주는 내용이 많다. 그러나 어떤 예언들은 우울하다. 메시아가 가까운 사람에게 배신당할 것이라는 예언도 그 한 예다. 요한은 예수가 배신당한 일이 우연이 아님을 재차 분명히 한다. 슬픈 일이지만, 그 배신은 일어나야 할 사건이었다. 예수는 자신이 배신당할 것이라고 제자들에게 말씀하셨다. 그런 일이 일어나도 제자들이 낙심하지 않도록 미리 일러주신 것이었다(13:19). 그러나 놀라운 것은 단지 그가 배신당한다는 점이 아니었다. 오히려 가장 충격을 준 것은 예수와 마지막 만찬을 함께한 사람 가운데 하나가 예수를 배신하게 될 것이라는 점이었다. 여기서, 요한은 자기 앞에 놓인 무시무시한 사건들을 생각하며 괴로워하시는 예수의 모습을 증언한다(13:21). 예수에게도 죽음은 결코 가벼운 일이 아니었다는 것을 유념해야만 한다.

그렇다면, 어떤 제자가 스승을 배신하는 일을 저지르게 될까? 제자들은 누가 예수를 배신하게 되는지 몰랐기에 서로 의심하였다. 그러나 예수는 사람들의 가장 은밀한 내면까지 꿰뚫고 계신다. 나다나엘과 사마리아 여인도 자신들의 깊숙한 속내를 예수가 너무나 속속들이 알고 계신 점에 놀랐었다. 때문에 예수가 자신을 배반할 자가 유다임을 알고 계셨다 해도 그리 놀라운 일은 아니다.
 예수는 유다에게 "네가 하는 일을 속히 하라"고 말씀하셨다(13:27). 씁쓰레한 구절이다. 요한은 유다가 그리스도 곁을 떠나는 장면에서 "밤이러라"(13:30)라는 의미심장한 한마디를 덧붙여 놓았다. 유다는 세상의 빛이신 예수 곁을 떠나, 타락하고 죄뿐인 어둠의 세상 속으로 들어갔다. 유다 때문에 세상의 빛은 꺼지게 된다. 하지만, 하나님의 권능은 꺼져 버린 이 빛을 다시 살려 내신다.

13:31-38 예수가 자신의 죽음과 베드로가 부인할 것을 예언하시다 유다가 자리를 뜨자, 예수는 신실한 제자들에게 모든 것을 솔직하게 말씀하실 수 있게 되었다. 이어지는 '고별 담화'는 예수와 제자들의 친밀한 모습을 그대로 보여 주고 있다. 예수는 장차 일어날 일을 설명하시며, 제자들에게 다가올 일을 준비하게 하셨다. 우선, 예수는 자신이 이전에 말씀하셨던 것을 되풀이하셨다. 얼마 뒤면, 그는 그들을 떠나시게 될 거라는 것이었다(13:33). 그러나 예수는 이 일 때문에 자신이 영광을 얻게 될 것이며, 나아가 하나님 역시 자신으로 말미암아 영광을 얻게 되실 것이라고 말씀하셨다. 그러나 예수가 여기서 가장 강조하신 것은 제자들이 서로 사랑해야 한다는 것이었다(13:34-35). 예수는 그들을 위해 목숨을 내놓으실 정도로 그들을 사랑하셨다. 예수는 자신을 믿는 사람들의 삶에서는 이런 사랑이 분명하게 나타나야만 한다고 말씀하신다. 이런 사랑은 세상이 감히 무시할 수 없는 것이다(13:35).
 뒤이어 베드로가 예수께 어디로 가시는지 물었다. 그는 예수를 따라갈 수 있도록 해 달라고 요청하였다(13:36-38). 예수는 베드로의 소원이 그대로 이루어질 것이라고 말씀하신다. 하지만 아직은 아니었다. 베드로는 아직은 아니라는 예수의 말씀에 예수를 위하여 목숨까지 버리겠노라고 말했다. 그러나 예수는 베드로가 "닭 울기 전에" 세 번 자신을 부인할 것이라고 예언하셨다. 여기서 '닭이 운다'는 말을 잠시 짚고 넘어갈 필요가 있다. 당시 로마인들은 저녁을 네 '경'으로 나누었다. 일경은 '저물 때'로서 오후 6시-9시, 이경은 '밤중'으로서 오후 9시-12시, 삼경은 '닭 울 때'로서 자정-오전 3시, 그리고 사경은 '새벽'으로서 오전 3시-6시를 가리켰다(막 13:35을 보라). '닭이 운다'는 것은 실제로 닭이 운다는 뜻이라기보다 삼경이 끝났음을 알리는 나팔 소리가 울린다는 뜻으로 볼 수 있을 것이다.

14:1-4 예수가 제자들을 위로하시다 제자들 역시 자신들의 곁을 떠날 예수를 생각하며 괴로워하였다. 예수는 그 심정을 아시고 제자들을 위로하셨다. 제자들은 예수를 믿어야만 했다. 예수는 자신이 무엇을 하고 있으며, 어디로 가는지 알고 계시기 때문이다. 우리는 제자들을 안도케 하시는 예수의 이 말씀 속에서 한 가지 약속을 발견하게 된다. 그리스도가 가시는 그곳에 그의 제자들도 따라 가게 될 것이라는 말씀이 바로 그것이다. 그때가 되면, 제자들은 예수와 떨어지는 일 없이 재회의 기쁨을 누리게 될 것이다. 제자들, 나아가 모든 신자들은 아버지 집에 특별한 손님으로 초대받게 될 것이다.

14:5-14 예수는 아버지께 갈 수 있는 유일한 길 그렇다면, 제자들이나 신자들은 어떤 길로 아버지 집에 갈 수 있을까? 도마는 그렇게 물었다(14:5). 그의 질문은 엉뚱해 보였지만, 어쩌면 다른 사람들도 똑같은 의문을

품고 있었을 것이다. 예수는 도마의 질문에 "내가 곧 길이요 진리요 생명"(14:6)이라고 대답하셨다. 모든 의문을 일거에 풀어 주는 강렬한 대답이었다. 예수는 자신의 제자들에게 길을 알려준 채, 알아서 찾아오라는 식으로 그들을 버려두지 않으신다. 그는 제자들을 데리고 아버지 집으로 가시며, 그들이 거기까지 가는 동안 그들과 동행하신다. 예수는 선한 선생 이상의 분이다. 그러기에 그분은 자신을 따르는 이들에게 무엇을 해야 하며 누구를 믿어야 할지 가르쳐 주신다. 예수는 선한 목자이시다. 그러기에 그분은 자신의 양들을 사랑하시고, 돌보시며, 인도하신다.

여기서 또 하나의 질문이 등장한다. 하나님이 어떤 분이신지 어떻게 알 수 있을까? 예수는 다시 한 번 놀라운 답을 제시하신다(14:7-13). 하나님이 그리스도이시요, 그리스도가 곧 하나님이시라는 것이었다. 예수는 "나를 본 자는 아버지를 보았거늘"이라고 대답하신다(14:9). 제자들을 향한 예수의 사랑은 제자들을 위하여 목숨을 바치려는 예수의 모습 속에 잘 드러나 있다. 이런 사랑보다 더 큰 사랑은 없다. 하나님의 사랑이 이러하다. 예수는 하나님의 실물 사진이시다. 바울의 표현을 빌린다면, 예수는 "보이지 아니하는 하나님의 형상"(골 1:15)이시다. 중요한 것은 그리스도의 그런 사랑이 신자들 사이에서도 나타나야 한다는 점이다.

14:15-31 예수가 성령을 약속하시다 그러나 이 부분의 중심 주제는 성령을 주신다는 약속이다. 이 세상은 그리스도를 믿지 않고 대적하는 곳이다. 예수는 이런 세상에 그리스도인들을 그냥 버려두지 않으실 것이라고 약속하셨다. 예수는 신자들에게 아버지가 "또 다른 보혜사"*를 보내실 것이라고 약속하셨다(14:16). '보혜사'는 '위로하는 자'라는 뜻을 포함하여 여러 가지 의미를 갖고 있다. 본디 보혜사는 '신자들을 격려하고 그들에게 확신과 자극을 줌으로써 그들이 할 수 없는 일을 하게 만드는 사람'이라는 뜻을 갖고 있다. 하나님의 도우심이 없다면, 그리스도인들은 이 세상에서 하나님을 위해 살 수도, 일할 수도 없다. 하나님은 인간에게 무언가를 명하실 때면, 그 과제를 감당할 은사도 함께 베풀어 주신다. 그리스도인들은 '고아'가 아니다(14:18). 그들은 이 세상에서 자신들에게 주어진 소명을 따라 살아갈 때, 하나님의 임재와 보호하심이 계속 이어질 것을 확신하며 안도할 수 있다. 성령은 하나님이 당신 백성들에게 주시는 선물이다. 이 성령 덕분에 신자들은 그리스도의 계명을 따를 수 있다(14:21).

그러나 제자들은 그리스도가 단지 자신들을 격려하려고 이런 말을 하신 것인지도 모른다는 생각을 했던 모양이다. 그리스도의 말씀은 아무런 근거가 없는 허황된 이야기라고 생각했던 것 같다. 아마도 예수는 제자들의 이런 생각을 아시고, 그들에게 재차 확신을 심어 주신다. 제자들에게 들려주신 그 말이 자기 자신의 말씀이 아니라, 자신을 보내신 아버지의 말씀임을 강조하신 것이다(14:24). 예수의 부활에서 확증되듯이, 예수의 약속은 곧 하나님의 약속이다. 때문에, 예수의 약속은 믿을 수 있다.

---

* '보혜사'(保惠師)는 희랍어로 '파라클레토스'다. 이 말은 '어떤 이를 옆에서 권면하고 도와주며 격려하다'라는 뜻을 지닌 동사 '파라칼레오'에서 나왔다(다/764-766).

예수는 한 걸음 더 나아가, 자신이 제자들에게 가르치셨던 모든 것을 "보혜사" 성령이 생각나게 하실 것이라고 확언하셨다(14:26). 이어서 그는 제자들에게 큰 위로의 말씀을 건네신다. "나의 평안을 너희에게 주노라"(14:27)고 말씀하신 것이다. 예수가 주시는 평안은 세상이 생각하는 평안이 아니었다. 세상이 생각하는 평안은 다툼이 없는 상태일지는 모르지만, 죽음을 앞둔 이에게 그 어떤 위로나 평강도 주지 못한다. 그러나 예수가 주시는 평안은 죽음을 앞둔 이에게 소망을 주며, 그 사랑 때문에 자기 백성을 버려두시지 않을 것이라는 확신을 주는 것이었다. 예수가 이런 평안을 주신 이상, 제자들은 '근심하거나 두려워 할' 필요가 없었다. 부활이 분명하게 증언하듯이, 예수가 말씀하신 이런 내용은 희망 사항이 아니었다. 예수는 사랑이신 하나님의 권능에 의지하여 확실히 일어날 일을 말씀하신 것이다. 마지막으로, 예수는 남은 한 가지 주제를 제자들에게 분명히 말씀하신다. "이 세상의 임금이 오겠"지만(14:30), 그 임금도 예수를 제지할 수 없다는 것이었다. 여기서 이 세상의 임금이란 사탄과 그의 동맹자인 죄와 죽음 등을 가리키는 것이었다. 예수는 죽임을 당하실 터이지만, 그게 이야기의 끝은 아니다. 최고의 포도주가 아직 남아 있었다.

15:1-17 포도나무와 가지 우리는 이미 요한복음에 기록된 '나는 무엇이다'라는 말이 중요하다는 점을 살펴보았다. 이 본문에서, 예수는 자신을 가리켜 "참포도나무"라고 말씀하신다(15:1, 5). 본디 포도나무라는 이미지는 구약에 그 뿌리를 두고 있다. 예수는 그 포도나무의 이미지를 사용하여 '당신 안에 거하는 것', 즉 '당신 안에서 사는 것'이 중요함을 역설하고 계신 것이다. 포도나무 가지가 그 나무에 붙어 있듯이, 신자들도 예수에게 붙어 있다. 포도나무 가지가 그 나무에 붙어 있어야 그 가지는 열매를 맺을 수 있다. 마찬가지로 신자들도 그리스도 안에 있어야 비로소 열매를 맺을 수 있다. 만일 신자들이 그리스도 안에 거하지 아니하면, 그들은 말라 죽게 된다(15:6). 이렇게 죽은 가지는 "불에 던져 사르느니라"고 예수는 말씀하신다. 이 말씀은 영원한 형벌을 염두에 둔 말씀은 아닌 것 같다. 예수는 말 그대로 죽은 가지는 아무 쓸모가 없으니 땔감으로나 쓰게 될 것이라고 말씀하신 것이다. 하지만 신자들은 다르다. 예수는 그리스도에게 단단히 붙어 있으면 많은 열매를 맺게 될 것이라고 말씀하신다. 예수는 그것이 신자들을 향한 하나님의 뜻이라는 것도 일러주셨다. 그러나 그리스도가 없으면, 신자들은 아무것도 할 수 없다(15:5).

포도나무의 이미지가 중요한 또 하나의 이유는 '가지를 친다(잘라내 버린다)'(15:2)는 개념 때문이다. 이 가지치기는 신약에서 고난을 다루는 가장 중요한 방식 가운데 하나다. 육신의 아버지는 자신이 사랑하는 자녀들만을 훈련시킨다. 마찬가지로 하늘의 아버지도 열매 맺기를 바라는 가지들만을 깨끗이 다듬어 주신다. 그리스도인들은 고난이나 곤경이나 역경을 하나님이 가지를 다듬으시는 것으로 받아들일 줄 알아야 한다. 하나님은 그 과정을 통하여 그리스도인들을 더 나은 그리스도인으로 만들어 가시며, 이 세상에서 당신을 더 훌륭하게 증언할 증인으로 빚어 가시는 것이다. 쓸모없는 가지는 다듬을 필요도 없이 바로 제거해 버리실 것이다. 아버지의 손은 그런 시련을 이겨 낼 사람들만을 다듬으신다.

본문은 다시 제자들을 향한 그리스도의 사랑이라는 주제를 다룬다. 그리스도의 제자들도 이런 그리스도의 사랑으로 피차 사랑해야만 한다. 이 사랑이라는 주제가 익숙해 보인다면, 그건 그만큼 이 사랑이라는 주제가 중요하다는 증거일 것이다. 하나님 아버지가 아들 예수를 사랑하시는 것과 하나님의 아들 예수가 신자들을 사랑하시는 것, 그리고 신자들이 피차 사랑하는 것은 서로 자연스럽게 연관되어 있다(15:9-10, 17). 마찬가지로, 순종과 사랑과 기쁨 사이에도 밀접한 연관이 있다(15:10-12). 그리스도의 사랑에 순종하는 것만이 영원한 기쁨을 향유할 수 있는 길이다.

이어서 예수는 우리에게 너무나 익숙한 것이어서 그 의미를 곱씹어 봐야 할 말씀을 들려주신다. "사람이 친구를 위하여 자기 목숨을 버리면 이보다 더 큰 사랑이 없나니"(15:13)라는 말씀이 바로 그것이다. 어느 누구든 생명보다 더 귀한 것을 타인에게 줄 수는 없다. 그런데, 예수는 바로 그 생명을 자신이 사랑하는 자들을 위하여 내어 주신다. 자신의 전부를 내어 주신 것이다. 더욱이 그는 다른 이들을 살리시고자 자신의 목숨을 기꺼이 내놓으셨다. 그리스도는 그 정도로 신자들을 귀하게 생각하셨다. 그런 그리스도의 사랑은 생각만 해도 가슴이 저려올 정도다. 그런데, 예수는 더 위대한 사랑의 표현을 들려주신다. 자신이 목숨을 내어 주는 사람들을 가리켜 자신의 "종"이 아니라 "친구"라고 말씀하신 것이다(15:14-16). 예수는 제자들의 발을 씻겨 주실 때, 자신이 그들 위에 군림하려는 이가 아님을 분명하게 보여 주셨다. 예수가 택하시고 사랑하신 이들은 예수의 미천한 종들이 아니라 친구다.

예수는 신자들이 자신을 택한 것이 아니라 자신이 그들을 택하셨다고 말씀하신다(15:16). 얼핏 들으면, 이 말은 이상하다. 신자들은 "예수를 따르기로 한 것은 우리가 결정한 일이 아닌가?"라고 생각하기 쉽다. 그러나 예수는 더 심오한 비밀을 알려 주신다. 하나님이 사람들을 당신께 인도하사, 그들이 당신께 돌아올 길을 준비하신다는 것이었다. 그리스도를 믿게 된 내력을 되돌아본 그리스도인들은 하나님의 손길이 역사하고 있음을 알 수 있다. 그 하나님의 손이 그들을 이끌어 결국 하나님을 발견케 하신 것이다. 그리스도인들이 예수를 믿게 된 것은 하나님이 그들을 '인도해 주셨기' 때문이다.

15:18-16:4 세상이 제자들을 미워하다 예수는 이제 세상이 제자들을 미워할 것이라고 말씀하신다. 세상은 분명 하나님이 지으셨다. 그러나 지금 세상은 하나님께 반역하며, 그분의 통치권을 인정하려 하지 않는다. 그러기에 세상은 예수를 미워하였다. 예수가 하나님이 모든 피조물을 다스리신다는 것을 강조하고 이 세상이 죄뿐임을 선언하셨기 때문이다. 예수는 "내가 와서 그들에게 말하지 아니하였더라면 죄가 없었으려니와 지금은 그 죄를 핑계할 수 없느니라"(15:22)고 선언하셨다. 예수를 향한 세상의 미움은 제자들에게까지 미치게 된다. 예수는 "세상이 너희를 미워하면 너희보다 먼저 나를 미워한 줄을 알라"(15:18)고 말씀하셨다. 그리스도를 향한 세상의 적대감이 그의 종들에게까지 미치게 된다. 신자들에게 자신의 이름을 주시고자 먼저 고난당하신 그리스도로 인해 그리스도인은 고난을 당할 수 있다. 그리스도인은 세상에서 택함을 받은 자요 세상에 속한 자가 아니다(15:19). 그리스도인은, 자기가 그리스도인들을 제어할 수 없게

되었다는 사실에 분노하는 세상의 세력을 이겨내야만 한다.

16:5-33 성령이 하시는 일; 슬픔이 기쁨으로 바뀌다 제자들은 그리스도의 고난과 죽음이 임박했음을 알게 되었다. 그들의 마음은 기쁨과 슬픔이 뒤엉켜 있었다. 제자들은 자신들이 사랑하고 존경하는 이가 자신들로부터 떨어져 나가 그토록 비참하게 죽어야만 한다는 사실을 두려워하였다. 하지만, 제자들은 그리스도의 죽음이 온 세상에 구원을 가져다줄 것임을 알고 있었다. 예수는 "세상 죄를 지고 가는 하나님의 어린양"(1:29)이셨다. 그 어린양이 세상 죄를 지고 가시려면, 먼저 죽임을 당하셔야만 했다. 이 본문에서 예수는 제자들의 복잡한 심정을 헤아리시고, 그들을 이렇게 위로하신다. "도리어 내가 이 말을 하므로 너희 마음에 근심이 가득하였도다. 그러나 내가 너희에게 실상을 말하노니 내가 떠나가는 것이 너희에게 유익이라"(16:6-7).

예수는 다시 성령이 오실 것을 말씀하신다. 그는 "보혜사" 성령이 오셔서 제자들을 인도하시고 능력을 부어 주심으로써, 제자들로 하여금 미래에 그리스도를 위하여 일하게 하실 것이라고 말씀하셨다. 세상의 죄를 책망하는 일은 그리스도인들이 아무런 도움도 받지 못한 채 홀로 해야 할 일이 아니었다. 예수는 성령이 오셔서 그리스도인들을 도우실 것이라고 말씀하셨다(16:8-9). 오순절 성령 강림은 예수의 이 예언이 이루어진 것으로 볼 수 있다.

드디어, 예수는 자신의 부활을 말씀하신다(16:16). 예수의 말씀을 들은 제자들은 분명 당황하고 있었다. 그들은 예수가 말씀하시는 것을 온전히 이해할 수 없었다. 도무지 말이 되지 않는 말씀 같았기 때문이다. 그들은 갈피를 잡을 수가 없었다. 그러나 예수는 제자들의 생각을 다 알고 계셨다(16:19). 예수는 비유를 사용하여 슬픔이 기쁨으로 바뀔 수 있다는 것을 가르쳐 주신다. 아이를 낳는 여인의 비유였다(16:20-22). 새 생명이 세상에 태어난 것을 알면, 산모의 산고는 기쁨으로 바뀐다. 마찬가지로, 영생의 소망이 슬프고 암울한 세상 속에서 움트고 있다는 것을 알게 되면, 그리스도의 죽음이라는 육체의 고통도 기쁨으로 바뀌게 된다.

마지막으로, 예수는 제자들을 늘 사랑하고 돌보아 주실 것이라고 확언하셨다. 그는 제자들에게 자신의 이름으로 하나님 아버지께 나아갈 수 있는 특권을 주셨다(16:23-24). 제자들이 자신의 이름으로 구하는 모든 것을 아버지가 그들에게 주실 것이라고 약속하신 것이다. 물론 이것은 신자들이 그들의 기도에 '예수 이름으로'라는 말만 갖다 붙이면, 하나님이 그들이 원하는 것을 다 주신다는 뜻은 아니었다. 오히려, 예수는 신자들이 '그리스도 안에 살며' 그리스도의 이름으로 많은 열매를 맺는 데 필요한 것이라면 하나님이 모두 공급해 주실 것이라고 말씀하신 것이었다. 그리스도인들이 맡은 전도와 보살핌의 과업은 막중할 수도 있다. 그러나 하나님은 그 과업이 막중한 만큼 그리스도인들에게 풍성한 은사를 공급하셔서, 당신의 이름으로 그 과업을 수행할 수 있게 하신다.

여기서 본문은 그 주제를 살짝 바꾸어 예수 자신의 사명을 이야기한다.

"내가 아버지에게서 나와 세상에 왔고 다시 세상을 떠나 아버지께로 가노라"(16:28).

그리스도는 자신을 낮추셨다. 그랬기 때

문에, 그는 이 세상에 오셔서 죄뿐인 인류를 구원하실 수 있었다. 요한은 이를 "하나님이 세상을 이처럼 사랑하사 독생자를 주셨으니 이는 그를 믿는 자마다 멸망하지 않고 영생을 얻게 하려 하심이라"(요 3:16)라고 기록해 놓았다. 하나님은 그 사명을 완수하신 예수를 높이 들어 올리실 것이다.

그러나 이 일은 아직 미래의 일이었다. 예수가 죽임을 당하신 뒤, 제자들은 뿔뿔이 흩어져 이 세상에서 괴로움과 슬픔을 당하게 된다. 그러나 제자들은 이런 어려움을 겪더라도, 예수가 세상을 이기셨다는 것(16:33)을 아는 이상 위안을 받을 수 있다. 얼핏 보면, 세상이 이긴 것 같으나 그 승리는 잠시뿐이다. 예수의 죽음을 보면, 세상이 그리스도를 이긴 것 같다. 하지만 예수가 부활하시게 되면, 세상이 패배자이며 그리스도가 승리자라는 사실이 밝혀지게 된다. 그리스도인들은 세상의 슬픔과 절망을 깊이 생각할 때, 그리스도가 승리자요 세상이 패배자라는 관점을 전제할 필요가 있다. 그리스도가 승리자임을 알면, 확실한 평안을 누릴 수 있다. 세상은 신자들에게 온갖 종류의 근심을 안겨 줄 수 있다. 신자들은 지금 무슨 일이 벌어지고 있는지, 하나님은 '정말' 계신 것인지 의문을 품을 수도 있다. 그러나 그리스도는 자신의 제자들에게 확실히 말씀하셨다. "담대하라, 내가 세상을 이기었노라"(16:33).

17:1-26 예수가 기도하시다 여기서 예수의 긴 기도가 등장한다(17:1-26). 이 기도에서는 희생 제물이라는 주제가 전체에 걸쳐 나타나고 있다. 때문에, 때때로 이 기도를 '대제사장의 기도'라고 부르기도 한다. 마침내 때가 이르렀다(17:1). 요한복음 앞부분을 보면, 예수가 자신의 때가 아직 이르지 아니하였다는 말씀을 자주 하시는 것을 볼 수 있다(이를테면, 2:4, 7:6, 7:30, 8:20). 그러나 이제는 그때가 이르렀다. 하나님은 일찍이 예수에게 당신을 이 세상에 알리시고 영생을 가져다줄 권세를 주셨다. 이제 예수는 그 일을 다 이루셨다. 아버지께 가실 때가 된 것이다.

그렇다면, 뒤에 남은 자들은 어떻게 될 것인가? 제자들은 어떻게 될 것인가? 예수는 제자들을 위하여 기도하셨다. 예수를 믿었던 제자들은 예수가 떠나가신 뒤에도 이 세상에 남게 된다. 그러나 하나님은 모든 일에 그 제자들을 지키시고 그들과 하나가 되실 것이다. 예수는 제자들이 이 점을 알게 되길 기도하셨다. 제자들은 더 이상 '이 세상에 속한 자들이' 아니었다. 그러나 예수는 아버지께 그 제자들을 이 세상에서 '데려가 달라'고 기도하지 않으셨다. 도리어 그는 제자들이 이 세상에서 증인의 삶을 사는 동안 그들을 지켜 주시고 격려해 주시길 하나님께 기도하셨다.

그런가 하면, 예수는 역사의 위대한 행로를 내다보고 계셨다. 예수는 제자들의 증언으로 말미암아 많은 사람들이 자신을 믿게 될 것을 내다보셨다. 예수는 그렇게 믿게 될 이들도 한 몸이 되며, 자신이 가시게 될 그곳에 가서 자신과 함께 거할 수 있다는 것을 알게 되도록 기도하셨다. 예수는 또 아버지가 아들에게 보여 주신 그 사랑이 그들 사이에서도 나타나도록 기도하셨다(17:25-26).

요한복음 18:1-21:25
그리스도의 수난과 죽음과 부활

18:1-11 예수가 잡히시다 고별 담화는 이제 막 내렸다. 예수가 죽음을 맞을 준비를 하시면서, 그의 말씀은 끝나고 이제는 그의 행

동이 등장한다. 예수와 제자들은 기드론 골짜기를 지나 예루살렘 동쪽으로 가신 다음, 감람산으로 들어갔다. 바로 그곳에서 예수와 제자들은 가룟 유다와 군인들을 만나게 된다. 배신의 순간이 이른 것이다. 베드로는 군인들이 예수를 잡아가지 못하도록 애처롭게 몸부림쳤다. 하지만, 예수는 아버지가 자신에게 '주신 잔'을 마실 준비가 되었다고 선언하신다. 예수는 이제 아버지가 자신에게 주신 사명의 핵심인 고난의 길을 통과하시게 된 것이다.

18:12-21 예수를 안나스에게 끌고 가다; 베드로가 예수를 모른다고 부인하다 예수를 붙잡은 자들은 그를 안나스와 가야바 앞으로 끌고 간다. 베드로와 "또 다른 제자 한 사람"(아마 요한 자신일 것이다)이 그 뒤를 따랐다. 당시 대제사장은 가야바였지만, 사람들은 로마가 주후 15년에 대제사장직에서 쫓아낸 안나스에게 동정을 품고 있었던 것 같다. 안나스는 어떤 공식 직함도 갖고 있지 않았지만, 여전히 상당한 영향력을 행사하고 있었다(18:12-14). 대제사장들이 예수를 신문하는 동안, 베드로는 예수를 모른다며 부인한다. 예수의 제자가 아니냐며 베드로를 다그친 사람은 중요한 인물이 아닌 일개 여종이었다. 그런데도 베드로는 예수를 모른다며 부인한 것이다. 그는 닭 울기 전에 두 번이나 더 예수를 부인하였다(18:25-27, 13:38을 보라).

18:19-40 대제사장이 예수를 신문하다; 예수를 빌라도 앞으로 끌고 가다 한편, 예수는 대제사장에게 신문을 받는다. 먼저 예수는 자신이 성전에서 사람들에게 가르칠 때, 대제사장들과 그의 관원들이 그에게 물을 기회가 많이 있었다는 점을 지적하셨다. 예수는 왜 만인들이 보는 앞에서 묻지 아니하고 은밀히 묻는지 따져 물으신 것이다. 요한은 예수를 고발한 자들이 지목한 예수의 정확한 죄목을 상세히 설명하지 않는다. 물론, 그 고발자들은 예수를 로마 당국에 넘길 수 있는 근거를 만들고자 신중에 신중을 기했을 것이다(18:28-40). 주후 26년부터 36년까지 유대를 관할하였던 로마 총독 빌라도는 예수의 죄목을 의아하게 여겼다. 유대의 지도자들은 총독 관저에 들어가려 하지 않았다. 큰 명절인 유월절을 앞두고 이방인과 접촉함으로써 부정에 오염되는 것을 피하려 했던 것이다. 때문에, 빌라도는 총독 관저에서 나와 밖에서 군중들을 대면할 수밖에 없었다.

빌라도는 예수에게 사형을 선고할 근거가 무엇인지 밝혀내야만 했다. 빌라도는 예수에게 그가 왕인지 물었다. 그는 예수로부터 "내 나라는 이 세상에 속한 것이 아니니라"(18:36)라는 대답을 듣게 된다. 빌라도는 예수의 이 말씀을 왕임을 시인하는 것으로 받아들였다. 나아가 빌라도는 예수를 "유대인의 왕"으로 일컫는다. 어쩌면 이것은 통렬한 비꼼일 수도 있었다. 빌라도는 유월절에 죄수 하나를 사면해 줄 권한을 갖고 있었다. 그는 군중들에게 예수를 풀어 주겠다고 제안한다. 그러나 군중들은 로마에 맞선 반란에 가담하였던 바라바를 풀어 달라고 요구하였다.

19:1-27 예수에게 십자가형을 선고하다 빌라도는 예수를 채찍질하라 명한 다음, 그를 다시 군중들 앞으로 데려간다. 그는 군중들에게 예수에게 사형 선고를 내릴 만한 증거가 없다고 말한다. 빌라도는 예수에게 십자가형을 내리고 싶지 않았다. 하지만, 군중들은 더 큰 소리로 예수의 사형을 요구하였다. 그

들은 예수가 스스로 하나님의 아들이라 주장한 이상 사형에 처하는 것이 당연하다고 주장했다. 아울러 그들은 자칭 "유대인의 왕"이라는 자에 관한 보고가 로마 황제의 귀에 들어가기라도 하면 좋지 않은 일이 벌어지게 될 것이라며 빌라도를 압박하였다. 이 말을 들은 빌라도는 군중들의 뜻을 따를 수밖에 없었다. 유대인들이 가이사 이외에는 왕이 없다고 소리치자, 결국 빌라도는 예수를 십자가에 달도록 군중들에게 내어 준다(19:1-16). 예수가 달린 십자가에는 모든 사람이 볼 수 있도록 예수의 죄목("나사렛 예수 유대인의 왕")이 기록된 죄패를 붙여 놓았다. 예수가 십자가에 달리신 모습을 묘사한 많은 그림이나 글들에는 예수의 이 죄목이 네 글자인 'INRI'로 기록되어 있다. 이 네 글자는 '나사렛 예수 유대인의 왕'을 뜻하는 라틴어 '예수스 나자레누스 렉스 유다이오룸'(Iesus Nazarenus Rex Iudaeorum)의 머리글자 네 개를 따온 것이다.*

사형 집행을 맡은 군인들은 예수의 옷을 놓고 제비를 뽑았다. 이렇게 함으로써, 그 군인들은 자신도 모르는 사이에 고난당하는 의인의 운명을 말씀한 시편 22:18의 위대한 예언을 성취한 장본인들이 되었다. 아울러 요한은 이 의인의 고난을 말한 여러 예언들이 예수가 십자가에 달려 돌아가실 때 실제로 일어난 여러 사건들을 통하여 그대로 이루어졌다고 이야기한다. 예수가 사랑하시는 제자는 멀리서 이 광경을 지켜보고 있었다.

사람들은 대개 이 제자가 이 복음서의 저자인 요한을 가리키는 것으로 본다. 그런 점에서, 그는 당시에 일어난 사건들을 목격한 증인으로 간주되고 있다.

19:28-42 예수의 죽음과 장사 마침내, 예수가 숨을 거두신다(19:28-37). 그가 하신 마지막 말씀은 '다 마쳤다'였다. 헬라어 원문은 '다 이루었다'라는 의미를 갖고 있다.** 하지만 이 말을 또 다른 맥락에서 보면, '(죄 값을) 다 치렀다'라는 의미일 수도 있다. 예수의 이 말씀은 절망의 외침이 아니었다. 오히려 이 말씀은 성취의 함성이었다. 이루어져야 할 일이 이루어졌기 때문이다. 요한이 보기에, 예수는 진정한 유월절 어린양이셨다. 많은 유월절 어린양들이 죽임을 당하는 그 순간에 진정한 유월절 어린양인 예수가 십자가에 달려 돌아가신 것이다. 유월절 어린양은 흠이 없어야 하며 그 뼈를 꺾지 말아야 했다(출 12:46). 예수의 경우도 마찬가지였다. 그는 온 세상의 죄를 속하고자 죄 없이 죽임을 당하신 유월절 어린양이셨기 때문이다. 십자가형을 당한 죄인들은 다리를 부러뜨리는 게 통례였다. 그렇게 함으로써, 죄인들이 일찍 숨을 거두게 하였던 것이다. 그러나 예수의 경우에는 굳이 그럴 필요가 없었다. 이 경우에도 로마 군인들은 의식하지 못하는 사이에 구약의 위대한 예언을 성취한 자들이 되었다. 예수의 경우에는 다리를 부러뜨리는 대신, 그 죽음을 확인하고자 창으

---

* 요한복음 19:20은 예수의 죄목이 '히브리와 로마와 헬라말로 기록되었다'고 증언한다. 헬라말, 곧 희랍어로 기록된 예수의 죄목은 '예수스 호 나조라이오스 호 바실류스 톤 유다이온'이었다. 여기서 히브리말은 당시 유대인들이 사용하던 아람어를 가리킬 것이다. 정확한 아람어 표기는 알기 힘들다. 만일 히브리어로 표기되었다면, '예슈아 하나츠리 멜렉 하여후딤'이라고 기록되었을 것이다.
** 한글 개정개역판은 "다 이루었다"로 번역한다. 희랍어 원문은 단 한 마디인 '테텔레스타이'다. 이 말은 '마치다, 이루다'라는 뜻을 지닌 '텔레이오오'의 완료 수동형이다(다/996).

로 옆구리를 찔렀다. 그 때문에 "피와 물이" 쏟아져 나왔다. 이는 분명 엉겨있던 피를 가리키는 말일 것이다. 예수는 분명 숨을 거두셨다. 아리마대 사람 요셉은 니고데모와 함께 예수를 근처 빌린 무덤에 장사지낸다(19:38-42). 다음 날은 안식일이었기에, 아무 일도 할 수 없었다. 마저 장사를 끝마치려면 안식일 다음 날인 일요일까지 기다려야만 했다.

20:1-9 빈 무덤 마침내, 일요일이 되었다. 막달라 마리아는 안식 후 첫 날 "일찍이 아직 어두울 때에" 제일 먼저 예수의 무덤을 찾아갔다. 마가는 마리아가 무덤을 찾아간 때를 "매우 일찍이 해 돋을 때"라고 기록해 놓았다(막 16:2). 아마 어둠이 점차 물러가고 동이 터올 무렵이었을 것이다. 하지만, 마리아가 그 무덤에 갔을 때는 간밤에 이미 너무나 놀라운 어떤 일이 벌어진 뒤였다. 처음에 마리아는 유대 관원들이나 로마 관원들이 예수의 시신을 옮긴 것으로 생각하였다. 본문에는 아직까지 예수의 부활을 암시하는 어떤 내용도 등장하지 않는다. 다만 요한이 독자들에게 일러주는 말뿐이다(20:9). 예수의 무덤에 갔던 이들이 본 것은 예수의 시신이 더 이상 그곳에 없다는 것뿐이었다. 예수를 쌌던 수의만이 무덤 안에 남아 있었다. 하지만, 예수는 그곳에 계시지 않았다(20:1-9).

20:10-23 예수가 막달라 마리아와 제자들에게 나타나시다 제자들은 집으로 돌아갔다(20:10). 그들이 예수가 부활하셨을 것이라고 생각하며 기뻐했다는 말은 아직 보이지 않는다. 오히려 제자들은 완전히 맥이 풀려 있었다. 비단 예수가 돌아가셨기 때문만은 아니었다. 그들은 스승을 제대로 장사지낼 수도 없었을 뿐더러, 자신들의 전부였던 그분에게 마지막 예를 표할 수도 없었다. 그러나 마리아는 뒤에 남아 빈 무덤을 지켰다. 무슨 일이 일어난 것인지 깨닫지 못하고 있던 마리아는 자기 뒤에 한 사람이 서 있는 것을 보고 깜짝 놀란다. 마리아는 그가 예수의 무덤이 있는(20:11-15) 동산(19:41)을 관리하는 "동산지기"라고 생각하였다.

이윽고 그 "동산지기"가 마리아에게 말을 건넸다. 순간, 양들이 선한 목자의 음성을 알아듣는 것처럼(10:3-5), 마리아도 그 목소리의 주인공이 누구인지 깨닫는다. 마리아는 너무나 기뻐하며 그가 본 것-좀 더 정확히 말하면, 그가 본 사람-을 알리려고 다른 이들에게 뛰어갔다. 처음에 마리아의 말을 들은 다른 사람들은 마지못해 그 말을 믿었지만, 이내 부활이 사실임을 그들 눈으로 확인하게 된다. 바로 그날 밤, 예수가 부활하신 영광의 몸으로 그들 가운데 오셨던 것이다(20:19-23). 이 이야기는 사마리아 여인의 이야기와 흡사한 구석이 있다. 여인이 살던 마을 사람들은 처음에 여인의 말을 듣고 예수를 믿었지만, 나중에는 여인의 말이 진실임을 직접 확인한다(4:42). 제자들도 마찬가지였다. 그들도 마리아의 말을 믿었지만, 결국 마리아가 말한 모든 것이 진실이라는 것을 예수가 직접 확증해 주신다.

20:24-29 예수가 제자들에게 나타나시다 하지만, 도마는 여전히 예수의 부활을 믿지 못하고 있었다. 그는 예수가 제자들에게 나타나신 그 자리에 없었다. 때문에, 그는 예수가 부활하셨다는 말을 듣고도 믿지 않았다. 그는 부활의 증거를 원했다. 그는 예수의 손에 난 못자국과 창에 찔린 상처를 직접 보고

싶어했다. 도마는 결국 부활하신 그리스도를 직접 대면한 뒤에야, 그 앞에 무릎을 꿇는다. 이때, 도마가 예수께 한 "나의 주님이시요 나의 하나님"이라는 고백은 아주 중요하다. 신약에서 예수 그리스도가 하나님이심을 가장 뚜렷하게 선언한 말 가운데 하나이기 때문이다. 하지만, 이후에 믿게 될 사람들의 의심을 언급하시면서 예수가 "보지 못하고 믿는 자들은 복되도다"라고 말씀하신 대목 역시 중요한 의미가 있다. 도마는 그리스도와 만남으로써 자신의 의심을 쉽게 물리쳤다. 그러나 (이 부분을 읽는 독자들을 포함하여) 나중에 믿은 사람들은 도마보다 더 복된 사람들이다. 왜냐하면, 그들은 예수를 직접 보지 않고도 믿었기 때문이다.

20:30-31 이 책을 기록한 목적을 설명하다
이 부분은 설명으로 끝을 맺는다(20:30-31). 요한은 자신의 복음서에 포함시킬 내용들을 취사선택해야만 했다. 어쩌면 이 복음서에는 더 많은 내용들이 포함될 수 있었을 것이다. 그러나 저자가 오직 이 책에 적힌 내용만을 기록한 것은 우리로 하여금 예수 그리스도가 메시아요 하나님의 아들이심을 믿게 함으로써 이 복음서의 주제였던 영생을 얻게 하려는 한 가지 이유 때문이었다.

21:1-23 예수와 놀라운 고기잡이; 베드로를 다시 부르시다 이제 요한복음 전체를 끝맺는 맺음말에 이르렀다. 이 부분은 다시 한 번 부활이 실제로 일어났다는 사실을 강조하고 있다(21:1-14). 부활을 둘러싼 모든 의심은 소멸되었다. 분명 예수는 부활하셨다. 이제는 그의 부활 소식과 그의 부활이 함축하고 있는 의미를 선포해야 할 일이 남아 있었다. 그러나 본문은 두 제자, 곧 베드로와 "예수께서 사랑하시는 그 제자"(아마 틀림없이 요한 자신을 가리키는 말일 것이다)에게 초점을 맞춘다. 예수는 우리의 심정을 울리는 대화 속에서(21:15-23) 베드로에게 자신의 양을 먹일 책임을 맡기시는 동시에 그의 죽음을 내다보신다(베드로는 네로가 로마를 다스리던 주후 64년에 로마에서 순교한 것으로 알려져 있다). 예수는 이전에 자신을 부인했던 그 베드로를 다시 부르셨다. 예수는 베드로에게 다시 사명을 맡기시면서 "나를 따르라"(21:19)고 말씀하셨다. 예수는 일단 부르심을 받은 이상 다른 사람들에게 무슨 일이 일어나든 개의치 말고 자신을 따르라고 명하신 것이다. 예수가 다른 제자들에 관하여 하신 말씀(21:20-22)을 보면, 이런 예수의 뜻을 분명히 알 수 있다. 중요한 것은 예수만 따라가는 것이다. 주가 다른 사람들을 어디로 이끄시든, 그것은 괘념할 필요가 없다.

21:24-25 결론 이제 요한은 자신의 복음서를 끝맺는다. 분명 그는 더 많은 것을 독자들에게 말하고 싶었을 것이다. 그가 전하고 싶은 것을 다 기록하기에는 지면(紙面)이 턱없이 모자랐을 것이다. 하지만, 이 책은 사색의 소재가 되는 양식이 넘치고도 넘친다. 나아가 예수 그리스도의 중요성을 풍성하게 전달하고 있다. 진정 예수 그리스도는 아직도 흑암 속에서 헤매는 백성들을 인도하시는 "세상의 빛"이시며, 굶주린 백성들의 양식인 "생명의 떡"이시다.

사도행전

'사도행전'은 누가가 누가복음에 이어 기록한 두 번째 책으로서 초대교회의 기원을 다루고 있다. 누가복음과 사도행전을 한 권으로 묶게 되면, 신약에서 가장 방대한 책이 된다. 누가는 그가 쓴 복음서에서 '데오빌로'(로마의 고위 관리로서 기독교에 관심을 갖고 있었던 인물인 것 같다)에게 예수의 삶과 죽음 그리고 부활을 전하였다. 하지만, 그의 이야기는 그게 끝이 아니었다. 누가가 글을 쓸 무렵, 기독교는 흥왕일로를 걸어 로마에서 큰 세력을 이루게 된다. 처음에는 로마 제국의 한 구석인 저 팔레스타인에서 미미하게 출발했던 기독교가 어떻게 제국의 심장부까지 뻗어 나가게 되었을까? 어떻게 기독교는 그토록 짧은 기간 안에 그렇게 큰 영향력을 행사하게 되었을까?

누가는 어떻게 복음이 요원(燎原)의 불길처럼 로마 제국 전역으로 퍼져 갔는지 생생하게 보여 주고 있다. 누가는 조심스럽게 복음의 배후에서 역사하신 하나님의 능력(그리스도의 부활이나 성령을 선물로 주신 것이 그 예다)과 사람으로서 복음을 전하는 데 헌신한 하나님의 대리인들(베드로와 바울이 그 예다)을 구별하고 있다. 사도행전은 그 서두에서 부활하신 그리스도의 승천과 성령이 능력으로 강림하신 사건을 생생하게 설명한다. 이 책의 제목은 '사도행전'이지만, 실상은 '성령행전'이라 불러도 무방할 것이다. 그의 복음서를 통하여 우리로 하여금 복음의 능력을 깨닫도록 해주었던 누가는 이 책에서 복음에 헌신한 사람들을 계속 다루고 있다. 사도행전의 처음 열두 장은 베드로, 나아가 그리스도의 복음이 예루살렘과 그 주변 지역에 든든히 뿌리 내릴 수 있도록 만들었던 일련의 놀라운 사건들에 초점을 맞춘다.

누가는 먼저 복음이 팔레스타인에 뿌리를 내리게 된 경위를 설명한다. 이어서 그는 복음이 점차 로마 제국의 많은 지역에서 든든히 자리를 잡게 된 내력을 보여 주고 있다. 사도행전의 나머지 부분은 신약의 독자들에게 익숙한 인물인 바울에게 초점을 맞추고 있다. 누가는 먼저 바울의 배경을 설명하고, 이어서 그가 그리스도인이 된, 나아가 '이방인의 사도'가 된 내력을 보여 주고 있다. 누가는 기독교회가 팔레스타인 지방으로부터 오늘날의 터키와 그리스까지 퍼져 가는 데 바울이 어떤 영향을 끼쳤는지 생생하게 설명하고 있다. 누가는 먼저 바울이 지중해 동부 지역에서 전개한 세 번의 선교 여행을 상세히 설명한다. 이어서 그는 바울이 죄수로서 로마로 가게 되는 마지막 여행을 기록해 놓았다. 누가는 우리에게 바울이 행한 몇몇 설교를 들려준다. 이 설교를 보면서, 우리는 바울이 여러 가지 다양한 상황 속에서 복음을 전했던 방식들을 자세히 살펴볼 수 있다.

사도행전 1:1-12:25
교회의 태동기(胎動期)
1:1-11 성령을 선물로 받을 것이다 누가는 먼저 첫 부활절의 위대한 사건들을 언급한 뒤, 그리스도가 제자들에게 예루살렘을 떠나지 말고 아버지께서 약속하신 선물을 기다리라고 명령하셨던 것을 되새겨 주고 있다(1:4). 그렇다면, 이 선물은 대체 무엇일까? 또 그것은 언제 주어질까?

누가는 즉시 그 답을 제시한다. 세례 요한은 물로 세례를 베풀었지만, 예수는 "성령으로" 세례를 베푸실 것(1:5)이라고 하지 않았던가? 요한의 세례는 거듭남을 상징한다. 그러나 예수가 베푸시는 세례는 상징이 아니라 정말로 사람을 새롭게 하며 거듭나게 한다. 그리스도는 제자들을 불러 "예루살렘과 온 유대와 사마리아와 땅 끝까지 이르러 내 증인이 되리라"(1:8)고 명하셨다. 이 사명은 너무나 커서 사람을 움츠러들게 할 정도다. 그리스도인들은 예수가 어디로 가셨는지 의아해하며 한가롭게 시간이나 허송할 처지에 있지 않다(1:10-11). 그리스도인들은 그들이 믿는 바로 그 그리스도를 온 세상에 알릴 과업을 맡았기 때문이다.

하지만, 누가는 이 위대한 사명과 이 사명을 감당케 할 위대한 선물이 짝을 이루고 있음을 분명하게 이야기한다. 예수는 "성령이 너희에게 임하시면 너희가 권능을 받고"(1:8)라고 말씀하셨다. 여기서 우리는 신약의 커다란 주제들 가운데 하나를 발견한다. 즉, 하나님은 당신의 백성들에게 사명과 과업을 주시는 동시에, 그것들을 감당할 수 있을 만한 은사들도 함께 주신다. 새로운 사명과 기회에 직면한 교회는 오늘날도 여전히 그런 은사들을 간절히 요구하고 있다.

1:12-14 교제 사도행전의 서두 부분은 초대교회 성도들의 끈끈한 교제 모습을 생생히 묘사하며 끝을 맺는다(1:13-14). 비록 그 수는 적었지만, 그들에겐 확신과 기대가 가득하였다. 그들의 스승이신 예수가 처형당하셨을 때만 해도, 그들은 낙심과 절망뿐인 남녀의 무리에 불과하였다. 그러나 이제 그들은 열렬한 복음 전도자들로서 부활하신 구주의 복음을 온 세상에 선포할 때만을 기다리고 있었다. 우리가 앞으로 볼 터이지만, 그들이 기다리던 때는 금방 다가왔다.

당시 기독교회는 아직 그 수가 미미하였다. 누가는 신자들의 숫자를 120명이라고 이야기한다(1:15). 아무 생각 없이 사도행전을 읽는 사람들은 이 120명이란 숫자의 중요성을 간과하기 쉽다. 교회사를 살펴보면, 교회가 급속히 성장하였다는 것을 알 수 있다. 하지만, 여러분이 이런 사실을 모른다고 가정해 보자. 앞으로 전개될 일을 전혀 모른 채, 사도행전의 이 부분을 처음으로 읽게 되었다고 가정해 보자. 새로운 종교가 태동하던 시기에, 그토록 적은 수의 사람들이 과연 어떤 일을 만나게 될지 예측할 수 있겠는가? 그들이 전하려는 말씀이 살아남을 것인지도 미지수였다. 그러나 결국 그 말씀이 살아남았다는 사실은 복음이 인간의 지혜가 아니라 하나님의 능력에 토대를 두고 있다는 바울의 말이 진실임을 증명해 준다.

1:15-26 유다를 대신할 자로 맛디아를 뽑다 이어서 말씀은 유다를 대신할 자를 찾는 장면을 서술하고 있다. 왜 유다를 대신할 사람을 뽑아야 했을까? 아마도 열두 사도는 신약에서 이스라엘 열두 지파를 대표하는 사람들이었기 때문일 것이다. 더욱이, 베드로의 지적처럼, 예수가 배신당할 것을 예언하였

던 구약(1:20)은 배신한 자의 직분을 타인이 대신 취할 것이라는 점도 예언하고 있었다. 여기서 베드로가 성경의 권위와 성령의 역사를 연관지어 말하고 있는 점(1:16)을 유념할 필요가 있다.

여기서 "사도의 직무"를 감당할 자가 갖추야 할 자격이 문제로 등장하였다(1:25). 사도들은 사도의 첫 번째 요건으로 예수가 요한에게 세례를 받으신 때로부터 승천하실 때까지 유다를 제외한 나머지 열한 사도와 늘 함께 있었을 것(1:21-22)을 요구한 것으로 보인다. 결국 제비뽑아 맛디아를 뽑게 된다(1:26). 이 사도 선출은 그 정황과 진행 과정이 모두 이례적이다. 이 사건은 교회의 지도자를 뽑는 일에 하나님이 개입하셔야 한다는 점을 신자들에게 일깨워 주고 있다. 이 사도 선출은 대단히 신령하고 중요한 문제를 결정할 때 제비뽑기를 통하여 하나님이 그 문제를 결정하시도록 의뢰하기도 하였던 구약의 모범을 따른 것이었다.

2:1-13 오순절 성령 강림 이제 우리는 신약에서 가장 중요한 본문 가운데 하나를 만나게 되었다. 예수는 일찍이 "성령이 너희에게 임하시면 너희가 권능을 받"게 될 것이라고 약속하셨다(1:8). 이 중요한 본문은 예수의 그 약속이 이루어진 일을 기록하고 있다. "그들이 다 성령의 충만함을 받"았던 것이다(2:4). 제자들은 이런 일이 일어날 것을 예견하지 못했다. 때문에 "오순절 날" 한 곳에 모여 있던 그들은(2:1) 이 일에 아주 놀랐던 것 같다. 성경을 보면, 성령이 임하셨을 때 벌어진 일을 묘사할 말을 찾느라 누가가 고심한 흔적을 발견할 수 있다. 누가는 성령이 임하실 때 "급하고 강한 바람 같은 소리"가 있었다고 증언한다. "불의 혀처럼 갈라지는 것들"(2:3)이 거기 있던 사람들 위에 임하였다.

적절하게 표현할 말이 없을 정도로, 뭔가 예기치 못한 극적 사건이 일어나고 있었다. 누가는 전례가 없는 이 사건들을 독자들에게 전달하고자, 새로운 이미지들과 비유거리들을 지어내야만 했다. 당시 문명 세계 각지에서 온 사람들이 복음을 듣고 이해하는 일이 벌어졌다(2:5-12). 그들은 자신들이 들은 것에 "놀라며 당황"하였다(2:12). 분명 그들의 눈앞에서는 뭔가 놀라운 일이 벌어지고 있었다. 하나님이 천하만국으로부터 새 백성을 당신에게 이끌어 오고 계셨다. 바로 그 순간, 언어와 문화의 장벽은 무너져 버렸다.*

그러나 이 일을 알지 못하는 사람들은 하나님의 가장 위대한 역사인 이 사건조차도 조롱하였다. 그리스도가 돌아가실 때, 그 주위에 있던 이들도 그리스도를 조롱하였었다. 그때처럼, 성령이 사람들에게 부어지는 장면을 목격한 이들도 비웃은 것이다. 그들은 제자들이 술에 취하였다고 비웃었다(2:13). 심지어 오늘날도 그리스도인들이 회심의 경험이나 신앙을 이야기하면 코웃음치는 사람들이 있다. 하지만 누가의 말처럼, 이런 일은 새삼스러운 게 아니다.

---

*이 오순절에 성령은 "불의 혀처럼 갈라지는" 모양으로 임하였다. 그 결과, 세계 각지에서 온 유대인 디아스포라들은 자기가 온 곳의 언어로 "하나님의 큰 일"을 전해 들었다. 희랍어에서 '혀'와 '언어'를 나타내는 말은 모두 '글로사' 다. '글로사'의 모양으로 임한 성령이 '글로사'와 관련된 이적을 보이신 것은 의미심장한 일이다.

2:14-41 베드로가 군중들에게 설교하다

베드로는 이런 흥분과 혼란의 와중에 그리스도인으로서 사상 첫 설교를 하게 된다. 그의 청중들은 대체로 유대인이었다. 때문에 그는 구약의 예언들을 많이 원용하면서, 이 예언들이 그리스도의 죽음과 부활 그리고 성령 강림을 말하고 있다고 선포하였다. 베드로의 이런 접근법은 마태도 그의 복음서에서 종종 사용하고 있다. 마태는 예수가 구약의 예언을 성취하신 분임을 여러 가지 방법을 동원하여 독자들에게 제시하고 있다.

베드로는 설교를 시작하면서 자신과 자신의 동료들이 술에 취한 것이라는 사람들의 말을 일축해 버린다. 그때 시간이 오전 9시였으므로, 술에 취했다는 것은 실상 말이 되지 않았다(2:15). 그는 너무나 중요한 일이 벌어지고 있다고 말하였다. 베드로는 구약의 위대한 예언 중의 하나(욜 2:28-32)를 원용하여 그 사건의 의미를 설명하였다. "말세에" 하나님이 당신의 영을 모든 육체에게 부어 주실 것을 말씀하신 예언이었다(2:17). 베드로의 말을 이해하려면, 요엘서의 이 예언을 좀 더 자세하게 살펴봐야만 한다. 요엘은 장차 하나님이 능력으로 당신의 백성 가운데 오셔서 그 백성들에게 당신의 임재와 보살핌을 베풀어 주실 날이 임할 것이라고 예언하였다(욜 2:27). 하나님은 당신이 그날에 유다와 예루살렘을 회복시키실 것이며 만국을 모으실 것이라고 말씀하셨다(욜 3:1-2). 더욱이 하나님은 그날에 "내가 내 영을 만민에게 부어 주리"라고 약속하셨다(욜 2:28). 아울러 만민이 성령을 선물로 받게 되면, 예언을 하고 환상을 보게 될 것이라고 말씀하셨다. 따라서 성령이 사람들에게 부어진 일은 오랫동안 기다려 온 "주의 날"이 임하였음을 보여 주는 표지였다. 결국, 성령 강림은 "누구든지 여호와(주)의 이름을 부르는 자는 구원을 얻으리니"(욜 2:32)라고 예언되었던 너무나 중요한 그 순간이 하나님 백성의 역사 속에 도래하였음을 보여 주는 표지였다. 베드로의 말처럼, 성령 강림은 구원이 모든 이에게 임하였음을 의미하는 사건이었다.

베드로는 설교 첫 부분에서 성령 강림이 구약 예언의 성취임을 말한다. 그는 예수가 누구시며 그가 온 세상에 대하여 어떤 의미를 갖는 분인지 설명하는 데 초점을 맞춘다. 베드로는 먼저 예수를 '하나님이 증언하신 사람'(2:22)이라고 선언한다. 하나님이 예수를 통하여 일련의 이적과 기사와 표적을 행하신 것이 바로 하나님이 예수를 증언하신 예였다. 이런 이적과 기사와 표적은 모든 사람이 아는 바요, 하나님으로부터 나온 것임을 인정한 것들이었다. 베드로는 그리스도가 십자가에서 돌아가신 일이 우연이 아니라, "하나님께서 정하신 뜻과 미리 아신 대로"(2:23) 일어난 일임을 강조한다. 그렇다 하여 그리스도를 죽인 사람들의 책임이 면제되는 것은 아니다. 하지만, 그리스도의 죽음이 하나님의 뜻대로 일어났다는 것은 그 죽음을 아주 다른 맥락에서 바라보게 한다. 하나님은 그리스도의 죽음을 통하여 뭔가를 이루고자 하셨다. 베드로는 이스라엘이 배척하였던 그 죽음을 하나님이 부활을 통하여 인정하시고 인치셨다고 선포한다.

베드로의 설교 중 이 부분에서는 부활이라는 주제가 두드러지게 나타나고 있다. 우리는 이 부분에 촘촘히 박혀 있는 주제들 속에서 두 가지 분명한 생각을 추출해 낼 수 있다. 첫째는 예수가 살아계신다는 순수한 기쁨이다. 사망은 예수를 붙잡아 둘 수 없었다(2:24, 26, 32). 둘째, 부활은 곧 하나님이 당

신약의 세계

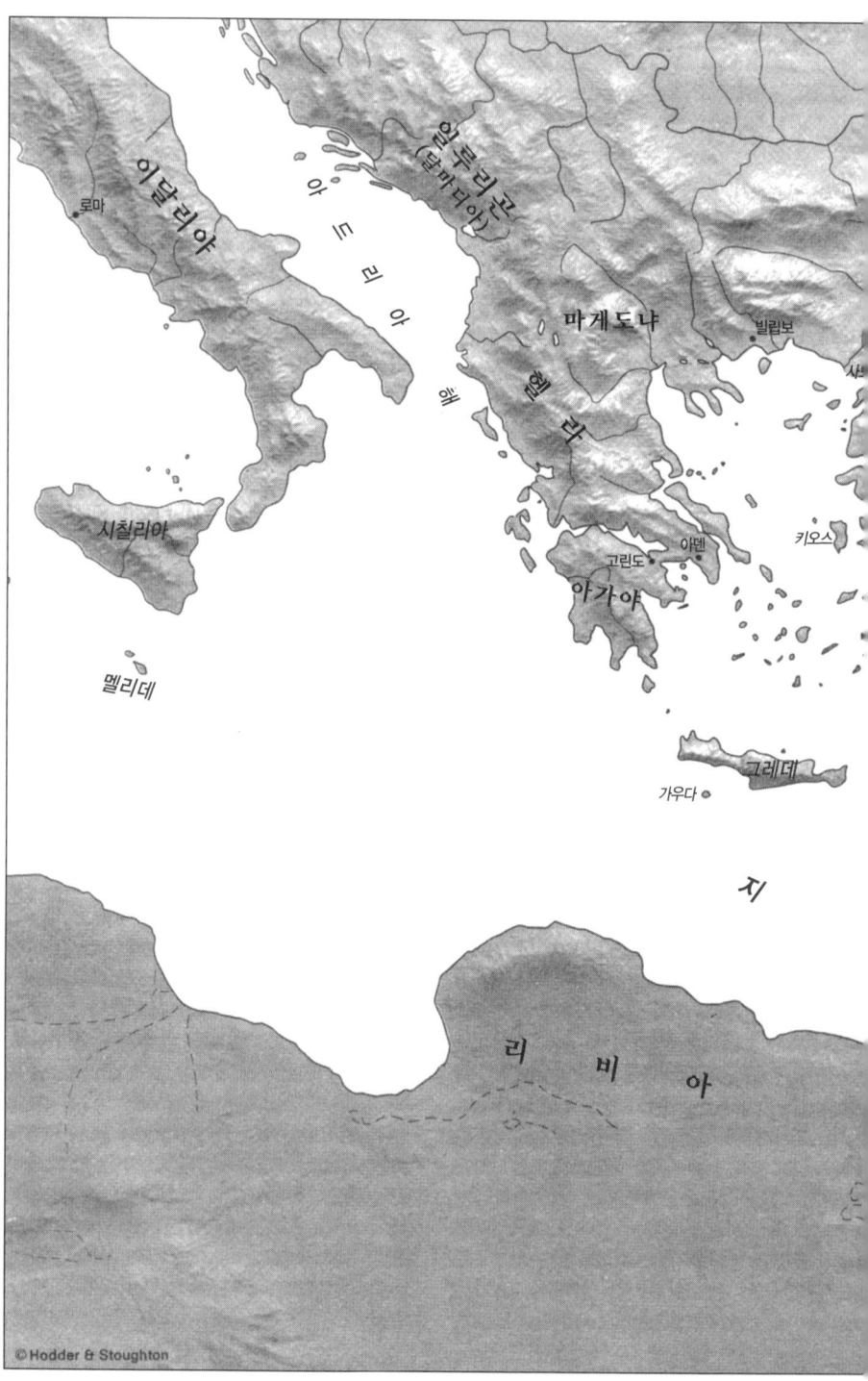

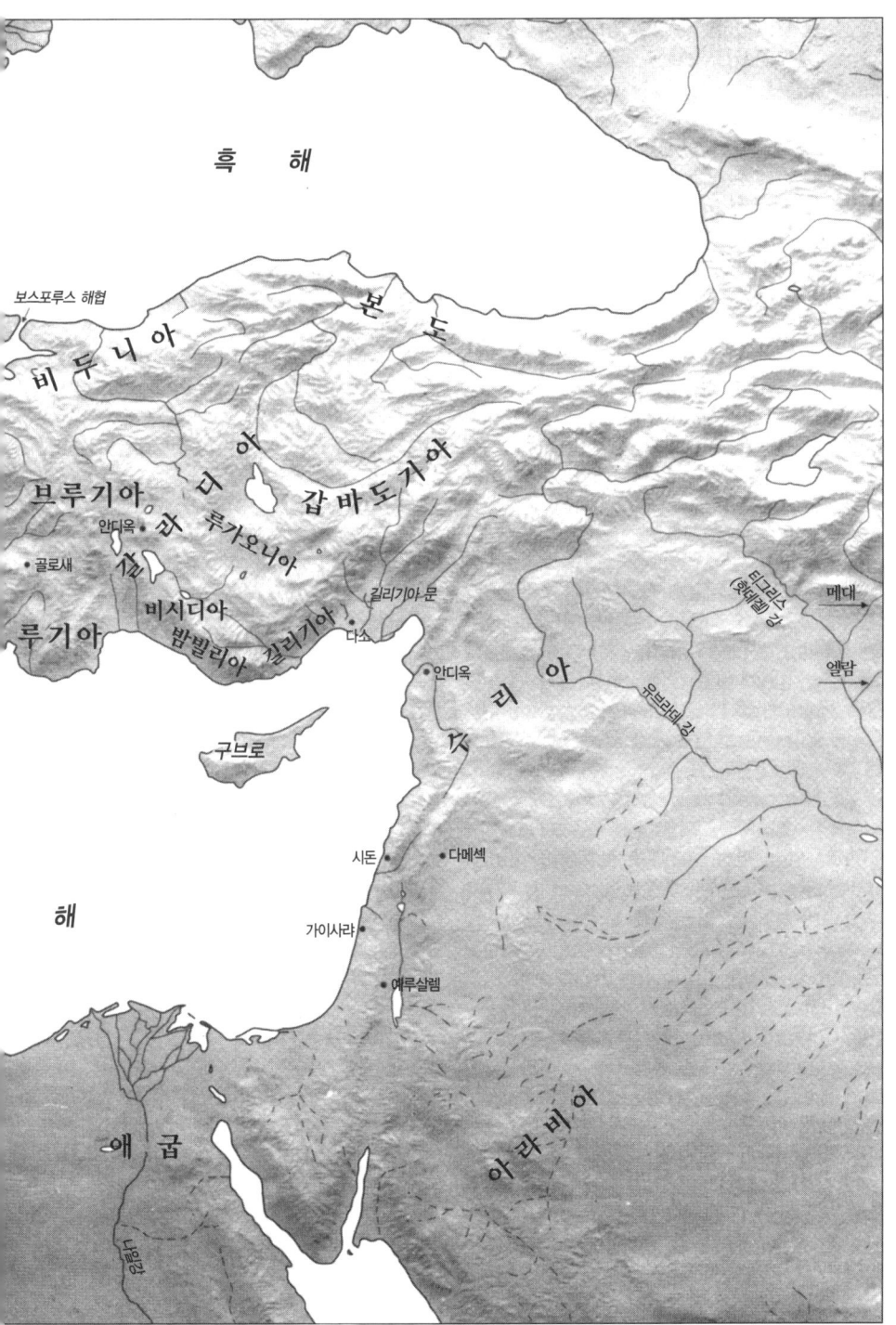

신의 "오른손으로 예수를 높이"(2:33)신 것이라는 깨달음이다. 나아가 베드로는 성령이 그리스도를 '통하여' 주어졌음을 선언한다. 베드로는 "그(그리스도)가 약속하신 성령을 아버지께 받아서"(2:33) 제자들에게 부어 주셨다고 말한다. 베드로의 설교는 시편에 기록된 두 개의 메시아 문구가 오직 예수를 가리킨다는 점을 지적하는 부분에서 절정에 이르고 있다(2:25-35). 그는 "너희가 십자가에 못 박은 이 예수를 하나님이 주와 그리스도가 되게 하셨다"(2:36)라는 말로 자신의 설교를 마무리하였다. ('그리스도'는 곧 '메시아'라는 뜻이며, 둘 다 '기름부음 받은 자'라는 뜻을 갖고 있다.) 예수가 바로 오랫동안 기다려 왔던 메시아이시며 자기 백성을 다스릴 권세를 지닌 분임을 분명하게 선언한 것이다.

베드로의 설교는 즉시 청중들의 심정을 산산이 부숴 버렸다. "우리가 어찌 할꼬?" 그들은 이렇게 말하며 탄식하였다. 군중들은 베드로가 내린 결론이 무엇을 요구하는지 깨달았다. 베드로는 단순히 자신의 말에 동의할 것을 요구하는 게 아니었다. 그는 청중들에게 중심과 마음의 진정한 변화를 요구하고 있었다. 그가 청중들에게 요구한 응답은 두 개의 낱말로 집약할 수 있다. 첫째는 "회개"였다(2:38). 회개는 내면이 지향하는 방향을 바꾸는 것이다. 즉 삶의 방향을 죄로부터 하나님 쪽으로 돌리는 것이다. 이런 내면의 변화를 다른 사람들이 알 수 있게끔 밖으로 드러낸 것이 바로 '세례'다. 때문에, 베드로는 청중들에게 세례를 받도록 권면하였다(2:38, 41). 둘째, 이렇게 회개의 필요성을 인정하게 되면, 성령의 선물을 '받을' 길이 열리게 된다(2:38). 회개가 있으면, 반드시 갱신(새롭게 됨)이 따라 온다. 이 둘은 하나

님이 당신의 백성들에게 주신 약속의 핵심 부분이기 때문이다. 베드로는 이 약속이 만인에게 주어졌음을 분명히 한다. 이 약속은 선택된 소수, 특권 엘리트나 민족에게만 주어진 약속이 아니다(2:39). 베드로의 설교는 호소력이 있었다. 그 설교를 들은 많은 사람들이 변화되었다. 아침 9시에 고작 120명이었던 신자들은, 그날 저녁 3,000명이 더 늘어나 있었다(2:41).

2:42-47 신자들의 교제 누가는 당시 회심한 신자들이 얼마나 친밀한 교제를 나누었는지 알려 준다. 새 신자들은 사도들의 가르침(사도행전에 기록된 많은 설교에서 사도들의 가르침을 엿볼 수 있다)과 교제, 함께 떡을 떼는 것과 기도를 통하여 자라갔다(2:42). 당시는 큰 흥분과 기대가 넘치던 시기였다(2:43). 누가가 분명히 증언하듯이, 신자들은 사람들이 기대하던 일들을 행하였다. 그 결과, 교회는 날마다 자라갔다(2:47). 신자들은 모든 것을 공유하였다. 이런 모습은 오늘날 많은 그리스도인 공동체들에게 모범이 되고 있다. 오늘날의 시각으로 보면, 당시 신자들의 이런 모습은 하나의 이상일지도 모른다. 하지만, 하나님이 신자들에게 주신 모든 것은 공동체 전체에게 선을 행하도록 주신 것이다. 신자들은 이 점을 늘 명심할 필요가 있다.

3:1-10 베드로가 다리를 저는 걸인을 고쳐 주다 급박하게 진행되던 이야기는 여기서 그 속도를 늦춘다. 오순절의 열광은 가라앉았다. 이제 본문은 차분하게 베드로와 요한이 날 때부터 다리를 저는 사람을 성전 미문(美門)에서 만나는 사건을 들려준다(3:2, 10). 날 때부터 다리를 절었던 그에겐 희망이 없

었다. 그를 도와줄 수 있는 것도 전혀 없었다. 그가 목숨을 부지할 수 있는 길은 구걸뿐이었다. 어쩌면, 그는 여러 가지 점에서 타락한 인간의 비참한 실상을 대변하는 존재라고 볼 수도 있다. 우리 역시 우리 존재가 직면한 상황을 바꿀 수 없다. 우리가 할 수 있는 일이라곤 그저 그 상황을 이겨 내는 것뿐이다. 하지만, 베드로는 그에게 진정 필요한 것을 베풀어 주었다. 병든 다리를 고쳐 준 것이다. 베드로에게 은과 금은 없었다. 그러나 그는 자신이 가진 것을 그 걸인에게 주었던 것이다(3:6). 이 사건은 복음이 이 세상의 소망임을 강력하고 생생하게 실증하고 있다.

신약은 '고침'(치유)이라는 말을 종종 그리스도를 통한 구원을 가리키는 말로 사용한다. 이 '고침'이라는 말에는 온전함을 되찾아 준다는 뜻이 들어 있다. 육체의 병을 고쳐 주거나 깨어진 인간 관계를 온전한 상태로 회복시키는 것도 '고침'에 포함된다. '고침'은 우리가 사는 현대 세계에서도 의미심장한 말이다. 현대 세계는 자신이 병들었다는 것을 자각하고 있지만, 정작 그 병을 고칠 자원이나 의지는 갖고 있지 않다. 의사였던 누가에겐 이 '고침'이란 말이 특히 중요한 말이었다.

베드로가 걸인을 고쳐 준 이 사건에서 가장 인상 깊은 장면은 어쩌면 그 걸인을 알고 있던 사람들이 보여 준 반응일 것이다(3:9-10). 그 걸인의 상황이 바뀐 것은 명백했다. 뭔가 놀라운 일이 그에게 일어난 것이다. 그는 더 이상 아무 소망도 없는 걸인이 아니었다. 그는 사람들이 보는 가운데 "걷기도 하고 뛰기도 하며 하나님을 찬송"하였다(3:8).

3:11-26 베드로가 구경꾼들에게 설교하다

베드로가 다리를 저는 걸인을 고쳐 준 사건은 사람들에게 엄청난 충격을 몰고 왔다. 군중들은 대체 무슨 일이 벌어진 것인지 소상히 알아보려고 모여들었다(3:11). 말씀을 전하기에 너무 좋은 기회가 온 것이다. 베드로는 그 호기를 놓치지 않고 말씀을 선포하였다. 사람들은 베드로에게 병자를 고칠 수 있는 어떤 특별한 능력이 있을 것이라고 생각하였다. 베드로는 먼저 이런 생각을 물리친다. 그는 자신이 특별한 능력의 소유자가 아니라고 선언하였다(3:12). 특별한 능력은 부활하신 그리스도에게 있었다. 그 능력이 그날 오후의 놀라운 사건을 일으킨 것이었다. 베드로는 "(이 사람이) 그(예수의) 이름을 믿으므로 그 이름이 너희가 보고 아는 이 사람을 성하게 하였나니"(3:16)라고 선언한다. 우리는 여기서 인간의 변화야말로 복음을 알리는 가장 강력하고 유효한 증거 중의 하나임을 다시 한 번 목격하게 된다. 하나님이 계시는가를 둘러싼 논쟁은 순식간에 수그러들고 말았다. 하지만, 그리스도가 그들의 삶에 이루어 놓으신 차이에 관해 이야기하기를 원하는 사람들과 논쟁하는 것은 어려운 일이다. 어쩌면 현대의 그리스도인들은 이 사건에서 교훈을 얻어야 할지도 모른다.

베드로는 그리스도 부활의 중요성을 거듭 역설한다(3:15). 동시에 그는 고난당하신 메시아가 구약의 위대한 예언들을 성취하셨다는 점을 강조한다(3:18-26). 그는 구약이 오실 메시아를 가리키며 하나님의 백성들이 "새롭게 되는 날"(3:19)을 내다보고 있다는 것을 선포하였다. 베드로가 선포한 말씀은 분명하고 간단하였다. 바로 그 새롭게 되는 날이 이르렀다는 것이다. 옛적에 선지자들과 족장들이 품었던 위대한 소망이 현실로 이루어졌다. 베드로는 청중들에게 "너희는 선지자들의 자손이요 또 하나님이 너희 조상과 더불어 세우신 언약의 자손이라"(3:25)고 선언한다. 그러나 이 약속은 듣는 이들의 응답을 요구하고 있었다. 베드로는 청중들에게 악한 길에서 돌아서라고 요구하였다(3:26). 복음은 그저 사람의 사고 방식을 바꾸는 것이 아니라, 사람의 삶 전체를 바꿔 버린다. 이것을 깨닫는 것이 중요하다.

4:1-4 예수의 부활을 설교하다 오순절 이후의 사건들이 큰 주목을 끌면서, 사람들은 복음에 귀를 기울이게 된다. 복음을 선포한 결과, 믿는 자들이 5,000명에 이르게 되었다(4:4). 그러나 모든 사람들이 이 새로운 사태를 기뻐한 것은 아니었다. 신자들에게 위협을 가하는 이들도 있었다. 당시 유대교 당국자들은 예수의 부활을 선포하는 사도들의 설교에 격분하였다(4:2). 오늘날도 그리스도인들이 부활을 전하는 것 때문에 다른 종교의 스승들(죽은 자 가운데서 부활하지도 아니한 자들이다!)이 왜소해진다며 마땅치 않게 여기는 이들이 있다. 그리스도인에게 예수의 부활은 타협의 대상이 아니다. 예수의 부활은 너무나 중요하기에 어떤 일이 있어도 선포해야 할 사건이다. 사도행전은 이 점을 분명히 일깨워 주고 있다. 베드로와 요한의 말처럼, "우리는 보고 들은 것을 말하지 아니할 수 없다"(4:20).

4:5-22 베드로와 요한이 산헤드린 앞에 서다 예수의 부활을 전했다는 이유로 하루 동안 옥고를 치른 베드로와 요한은, 다음 날 산헤드린 앞에 서서 그들이 한 일을 설명한다(4:5-7). 그러나 유대교 당국자들은 이러지도 저러지도 못할 처지에 빠져 있었다. 날 때부터 다리를 절던 자가 고침을 받은 일을 모든 사람들이 알고 있었기 때문이다. 그것은 부인할 수 없는 사실이었다. 단순한 주장은 논박할 수 있겠지만, 기적은 논박으로 해결될 문제가 아니었다. (한 인간의 변화가 복음의 증거로서 얼마나 중요한지 거듭 유의할 필요가 있다!) 베드로와 요한은 여러 변명을 늘어놓지 않았다. 그들은 자신들이 보고 들은 것에 신실할 뿐이라고 선언하였다.

"너희가 십자가에 못 박고 하나님이 죽은 자 가운데서 살리신 나사렛 예수 그리스도의 이름으로 이 사람이 건강하게 되어 너희 앞에 섰느니라"(4:10).

그들은 오직 예수만이 구원을 주실 수 있다는 것을 선포하였다. 그들은 이 사실을 안 이상, 침묵할 수 없었던 것이다. 어쩌면 그들은 "학문 없는 범인"(凡人)에 불과할 수 있었다. 하지만, 그들의 증언에는 능력과 부인할 수 없는 확신이 들어 있었다. 특히 베드로에게 고침을 받은 걸인이 그들의 말을 뒷받침하면서, 그 증언은 어느 누구도 부인할 수 없는 힘을 갖게 된다(4:14).

4:23-31 신자들의 기도 베드로와 요한은 교회로 돌아와, 그들에게 일어났던 일을 보고한다(4:23). 모여 있던 신자들은 복음을 대적하는 움직임을 전해 듣고 염려한다(4:24). 아무도 시키지 않았지만, 그들은 하나님께 기도하였다. 그들은 하나님의 주권과 선하심을 기억하였다. 아울러, 성령에 감동된 구약의 저자들이 하나님과 그분의 메시아를 대적하는 행위를 언급한 사실을 상기하며 위로를 얻었다(4:25-28). 하나님께 순종하는 자는 세상으로부터 결코 인정을 받지 못한다. 세상에 속한 종교 지도자들은

하나님을 거역하며 그분께 저항하기 마련이다. 당시에 유대의 종교 지도자들이 복음을 거스른 것도 세상에 속한 종교 지도자들의 행태를 답습한 것이다. 결국, 모여 있던 신자들은 미래를 헤쳐 나갈 힘과 결단력을 달라고 하나님께 간구할 수밖에 없었다. 그들 앞에는 큰 기회와 함께 엄청난 도전이 기다리고 있었기 때문이다(4:29-30).

그러나 누가가 분명히 증언하듯이, 신자들은 필요한 용기와 확신을 얻게 된다. 누가는 그들이 "다 성령이 충만하여 담대히 하나님의 말씀을 전하니라"(4:31)고 기록해 놓았다. 이들의 담대함은 결코 허세가 아니었다. 그 담대함은 하나님의 권능과 경륜이 그들을 지지해 주신다는 사실을 굳건히 신뢰한 결과였다. 그때나 지금이나, 그 권능과 경륜은 그분께 순종하며 확신과 견고한 마음을 품고 그분의 복음을 선포하는 이들을 지지해 주시기 때문이다.

4:32-5:11 신자들이 자신들의 소유를 함께 나누다

누가는 초대교회 그리스도인들을 자극하였던 비전을 몇 군데에서 제시하고 있다. 그 이상은 오늘날도 큰 도전과 영감을 줄 만한 것이다. 앞에서 보았듯이, 초대교회 그리스도인들은 하나같이 열렬한 신앙의 소유자들이었다. 동시에 그들은, 교회 안팎을 불문하고 신앙을 행동으로 옮기는 데 큰 관심을 갖고 있었다. 이 중요한 단락은 사회에 대한 초대교회의 관심을 어렴풋이나마 보여 주고 있다. 동시에, 이 단락은 현대 그리스도인들에게 다른 신자들과 사회 전체에 대한 자신들의 태도를 되돌아보라는 도전을 던지고 있다.

누가는 복음이 초대교회 그리스도인들을 어떻게 변모시켰는지 보여 준다. 사도들은 계속하여 그리스도의 부활을 신실하게 설교하였다(4:33). 나아가, 교회는 그리스도처럼 성도들을 품어 주고 양육하였다. "믿는 무리가…모든 물건을 서로 통용하고 자기 재물을 조금이라도 자기 것이라 하는 이가 하나도 없더라"(4:32). 신자들은 자신들의 소유를 하나님이 교회의 유익을 위해 사용하도록 주신 선물로 보았다. 때문에, 그 소유를 공동의 유익을 위해 함께 나누는 것은 당연한 일이었다. 결국, 어느 누구도 가난한 자가 없게 되었다(4:34-35). 이것은 공산주의가 아니다. 이것은 그리스도의 사랑이 행동으로 나타난 것일 뿐이다. 이어서 누가는 소유물에 대한 그리스도인의 태도 가운데 긍정적 사례와 부정적 사례를 제시한다. 바나바는 사리사욕을 챙기지 않는 자세 때문에 칭송을 받고 있다(4:36-37). 반면, 아나니아와 삽비라는 땅을 판 대가를 모두 교회에 낸 것처럼 가장하였지만, 사실은 그 일부를 몰래 감추었다(5:1-2). 결국, 그들은 속인 것이 들통나서 둘 다 죽고 만다. 아마 사인(死因)은 심장마비였을 것이다(5:5, 10). 이 사건은 얼핏 보면, 모질기 그지없다. 특히 베드로가 아나니아와 삽비라에게 한 말은 혹독하게 들릴 정도다. 때문에, 이 본문을 읽으며 우려를 표시하는 사람들도 있다. 하지만 아나니아와 삽비라가 질책을 들었던 것은 정직하지 않았고 사도들을 속이려 했기 때문임을 분명히 알아둘 필요가 있다.

사도행전 5:12-8:40
교회의 성장과 핍박의 증가

복음은 교회가 태동하던 이 시기에 계속하여 엄청난 호소력을 발휘하였다. 사람들은 그리스도인들을 존경하였다. 그러나 정작 그리스도인이 되는 건 두려워하였다(5:13). 어쩌면 니고데모가 직면했던 것과 같은 문제가 사람들이 신자가 되는 것을 주저하게 만들었던 것 같다. 니고데모는 예수에게 호감을 갖고 있었지만, 사람들이 자신의 마음을 알게 될까 봐 두려워하였다. 결국, 니고데모는 아무도 모르게끔 심야에 예수를 찾아갔다(요 3:1-16). 이처럼 복음에 귀를 기울이면서도 침묵을 지키는 이들이 많았다. 하지만, 어떤 사람들은 그리스도를 따르는 사람으로 낙인찍히는 걸 감수하면서 만인에게 그리스도를 믿는다고 공공연히 선언하는 사람들도 있었다(5:14).

5:17-42 사도들이 핍박을 당하다 이처럼 복음이 흥왕하게 되자, 유대교의 고위 성직자들과 그 무리들은 분노를 표시한다. 복음이 성공을 거두는 소식을 들을 때마다, 그들 "마음에 시기가 가득"하였다(5:17). 우리는 사도행전에서 이런 모습을 점점 더 많이 목격하게 된다. 모든 면에서, 복음에 대한 유대교 당국자들의 적대적 태도는 그 도를 더해 갔다. 하지만, 누가가 종종 이런 적대 행위와 더불어 신자들을 지지하는 일반 백성들의 모습을 함께 기록하고 있는 것은 흥미로운 점이다(5:26). 일반 백성들은 복음을 흘겨보는 지도자들의 입장에 동조하지 않았다는 것을 알 수 있다.

유대교 당국자들은 교회의 복음 전파를 무조건 힘으로 억압하려 하였다. 그들은 교회의 지도자들을 옥에 가두었다. 그러나 이것은 역효과를 불러온다. 하나님의 섭리로 옥에서 풀려난 사도들은 성전 뜰에 서서 복음을 선포하면서(5:19-20), 더 많은 청중들에게 "이 생명의 말씀을" 전하였다.

결국, 사도들은 유대교의 고위 성직자들로 구성된 산헤드린 앞으로 불려오게 된다(5:26). 대제사장이 사도들에게 분노한 이유는 물어보나마나였다(5:28). 그는 사도들에게 예수를 계속 가르치는 이유가 무엇인지, 왜 입을 다물지 않는지 물었다. 사도들이 입을 다물면 모든 사람들의 삶이 편해질 것이라는 취지였다. 하지만, 베드로는 여기서 중요한 대답을 한다. 그는 "사람보다 하나님께 순종하는 것이 마땅하니라"(5:29)고 대답하였다. 그는 하나님이 그리스도 안에서 행하신 것이 진리임을 알고도 침묵을 지킬 수는 없다고 주장하였다. 그리스도가 높이 들리셨음을 알고도, "이스라엘에게 회개함과 죄 사함을 주시"겠다는 약속을 알고도 입을 다물 수 있는 사람은 아무도 없었다. 사도들은 이 일의 증인이었다. 그들은 사실을 그대로 증언할 수밖에 없었던 것이다!

그러나 일은 미묘하게 꼬여 버린다. 애초에 산헤드린은 사도들을 법정에 세울 심산이었다. 하지만, 이제는 오히려 산헤드린 회원들이 법정에 서야 할 처지가 되었다. 그들이야말로 하나님이 당신의 백성들에게 오셨을 때 명백히 그분을 배척하였던 이들이기 때문이었다. 이때, 백성들이 존경하던 율법사 가말리엘이 끼어들면서, 팽팽한 긴장은 누그러지게 된다(5:34). 사람들은 모두 가말리엘의 주장에 공감하였다. 그의 주장은 상당히 중요한 내용을 담고 있었다. 그는 사도들의 주장과 행위가 하나님으로부터 나온 것이면, 어느 누구도 그것을 멈추게 할 수 없을 것이라고 단언하였다(5:38-39). 과거에 그릇된 가르침들이 많이 있었지만, 만일 사도들의 가르치는 것이 참이라면, 그 가르침은 살아남을 것이라는 게 가말리엘의 주장이었다. 그는 이 가르침이 "만일 하나님께로부터 났으면 너희가 그들을 무너뜨릴 수 없겠고 도리어 하나님을 대적하는 자가 될까

하노라"(5:39)라고 말한다. 앞으로 누가가 기록하고 있는 교회의 확장 과정을 보면 알게 되겠지만, 가말리엘의 충고는 지혜로운 것이었다. 교회의 확장은 복음이 진정 '하나님께로부터 나온 것'이었음을 보여 주고 있기 때문이다.

6:1-15 일곱 일꾼을 택하다 이 무렵, 확장일로를 걷고 있던 초대교회는 선교와 목회의 사명을 동시에 잘 감당할 수 있는 대책을 강구해야 할 필요를 느끼게 된다(6:1-7). 일곱 일꾼을 택하여 세우게 된 것도 복음이 외지 출신 유대인들(헬라파 유대인들)에게 점점 더 큰 호소력을 발휘하면서 이 헬라파 유대인들이 교회 안에 늘어난 결과였다. 스데반을 포함한 일곱 일꾼이 모두 헬라식 이름을 갖고 있는 것으로 보아, 이들이 모두 헬라파 유대인 출신임을 알 수 있다. 하지만, 이렇게 자라가던 교회는 특정한 유대인 집단의 더 큰 반발에 부닥치게 된다. 그 결과, 스데반은 하나님을 모독했다는 이유로 71명의 대제사장들과 장로들과 율법사들로 구성된 당시 유대 사회의 최고 법정인 산헤드린 앞으로 끌려가 재판을 받게 된다(6:8-15).

7:1-53 스데반이 산헤드린 앞에서 말씀을 전하다 스데반은 자신을 변론하면서 산헤드린 앞에서 열렬히 말씀을 전한다(7:1-53). 스데반은 하나님이 복음의 길을 준비하신 방식을 탁월하게 요약하고 있다. 그는 먼저 하나님이 아브라함을 부르신 일부터 이야기한다(7:1-8). 이어서 그는 하나님의 백성들이 애굽으로 내려갔다가 마침내 그곳에서 빠져 나와(7:9-44) 약속의 땅으로 들어가서(7:45) 왕정을 세우게 된(7:46) 과정을 되짚어보고 있다. 여기서 스데반이 말씀의 상당 부분을 이스라엘 백성들이 하나님께 불순종하는 경향이 있음을 실증하였던 모세에게 할애하고 있다는 점에 유의할 필요가 있다. 그렇다면, 이스라엘은 바뀌었을까? 스데반은 당대의 이스라엘 백성들이 그들의 조상들과 똑같다고 선언하였다(7:51). 이 백성들은 선지자가 나타날 때마다 그 말에 귀를 기울이기는커녕, 죽이기에 급급하였다(7:52-53). 스데반은 그들이 예수를 죽인 것이야말로 그들의 오랜 반역과 불순종이 최근까지 이어지고 있음을 보여 주는 사례라고 통박하였다.

7:54-8:1 스데반이 돌에 맞아 죽임을 당하다 스데반의 말을 들은 산헤드린은 격노하였다. 그들은 그 자리에서 스데반을 하나님을 모독하였다 하여 돌로 쳐 죽이기로 결정한다(7:54-8:1). 이들이 이 일을 시행하기 전에, 스데반은 "인자"(예수를 가리키는 말이다)가 하나님 우편에 서 계신 환상을 보았다고 선언한다. 이 환상은 하나님이 예수를 받아들이시고 그 정당함을 옹호하신다는 것 이상의 의미를 함축하고 있었다. 예수는 이제 하나님과 동등한 위치에 계시다는 것, 그것이 바로 그 환상의 의미였다. 스데반의 환상 이야기는 유대교의 전통에 목을 매고 있던 이들의 분노를 부채질하였다. 결국, 스데반은 죽임을 당하였다. 그리스도인으로서 첫 번째 순교자가 된 것이다. 누가는 여기서 스데반의 죽음을 목격하고 그 죽음을 당연하게 여긴 사람 중에 사울이라는 사람이 있었다는 것을 사족(蛇足)처럼 덧붙이고 있다. 그러나 이 사울이야말로 누가가 초대교회 역사를 서술한 이 책의 나머지 부분에서 주인공 역할을 하게 될 바로 그 사람이었다.

8:1-3 교회가 핍박을 받아 흩어지다 스데반이 순교하면서, 교회는 사악한 핍박에 직면하게 되었다. 결국 교회의 지체들은 각지로 흩어지게 된다(8:1-40). 누가는 교회를 파괴하려는 이 움직임의 주모자 중 하나로 사울을 지목한다. 하지만, 도리어 핍박 때문에 사도들은 각지로 퍼져나가 이전보다 더 많은 지역에서 복음을 전파하게 된다. 이를테면, 빌립은 사마리아 북부에서 복음을 선포한 뒤, 남쪽 가사로 내려간다. 사도들은 가는 곳마다, 사람들이 복음을 영접하는 응답을 들었다. (결국 이 핍박으로 말미암아 교회 지체들이 흩어진 덕분에, 복음은 구브로와 안디옥까지 퍼져 가게 된다: 11:19-21.)

8:4-25 빌립이 사마리아에 복음을 전하다; 마술사 시몬 사마리아에 복음이 전해지면서 상당히 의미 있는 사건이 일어난다. 마술사 시몬과 대면하게 된 사건이 바로 그것이다. 빌립이 말씀을 선포하고 기사와 이적을 행한 결과, 복음은 사마리아에서 놀라운 열매를 맺게 된다. 이때, 시몬은 엉뚱하게도 사도들의 신령한 은사를 돈을 주고 살 생각을 하게 된다. 베드로는 시몬의 이런 생각을 혹독하게 응징하였다.

8:26-40 빌립과 에디오피아 내시 그러는 동안, 남쪽으로 가고 있던 빌립은 에디오피아 여왕의 국고를 맡은 한 고위 관리를 만나게 된다(8:26-40). 그 에디오피아 사람은 유대교로 개종한 사람이었던 것 같다(그가 예배하러 예루살렘에 온 것이나 구약에 익숙했다는 점에 유의하라). 귀국하는 도중에 수레에 앉아 선지자 이사야의 글을 읽고 있던 그는, 그 뜻을 알지 못해 난감해 하고 있었다. 그 내시가 읽고 있던 부분은 '고난당하는 종'이 오실 것을 예언한 이사야 53:7-8이었다. 빌립은 그에게 다가가 그가 읽은 그 부분을 이해하는지 물었다. 그 에디오피아 사람은 빌립에게 그 본문을 설명해 달라고 요청하였다. 빌립은 이 본문뿐만 아니라 다른 본문들을 인용하여 예수 그리스도의 복음을 전하였다. 마침내, 그 에디오피아 사람은 그 자리에서 세례를 받기로 결심한다. 세례를 받은 그는 기쁘게 가던 길을 갔다.

9:1-19 사울이 회심하다 그러나 더 중요한 회심 사건이 우리 눈앞에 기다리고 있다. 이제 누가는 이야기를 사울로 옮겨 간다. 사울은 교회를 진멸하려고 하였다. 그는 교회를 흩어지게 하는 데는 성공하였지만, 결국 그 덕분에 복음은 예루살렘을 넘어 멀리까지 퍼져 가게 된다. 계속하여 기독교를 제거하려고 시도하던 사울은 예루살렘으로부터 다메섹으로 시선을 돌렸다(9:1-19). 다메섹에서 늘어만 가던 그리스도인들을 제거하기 위해 그곳으로 향하던 사울은 행로에서 부활하신 예수 그리스도를 만나는 체험을 한다. 그는 자신을 부르는 그리스도의 소리를 들었다. 그리스도는 사울에게 왜 자신을 핍박하느냐고 물으셨다. 환상에 눈이 멀어 버린 사울은 동행에 이끌려 다메섹으로 갈 수밖에 없는 처지가 되었다.

한편, 다메섹에 있던 그리스도인 아나니아는 환상 속에서 사울의 모습과 그가 있는 곳을 보게 된다. 아나니아는 장차 주의 '택하신 도구가 되어 이방인들에게 주의 이름을 전하게 될'(9:15) 사울을 돌보아 주라는 명령을 받는다. 사울을 찾아간 아나니아는 그에게 안수하여 다시 앞을 보게 해주었다. 사울은 새 신앙을 받아들인 상징으로 세례를 받는다. 기사에 따라 조금씩 내용의 차이가 있지만, 바울의 회심 기사는 사도행전에 세 번이나 등장한다(22:3-16, 26:9-18도 함께 참조하라). 또 그의 회심 기사는, 축약된 형태이긴 하지만, 바울 자신이 쓴 글에서도 찾아볼 수 있다(갈 1:13-17). 갈라디아서의 기사가 간결한 것은, 독자들이 자신의 회심 이야기를 널리 알고 있을 것이라고 생각한 바울이 그 기사를 다만 자신의 사도직을 변증하는 근거로 사용하려 했기 때문이다.

9:20-31 사울이 다메섹과 예루살렘에서 복음을 전하다

한때 교회를 핍박하였던 사울은 그렇게 하여 교회를 수호하는 자가 되었다. 사울은 감히 반박조차 할 수 없을 정도로 예수가 메시아이심을 확실하게 증명해 보였다. 이 사실은 그의 배경을 알던 사람들에게 놀라움을 안겨 주었지만, 동시에 다메섹의 유대인들을 분노케 하였다. 그 지역에 머무는 동안, 사울의 고매함과 지혜는 눈에 띄게 성장하였다(다른 곳에서, 그는 무려 3년의 시간을 다메섹에서 보냈다고 이야기한다: 갈 1:17-18). 결국, 그는 한때 그의 동지였던 사람들로부터 살해 위협을 받게 된다. 자신을 죽이려는 음모를 알게 된 사울은 광주리에 몸을 숨긴 채 성벽을 타고 내려와 다메섹을 탈출하였다. 그는 예루살렘으로 가서 계속 복음을 전하였다. 하지만, 결국 신변이 위태롭게 된 사울은 다소로 피신할 수밖에 없었다.

9:32-43 베드로가 룻다와 욥바에서 일하다

이제 누가는 사울로부터 베드로 그 시선을 옮겨 간다(9:32-43). 베드로는 예루살렘 서북 지방인 욥바[지금의 얍파(Jaffa)]와 룻다 지역에서 복음 전파와 병 고침의 사역을 계속하였다. 그는 유대인들 사이에서 매번 병 고침의 이적을 행하였다. 그러나 큰 전환점이 다가오고 있었다. 이제까지 복음은, 헬라파든 아니면 히브리파든, 유대인들이 받아들였다. 그렇다면, 이방인들은 복음에서 소외되고 말 것인가? 이방인들도 복음의 은덕을 누릴 수 있는가 하는 문제가 점차 수면 위로 떠오르고 있었다.

10:1-48 고넬료가 베드로를 초청하다; 베드로가 환상을 보다

고넬료라는 한 로마 백부장이 베드로를 초청하면서, 이방인들에게도 복음을 전해야 하는가라는 문제가 베드로의 당면지사로 등장하게 된다(10:1-8). 고넬료는 유대인이 아니었지만, "하나님을 경외"하는 사람이었다. 당시에 '하나님을 경외하는 사람'이라는 말은 유대교로 공식 개종하지는 않았지만 유대교에 공감을 표시하는 이방인을 가리키는 표현이었다. 고넬료는 환상 속에서 베드로가 있는 곳을 알게 된다. 고넬료는 사람을 보내 베드로를 초청한다. 고넬료가 보낸 사람이 욥바에 이를 무렵, 베드로 역시 환상을 보게 된다(10:9-16, 아울러 11:5-14도 보라). 그는 그 환상 속에서 큰 보자기 같은 것 안에 다양한 짐승들이 들어 있는 것을 보았다. 이들 가운데 일부는 부정한 짐승이어서, 유대인들에겐 먹는 것이 금지되어 있는 것들이었다. 그러나 베드로는 그것들을 잡아먹으라고 명령하는 목소리를 듣게 된다. 그는 그 명령을 거부하였다. 부정하거나 불결한 것은 먹을 수 없다는 게 그 이유였다. 하지만, 그는 하나님이 지으신 그 어떤 것도 부정하거나 불결하다고 말할 수 없다는 대답을 듣게 된다. 베드로는 그 환상의 의미를 몰라 고민하였다. 바로 그때, 그는 자신을 기다리고 있던 고넬료의 심부름꾼들을 만나게 된다.

그 환상의 의미는 이내 밝혀졌다(10:17-48). 그 환상은 이방인들을 더 이상 불결한 이류 인간으로 다루어서는 안 된다는 하나님의 선언이었다. 베드로는 고넬료의 집에 도착하고 나서야 비로소 자신이 본 환상의 의미를 깨달았다. 고넬료는 이방인이었다. 유대의 율법은 이방인과 접촉하는 것조차 금지하고 있었다. 그러나 베드로는 이제 그런 장벽은 무너져 버렸다고 선언하였다.

"참으로 하나님은 사람의 외모를 보지 아니하시고 각 나라 중 하나님을 경외하며 의를 행하는 사람은 다 받으시는 줄 깨달았도다" (10:34-35).

베드로가 예수 그리스도의 죽음과 부활을 통하여 하나님이 이루신 위대한 일을 증언하자, 놀라운 일이 일어났다. 성령이 그의 말을 듣고 있던 모든 사람들에게 강림한 것이다. 유대인이나 이방인이나 가릴 것 없이 모든 이가 성령을 받는 일이 벌어진 것이다. 분명 거기 있던 모든 사람들이 똑같은 성령을 체험하였다. 성령은 유대인과 이방인을 구별하지 않으셨다. 성령을 받은 사람들은 자신들의 언어로 말하며 하나님을 찬양하였다. 베드로에게 남아있던 의심은 모두 사라졌다. 그는 거기 있던 이들에게 예수 이름으로 세례를 베풀었다.

11:1-18 베드로가 자신이 한 일을 설명하다
그러나 예루살렘 교회는 베드로가 이방인들에게 세례를 베푼 이 일을 선뜻 받아들이지 않았다. 그들은 베드로를 불러 그 경위를 설명하라고 요구하였다. 그들은 베드로가 이방인의 집을 방문(이는 유대인들이 불결하게 여길 일이었다)한 이유를 따졌다. 유대인인 그리스도인들은 베드로가 모세의 율법 중 일부를 명백히 위반하였다며 분노하였다 (11:1-3). 베드로는 자신이 욥바에서 본 환상과 그 환상을 본 뒤에 벌어진 일들을 자세히 설명하였다(11:4-14). 베드로의 생각은 분명하였다. 어느 누구도 하나님을 거역할 수 없다. 하나님이 유대인에게나 이방인에게나 똑같은 선물을 주셨다면, 아무리 베드로라 한들 무슨 권리로 하나님이 하신 일을 인정하지 않을 수 있단 말인가? 신자들은 베드로의 말에 공감하였다. 나아가 그들은 하나님이 이방인들에게도 그리스도의 크신 은덕을 나누어 주신 것을 기뻐하였다(11:15-18).

11:19-30 안디옥 교회 여기서 우리는 이전에 사울이 주도한 핍박이 가져온 몇 가지 결과들을 만나게 된다. 제자들은 이 핍박을 피하여 사방으로 흩어졌다. 그러나 이 핍박으로 말미암아 복음은 오히려 더 급속히 확장되었다. 교회사에서 종종 그런 사례를 목격할 수 있듯이, 핍박의 시기는 오히려 확장의 호기가 되었다. 핍박 때문에 흩어진 제자들은 안디옥 지역에 그리스도인들의 공동체를 세웠다(11:19-30). 이런 발전은 선교 전략 면에서 중요한 의미를 갖고 있다. 당시 로마 제국의 중심 도시는 세 곳이었다. 그중 으뜸은 단연코 로마였다. 제국에서 두 번째로 큰 도시는 애굽의 알렉산드리아였다. 세 번째로 큰 도시가 바로 안디옥이었다. 시간이 흘러가면서, 복음은 이 세 곳에서 모두 굳건한 토대를 구축하게 된다. 당시 로마 제국의 동부 지역 정세에 밝은 독자라면, 안디옥에 그리스도인의 공동체가 세워진 이 사건이 얼마나 중요한 일이었는지, 또 다른 지역에서 핍박받던 그리스도인들에게 얼마나 큰 위로를 가져다 주었을지 쉽게 깨달을 수 있을 것

이다. 여기서 우리는 안디옥과 관련된 또 하나의 중요한 발전을 목격하게 된다. 바로 이 안디옥에서 "그리스도인"이라는 말이 신자들을 가리키는 명칭으로 처음 사용된 것이다(11:26). 그때까지만 해도 신자들을 여러 가지 이름으로 불렀지만, 이후로는 이 "그리스도인"이라는 말이 널리 사용된다.

12:1-19 베드로가 감옥에서 벗어나는 기적을 체험하다 당시 유대인 공동체 내에는 급속히 성장하는 교회를 위협으로 간주하는 사람들이 많이 있었다. 교회의 급속한 성장은 로마가 유대 땅을 다스리는 것을 지지하던 유대인 집단인 헤롯당원들에게도 큰 관심사였다. 누가는 여기서 특히 헤롯당원들과 관련된 여러 가지 새로운 양상들을 기록하고 있다(12:1-25). 본문의 "헤롯 왕"은 세례 요한을 참수하였던 그 헤롯의 조카인 아그립바(Agrippa) 1세를 가리킨다. ('헤롯'이라는 말은 헤롯 가문의 특정한 구성원을 지칭하지 않고, 널리 헤롯 왕가의 구성원들을 통칭하는 말로 사용되기도 하였다.) 요한의 형제 야고보(마 4:21)를 죽인 헤롯은 베드로도 예수와 똑같은 방식으로 처리하려고 시도한다. 유월절에 베드로를 공개 재판에 붙이려 한 것이다. 이 재판의 결론은 물어보나마나 사형이었다. 어쩌면 십자가형일 수도 있었다. 그러나 이 시점에 베드로가 죽임을 당하는 것은 하나님의 뜻이 아니었다. 하나님은 베드로를 구원하사, 그의 쇠사슬을 벗겨 내시고 그를 감옥에서 풀어 주셨다. 헤롯은 이 일을 알고 격노하였다.

12:20-23 헤롯이 죽다 이어서 누가는 헤롯의 죽음을 기록하고 있다(12:20-23). 헤롯은 베드로가 감옥에서 풀려난 때로부터 얼마 뒤에 죽은 것 같다. 누가는 베드로가 옥에서 풀려난 사건과 헤롯의 죽음 사이에 시간의 간격이 있음을 암시하고 있다(12:19).* 주후 44년, 헤롯은 로마 황제 글라우디오**를 기념하는 축제를 열던 중, 백성들로부터 신으로 떠받들어지게 된다. 그러나 헤롯은 이런 백성들을 제지하려 하지 않았다. 그는 즉시 중병이 들어, 며칠 뒤에 죽고 만다. 누가의 이 기록은 유대인 역사가인 요세푸스의 기록과 일치한다. 누가를 역사가로서 신뢰할 수 있다는 점을 다시 한 번 확인할 수 있는 대목이다.

12:24-25 기독교가 계속하여 뻗어나가다 복음을 억압하려는 온갖 시도가 있었지만, 기독교는 줄기차게 뻗어나갔다. 사도행전의 나머지 부분은 한 사람의 사역에 초점을 맞추고 있다. 그는 자신의 동역자들과 함께 하나님의 도구가 되어 이 복음을 지중해 동부 지역 전체에 퍼뜨렸다. 그가 바로 사울이다. 우리는 곧 이 사울을 더 친숙한 이름인 바울로 만나게 된다(13:9). 로마 제국의 세 번째 도시에 발판을 마련한 복음은 쉼없이 전진하여 제국의 최대 도시인 로마에 뿌리를 내

---

* NIV는 19절 말미에 '잠시 동안'(a while)이라는 말을 기록해 놓았는데, 이는 희랍어 원문에 없는 말을 첨가해 놓은 것이다.
** 네로 게르마니쿠스 티베리우스 클라우디우스(Nero Germanicus Tiberius Claudius, 재위 41-54년)를 말한다. 중병의 후유증으로 자신이 신임을 주장하며 폭정을 일삼다가 칼에 찔려 죽은 칼리굴라의 뒤를 이어 황제가 되었으나, 자신의 황후이자 폭군 네로의 생모인 아그립피나에게 독살 당하였다. 참고. 에드워드 기번, 「로마제국 쇠망사 I」, 365.

리게 된다. 바울 자신은 로마에 복음을 전할 책임을 맡지 않았다. 하지만, 그는 주후 57년 봄쯤에 로마의 교회에 편지를 썼으며, 주후 59년 봄에는 드디어 로마로 가 그곳의 교회로부터 환영과 후원을 받게 된다. 그러나 이것은 아직 미래의 일이었다. 우리는 다시 누가의 기사로 시선을 돌려, 안디옥으로 돌아가 보자.

사도행전 13:1-28:31
복음이 안디옥으로부터 로마까지 퍼져 가다
13:1-3 바나바와 사울을 보내다 교회의 지도자들이 주를 섬겨 금식할 때, 성령이 바나바와 사울에게 특별한 사명을 맡겨 주를 위해 일하게 하시는 일이 일어났다(13:1-3). 교회의 지도자들로부터 안수를 받은 바나바와 사울은 설교와 가르침과 복음을 전하는 여행을 떠나게 된다. 이것이 바울의 첫 번째 선교 여행이다(13:4-15:35). 이 선교 여행은 대략 주후 46년부터 48년까지 이루어진 것 같다. 이 무렵, 바울의 나이는 44세쯤 되었을 것이다. 그가 회심한 뒤, 14년이라는 세월이 흘러간 셈이다. 14년의 세월 동안, 그는 주로 수리아 지역에서 선교 사역에 전념하였다(갈 1:21). 이제 그는 더 막중한 선교 사업을 감당할 자로 부르심을 받은 것이다. 바울과 바나바의 이번 여행에는 마가 요한(13:5에서는 '요한'이라고 부르지만, 대개 '마가'라는 이름으로 더 많이 알려져 있다)이 동행하게 된다. 마가는 바나바의 생질(甥姪)이었으며(4:10), 일반적으로는 마가복음의 저자로 널리 알려져 있다.

13:4-52 구브로와 비시디아 안디옥에서 전도하다 주후 46년, 이 세 여행자들은 오늘날 터키 지역에 해당하는 지중해 동북부 지역, 그러니까 소아시아 남부 해안으로 길을 떠난다. 그들은 먼저 구브로(Cyprus)로 갔다(13:4-12). 이 여행의 초기 단계에서, 바울은 "육체의 가시"(고전 2:3; 고후 12:7)로 말미암아 고통을 겪는다. 이 "육체의 가시"는 아마 말라리아와 같은 질병이었던 것 같다. 물론, 누가는 이런 내용을 여기서 언급하지 않는다. 이 단계에서 마가는 바나바와 바울을 떠나 예루살렘으로 돌아간다(13:13). 그가 돌아간 이유는 확실치 않다. 어쨌든, 바울과 바나바는 여행을 계속하여 갈라디아 속주에 있는 안디옥에 이르게 된다. 사람들은 이 안디옥을 수리아 지방에 있는 또 하나의 안디옥과 구별하여 "비시디아 안디옥"이라고 부른다(13:14-52).

바울은 비시디아 안디옥에 머무는 동안 안식일에 그 지역 회당에서 설교하면서, 예수가 오랫동안 기다려 왔던 그 메시아이심을 선포하였다. 그는 하나님이 예수 그리스도를 통하여 모세의 율법이 가져다줄 수 없었던 죄의 용서를 베풀어 주셨다고 선언하였다. 바울의 설교는 열렬한 반응을 불러왔다. 사람들은 바울에게 그 다음 안식일에도 같은 회당에서 다시 설교해 달라고 청하였다. 몇몇 사람들은 다음 안식일까지 기다리지 못하고 바울과 바나바를 찾아가 더 많은 이야기를 나누고자 하였다. 이 일을 알게 된 그 지역의 몇몇 유대인 지도자들은 분개하였다. 결국 그들은 사람들을 선동하여 바울과 바나바를 그 지역에서 쫓아냈다.

14:1-28 이고니온에서 전도하다; 다시 수리아 안디옥에서 전도하다 이고니온에서도 똑같은 양상이 반복되었다(14:1-6). 사도들은 루스드라와 더베 근처에서 신으로 오인받을 정도로 열렬한 호응을 얻는다. 하지만 그들

은 복음을 전하면서 자신들을 신으로 떠받들려는 움직임을 단호하게 물리쳐 버린다(14:7-18). 이 지역에서는 바울을 돌로 쳐서 죽이려 할 정도로 유대인들의 반대가 더 맹렬하였다(14:19-20). 그러나 바울은 이에 굴하지 않고 그 지역에 그리스도인들의 조그만 공동체를 세운다. 그런 다음, 바울은 자신이 이미 세웠던 공동체들을 다시 방문한다. 그렇게 그는 자신이 거쳐 온 길을 되짚어 안디옥까지 가게 된다(14:21-28). 이제 복음은 팔레스타인 밖에도 견고히 뿌리를 내리게 된 것이다.

15:1-40 예루살렘 공의회 그러나 팔레스타인 내부의 상황은 점점 더 어려워지고 있었다. 교회 내부에서 의견 분열이 수면 위로 떠오르기 시작하였다. 대립의 초점은 할례 문제였다. 교회 내의 어떤 무리는 남자 그리스도인들이 반드시 할례를 받아야 한다고 주장하였다. 사실, 이들은 기독교를 당대 유대교의 모든 면을 긍정하는 종교로 보았던 것 같다. 이들이 보기에 기독교에는 예수가 바로 메시아라는 믿음 한 가지만 추가되어 있을 뿐이었다. 이들은 할례받지 않은 남자는 구원받을 수 없다고 보았다(15:1). 바울

바울의 첫 번째 선교 여행

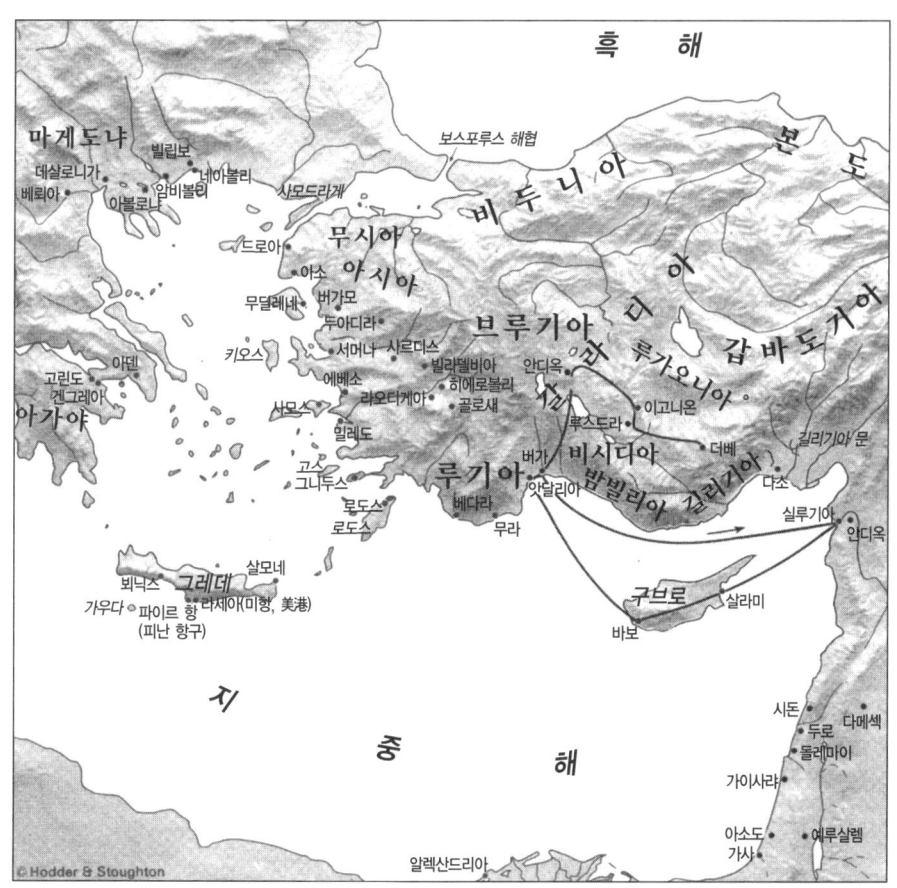

이 없는 동안, 교회 내의 상황은 심각한 지경에 이르러 분열의 위험마저 느껴질 정도였다.

바울과 바나바는 이 문제를 해결하고자 안디옥을 떠나 예루살렘으로 간다. 누가는 여기서 기독교회 최초의 공의회 장면을 상세히 설명하고 있다. 주후 49년에 열린 예루살렘 공의회가 바로 그것이다(15:2-29). 처음에 공의회를 주도한 이들은 회심한 바리새인들이었다. 그들은 할례 규정을 포함하여 모세의 율법을 따라야 한다고 주장하였다. 그러나 바울은 복음이 이방인들 사이에 놀라운 영향을 끼쳤음을 보고하였다. 이 때문에 참석자들은 모세 율법을 지켜야 한다는 주장이 과연 지혜로운 것인지 의문을 갖게 된다. 복음으로 그토록 많은 이방인들을 얻을 수 있다면, 공연히 불필요한 율법을 내걸어 그들 앞에 걸림돌을 놓을 필요는 없다는 주장이 설득력을 발휘하였다. 바울은 우상에게 바친 음식을 피해야 한다는 점에는 동의하였다. 바울은 이 문제를 그가 쓴 서신에서 따로 다루고 있다(고전 8:7-13). 그러나 그는 구원을 얻는 데 할례는 필요치 않다고 주장하였다. 바울의 이 주장은 광범위한 지지를

바울의 두 번째 선교 여행

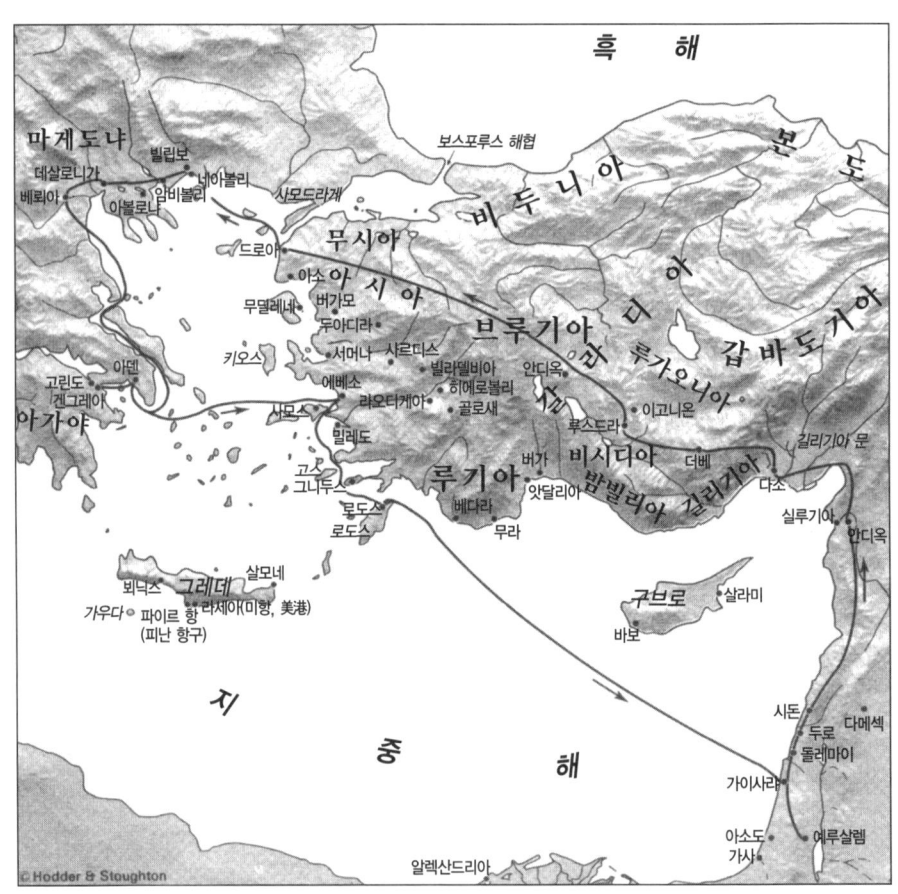

400

얻었다. 서신으로 집약된 그의 주장은 안디옥에서 널리 회람되게 된다(15:30-35).

이론 차원에서는 쟁점들이 해결되었다. 하지만, 이후에도 많은 교회들은 실제 삶과 직결된 여러 문제들에 부닥치게 된다. 이런 문제들은 복음이라는 새 포도주가 유대교라는 낡은 가죽 부대와 계속 충돌을 빚게 되면서 벌어진 결과였다. 바울은 팔레스타인에서 구원에 율법 준수가 필요한가의 문제를 해결한 뒤, 이 결정을 자신이 개척한 교회들에게 확실히 알리고자 갈라디아로 돌아갈 것을 결심한다. (실제로, '구원에 율법 준수가 필요한가'라는 쟁점이 바울이 쓴 갈라디아서의 중심 내용을 이루고 있다는 것을 유념할 필요가 있다.) 이리하여, 주전 50년부터 52년까지 이어진 바울의 두 번째 선교 여행이 펼쳐진다(15:36-18:22). 처음에 바울은 바나바와 동행하길 원했다. 하지만 바나바는 마가를 데리고 가고자 하였으나 바울은 마가와 동행하는 것을 거부하였다. 바울이 거부한 이유는 확실치 않다. 아마도 첫 번째 선교 여행에서 마가가 중도에 예루살렘으로 돌아간 일 때문이 아닌가 싶다.

16:1-15 디모데가 바울과 실라에게 합류하다
일행은 먼저 육로로 갈라디아로 갔다(15:36-41). 그들이 루스드라에 이르렀을 때, 장차 바울의 가장 신실한 동역자가 될 디모데가 일행에 합류한다(16:1-5). 그런 다음, 그들은 소아시아의 서북단 지방으로 나아갔다. 그들이 고대 도시 트로이 근방의 드로아에 이르렀을 때, 누가가 합류한다. 그가 바로 이 선교 여행에서 벌어진 많은 사건들을 직접 목격한 주요 증인이다(여기서부터 '우리'라는 말이 사용된 기사가 많이 등장한다는 점에 유의할 필요가 있다). 에게 해를 건넌 그들은 마침내 마게도냐 땅에 발을 딛는다. 그들은 로마의 큰 식민시(植民市)였던 빌립보에서 얼마 동안 머문다. 이를 통해 유럽 대륙이 처음으로 복음을 듣게 되었다. 여인으로서 부유한 옷감 상인이던 루디아가 예수를 믿고 세례를 받은 곳도 바로 이 빌립보였다(16:13-15). 이후로 루디아의 집은 계속하여 이 지역 선교의 거점 역할을 하게 된다. 때문에, 바울이 이 도시에 머물면서 자신이 개척했던 교회들에게 편지를 써 보낸 것은 어쩌면 당연한 일이었을 것이다.

16:16-17:10 바울과 실라가 옥에 갇혔다가 풀려나다 바울 일행의 선교가 성공을 거두자, 반발도 따라 일어났다. 결국, 바울과 실라는 옥에 갇히게 된다(16:16-40). 하지만 시 당국은 그들이 로마 시민임을 알고, 황급히 그들을 풀어 주었다. 바울과 실라는 루디아의 집으로 돌아갔다가 데살로니가 지방으로 갔다. 여기서 바울은 잠시 장막 만드는 일을 하게 된다(살전 2:9).* 그 지역에서 선교 활동을 하는 동안 스스로 생계를 마련하려 한 것이다. 바울은 그 지역 회당에서 설교하였다(17:1-9). 그 결과, 이 지역에도 교회가 세워지게 된다(나중에 바울은 이 교회들에게 데살로니가전서와 후서를 써 보낸다).

---

* '장막 만드는 일을 하는 사람'은 희랍어로 '스케노포이오스'다. 이 '스케노포이오스'가 정확히 어떤 일을 하는 사람인지는 분명치 않다. 그가 장막 자체를 만드는 사람인지, 아니면 만들어진 장막 재료로 장막을 세우는 사람인지는 확실치 않다. 유력한 희랍어 사전은 '연극장이나 곡예장에서 사용될 무대 비품이나 장막을 만드는 사람'으로 보고 있다(다/928-929).

17:10-34 베뢰아와 아덴에서 전도하다

바울 일행은 베뢰아를 거쳐(17:10-14), 마침내 아덴(Athens)에 도착한다. 아덴은 당대 세계 지성의 중심지였다(17:15-34). 당시 아덴은 최신 사상과 지식이 잠시 잠깐 사이에 수없이 명멸하는 도시로 유명하였다. 아덴 사람들은 바울이 전하는 복음조차도 뭔가 흥미로운 새 사상의 단서로 보았던 것 같다. 바로 이 아덴에서 바울은 그 유명한 아레오바고(Areopagus, 희랍 신화에 나오는 전쟁의 신 '아레스'를 섬기던 언덕) 설교를 하였다. 바울은 자질구레한 신학 논증을 펼치지 않았다. 오히려 그는 온 인류를 다스리시는 창조주 하나님이 계심을 아는 것은 인류 공통의 지식이라고 선언한다. 그렇다면, 이 하나님은 누구시며, 이 하나님을 어떻게 알 수 있는가? 이어서 바울은 이 문제를 이야기한다. 바울은 아덴 시민들이 '알지 못하는 신'에게 바친 제단을 언급하면서, 아덴 시민들이 알지 못한 채 예배하는 그것이 사실은 알 수 있는 분이라고 선언한다. 이렇게 복음의 초석을 놓은 바울은 그곳 시민들에게 회개해야 한다는 점을 역설한다. 그것은 기독교가 전하는 기본적인 메시지였기 때문이다. 바

바울의 세 번째 선교 여행

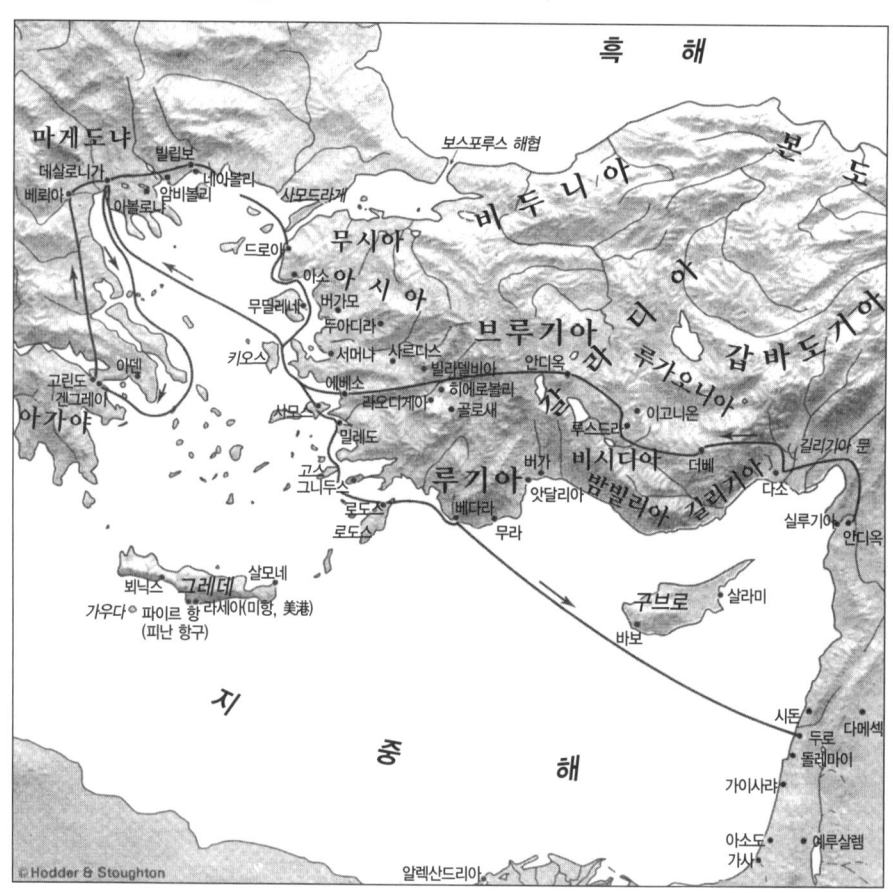

울의 말을 받아들인 사람들도 아주 열광하며 받아들이지는 않았다. 하지만, 이제 아덴에서도 복음이 선포되었다.

18:1-28 고린도에서 전도하다 바울은 아덴 사람들에게 편지를 쓰지 않았다. 아덴에는 교회도 세우지 않았던 것 같다. 하지만, 바울은 아덴 남쪽에 있는 항구 도시 고린도에서 열렬한 호응을 얻는다(18:1-28). 당시 거대한 항구 도시였던 이 고린도에서 많은 사람들이 복음을 영접하였다. 그 지역의 유대인 공동체에 속한 사람들뿐만 아니라, 이 유대인들보다 훨씬 더 많은 수의 이방인들이 복음을 받아들였다. 바울은 고린도에서 18개월을 머물렀다. 마게도냐 지역 교회들이 잘 자라가고 있다는 소식에 고무된 바울은 데살로니가의 그리스도인들에게 두 개의 서신을 써 보냈다. 브리스길라와 아굴라가 힘을 보태면서 상당한 규모로 성장한 고린도 교회는 유대인과 이방인 회심자들 모두를 끌어들였다.

19:1-41 바울이 에베소에서 전도하다 그러나 바울은 다른 곳에도 말씀을 전하고 싶어 했다. 주후 53년경, 바울은 세 번째 선교 여행을 떠난다(18:23-21:17). 애굽의 도시 알렉산드리아 출신의 아볼로가 회심한 사건은 다른 지역의 선교 활동에 새 힘을 불어넣었다. 하지만, 아볼로는 복음의 요체 중 많은 부분을 빠뜨렸던 것처럼 보인다. 많은 사람들이 아볼로의 설교를 듣고 예수가 그리스도이심을 고백하였다. 그러나 아볼로는 성령이라는 선물은 언급하지 않았던 것 같다. 이를테면, 아볼로는 세례를 정결케 된 것을 겉으로 드러내는 표지 정도로 이해했던 것 같다. 그는 성령으로 새롭게 된다는 것이 무엇인지 이해하지 못하고 있었던 것으로 보인다. 그러나 깨닫지 못했던 것을 깨닫게 된 아볼로는 고린도에서 중요한 선교 사역을 감당하는 사람이 되었다.

반면, 바울은 이제 에베소에서 복음을 전하게 된다. 에베소는 우상 숭배의 본산으로서 아데미(Diana, 아르테미스) 숭배의 중심지였다.* 아데미를 섬기는 제의(祭儀)를 후원한 이들은 아데미 숭배를 생업의 밑천으로 삼고 있던 그 지역 상인들이었다. 하지만, 바울이 복음을 전하면서, 우상 숭배의 본산이던 에베소는 기독교회의 본산으로 탈바꿈하게 된다(19:8-20). 그러나 이는 수월하게 이루어진 일이 아니었다. 그 지역의 은장색(銀匠色)들이 소요를 선동하려고 했기 때문이다. 그러나 그 사태는 그 지역 관원들의 중재로 수습되었다(19:23-41).

20:1-21:16 예루살렘 교회 바울은 이제 예루살렘 교회로 그 관심을 돌린다. 그는 예루살렘 교회의 일을 돕고 싶어했다. 바울은 예루살렘 교회의 사역을 도울 연보를 모으고자 뭍길을 통하여 예루살렘으로 간다(20:1-16). 바울은 에베소 근방의 밀레도에 이르러, 에베소 교회의 지체들을 불러 모아 고별 설교를 한다(20:17-38). 바울은 예루살렘으로 가던 중에, 그곳에서 자신을 기다리고 있는 여러 역경들을 알게 된다. 행로 중에 바울은

---

* 때로는 달의 여신, 때로는 전사들의 수호신 역할을 했던 희랍 신화 속의 여신이다. 아르테미스에게 제사를 드릴 때, 인간을 제물로 드리는 경우도 있었다고 한다. 참고. 피에르 그리말, 「그리스 로마 신화 사전」, 최애리 등 역(서울: 열린 책들, 2005), 256-257.

대적들이 자신 앞에 기다리고 있다는 경고를 잇달아 받는다(21:1-16). 하지만, 예루살렘에 도착한 바울은 그 성의 그리스도인들로부터 따뜻한 영접을 받는다(21:17-26). 그 지역의 교회 지도자들은 바울에게 유대의 율법을 존중하고 그 율법을 범하지 말라고 권고하였다. 그의 행동에서 볼 수 있듯이, 그는 이 지도자들의 권면을 받아들였다.

그러나 바울의 이런 노력도 소용이 없었다. 얼마 지나지 않아, 바울은 예루살렘 지역의 유대교 광신자들에게 증오의 표적이 된다. 바울을 해치려는 군중들은 이제 통제할 수 없는 지경이 되었다. 예수를 체포한 뒤 재판하는 광경을 묘사한 복음서의 장면과 흡사한 상황이 벌어진 것이다. 그 지역의 로마군 지휘관은 바울을 체포하라고 명령하였다(21:27-36). 바울은 아람어로 자신을 변호하려 하였지만, 오히려 군중들의 분노를 부채질하는 결과를 가져왔을 뿐이다(21:37-22:21). 바울은 이 변론에서 자신이 정통 유대인임을 설명한 뒤, 자신의 회심 경위를 이야기하였다. 처음에는 상황이 호전되는 것 같았다. 그러나 바울이 이방인들에게 이 복음을 전하는 것이 자신의 사명임을 말하는 순간(22:21), 분위기는 급변하였다. 결국, 군중들은 통제할 수 없는 지경이 되었다. 산헤드린 앞에서 자신을 변호하려던 바울의 노력도 부활을 둘러싼 바리새인과 사두개인의 갈등을 초래하였을 뿐이다. 이 때문에 다시 소요가 일어났다.

22:22-24:1 바울이 구금되다 로마군 지휘관은 바울의 안전을 염려하여 그를 구금한다. 그런 다음, 그를 호위하여 유대를 관할하는 로마 총독의 집무지인 가이사랴로 보낸다(22:22-23:33). 바울은 가이사랴에서 구금당한 채 2년의 세월(주후 56-58년)을 보내게 된다. 바울이 구금되어 있는 동안, 유대인의 반란을 잔혹하게 진압한 로마 총독 벨릭스(Antonius Felix)는 본국으로 소환되고, 그 자리를 베스도(Porcius Festus)가 대신하게 된다.

24:1-27 바울이 벨릭스에게 재판을 받다 처음에 바울은 벨릭스에게 재판을 받았다. 이 재판에서는 어떤 확정 판결도 내려지지 않는다. 이 재판 기사에는 바울의 회심 기사가 세 번째로 등장하며, 기독교에 어떤 적대감도 드러내지 않는 로마의 고위 관리 벨릭스의 모습도 나온다. 벨릭스는 반란의 위험성이 높은 자신의 관할 지역에서 기독교가 영향력을 확장해 가는 것을 우려하고 있었던 것이 분명하다. 그런 그도 기독교의 기본 사상은 문제 삼지 않았다. 이 점은 로마인들이 많은 수를 차지하고 있었을 누가의 독자들에게 중요한 의미가 있었을 것이다. 어쩌면 "데오빌로" 자신도 이런 독자 중에 들어 있었을 것이다.

25:1-12 바울이 베스도에게 재판을 받다 벨릭스가 로마로 소환되면서, 바울의 재판은 연기되었던 것 같다. 이태가 지난 뒤에 베스도가 벨릭스의 뒤를 이어 부임하면서(24:27), 재판이 속개되었다. 분명 유대인 지도자들은 바울을 심각한 위협으로 간주하고 있었다. 그들은 억지로라도 그 재판을 신속히 진행시킬 방안을 강구하려 하였다(25:1-12). 그러나 바울은 자신의 대적들보다 한 수 위였다. 바울은 자신을 예루살렘 종교 재판에 회부하려고 시도하는 유대인 지도자들의 속내를 간파하고, 자신이 로마에게 어떤 죄도 짓지 않았다는 점을 강조하였

다(이 점 역시 이 책을 읽는 로마인 독자들에게 중요한 의미가 있었을 것이다). 당시 모든 로마 시민은 로마의 법정에서 황제나 황제의 대리인에게 재판받을 특권을 갖고 있었다. 로마 시민이었던 바울은 자신에게도 그런 권리가 있다는 것을 주장하였다.

25:13-26:32 아그립바 왕

재판을 어떻게 진행해야 할지 막막하던 베스도는 마침 친선 목적으로 그곳을 방문하고 있던 헤롯 아그립바 2세(그는 이름만 '왕'이었지, 실상은 허울뿐인 왕이었다)에게 조언을 구한다(25:13-27). 직접 바울의 이야기를 듣고 싶었던 아그립바는, 바울을 불러 그의 변론을 듣게 된다(26:1-32). 바울은 다시 한 번 자신의 회심 경위를 설명한 뒤, 아그립바에게도 그리스도를 믿을 것인지 신중하게 생각해 보라고 권하였다. 아그립바는 바울의 말 속에서 어떤 반역 혐의도 찾을 수 없었다. 결국 그는 바울의 석방을 지지한다. 하지만 바울은 로마에서 재판받도록 해달라고 요구한다. 바울이 황제에게 상소한 이상, 바울 재판은 더 이상 베스도가 관할할 수 있는 문제가 아니었다. 바울은 로마로 가야만 했다. 누가의 로마인 독자들에게 이런 사태 진전은 역시 신중히 고려할 필요가 있는 부분이다. 바울이 로마로 가게 된 것은 그의 유죄가 증명되었기 때문이라기보다 순전히 재판 제도에서 연유한 결과였다.

27:1-28:10 바울이 해로(海路)를 통하여 로마로 떠나다

결국, 바울은 배를 타고 로마로 떠나게 된다. 그때가 주후 58년 후반쯤이다(27:1-28:10). 누가가 계속하여 "우리"라는 표현을 사용하고 있는 걸 보면, 누가도 바울의 로마행에 동행하였던 것이 틀림없다. 누가는 정직한 역사가다. 그는 사도행전을 기록하면서 자신이 직접 목격한 사실과 타인으로부터 전해 들은 사실을 독자들이 분명히 구분할 수 있도록 해놓았다. 수많은 난관을 겪은 끝에 결국 배가 난파되어 멜리데 섬에 표착한 사건을 기록한 바울의 로마행 기사는 성경 이야기의 백미(白眉)로 꼽힌다. 이 기사는 한 부분 한 부분이 마치 씨줄과 날줄처럼 얽혀 정교한 이야기를 이루고 있다. 결국 멜리데 섬에서 겨울을 지내야만 했던 바울 일행은 이듬해 봄이 되어서야 나폴리 만(灣)의 보디올에 도착한다. 일행은 지역 교회의 지체들로부터 환대를 받았다. 이 지체들은 제국의 동부 지방에서 로마로 오는 이 유명한 기독교 지도자를 기다리고 있었던 것이 분명하다. 바울 일행이 로마에 다다를 즈음, 로마에서 온 더 많은 그리스도인들이 일행을 환영하였다. 그들은 바울을 만나고자 먼 길을 달려온 사람들이었다.

28:11-16 바울 일행이 로마에 도착하다

이 시점이 지니고 있는 상징적 중요성을 과소평가해서는 안 된다. 바울은 이미 로마의 그리스도인들에게 위대한 편지(로마서)를 썼다(바울이 로마서를 쓴 것은 주후 57년 봄이었을 것이다. 따라서 바울이 로마에 왔을 무렵에는 이미 로마 지역의 교회들이 그 편지 내용을 잘 알고 있었을 것이다). 복음은 이미 이 '영원한 도시'에 견고한 토대를 구축하고 있었다. 바울의 동료 신자들이 그를 환대하고 보살펴 준 것만 보더라도, 로마 지역에서 복음의 영향력이 점점 커지고 있었음을 알 수 있다.

28:17-31 바울이 구금당한 채 로마에서 설교하다

바울은 비록 구금 상태에 있었지만,

바울의 로마행

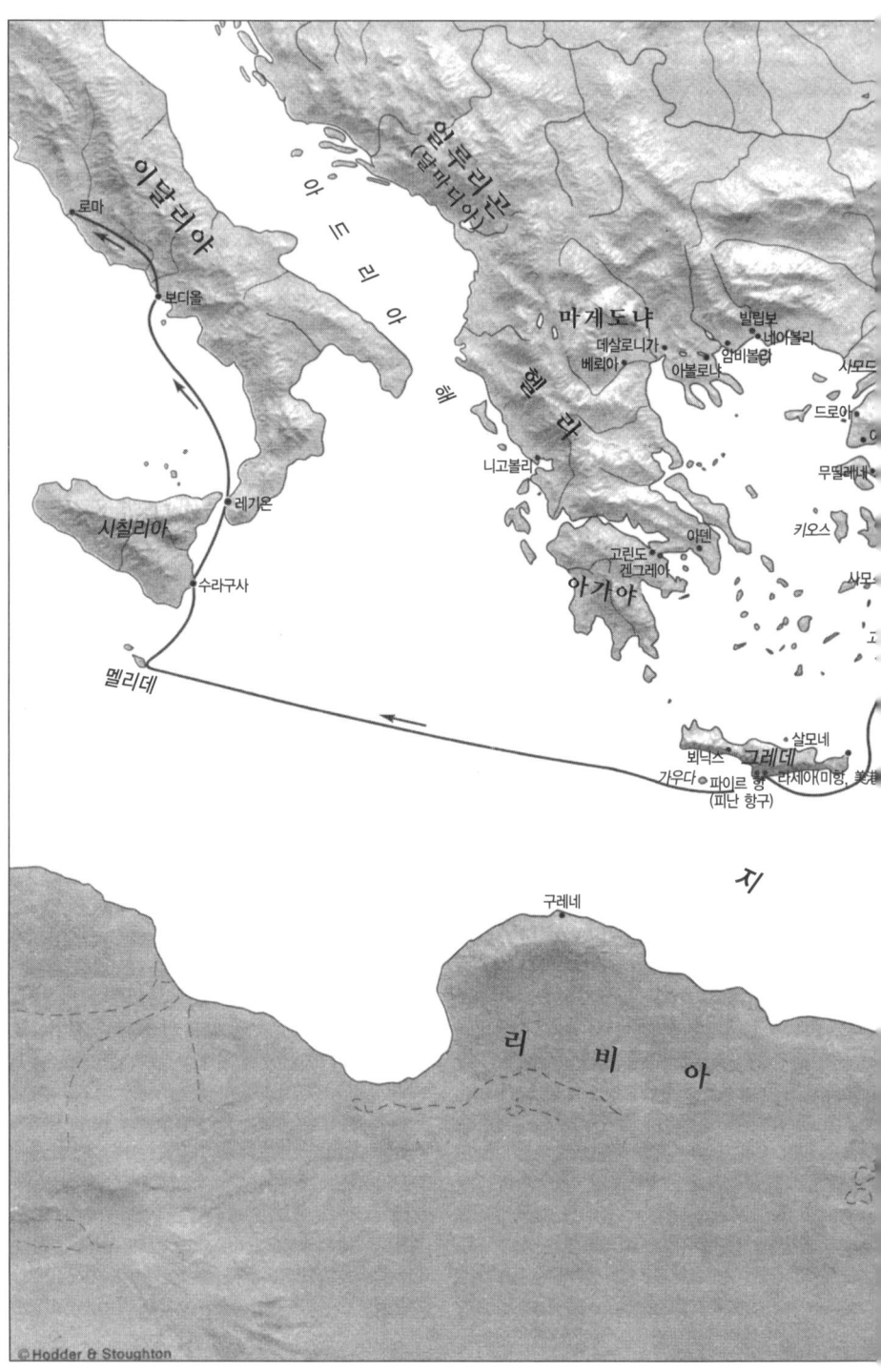

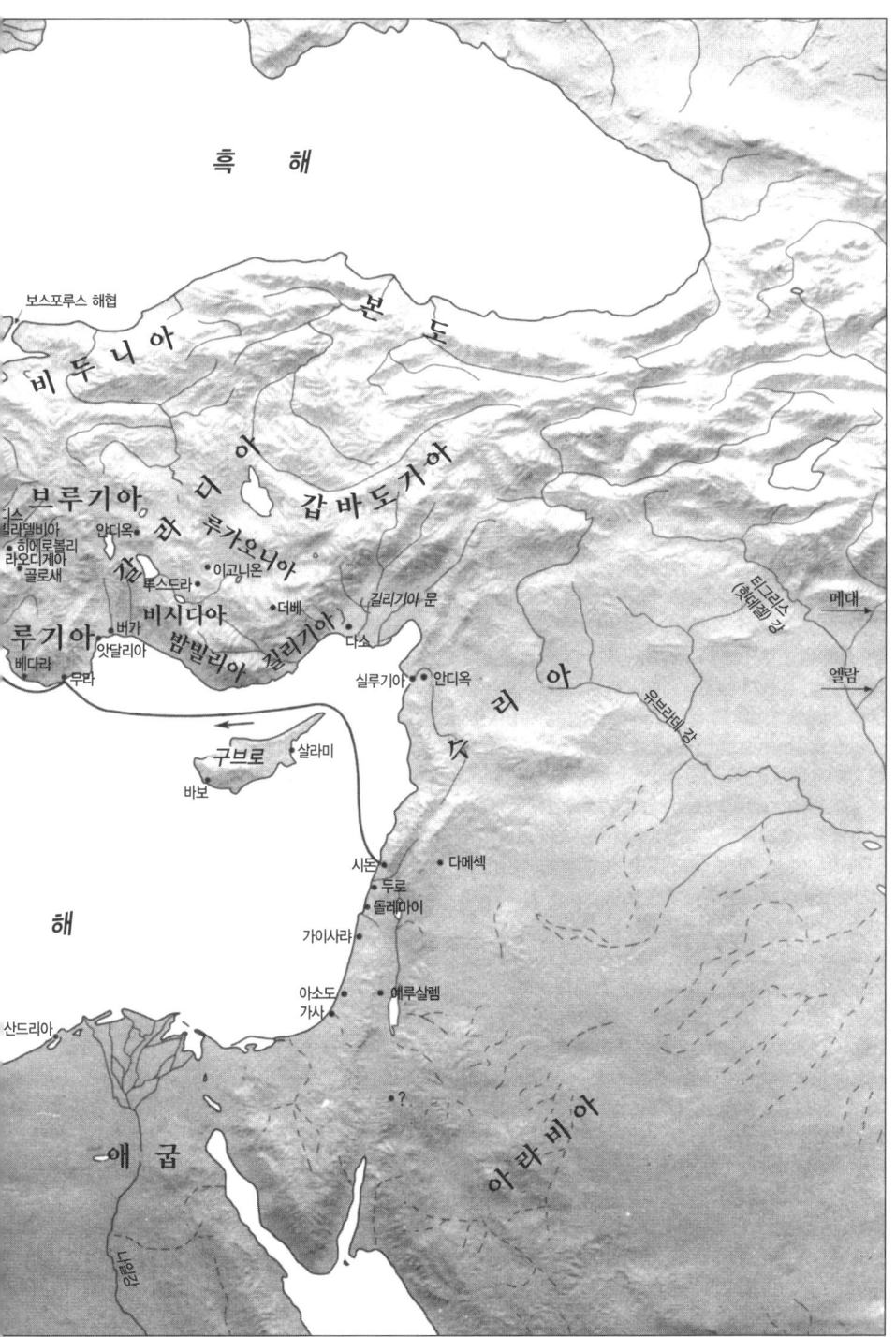

재판을 기다리는 동안에도 제법 자유로운 생활을 영위할 수 있었다. 바울은 늘 해오던 방식대로 자신의 주된 비판자인 유대인들에게 먼저 복음을 전하기 시작하였다(28:17-28). 바울은 설교를 통해서 예수의 오심이 율법과 선지자들*의 성취임을 강조하였다. 동시에 그는 유대교 당국자들이 오신 메시아를 배척한 것도 이스라엘의 완고함과 패역함을 말씀하였던 성경의 예언을 성취한 것이었다고 역설하였다. 이런 이유로 바울은 이방인의 사도라는 이름을 얻게 된다. 이 방인들은 바울이 전하는 말에 귀를 기울일 준비를 하고 있었다.

그런데, 여기서 갑자기 이야기가 끝나 버린다. 누가는 바울이 자유롭게 활동하고 설교했으며, 2년 동안 성공리에 선교 사역을 펼쳤다고 증언한다(28:30-31). 바울은 사실 자신을 고발한 자들의 고발장이 도착하기를 기다리고 있었다. 그래야 재판이 계속될 수 있었기 때문이다. 이렇게 재판에 계류 중인 상태였는데도, 바울은 자유롭게 그리스도를 전할 수 있었다. 그런데, 왜 여기서 사도행전은 덜컥 이야기를 끝내 버린 것일까? 대체 이후에는 어떤 일이 벌어졌을까?

이후의 일은 아무도 모른다. 바울이 쓴 몇몇 서신의 내용으로 볼 때, 바울은 자신이 이내 석방될 것이라고 기대했던 것 같다(빌 2:24; 몬 22절). 나아가 그는 로마 사역을 마친 뒤에 네 번째 선교 여행을 떠날 계획을 세웠을지도 모른다. 가령, 바울은 로마서에서 자신이 서바나(에스파냐)를 방문할 수도 있다고 언급한다(롬 15:24, 28). 신약 정경에 포함되지 않은 초기 기독교 문헌들에는 바울이 서바나에 갔다는 전승을 분명하게 알 수 있는 기록들이 들어 있다. 실제로 바울이 주후 61년이나 62년에 석방되었다면, 서바나에 선교 여행을 갔을 가능성도 배제할 수 없다. 실제로 바울이 쓴 목회 서신을 보면(딤전 1:3; 딤후 4:13, 20; 딛 1:5, 3:12), 누가가 바울의 선교 여행지로 기록하지 않은 지역들이 등장한다. 그레데, 니고볼리, 그리고 골로새 같은 지역들이다. 게다가 초기 교회 사가인 유세비우스(Eusebius)**는 바울이 첫 투옥 기간 이후에 석방되었다고 말하나, 우리는 그 사실여부를 확인할 수 없다.

다른 설명도 있다. 네로가 로마 황제로 있을 때, 로마의 그리스도인들은 큰 핍박을 받았다. 핍박이 진행되고 있던 주후 64년에는 많은 교회 지도자들이 순교한다. 베드로와 바울도 이때 순교하였다는 것이 정설이다. 누가의 로마인 독자들은 바울의 순교 사실을 알고 있었을 것이며, 그가 로마법을 어기지 않았다는 사실 역시 익히 알고 있었을 것이다. 바울이 순교한 이유는 단 하나, 예수 그리스도를 믿는 그의 믿음 때문이었을 것이다.

---

* 구약을 가리키는 표현이다.
** 희랍식으로는 '유세베오스'라고 읽는다. 260년에 가이사랴에서 태어나 340년에 세상을 떠났으며, 교회사의 비조로 불린다.

로마서

바울은 아마 이 서신을 주후 57년 초봄에 로마의 그리스도인들에게 써 보낸 것 같다. 이때, 그는 세 번째 선교 여행을 떠나 고린도에 머물고 있었다. 바울이 이 서신을 쓰기 전에 그 어떤 사도도 로마를 방문한 적이 없었다. 때문에 이 서신은 기독교가 가르치는 핵심 요소들을 로마의 교회에 그대로 전달하려고 한다. 바울 서신의 대부분은 바울 자신이 세웠거나 가르쳤던 교회들에게 써 보낸 것들이다. 그러나 로마의 교회는 바울과 같은 사람으로부터 가르침을 받은 적이 전혀 없었다. 그런 점에서, 로마서는 오늘날의 그리스도인들에게도 특별한 중요성을 갖고 있다.

1:1-7 서언 로마서는 자신이 사도임을 선언하는 바울의 말로 그 막을 연다(1:1). 이 서신의 주제는 예수 그리스도를 알리는 복음이다. 바울은 서두부터 이미 구약이 이 복음을 약속하였다는 점을 강조한다. 그는 복음이 결코 새것이 아니라고 강조한다. 오히려, 복음은 하나님이 오래 전부터 약속하신 것이요 그분의 백성들이 오랫동안 기다려 온 구원으로서, 구약 때부터 준비된 위대한 역사가 절정에 이른 것이다(1:2). 복음의 요체는 하나님의 아들이신 예수 그리스도에 관한 좋은 소식이다. 예수가 하나님의 아들이심은 그가 다윗의 혈통이시며, 죽은 자 가운데서 부활하셨다는 사실을 확증해 주고 있다(1:3-4). 바울은 모든 백성들에게 이 좋은 소식을 전하여 순종하게 할 사명을 받은 사람이었다. 그는 이 서신을 써 가면서 좋은 소식이 무엇인지 차근차근 설명한다.

1:8-15 바울이 로마에 가기를 간절히 원하다 바울은 먼저 같은 그리스도인인 독자들에게 인사말을 전한다. 이어서 자신이 전해 들은 로마 교회의 믿음에 기쁨을 표시하고는, 로마에 가서 그 교회 성도들에게 자신이 뭔가 유익을 줄 수 있기를 간절히 희구한다. 바울은 이미 다른 여러 곳에서 성도들을 섬길 수 있었다. 이제 그는 로마 제국의 심장인 로마로 가서, 복음이 지닌 온전한 풍성함을 선포하고 싶어한다. 바울은 자신을 국적과 지위의 경계를 넘어 모든 사람들에게 이 좋은 소식을 선포할 의무를 맡은 자로 여기고 있었다.

로마서 1:16-8:39
복음의 주요 주제들

바울은 자신이 얼마나 복음을 기뻐하는지 마음껏 표현하고 있다. 여기서 바울의 이 명백한 기쁨(1:16-17)을 눈치채지 못 하고 넘어간다는 건 어려운 일이다. 하나님의 능력은 모든 믿는 자가 구원을 얻도록 역사하신다. 바울이 '모든 자'라는 말을 강조하고 있다는 것에 유의할 필요가 있다. 그 어떤 사람도 복음의 길을 가로막을 수 없다. 하나님은 모든 믿는 자에게 당신의 의를 베풀어 주신다. 바울이 이 서신에서 계속 설명하겠지만, 하나님이 주시는 이 의의 덕택에 복음을 믿는 사람은 하나님과 올바른 관계를 가질 수 있게 되었다. 구약의 하박국 선지자는 "의인은 그의 믿음으로 말미암아 살리라"(합 2:4)고 기록하였다. 바울은 죄인을 의롭다고 인정해 주시는 이 위대한 복음이 바로 하박국 선지자의 이러한 이상을 이뤄 주신 것으로 여긴다.

1:18-32 하나님이 인류에게 진노하시다 바울은 하나님의 의라는 이 계시의 중요성을 독자들이 온전히 이해할 수 있도록 죄에 젖어 사는 인류의 상황을 예리하게 분석한다(1:18-32). 하나님은 당신의 영광을 당신이 지으신 만물을 통하여 모든 사람에게 분명히 알려 주셨다. 그러나 인류는 하나님을 무시하였다. 아니, 무시하는 정도를 넘어 고의로 하나님께 반역하였다. 인류는 창조주를 섬기는 대신, 창조주가 지으신 것에게 예배하였다. 인류는 철저히 타락하여 하나님의 창조 의도에서 완전히 벗어난 존재가 되어 버렸다. 자신이 그렇지 않다고 여기는 사람들조차도 실상은 하나님을 거역하는 온갖 죄에 오염되어 있다. 바울은 자신들의 판단과 의도가 얼마나 깊이 죄의 영향을 받고 있는지 사람들이 전혀 깨닫지 못하고 있다고 통박한다. 바울은 유대인이나 이방인이나 가릴 것 없이, 모든 사람들이 하나님의 영광을 잃어버렸다고 선언한다(2:1-11).

2:1-29 하나님의 의로우신 심판 바울은 여기서 한 가지 특별한 주제를 강조한다. 당시에 적어도 일부 유대인들에게 영향을 미치고 있던 사상이 있었다. 이 사상은 모세의 율법을 민족적 특권을 보장하는 일종의 권리장전(章典)으로 생각하였다. 이것 때문에 이스라엘은 하나님의 심판을 받지 않지만, 이방인들은 그 죄 때문에 하나님의 심판을 받게 되어 있다고 생각한 것이다. 이스라엘은 율법을 가진 이상, 하나님의 심판을 면제받는다는 것이 이 사상의 요지였다. 그러나 바울은 분명 이 사상에 반대한다. 그는 일부 유대인들이 신봉하는 이런 논증을 거부한다. 오히려, 바울은 유대인이 제일 먼저 하나님의 심판을 받게 될 것이라고 선언한다. 하나님의 법을 더 잘 알았어야 할 유대인들이 그렇지 못했기 때문이라는 것이었다. 바울은 할례를 받은 사람이라 하여 하나님이 그를 받아 주신다는 확실한 보장은 없다고 단언한다. 할례는 그저 겉표지이기 때문이다. 정작 문제가 되는 것은 '그 사람의 내면에 하나님을 믿고 의지하는 마음이 있느냐'다. 바울은 유대인과 이방인을 가리지 않고 모든 사람에게 이 마음이 요구된다는 점을 분명하게 선언한다(2:12-29).

3:1-20 어느 누구도 의로운 자가 없다 그러나 이 말은 유대인이라 하여 좋을 것이 전혀 없다는 의미는 아니다(3:1-8). 바울은 유대인만이 하나님께 나아갈 특권을 가지고 있다고 생각하는 것은 잘못이라는 점을 말하려는 것이다. 유대인이나 이방인이나, 모든 사람이 죄인이다. 유대인과 이방인을 불문하고, 모든 사람이 하나님께 용서를 받아야 한다. 바울은 성경 말씀을 차례로 인용하여 인류가 철저히 죄에 오염되어 있다는 사실

을 강렬하게 제시한다(3:9-20). 모세의 율법은 사람을 죄에서 구원하지 못한다. 물론 율법이 있기에 사람은 죄를 분별하고 죄를 인식할 수 있다. 하지만, 율법은 자신이 밝혀낸 죄를 앞에 두고도 속수무책이다. 말하자면, 율법은 치명적 질환이 있다는 진단을 해 놓고도 아무런 치료도 할 수 없는 의사와 같은 셈이다. 바울은 적어도 우리가 율법에 대하여 품고 있는 환상을 산산조각 내버리고 있는 것이다. 율법은 아무것도 개선할 수가 없다.

3:2-31 믿음으로 말미암은 의 그러나 이런 상황은 예수 그리스도가 오시면서 완전히 바뀌었다. 율법과 선지자(구약)는 하나님의 의가 율법의 경계를 넘어 모든 사람에게 알려지게 될 위대한 발전을 내다보고 있다. 모든 사람이 죄를 범하였듯이, 모든 사람이 하나님의 은혜로 값없이 의롭다 함을 얻게 되었다. 바울은 모든 사람이 예수 그리스도를 믿는 믿음을 통하여 이 의로움에 동참할 수 있게 되었다고 선언한다. 하나님은 예수 그리스도를 "화목 제물"로 내주셨다. 말하자면, 그리스도의 죽음만이 인류의 죄가 깨끗이 씻김을 받고 용서받을 수 있는 유일한 길인 것이다. 모든 사람이 죄를 범하였듯이, 모든 사람이 그리스도의 죽음으로부터 은덕을 입을 수 있게 되었다.

4:1-25 믿음으로 의롭다 여김을 받은 아브라함 바울은 믿음으로 '의롭다 여김을 받은' (즉, 하나님과 올바른 관계를 갖게 된) 예로 아브라함을 든다. 이 위대한 족장(아브라함)이 하나님과 올바른 관계를 갖게 된 것은 할례 덕분이 아니다. 할례는 의롭다 여김을 받은 뒤에 행해진 일이었다. 아브라함이 하나님과 올바른 관계를 갖게 된 것은 그가 하나님이 주신 약속을 믿었기 때문이다(창 15:6). 할례는 다만 믿음의 외적 표지였다. 할례는 믿음을 세우는 것이 아니라, 이미 있는 믿음을 확인해 줄 뿐이다. 바울은 할례나 모세의 율법이 있기 전에 하나님이 아브라함에게 위대한 약속을 주셨다고 지적한다. 그런 점에서, 그는 아브라함의 믿음에 동참하는 사람은 누구나 아브라함의 자손이라고 선언한다. 이는 이방인도 할례를 받거나 모세 율법의 세부 규정을 따를 필요가 없이, 하나님의 약속을 믿는 아브라함의 믿음에 동참할 수 있게 되었다는 것을—나아가 이 믿음에서 연유하는 모든 은덕을 함께 누릴 수 있게 되었다는 것을—의미한다. 하나님과 올바른 관계를 맺을 수 있는 궁극적 기초를 제공해 주는 것은 율법을 지키는 외적 행위가 아니라 그리스도의 죽음과 부활임을 바울은 역설하고 있는 것이다.

5:1-11 화평과 기쁨 이 때문에, 바울은 믿음으로 의롭다 하심을 받은 신자들이 이제 기쁨을 누릴 수 있게 되었다고 단언한다(5:1-5). 신자들은 하나님을 믿는 믿음을 통하여 하나님께 나아갈 수 있게 되었다. 아울러 그리스도가 십자가에서 이루신 구원만이 베풀어 주실 수 있는 소망과 화평과 사랑을 누릴 수 있게 되었다. 죄인들은 죄뿐인 자신들의 상황을 보고도 속수무책일 수밖에 없었다. 그러나 바로 그때, 하나님은 은혜로 그 상황에 개입하셨다. 바울은 하나님이 죄인들에게 베풀어 주신 놀라운 사랑을 찬양한다. 만일 어떤 사람이 너무나 선량한 사람을 위하여 목숨을 내놓으려 한다면, 우리는 그럴 수도 있다고 이해할 것이다. 하지만, 그리스도는 죄인들을 위해 당신의 목숨을 내놓으셨

다. 하나님의 사랑은 바로 이 그리스도의 죽음을 통하여 나타났다! 그리스도의 죽음 덕택에 우리는 하나님과 화해하게 된 것이다 (5:6-11).

5:12-21 아담 때문에 사망이 오고, 그리스도 때문에 생명이 주어지다
이미 믿음의 본보기로 아브라함을 들었던 바울은 여기서 그리스도와 아담의 관계를 자세히 논하고 있다 (5:12-21). 그리스도와 아담의 비교는 우리에게 큰 유익을 준다. 하나님이 그리스도의 사역을 통하여 아담이 초래한 결과를 어떻게 뒤집어 버리셨는지 알려 주기 때문이다. 아담의 불순종은 죄와 저주와 사망을 불러왔다. 그러나 그리스도의 순종은 용서와 의롭다 하심과 영생을 가져다주었다. 모든 사람이 아담의 타락으로 말미암아 죄인이 되었듯이, 그리스도를 믿는 사람은 누구나 은혜와 평강이라는 영광스러운 기쁨에 동참할 수 있게 되었다. 이것은 어디까지나 예수 그리스도가 아버지의 뜻에 순종하신 결과다.

6:1-14 죄에 대하여 죽고, 그리스도 안에서 살다
결국, 신자들은 죄에 대하여 죽고 그리스도 안에서 새 생명으로 다시 살게 되었다(6:1-7). 그러나 세례로 상징되는 이 변화는 부활이 이미 이루어졌다고 말하는 것이 아니다. 오히려 이것은 신자들이 '죄에 대하여 죽음으로써'(신자들을 억압하던 죄의 권세가 산산이 부서짐으로써), 죄가 아닌 그리스도가 다스리시는 믿음의 새 생명을 누릴 수 있게 되었음을 의미한다. 그리스도가 십자가에 못박히신 것처럼, 신자들의 옛 본성도 그들을 옭아매던 죄와 함께 죽음을 맞게 되었다. 그 결과, 새 본성이 태어나게 된 것이다. 때문에 바울은 신자들에게 자신들을 "죄에 대하여는 죽은 자요 그리스도 예수 안에서 하나님께 대하여는 살아 있는 자"로 여겨야 한다고 당부하고 있다(6:8-14). 바울은 신자들이 더 이상 법 아래에 있지 않고 은혜 아래 있다고 선언한다.

6:15-7:25 의의 종; 죄와 투쟁하다
바울은 믿음이 주종 관계에 변화를 가져왔다고 선언한다(6:15-23). 믿음을 지닌 신자들은 더 이상 '죄의 종'이 아니다. 이제 그들은 '하나님의 종'이 되었다. 이전에 사람들은 죄에 충성하였다. 그 대가는 죽음뿐이었다. 그러나 이제 그리스도인들은 하나님께 충성을 바친다. 하나님은 이 그리스도인들에게 그리스도 안에 있는 영생을 선물로 주신다. 신자들은 믿음으로 말미암아 율법의 권세에 대하여 죽임을 당하였다(7:1-6). 그 결과, 신자들은 오직 저주만을 안겨 주는 율법의 힘으로부터 풀려나, 복음을 통하여 주어진 은혜를 발견할 수 있게 되었다. 그렇다 하여, 율법 자체가 그릇된 것은 아니다. 율법은 죄의 원인이 아니다. 율법은 다만 죄의 실재와 힘을 드러내어, 사람들이 자기 자신의 상황과 능력에 관하여 그릇된 안도감에 취하지 않도록 막아줄 뿐이다(7:7-12).

이어서 바울은 죄의 문제를 논하고 있다 (7:13-25). 이 구절들은 해석하기가 어려운 부분이다. 바울이 여기서 언급하고 있는 그의 삶이 회심 이전에 경건한 유대인으로 살았던 삶을 말하는 것인지 아니면 회심 이후에 그리스도인으로 새 출발한 삶을 말하는 것인지 확실치 않기 때문이다. "죄 아래에 팔렸도다"(7:14)라는 바울의 말은 그리스도인이 되기 전의 삶을 가리키는 것이 분명하다. 하지만, 바울은 여기서 줄곧 현재 시상*을 사용하고 있다. 이를 보면, 바울의 말은 이 서신을 쓸 때에도 여전히 존속하고 있는 어떤 것을 가리키고 있는 게 분명하다. 이 논의는 복잡한 문제이기에, 쉽게 결론을 내릴 수가 없다.

이 문제의 해답이 어떠하든, 여기서 바울은 죄의 힘과 더불어 스스로 죄의 속박을 끊어 버릴 수 없는 인간 본성의 철저한 무능함을 이야기하고 있는 게 틀림없다. 사람들은 죄에서 자유를 얻고 싶어하지만, 자신들의 선한 의도가 죄에 걸려 좌초되어 버리는 모습을 발견할 뿐이다(7:17-23). 이런 상황에서 사람이 무엇을 할 수 있겠는가? 우리가 우리 자신의 것을 의지한다면, 그 결과는 자명하다. 우리는 아무것도 할 수가 없다. 그러나 바울은 우리가 홀로 버려진 존재가 아니라고 선언한다. 하나님이 우리를 구해 주신다! 예수 그리스도의 죽음과 부활이 우리를 옭아매고 있던 죄의 강력한 굴레를 산산이 부숴 버렸다.

8:1-17 생명을 주시는 성령 그리스도의 죽음과 부활이 죄의 굴레를 부숴 버린 덕분에, 신자들은 그리스도가 주시는 생명의 기쁨을 누릴 수 있게 되었다. 이제 신자들은 저주 아래 있지 않다. 신자들은 그리스도로 말미암아 해방을 얻었다. 하나님은 율법이 할 수 없었던 그것을 그리스도를 보내셔서 죄인들을 위해 죽게 하심으로 행하셨다. 그 결과, 신자들은 "하나님의 아들" 또는 "하나님의 자녀"가 되었다. 이 사실은 그리스도 안에서 만인에게 증명된 것이요, 성령의 내적 증거를 통하여 확인된 사실이다(8:1-17). 신자들은 믿음을 통하여 하나님의 자녀로 입양되었다.

그 결과, 신자들은 하나님의 친자(親子)인 예수 그리스도와 더불어 완전한 유업을 물려받을 권리를 갖게 되었다. 때문에, 바울은 그리스도인들을 가리켜 "하나님의 상속자요 그리스도와 함께 한 상속자"(8:17)라고 말한다. 이것은 그리스도인들에게 소망을 준다. 왜냐하면 그들은 그리스도가 이미 받으신 모든 것을 함께 누리게 될 것이기 때문이다. 그것이 고난이든 아니면 영광이든, 그리스도인은 모든 것을 그리스도와 함께하게 될 것이다.

8:18-39 미래의 영광; 정복자들보다 더 큰 영광 따라서 장차 누리게 될 이 영광은 기다릴 만한 가치가 있고, 그것을 얻기 위해 고난당할 만한 가치가 있는 것이다(8:18-27). 바울은 믿음의 삶을 이제 막 출산하려는 한 여인에 비유한다. 여인은 산고를 겪고 있지만, 새 생명이 곧 태어나리라는 것을 알고 있다. 이미 그리스도와 함께 영광을 얻은 신자들에게 현세의 고난과 고통은 괴로운 일이 아니다. 그리스도인들은 장차 무슨 일이 일어날지 온전히 알지 못할 수도 있다. 그럼에도 불구하고 그들은 하나님이 모든 일에 선을 이루어 주실 것을 확신하며 평안히 쉴 수 있다(8:28-30). 신자들은 현세의 어떤 피조물이나 장차 임할 세상조차도 자신들을 그리스도 안에서 계시된 하나님의 놀라운 사랑으로부터 끊을 수 없다는 것을 알 수 있다(8:31-39).

---

* 희랍어에서 현재 시상은 단순히 지금 벌어지는 일을 나타내는 것이 아니라, 어떤 일이나 상태가 계속되고 있음을 가리킨다.

로마서 9:1-11:36
이스라엘은 왜 그리스도를 거부하였는가?

지금까지 복음의 주요 주제들을 다루었던 바울은 이제 방향을 바꿔 어려운 문제 하나를 논하기 시작한다. 바울은 이미 앞에서 이 문제를 살짝 언급하기 했지만, 충분히 다루지는 않았다. 바울이 제기한 문제는 바로 이것이었다. 이스라엘은 왜 메시아를 거부하였는가? 바울 자신의 동포인 이스라엘은 왜 하나님께 거부당하였는가? 바울은 이 문제를 다루는 데 로마서의 상당 부분을 할애한다(9:1-11:36). 이 부분을 살펴보기에 앞서, 바울이 여기서 특히 예정의 문제(하나님이 인간의 행복과 불행을 미리, 영원 전부터 정해 놓으셨다는 가르침)를 다루고 있는 것은 아니라는 점을 이해할 필요가 있다. 바울은 이 부분에서 예정이라는 말을 단 한 번도 사용하지 않는다. 그가 씨름하고 있는 핵심 문제는 하나님이 이스라엘을 좋은 소식을 맡은 자로 세우신 목적과 관련된 것이다. 나아가 그는 메시아가 오셨는데도 이스라엘이 그 메시아를 거부한 것처럼 보이는 이유가 무엇인지 묻는다. 왜 이런 일이 일어났는가?

바울이 내놓은 해답은 복잡하여, 꼼꼼히 살펴볼 필요가 있다. 아울러 이 문제의 대답을 제시하는 바울의 심정 역시 유념하여 볼 필요가 있다. 그는 분명 이 문제를 다룰 때 슬프고 비통한 심정을 감추지 않는다. 그러면서 자신의 동포인 이스라엘 백성들이 구원을 받게 되기를 간절히 바라고 있다. 따지고 보면, 이스라엘 백성들은 하나님으로부터 언약과 법을 받은 자들이며, 메시아 역시 그들의 혈통에서 나오셨다(9:1-5). 그러나 바울은 육신으로 아브라함의 후예라 하여 당연히 하나님과 올바른 관계를 맺을 수 있는 것은 아니라고 단언한다(9:6-18). 그의 말처럼, "이스라엘에게서 난 그들이 다 이스라엘이 아니"다.

그러나 하나님은 이스라엘을 세우시고, 인도하시며, 보존하셨다. 세상의 모든 민족에게 당신을 알릴 도구로 그들을 사용하시려 하셨기 때문이다. 이것이 바로 하나님이 이스라엘을 존재하게 하신 첫 번째 이유였다. 이스라엘은 철저하게 하나님의 피조물이요 하나님의 소유다. 토기장이는 자신이 만들려던 작품이 나올 때까지 얼마든지 작품을 다시 빚을 권리를 갖고 있다. 마찬가지로 하나님도 당신의 뜻을 이루실 때까지 이스라엘을 다시 빚을 권리를 갖고 계신다(9:19-29). 여기서 바울이 토기장이의 비유를 사용하고 있는 것은 의미심장하다(9:21). 일찍이 예레미야 선지자가 이와 똑같은 토기장이 비유를 사용하여 바벨론이 예루살렘을 침공할 때 하나님이 예루살렘을 어떻게 다루실 것인지 알린 적이 있었기 때문이다.

9:30-10:21 이스라엘의 불신앙 그런데, 바울은 이스라엘이 율법을 가지고 있음을 빙자하여 자기 자신의 의를 의지하였다고 말한다(10:1-21). 그들은 하나님의 의(바울은 이 의가 복음을 통하여 왔다고 말한다)에 복종하기보다 율법에 의지하는 길을 택하였다. 그리스도가 그 법의 최종 목표(10:4, 여기서 "마침"이라는 말은 '목표' 또는 '목적'으로 이해하는 것이 가장 적절하다)임을 몰랐기 때문이다. 하지만 하나님은 당신의 의를 열방에 선포할 도구로 이스라엘을 세우셨다. 만일 이스라엘이 하나님의 의를 선포하지 않는다면, 사람들이 하나님의 의를 들을 길은 막히게 되어 있었다. 이스라엘은 그리스도가 오실 것을 알고 있었다. 그러면서도 그들은 그리스도가 오실 것임을 전혀 알리지

않았다(10:14-15). 그 결과, 이 좋은 소식을 전할 책임은 이방인에게 넘어가고 말았다. 구약의 예언이 그대로 이루어진 것이다.

11:1-10 이스라엘의 남은 자 하지만 이방인이 복음을 전할 책임을 맡게 되었다 하여, 하나님이 개개의 이스라엘 사람마저 배척하신다는 뜻은 아니다(11:1-36). 바울은 복음이 유대인과 이방인을 가리지 않고 모든 사람에게 주어졌다고 단호하게 선언한다. 이방인처럼, 유대인도 그리스도가 이뤄 놓으신 것에 힘입어 믿음을 통해 하나님께 나아갈 수 있다. 이스라엘의 지체가 되면 저절로 하나님께 나아갈 수 있는 게 아니다. 중요한 것은 믿음이다. 국적이나 할례 같은 외적 표지는 전혀 문제되지 않는다. 바울은 이 논지를 전개하면서 이스라엘의 "남은 자" 사상을 인용한다. "남은 자" 사상은 하나님이 엘리야 시대에 바알에게 무릎 꿇지 아니한 7,000명을 남겨두신 사건(이 책 왕상 19:1-18 부분을 보라)에서 그 예를 찾아볼 수 있다. 이스라엘의 지도자들과 종교 체제는 그리스도를 거부하였지만, 많은 유대인들이 그리스도를 믿었다. 그들이 바로 신실함을 지킨 새로운 남은 자들이었다.

11:11-36 감람나무의 비유 그렇다면, 이제 유대인과 이방인은 어떤 관계에 있는가? 바울은 새로운 가지가 접붙여진 감람나무를 보기 삼아 그 관계를 설명한다. 그는 이스라엘을 나무 밑둥치, 이방인을 접붙여진 가지에 비유한다. 이방인들은 믿음으로 말미암아 이스라엘이라는 나무에 접붙임을 받았다. 그런 점에서, 이전에 이스라엘이 맡았던 사명은 이제 교회로 넘어 왔다. 교회는, 아브라함처럼, 하나님의 약속을 믿은 신실한 백성들로 이루어진 공동체로서 온 세상에 이 좋은 소식을 전파할 책임을 맡게 되었다. 교회는 이스라엘의 역사 안에서, 그리고 이스라엘의 역사를 통하여 나타난 하나님의 구원 사역과 구원 계시의 기초 위에 세워졌다. 하나님이 이스라엘의 역사 속에서 이런 준비를 하지 않으셨더라면, 교회는 존재하지 않았을 것이다. 이방인들이 구원을 얻게 된 것도 하나님이 유대인 안에서, 유대인들을 통하여 행하신 일 때문이다. 교회 안에는 유대인의 민족주의나 유대인을 향한 이방인의 적대감이 들어설 자리가 없다. 유대교는 민족적 특권을 보장하기에 급급한 종교로 전락하였다. 바울은 이제 하나님의 역사하심이 유대교의 좁은 경계를 넘어 먼 이방까지 미치게 되었다고 말한다.

로마서 12:1-15:13
실제 생활과 관련된 권면

12:1-21 산 제물 지금까지 로마 교회뿐만 아니라 다른 지역 교회들의 관심사이기도 하였던 이론적 문제를 다룬 바울은 이제 로마의 교우들에게 실제 생활과 관련된 권면을 한다. 바울은 로마의 교우들에게, 믿음으로 말미암아 죄에 대하여 죽은 이상, 세상을 따라 살지 말고 변화를 받아 새롭게 된 삶을 살라고 요구한다(12:1-3). 이어서 바울은 특별히 신자들의 삶 속에서 나타나기를 바라는 모습들을 자세히 이야기한다. 이런 모습 중에는 개개의 그리스도인들이 교회의 삶 속에서 맡아야 할 다양한 역할을 인식하는 것과(12:4-8) 다양한 그리스도인의 삶 속에서 사랑을 실천하는 일(12:9-21)이 포함되어 있다.

13:1-14 권세에 복종하라 특히 한 가지 문

제가 로마 교회에서 중요한 문제로 등장했다. 신자들과 세상 권력의 관계가 바로 그것이었다. 그리스도인들은 그리스도를 믿지 않는 세상 정부에 복종해야 하는가? 로마는 제국의 중심이었다. 당연히 로마의 신자들은 일상의 삶 속에서 이 문제를 놓고 고민할 수밖에 없었을 것이다. 이와 관련한 바울의 권면은 아주 중요한 의미를 담고 있다. 바울은, 세상의 권세도 하나님이 세상의 질서를 위해 세우신 이상, 신자들은 이 권세에 복종해야 한다고 말한다(13:1-7).

하지만 바울이 세상의 정부가 주어진 권세의 범위를 지켜야 한다고 생각했던 것은 분명하다. 만일 세상의 정부가 그 범위를 넘어 하나님께 반역하거나 하나님의 백성을 핍박한다면 어떻게 할 것인가? 바울은 이 문제를 다루지 않는다. 그러나 그가 말하는 행간을 짚어보면, 그 권세의 한계를 넘어선 세상 정부는 그리스도인들에게 더 이상 존경이나 복종을 기대할 수 없을 것이라는 게 바울의 생각인 듯싶다.

바울 역시 예수 그리스도를 따라 율법의 중요성을 강조한다. 그는 이웃을 자신처럼 사랑하는 것이 율법의 완성이라고 말한다(13:8-14; 아울러 마 19:19; 막 12:31; 눅 10:27을 보라). 아울러 그는 미래를 향한 그리스도인의 소망이 현세의 삶에 새로운 의미를 준다고 말한다. 신자들은 어둠 속을 걸어가고 있지만, 그들이 처음 믿었을 때보다 구원의 날이 더 가까이 이르렀음을 확실히 알고 있다. 이 소망은 믿음의 삶을 걸어가는 신자들에게 확신을 준다. 영생의 날이 가까이 왔음을 알고 있기 때문이다. (항상 깨어 있을 것을 강조하였던 복음서의 많은 비유들도 이와 비슷한 주제를 이야기하고 있다.)

14:1-15:13 연약한 자와 강건한 자 이어서 바울은 믿음이 더 연약한 다른 신자들을 비판하는 문제를 다루고 있다. 이 문제는 오늘날도 많은 그리스도인들에게 중요한 쟁점이 된다. 예를 들어, 바울은 고기를 먹으려 하지 않는 신자가 있을 경우, 그에게 무슨 말을 해야 할 것인지 묻는다. 다음과 같은 바울의 기본 논지는 오늘날도 교회 내에서 커다란 중요성을 갖고 있다. 우선, 모든 음식은 깨끗하다. 때문에 믿음을 이유로 고기를 먹거나 포도주 마시는 것을 거부할 필요는 없다. 그러나 양심 때문에 그런 것을 먹거나 마시는 것을 거부하는 사람들이 있을 수 있다. 이 경우, 바울은 사소한 쟁점 때문에 하나님의 일을 무너뜨려서는 안 된다고 주장한다. 만일 어떤 사람의 믿음이 연약하여 그런 것을 먹거나 마시는 것을 꺼려한다면, 믿음이 더 강한 자는 믿음이 더 연약한 자의 견해를 존중해야 한다고 바울은 말한다. 믿음이 강한 자가 믿음이 연약한 자의 잘못을 너그러이 받아들여야 한다는 것이다. 결국, 바울은 그리스도인들이 서로 용납하고 서로 존중하는 것을 배움으로써 하나님의 일을 더 든든히 세워가야 한다는 점을 강조하고 있다.

15:14-16:27 맺음말 이 서신은 여기서 끝을 맺는다. 바울은 이방인에게 복음을 전할 특별한 사명이 자신에게 있다고 말하면서(15:14-22), 지중해 동부 지역에서 자신이 전개한 사역의 결과들을 제시한다. 그는 로마 교회를 방문하여 그 교회 성도들과 교제할 수 있기를 바라는 소망을 피력한다(15:23-33). 이어서 그는 자신이 알고 있는 많은 그리스도인들을 칭송한다(16:1-23). 이 인상 깊은 명단에서 특히 눈에 띄는 점은 여인들이 많이 포함되어 있다는 점이다. 심지

어 그 여인들 가운데 하나인 유니아(16:7)는 사도 중의 하나로 언급된다. 이로 보아, 유니아는 그 지역에서 복음 설교자로 인정받았던 것 같다. 바울은 찬양으로 로마서를 끝맺는다. 여기서 그는 모든 민족에게 당신의 복음을 계시해 주신 하나님께 감사한다(16:25-27).

고린도전서

고린도는 희랍의 주요 도시 가운데 하나였다. 인구만 해도 50만 명이 넘었을 것으로 추산되고 있다. 그 지역의 주요 항구이자 상업 중심지였던 고린도는 바울의 3차 선교 여행 때 처음으로 복음을 받아들였다. 바울은 이 서신을 소아시아의 에베소에서 써 보냈는데, 주후 55년 오순절 축제를 앞두고 기록한 것 같다. 이 서신을 쓴 동기는 여러 가지였다. 고린도 교회의 몇몇 유력한 지체들이 바울을 방문한 일, 또 다른 고린도 교회의 지체들이 몇 가지 사항에 대하여 바울에게 지도를 요청하는 편지를 가져온 일도 이 서신을 쓰게 만든 동기였다. 이 바울 서신은 주로 목회와 관련된 문제를 다루고 있지만, 복음의 중심 주제들을 강력하게 변호하는 내용도 일부 담고 있다.

1:1-9 인사와 감사 이 서신은 바울이 고린도의 그리스도인 형제자매들에게 전하는 인사말로 시작한다(1:1-3). 이어서 그는 하나님의 온전하신 신실하심에 의지하여 그리스도인들이 품고 있는 부활의 소망을 강력하게 피력하고 있다(1:4-9). 여기에서도 우리는 성실하고 신실하신 하나님과 신자들의 관계가 바로 서야, 비로소 신자들의 신앙이 든든히 설 수 있다는 사실을 깨닫게 된다.

1:10-17 고린도 교회의 분열 바울은 즉시 그의 주요 관심사 중 하나인 고린도 교회의 분쟁 문제를 다룬다. 당시 헬라인들은 파당(派黨)을 잘 짓는 사람들로 악명이 높았다. 덕분에 희랍의 정치는 흥미진진하였지만, 교회의 경우는 이야기가 달랐다. 교회에서도 파당이 판을 친다면 재앙을 초래할 수도 있었기 때문이다. 고린도 교회의 파당은 각기 떠받드는 사람을 중심으로 이루어졌던 것 같다. 여기서 바울은 세 사람을 언급한다. 바울 자신, 아볼로(행 18:24-28을 보라), 그리고 게바(베드로의 또 다른 이름이다. 베드로를 게바라고 불렀던 사람들은 아마도 자신들의 유대 전통을 특히 강조하였던 그리스도인들이었을 것이다)가 그 세 사람이다. 그 자신도 사람 숭배의 대상이 되었던 바울은 격노하였다. 복음이 복음을 전하는 심부름꾼 때문에 나뉜다는 것은 있을 수 없는 일이었기 때문이다. 그렇게 복음이 나뉘게 된다면, 그리스도의 십자가가 그 능력을 잃어버릴 우려도 있었다. 이런 우려는 그저 기우(杞憂)가 아니었다.

1:18-2:16 그리스도는 하나님의 지혜요 능력이시다 이런 우려 때문에, 바울은 곧바로 그리스도의 십자가가 그리스도인의 삶에서

어떤 위치를 차지하고 있는가라는 문제를 중요하게 다루고 있다(1:18-2:5). 바울은 그리스도의 십자가가 인간의 지혜와 능력이 빚어 낸 사상에 도전을 제기한다는 점을 지적한다. 유대인은 표적을 구하고, 헬라인은 지혜를 요구하였다. 하지만 그들은 모두 자신들이 찾던 것을 얻지 못하였다. 바울이 보기에, 기독교는 "십자가에 못 박힌 그리스도"—이 말은 '십자가에 못 박힌 사람 예수 그리스도' 또는 '십자가에 못 박힌 메시아'라는 의미일 수 있다—가 전부였다. 나아가 "십자가에 못 박힌 그리스도"라는 말은 메시아를 승리의 인물로 생각하였던 유대인의 믿음과 정면으로 배치되는 것이었다. 그러한 유대인의 믿음은 십자가와 철저히 상반된 것이었다.

바울은 십자가가 인간이 만들어 낸 지혜의 기준들—헬라인들과 결부된 기준들이 그 예다—을 뒤집어 버렸다고 주장한다. 세상의 기준에 비추어 보면, 그리스도를 믿는 자들은 약하거나 어리석을 수 있다. 그렇더라도 신자들은 염려할 필요가 없다. 세상의 기준에 비추어 본다면, 그들은 당연히 연약하고 어리석은 존재일 수밖에 없기 때문이다. 그러나 십자가에 비추어 보면, 그들은 강하고 지혜롭다. 하나님은 세상이 보기에 약하고 낮은 자들을 택하셔서 세상의 기준이 철저히 우둔한 것임을 폭로하신다.

아울러 바울은 복음이 인간의 지혜가 아니라 하나님의 능력에 근거를 두고 있다는 것을 중요하게 강조한다. 이는 곧 복음의 호소력이나 위력이 복음을 전하는 설교자의 능변에서 나오는 것이 아니라, 복음을 지지하고 복음을 선포하는 자들을 지탱하는 하나님의 능력에서 나온다는 것을 의미한다(2:1-5). 결국, 참된 지혜는 오직 성령을 통하여 하나님으로부터 온다. 지혜는 인간이 스스로 발견하기를 소망할 수 있는 것이 아니라, 하나님이 계시하신 것이다(2:6-16). 바울은 이 서신에서 성령의 중요성을 여러 차례 강조하고 있으며, 그것은 그의 주된 관심사였다. 그러나 바울은 이 편지의 뒷부분에 가서야 성령의 역할을 깊이 다루고 있다. 여기서 그는 다시 고린도 교회의 분열 문제를 이야기한다.

3:1-4:21 고린도 교회의 분열에 관하여 고린도 교회가 직면한 문제들 가운데 하나는 영적 미성숙이었다. 고린도 교회는 어린 교회였다. 아마 겨우 몇 년밖에 안 된 교회였을 것이다. 그 때문에, 바울은 그들에게 복음의 내용을 모두 가르치지 못하고 단지 기독교 진리의 몇 가지 기본 내용만을 전해 줄 수 있었다(3:1-2). 갓 태어난 아이는 단단한 음식을 먹지 못하고 오직 젖만 먹을 수 있을 뿐이다. 바울은 고린도 교회의 교인들 역시 단단한 음식이 아닌 젖만 먹을 수 있다는 사실을 발견하였다. 그들은 젖 이외에 다른 것을 먹을 수 있을 만큼 성숙한 신자들이 아니었다. 이런 미성숙 때문에, 그들은 세상에서나 있을 법한 분쟁거리들과 태도를 교회 안으로 가져 왔다. 파당을 지어 다투는 것은 세상의 분쟁을 교회 안으로 옮겨 놓은 것에 불과하였다(3:3-4).

그렇다면, 왜 이런 일이 벌어지게 되었을까? 사람 숭배의 주 대상이 되었던 바울과 아볼로는 고린도 교회를 세워가는 과정에서 각기 다른 역할을 수행하였다. 바울은 이 점을 자라나는 씨에 빗대어 설명한다. 바울이 일을 시작하였다면(씨를 심었다면, 행 18:4-11), 아볼로는 바울이 시작한 일을 이어받아 발전시킨 사람(씨에 물을 준 사람)이었다(행

18:24-28). 그러나 바울과 아볼로는 둘 다 전체적으로 동일한 한 가지 일에 참여했을 뿐이다. 정말 중요한 일을 하신 이는 단 한 분, 하나님이시다. 바울과 아볼로는 그저 배후에서 일을 했을 뿐이다(3:5-9). 그런데 왜 고린도 교인들은 이 점을 깨닫지 못하는가? 바울은 다시 집을 비유하여 이야기를 전개한다. 바울은 그리스도 바로 그분이 그리스도인의 삶에서 궁극적 기초가 되어야 한다고 주장한다. 그는 오직 그리스도만이 믿음의 삶이 세워질 수 있는 기초임을 역설하고 있다(3:10-15).

바울은 그리스도인을 '건물'에 비유하여 자신의 논지를 계속 전개해 간다. 그는 각각의 신자들이 하나님의 성전이며, 성령이 각 사람 안에 거하신다고 단언한다(3:16-23). 이 비유는 많은 점을 강조하고 있지만, 회개를 통하여 형성된 하나님과 사람의 관계가 사람들을 변화시킨다는 점도 그 강조점들 가운데 하나다. 이것은 단지 외부적인 변화를 말하는 것이 아니다. 하나님은 사람들을 변화시키는 그 관계 안에 직접 들어오셔서 당신의 백성들 가운데 거하신다.

바울은 자신들에게 맡겨진 복음을 완전하고 신실하게 따르지 못한 고린도 교회를 부드러운 어조로 질책한다(4:1-21). 바울은 고린도 교회의 형제자매들에게 모멸감을 안겨 주려는 것이 결코 아니다. 하지만 그는 그들에게 이런 문제들을 말하지 않을 수 없다고 느꼈던 모양이다. 바울은 고린도 교인들에게 문제가 된 그런 행동들을 가르친 적이 없었다. 고린도 교회의 문제들은 하나같이 세상의 가치들을 교회에 가지고 들어오면서 빚어진 결과였다.

5:1-6:20 음행 바울은 먼저 고린도 교회 내에서 증가하고 있던 음행의 문제를 이야기한다(5:1-13). 어떤 면에서 고린도 교회는 세상보다 더 악한 모습을 띠고 있었다. 바울은 이런 음행이 결코 용납되어서는 안 된다는 점을 단호하게 천명한다. 신자들은 부패한 세상 속에서 살아갈 수밖에 없다. 그럴지라도, 신자들은 음란한 자들에게 감염되지 않도록 모든 노력을 기울여야만 한다. 바울은 이 주제를 몇 단락 뒤에 다시 다루면서(6:9-20), 이런 행위가 부도덕하다는 근거를 신학적 차원에서 밝히고 있다. 고린도 교회의 교인들 중에는 믿음을 빙자하여 자신들이 이제는 어떤 도덕적 의무도 지지 않게 되었다고 믿는 자들이 있었던 것이 분명하다. 그러나 바울은 이들을 통박하면서, 신자들이 모든 의무에서 자유를 누리는 것은 아니라는 점을 철저히 강조한다. 새 주인이 대가를 치르고 신자들을 사들인 이상, 신자들은 새 주인에게 순종해야 한다. 그 새 주인은 다름 아닌 하나님이시다.

6:1-8 신자들 사이의 송사(訟事) 이어서 바울은 송사에 집착하는 세상의 풍조가 고린도 교회 안으로 침투한 사실에 절망감을 토로한다(6:1-8). 바울은 세상과 구별되는 그리스도인들의 면모를 불신자들 앞에서 드러내지는 못할망정, 성도들 사이의 문제조차 스스로 해결하지 못하는 고린도 교회를 질타한다. 바울은 분명 고린도 교회의 이런 모습에 세상이 경악했을 것이라고 믿고 있는 것 같다.

7:1-40 혼인 바울은 이어서 혼인의 문제를 다룬다. 그는 이 문제를 다루면서 고린도 교인들이 자신에게 보낸 편지를 먼저 인용하고 있다. '사람은 혼인하지 않는 것이 좋

다'는 말은 바울이 인용한 것일 뿐, 그가 승인한 말은 아닌 것으로 보인다. 오히려 바울은 강력한 혼인 예찬론자로 알려져 있다(엡 5:22-23; 골 3:18-19을 보라). 실제로, 바울은 혼인 거부를 이단과 동일시한 적도 있었다(딤전 4:1-3). 따라서 '사람은 혼인하지 않는 것이 좋다'는 이 말은, 고린도 교회가 받아들였던 다른 인용문이나 지침들처럼 (6:12-13이 그 예다), 인용 부호(괄호) 안에 포함되어야 했다. 바울은 혼인과 혼인한 부부 사이의 충실한 성관계를 강력히 지지한다. 혼인은 죄가 아니다. 어느 누구도 혼인했다는 이유로 낙심할 필요가 없다. 각 신자가 가장 유효하면서도 가장 성실하게 하나님을 섬기는 길은 자신에게 최선인 것을 충실히 행하는 것이다.

8:1-13 우상에게 바친 음식 이어서 바울은 당시 희랍과 로마의 여러 도시에 살고 있던 많은 신자들이 실제로 겪고 있던 문제를 다루고 있다. 이 신자들은 우상에게 바친 음식을 먹지 말아야 하는 것은 아닌지 고민하고 있었다.* 당시 고린도에는 우상들을 섬기는 신전이 최소한 열두 개는 있었다고 한다. 물론 그 신전들 전부가 우상 숭배에 사용된 것은 아니었다. 바울의 대답은 간명하다. 음식 자체만 놓고 보면 문제될 게 없다는 것이다. 문제는 이 문제에 관하여 매우 민감한 양심을 지닌 신자들이었다. 신자들은 우상에게 바친 제물이라도 아무 거리낌 없이 먹을 수 있다. 그러나 그들의 믿음이 더 연약한 신자들의 양심을 존중해야만 한다. 그렇지 않을 경우, 더 연약한 신자들은 모멸감을 느낄 수도 있기 때문이다. 믿음은 너무나 고귀한 선물이다. 따라서 이런 식으로 다른 신자의 믿음을 손상하는 것은 너무나 위험한 일이다. 우상에게 바친 음식을 먹는 것은 결코 잘못이 아니다. 그러나 그 음식을 먹음으로써 다른 신자들을 화나게 만든다면, 먹지 말아야 한다.

9:1-11:13 그리스도인의 삶에 존재하는 신뢰; 주의 만찬(성찬) 사도로서 자신이 가진 권리와 책임을 논한 바울은 이어서 그리스도인의 삶에 존재하는 신뢰의 문제를 다루고 있다(10:1-11:1). 신자들의 삶에는 어떤 종류의 자기만족(자기를 믿고 득의양양하게 구는 자세)도 들어설 수 없다고 바울은 경고한다. 그러나 이스라엘은 광야를 유랑하는 동안 그들 자신을 믿고 기고만장하였다. 바울은 그 결과가 어떠했는지 유념하라고 경고한다. 바울은 하나님의 은혜를 당연한 것으로 여겨서는 안 된다고 말한다. 그 은혜에 편승할 생각을 해서는 안 된다는 것이다. 하지만 그는 이 경고와 더불어 확실한 보장을 함께 제시하고 있다. 하나님은 인간의 자긍심을 꺾으신다. 그러나 그렇게 자긍심을 꺾으시더라도, 하나님은 각 신자들이 감당할 만한 분량을 고려하시며 각기 피할 길을 마련해 놓으신다(10:11-13).

바울은 신자들이 주님의 만찬(성찬)을 오용(誤用)하며(10:14-22) 그리스도인에게 주

---

* 당시에는 가장 좋은 짐승을 신전에서 제물로 바쳤다고 한다. 이런 제물들을 신전의 사제나 신전 관계자들이 다 소비할 수 없었기 때문에, 남은 부분은 시장에서 팔 수밖에 없었다. 제물 자체가 최상품이었기 때문에, 시장에 나온 신전 제물 고기는 소비자들이 가장 선호하는 육류였다고 한다. 참고. F. F. Bruce, *I & II Corinthians* (Grand Rapids: Wm. B. Eerdmanns, 1992), 78.

어진 자유를 남용(濫用)(10:23-11:1)하는 것을 특히 염려한다. 그는 특히 그리스도인에게 주어진 자유의 남용과 관련하여 신자가 다른 이들에게 지고 있는 책임의 중요성을 강조하고 있다. 그리스도인의 삶은 함께하는 삶이다. 이는 곧 각 신자가 다른 신자들이 꺼려하는 것과 관심을 갖는 것에 유의해야 한다는 것을 의미한다. 바울은 우상에게 바친 고기를 먹을 것이냐의 문제를 다룰 때 이미 이 점을 분명하게 이야기한 바 있다.

11:2-16 예배 예법 성찬의 문제를 다룬 바울은 이제 널리 예배와 관련된 문제들을 다룬다. 이 부분은 독자들이 많은 궁금증을 갖고 있는 부분이기에, 유념하여 살펴볼 필요가 있다. 우선, 바울은 공예배 때 여자들은 머리를 가려야 한다고 말한다(11:2-16). 여기서 커다란 의문이 생긴다. 바울은 주후 55년경 고린도 교회의 교인들만이 지켜야 하는 특유한 규정을 말하고 있는 것인가, 아니면 시대와 장소를 초월하여 모든 그리스도인들이 지켜야 할 규정을 말하고 있는 것인가? 대부분의 해석자들은 바울이 고린도 지역의 특유한 상황에 맞추어 그 지역에서만 통용될 규칙을 제시한 것이라고 믿고 있다. 마찬가지로, 바울이 머리 길이를 언급하는 것 역시 고린도 지역의 특유한 요인에 따른 해답을 제시한 것으로 보는 게 통설이다. 어쩌면, 머리 길이에 관한 바울의 언급은 남자의 긴 머리와 여자의 짧은 머리를 동성애자의 표지로 간주하였던 당대의 형편을 반영한 것일 수도 있다. 바울은 자신이 세운 교회 안에 이런 동성애가 존재하는 것을 용납할 수 없었을 것이다. 이 점과 관련하여, 바울은 자신이 다만 관례를 따르고 있을 뿐이라고 선언한다.

11:17-34 성찬 이어서 바울은 성찬을 상세히 설명하고 있다. 그는 성찬이 소홀히 여겨지는 것을 염려하면서, 처음에 성찬이 제정된 내력을 설명한다. 바울은 자신이 받은 것을 전해 주고 싶어한다(11:23). 이때, 바울은 자신이 엄숙하고 변개(變改)할 수 없는 행위 내지 믿음을 전해 주고 있다는 것을 암시하는 언어를 사용하고 있다. 이 언어는 예수 그리스도에 그 뿌리를 두고 있다. 바울이 인용하고 있는 말들은 예수 그리스도 자신이 마지막 만찬 때 사용하신 말들과 아주 흡사하다(눅 22:17-20을 보라). 떡을 먹고 포도주를 마시는 것은 인류를 구원하신 그리스도의 죽음을 기념하는 것이다. 따라서 이 일을 결코 가볍게 여겨서는 안 된다. 특히, 신자들은 성찬을 대하기에 앞서 먼저 자신을 살펴야만 한다. 그래야 나중에 판단을 받지 아니할 것이기 때문이다.

12:1-11 성령의 은사 바울은 예배가 갖고 있는 은혜의 요소들을 다루면서, 특히 성령의 역할을 다룬다. 성령의 은사는 교회 전체에 유익을 끼치고 교회를 세워가도록 주어진 것이다. 한 분 성령이 각 사람에게 여러 가지 방식으로 역사하신다. 이렇게 성령이 역사하시는 모습은 다양해도 그 효력은 동일하다. "성령을 나타내심"은 개인에게 만족을 주기 위한 것이 아니라 공동의 유익을 위한 것이다. 이 점이 중요하다.

12:12-31 몸은 하나이나 지체는 여럿이다 바울은 교회를 몸(신체)에 비유하여 성령을 나타내심이 공동의 유익을 위한 것이라는 점을 강조한다. 사람의 몸은 하나이나 그 몸에는 각기 다른 기능을 담당하는 여러 지체가 있다. 교회도 이 몸과 같다. 교회에도 많

은 구성원들이 있으며, 이 구성원들은 각기 다른 역할을 감당하고 있다. 이 구성원 중 어느 하나도 없어서는 안 될 존재다. 이 구성원들은 서로 크게 의존하고 있다. 때문에 어느 한 구성원이 고난을 당하면, 모든 이가 고난을 당한다. 몸 안에서는 어느 지체도 자기만이 잘난 존재라고 뻐길 수 없다. 교회 안에서도 마찬가지다. 어느 구성원이 다른 이들을 가리켜 그는 불필요한 존재라고 선언할 수는 없는 일이다.

이런 일반 원칙을 먼저 제시한 바울은 이어서 "성령을 나타내심"과 관련된 특수한 문제를 다룬다. 어떤 이에겐 예언의 신령한 은사(또는 '성령의 은사' – 희랍어 원문의 표현은 이 두 가지 번역이 모두 가능하다)가 주어졌는가 하면, 다른 이에겐 가르치는 은사, 또 다른 이에겐 사도가 될 은사 등이 주어졌다.* 이 모든 은사는 교회의 유익을 위해 필요한 것들이다. 물론 모든 사람이 방언의 은사를 받은 것은 아니다. 중요한 것은, 일부만이 그런 은사를 받았다 해도, 결국 그 은사를 통하여 교회 전체의 삶에 기여해야 한다는 것이다. 이처럼 바울은 성령의 은사가 놀랍도록 다양하다는 것을 인정하는 신학의 토대를 제시하고 있다. 그는 그 다양한 은사들 가운데 어느 하나가 우월하다거나 어느 것은 불필요하다는 말을 결코 하지 않는다.

13:1-13 사랑 그런데 바울은 여기서 성령의 역사로 나타나는 한 가지 요소에 특별한 관심을 기울인다. 그는 이것을 교회 전체의 삶에서 목숨처럼 소중한 것으로 여긴다. 그건 바로 사랑이다. 여기서 바울은 네 가지 성령의 은사를 제시하면서(13:1-3), 이 중 어느 것이라도 사랑과 함께하지 아니하면 아무런 가치가 없다고 역설한다. 그러나 사랑은 성령의 은사라기보다 성령의 열매다(갈 5:22). 즉, 사랑은 신자의 삶 속에 성령이 내주하심으로써 자연스럽게 나타난 결과다. 모든 사람에게 방언의 은사가 주어지지는 않는다. 그러나 사랑이라는 성령의 열매는 모든 사람이 맺어야 할 것이다. 성령의 은사 중에는 시간이 흘러가면 그 필요성이 사라질 것도 있다. 그러나 사랑은 영원하다. 오랜 시간이 지나면, 예언도 그치고 방언도 멈출 것이다. 그러나 사랑은 교회 안에서 늘 가장 중요한 자리를 차지하게 될 것이다.

14:1-40 예언과 방언의 은사; 질서 있는 예배
사랑의 중요성을 역설한 바울은 다시 성령의 은사라는 주제를 더 상세하게 다루고 있다(14:1-39). (아마도 바울은 고린도 교인들이 성령의 은사는 많이 받았으나 정작 사랑은 갖고 있지 않음을 질타하고 있는 것 같다.) 바울은 방언과 예언의 중요성은 인정하면서도, 고린도 교회에서 나타나고 있는 방언과 예언의 모습에 상당한 우려를 표명한다. 그는 여기서 공예배의 질서 문제를 아주 중요한 주제로 부각시킨다. 바울이 이 문제를 거론하는 것은 특히 교회 밖의 사람들이나 방문자들이 고린도 교인들의 방언 모습을 보고 나쁜 인상을 받을 수도 있다는 것을 염려했기 때문이다. 교회 안에서는 누구나 이해할 수 있는 말로 말할 필요가 있다. 그렇지 않으면, 교회가 믿음 안에 설 수 없기 때문이다. 바울은 모든 것을 품위 있고 질서 있

---

* '은사'(恩賜)를 가리키는 희랍어 '카리스마'는 말 그대로 '값없이, 은혜로 주어진 선물'이란 뜻이다(다 /1081).

게 하라고 당부한다(14:40).

공예배와 관련한 바울의 가르침 가운데 특별히 시선을 끄는 것이 하나 있다. 바울이 여자들에게 교회에서 잠잠할 것이며, 이해하지 못하는 것은 집에 가서 자신의 남편들에게 물으라고 요구하고 있는 대목(14:33-40)이 바로 그것이다. 이것 역시 고린도의 특유한 상황을 반영하는 특유한 규칙으로 보인다. 바울의 관심사는 분명 예배의 질서다. 이 예배 질서는 회중의 말 때문에 엉망이 될 수도 있다. 고린도 교인들 중에는 교육을 받은 남자들이 많았던 반면, 교육받은 여자들은 소수였을 것이라는 게 학자들의 추측이다. 따라서 남편들이 아내들에게 무언가를 설명해야만 한다는 것은 여자들의 이해력을 보편적 차원에서 언급한 것이라기보다 이 고린도 교회 회중들에게 국한된 것으로 보아야 할 것이다.

15:1-58 그리스도의 부활 그러나 이런 문제들은 바울이 큰 염려를 표명하고 있는 고린도 교회의 문제에 비추어 보면, 결국 하나의 중대한 문제로 귀결된다. 그리스도의 부활을 부인하는 것이다(15:1-58). 바울은 부활이 기독교 신앙에서 결코 타협할 수 없는 요소임을 매우 엄숙한 언어로 선언한다. 기독교 신앙이 고백하는 가장 중요한 내용은 그리스도가 우리 죄 때문에 죽으셨다가 다시 부활하셨다는 것이다(15:1-4). 바울은 그리스도의 죽음과 부활이 은밀히 이루어진 사건이 아니었음을 강조한다. 그는 이 사건을 목격한 이가 많으며, 그 가운데 일부는 자신이 이 서신을 쓸 때에도 살아 있다는 점을 강조하고 있다.

나아가 심지어 바울 자신도 부활이 사실임을 증언할 수 있다고 말한다(15:5-7). 어느 사도에게 물어보든지, 그들은 하나같이 그리스도가 죽은 자 가운데서 부활하셨다고 똑같이 대답할 것이다. 고린도 교회 사람들도 처음에는 똑같이 이 사실을 받아들였다(15:8-11).

그러나 지금 고린도 교회에는 그리스도의 부활을 부인하는 사람들이 생겨났다. 그들은 왜 그리스도의 부활을 부인하는 것일까? 바울이 이미 말한 것처럼, 그 사건을 목격한 사람들은 매우 신뢰할 만한 사람들이다. 만일 그리스도의 부활이 없다면, 기독교 신앙은 아무런 의미가 없다(15:12-19). 부활이 없다면, 그리스도인들의 모든 소망은 아무 근거 없는 것이 되고 말 것이다. 부활이 없다면, 영생의 소망도 죄의 용서도 없을 것이다(롬 4:24-25을 보라). 말 그대로 "내일 죽을 터이니, 먹고 마시자"(15:32)는 태도만이 유일하게 현실성 있는 방안이 될 것이다. 그러나 실상은 전혀 다르다. 그리스도는 분명 죽은 자 가운데서 부활하셨다. 이 사실은 의심할 수도, 의심할 필요도 없다. 그리스도가 부활하신 이상, 신자들도 부활할 것이다. 바울은 그리스도의 부활을 가리켜 "첫 열매"(15:20)라는 말을 사용한다. 바꾸어 말하면, 모든 신자들이 열매로 거두어지게 될 부활이라는 큰 추수에서 그리스도가 첫 수확물이 되셨다는 것이다.

바울은 부활이 사실임을 강력하게 변증한 뒤, 신자들의 몸이 부활하면 어떤 본질을 갖게 되는지 이야기한다(15:35-58). 이 난해한 본문에서 바울은 지상에서 신자들이 갖고 있는 몸과 부활 뒤에 신자들이 가질 몸이 직접 연관되어 있음을 강조한다. 물론 그 두 몸은 완전히 다를 것이다. 씨는 땅에서 썩어 식물을 낸다. 이 식물은 그 씨와 전혀 닮은 구석이 없다. 그러나 씨와 식물 사이에는 직접적 연관이 있다. 마찬가지로 지상의 몸이 죽으면 부활의 몸이 나타날 것이다. 물론 부활의 몸은 현재의 몸을 닮지 않을 것이다. 그렇다 해도, 두 몸 사이에는 연관성이 존재하고 있다.

그러나 이런 종류의 사유는 바울에게 제한된 의미의 중요성을 가질 뿐이다. 정말 중요한 것은 그리스도가 '실제로 부활하셨으며', 신자들 역시 '실제로 부활하게 될 것'이라는 점이다. 그리스도인은 부활이라는 이 든든하고 확실한 소망을 품고 살아갈 수 있다. 그리스도인들은 하나님이 예수 그리스도를 통하여 그들에게 죄와 죽음을 이긴 승리를 주셨다는 것을 알고 있다. 이를 안 이상, 그리스도인들은 온 힘을 다하여 하나님을 섬길 수 있는 것이다.

16:1-18 결론 이윽고, 바울은 이 서신을 끝맺으면서 독자들에게 예루살렘 교회를 위하여 연보할 것을 요청한다(16:1-4). 아울러 그는 자신의 장래 선교 계획과 관련하여 몇 가지 개인적 요망 사항을 기록해 놓고 있다(16:5-18). 바울은 이런 요망 사항을 제시하면서, 자신의 선교 사역을 후원하고 도운 이들의 이름을 언급한다. 마지막으로 바울은 아시아 지역의 교회들(에베소 근방 지역의 교회들)이 고린도 교회에 보내는 인사를 전하고 있다. 아시아의 교회들은 많은 수가 가정 교회였다. 그중에는 아굴라와 브리스길라의 집에서 모이는 가정 교회도 들어 있었다(16:19-20).

이 서신은 아마도 바울 자신이 마지막에 친필 몇 줄을 덧붙여 놓은 것 같다. 이 서신의 대부분은 비서나 서기(書記) 일을 업으로 하는 사람이 썼을 것이다. 그가 기록을 마친 뒤에, 바울이 친필로 몇 마디를 덧붙였던 것이다(16:21-24). 바울은 이 마지막 말에서 주님의 재림을 바라는 강렬한 열망을 표현한다. 아울러 그는 자신이 아끼는 형제자매들을 모든 이의 구주요 주가 되시는 예수 그리스도의 사랑과 은혜에 의탁한다.

고린도후서

고린도후서는 주후 55년 후반, 겨울 이전에 기록되었다. 이 편지는 로마의 속주인 아가야(이곳에 고린도와 아덴이 있다)의 북쪽 지방 마게도냐에서 써 보낸 것이다. 이 서신의 분위기는 우울하다. 바울은 이미 여섯 달 전에 고린도 교회에 첫 번째 서신(고린도전서)을 보냈지만, 그가 말했던 여러 내용이 모두 개선되었던 것은 아닌 게 분명하다. 아마도 바울이 첫 번째 서신에서 언급했던 몇몇 문제들은 해결이 되었던 것 같다. 이제는 새로 등장한 문제들이 빠져 나간 문제들의 자리를 대신 채우고 있었다.

1:1-13 모든 위로에 풍성하신 하나님 바울은 독자들에게 보내는 인사로 이 서신을 시작한다(1:1-3). 그는 이 편지의 독자로서 고린도 교회뿐만 아니라 아가야 전 지역의 그리스도인들을 염두에 두고 있었다. 이 서신의 처음 몇 구절에서는 하나님이 신자들에게 베풀어 주시는 위로가 중심 주제를 이루고 있다(1:4-7). 여기서 사용된 "위로"라는 말은 신자들이 고난 중에도 위로하시는 하나님의 임재를 인식할 때 체험할 수 있는 심오한 평강을 가리키는 것이다. 바울 자신도 매우 어려운 시간을 보냈다(1:8-11). 그는 자신이 겪은 고초가 무엇인지 밝히지 않는다. 하지만, 그는 독자들이 자신이 겪은 고초의 일부만이라도 알고 있기를 바라고 있는 것이 분명하다.

1:12-2:17 바울의 계획 변경 이어서 바울은 자신을 괴롭게 한 일부 고린도 교인들의 비방을 다루고 있다. 이 교인들은, 바울이 예정되었던 고린도 교회 방문을 취소하자 그가 고린도 교회를 성실하게 돌보지 않는다며 비판하였다(1:12-2:11). 그러나 바울은 심사숙고 끝에 이 방문을 취소하였다는 것을 분명하게 이야기한다. 그는 자신의 방문으로 말미암아 고린도 교회가 고통을 당하는 것을 원하지 않았다. 어차피 그가 그 교회에 간다면, 그 교회의 허물들을 질책할 수밖에 없었기 때문이다. 하지만 고린도 교회가 스스로 바울을 비판하던 자들을 처리한 이상, 바울은 이 사건이 종결되었다고 간주한다. 어쨌든, 바울은 자신의 모든 사역에 하나님의 은혜로운 도우심이 역사하고 있음을 깨닫고 있을 뿐만 아니라, 하나님의 손이 자신의 여행 계획을 주관하신다고 생각하고 있다(2:12-17). 하나님은 썩은 악취만이 진동하는 이 세상에서 그리스도의 향기가 풍겨나도록 그에게 그리스도의 복음을 선포할 특권을 주셨다.

3:1-18 새 언약

이제 바울은 새 언약의 일꾼으로 뽑힌 것이 얼마나 기쁜 특권인지 이야기한다(3:1-6). 새 언약과 옛 언약은 모든 점에서 분명한 대조를 이루고 있다. 모세를 통하여 주어진 언약(옛 언약)도 하나님의 영광을 드러내고 있다. 하지만, 새 언약의 영광은 모든 점에서 옛 언약의 그것을 능가한다. 옛 언약은 사람들이 하나님과 올바른 관계를 맺게 하는 데 실패하였지만, 새 언약은 그 일을 정확히 해낼 수 있다(3:7-11). 회당에 있는 율법(토라) 두루마리는 베일로 덮여 있었다. 그처럼, 율법은 사람과 하나님 사이에도 베일을 드리우고 있었다. 하지만 이제는, 그리스도가 그 베일을 벗겨 내셨다(3:12-18).

4:1-5:10 질그릇에 담긴 보배

그러나 하나님은 복음이라는 보배를 연약하고 깨어지기 쉬운 인간들에게 맡기셨다. 이것이 바로 이 서신의 주요 주제다. 하나님의 풍성하신 은혜가 신자들의 연약함을 대신 채워 주시는 것이다. 바울은 복음이 주는 큰 기쁨들 가운데 하나로서 하나님이 그리스도 안에 있는 구원의 좋은 소식을 알릴 일꾼으로 보통 사람들을 세우신 것을 들고 있다(4:1-18). 복음이라는 보배는 질그릇 안에 담겨 있었다. 신자들은 자신들이 연약하다는 것, 온갖 핍박과 방해를 받을 수밖에 없다는 것을 잘 알고 있다. 그럴지라도 그들은 하나님이 몸소 자신들을 든든히 받쳐 주실 것을 확신하며 평안한 쉼을 누릴 수 있다. 어찌 되었든, 죽을 수밖에 없는 인간은 은혜의 복음으로 말미암아 영원히 죽지 아니할 존재로 변화될 것이다(5:1-10). 이 땅의 삶이라는 이 취약한 장막은 부활한 몸이라는 견고한 건물로 바뀌게 될 것이다.

5:11-6:13 화목케 하는 일

복음을 맡은 일꾼도 반드시 죽을 수밖에 없는 연약한 존재라는 것을 강조하였던 바울은, 이제 복음 그 자체를 이야기한다(5:11-21). 바울은 이 웅장한 본문에서, 죄인들이 복음으로 말미암아 회개함으로써 새로운 피조물이 되었다고 선언한다. 이 죄인들을 변화시키는 뭔가가 일어난 것이다. 그런 변화는 "그리스도 안에 계시사 세상을 자기와 화목하게" 하신 하나님 자신으로부터 연유한 것이다. 그리스도의 사역 때문에, 우리의 죄가 그에게 전가되고 그의 의가 우리에게 옮겨졌다. 신자들은 이 좋은 소식을 선포할 직분을 맡았다. 신자들은 하나님으로부터 부름을 받아 이 세상에 '그리스도의 사신'(使臣)으로 파송된 것이다. 신자들은 '하나님과 함께 일하는 자들'*이다(6:1-2). 이어서 바울은 자신이 겪은 고초를 재차 이야기한다(6:3-13). 그는 복음 때문에 고난을 겪어야만 했다. 복음을 맡은 다른 일꾼들도 동일한 고난을 겪을 수밖에 없다.

6:14-7:1 믿지 않는 자와 함께 멍에를 메지 말라

이어서 바울은 그리스도인의 행실과 관련된 실제적 관심사를 간결하게 다루고 있다. 분명 바울은 신자들이 '믿지 않는 자

---

* 희랍어 본문에는 이 말이 '쉰에르게오'라는 동사의 현재분사 능동형 남성 복수 주격 형태인 '쉰에르군테스'로 표현되어 있다. '쉰에르게오'라는 말은 '어떤 일을 동등한 위치에서 함께한다'는 뜻이 아니라, '어떤 이가 하는 일을 돕다'라는 의미를 갖고 있다(다/969). 성경이 사용하는 '하나님의 동역자'란 표현은 엄밀히 말해 '하나님의 보조자'라는 뜻이다.

와 멍에를 함께 맴으로써' 초래될 결과들을 염려하고 있다. 바울의 이 말은 특별히 신자와 불신자 사이의 통혼을 언급한 것으로 볼 수도 있다. 구약의 선지자들이 유대인과 이방인의 통혼을 비판했던 것과 궤를 같이 하는 것으로 볼 수 있는 것이다. 그러나 바울은 거기서 더 나아가 그리스도를 믿지 않는 이교도들이 가르치는 역할을 비롯하여 교회 내의 여러 직무를 차지하는 상황에 우려를 표명하고 있다고 보는 것이 더 적절할 것이다. 구약의 선지자들은 유대인과 이방인의 통혼이 이방 종교의 행위에 이스라엘의 신앙이 오염되는 결과를 가져올까 봐 염려하였다(이 책의 스 9:1-10:44 부분을 보라). 바울도 마찬가지 방식으로 그리스도인의 신앙이 이방 종교와 뒤섞일까 봐 염려한 것이다.

7:2-9:15 예루살렘 교회를 위한 연보 바울은 자신이 고린도 교회에 보낸 첫 번째 편지를 읽고 고린도 교인들의 마음이 상했을 수도 있다는 점을 염려한다. 만일 그랬다면, 그도 역시 마음이 편치는 않을 것이다. 그럼에도 바울은 그들에게 마땅히 이야기해야 할 문제들을 이야기한 이상 자신이 올바른 일을 했다고 믿고 있다. 바울은 이전에 자신을 괴롭혔던 고린도 교회의 문제들이 해결된 것으로 믿으면서, 기쁜 심정을 감추지 않는다(7:2-16). 이제 바울은 이런 문제들을 잊어버리고, 다시 한 번 연보 문제를 말할 수 있게 되었다. 바울은 이 연보를 거둬 모든 교회의 어머니인 예루살렘 교회를 돕는 데 사용할 작정이었다. 주 예수 그리스도는 신자들을 위하여 몸소 가난하게 되셨다. 마찬가지로 신자들 역시 다른 곳에서 일하는 이들의 사역을 도와야 할 의무가 있다(8:1-15).

바울은 연보로 걷힌 돈이 적절히 관리될 수 있도록 모든 예방책을 강구할 것이라고 확언한다. 나아가 그는 조만간 자신의 동역자인 디도가 고린도를 방문하여 연보와 관련된 문제들을 감독할 것이라고 말한다(8:16-9:5). 아울러 바울은 여기서 이름을 밝히지 않은 "한 형제"를 언급한다(8:22). 이 사람은 누군가 바나바일 가능성이 크다.

이런 연보 호소의 밑바닥에는 전 세계 그리스도인들이 가능한 한 모든 방법을 동원하여 서로 도와야 한다는 믿음이 깔려 있다(9:6-15). 여기서 바울은 청지기 직분이라는 주제를 전개하고 있는 것이다. 바울의 관심은 예루살렘 교회를 위한 연보를 걷는 것이다. 그러나 여기에 나타난 일반 원리들은 그리스도인의 삶 전반에 적용된다. 하나님이 주신 선물들은 그것을 받은 사람만의 '전유물'이 아니다. 하나님은 그 선물들이 사용될 것을 바라시면서 그들에게 '맡겨놓으셨을' 뿐이다. 복음이 더 뻗어나가려면, 모든 사람이 후히 내놓고 씨를 심듯이 심어야만 한다. 처음에 씨를 뿌리시는 분은 하나님이시다. 신자들은 그저 하나님이 주신 선물을 사용하여 그분을 섬길 뿐이다. 신자들의 후한 연보는 하나님 백성들의 필요를 채워 주는 것이자, 하나님께 감사와 영광을 돌리는 것이다. 아가야 지역의 교회들보다 형편이 훨씬 더 궁한 마게도냐 교회도 후한 연보를 하였다. 그렇다면, 고린도 교회도 마게도냐 교회처럼 후한 연보를 하는 게 마땅하다는 것이 바울의 지적인 것 같다.

10:1-11:33 바울이 자신의 사도직을 변호하다 이 부분에 이르러 서신의 어조가 급작스럽게 바뀐다. 1장부터 9장까지 처음 아홉 장은 부드러운 어조를 띠고 있었다. 그런 어조는

고린도 교회가 바울과 그의 사역을 점점 더 높이 평가하게 된 것과 무관하지 않을 것이다. 그러나 바울에게는 아직도 대적들이 있었다. 여기서 바울은 자신의 대적들과 자신의 사역을 헐뜯는 그들의 비판에 정면으로 대응한다. 바울은 '신령한' 인물이 아니므로 진정한 사도가 될 자격이 없다는 게 그를 향한 첫 번째 비판이었다(10:1-6). 나아가 바울이 능란한 화술을 의지하여 자신을 지나치게 내세우려 한다는 비판도 있었다(10:7-11). 바울은 이런 비판들을 단호하게 배척한다. 그는 고린도와 다른 곳에서 행한 사역의 열매와 그가 한 일을 하나님이 얼마나 기뻐하시는가에 따라 하나님께 판단을 받을 것이다(10:12-18). 여기에는 바울이 자신을 내세울 여지가 전혀 없다. 다만 하나님이 바울의 사역 안에서, 또 그 사역을 통하여 행하신 것을 정직하게 평가할 필요가 있을 뿐이다.

이어서 바울은 자신이 고린도 사람들로부터 그 어떤 도움도 받지 않고 복음을 전한 점을 강조한다. 만일 바울이 자신의 생계를 고린도 사람들에게 의지했더라면, 고린도 사람들은 자신이 사도임을 주장하는 바울에게 더 많은 공감을 표시했을까? 바울은 고린도에서 복음을 전하는 동안, 마게도냐의 교회들로부터 도움을 받았다. 이런 점에서, 바울이 고린도 사람들을 착취했다는 비판은 말도 되지 않는 이야기다(11:1-15). 뒤이어 바울은 선교 여행 동안 자신이 겪은 고초를 인상 깊게 열거하고 있다(11:16-33). 우리는 이 고초들을 읽는 순간, 누가가 기록해 놓은 것은 바울이 복음으로 인해 겪은 고초 가운데 지극히 적은 부분일 뿐임을 깨닫게 된다. 누가는 바울의 선교 사역을 설명하면서, 바울이 겪은 고충을 일부 이야기하고 있다. 그러나 그는 바울이 말한 내용을 상세히 기록해 놓지는 않았다. 바울은 자신이 선교 사역을 행하는 동안 큰 고난을 겪었다는 점을 강조한다. 그런 그의 사도권을 부인한다는 것은 얼토당토않은 일이었다.

12:1-10 바울의 가시 여기서 바울은 특별한 고초를 이야기한다. '육체의 가시'가 그것이다. 바울은 자랑거리를 가진 사람들이 일부 있음을 지적한다. 이를테면, 하늘에 이끌려가서 하나님을 뵙는 신비한 체험을 한 사람이 그런 이들이다. 그러나 자랑은 겸손이 아니라 교만을 낳을 수 있다. 바울은 자기 자신의 경험에 비추어 겸손의 중요성을 강조하는 동시에, '가시'를 언급한다. 이 '가시'의 '정체'는 확실치 않다. 이것은 아마도 바울이 선교 여행 중에 걸린 질병을 가리키는 것으로 보는 것이 가장 적절할 것이다. 이 병 때문에 그는 행동에 많은 제약을 받았을 것이다.

그러나 이 가시와 관련하여 진정 중요한 것은 가시의 정확한 정체(병명)가 아니라, 그 가시의 영적 의미다. 이 가시는 바울에게 자기 자신의 능력보다 하나님의 은혜를 의지해야 한다는 것을 가르쳐 주었다. 아울러 이 가시 때문에 바울은 하나님의 능력이 자신의 연약함을 넘치도록 보충해 주었다는 것을 분명하게 깨달았다. 바울은 자신에게 이런 점들을 엄숙히 일러주신 하나님의 말씀을 이렇게 요약해 놓았다. "내 은혜가 네게 족하도다. 이는 내 능력이 약한 데서 온전하여짐이라"(12:9).

12:11-13:11 고린도 교인들을 향한 바울의 염려 최근에 바울은 고린도 교회를 방문하려다 뜻을 이루지 못하였다(이 때문에 그 교회에서 바울에게 역정을 낸 사람들이 있었다

는 점은 이미 살펴본 바 있다: 1:15-2:1). 그러나 바울은 여기서 고린도를 세 번째로 방문하려는 뜻을 밝힌다(12:14-21). 그는 스스로 생계를 꾸려가며 복음을 전할 것이기에, 고린도 교회에는 어떤 요구도 하지 않을 것이라고 선언한다. 그러나 그는 이 방문과 관련하여 자신이 갖고 있는 염려들을 솔직히 털어놓는다. 그는 자신이 비탄할 만한 일을 고린도 교회에서 목격하게 될까 봐 근심하고 있었다(12:21). 하지만 바울은 어떤 난관이 있더라도 고린도 교회를 올바로 훈련시키겠다는 각오를 피력한다(13:1-10). 바울은, 자신의 사도권에 도전을 제기하는 이가 있더라도 흔들림 없이 신자들의 도덕적 의무를 강조할 것이라고 천명한다. 자기 자신의 위신에 도전하는 것은 얼마든지 용납할 수 있었지만, 그리스도인의 본분에 어긋나는 행실은 결코 용납할 수 없다는 게 바울의 소신이었다.

13:11-13 마지막 인사 이처럼 고린도후서는 어두운 음조로 끝을 맺는다. 바울은 고린도 교회를 향한 자신의 염려를 표명할 수밖에 없었다. 이 때문에 이 서신의 마지막 부분은 질책하는 어조를 띠고 있다. 그러나 바울은 마지막 인사에서 하나님이 은혜로우신 분이라고 단언한다(13:11-13). 인간에겐 연약함뿐이나, 하나님의 은혜가 교회 안에서 역사하고 있다. 때문에 바울은 정제된 형식의 말로 이 서신을 끝맺는다. 여러 시대를 거쳐 지금까지 내려와 그리스도인들이 사용하는 이 말(13:13)은 간단히 '은총의 축도'(the grace)라는 말로 알려져 있다. 그리스도인들은 기도할 때 이 말을 사용함으로써 자신들과 고린도의 초대교회가 연속성을 갖고 있음을 되새기게 된다. 고린도 교회 교인들은 2,000여 년 전에 살았지만, 우리 시대의 신자들과 똑같은 주, 똑같은 신앙을 갖고 있다. 그리스도인들은 이 기도로 기도할 때마다 시간과 공간이 그리스도를 믿는 신앙을 공유하는 데 결코 장애가 될 수 없다는 점을 확인하게 된다.

갈라디아서

갈라디아서는 주후 53년 무렵에 바울이 쓴 서신이다. 바울이 수신자로 언급한 교회들이 갈라디아 북부 또는 중부의 교회들인지, 아니면 비시디아 안디옥이나 이고니온, 더베처럼 바울이 첫 번째 선교 여행 기간에 방문했던 갈라디아 남부 도시의 교회들인지는 확실치 않다. 바울은 이 서신에서 이야기하고 있는 것과 매우 유사한 문제들을 다루었던 예루살렘 공의회(행 15장을 보라) 직후에 이 서신을 썼을 수도 있다.

1:1-2:10 바울의 사도직과 복음 먼저 바울은 인사말과 함께 자신이 사도임을 주장하며 이 서신을 시작한다(1:1-2). 그는 자신의 사도직은 사람을 거치지 않고 부활하신 그리스도로부터 직접 받은 것이라고 주장한다. 이 주장은 분명 자신이 곧이어 언급할 그의 회심 정황을 염두에 둔 말일 것이다. 바울은 우선 그리스도로 말미암아 죄로부터 구원받았다는 주제를 비롯하여 복음의 몇 가지 대요(大要)를 간략히 언급한 뒤(1:3-5), 자신을 괴롭히고 있는 문제를 꺼낸다. 그는 자신이 개척했던 갈라디아 지역의 교회들이 복음으로부터 멀어지고 있는 현실을 괴로워하고 있었다.

바울은 자신이 이전에 전했던 것과 다른 복음을 전하는 이를 물리치라고 요구한다(1:6-10). 그는 자신의 회심 사건을 상세히 설명하면서 그의 사도권을 변호한다. 바울은 자신이 직접 뵌 부활하신 그리스도로부터 복음을 전해 받았다고 말한다. 그는 순전히 사람에게 속한 어떤 전승을 전하거나 자신의 입맛대로 복음을 지어낸 일이 없다고 단언한다. 바울이 순종하는 그리스도는 그가 회심 때 뵈었던 바로 그 그리스도였다(1:11-12).

바울은 자신의 개인사를 모르는 사람들을 위하여 자신의 회심 경위를 간략하게 이야기한다(1:13-24). 이 이야기는 사도행전 9:1-31이 더 상세하게 기록해 놓은 사건들을 집약한 것이다. 바울은 공연히 한 이야기를 또 하려고 하는 게 아니다. 그는 다만 자신이 그리스도의 이름으로 복음을 선포할 권위를 그리스도로부터 직접 받았으며, 다른 사도들도 자신의 이 권위를 인정했다는 점을 설명하려 할 뿐이다(2:1-10). 다른 사도들은, 베드로가 유대인들에게 복음을 전할 중요한 과업을 맡은 것처럼 바울도 이방인들에게 복음을 선포할 과업을 맡은 자임을 인정하였다. 그런 점에서, 바울은 자신의 사명이 하나님으로부터 연유한 것이며 남아 있는 사도들이 공중 앞에서 인정한 것임을 강조하고 있는 것이다.

2:11-21 바울이 베드로를 책망하다

하지만 바울은 자신과 베드로가 다름을 인정한다. 그는 여기서 초대교회 안에 존재하였던 긴장을 들여다볼 수 있는 중요한 통찰을 제시하고 있다. 이런 긴장 관계는 갈라디아에서도 현실로 나타났다. 당시 바울은 유대교로 복귀하려는 무리가 등장하고 있는 것을 우려하였다. 교회 안에 들어와 있던 이 무리는 이방인 신자들이 할례 규정을 비롯하여 모세의 율법이 요구하는 모든 사항들을 지켜야 한다고 주장하였다. 바울에 따르면 이 무리의 지도자는 야고보였다. 이 야고보는 주후 44년에 죽은 사도 야고보가 아니라, 예수 그리스도의 아우인 야고보였다. 그는 예루살렘 공의회를 소집하는 데 영향력을 행사하였으며, 신약의 서신서 가운데 하나인 야고보서를 쓴 사람이기도 하다.

바울은 이런 움직임을 매우 위험하게 보았다. 만일 그리스도인들이 율법을 엄격히 지켜야 구원을 얻을 수 있다고 한다면, 그리스도의 죽음은 무슨 소용이 있단 말인가? 바울은 엄숙하고 경건하게 모세 율법을 지키는 것이 아니라 그리스도를 믿는 믿음이 구원의 기초임을 강조한다. 그는 어느 누구도 율법을 지킴으로써 의롭다 하심을 얻을 수 없다(하나님과 올바른 관계에 들어설 수 없다)고 단언한다. 인간 구원의 근거가 되는 의는 율법을 지키는 것이 아니라 그리스도를 믿는 믿음을 통하여 주어지는 것이다.

3:1-14 믿음이냐, 아니면 율법을 지킴이냐

이 문제의 중요성과 민감성을 인식한 바울은 이 문제를 더 상세하게 다루고 있다(3:1-29). 갈라디아 사람들은 함정에 빠져 버렸다. 율법을 지키는 행위 내지 인간의 공로가 구원을 가져다준다고 믿게 된 것이다. 그렇게 되면, 믿음은 어떻게 되는가? 율법을 지키는 행위가 구원을 가져다준다면, 성령의 선물인 이 믿음은 율법을 지켰기에 주어진 것이냐고 바울은 묻고 있다. 바울은 아브라함의 예를 들어 자신의 논지를 펼쳐 간다.

바울은 아브라함이 '의롭다 여기심'을 받은 것은(즉, 하나님과 올바른 관계를 맺게 된 것은) 그의 믿음 때문이었다고 주장한다 (3:6-18). 이 위대한 족장(아브라함)이 하나님과 올바른 관계를 가질 수 있게 된 것은 할례 덕분이 아니었다. 할례는 의롭다 여기심을 받은 뒤에 주어진 것이었다. 아브라함이 하나님과 올바른 관계를 맺게 된 것은 그가 하나님이 주신 약속을 믿었기 때문이었다 (창 15:6). 할례는 이 믿음을 보여 주는 겉표지였을 뿐이다. 할례는 믿음을 세우는 게 아니라, 이미 존재하는 어떤 것을 확인해 줄 뿐이었다. 바울은 율법이 주어졌다 하여 하나님이 이미 주신 약속이 소멸된 게 아니라고 주장한다. 하나님이 아브라함과 그의 씨(자손)—이 씨 중에는 그리스도를 믿는 신자들도 포함된다—에게 주신 약속은 율법이 주어진 뒤에도 여전히 유효하다.

결국 바울이 주장하는 요지는 할례나 모세 율법이 주어지기 전에 이미 하나님이 아브라함에게 주신 약속이 존재했다는 것이다. 따라서 바울은 아브라함의 믿음에 동참하는 이는 누구나 아브라함의 자손이라고 역설한다. 이방인도 하나님의 약속을 믿은 아브라함의 믿음에 동참할 수 있으며, 이 믿음에서 유래한 모든 은덕을 받아 누릴 수 있다. 할례를 받을 필요도 없고, 모세 율법의 세세한 규정에 얽매일 필요도 없다. 바울은 율법을 준수하는 외적 행위가 아니라 그리스도의 죽음과 부활이 하나님과 올바른 관계를 맺을 수 있는 궁극적 기초를 만들어 낸다고 역설한다. 바울은 "의인은 믿음으로 살리라"고 선언했던 하박국 선지자의 말(합 2:4)을 인용하여 자신의 주장을 더 확고하게 내세우고 있다.

그러나 율법과 약속과 믿음의 관계를 상세히 분석한 이 본문의 중간 부분을 읽어 보면, 우리는 그리스도의 죽음이 갖는 의미에 관하여 아주 흥미로운 해석을 발견하게 된다(3:10-14). 바울은 율법이 나무 위에 달려 죽은 사람—십자가에 달려 죽은 사람도 이에 포함된다—을 모두 저주받은 사람으로 선언하고 있다(신 21:23)는 것을 지적한다. 하지만 부활이 분명하게 보여 주었듯이, 그리스도는 결코 저주 가운데 죽으신 분이 아니었다. 다만 그리스도는 "우리를 위하여" 저주를 받으셨을 뿐이다(3:13). 즉, 십자가에 내린 저주는 그리스도 자신과 관련된 것이 아니라 신자들과 관련된 것이다. 신자들이 받아야 할 저주를 그리스도 스스로 당신에게 옮겨 놓으셨기 때문이다. 그리스도는 그런 식으로 십자가 위에서 몸소 죄에 따른 책임을 떠맡으신 것이다.

3:15-25 율법과 약속

그렇다면, 율법은 왜 필요한가? 바울은 율법에도 긍정적 기능이 있다는 것을 분명하게 인정한다. 성경은 온 세상이 죄에 사로잡혀 있다고 선언한다. 때문에, 자기 힘으로 의를 이룰 수 있는 사람은 아무도 없다. 그러나 율법은 마침내 죄로부터 구원 얻을 길이 되실 그리스도가 오실 것을 알려 주는 역할은 할 수 있다. 그런 점에서, 율법은 복음이 올 때까지만 책임을 감당하게 된 후견인, 교사, 길잡이인 셈이다. 그러나 이제는 믿음이 왔기 때문에, 율법은 더 이상 이런 역할을 할 필요가 없다.

3:26-4:7 하나님의 아들들

그렇다면, 믿음의 역할은 무엇인가? 바울은 신자들이 하나님과 올바른 관계를 맺게 하는 것(이것이 '의롭다 함을 받는다'라는 말의 기본 의미다)은 믿음뿐임을 이미 강조하였다. 그러면 믿음에는 이외에 다른 유익이 없는가? 바울은 믿음이 가져다주는 많은 복 중의 하나를 확인해 준다(3:26-4:7). 그리스도를 믿는 신자들은 모두 하나님의 아들이라는 지위를 얻게 된다. 그리스도 안에서 누리는 이 새로운 지위 때문에, 다른 모든 차이점들은 철저히 그늘에 가려진다. 그렇다 하여, 그 차이점들이 없어지는 것은 아니다. 다만 그 차이점들을 올바른 시선으로 바라볼 수 있게 되었을 뿐이다. 국적, 사회적 지위, 성별의 차이는 그 어떤 궁극적 의미도 갖지 못하는 것으로 여겨진다. 신자들 사이에는 여전히 서로 다른 차이점이 존재한다. 그러나 이런 차이점들은 구원이나 그리스도인의 삶이라는 주제에 비추어 보면, 아무런 중요성도 갖지 못한다.

하나님의 아들들이 된 신자들은 아들이 누릴 수 있는 모든 법적 권리를 온전히 향유하게 된다. 이 권리에는 자유*와 상속권**이 포함된다. 성령이 이 사실을 확인해 주신다. 신자들이 하나님을 '아빠'***라 부를 수 있도록 해주셨기 때문이다. '아빠'는 너무나 친밀하게 아버지를 부르는 말로서, 신자와 하

---

* 죄의 종이었던 신분에서 벗어난 것을 가리키는 말이다.
** 하늘나라를 유업으로 받을 권리를 말한다.
*** '아빠, 아버지'를 가리키는 아람어다.

나님의 관계가 얼마나 가까운 것인지 분명하게 보여 준다.

4:8-5:15 그리스도 안에서 누리는 자유 그러나 갈라디아 사람들은 하나님의 아들로서 누리는 이런 특권들을 헛되이 버리려 하고 있었다. 그들은 복음 안에서 영광스러운 자유를 누리기보다, 모세의 율법 규정에 얽매이는 노예생활로 되돌아가고자 했다(4:8-20). 유대인들이 따르는 이런 세부 규정이 왜 그리스도인들의 삶을 가로막아야 하는가? 왜 신자들이 특별히 유대인들이나 지키는 절기와 규정들을 따라야만 하는가? 바울은 이해할 수 없었다. 바울은 일종의 율법주의로 퇴보해 가는 갈라디아 사람들의 모습에 답답한 마음을 토로한다. 아들로서 자유를 누릴 수 있는데도 굳이 종이 되겠다고 우기니, 얼마나 답답한 일인가? 바울은 창세기 16:1-16과 21:2-5을 예로 들어 이 점을 설명하고 있다. 비록 이해하기 어려운 비유이긴 하지만, 바울은 이 비유를 통하여 아들의 특권을 누릴 수 있는 신자들이 종으로 돌아갈 필요가 없다는 점을 역설하고 있다(4:21-31).

바울은 그리스도가 오신 목적은 (죄의 종이었던) 신자들을 해방시키는 것이었다고 선언한다. 이제 자유인이 된 신자들은 꾐에 빠져 다시 종으로 전락하는 잘못을 저지르지 말아야 한다(5:1-15). 아직도 할례를 받아야 한다고 느끼는 사람은 철저히 율법에 매여 있는 사람이다. 그런 사람들에겐 그리스도가 오시지 않은 것이 더 나았을지도 모른다. 여기서 중요한 것은 자유다. 이 자유는 죄를 탐닉할 자유가 아니라, 아무것에도 구애받지 않고 마음껏 사랑할 수 있는 자유를 말한다. 바울의 말처럼, 모든 율법은 이 사랑이라는 말로 요약할 수 있다.

5:16-6:10 성령을 따르는 삶 그러나 이 사랑은 율법주의에 그 기초를 두고 있는 것이 아니다. 신자들을 움직이는 것은 다른 사람들을 사랑하도록 역사하시는 성령이시다(5:16-26). 사랑하라는 명령은 그리스도인의 존재 의미를 만인 앞에 천명한 객관적 선언이라는 점에서 꼭 필요하다. 그러나 이렇게 사랑하도록 만드는 기본 동인(動因)은 주관적이다. 신자들을 새롭게 하시는 성령이 신자들 속에서 사랑을 불러일으키기 때문이다. 죄로 가득한 본성은 자연스럽게 온갖 종류의 부도덕한 일들로 이어진다. 반면, 성령은 자연스럽게 사랑과 희락과 화평과 오래 참음과 자비와 양선과 충성과 온유와 절제로 이어진다. 바울은 이 아홉 가지를 가리켜 "성령의 열매"라고 부른다. 과수(果樹)가 열매를 맺듯이, 믿음의 삶에서는 저절로 이런 열매들이 나타나기 때문이다. 죄로 가득한 옛 본성은 십자가에서 죽임을 당하였다. 이제 신자들은 새롭게 하시는 성령의 역사로 말미암아 생명을 얻게 되었다.

바울은 이런 원리들이 그리스도인의 삶 속에서 어떻게 이루어지는지 꼼꼼하게 설명한다(6:1-10). 우리는 바울 서신 전반에서 윤리와 목회자의 돌봄에 기초가 되는 신학을 발견한다. 바울은 신자들이 사랑하는 삶을 살아야 한다고 강조한다. 그가 이렇게 강조하는 것은 부활하신 그리스도의 영이 신자들을 도우시고 그들에게 새 힘을 주신다는 믿음 때문이다. 신자들은 결코 홀로 버려진 존재가 아니다.

6:11-18 중요한 것은 할례가 아니라 새로 지으심을 받는 것이다 마침내, 바울은 이 서신을 끝맺는다. 이 마지막 부분은 바울이 친필로 쓴 것이다. 이 서신의 나머지 부분은 아마

도 글 쓰는 일(저자가 불러 주는 내용을 받아 적는 일)을 업으로 하는 사람이 썼을 것이다. 바울은 이 결론 부분에서 할례의 무익함을 재차 강조한다. 중요한 것은 그리스도를 믿는 믿음을 통하여 이루어지는 새 창조를 경험하는 일이다. 바울은 새 창조를 기뻐하면서, 갈라디아의 신자들을 주 예수 그리스도의 돌보심에 맡기고 있다.

에베소서

에베소는 소아시아의 주요 도시였다. 바울은 이곳에서 선교할 때 크나큰 어려움을 겪었다. 이 서신에는 바울 서신에 흔히 등장하는 특정한 인사말이 없다. 때문에 일부 학자들은 이 서신을 어떤 특정 교회의 회중에게 보낸 편지라기보다는 그 지역 교회들의 회람용으로 써 보낸 편지라고 보고 있다. 사본들 중에는 심지어 에베소를 지칭하는 말(1:1)조차 생략된 경우가 많다.

에베소서는 어떤 특정한 거짓 가르침을 직접 다루지 않는다. 이 때문에, 이 서신을 어느 한 교회 회중의 특유한 문제를 다룬 것이라기보다 소아시아 지역 교회들의 회람용 서신으로 추정하는 견해가 더 힘을 얻는다. 이 서신의 정확한 기록 연대는 알 수 없다. 이 서신에서는 다른 바울 서신에서 볼 수 있는 바울 자신의 신변 상황들을 발견할 수 없기 때문이다. 하지만 우리가 알고 있는 당시 바울의 움직임과 주변 상황에 비추어 보면, 이 서신은 주후 60년대 초반에 기록되었다고 보는 것이 적절할 것 같다.

1:1-14 그리스도 안에서 누리는 신령한 복
바울은 먼저 자신이 사도임을 확증해 주는 것들을 주장한다(1:1-2). 이어서 그는 부활하신 그리스도의 영광을 아주 강력한 어조로 선언하고 있다(1:3-14). 바울은 하나님이 창세 전부터 신자들을 택정하신 뒤, 예수 그리스도의 죽음과 부활을 통해 당신의 아들들로 입양하셨다고 선언한다. 하나님은 예수 그리스도를 통하여 당신의 경륜을 알리셨으며, 그 덕분에 신자들은 하나님이 그들을 향하여 예정하신 뜻을 알 수 있게 되었다. 나아가 성령의 내주(內住)는 하나님의 이런 선택에 확인 도장을 찍어 주신 것이다.

성령의 내주는 하나님이 신자들의 소유주이심을 나타내시고자 확인 도장을 찍으신 것이다. 바울은 이 사실을 제시하고자 확인인(確認印)을 찍는다는 이미지를 사용한 것이다. 그러나 성령은 확인 도장 이상의 역할을 하신다. 성령은 신자들이 구원을 유업으로 받을 것임을 보증하는 '보증금'이시다. 바울이 여기서 사용하는 이 상거래 용어(즉, '보증금')는 '이후에 대금을 완전히 지불하기로 약속하면서, 미리 어떤 것의 소유주임을 분명히 해두고자 우선 지불하는 금전'이라는 의미를 갖고 있다. 그런 점에서 바울은 신자들의 삶 속에 성령이 거하시는 것을 하나님의 소유권과 주권을 나타내는 표지이자, 장래에 더 많은 것을 주시겠다는 약속의 보증이라고 선언한다.

1:15-23 감사와 기도 복음의 경이에 기쁨을 표시한 바울은 편지의 수신자인 에베소

지역의 신자들을 생각하며 하나님께 감사한다. 그 신자들은 이미 주 예수 그리스도를 믿고 있었다. 이를 안 바울은, 그 신자들이 모든 점에서 그리스도의 영광을 완전히 알 수 있게 되기를 기도한다. 그는 자신이 동원할 수 있는 최고의 언어를 사용해서 복음의 풍성함을 경이롭게 여기는 자신과 독자들의 공통된 심정을 표현해 보려고 노력한다. 하나님은 그 시대를 부활하신 그리스도의 권세 아래 두셨다. 이제 그 부활하신 그리스도의 능력은 믿음을 통하여 신자들에게 역사할 수 있게 되었다.

2:1-10 그리스도 안에서 살리심을 받다 이어서 이 서신은 그리스도를 믿는 믿음이 가져다준 은덕들을 찬양한다. 바울은 그 시대 세상 통치자들과 영들의 권세가 그리스도의 부활을 통하여 정복된 사실을 크게 기뻐하고 있다. 신자들은 믿음을 통하여 죄 때문에 죽어야 할 처지에서 구원받고, 그리스도 안에서 살리심을 받았다. 이제 신자들은 하늘의 삶을 맛보기 시작하였다. 하나님이 그들을 그리스도와 함께 일으켜 하늘나라로 올려 주셨기 때문이다. 바울의 이 말은 그리스도인들의 몸이 이 세상을 떠나 하늘로 옮겨 갔다는 의미가 아니다. 그는 신자들이 믿음으로 말미암아 그리스도의 임재와 능력을 체험할 수 있게 된 것을 그렇게 표현한 것이다. 그 임재와 능력을 온전히 체험하는 일은 장차 하늘에서 이루어지게 될 것이다. 이 위대한 소망은 인간의 업적이 아니라, 신자들을 새롭게 빚어 당신을 섬기게 하시는 하나님의 역사에 그 근거를 두고 있다.

2:11-22 하나 되게 하신 그리스도 하나님은 모든 장벽을 허물어, 모든 사람이 오직 그리스도를 믿는 믿음을 통하여 주어지는 화평과 기쁨을 발견하게 하셨다. 이제 그리스도인의 공동체 안에는 유대인과 이방인의 구별처럼, 그 어떤 인간적 구별도 들어설 여지가 없게 되었다. 그리스도는 자신의 죽음으로써 그런 구별을 단번에 철폐하시고 모든 사람이 자신께 나아올 수 있게 하셨다. 유대인이나 이방인이나, 모든 사람이 하나님께 나아올 수 있게 된 것은 그리스도 덕택이다. 교회 안에서는, 유대인이나 이방인이나, 모두 다 소중하며 환영받는 이들이다. 이제 유대인과 이방인 모두, 예수 그리스도가 친히 모퉁잇돌이 되시고 선지자들과 사도들의 가르침과 증언 위에 든든히 지어진 하나님의 집에서 함께 살아가는 시민이 되었다.

3:1-13 이방인에게 복음을 전하는 자로 세움 받은 바울 바울은 이방인들에게 하나님의 복음을 전할 자로 특별히 부르심을 받았다. 그는 자신의 이 소명을 설명하면서, 유대인과 이방인이 한 몸이 되었음을 계속 역설한다(3:1-13). 그는 자신이 특별한 계시로 말미암아 복음의 비밀을 알게 되었다고 강조한다. 이는 부활하신 그리스도를 직접 뵈었던 자신의 회심 사건을 언급하고 있는 게 분명하다. 복음의 요체는 유대인과 이방인이 함께 예수 그리스도의 약속에 참여하며, 함께 그 약속의 은덕을 누릴 수 있게 되었다는 것이다.

바울이 이방인에게 복음을 전할 자로 택함을 받은 것은 그의 특별한 재주나 장점 때문이 아니다. 그가 부르심을 받은 것은 순전히 하나님의 은혜다. 바울은 자신의 연약함과 허물을 너무나 잘 알고 있었다. 그런데도 하나님은 그를 부르셔서 사도로 세우셨다. 바울은 자신이 부르심을 받은 것은 은혜 때문이지 인간적 장점 때문이 아님을 확신하고 있다. 그리스도인이 확신을 품고 하나님께 다가갈 수 있는 것도 하나님의 은혜와 예수 그리스도의 공로 덕택이다.

3:14-21 에베소 교인들을 위하여 기도하다
바울은 자신의 독자들이 그들의 마음 속에 능력으로 거하시게 된 그리스도를 통하여 강건케 되기를 기도한다. 여기서 바울은 그리스도가 자기 백성들에게 풍성히 베푸신 사랑을 글로 옮겨보려고 애쓰면서, 그 사랑의 너비와 길이와 높이와 깊이의 무한함을 자랑하고 있다(3:14-21). 인간의 말로는 이 사랑을 적절히 표현할 길이 없다. 하지만 예수 그리스도를 믿는 이들은 이 사랑을 풍성히 맛볼 수 있다. 하나님은 "우리가 구하거나 생각하는 모든 것에 더 넘치도록 능히 하실" 분이다. 신자들은 하나님이 이런 분이심을 발견해야만 한다.

4:1-16 하나가 되어 그리스도의 몸을 이루게 하시다
아울러 신자들은 자신들이 한 몸임을 깨달아야만 한다. 바울은 주도 한 분, 믿음도 하나, 세례도 하나임을 역설한다. 결국 신자들은 각기 다름에도 불구하고, 그리스도 안에서 하나임을 깨달아야만 한다. 하나님은 그리스도의 죽음을 통하여 모든 구별을 철폐하셨다. 신자들은 새로운 구별을 지어 내어 그리스도가 이미 이루어 놓으신 일을 허물어뜨리지 않도록 조심해야만 한다. 바울은 교회 안에 서로 다른 구성부분들이 있음에도 불구하고, 교회는 오직 하나임을 역설한다. 교회 안에는 서로 다른 역할을 맡은 다양한 지체들이 있다. 그러나 이 지체들은 모두 그리스도의 몸(바울이 교회를 가리킬 때 즐겨 쓰는 용어다)을 세우고 모든 신자들을 그리스도의 풍성함으로 인도할 공동 과제를 분담하고 있다. 온 교회의 머리이신 그리스도가 교회 전체를 하나 되게 하시기 때문이다(이 부분은 포도나무와 그 가지의 비유와 중요한 평행 관계를 이루고 있다: 요 15:1-7을 보라).

4:17-5:21 빛의 자녀로 살아가라
그리스도인은 그리스도 안에서 성숙해 간다. 이 과정에서 아주 중요한 요소가 하나 있다. 타락한 세상 속에서 그리스도인의 고결함을 간직하는 것이다(4:17-5:21). 바울은 이 큰 단락에서 그리스도인의 신앙이 그리스도인의 삶으로 이어져야 한다는 점을 역설한다. 즉, 그리스도인의 삶 속에서 표현되는 도덕적 행실은 이 세상과 다른 차별성을 지녀야 한다는 것이다. 그리스도인이라면 마땅히 옛 자아와 이전의 본성을 버리고, 예수 그리스도를 통하여 주어진 새 본성을 입어야만 한다. 바울은 그리스도인들이 피해야 할 잘못들이 무엇인지 하나하나 특정하여 열거하고 있다(4:25-31).

바울은 특히 용서의 중요성을 강조한다. 하나님이 신자들의 죄를 그리스도 안에서 용서하신 것처럼, 신자들도 다른 사람들의 죄를 용서해야만 한다(4:32). 그런 점에서, 교회는 세상과 달리 긍휼과 용서의 공동체가 되어야만 한다. 여기서 바울은 신자들이 하나님을 닮아가야 한다고 말한다. 신자라면, 하나님을 본받는 자가 되어 그리스도를 통해 자신을 계시하신 하나님을 그대로 닮아가는 삶을 살아야만 한다는 것이다. 모름지기 신자라면, 하나님을 닮아가는 이 과정에 걸림돌이 되는 것이나 타락한 세상을 따라 살라고 을러대는 모든 것들을 멀리 해야만 한다. 그리스도인들은 어둠 속에서 빛으로 부름받은 이상, 다시 어둠으로 돌아가서는 안 된다. 이 때문에, 그리스도인들은 모든 신자가 신실함을 지키면서 부활하신 주께 더 가까이 나아갈 수 있도록, 이를테면 찬송과 기도로 서로 격려하며 도와주어야만 한다(5:1-20).

5:21-32 아내와 남편 이어서 바울은 교회와 가정 내의 관계에서 실제로 발생하는 문제들을 다루고 있다. 그는 여기서, 하나님이 이 세상의 질서를 특정한 모습으로 정해 두신 이상, 인간 관계에서도 이 질서가 그대로 구현되어야 한다고 주장한다. 바울은 이 부분에서 "복종"이라는 말을 몇 차례 사용하고 있다. 그러나 이 말은 '이 땅의 권력자들에게 순종하다'라는 의미가 아니라, '하나님의 의도를 발견하여 그 의도를 받아들이다'라는 의미다. 이를테면, 바울은 아내들이 (권력자에게 순종하는 것처럼) 남편에게 순종해야 한다는 말을 어디에서도 하지 않는다. 물론 바울은 자녀들이 부모에게 순종해야(섬겨야) 한다고 말하지만(6:1), 그가 여성 독자들에게 가르치는 '복종'은 이런 의미의 순종이 결코 아니다. 그는 부부 관계를 복종을 동반한 사랑으로 규정한다. 즉, 부부간의 사랑은 그리스도가 자신의 교회를 위하여 십자가에 달리신 것처럼, 자신을 내어 주는 사랑이다. 아울러 그 사랑은 몸과 마음을 바쳐 부부 관계가 요청하는 것들을 신실하게 지키려는 자세이기도 하다.

6:1-9 자녀와 부모, 종과 상전 얼핏 보면, 바울은 부부 관계, 자녀와 부모의 관계, 종과 상전의 관계를 모두 주후 1세기의 관습에 비추어 규정하고 있는 것처럼 보인다. 그러나 이들을 좀 더 꼼꼼히 살펴보면, 몇 가지 중요한 제한들이 붙어 있는 것을 발견할 수 있다. 우리는 이미 남편이 아내를 어떻게 사랑해야 하는지 보았다. 바울은 부모들에게 자녀들을 노하게 하지 말라고 가르친다. 마찬가지로, 그는 종들 위에 다스리는 상전의 지위는 땅에 속한 것이지 하늘에 속한 것이 아님을 일깨워 주고 있다. 우리는 바울의 이 모든 가르침 속에서 갈라디아서 3:28에서 제시된 기본 원리를 발견할 수 있다. 즉, 그리스도 안에서는 민족이나 성별이나 사회적 지위에 따른 구별이 있을 수 없다는 것이다. 이런 구별들은 이 땅 위에 엄존(儼存)하고 있다. 그러나 이 모든 구별들은 하늘의 시각으로 바라보아야만 한다. 교회 안의 삶은 그런 구별이 아무런 소용이 없는 하늘의 삶을 그대로 보여 주는 것이 되어야만 한다.

6:10-20 하나님의 전신 갑주 자신의 회중들에게 죄를 멀리 하고 주께 신실할 것을 당부한 바울은, 어떻게 이런 요구 사항을 이룰 수 있는지 지침을 제공해 준다. 그는 먼저 하나님의 은혜가 없으면 이런 요구 사항을 실천할 수 없다는 점을 분명하게 강조한다. 그리스도인의 삶에 필요한 것은 하나님께 의지하면서, 그분이 신자들의 재량에 맡겨 주신 자원들을 활용하는 습관을 계발하는 것이다. 바울은 이를 설명하고자 그 유명한 "하나님의 전신 갑주" 비유를 사용하고 있다(6:10-18).

바울은 그리스도인의 삶이 충돌을 동반한다는 사실을 분명하게 이해하고 있다. 바울 자신의 삶에서 분명하게 볼 수 있듯이, 흔히 그런 충돌은 세상의 권력자들과 종교 당국자들이 복음의 내용에 맞서면서 빚어진다. 그러나 바울은 분명 또 다른 차원의 충돌을 인식하고 있다. 이 충돌은 '영적 전투'라는 말로 표현할 수 있을 것이다. 그리스도인들은 "혈과 육"(복음을 대적하는 사람들)이 아니라, "통치자들과 권세들과 이 어둠의 세상 주관자들과 하늘에 있는 악의 영들"에 맞서 투쟁해야만 한다(6:12).

이런 공격들에 맞서려면, 그리스도인들은 하나님이 손수 공급해 주신 방어 수단인 진리, 의, 믿음, 그리고 구원을 최대한 활용해야 한다. 바울이 언급한 갑주의 구성물을 보면, 한 가지를 제외한 모든 것이 다른 이의 공격으로부터 갑주를 착용한 이를 지켜 주는 방어 장비라는 것을 알 수 있다. 유일한 공격 무기는 "성령의 검"이다. 이 검을 쥔 덕분에, 살아계신 하나님의 영으로 무장한 그리스도인들은 악한 영의 세력들에게 반격을 가할 수 있다.

6:21-24 마지막 인사 마지막으로, 바울은 자신의 독자들에게 자신을 위해 기도해 달라고 요청한다. 동시에 그는 기독교 복음의 두 가지 중심 주제인 은혜와 평강을 강조하며 이 편지를 끝맺고 있다. 이 은혜와 평강 덕분에, 신자들은 이 세상 속에 살고 일하면서도 자신들의 신앙이 하나님이 손수 마련해 두신 반석 위에 든든히 서 있음을 알 수 있는 것이다. 신자들은 어떤 시련 속에서도 (이 편지를 쓸 때, 바울 자신도 쇠사슬에 매여 있는 처지였음을 기억하라, 6:20) 자신들이 하나님과 더불어 평안을 누리고 있음을 알 수 있다.

빌립보서

빌립보서는 바울이 옥에 갇혀 있을 때 쓴 서신으로 널리 알려져 있다. 그가 갇혀 있던 곳은 로마였을 것이며, 저작 시기는 주후 61년경이었을 것이다. 이 서신에 기록된 정황은 사도행전 28:14-31에 기록된 정황과 잘 들어맞는다. 당시 바울은 가택 연금 상태에 있었지만, 여전히 방문자들을 만나고 어느 정도 자유를 누리는 처지에 있었다.

빌립보는 마게도냐 지역에 있던 중요한 로마 식민지였다. 이곳은 바울의 두 번째 선교 여행 기간 중에 복음을 받아들였다(행 16:11-40). 빌립보는 유럽에서 바울이 처음으로 복음을 선포한 도시였다. 이곳에는 유대인들이 별로 없었기 때문에 회당이 없었다(행 16:16은 회당이 아니라 "기도하는 곳"을 언급하고 있다). 바울이 이 서신에서 구약을 전혀 인용하지 않은 것이나 사실상 논증이라고 부를 수 있는 내용을 거의 제시하지 않은 것은, 어쩌면 그 지역에 유대인이 거의 없었기 때문일 수도 있다. 빌립보서는 바울 서신 가운데 가장 긍정적이며 가장 쾌활한 서신이다. 이 서신은 복음의 기쁨을 아무 꾸밈없이 그 독자들에게 제시한다.

1:1-11 감사와 기도 빌립보서는 넘치는 기쁨과 감사로 시작하고 있다. 바울은 빌립보 지역에 있는 교회 소식을 듣고 크게 기뻐한다. 그는 빌립보 교인들이 자신과 더불어 "복음을 위한 일에 참여하고" 있음을 언급하면서, 하나님이 앞으로 올 수년 내에 그들을 통하여 이루실 모든 일을 크게 확신한다고 말한다. 분명 바울은 빌립보 교인들과 함께하면서, 그들의 사역과 증거에 동참할 수 있게 되기를 간절히 바라고 있다. 그러나 동시에, 그는 그 교인들을 주께 맡길 수 있다는 점도 잘 알고 있다. 하나님의 인도와 보호를 확신하고 있었기 때문이다.

1:12-30 바울의 매임이 오히려 복음을 더 진보케 하다 바울이 빌립보 교인들의 소식을 전해 들은 것처럼, 빌립보 사람들도 바울이 옥에 갇힌 것에 대해 분명하게 알고 있었다(1:12-14). 바울은 자신이 믿음 때문에 옥에 갇힌 것이라면서, 빌립보 교인들을 안심시킨다. 그가 고발당한 이유는 복음을 견지한다는 것뿐이었다. 그러나 바울이 이렇게 복음을 견지한다는 것 자체가 복음을 강력하게 증언하는 행동이었다. 바울을 지키던 로마의 경비병들도, 복음을 믿는 그의 신앙과 함께 그가 오직 그리스도 때문에 갇히게 되었다는 사실을 잘 알고 있었다. 주를 증언하는 증거를 찾고 있던 다른 그리스도인들은 복음을 견지하는 바울의 모습을 보고 새로운 확신을 얻게 되었다. 바울은 이렇게 비참

한 상황에서도 자신의 신앙을 증언할 수 있었던 것이다.

그러나 그리스도를 전하는 사람들이 모두 선한 동기를 갖고 있는 것은 아니었다. 바울도 복음을 전하는 이들 가운데 문제가 될 만한 동기를 지닌 이들이 있음을 인정한다(1:15-18). 하지만 바울에게 있어서 중요한 것은 복음이 전파된다는 사실 그 자체였다. 자신의 처지를 돌아보던 바울은, 아무리 저열한 동기라도 복음을 전하는 계기로 사용될 수 있다는 점을 생각하며 큰 힘을 얻는다. 그는 옥에 갇혀 있었다. 그런데도 복음은 계속하여 전파되고 있었다. 바울은 하나님의 은혜가 자신에게 일어나는 모든 일을 선으로 바꾸실 것을 확신한다고 선언한다. 사느냐 죽느냐는 그에게 문제가 되지 않았다. 살게 되면 복음을 선포할 수 있을 것이고, 죽게 되면 그리스도와 함께 있을 것이기 때문이었다. 그렇게 본다면, 그에겐 죽는 편이 더 나은 일이었다. 바울은 주가 자신을 어떤 지경에 두시든지 기꺼이 받아들이려고 한다. 그가 살아도 존귀하게 되는 이는 그리스도이시며, 그가 죽어도 존귀하게 되는 이는 그리스도이기 때문이었다(1:19-26). 그리스도를 믿다 보면, 그리스도로 인해 고난을 당할 수도 있다. 바울은 이미 그런 고난을 당하고 있었다. 빌립보 교인들도 그런 고난을 당할 수 있다(1:27-30). 그러나 바울은 이렇게 고난당하는 것이 하나의 특권이라고 선언한다(1:29을 보라; "그리스도를 위하여 너희에게 은혜를 주신 것은"이라는 말은 고난이 그리스도인에게 주신 특별한 은총임을 암시한다).

2:1-11 그리스도의 겸손을 닮아가라 그리스도인의 고난이 특권임을 강조한 바울은 자신의 독자들에게 예수 그리스도의 모범을 깊이 생각하라고 촉구한다. 그는 그리스도인들이 따라야 할 행동의 본을 보여 주셨다(2:1-4). 여기서 바울은 특별히 겸손의 중요성을 이야기하면서, 예수 그리스도의 삶과 죽음을 완벽한 겸손의 본보기로 제시하려 한다. 바울은 자신의 독자들도 분명하게 알고 있는 찬송을 인용하여 이 점을 강조한다(2:5-11). 이 부분은 그리스도의 죽음과 부활의 의미를 잘 보여 주는 아주 유익한 말씀이다. 때문에 이 부분의 중심 내용을 짚고 넘어가는 것이 유익할 것이다.

이 찬송은 먼저 예수 그리스도가 본디 하나님이심을 증언한다. 하지만 그는 "자기를 비워" 사람의 형체를 지닌 종이 되셨다. 바울은 여기서 성육신(成肉身)을 분명하게 말하고 있는 것이다. 즉, 사람이 되신 그리스도가 우리가 사는 시공간 속으로 들어오셔서 고난당하신 사실(요 1:14)을 증언하고 있는 것이다. 그리스도는 자신을 낮추셨다. 그는 자신의 영광을 버리고 우리 인간들 가운데 오셔서 거주하셨다. 나아가 우리를 구원하시고자 기꺼이 십자가에 달려 죽임을 당하셨다.

그러나 하나님은 이런 그리스도를 지극히 존귀하게 하셨다. 이는 분명 그리스도의 부활과 승천을 언급한 것이다. 하나님은 이 위대한 사건들을 통하여 그리스도가 하나님이시며, 모든 이가 그 앞에 무릎을 꿇고 그가 진정 주이심을 고백해야 한다는 것을 온 천하에 보여 주셨다. 바울은 여기서 본디 하나님을 가리키던 구약의 말씀(사 45:23)을 예수 그리스도에게 적용하고 있다. 예수 그리스도의 부활은 그가 하나님이심을 실증해 준 사건이었다. 그런 점에서, 본디 하나님이신 그리스도가 인간의 형체로 자신을 낮추셨다가 다시 하나님의 자리로 옮겨 가신 이 자리바꿈은 너무나 정당한 일이다. 그러나 바울은 여기서 이런 겸손이야말로 그리스도인의 삶의 일부가 되어야 한다는 것을 강조하고 싶어한다.

2:12-18 세상에서 별처럼 빛을 내라 이어서 바울은 그의 독자들에게 "구원을 이루라"고 독려한다(2:12-18). 바울의 이 말은 그리스도의 생명(구원)이 인간의 노력에 달려 있다는 의미가 아니다. 그의 말을 자세히 살펴보면(2:12-13), 그리스도인이 생명을 얻는 데 기여하는 이가 둘이 있음을 알 수 있다. 바로 신자와 하나님이다. 바울은 자신의 독자들에게 최선을 다하라고 격려한다. 이어서 그는 하나님이 신자들의 삶에 역사하셔서 그들이 하나님의 경륜을 바라게 하시고 이루어가게 하신다는 점을 역설한다. 하나님은 그리스도인들을 홀로 버려 두시지 않는다. 하나님은 신자들에게 무언가를 요구하시지도 않을뿐더러, 설령 요구하신다 해도 신자들이 홀로 그 일을 감당하도록 버려 두시지 않는다. 하나님은 하나님 당신을 위해 할 수 있는 모든 것을 행하는 신자들을 도와주신다.

2:19-30 디모데와 에바브로디도 이어서, 바울은 자신의 장래 계획, 그중에서도 특히 디모데 및 에바브로디도와 관련된 계획을 이야기한다. 그 두 사람은 바울과 함께 로마에 있었다. 그러나 바울은 그 둘을 먼저 빌립보로 보낸 다음, 자신도 그들 뒤를 따라 빌립보로 가려 하였다. 바울은 자신이 가까운 시일 내에 가택 연금에서 풀려나 선교와 목회 활동을 재개할 수 있을 것이라 기대하고 있었던 것 같다.

3:1-16 육체를 신뢰하지 말라 빌립보 교인들에게 자신의 장래 계획을 알린 바울은 복음을 신뢰하고 기뻐하라는 주제를 다시 이야기한다. 자신이 유대인임을 내세우는 것처럼, 인간의 업적이나 자격을 신뢰하는 것은 부질없는 일이다(3:1-6). 만일 그런 업적이나 자격이 신뢰할 만한 것이라면, 바울은 정말 내세울 게 많은 사람이었다. 그는 유대교 내에서 그 누구보다 돋보이는 위치에 있었기 때문이다. 그러나 그리스도를 아는 지식이 주는 기쁨과 특권에 비추어 본다면, 이것들은 모두 하찮은 것들이다. 그리스도를 알게 되면, 모든 것은 그 빛을 잃어버린 채 그 본연의 모습을 드러내게 된다(3:7-11). 바울은 율법의 준수가 아니라 그리스도를 믿는 믿음이 사람을 의롭게 한다는 점을 다시 한 번 강조한다. 그는 이런 신학 논증을 펼치면서도, 동시에 그리스도와 사귐을 가지며 그리스도의 고난과 부활에 동참할 수 있게 된 것을 아주 기뻐하고 있는 것을 볼 수 있다. 이런 기쁨은 장래 일을 깊이 생각하던 바울에게 위안을 주었다(3:12-16).

3:17-4:1 목표를 향해 매진하라 빌립보가 로마 식민지였다는 사실도 바울에게 유용하게 사용되었다. 로마의 식민 통치 아래 있는 빌립보의 상황이 신자들의 현재 상태와 장차 하늘에서 그 신자들이 누리게 될 상태의 상호 관계에 관한 바울의 사상에 하나의 모형을 제시해 주었기 때문이다(3:17-4:1). 신자들의 "시민권은 하늘에" 있다(3:20). 말하자면 교회는 이 땅에 있는 하늘의 식민지이며, 이 식민지에 사는 사람들은 하늘에 있는 고향으로 돌아갈 날만을 기다리고 있다. 신자들의 참 고향은 하늘이다. 신자들은 비록 이 땅으로 유배당한 처지이지만, 언젠가는 고향으로 돌아가리라는 것을 철저히 확신하고 있다. 그날이 오면, 그리스도는 하늘로부

터 내려오셔서 자기 백성들을 불러 모으신 뒤, 자신의 영광스러운 모양으로 그들의 형체를 바꾸시고 그들에게 자신의 하늘 처소를 나누어 주실 것이다.

4:2-20 권면과 감사 이제 바울은 서신을 끝맺으려고 한다. 그는 자신의 독자들에게 어떤 상황에서도 기뻐하라고 요구한다(4:1-9). 하나님은 그들의 모든 염려와 요구를 아시기에, 그들이 이 어지러운 세상 속에서도 평강을 누리도록 해주실 것이다. 바울은, 에바브로디도를 통하여 선물을 보내는 등, 자신에게 호의를 베푼 빌립보 교인들을 칭송한다. 아울러, 그는 자신이 어떤 상황에서도 만족할 줄 아는 비결을 배웠다며 그 교인들을 안심시킨다. 바울은 그 어떤 상황에서도 평강의 하나님 때문에 힘을 얻을 수 있었다. 그는 하나님이 자신의 모든 필요를 채워 주실 것임을 확실히 알고 있었다(4:10-20).

4:21-23 마지막 인사 이 서신은 하나님이 자신의 독자들에게 복 주시기를 간구하는 바울의 말로 끝을 맺는다(4:21-23). 그런데 여기서 짧은 문구 하나를 좀 더 자세하게 살펴볼 필요가 있다. 바울은 "가이사의 집 사람들 중 몇"의 문안 인사를 빌립보 교인들에게 전하고 있다. 바울의 이 말은 분명 황궁 안에도 그리스도인들이 있었음을 말하는 것이다. 복음은 이미 로마에 도달한 차원을 넘어 권력의 핵심까지 파고들고 있었다. 물론, 황제 자신이 그리스도인이 된 것은 그로부터 오랜 세월이 흐른 뒤였다.* 하지만, 이미 바울 당대에 로마 황제까지 그리스도인이 되는 이 엄청난 사건의 토대가 놓였던 것이다.

---

* 주후 313년에 콘스탄티누스 황제가 기독교를 공인하는 밀라노 칙령을 반포함으로써 비로소 황제도 그리스도인이 되었다. 그러나 이때로부터 10년 전만 해도 기독교는 엄청난 박해를 받았다.

골로새서

골로새서도 빌립보서처럼, 바울이 로마에서 가택 연금 상태에 있을 때 쓴 서신이다. 이 서신은 주후 60년쯤에 기록된 것 같다. 골로새는 소아시아의 리쿠스(Lycus) 강가에 자리잡고 있었다. 바울 자신은 이 도시에 복음을 전한 적이 없었다. 그러나 바울이 에베소 사역 기간 중에 회심시킨 에바브라(행 19:10)가 복음을 전하고자 이 도시를 방문한 적이 있었다. 이 서신은 이 신생 교회 안에서 일어나고 있던 거짓 가르침을 논박하는 데 특히 관심을 기울이고 있다.

이 거짓 가르침이 이 서신에서 차지하는 중요성에 비추어 볼 때, 그것이 무엇인지 살펴보는 것은 중요한 일이다. 바울은 이 거짓 가르침이 무엇인지 자세하게 설명하지 않는다. 하지만 그가 제시한 답변을 보면, 이 가르침의 내용을 대강 그려볼 수 있다. 이 가르침들은 세 가지 주장을 펼쳤던 것 같다. 첫째, 이들은 뭔가 비밀스럽고 신비한 지식을 강조하였다(이것은 주후 2세기에 특히 큰 영향력을 발휘한 영지주의 운동의 주요 주제가 된다). 둘째, 이들은 먹어도 되는 것과 마셔도 되는 것에 관하여 엄격한 규율을 내걸었다. 이는 금욕주의를 강조하는 움직임과 연계되어 있었다. 셋째, 이들은 예수 그리스도의 중요성을 폄하하면서 천사를 숭배하려는 경향을 드러내고 있었다. 여러 면에서 볼 때, 이 거짓 가르침들은 유대 사상과 희랍 사상을 뒤섞어 놓은 것이었던 듯하다. 바울은 하나님이 당신과 당신의 경륜에 관하여 인간이 알아야 모든 것을 예수 그리스도 안에서 탁월하면서도 독특하게(유일하게), 그러면서도 적절하게 계시하셨음을 강조하면서, 이 거짓 가르침들이 그릇된 것이라는 점을 통박한다.

1:1-14 감사와 기도 바울은 먼저 전통적인 인사로 이 서신을 시작한다. 아울러 그는 하나님이 골로새의 교회 안에서, 또 그 교회들을 통하여 행하신 모든 일에 감사를 드린다. 그는 하나님이 신자들을 흑암에서 구원하사, 당신 아들의 나라로 옮기셨다고 말한다. 신자들은 그리스도로 말미암아 구원과 죄 용서를 받은 것이다. 이것이 그가 제시한 복음의 주된 주제였다. 바울은 골로새 신자들의 영적 안녕과 발전을 위해 늘 기도해 왔다는 것을 분명하게 말하고 있다.

1:15-23 모든 것의 으뜸이신 그리스도 이어서 바울은 복음의 주요 주제들 가운데 하나를 제시한다. 이 주제는 골로새 교회의 잘못에 비추어 특별히 중요한 의미를 갖는 것이었다. 그가 제시한 주제는 예수 그리스도의 엄위였다. 그는 그리스도를 보이지 않는 하나님의 형상이라고 선언한다. 이는 곧 볼 수 없는 하나님이 볼 수 있고 만질 수 있는 예수

445

그리스도를 통하여 당신을 알려 주셨다는 뜻이었다. 이제 만물은 그리스도에게 복종케 되었다. 그리스도가 하나님의 모든 권세를 갖고 계시기 때문이다. 하나님은 그리스도 안에 충만히 거하신다. 우리는 오직 그리스도를 통하여 하나님과 화해할 수 있다. 하나님은 오직 그리스도를 통하여 당신을 계시하셨다. 따라서 그리스도가 가지신 신령한 권세를 갖고 있는 이는 아무도 없다. 그것이 바로 바울이 이 부분에서 말하려는 요지다.

1:24-2:5 교회를 위한 바울의 수고 뒤이어 바울은 자신의 권위를 주장한다. 그는 (인간이 아닌!) 하나님이 모든 이들에게 (다른 복음이 아니라!) 이 복음을 선포하게 하시려고 사도로 세우신 자였다. 그의 사명은 이 복음의 풍성함을 온전히 전하는 것이었다. 하나님은 구원을 얻기 위해 알아야 할 모든 것들을 완전히 알려 주셨다. 바울은 "이 비밀의 영광이…얼마나 풍성한지" 모든 사람들에게 알려졌다고 확언한다. 그런 점에서, 복음은 '완전한 지혜'*다. '완전하다'는 이 말은 더 이상 보충될 필요가 없다는 것을 분명히 해 두고자 바울이 조심스럽게 고른 표현이었다. 이 지혜는 그리스도 안에서 풍성하면서도 완전하게 계시되었다. 사람들은 누구나 복음을 '확실히 이해하여 그 모든 풍성함'을 받아 누릴 수 있다. 만일 이와 다른 것을 말하는 사람이 있다면, 아무리 그 논증이 '교묘하다' 할지라도, 신자들을 속이려는 자들일 뿐이다.

2:6-3:4 그리스도와 함께 살아남으로써 인간의 규례로부터 자유를 얻다 완전한 지혜인 복음이 그리스도 안에서 계시되었는데도, 골로새에서는 거짓 가르침이 들려오고 있었다. 이 때문에 바울은 이 거짓 가르침에 우려를 표명할 수밖에 없었다. 이 부분은 이 서신의 진정한 핵심이다. 때문에, 이 서신의 최초 수신자들도 이 부분을 특히 꼼꼼하게 주의하여 읽었을 것이다. 바울은 자신의 독자들에게 그리스도 안에서 나타난 하나님의 자기 계시가 아니라, 인간 중심의 세상 문화에 바탕을 두고 있는 "철학과 헛된 속임수"**를 멀리 하라고 당부한다. 오직 그리스도 안에서 하나님의 풍성하심이 육체의 형태로 계시되었다.

바울은 가차없이 자신의 주장을 차근차근 제시한다. 그는 오직 그리스도만이 만물의 으뜸이심을 강조한다. 따라서 신자들은 다른 어떤 사람이나 다른 어떤 사물에서 지혜와 지식을 찾을 필요가 없다. 오직 그리스도만이 인류를 죄와 사망의 사슬에서 구하실 수 있다. 그리스도는 십자가를 통하여 세상의 능력들과 권세들을 무장해제시키셨다. 아마도 거짓 교사들은 골로새 사람들에게 그처럼 무장해제를 당한 능력들과 권세들을 섬기라고 독려하고 있었을 것이다. 하지만 바울은 이미 그리스도가 그런 능력들을 부숴 버리셨다고 주장한다. 바울이 보기에, 승리를 거둔 분을 섬길 수 있는데도 도리어 패배당한 세력을 섬긴다는 것은 그야말로 어리석은 일이었다.

---

* 한글 개역개정판은 "모든 지혜"로 번역하고 있다.
** NIV는 '헛되고 거짓된 철학으로'(through hollow and deceptive philosophy)라고 번역해 놓았으나, 희랍어 원문은 '철학과 헛된 속임수로'(디아 필로소피아스 카이 케네스 아파테스)라고 되어 있다. 개역개정판이 더 바르게 번역해 놓은 셈이다.

바울은 신자들이 먹을 것이나 마실 것에 관하여 지나칠 정도로 세밀한 규례들을 지킬 필요가 없다고 선언한다. 어느 누구도 신자들에게 그런 의무를 지울 권위를 가지고 있지 않다. 이것들은 순전히 인간이 지어 낸 명령과 규례로서, 하나님의 뜻과 전혀 무관한 것들이었다. 이 명령과 규례들은 지혜롭고 신령한 것처럼 보였지만, 신앙의 기초를 무너뜨릴 수 있는 것들이었다. 신자들을 예수 그리스도로부터 멀어지게 하는 것들이었기 때문이다.

그러나 신자들은 그리스도와 함께 올리심을 받았다. 바울의 이 말은 신자들이 이미 하늘로 올라갔다는 의미가 아니었다. 그는 그리스도로 말미암아 신자들의 장래 처소가 하늘에 준비되었으며, 하늘에서 누릴 기쁨을 여기에서도 맛볼 수 있게 되었음을 말하고 있는 것이다. 따라서 신자들의 시선은 그리스도가 올라가신 하늘을 향해야만 한다(3:1-4). 시선을 하늘로 향하는 이런 훈련은 신자들에게 그리스도가 궁극적 권세의 소유자이심을 일깨워 줄 것이다. 여기서 바울이 강조하고 있는 점이 바로 그것이다. 오직 그리스도만이 이런 식으로 올리심을 받으셨다. 오직 그분만이 죽은 자 가운데서 일으키심을 받았으며, 오직 그분만이 이런 부활에서 연유한 권세를 갖고 계신다.

3:5-17 거룩한 삶을 위한 규칙들 바울은 신자들이 그리스도와 함께 살리심을 받은 이상, 도덕적 행위를 행해야 할 필요가 있다고 강조한다(3:5-17). 그러나 이 도덕적 요구 사항들은 거짓 교사들이 요구하는 것과 완전히 다른 것들이었다. 바울은 신자들에게 그리스도를 닮으라고 요구한다. 하나님의 선민인 신자들은 마땅히 하나님을 닮은 모습을 이 세상에 보여 주어야 한다고 바울은 말한다. 흥미로운 것은, 바울이 그리스도인의 삶에서 찬송이 중요함을 언급하고 있다는 점이다(3:16). 비록 간략한 부분이긴 하지만, 바울은 여기서 그리스도인이 가져야 할 올바른 부부 관계, 자녀와 부모의 관계, 종과 상전의 관계에 관하여 자신의 견해를 요약하여 제시한다(3:18-4:1, 더 상세한 내용은 엡 5:21-6:9을 보라. 엡 5:21-6:9에서 바울은 동일한 가치관을 피력하면서도 더 상세한 신학적 근거를 제시하고 있다).

4:2-6 추가 권면 이어서 바울은 자기 자신의 요구를 이야기한다. 그는 골로새 사람들이 살고 있는 지역에서 자신이 복음을 전파할 수 있는 문이 열리도록 기도해 달라고 요청한다. 아울러 그는 복음을 최대한 유효하고 신실하게 전할 수 있도록 기도해 달라고 부탁한다. 여기서도 바울은 가까운 장래에 자신이 로마의 가택 연금 상태에서 풀려나, 다시 한 번 자유롭게 여행하며 복음을 전할 수 있기를 기대하고 있는 것으로 보인다.

4:7-18 마지막 인사 이 서신은 이제 막바지에 이르러 사람들의 문안 인사를 전하고 있다. 바울은 골로새 교인들에게 두기고를 칭송한다. 바울은 이 두기고가 골로새 신자들에게 자신의 사정을 더 잘 알려 줄 것이라고 이야기한다. 아울러 그는, 혹시라도 마가가 골로새에 당도하면, 그도 역시 바울 자신의 소식을 전할 것이라고 말한다. 두기고를 언급하는 대목의 형태로 보아, 바로 이 두기고가 이 골로새서를 그곳 교인들에게 전달한 것 같다(어쩌면 에베소서나 빌레몬서를 전달한 인물도 이 두기고였을 수 있다). 바울은 골로새에 처음으로 복음을 전했던 에

바브라의 문안 인사와 함께, 누가의 문안을 전한다. 여기서 "이 편지를 너희에게서 읽은 후에"라는 말(4:16)에 유의할 필요가 있다. 이 말은 바울이 말하고자 하는 것을 모든 사람이 들을 수 있도록 이런 편지들을 교회에서 낭독하곤 했다는 것을 보여 준다. 다시 한 번, 바울은 직접 쓴 맺음말로 이 편지를 끝맺고 있다(4:18; 아울러, 고전 16:21; 갈 6:11; 몬 19절을 보라). 그는 이 맺음말에서 복음 때문에 갇혀 있는 자신을 기억해 달라고 독자들에게 요청한다.

데살로니가전서

바울이 데살로니가의 그리스도인들에게 처음으로 보낸 이 서신은 고린도에서 기록되었다. 바울은 이 서신을 주후 51년경에 쓴 것 같으나, 그 정확한 시기는 알 수 없다. 하지만, 대부분의 사람들은 이 서신을 신약의 바울 서신 중에서 가장 먼저 기록된 것으로 보고 있다. 데살로니가는 당시 마게도냐에서 가장 큰 도시였으며, 바울의 2차 선교 여행 기간 중에 복음을 받아들인 곳이었다(행 17:1-14). 바울은 이 도시에 잠시 동안만 머물 수 있었다. 그곳에서 베뢰아로 피신할 수밖에 없었기 때문이다. 이후에 그는 베뢰아를 거쳐 아덴과 고린도로 가서 복음을 전하게 된다. 고린도에 있는 동안, 그는 데살로니가 교회에 이 서신을 보내 교인들을 격려하고 가르침을 전하였다.

1:1-10 인사와 감사 이 서신은 바울과 실라와 디모데의 인사로 시작한다. 데살로니가 교회는 이 세 복음 전도자가 세운 교회였다(1:1-2). 이 서신은 서두에서 세 사람의 이름을 언급하고 있지만, 바울이 쓴 것임이 분명하다. 바울은 먼저 아가야와 마게도냐 전 지역에 걸쳐 그 소문이 자자할 정도로 눈부시게 성장한 데살로니가 교회의 모습에 감사와 찬양을 드린다(1:3-10). 데살로니가는 분주한 항구로서, 이 지역의 주요 무역로 가운데 하나인 이그나티우스 가도(the Egnatian Way) 위에 자리 잡고 있었다. 그런 점에서 이곳은 선교 중심지로 안성맞춤이었다. 이방 종교를 믿던 많은 데살로니가 사람들이 회개하고 예수 그리스도를 영접하였다. 이는 분명 그 지역 전체의 이목을 집중시킨 큰 사건이었을 것이다.

2:1-16 바울의 데살로니가 사역 바울은 데살로니가에 잠깐 머물렀다. 때문에 갓 태어난 이 교회가 필요로 하는 모든 것을 미처 다 이야기할 수 없었던 것 같다. 그는 이 서신을 빌려 반드시 이야기해야 할 몇 가지 사항을 글로 써 보낸다. 이 서신의 첫째 부분은 사역, 그중에서도 특히 복음을 선포하는 것과 관련된 일련의 문제들을 다루고 있다.

바울이 다룬 첫 번째 사항은 복음을 전하는 동기에 관한 것이었다. 그는 사람을 기쁘게 할 요량으로 복음을 선포해서는 안 된다고 말한다. 전도자는 대중의 입맛을 맞추는 선동 정치가가 아니다. 뿐만 아니라, 탐심이나 사사로운 이득을 챙기려는 욕심이나 사람으로부터 칭송을 받으려는 마음으로 복음을 선포하는 일 역시 합당치 않다. 바울은 하나님을 기쁘시게 하고 그분을 섬기려는 소원이 복음 선포의 가장 중요한 동기가 되어야 한다고 주장한다. 하나님은 바울과 그의 동역자들에게 복음을 전할 사명을 직접 맡기셨다. 바울 일행은 데살로니가에서 복음을 전함으로써 하나님이 그들에게 맡기신 책임을 이행한 것이다.

복음을 선포하는 자들의 태도가 이러해야 한다면, 복음을 받는 자들의 태도 역시 그에 상응한 것이어야만 한다. 데살로니가 사람들은 복음이 사람의 마음에 기원을 두고 있는 사람의 지혜가 아니라, 하나님의 말씀 자체에 근거한 것임을 깨닫고 있었다. 유대인과 이방인으로부터 복음을 방해하는 온갖 대적 행위가 있었지만, 그래도 복음은 전파되어 사람들이 그것을 믿게 되었다.

2:17-3:13 디모데의 보고; 데살로니가 사람들을 보고 싶어하는 바울 이어서 바울은 자신의 경험을 이야기하기 시작한다. 그는 미처 뿌리도 내리지 못한 교회를 뒤로 한 채, 황급히 데살로니가를 떠날 수밖에 없었던 자신의 사정을 상세히 설명한다. 그는 디모데를 보내어 데살로니가 교인들을 격려하고, 모든 것이 제대로 되고 있는지 데살로니가 교인들의 사정을 알아보게 하였다. 결국, 바울은 디모데로부터 모든 것이 제대로 이루어지고 있다는 보고를 듣게 된다. 디모데는 데살로니가 교회의 분위기와 그 교인들이 기억하고 있는 바울의 모습을 보고해 왔다. 바울은 이런 보고에 안도하였다. 그는 데살로니가 교인들에게 어떤 실질적 지도나 도움도 주지 못한 채 대적들에 둘러싸인 그들을 놓아 두고 황망히 떠나야 했다. 그러나 데살로니가 교인들은 이런 바울에게 어떤 유감도 갖고 있지 않았다. 바울은 데살로니가 교인들을 위하여 기도할 것이며 그들을 다시 만나게 되길 원한다고 분명하게 말한다.

4:1-12 하나님을 기쁘시게 하는 삶 바울은 이제 윤리 문제들을 다루면서 올바른 행실이 중요하다는 것을 강조한다. 데살로니가 교인들은 교회 밖의 사람들이 그들의 삶을 보고 그 공동체의 교제에 참여하고 싶은 마음이 들게끔, 올곧고 (교회 밖의 사람들이 보기에) 매력 있는 삶을 살아야 했다. 그것은 아주 중요한 문제였다.

4:13-5:11 주의 강림 바울은 서신의 막바지에 이르러 만물의 마지막에 관하여 그리스도인들이 믿고 있는 몇 가지 내용을 설명한다. 이 부분은 신자들이 주의 강림을 준비해야 한다는 점을 역설한 복음서의 몇몇 본문과 유사하다. 바울은 여기서 그리스도가 불시에 오실 것이므로 그리스도의 백성들은 늘 그의 오심을 준비해야 한다고 강조한다. 어느 누구도 그가 강림하실 때를 정확히 알지 못하므로, 신자들은 늘 깨어 있어야 한다. 사람들이 미처 준비하지 못하고 있을 때, 주의 날이 한밤의 도적처럼 임할 것이다.

바울이 데살로니가를 방문한 뒤로 그곳의 신자들 가운데 몇몇이 죽었던 것 같다. 이 때문에, 그 교회에서는 죽은 신자들의 운명이 어떻게 될 것이며 아직 살아 있는 신자들은 어떻게 될 것이냐를 놓고 논란이 벌어졌다. 바울은 데살로니가 신자들에게 부활의 소망이 있음을 확언한다. 아울러 그는 그리스도가 강림하실 때 여전히 살아 있을 신자들에게도 영생의 큰 약속이 주어졌다는 점을 확언한다. 데살로니가 교인들은 이미 죽은 신자들의 부활과 영생을 확신하고 있었던 것으로 보인다. 그러나 그들은 주의 재림 때 여전히 살아 있는 신자들은 어떻게 될 것인지 궁금하게 여겼던 것 같다. "이런 신자들은 어떻게 될 것인가?", "이런 신자들도 부활에 동참할 수 있는가?" 이것이 데살로니가 교인들의 관심사였다.

바울은 이 점에 확답을 준다. 주가 강림하실 때, 산 자와 죽은 자가 모두 취함을 받아 주와 함께 있게 될 것이라는 게 바울의 대답이었다. 그는 "깨어 있든지 자든지"('산 자와 죽은 자'를 의미하는 바울의 용어) 모두 그리스도와 함께 살게 될 것이라고 말한다(5:10). 하지만 바울의 이 말 때문에 데살로니가 교회는 오히려 혼란을 겪게 된다. 결국, 그는 이 말이 빚어 낸 오해를 바로 잡고자 재차 편지를 쓸 수밖에 없었다.

5:12-28 마지막 가르침 이제 바울은 남아 있는 그의 서신 가운데 첫 번째 서신인 이 편지를 끝맺는다. 교회 내의 관계에 관하여 몇 가지 권면을 제시한 그는, 하나님이 온전히 신실하시고 신뢰할 수 있는 분임을 독자들에게 분명히 말한다. 데살로니가 교인들을 부르신 하나님은 신실하신즉, 마지막 때까지 그들을 지켜 주실 것이라고 확언한다(5:24). 회중들 앞에서 이 서신을 낭독하라고 그 교인들에게 요청한 바울은, 이어서 이 서신의 독자들을 하나님의 은혜에 맡긴다.

데살로니가후서

바울이 데살로니가 교회에 두 번째로 보낸 이 서신은 첫 번째 서신으로부터 약 여섯 달 뒤에 기록된 것 같다. 이 서신은 주후 51년 후반 내지 52년 초에 고린도에서 기록되었다. 이 서신도 데살로니가전서처럼, 바울과 실라와 디모데의 인사로 시작하고 있다. 이 세 사람은 데살로니가에 처음으로 교회를 세운 이들이었다(행 17:1-14). 바울은 첫 번째 편지의 한 대목에서 비롯된 오해를 바로 잡는 데 이 서신의 대부분을 할애하고 있다.

1:1-12 감사와 기도 서두의 인사(1:1-2)에 이어, 바울은 이 그리스도인 공동체가 데살로니가라는 큰 도성에서 보여 준 성장과 증거에 감사한다(1:3-12). 데살로니가 교회는 한동안 억압을 받았던 것 같다. 바울은 그 교인들을 격려하면서, 이런 억압은 그리스도인들이 마땅히 겪어야 할 것임을 일러준다. 신자가 하나님 나라 때문에 고난을 당하는 것은 그 나라에 합당한 자로 여기심을 받았음을 보여 주는 확실한 표지다. 그러나 그는 이내 자신이 정작 하고자 했던 이야기를 꺼낸다. 그 이야기는 그리스도의 재림과 관련된 것이었다.

2:1-12 그리스도의 강림 데살로니가 교인들은 바울의 첫 번째 편지를 읽고 동요했던 것 같다(그 교인들에게 오해를 불러일으킨 편지는 데살로니가전서가 아닌 바울의 다른 편지이거나, 바울이 쓴 것이 아닌데도 그의 이름으로 떠돌아다니는 편지였을 수 있다. 하지만 바울이 기록해 놓은 데살로니가 교인들의 생각은, 데살로니가전서 4:13-5:3의 내용을 오해한다면, 쉽게 생겨날 수 있는 견해였다). 바울이 주의 날이 이미 이르렀다고 말한 것으로 오해한 이들도 일부 있었던 것 같다. 이런 이들은 종말의 때가 이미 시작되었으며, 아주 가까운 시일 내에 그리스도의 마지막 강림이 있을 것으로 믿고 있었다(2:1-12).

이런 믿음은 자칫 바울이 이 서신의 뒷부분에서 질타하는 나태함의 원인이 될 수도 있었다(3:6-15). 세상의 종말이 불시에 임할 것이라면, 무언가를 한다는 것은 부질없는 짓이라는 논리도 가능하였기 때문이다. 바울은 이런 태도가 너무나 잘못된 것임을 자신의 사역이 잘 보여 주고 있다고 주장한다. 그는 게으르지 않았으며, 복음을 전하는 일에 철저히 헌신하였다. "일하기 싫어하거든 먹지도 말게 하라"(3:10)라는 바울의 가르침은 그가 전개하는 이런 종말론의 맥락 속에서 바라보아야 할 것이다.

바울은 종말의 때가 이미 시작되었다는

감상에 대응하여, 세계사의 마지막 시기가 도래하기 전에 모든 사람이 명백하게 알 수 있도록 경고하는 표적들이 있을 것이라고 선언한다(2:1-12). 특히 그는 드러내 놓고 하나님께 반역하는 일이 벌어지고(마 24:10-12을 보라) "불법한 자"가 등장한 뒤에야 비로소 마지막 때가 시작될 것이라는 점에 주목하게 한다. 요한 서신이 말하는 "적그리스도"(요일 2:18을 보라)에 해당하는 이로 보이는 이 사람은 자신이 하나님이라고 주장하게 될 것이다. 이런 일들이 일어난 뒤에야, 마지막 때가 시작될 것이다. 그러나 이런 일들은 아직 일어나지 않았다.

2:13-15 견고히 서라 바울은 자신이 데살로니가 교인들과 함께 있을 때 이런 내용들을 이미 가르쳤다는 것을 분명하게 말한다(2:5). 그들이 동요한 것은, 바울의 가르침을 잊어버렸거나 엉뚱한 길로 빠져 버렸기 때문이다. 이 때문에 바울은 자신이 말이나 글로 그들에게 전해 준 가르침을 신실하게 붙들어야만 한다고 강조한다(2:13-17). 그는 자신과 자신의 동역자들이 안전하게 복음을 전할 수 있도록 기도해 달라고 이 서신의 독자들에게 요청한다(3:1-5). 그러나 바울의 안전을 지켜 줄 궁극적 원천은 신실하신 그리스도셨다. 바울은 이 점을 조심스러우면서도 명확하게 밝힌다. 그리스도는 온전히 신뢰할 수 있는 분임을 알고 있었기 때문이다(3:3-5). 때문에 그는 그의 독자들이 주의 종인 그의 사역에서 너무나 뚜렷하게 나타나고 있는 바로 그 믿음과 소망을 함께 누릴 수 있기를 기도한다.

3:16-18 마지막 인사 바울은 서신을 맺으면서, 다시 한 번 독자들을 "평강의 주"께 의뢰한다. 그가 쓴 다른 많은 서신들처럼, 바울은 이 서신의 말미에도 직접 몇 문장을 기록해 놓았다. 이 서신의 나머지 부분은 서기 일을 업으로 하는 사람이 기록하였을 것이다. 그러나 바울은, 이 편지가 자신의 서신임을 분명히 하고 자신의 흔적을 남기고자, 이 마지막 말을 직접 기록한 것이다.

디모데전서

디모데전서 및 후서와 디도서는 신약에서 특별히 따로 분류된다. 이들 서신에는 다른 서신과 구별되는 특징이 있다. 특정 교회가 아니라 특정 개인이 수신자라는 점, 그리고 목회의 어조(語調)가 강렬하게 나타난다는 점이다. 이런 목회의 어조는 이 서신들이 교회 행정과 그리스도인들의 실제 생활에 대해 보이고 있는 관심에서 엿볼 수 있다. 이런 이유 때문에, 사람들은 이 세 서신을 한데 묶어 '목회 서신'으로 부르기도 한다. 목회 서신은 사도행전 28장에 기록된 사건이 일어난 뒤에 기록되었다. 바울이 주후 63년경 로마의 가택 연금 상태에서 풀려난 뒤에 이 서신을 기록하였다고 보는 것이 가장 명쾌한 설명이 될 것이다.

목회 서신의 처음 두 서신은 디모데에게 쓴 것이다. 디모데는 바울의 선교 사역에서 중요한 역할을 한 인물이다(특히 바울의 아가야와 마게도냐 사역에서 큰 역할을 하였다; 행 17:14-15과 18:5을 보라). 그 때문인지 바울은 자신의 몇몇 서신에서 그에게 각별한 애정을 표시한다(빌 2:19-22). 게다가 최소한 여섯 개의 바울 서신(고린도후서, 빌립보서, 골로새서, 데살로니가전서와 후서, 그리고 빌레몬서)에서 서두의 인사말에 디모데를 거명하고 있다. 바울은 디모데를 "믿음 안에서 참 아들 된" 사람이라고 부른다. 이 말로 보아 디모데를 회심시킨 사람은 어쩌면 바울 자신이었을 수도 있다.

1:1-11 거짓 교사들을 주의하라는 경고 바울은 디모데에게 인사한 뒤(1:1-2), 거짓 가르침이 불러올 수도 있는 위험들을 경고한다(1:3-11). 바울이 개괄하여 기록해 놓은 거짓 가르침들의 내용을 보면, 디모데는 에베소 교회, 나아가 특히 골로새 교회를 괴롭혔던 가르침들과 유사한 거짓 교리들과 싸우고 있었던 것 같다. 이런 거짓 교리들은 몇 가지 유대 사상과 이방 종교에서 빌려온 다른 몇 가지 사상들을 혼합해 놓은 것이었다. 바울은 복음의 기본 가르침들을 신실하게 지켜야 한다는 점을 역설한다. 그 가르침은 하나님이 사도인 바울에게 맡기신 것이었다.

1:12-20 바울에게 주신 주의 은혜 이어서 바울은 복음의 기본 가르침들이 무엇인지 이야기한다. 그러면서 그는 몇몇 사람들이 이런 가르침들로부터 철저히 떨어져 나간 사실에 슬픔을 표시한다(1:19-20). 바울은 은혜의 중요성을 강조하면서, 이 은혜가 바울 자신에게 왜 그토록 중요한지 설명한다. 이전에 바울은 하나님을 비방하는 자요 핍박하던 자였다. 그런 그가 용서를 받은 것은

오직 하나님의 은혜로 인한 것이었다. 이 용서는 그리스도의 죽음에서 직접 유래하였다. 사실 그리스도가 이 세상에 오신 것도 죄인들을 구원하시려는 특별한 뜻과 목적 때문이었다. 바울은 자신이 그런 죄인 중에 괴수였다고 고백한다(1:15). 여기서 바울은, 자신 같은 죄인의 괴수도 죄로부터 건져 내 주실 수 있는 하나님의 은혜라면, 이 세상 누구라도 건져 내 주실 수 있을 것이라고 역설한다. 바울의 이런 신상 증언은 사람들이 죄인들을 용서해 주시는 하나님 은혜의 깊이를 아는 데 큰 격려가 될 수 있다.

2:1-15 예배에 관한 가르침 바울은 올바른 교리(가르침)의 중요성을 역설한 뒤, 올바른 예배 형식의 중요성을 설파한다. 그는 권세를 쥔 자들을 위한 공중 기도를 장려한다. 권세를 쥔 자들이 신자가 아니어도 그들을 위해 기도해야 한다고 바울은 말한다. 그리스도가 이들을 포함해 모든 사람을 위해 죽으셨다는 사실에 주목하도록 하는 것을 보면, 바울은 이런 자들을 '잠재적' 그리스도인으로 간주하고 있는 것 같다. 하나님은 모든 사람이 구원받기를 원하신다. 때문에 하나님은 그리스도를 이 세상에 보내셔서, 당신과 이 세상 사이의 중보자가 되게 하셨다. 여기서 바울은 그리스도의 죽음이 갖는 의미를 설명하고자 대속물이라는 개념을 사용한다. 이는 곧 그리스도의 죽음을 이전에 죄의 종이었던 사람들을 해방시키기 위해 지불한 대가로 보아야 한다는 것을 의미한다.

뒤이어 바울은 예배에서 남자가 할 일과 여자가 할 일에 관하여 몇 가지 지침을 제시한다. 여기서 그는 사도라기보다 한 개인으로서 말하고 있는 것으로 보인다. 그는 공중 예배의 예법을 강조하면서, 특히 여자가 가르치는 일에 반대하고 있다. 일부 학자들은 바울의 이 말을 여자가 교회 내에서 교사가 되는 것을 금지한 말로 이해해야 한다고 주장한다. 그런가 하면, 바울이 말한 여자들은 특별한 여자들(자격이 없는 여자들이나 스스로 교사가 된 여자들)이라고 보는 이들도 있다.

이어서 그 번역과 해석 때문에 상당한 논란거리가 되어 온 주제가 등장한다(2:15). 바울은 여자들(하와를 가리키는 표현인지 아니면 여자 전체를 가리키는 표현인지 모호하다)이 아이를 "해산함으로 구원을 얻으리라"고 말한다. 이것은 마리아가 하나님께 순종하여 예수 그리스도를 낳음으로 하와의 불순종을 물리쳤다는 의미일 수도 있고(그리스도의 순종이 아담의 죄를 물리쳤듯이), 전체 여자에게 전가된 어떤 죄가 그리스도의 출생을 통하여 사함을 받았다는 의미일 수도 있다. 아니면, 이것은 그리스도를 믿는 여자는 어머니의 소명을 감당함으로써 구원을 얻을 수 있다는 의미일 수도 있다.

3:1-16 감독과 집사 이어서 바울은 교회의 질서 그리고 교회의 직무를 감당할 자의 자격을 다루고 있다. 여기서 바울의 어조가 바뀌고 있는데, 이는 바울이 더 이상 순수한 개인 차원에서 이야기하는 것이 아니라, 교회 전체의 문제를 이야기하고 있다는 것을 분명하게 시사해 주는 것이다. 이 무렵, 교회 안에서는 사도들이 했던 일을 감당할 직분의 필요성이 점점 더 커지고 있었다. 문제는 '그런 직분을 맡을 자들을 어떻게 뽑을 것이냐'였다. 바울은 직분자들을 뽑는 데 적용할 일련의 지침들을 제시한다.

그는 이 부분에서 감독[희랍어로 '에피

스코포스'(episkopos)인 이 직분은 '주교'로도 번역한다]과 집사라는 두 가지 기본 직분을 이야기한다. 바울은 이 직분을 맡은 자들이 행실과 인격 면에서 다른 이들의 본이 되며, 견고하고 통찰력이 있는 신앙의 소유자이기를 기대한다. 하지만, 바울은 결국 교회의 직분자들이 아니라 예수 그리스도가 교회의 기초이시라는 점을 강조한다.

4:1-16 디모데에게 주는 가르침 바울은 교회 전체에 필요한 지침을 제시한 다음, 자신이 심히 사랑하는 동역자 디모데를 권면한다. 바울은 견고한 가르침(교리)의 중요성을 강조하면서, 자신이 디모데에게 전했던 그 복음을 성실히 지키는 것이 중요하다고 역설한다. 그는 디모데에게 그 시대의 거짓 가르침들을 피하고 그리스도 안에 나타난 구원의 복음을 철저히 신뢰하라고 당부한다. 바울은 성경 낭독과 설교 그리고 가르침이 교회의 정통 교리들을 보존하는 데 일정 부분 역할을 할 수 있는 것으로 보고 있다. 그런 점에서, 디모데가 그런 직분을 감당하도록 부르심을 받은 것은 그 자신뿐만 아니라 그의 청중들의 유익을 위한 것이기도 하였다.

5:1-6:2 과부와 연로한 자들과 종들에 관한 권면 바울은 다시 실제 목회에 필요한 지혜를 다루기 시작한다. 목회 서신이 유명해진 것은 바로 이런 지혜 덕분이다. 삶과 가르침(교리)의 중요성을 역설한(4:16) 바울은, 목회 현장에서 제기되는 일련의 문제들을 어떻게 다루어야 할지 지침을 제시하고 있다(5:1-6:2). 그가 목회 현장에서 과부들을 돌보고 도와주는 데 우선순위를 두어야 한다고 강조한 것은 특히 중요한 의미를 갖고 있다. 당시 이교 문화권에서는 과부와 고아들이 아무런 도움도 받지 못한 채 철저히 방치되어 있었다. 바울은 교회에게 그 지체인 과부들을 도와야 할 의무가 있다고 확신하였다. 신자인 종들로서 역시 신자인 상전들을 섬기는 이들에게 주는 권면도 중요한 의미를 갖는다. 바울은 이런 종들에게 더 열심히 그 주인들을 섬기라고 권면한다.

6:3-10 돈을 사랑하는 것 그러나 바울이 특히 염려한 것은 재물, 그중에서도 특히 돈의 유혹이었다. 그는 여기서 "돈을 사랑함이 일만 악의 뿌리"(6:10)라는 유명한 말을 남기고 있다. 여기서 유의할 점은 바울이 돈 그 자체를 일만 악의 뿌리로 지목한 것은 아니라는 점이다. 바울은 돈을 가치중립적 성격을 지닌 것으로 다루고 있다. 문제는 돈을 향한 사람의 태도였다. 바울은 디모데에게 가진 것을 족하게 여기며 부를 추구하지 말라고 당부한다. 부를 추구하다가, 자칫 온갖 위험에 빠질 수 있었기 때문이다. 바울은 뒷부분에서 진정 추구할 가치가 있는 유일한 부는 하나님 그분께 기초를 두고 있다는 것을 역설한다(6:17-19).

6:11-21 바울이 디모데에게 사명을 지우다 마지막으로, 바울은 디모데에게 하나님이 약속하신 영생을 확신하며 그 앞에 놓여 있는 선한 싸움을 싸우라고 독려한다(6:11-16). 아울러 바울은 디모데에게 맡겨진 것에 신실하라고 당부한다. 여기서 디모데에게 맡겨진 것은, 그가 교회 안에서 감당해야 할 직분과 그가 설교하고 가르쳐야 할 복음을 함께 가리키는 것이다. 바울은 복음을 선포하고 수호해야 할 자신의 직무를 다른 사람에게 넘겨야 할 때가 다가오고 있음을 깨

닫고 있었던 것 같다(6:20-21). 그는 디모데가 장차 신실한 종이 될 것이라고 확신하고 있었다.

디모데후서

디모데후서는 디모데전서와는 다소 다른 정황을 전제하고 있다. 바울은 다시 옥에 갇히게 된다. 아마도 이것이 그의 마지막 옥고였던 것 같다. 이 서신이 기록된 정확한 연대는 알기 힘들다. 일부 사람들은 네로 황제가 통치하던 주후 65-67년에 기록되었다고 주장하는데, 그럴듯한 주장이다. 아마도 바울은 베드로가 죽은 것을 알았던 것 같다. 때문에 그는 시급히 디모데에게 마지막 편지를 써야겠다는 절박한 심정을 갖게 되었을 것이다. 이 서신에는 최후의 분위기가 역력하다. 바울은 자신에게 남은 날이 그리 길지 않다는 것을 분명히 알고 있었다. 그 때문에, 그는 자신이 떠나고 난 뒤 교회를 이끌어 가야 할 사람에게 자신의 마지막 가르침을 전하고 싶었다. 바울은 이 서신에서 간간이 외로운 심정을 토로한다. 한때는 그의 동료요 친구였던 사람들이 이제는 그에게 무관심하거나 그를 멀리하게 되면서, 바울은 버림받았다고 느끼게 되었던 것이다.

1:1-3:9 신실함을 지키라고 격려하다 이 서신은 사도가 늘 쓰던 인사말로 서신을 시작한다(1:1-2). 바울은 분명 디모데를 크게 사랑하고 있었다. 일찍이 바울은 디모데를 "믿음 안에서 참 아들 된" 자라고 불렀다(딤전 1:2). 아마도 이것은 디모데를 믿음으로 이끈 이가 바울 자신임을 말하는 것 같다. 바울은 디모데의 가정 배경을 세밀히 알고 있었다. 이것만 봐도, 바울이 이 젊은이에게 깊은 애정을 갖고 있었음을 잘 알 수 있다(1:3-5). 그러나 한가로이 감상에 젖어 회상이나 늘어놓을 시간이 없었다. 바울은 디모데가 장차 새로운 위험들에 맞서야 하는 교회들을 잘 이끌어 갈 수 있도록 가르침을 전하고 싶어한다. 이 서신에서 특히 마지막 장의 일부 내용은 바울이 교회를 인도할 시간이 얼마 남지 않았음을 암시하고 있다.

바울은 먼저 디모데에게 복음의 요체를 되새겨 준다. 바울은 특히 구원이 인간의 노력이 아니라 하나님의 은혜로 말미암아 주어진 것임을 상기시킨다. 영원 전부터 작정된 이 은혜는 다만 구주이신 예수 그리스도의 오심을 통하여 알려지게 되었다. 바울은 또한 자신이 인류를 위한 이 좋은 소식의 사도로 부르심 받게 된 내력을 디모데에게 상기시킨다. 그는 이 복음 때문에 온갖 고초를 겪었다. 그가 벗이라고 생각했던 사람들로부터 버림을 받기도 하였다. 그러나 바울은 자신에게 맡겨진 복음을 변호하고 수호하는 데 추호도 흔들리지 않았다(1:6-18). '하나님이 복음을 맡기셨다'는 주제는 이 서신에서 아주 중요한 의미를 갖고 있다. 바울은 이 서신에서 "내(가 전한) 복음"이라는 표현을 쓴다(이를테면, 2:8). 이 말은 '바울 자신이 소유한 복음'이라는 뜻이 아니라, '안전하게 지키도록 (하나님으로부터) 바울 자신에게 맡겨진 복음'이라는 뜻이다.

때문에 바울은 디모데에게 강하게 되어, 그 앞에 놓여 있는 어떤 난관도 견뎌 내라고 격려한다(2:1-6). 바울은 디모데에게 죽음과 고난을 두려워하지 말라고 당부한다. 예수 그리스도의 부활로 말미암아 죽음과 고난의 참 의미를 알게 되었기 때문이다. 죽음과 고난은 신자가 하늘에서 얻게 될 마지막 상급을 가로막지 못한다. 여기서 예수 그리스도 그분의 사례가 결정적인 중요성을 갖는다. 그리스도의 사례는 현재 고난을 당하는 신자들에게 소망을 준다. 바울은 이 점을 강조하고자, 일찍이 그리스도인들이 불렀던 것으로서 어쩌면 디모데도 익히 알고 있었을 찬송을 인용하고 있다(2:11-13). 이 찬송은 그리스도와 함께 죽은 자는 그리스도의 약속에 철저히 신실하였기에 그리스도와 함께 부활하여 영생을 누리게 될 것이라고 강조한다. 바울은 '그리스도와 함께 죽었다'는 이 표현을 다른 곳에서 회개와 그에 따른 유익을 가리키거나(롬 7:6), 때로는 이 회개를 사람들 앞에 증명해 보이는 세례를 가리키는 데(롬 6:3-7) 사용하고 있다.

디모데와 그리스도를 믿은 모든 사람들 앞에는 확실한 상급이 기다리고 있었다. 이 점을 디모데에게 확언한 바울은, 도덕에 합당한 삶을 살며 거짓 가르침을 멀리 하는 것이 중요하다고 역설한다(2:14-26). 진정 바울은 마지막 때에 거짓 가르침과 인간의 탐심이 나타날 것이라고 선언한다(3:1-9).

3:10-4:8 바울이 디모데에게 사명을 맡기다

이미 디모데에게 온갖 위험과 고초가 그 앞에 놓여 있음을 예고하였던 바울은, 다시 그에게 불확실한 앞날을 헤치고 교회를 이끌어 갈 책임을 엄숙히 위임한다. 바울은 자기 자신이 겪은 문제들을 장차 디모데가 당할지도 모를 일의 본보기로 제시한다. 디모데가 당할 일들은 분명 현실이었다. 하지만 디모데가 아무런 도움이나 인도도 받지 못하는 상황은 결코 없을 것이다. 여기서 바울은 특히 성경의 중요성을 강조한다. 성경은 하나님의 영감으로 기록된 것으로서, 사역과 가르침의 자료로 하나님이 주신 것이다(3:14-17). 성경은 디모데를 거짓 가르침으로부터 지켜 줄 것이며, 그 앞에 놓여 있는 모든 도전들을 감당할 능력을 제공해 줄 것이다. 오늘날도 그리스도인들은 그들의 구주와 구원에 대하여, 나아가 성경이 우리 삶에 암시하는 모든 것에 대하여 알려고 노력한다. 오늘의 이런 그리스도인들에게 성경은 여전히 생명처럼 소중한 것이요 지극히 중요한 것이다.

성경의 중요성을 역설한 바울은, 설교하고 가르치면서 거짓 가르침에 맞서 싸우고 신자들에게 기독교 신앙의 근거와 본질을 확실하게 심어 줄 사명을 디모데에게 맡긴다. 이 변덕스럽고 타락한 세상에 살고 있는 사람들은 복음이 아닌 다른 사상을 듣고 싶어한다. 바울은 어떤 대적을 만나며 어떤 모욕을 당하더라도 설교하고 가르칠 준비를 해야 한다고 디모데에게 당부한다. 바울은 자신이 선한 싸움을 다 싸운 것과 자기 앞에 의의 면류관이 준비되어 있음을 알고 편히 쉴 수 있다는 점에 큰 만족감을 표시한다. 이 의의 면류관은 자신의 소명을 신실히 감당한 모든 이들에게 똑같이 주어질 것이다.

4:9-22 사사로운 말과 마지막 인사

마지막으로, 바울은 몇 가지 사사로운 말과 그의 서

신에서 독특하게 나타나는 인사말로 끝을 맺는다. 이 서신은 마가 요한을 칭찬하고 있다(4:11). 마가 요한은 바나바와 더불어 바울의 첫 번째 선교 여행에 동행한 인물로서, 그 여행 도중에 예루살렘으로 돌아갔다(행 13:13). 사람들은 마가가 이 무렵에, 아마도 로마에서 마가복음을 쓴 것으로 생각하고 있다. 이 서신에는 음울한 어조를 띤 부분들이 많이 있지만, 바울은 분명 디모데를 다시 만나게 되길 기대하고 있다. 바울의 많은 벗들이 중간에 그를 돕는 손길을 거두었지만, 디모데는 끝까지 신실함을 지킬 것이라고 바울은 확신하고 있다. 하지만, 바울의 마지막 소망은 사람이 아니라 신실하신 하나님이었다. 그러기에 바울은 자신과 디모데가 함께 섬기고 사랑하는 신실하신 하나님의 은혜에 디모데를 의탁하고 있는 것이다.

디도서

디도는 바울이 회개케 한 많은 이방인들 가운데 하나였다. 바울의 선교 사역에서 몇 차례 중요한 고비가 닥쳤을 때, 디도는 바울을 신실하게 잘 섬긴 인물로 알려져 있다. 누가는 사도행전에서 디도를 한 번도 언급하지 않는다. 하지만 디도의 이름은 신약 성경의 다른 책에 빈번히 등장한다. 이는 그가 초대교회에서 비중 있는 인물이었음을 보여 주는 것이다. 바울은 이 서신에서도 디모데전서와 후서에서 이야기했던 목회 사역과 목회자의 가르침이라는 주제를 다루고 있다. 이 서신은 바울이 사도행전에 기록된 로마의 구금생활에서 풀려난 이후에 기록한 것 같다. 그 기록 시기는 아마 주후 64년쯤일 것이다. 하지만 좀 더 정확하게 저작 시기를 알아 낼 수 있는 사건 기록들이 이 서신 안에는 들어 있지 않다.

1:1-4 인사말 이 서신은 사도가 늘 사용하던 인사말로 시작한다. 이 인사는 복음에 나타난 강력한 소망의 말씀과 이어져 있다. 바울은 한껏 고무된 어조로 복음의 신실성과 신뢰성을 강조한다. 그는 온갖 고초를 겪었지만, 자신이 기쁜 마음으로 복음에 절대 헌신하고 있다는 것을 분명하게 말한다(1:1-3). 그는 자신이 사도로 부름 받은 사실이나 복음의 능력을 전혀 의심하지 않는다.

1:5-16 디도가 그레데 섬에서 맡은 과업 이어서 바울은 디도를 지중해의 한 섬인 그레데(오늘날의 크레테 섬)에 남겨 놓기로 결정한 배경을 설명한다. 누가는 바울이 그레데에서 선교한 일을 전혀 기록해 놓지 않았다. 아마도 바울은 로마에서 마지막으로 옥고를 치르고 난 뒤에 이 섬을 방문한 것 같다. 바울이 없는 동안, 디도는 그레데에서 교회를 세우고 그 조직을 갖춰가는 일에 전념하였다. 바울은 디도에게 교회 조직의 세부 사항을 주로 설명한다. 이 세부 사항 속에는 장차 그 교회에서 직분을 맡을 사람들의 개인적 자질에 대한 설명도 포함되어 있다. 바울은 장로와 감독의 역할에 특별한 관심을 갖고 있다. 바울의 말을 보면, 그는 디도가 그레데에서 적임자를 찾는 데 다소 어려움을 겪을 것이라고 생각했던 것 같다. 바울이 보기에, 그레데는 분명 거짓말쟁이와 사기꾼들 천지였기 때문이다.

2:1-3:11 다양한 무리들에게 가르쳐야 할 것 바울은 교회 안의 다양한 무리들을 다룰 방법을 디도에게 일러준다. 이 서신에 담긴 강력한 목회 지향의 어조가 여기서도 계속 나타나고 있는 것이다. 바울의 주관심사 중 하나는 잠재적 신자들과 당대의 비판자들이

호의를 품고 복음을 듣게 할 방법을 강구하는 것이었다는 점을 유념해야 한다. 그리스도인으로서 믿지 않는 상전을 섬기는 종들에게 바울이 주는 충고는 특히 흥미롭다. 개인의 삶으로 표현되는 증거가 복음에 대한 긍정적 반응을 얻어내는 데 중요하다는 것을 분명히 보여 주고 있기 때문이다. 바울은 이런 맥락에서 분쟁이 너무나 부정적이며 무익한 결과를 가져올 수도 있음을 설파하고 있다(3:9-11).

바울이 제시하는 이런 목회의 지혜에는 몇 가지 중요한 신학적 성찰이 깔려 있다. 그는 복음이 우리를 구원하시고 깨끗케 하심으로써 하나님 백성이 되게 하시려고 자신을 내어 주신 "우리의 크신 하나님 구주 예수 그리스도"의 사역에 근거하고 있음을 역설한다(2:13). 바울은 사람을 변화시키는 복음의 면모를 힘써 강조한다. 신자가 된다는 것은 사람이 바뀐다는 것을 의미한다. 구원에는 깨끗이 씻음을 받아 새롭게 된다는 의미가 들어 있다. 깨끗이 씻음을 받아 사람이 바뀐다는 이 주제는 하나님의 은혜, 그리스도의 죽음, 그리고 새롭게 하시는 성령의 역사와 연계되어 있다. 이 셋이 없으면, 그리스도인의 삶은 불가능할 것이다. 신자들은 그들이 하나님의 은혜로 의롭다 하심을 받았으며 그들을 위해 하늘에 마련된 모든 것을 물려받을 상속자임을 확신할 수 있다. 어떤 사람들에게는 바울의 이런 생각이 받아들일 수 없는 것일 수도 있다. 그럴 수도 있다는 것을 알았던 바울은, 이런 가르침을 들은 사람들의 반응에 괘념치 말고 이 가르침을 잘 변호하라고 디도에게 권면한다.

3:12-15 마지막 말 마지막으로, 바울은 디도 주변의 사람들에게 친밀한 인사를 전하면서, 자신의 여행 계획을 설명한다. 늘 그렇듯이, 우리는 여기서 복음이 그저 어떤 사상이나 다루는 것이 아님을 깨닫게 된다. 복음은 남녀를 불문하고 사람들의 삶을 바꿔 국적을 초월한 공동체 교제에 동참케 하는 것이다.

빌레몬서

이 짧은 서신은 바울이 로마에서 가택 연금 상태에 있었을 때 쓴 것이다(주후 60년경). 이 서신은 대단히 특이하다. 복음의 중심 사상이 아니라, 도망친 종의 운명을 다루고 있기 때문이다. 하지만 이 서신이 신약에 포함된 것을 보면, 우리는 복음이 그저 사상에 그치는 것이 아니라 실제 삶과 그 삶의 일부인 도덕적 결정까지 아우르는 것임을 깨닫게 된다. 바울의 관심사는 그리스도를 믿게 된 한 종의 상황과 복음이 어떤 연관을 갖고 있는지 제시하는 것이었다. 이 서신의 요지는 간명하다. 종이나 상전이나, 모든 신자가 다 소중하다는 것이다.

1-7절 인사말과 감사 이 서신은 사도가 늘 쓰는 인사말로 시작한다. 여기서 우리는 빌레몬이 신자이자 바울의 벗임을 확인할 수 있다. (이 서신은 너무나 짧아서 장의 구분이 없고 절만 있다. 유다서도 마찬가지다.) 바울은 빌레몬의 신앙과 그의 신앙이 그 주변 사람들에게 미친 영향을 전해 듣고 크게 기뻐한다(4-7).

8-22절 바울이 오네시모의 일로 빌레몬에게 부탁하다 이어서 바울은 이 서신을 보낸 진짜 용건을 꺼낸다. 그에게 설교하는 것은 말할 것도 없고, 바울은 빌레몬에게 그 어떤 짐을 지우는 것도 바라지 않았다. 그러나 바울은 빌레몬에게 한 가지 부탁을 한다. 그는 자신의 부탁이 복음이 보여 주고 칭송하는 사랑에 근거한 것임을 빌레몬이 깨달을 것이라고 믿었다. 바울의 부탁은 오네시모와 관련된 것이었다. 오네시모는 종이었는데, 바울이 로마에서 옥고를 치를 때 바울의 아들이 된 자(바울이 오네시모를 믿게 하였다는 것을 가리키는 말이다)였다. '오네시모'라는 이름은 '유익하다'라는 뜻이다. 바울은 이 이름 뜻을 사용하여 재치 있는 표현을 구사한다(11). 이는 분명 빌레몬이 자신의 부탁을 들어주도록 생각해 낸 말이었다. 바울은 오네시모에게 자비를(용서를) 베풀어 달라고 빌레몬에게 부탁한다.

오네시모는 자신의 주인인 빌레몬의 소유를 훔쳐 도망갔다. 로마법에 따르면, 오네시모는 사형을 당할 수밖에 없었다. 하지만 오네시모는 바울의 사역을 통해 그리스도인이 되어 있었다. 그러기에, 바울은 빌레몬에게 오네시모를 용서하라고 부탁했던 것이다. 오네시모는 더 이상 종이 아니라 형제였다. 바울은 오네시모에게 그 상전인 빌레몬에게 돌아가라고 말했다. 오네시모는 이를 응낙하면서, 자신이 과거에 저지른 일을 빌레몬이 용서해 주길 바라고 있었다(12-21).

22-23절 마지막 인사 바울은 빌레몬을 다시 만날 수 있게 되기를 소망하면서(22), 자신의 인사를 전한다. 아울러 바울은 마가와 누가를 포함하여 자신과 함께 있던 다른 네 사람의 문안도 전하고 있다. 이 서신이 어떤 결과를 가져왔는지는 알 수 없다. 하지만, 오네시모는 이 서신을 빌레몬에게 전했을 것이다. 나아가 이 서신이 신약에 포함된 것으로 보아, 빌레몬은 바울의 부탁대로 행하였을 것이라고 추정해 볼 수 있다.

히브리서

히브리서는 신약에서 아주 매력 있는 서신들 가운데 하나다. 이 서신은 예수 그리스도가 구약의 희생 제사 제도의 완성자이심을 강조하고 있다. 이 서신이 염두에 두고 있던 독자가 누구였는지는 확실하게 알 수 없다. 하지만 기독교로 개종한 유대인들로서 희랍어를 사용하는 사람들이 이 서신의 독자였을 것이라고 보는 것이 가장 적절할 것 같다. 그들은 자신들의 새로운 신앙과 유대교가 갖고 있는 옛 방식 및 사상이 어떤 관계를 갖고 있는지 알고 싶어했다. 이 서신은 그들이 알고 싶어했던 이런 정보를 탁월하게 제시하고 있다.

이 서신의 저자 역시 알려져 있지 않다. 오래된 몇몇 영어 역본들은 바울을 저자로 기록해 놓았다. 하지만 이 서신의 본문에는 바울이 저자라는 말이 없다. 본문의 문체 역시 바울의 것과 너무나 다르다. 오히려 이 서신의 저자일 개연성이 가장 높은 두 사람은 바나바와 아볼로다. 둘 다 구약에 깊은 지식을 가지고 있었을 뿐만 아니라, 이 책에 나타나는 것과 같은 유창한 희랍어를 능숙하게 구사할 수 있는 인물들이었기 때문이다. 하지만 저자가 누구이냐는 이 서신의 중요성과 현대적 의미를 판단하는 데 그다지 중요한 문제가 아니다. 따라서 이 주석에서는 이 서신을 쓴 사람을 그냥 '저자'(또는 히브리서 저자)로 부르도록 하겠다.

1:1-2:4 아들이 천사들보다 위에 계시다 이 서신은 인사말로 시작하지 않는다. 그 대신, 이 서신은 곧장 예수 그리스도가 다른 어떤 형태의 하나님 계시보다 위에 계심을 선언한다. 물론, 과거에도 하나님은 여러 가지 방식으로 당신을 일부나마 계시하셨다. 하지만 히브리서 저자는 이제 하나님이 당신의 아들 예수 그리스도를 통하여 당신을 완전하고 명확하게 계시하기로 하셨다고 선언한다. 예수 그리스도는 하나님을 '그대로 나타내신 분'이다. 그리스도를 본 것은 하나님을 본 것과 마찬가지다. 예수는 하나님 자신의 본질을 거울로 보여 주듯이 나타내신 분이요, 그 본체의 명확한 형상이시다.

이 점을 강조한 히브리서 저자는, 이어서 예수와 경쟁하며 '하나님의 뛰어난 계시'라는 칭호를 내세울 만한 그 어떤 사람들보다도 예수가 위에 계시다는 것을 설명하고 있다. 저자는 뒤에 가서 유대인 독자들에게 중요한 인물인 모세를 다루게 된다. 하지만, 우선 그가 주목한 것은 천사들이었다. 당시 일부 유대인들은 천사를 하나님의 계시를 중개(전달)하는 자로 여기고 있었다. 저자는 일련의 성경 구절들을 분석하면서, 이 구절들이 하나님의 아들이신 예수 그리스도가 오실 것을 가리키고 있다는 점을 보여 준다.

하나님은 천사들을 당신의 아들이라고 부르신 적이 결코 없다! 결국, 천사들은 자신들보다 위에 계신 예수 그리스도를 섬겨야만 한다.

2:5-18 형제들과 같은 모습이 되신 예수 더욱이, 하나님의 아들이신 예수는 장차 도래할 세상을 다스릴 권세도 갖고 계신다. 여기서 히브리서 저자는 시편 8편에 대한 의미 있는 주해를 내놓고 있다. 그는 "천사보다 못하게"* 지으신 사람의 아들(인자)을 가리키는 시편의 말이 예수 그리스도의 성육신을 가리키는 것이라고 설명한다(2:5-9). 즉, 시편은 예수 그리스도가 사람이 되심으로써, 인류를 구원하시려고 기꺼이 천사들보다 낮은 자리를 받아들이실 것이라는 사실을 내다보고 있는 것이다. 예수는 이렇게 육신이 되심으로 말미암아, 고난을 통하여 온전케 되셨다(2:10-18).

저자에게는 이 사실이 매우 중요하였다. 왜냐하면, 예수가 고난을 통하여 온전케 되셨다는 그 사실이 고난을 겪고 있는 사람이나 시험당하는 사람에게는 소망이 되기 때문이었다. 예수는 우리를 구원하시고자 우리 같은 사람이 되셔야만 했다. 그는 우리의 죄를 담당하실 수 있는 대제사장이 되시고자 하였다. 그러자면 그가 구원하시려는 사람들과 같은 사람이 되셔야만 했다. 물론, 예수는 하나님이시다. 이 사실은 저자도 첫 장에서 분명하게 논증하고 있는 것이다. 그러나 그가 하나님이시라 하여, 우리와 완전히 다른 분인 것은 아니다. 예수는 하나님이시자 사람이시다. 하나님이시라 하여, 사람이 되실 수 없는 것은 아니다. 그러기에, 히브리서 저자는 예수가 우리와 같은 분임을 힘써 주장하고 있는 것이다. 이 사실은 우리 영혼에 커다란 위로를 안겨 준다. 예수는 고난이 무엇인지 알고 계신다. 때문에 그는 고난당하는 우리를 긍휼히 여기실 수 있다.

3:1-6 예수가 모세보다 더 크시다 이제 저자는 구약에서 가장 위대한 인물인 모세에게 그 시선을 돌린다. 하나님은 모세를 통하여 이스라엘에게 율법을 내리셨다. 이처럼 모세는 위대한 인물이다. 그러나 예수와 함께 있으면, 모세는 그 빛을 잃어 버리고 예수보다 더 낮은 자리에 위치하게 된다. 한 가정에서 주인의 아들이 종보다 우월한 지위에 있는 것처럼, 하나님의 구원 계획과 구원 경륜 속에서 하나님의 아들이신 예수는 하나님의 종인 모세보다 위에 계신다.

3:7-19 불신앙에 대한 경고 여기서 히브리서 저자는 구원의 필요성을 고찰하고 있다. 저자는 이스라엘이 율법을 받은 뒤에도 계속하여 죄를 지은 사실을 지적한다. 그는 시편 95편의 중요한 주해를 제시한다. 그는 이 주해 속에서 하나님께 맞선 이스라엘의 반역이 초래한 파멸적 결과와 하나님의 백성에게 계속하여 주어졌던 '안식'에 대한 약속에 주목한다. 여기서 사용된 '안식'이라는 개념은 하나님이 당신의 백성에게 주시는 구원을 상징한다. 그러나 이스라엘 백성들은 하나님을 믿지 않았기 때문에 그 안식에 들어갈 수 없었다. 그렇다면, 어떻게 해야 그 안식에 들어갈 수 있을까?

---

* 맛소라 본문을 기초로 한 히브리어 성경과 한글개역개정은 "하나님보다 조금 못하게"라고 기록해 놓았다. 히브리서 저자는 70인경 본문을 인용한 것으로 보인다.

4:1-13 하나님의 백성들에게 주어진 안식일의 안식
먼저 저자는 하나님의 백성들이 저지른 과거의 죄에도 불구하고, 안식일의 안식을 누릴 소망이 여전히 남아 있다는 것을 강조한다. 여기서 하나님의 말씀이 중요한 역할을 한다는 점에 유의할 필요가 있다. 하나님의 말씀은 인간의 죄의 실상을 드러낼 수 있을 뿐만 아니라, 인간 본성의 밑바닥까지 뚫고 들어갈 수 있기 때문이다. 히브리서 저자는 이스라엘 역사를 간략하게 개관하면서, 하나님께 순종하는 사람은 이 약속된 안식을 바랄 수 있다는 사실을 이야기한다.

4:14-5:10 위대한 대제사장이신 예수
안식의 약속과 죄의 문제를 짚어본 저자는, 이제 이 약속이 위대한 대제사장이신 예수 그리스도를 통하여 어떻게 성취될 수 있는지 이야기한다. 저자는 이 주제 중의 몇 가지 요소를 뒤에 가서 더 다루지만, 여기에서도 예수 그리스도의 중요성을 설파하면서 많은 점을 강조하고 있다. 그는 먼저 예수가 우리의 연약함을 동정하시는 대제사장이심을 강조한다. 예수는 모든 면에서 우리와 닮은 분이시다. 다만, 우리는 죄인이나 그분은 죄가 없으시다는 점만이 다를 뿐이다. 때문에 우리는 그분을 통하여 확신을 품고 하나님께 나아갈 수 있다. 둘째, 저자는 대제사장의 직무를 맡으려면 부르심이 필요하다는 점에 주목한다. 예수 그리스도는 하나님으로부터 직접 대제사장으로 부르심을 받았다. 예수는 고난을 통해 순종함을 배우심으로써, 자신이 인간의 죄를 속하는 데 필요한 희생 제사를 드릴 수 있는 완전한 대제사장이심을 실증해 보이셨다.

5:11-6:20 하나님의 약속은 확실하다
저자는 이 주제를 조금 뒤에 다시 다루게 된다. 그는 재차 불신앙의 문제를 다루고 있다(5:11-6:12). 저자는 불신앙이 신자와 하나님의 관계에 심각한 위협이 된다고 역설한다. 이어서 그는 하나님의 약속이 온전히 신뢰할 수 있는 것이라고 말한다(6:13-20). 사람들은 무언가를 약속할 때, 그 약속을 성실히 지킬 것을 담보하는 의미에서 자기보다 더 큰 사람의 권위를 빌어 맹세하곤 한다. 하지만 하나님에게는 더 큰 이가 없다. 결국, 하나님은 약속을 철저히 지킬 것을 보장하시면서 당신 자신을 가리켜 맹세하실 수밖에 없다. 하나님은 거짓말을 하지 못하신다. 때문에, 신자들은 하나님의 약속을 온전히 신뢰할 수 있다. 여기서 저자는 닻의 이미지를 사용하여 그리스도인의 삶이 어떤 경로로 하나님께 견고히 '닻을 내리게 되는지' 제시하고 있다. 하나님께 견고히 닻을 내리게 될 것을 바라보는 이 소망의 궁극적 근거는 무엇인가? 저자는 대제사장이신 예수의 공로로 말미암아 신자들이 구원을 확신할 수 있게 되었다고 말한다(6:19-20).

7:1-28 제사장 멜기세덱
신자들이 구원을 확신할 수 있는 것은 대제사장이신 예수의 공로 때문이다. 저자는 이 점을 염두에 두고, 예수의 대제사장직을 좀 더 상세하게 다루고 있다. 그는 먼저 멜기세덱이라는 신비의 인물(창 14:18-20)에게 초점을 맞춘다. 그는 다섯 왕을 격파하고 돌아오는 아브라함을 축복했던 사람이다. 멜기세덱의 이 행동은 그가 아브라함보다 우월한 위치에 있음을 암시한다. 아브라함이 그에게 십일조를 바친 일 역시, 그가 아브라함보다 위에 있음을 확인해 준다. 레위 지파의 제사장들은 아브라함의 후예들이었다. 이 제사장들은 사람의 죄를 감당하지 못하였다. 이런 이유 때문에, 아브라함이 아닌 멜기세덱에서 유래한 또 다른 제사장이 필요하게 되었다. 죄뿐인 인간의 상황을 감당할 수 있는 새 제사장이 필요하게 된 것이다. 여기서 저자는 예수 그리스도가 멜기세덱의 반차를 따른 대제사장이심을 주장한다(강력한 메시아 시인 시편 110:4에서 채택한 주제다).

그렇다면, 인간인 대제사장들에게는 대체 어떤 허물이 있었을까? 저자는 이 대제사장들이 자기 백성들의 죄를 다루기에 앞서 자기 자신들의 죄를 속할 희생 제사를 먼저 드려야 했다는 점을 지적한다. 이것은 이 대제사장들 역시 다른 모든 사람들과 마찬가지로 용서받아야 할 죄인임을 보여 주는 증거다. 그 때문에, 죄가 없는 대제사장이 필요하게 된 것이다. 죄가 없는 대제사장이 될 이는 예수 그리스도밖에 없었다.

8:1-9:10 새 언약의 대제사장 그런 점에서, 예수는 모세를 통하여 수립된 옛 언약을 대체하는 새 언약의 대제사장이시다(8:1-13). 저자는 일련의 구약 구절들을 사용하여, 옛 언약이 사라지고 더 좋은 언약이 등장할 수밖에 없었다고 설명한다. 이 더 좋은 언약의 유일한 중보자가 바로 예수 그리스도이시다. 그 시대에는 중요한 의미를 지니고 있었던 구약의 의식 규정들 역시 이제는 낡은 것이 되었다(9:1-10). 여기서 저자는 옛 언약에서 영원한 효력을 지닌 측면들(이를테면, 용서의 약속들)과 그리스도가 오심으로써 폐기된 것들(이를테면, 예배의 형식 또는 먹을 것과 마실 것에 관한 규례들)을 구분한다.

9:11-28 그리스도의 피 저자는 구약의 속죄일 제의(레 16:11-19)를 언급하면서, 황소와 염소의 피는 오직 겉만을 깨끗하게 할 수 있다고 지적한다. 그러나 예수 그리스도의 피는 영원한 구원을 이룰 수 있다. 그 때문에 사람의 속까지 씻어 정결케 할 수 있다. 율법은 이런 일을 목표로 삼긴 했으나, 실제로 이루지는 못하였다(9:11-14). 그리스도는 자신의 피를 통하여 새 언약의 중보자가 되셨다. 이 새 언약을 통하여 부르심을 받은 사람들은 이제 영원한 기업을 물려받을 수 있게 되었다(9:15).

이어서 저자는 옛 언약과 새 언약을 사람의 유언과 비교하여 설명한다(여기에 사용된 희랍어 '디아떼케'라는 단어는 '언약'과 '유언'의 의미를 함께 갖고 있다). 유언은 유언자가 죽어야 비로소 그 효력이 발생한다. 마찬가지로, 용서의 약속 역시 그리스도가 돌아가심으로써 비로소 그 효력이 발생하게 되었다. 그리스도가 처음 우리에게 오셨을 때는, 우리를 위하여 희생 제물이 되사 우리 죄를 짊어지셨다. 그가 다시 오실 때는, 그를 믿고 그의 피로 말미암아 거룩하게 된 사람들에게 마지막 구원을 가져다주실 것이다(9:16-28).

10:1-18 그리스도가 단번에 드리신 희생 제사 저자는 계속하여 구약의 희생 제사와 그리스도가 드리신 완전한 희생 제사를 대조한다. 그러면서 그는 구약의 제사들이 그 목적을 실현시키지 못했다고 지적한다. 구약의 제사들은 해마다 반복되어야 했다. 그것은 곧, 그 제사들이 그 목적을 이루지 못했음을 분명하게 보여 주는 것이다. 요컨대, 황소와 염소의 피는 죄를 제거할 수 없었다(여기서 다시 저자가 속죄일 제의를 분명히 언급하고 있다는 점에 유의할 필요가 있다: 레 16:11-19). 구약의 제사장들은 똑같은 제사

를 해마다 반복하여 드렸지만, 사람들의 죄를 제거할 수 없었다. 그러나 그리스도는 죄의 완전한 용서를 가져오는 동시에 더 이상 희생 제사를 드릴 필요가 없는 완전한 제사를 단번에 드리셨다. 그리스도가 드리신 완전한 제사로 말미암아, 구약의 희생 제사는 쓸모가 없게 되었다. 동물을 제물로 바치는 구약의 희생 제사는 더 이상 필요 없게 되었다. 그 제사가 목적으로 했던 것—그러나 구약의 그 제사는 이루지 못했던 것—이 이루어졌기 때문이다.

10:19-39 견고히 인내하는 삶 저자는 그리스도의 완전한 제사를 염두에 두고, 독자들에게 하나님이 그들을 위하여 이루신 것과 하나님이 이루신 이 일이 가져다준 큰 소망을 인정하라고 촉구한다. 그리스도의 죽음으로 말미암아, 성소의 휘장을 가로질러 지성소로 들어갈 길이 열렸다. 사람의 죄 때문에 사람과 하나님 사이에 가로놓여 있던 장벽을 통과하여 하나님께 나아갈 길이 열린 것이다. 이제는 그리스도의 피로 말미암아 죄가 깨끗이 용서 받았음을 온전히 확신하면서 하나님께 나아갈 수 있게 되었다. 이를 생각하는 신자들은 그리스도인의 삶을 견고히 인내하며 살아갈 수 있다고 저자는 주장한다.

11:1-40 믿음 구약에 나타난 큰 믿음의 인물들은 신자들에게 견고히 인내하는 그리스도인의 삶을 살아가도록 더 큰 자극을 준다. 이 서신에서 유명한 구절들 가운데 하나인 이 부분에서, 저자는 구약의 위대한 신자들을 개관하며 믿음의 장대한 파노라마를 펼쳐 보이고 있다. 믿음은 영적 실재의 세계를 들여다볼 수 있는 능력이다. 믿음은 실제로 우리 눈에 보이지 않지만 그것이 진실임을 알 수 있는 어떤 것에 관해 확신하는 것이다. 이를테면, 하나님의 약속들이 진리이며 신뢰할 수 있는 것이라는 결론은 믿음에서 나온다. 이어서 저자는 위대한 신앙을 지녔던 남자들과 여자들을 개관한다. 이들을 보면서, 우리는 기독교 신앙의 중심 양상-하나님의 약속과 임재와 권능을 신뢰하는 것-이 과거에도 존재했었음을 알 수 있다.

그렇다면, 구약의 이 위대한 신앙인들보다 (신약 시대의) 기독교 신자들이 더 나은 게 무엇인가? 히브리서 저자는 그 답을 명쾌하게 제시해 준다. 구약의 위대한 신앙인들은 하나님의 큰 약속들을 믿었지만, '그 약속들이 약속했던 것을 실제로 받지는 못했다.' 기독교 신자들도 하나님의 큰 약속들을 믿지만, 이 신자들은 그 약속들이 예수 그리스도 안에서 이미 이루어진 것을 '알고' 있을 뿐만 아니라 그 약속들이 약속하고 있는 은덕들을 '받았다'는 점에서, 구약의 신앙인들보다 더 낫다(11:39-40).

12:1-13 하나님은 당신 아들들을 연단하신다 신약의 신자들이 지닌 이런 이점을 염두에 두고, 저자는 자신의 독자들에게 과거의 증인들로부터 용기를 얻으라고 당부한다. 저자는 강력한 이미지를 동원하여 신자들에게 그리스도인의 삶을 계속하여 이어가라고 격려한다. 그는 그리스도인의 삶이 경주와 같은 것이며, 믿음의 선진들이라는 관중이 그리스도인들을 응원하고 있다고 주장한다. 관중들이 마라톤 선수들을 응원하듯이, 믿음의 선진들 역시 신자들이 믿음의 경주를 완주할 수 있도록 응원하고 있다. 저자는 이런 비유도 부족하다고 느꼈는지, 신자들에게 그 시선을 예수께 고정하고, 자신이 요구

받은 모든 것을 기꺼이 완수한 예수의 모습을 깊이 생각해 보라고 요구한다(12:1-3). 여기서 저자는 예수를 "우리 믿음의 주요 온전케 하시는 이"라고 지칭한다(12:2). 저자는 이 말을 통하여 예수가 신자들보다 먼저 믿음의 삶을 걸어가시면서 신자들이 따라가야 할 길을 밝혀 주셨다는 사실을 이야기하고 싶어한다. 예수는 신자들의 믿음의 기초이자 본보기이시다. 예수는 몸소 희생 제물로 죽으심으로써 그리스도인의 삶이 가능하게 하셨다. 아울러 그는 신자들에게 용기를 심어 줄 삶의 본보기를 제시하셨다.

장거리 경주에서 훈련은 중요한 요소다. 그리스도인의 삶도 마찬가지다. 그리스도인의 삶이라는 마라톤을 완주하려면, 신자들은 하나님으로부터 훈련(연단)을 받을 필요가 있다. 때문에, 저자는 자신의 독자들에게 하나님이 주시는 연단을 기다리며 반가워하라고 요구한다. 하나님이 연단을 주신다는 것은 그분의 관심과 사랑을 보여 주는 표지이기 때문이다. 아버지들은 자신의 친아들들만을 연단하신다. 하나님은 신자들을 연단하심으로써, 그 신자들이 당신의 아들들임을 알려 주시는 것이다(12:4-13).

12:14-13:19 계속하여 나아가라는 격려 이제 서신은 막바지에 이르렀다. 저자는 여러 구절을 할애하여 독자들을 격려한다. 그는 자신의 독자들에게 하나님과의 관계에 시간과 마음을 쏟으라고 권면한다. 아울러 자신들의 연약함 때문에 낙심치 말며, 예수 그리스도 안에서 위로와 힘을 찾으라고 권면한다. 인생은 변하나, 예수 그리스도는 늘 불변하시기 때문이다. 그리스도인은 늘 진보하여 성숙한 믿음에 이르러야만 한다. 아울러 믿음에 걸림돌이 될 수 있는 죄는 털어 버려야 한다.

13:20-25 맺는 기도 저자는 헌신의 심정을 담은 강력한 기도와 친밀한 인사로 끝을 맺는다. 저자는 그 기도 속에서 자신의 독자들을 자신보다 더 위대하신 목자께 맡기고 있다. 이 위대하신 목자는 틀림없이 자신의 양들을 돌보시며, 이 양들이 마지막 구원을 얻을 그곳까지 안전하게 인도해 주실 분이시다. 그리스도를 죽은 자들 가운데서 일으키셨던 바로 그 하나님이 신자들의 삶 속에서도 역사하실 것이요, 그 신자들을 인도하여 그들 앞에 놓인 일들을 이루실 것이다.

야고보서

야고보서는 때때로 '공동 서신'으로도 불리는 서신들 가운데 첫 번째 편지다. '공동 서신'이라는 이 특이한 이름은 이 서신들이 특정한 개인이나 특정 교회에게 보내진 것이 아니라 광범위한 사람들이 읽도록 기록된 것임을 시사해 준다. 그런 점에서 이 서신은 널리 일반 독자들을 염두에 두고 있는 셈이다. [여기서 '공동'(catholic)이라는 말은 기본적으로 '보편적' 혹은 '일반적'이라는 뜻이다.]

야고보서의 저자는 사도 야고보가 아니라, 예수의 아우로서 예루살렘 공의회 때 중요한 역할을 했던 야고보인 것 같다(행 15:13). 이 공의회에서 특히 관심사가 되었던 것은 기독교 신자들이 모세의 율법을 존중해야 하느냐, 그중에서도 특히 남자 신자들은 할례를 받아야 하느냐의 문제를 분명히 정리하는 것이었다. 결국, 이 공의회에서는 이런 것들을 의무로 요구하지 않기로 결정하였다(이 책의 행 15:1-40 부분을 보라). 하지만 야고보서는 이런 논쟁을 전혀 언급하지 않는다.

이 서신에 이방인 신자들이 할례를 받아야 하느냐의 문제를 둘러싼 논쟁이 언급되지 않고 있다는 것은 이 서신이 이른 시기에 기록되었음을 암시한다. 하지만 야고보는 바울이 주창하였던 이신득의(以信得義) 교리가 초래할 수도 있는 오해를 바로 잡는 데 관심을 갖고 있는 것으로 보인다. 이런 점들을 고려한다면, 이 책은 주후 50년대 후반부터 60년대 초반 사이에 기록된 것 같다. 어쩌면 이 책의 저작 시기는 앞으로도 계속 미궁으로 남을 수도 있다. 이 서신에는 실제 삶과 관련된 권면이 가득 들어 있다. 그런 점에서, 이 서신은 처음 기록되었을 때뿐만 아니라 오늘날에도 아주 귀중한 책이다. 이 서신은 많은 점에서 산상 설교의 주제들을 인용하거나 그 주제들을 반영하고 있는 것으로 보인다.

1:1 유대인 회심자들에게 이 서신은 "흩어져 있는 열두 지파"를 수신자로 지목하고 있다(1:1). 이런 식으로 신자들을 지칭하는 것을 볼 때, 이 신자들은 우선 유대인들이라는 것을 알 수 있다. 이 서신은 아마도 신약에서 가장 유대인의 색채가 강한 책일 것이다. 이 서신은 교회사에서도 아주 이른 시기의 역사를 보여 주고 있는 것 같다. 이 시기는 대부분의 신자들이 회심한 유대인들이었으며, 그리스도인들이 모이는 장소도 여전히 "회당"(2:2, 희랍어로 '회당'이라 되어 있다)*이라고 부르고 있었다.

1:2-2:13 시련과 시험 야고보는 먼저 의심

과 시험에 맞서 싸워야 한다는 점을 강조하며 이 서신을 시작한다. 그는 특히 부가 시험을 불러오는 빌미가 될 수 있음을 언급하고 있다. 신자들은 그저 하나님의 말씀을 듣는 사람이 아니다. 야고보는 그 말씀을 듣고 순종하는(행하는) 사람이 신자라고 말한다(1:19-27). 믿음은 실천으로 나타나야 하는 것이지, 그저 이론에 그치는 것이 아니다. 야고보는 특히 세상의 기준이 교회를 오염시킬까 봐 염려한다(1:27). 그는 모임에서 부자가 가난한 사람보다 매사에 우대를 받는 경우를 교회가 세상의 가치 기준에 따라 흔들릴 수 있는 사례로 제시한다(2:1-13).

2:14-26 믿음과 행위 아마 이 부분이 야고보서에서 가장 중요한 부분일 것이다. 야고보는 바울이 주장한 이신득의 교리가 불러온 오해와 맞서 싸우고 있었던 것 같다. 그 교리를 오해한 자들은, 그리스도를 믿기만 하면 선한 일을 할 의무가 없다고 주장했던 것 같다. 그런 일이 있었든지 아니든지 간에, 야고보는 믿음의 도덕적 결과를 강조하는 데 관심을 기울인다. 심지어 귀신들도 하나님이 계심을 믿고 있지만, 그 믿음이 그들을 의롭게 하지 않는다고 야고보는 단언한다. 야고보는 믿음이란 모름지기 행위로 나타나야 한다고 선언한다. 물론 야고보의 이 말은 사람이 자신의 선한 행위로 하나님과 올바른 관계를 가질 수 있다는 의미가 아니다. 오히려, 진정한 믿음은 자연스럽게 선한 행위라는 결과를 낳는다는 것이 야고보가 의미하는 바였다. 야고보는 이 점을 강조하고자 구약에서 아브라함과 라합의 두 사례를 원용한다. 두 사람 다 하나님을 믿었으며, 그 믿음의 결과로 어떤 행위를 한 사람들이었다.

3:1-4:12 혀를 길들이라; 겸손을 배우라 이제 야고보는 실제 삶과 관련된 지혜를 강조한다. 그는 혀를 늘 조심스럽게 제어해야 한다고 말한다(3:1-12). 찬송을 부르는 혀에서 쉽게 저주가 나올 수 있다. 부주의하고 생각 없는 말이 막대한 결과를 초래한다. 그 점을 생각한다면, 말하는 것에 관하여 늘 조심할 필요가 있다. 여기서 야고보는 지혜의 중요성을 언급하면서, 지혜의 참 근원은 하나님이심을 강조한다(3:13-18). 신자들은 자기 자신을 하나님께 복종시키고, 그분의 겸손을 배워야만 한다(4:1-12). 야고보는 다시 한 번 세속에 물드는 것이 위험하다고 지적하고 있다. 그는 세상과 벗이 되고자 하는 자는 결국 하나님과 원수가 되는 것이라고 경고한다.

4:13-17 내일 일을 자랑하지 말라 야고보는 자기 인생의 미래에 관해 확신을 품고 예언하는 사람을 세상에 물든 사람의 본보기로 들고 있다. 야고보는 이런 경우를 합당치 않다고 여긴다. 우리 미래는 오직 하나님께 달려 있다. 오직 하나님만이 미래에 무슨 일이 일어날지 알고 계신다. 만일 누군가가 미래를 계획하고자 한다면, 그것이 "주의 뜻이면"이라는 말을 덧붙여야만 할 것이다. 그 말은 누가 미래의 주관자이신지 늘 일깨워 줄 것이다(4:13-17). ["주의 뜻이면"이라는 말은 이 말의 라틴어 표현인 '데오 볼렌테'

---

* 희랍어로 '회당'은 '쉬나고게'다. '쉬나고게'는 '모이다, 화해하다, 초대하다'라는 뜻을 가진 희랍어 동사 '쉰아고'와 연계되어 있다(다/962-963).

(deo volente)의 머리글자를 따서 D. V.로 나타내기도 한다.]

5:1-12 부자에게 주는 경고; 고난 중에 인내하라 앞에서 이미 부를 추구하는 태도를 분명하게 비판했던 야고보는 여기서 다시 한 번 그런 태도를 비판한다. 그는 부란 것이 하나님이 아닌 다른 곳에서 온 것이요, 다른 사람의 희생 위에서 얻어지는 경우가 대부분임을 강조하고 있다. 이 때문에 주는 부한 자들에게 진노하신다(5:1-6). 이와 정반대로, 야고보는 어떤 식의 고난이든 고난을 겪고 있는 사람들을 격려하여 그들의 인내를 북돋우려 하고 있다. 그는 욥의 사례를 들어, 고난이 복으로 이어질 수 있음을 말하고 있다(5:7-12).

5:13-20 믿음의 기도 이제 야고보는 기도에 관한 몇 가지 실천적 권면을 제시하며 서신을 끝맺는다(5:13-20). 그는 기도, 그중에서도 특히 의인의 기도가 중요하다는 것을 역설한다. 그는 죄의 용서를 간구하는 기도이든 병 고침을 간구하는 기도이든, 의인의 간구는 역사하는 힘이 크다고 말한다. 야고보는 병자에게 주의 이름으로 기름을 바르는 행위를 권장한다. 마지막으로, 그는 믿음 안에서 서로 돕고 서로 바로 잡는 일이 중요하다고 지적한다. 실천과 도덕의 문제를 매우 강하게 부각시키고 있는 이 서신은 이렇게 끝을 맺는다.

베드로전서

베드로전서는 소아시아 전역에 흩어져 있는 그리스도인들에게 보낸 서신이다. 그들은 핍박의 위협에 직면하고 있었다. 이 핍박은 아직 시작되지 않았지만, 이 서신의 수신자들은 분명 큰 위협을 느끼고 있었다. 이 서신이 전제하고 있는 상황은 네로 시대(주후 54-68년)에 그리스도인들이 겪었던 고초들과 잘 부합하는 것 같다. 베드로는 자신이 "바벨론"에서 이 서신을 쓴다(5:13)고 말한다. 대부분의 사람들은 이 "바벨론"이 로마를 가리키는 것이라고 해석한다(물론 이 당시에도 '바벨론'이라는 이름을 가진 성읍이 유브라데 강가에 존재하고 있었다).

1:1-2 저자와 독자들 이 서신은 서두에서 사도 베드로가 저자이며, 소아시아 전역에 흩어져 있는 신자들이 저자가 염두에 둔 독자들임을 확인해 주고 있다. 이 서신에서 신자들을 묘사할 때 사용된 표현은 매우 중요한 의미를 갖고 있다. 베드로는 신자들을 가리켜 '하나님의 택하심을 받은 자들'(신자들은 하나님으로부터 이미 택하심을 받은 자들이다)이요 '이 세상에 머무는 나그네들'(신자들은 이 세상에서 살고 있지만 이 세상에 속한 사람들이 아니다)이라고 묘사한다. 그는 신자들의 구원이 아버지와 아들과 성령이 함께 이루신 일임을 확인해 준다.

1:3-12 산 소망을 주신 하나님을 찬양하다
베드로는 그리스도인이 가진 소망에 기쁨을 나타낸다(1:3-4, 9). 그와 그의 독자들은 거듭남을 입어 그 누구도 빼앗아갈 수 없는 소망을 누리는 커다란 특권을 갖고 있다. 하나님의 능력이 그들을 보호하고 있기에, 결국 그들은 그들을 위하여 하늘에 마련된 모든 풍성함을 기업으로 물려받게 될 것이다. 나아가 그들은 그리스도의 부활을 힘입어 자신들이 이 기업을 물려받을 것을 확신할 수 있다. 비록 고난의 위험이 지평선 위로 떠오르고 있지만, 그런 위험도 그리스도 안에 있는 그들의 소망을 앗아가지 못한다.

구약의 위대한 선지자들은 신자들이 지금 누리고 있는 구원을 간절히 보고 싶어했다. 그 선지자들은 하나님이 메시아를 보내실 것이며, 그 메시아의 백성들이 그의 고난과 영광에 동참케 될 것임을 알고 있었다(1:10-12). 신약의 많은 저자들, 특히 마태나 히브리서 저자 같은 경우는 예수 그리스도의 오심이 구약의 위대한 소망과 기대의 완성임을 역설하고 있다. 이를 통해 그들은 사상 처음으로 어떤 구절의 진정한 의미를 깨달을 수 있는 길을 열어 주었다.

1:13-2:3 구원의 실재와 대가 이어서 베드

로는 구원이 실제이며 이 구원에는 대가가 따랐다는 점을 강조한다. 신자들이 받은 구원의 대가는 은이나 금으로 측정할 수 없다. 우리가 받은 구원의 진가와 견줄 수 있을 만큼 귀중한 것은 아무 것도 없다. 구원의 대가는 바로 "흠 없고 점 없는 어린양" 예수 그리스도의 피다. 하나님이 위대한 구원을 베푸셔서 당신 백성들을 애굽의 속박에서 풀어주신 일을 기념하는 유월절에는 완전한 어린양을 골라 그날을 기념해야만 했다. "흠 없고 점 없는 어린양"은 분명 그 완전한 어린양을 일컫는 것이었다.

그 어느 것도 신자들로부터 이 구원의 소망을 앗아갈 수 없다. 신자들은 잠깐뿐인 이 세상 속에서도 마지막 구원과 부활의 소망이 실재임을 확신하며 평안히 쉴 수 있다. 그리스도인의 믿음은 영원하신 하나님의 말씀에 든든히 서 있다. 하나님은 당신 백성에게 철저히 신실하시다. 이 때문에 베드로는 그분의 백성인 신자들에게, 자신을 드려 하나님을 섬기고 모든 죄의 욕망을 제거함으로써 하나님이 그들에게 신실하신 만큼 하나님께 신실하라고 권면한다. 어린 아기가 자라서 젖을 떼고 단단한 음식을 먹게 되듯이, 신자들도 자라서 성숙함에 이르러야 한다(2:1-3).

2:4-12 산 돌 그리고 택함받은 백성 이어서 베드로는 하나님의 백성이 누릴 특권들을 설명한다. 그는 한 유명한 구절(5절)에서 신자들을 집으로 세워져 가는 돌들에 비유한다. 베드로의 이 비유는 신자들을 여러 지체로 구성된 한 몸으로 표현했던 바울의 비유와 다르지만, 양자가 강조하고자 하는 의미는 똑같다. 둘 다 그리스도인의 삶은 각기 분리된 개인주의자의 삶이 아니라, 한 몸이 이루는 삶임을 강조하기 때문이다. 이 돌들은 그 어떤 경우에도 요동치 않는 든든한 지반 위에 세워지고 있다. 그 지반은 바로 예수 그리스도이시다. 불신자들은 자기 백성들조차 배척한 그 사람이 그토록 큰 중요성을 갖는 이유를 이해하지 못한다. 그러나 하나님은 자기 백성들에게 거부당하신 그 그리스도를 부활을 통해 인정하심으로써 당신의 아들로 선포하셨다.

한 몸인 신자들은 하나님의 백성으로 부르심을 받았다. 베드로는 조그만 성단(星團)처럼 흩어져 있는 구약의 주제들과 암시들을 한데 모아, 신자들을 부르신 것이 구약에 나타난 소망들과 예언들의 성취임을 보여주고 있다. 신자들은 하나님으로부터 택함을 받았다. 그들은 왕 같은 제사장(이는 하나님이 성령의 특별한 은사를 부어 주셨던 구약의 왕—제사장을 일컫는 말이다)이 된 것이다. 그들은 하나님처럼 거룩한 이들이요, 하나님의 소유된 백성들이다. 하나님이 당신의 독생자의 피로 그들을 사셨기 때문이다. 하나님은 그들을 죄악뿐인 세상의 어둠으로부터 당신의 기이한 빛 속으로 불러들이셨다. 베드로는 신자들이 그리스도를 통하여 세상으로부터 부르심을 받아 하나님을 섬기게 된 이 놀라운 결과들을 하나하나 제시하고 있다. 그러나 그렇게 부르심을 받은 덕분에, 신자들은 이제 이 세상에서는 거류민이요 나그네가 되었다(2:11). 그들은 이 세상 속에 살고 있다. 그러나 그들은 이 세상 너머 저 하늘에 있는 자신들의 고향을 바라보고 있다. 그것이 바로 그리스도인의 큰 특권이다.

2:13-25 땅의 권세들에게 순종하라 그리스도인의 큰 특권 가운데 하나는 그리스도를 위하여 고난당하는 것이다. 베드로는 독자

들에게 이 땅의 권세들에게 순종하라고 권면한다. 그렇게 하고도 결과적으로 어떤 핍박이 있다면, 그 핍박은 분명 그들이 그리스도인이기 때문에 받는 핍박일 것이다. 그리스도 자신이 이렇게 고난당하심으로써 신자들에게 이런 모범을 보여 주셨다. 그런 점에서 신자들은 '그리스도를 위하여' 고난당할지언정, 세상의 법을 어겼다는 이유로 고난당하는 자가 되어서는 안 된다. 세상의 법을 어긴 경우에는 형벌을 받아야 마땅할 것이다. 베드로는 그리스도인들이 당하는 핍박이 그리스도인들의 전도 역량을 최대한 끌어내는 계기가 되기를 바라고 있다.

하지만 베드로는 고난이라는 주제를 살펴보면서, 그리스도의 죽음을 더 깊이 묵상한다. 이사야 선지자는 하나님의 종이 장차 고난을 당할 것이라고 예언하였다(사 52:13-53:12). 베드로는 그리스도가 십자가에서 당하신 고난이 이 위대한 예언의 성취임을 보여 주고 있다. 그리스도인들은 그리스도가 십자가 위에서 자신들의 죄를 담당하셨다는 사실을 믿어야만 한다. 그가 찔리심으로써, 그리스도인들이 나음을 입었다. 한때 양들처럼 길을 잃었던 그리스도인들은 이제 그리스도를 통하여 하나님께 돌아왔다.

3:1-7 아내와 남편 이미 보았듯이, 베드로의 관심사는 복음을 전할 역량을 최대한 끌어내는 것이었다. 그는 이런 전략의 일환으로써 남편들과 아내들에게 온 세상이 본받을 만한 방식으로 상대방을 대하라고 권면한다. 베드로의 의중은 분명하다. 그는 그리스도를 믿는 아내들이 믿지 않는 남편들을 설복하여 신자로 만들 수 있기를 바랐던 것이다. 하지만, 베드로는 분명 남편과 아내가 "생명의 은혜"에 동일한 분깃을 가지고 있다

고 믿었다(3:7). 베드로는 아내들에게 그 남편에게 순종하라고 권면한다. 그러나 이것은 그렇게 순종함으로써 남편들을 믿게 하려는 하나의 전술로 볼 수 있다. 베드로는 성의 구별이 영생과 무관한 것이라고 보았다. 이런 견해는 바울의 경우에서도 찾아볼 수 있다(갈 3:28).

3:8-4:19 선을 행함으로써 당하는 고난 베드로는 다시 고난이라는 주제를 다룬다. 신자가 된다는 것은 고난당하는 신자가 될 수 있다는 의미다. 베드로는 이 우울한 주제를 다루기 시작하면서, 악을 행했기 때문이 아니라 복음 때문에 고난을 당해야 한다는 점을 역설한다. 악을 행함으로 말미암아 고난을 당하는 것은 아무런 의미가 없다. 중요한 것은 신자들에게 찾아오는 그 어떤 고난도 악을 행함이 아니라 그들의 믿음에서 직접 연유한 결과여야 한다는 점이다. 이런 점에서 그리스도가 보여 주신 모범은 너무나 중요한 의미를 지닌다.

이어서 베드로는 그리스도의 죽음이 갖고 있는 의미의 몇 가지 측면을 상세히 설명하고 있다(3:18-22). 이 측면들은 특별히 주목할 만한 가치가 있다. 그리스도의 죽음은 죄를 용서받아 하나님의 임재에 다가갈 수 있도록 만들어 준 길이다. 이제 그리스도는 높은 곳으로 올라가셔서 하나님 오른편에 앉아 계신다. 모든 천사들과 능력들이 그에게 복종하고 있다. 하지만 그리스도는 부활하시기 전에 "옥에 있는 영들에게 (말씀을) 선포" 하셨다(3:19). 이 구절의 의미는 확실치 않다. 하지만, 한 가지 흥미로운 해석을 여기서 언급해 볼 수 있다. 이 해석은 이 구절이 그리스도가 이 땅에 오시기 전에 죽은 이들에게 복음을 전하신 사건을 말하는 것

이라고 본다. 어느 누구도 복음을 듣지 못하는 이들이 없도록, 그리스도가 그렇게 하셨다는 것이다.

뿐만 아니라, 이 부분에는 노아의 방주에 관한 중요한 해석이 들어 있다. 그 홍수는 심판(세상의 죄 때문에 홍수가 일어났기 때문이다)인 동시에 구원(그 홍수가 방주를 통하여 구원을 얻을 길을 제시해 주었기 때문이다)이었다. 마찬가지로 세례의 물은 죄가 초래한 심판과 함께, 오로지 예수 그리스도의 죽음과 부활을 통해 주어진 깨끗함과 죄의 용서를 상징한다.

베드로는 자신의 독자들에게 고난당할 준비를 하라고 격려한다(4:1-11). 하나님이 그들을 지키시고 도우실 것이요, 고난을 굳건히 견뎌 낸 그들을 칭송하실 것이라는 사실을 확실히 알고 있기 때문이었다. 신자들은 이런 고난의 위협에 놀랄 필요가 없다. 어쩌면 베드로도 세상 사람들의 '상식'처럼, 의인은 고난당하지 않을 것이라고 생각했을지 모른다. 물론, 이런 생각은 유일한 참 의인이신 예수 그리스도가 고난당하시고 돌아가셨던 십자가 사건과 모순되는 것이었다. 신자들은 그들의 의로움 때문에 고난당할 각오를 해야 한다. 하늘에서는 상급을 얻을 터이지만, 이 땅에서는 오로지 경멸과 조롱과 핍박만이 있을 것이다.

5:1-11 장로들과 젊은이들에게 주는 권면 베드로는 자신이 직접 그리스도의 고난을 목격한 증인으로서 이 글을 쓰고 있다는 점을 분명하게 이야기한다(5:1). 그는 자신의 독자들에게, 개인이나 공동체나 가릴 것 없이, 그런 혹독한 시련을 감당할 준비를 하라고 요구한다. 그는 장로들과 젊은이들에게 몇 가지 권면을 제시한다(5:2-5). 이어서 그는 신자들을 돌보아 주시는 하나님께 모든 염려를 맡겨 버리라고 역설한다(5:6-7). 사탄의 공격 위협은 현실이다. 그러나 신자들은 믿음 안에 굳건히 서 있음으로써 그런 공격을 이겨 낼 수 있다. 하나님이 자신들을 위로하시고 회복시켜 주실 것을 확실히 알고 있기 때문이다(5:8-11).

5:12-14 마지막 인사 베드로는 이제 이 서신을 끝맺는다. 그는 이 서신을 쓸 때 실라가 도와주었다고 말한다(5:12). 어쩌면, 실라는 이 서신을 받아쓰는 것 이상의 역할을 하였을 수도 있다. 이런 서기들은 저자 자신이 구사할 수 있는 희랍어보다 더 나은 희랍어를 구사하여 저자의 생각을 글로 옮기는 일을 하곤 하였다. 이 서신은 이전에 갈릴리 어부였던 사람에게 좀처럼 기대하기 어려운 탁월한 희랍어로 기록되어 있다. 분명 실라는 자신이 발휘할 수 있는 가장 뛰어난 솜씨를 발휘하여 베드로의 실천적 권면과 신학적 지혜를 글로 옮겼을 것이다. (흥미로운 점은 베드로후서가 베드로전서보다 훨씬 더 품격이 떨어지는 희랍어로 기록되었다는 사실이다. 베드로후서는 실라를 언급하지 않는다. 어쩌면 베드로후서의 희랍어는 베드로가 누구의 도움도 받지 않은 채 스스로 기록한 희랍어일 수도 있다.) 마지막으로, 베드로는 마가 요한의 인사를 전한다. 대부분의 사람들은 마가 요한이 베드로가 기억하는 예수의 모습을 마가복음으로 기록한 인물이라고 믿고 있다.

베드로후서

베드로후서와 베드로전서 사이에는 많은 차이점이 있다. 아마 가장 두드러진 차이점은 두 서신의 희랍어 문체일 것이다. 베드로후서의 희랍어는 전서의 희랍어보다 '세련미'가 확연하게 떨어진다. 학자들은 이런 차이가 생긴 이유로 실라가 베드로전서의 저작에 개입했기 때문이라고 설명한다. 베드로전서와 후서는 주제 면에서도 의미 있는 차이를 보여 준다. 베드로전서는 특히 고난과 고초의 위협에 관심을 보이지만, 베드로후서는 거짓 가르침의 위험성에 더 큰 관심을 보이고 있다.

1:1-11 부르심과 택하심을 굳게 하라 이 서신은 먼저 신자들이 그들의 택하심 내지 구원을 확실하게 보장받으려면, 성숙한 그리스도인이 되도록 힘써야 한다는 요구를 제시한다. 신실함을 지킨 이들은 하나님의 본성에 동참케 될 것이며 죄악뿐인 이 세상을 피하게 될 것이라고 하나님은 약속하셨다. 따라서 신자들은 이 든든한 약속으로부터 확실하게 은덕을 누릴 수 있도록 힘써야 할 필요가 있다(1:1-11). 그러나 거짓 교사들은 이 신앙의 안전에 실제로 위협을 가하고 있었다. 베드로는 이 거짓 교사들을 상세히 설명하기에 앞서, 자신이 사도로서 자격을 가진 자임을 강조하고 있다(1:12-21). 그는 자신이 보고하고 있는 일들을 직접 목격한 사람이었다. 그는 어떤 것도 거짓으로 지어 내지 않았다. 오로지 그는 자신이 보고 들은 것을 성령의 인도하심과 보우하심을 따라 성실하고 참되게 보고하였을 뿐이다.

2:1-22 거짓 교사들과 그들의 멸망 이런 베드로의 모습은 정직하지 못한 거짓 교사들의 모습과 확연히 대비된다. 베드로는 믿음의 집안에도 늘 거짓 교사들이 있었으며, 구약의 선지자들이 있었을 때에도 거짓 교사들이 있었다고 강조한다. 따라서 교회 안에 거짓 교사들이 등장한 것은 늘 있었던 일이 나타났을 뿐이다. 하지만, 거짓 교사의 등장은 복음에 심각한 위협을 준다. 기독교 신앙의 기초를 부인하거나 그 기초에 의문을 품게 만들기 때문이다. 베드로는 많은 거짓 교사들이 개인의 야망에 따라 움직이는 자들이며 신자들의 안녕은 전혀 생각하지 않는 자들이라고 분명하게 말한다.

베드로는 자신이 염려하는 거짓 가르침들이 무엇인지 따로 확인해 주지 않는다. 그러나 그는 분명 자신의 독자들이 거짓 가르침들이 무엇인지 알고 있기를 기대하고 있다. 이 거짓 가르침들은 메마른 싹과 같다. 얼핏 보면 싱싱하게 보이지만, 가까이 다가가 자세히 살펴보면 말라비틀어진 것이 바로 거짓 가르침들이다. 이 가르침들은 청중들에게 자유를 주는 것처럼 보인다. 그러나 사실은, 복음이 해방시켜 줄 때까지 그 청중들이 종노릇하였던 그 세상 속으로 다시 끌고 들어간다(2:17-20). 여기서 베드로가 암시하는 내용으로 볼 때, 이 거짓 가르침들은 골로새 지역에서 나타나고 있던 거짓 가르침들과 관련된 것으로 보인다. 이런 거짓 가르침들은 이후 2세기에 이르러 '영지주의'라는 이름의 운동으로 더 분명히 나타나게 된다. 베드로는 이런 거짓 가르침들을 분석하고 반박하기보다 거짓 교사들의 비참한 말로를 강조하는 데 더 큰 관심을 갖고 있다.

3:1-13 주의 날 이어서 베드로는 일부 독자들이 고민했던 것으로 보이는 한 가지 문제를 다루고 있다. 예수가 언제 다시 오실 것인가? 살아서 예수의 재림을 볼 것이라고 기대했던 사람들이 이미 많이 죽었던 것으로 보인다. 이 때문에 일부 사람들은 혼란을 겪게 된다. 베드로는 다시 오신다는 주의 약속은 온전히 신뢰할 수 있는 것이라고 역설한다. 주는 분명 다시 오신다. 그러나 그 정확한 시기는 아무도 모른다. 어쨌든, 하나님의 시간 개념과 인간의 시간 개념 사이에는 큰 간극이 있을 수 있다. 인간의 천 년이 하나님에게는 하루일 수도 있다. 재림의 정확한 날, 정확한 때가 언제인가는 중요한 문제가 아니다. 정작 중요한 것은, 확신을 품고 새 하늘과 새 땅의 소망을 바라보는 것이라고 베드로는 주장한다.

3:14-18 주를 신뢰하라 베드로는 자신의 독자들에게, 주가 길이 참으시는 가운데 모든 사람이 구원 얻기를 바라고 계신다는 점을 알고 주를 신뢰하라고 요구한다. 주의 재림이 늦어지면, 더 많은 사람들이 회개할 기회를 얻게 될 것이다. 주의 재림이 아직 이루어지지 않았다는 것은 주의 허물이나 신실치 못하심을 보여 주는 것이 아니다. 그것은 그분의 인내심, 나아가 가능한 한 더 많은 사람들이 구원을 얻기 바라신다는 것을 보여 주는 표지다. 베드로는 바울 역시 이런 점을 기록하였다고 주장한다. 물론 그는 이런 점을 이해하기가 어렵다는 점을 인정한다 (3:14-16).

마지막으로, 베드로는 자신의 독자들에게 "우리 주 곧 구주 예수 그리스도"가 온전히 신뢰할 수 있는 분임을 확언하고 있다. 예수 그리스도는 믿을 수 있는 분이다. 그분은 결코 거짓 교사가 아니다.

요한 1, 2, 3서

요한이 쓴 이 세 서신은 한데 묶어 다루는 것이 최선이다. 세 서신의 내용과 문제가 너무나 흡사하기 때문이다. 이 세 서신은 모두 사도 요한이 썼다. 그는 요한복음과 요한계시록의 저자이기도 하다. 이 서신들은 1세기 말에 기록되었다는 것이 정설이다. 아마도 주후 85년부터 90년 사이에 에베소에서 기록된 것 같다. 요한1서와 2서의 독자는 확실치 않다. 이 서신들은 널리 일반 신자들에게 보내진 것이다. 아마도 요한은 이 서신들을 전도 여행자들이 사용할 회람 서신으로 기록한 것 같다. 요한3서는 '가이오'에게 보낸 것이지만, 이 가이오가 누구인지는 확실치 않다.

요한1서

요한1서는 먼저 요한복음에서 제시했던 몇 가지 중요한 내용을 확인해 주고 있다. 이어서 이 서신은 당시 교회 안에서 나타나고 있던 거짓 가르침들을 다루고 있다. 이 거짓 가르침들(영지주의의 초기 형태였던 것으로 보인다)은 대체로 예수 그리스도의 성육신을 부인하고, 신자들이 도덕적 삶을 살 필요가 없다는 믿음을 갖고 있었다. 요한은 이 서신의 서두에서 자신이 예수 그리스도의 오심을 목격하였다고 확언한다(1:1-4). 복음의 기본 주제는 생명의 빛이 어둠의 세상 속으로 뚫고 들어왔다는 것이다. 그리스도의 피 덕분에 신자들의 삶에 묻어 있던 죄의 얼룩은 말끔히 지워질 수 있게 되었다(1:5-7).

1:8-10 죄 서두에서 죄라는 주제를 꺼냈던 요한은 여기서 이 주제를 더 상세하게 다룬다. 죄는 광범위하게 퍼져 있다. 어느 누구도 죄의 때가 묻어 있지 않은 사람이 없으며, 모든 사람이 이 죄의 오염으로부터 씻김을 받아야만 한다(1:8-10). 요한이 이 서신을 쓴 목적은 죄에 맞서 싸우도록 신자들을 독려할 뿐만 아니라, 설령 그들이 죄를 짓는다 해도 '그리스도의 대속 제사'를 통하여 용서 받는다는 사실을 확실히 일러주려는 것이었다. 다시 말해, 하나님이 우리가 지은 죄의 책임을 면제하시고 우리를 죄에서 깨끗케 하실 수 있는 것은 그리스도의 죽음 덕택이다(2:1-2).

2:3-14 사랑 분명 요한의 독자들 중에는 신자들이 도덕에 얽매일 필요가 없다는 가르침을 들은 이들이 있었던 것 같다. 요한은 이런 견해를 거부한다. 그는 그리스도인의 삶은 도덕적이어야 하며, 특히 사랑을 실천하는 삶이어야 한다고 주장한다(2:3-14). 이것은 신자들이 세상을 사랑해야 한다는 말이 아니었다. 도리어 이 말은 이 세상을 창조

하신 하나님을 사랑하고, 그 하나님이 세상으로부터 구원하사 신자들의 공동체로 인도하신 이들을 사랑해야 한다는 뜻이었다.

2:18-27 적그리스도들을 주의하라는 경고

이제 요한은 거짓 가르침이라는 주제를 분명하게 다루기 시작한다. 요한은 교회들이 "적그리스도"들에게 미혹당할 위험에 빠져 있다고 선언한다(2:18-27). 적그리스도라는 말이 복수로 표현된 것은, 이 말이 예수 그리스도가 메시아이심을 부인하는 사람들을 통칭하는 표현이기 때문이다(특히 2:22에 유의하라). 요한은 예수가 하나님의 아들이시며 메시아이심을 인정해야 한다고 분명하게 말한다. 이를 인정하지 않는 것은 복음의 은덕에서 떨어져 나가는 것이다. 그 은덕 중에는 아버지를 아는 것도 들어 있다. (여기에서는 요한복음의 몇 가지 주제, 그중에서도 특히 아버지가 아들을 통하여 당신을 알리셨다는 주장이 강하게 메아리치고 있다: 요 14:6, 9.)

2:28-4:21 서로 사랑하라

요한은 '하나님의 사랑'(하나님은 사랑이시다)이라는 주제를 아주 자세하게 살펴보고 있다. "하나님의 자녀"로 부르심을 받은 자들은 누구나 이 부르심에 합당한 삶을 살아야 한다. 그들은 특히 죄에 맞서 싸워야 한다. 얼핏 보면, 요한은 죄를 전혀 짓지 않는 삶이 신자들의 삶의 특징이라고 보는 것 같다(이를테면, 3:9을 보라). 그러나 요한의 말을 좀 더 자세히 읽어 보면, 그의 말은 그것과 약간 다른 의미임을 알 수 있다. 그는 신자들의 삶이 죄가 규정하는 삶, 죄가 지배하는 삶이 되어서는 안 된다는 것을 말하고 있는 것이다. 신자들은 하나님을 지향하는 삶을 살아야지, 죄를 지

향하는 삶을 살아서는 안 된다.

요한은 좀 더 밝은 음조로 그리스도인의 공동체 내에서 사랑이 중요하다는 점을 역설한다(3:11-24). 예수는 자기 백성들을 위해 목숨을 내놓으심으로써 사랑을 보여 주셨다. 이제는 바로 그 예수의 사랑이 신자들의 삶 속에서 나타나야만 한다. 세상은 신자들을 미워할 수도 있다. 하지만 신자들은 서로 사랑해야 한다. 요한은 그 사랑의 복음을 다음과 같이 간결하게 요약하고 있다. "그 아들 예수 그리스도의 이름을 믿고 그가 우리에게 주신 계명대로 서로 사랑할 것이니라"(3:23).

여기서 요한은 잠시 사랑이라는 주제를 벗어나, 또 다른 거짓 가르침을 주의하라고 독자들에게 경고한다. 그런 거짓 가르침들은 '그리스도가 육체로 오셨다'는 것이나 '예수가 하나님으로부터 오셨다'는 그리스도인들의 기본 신앙을 부인하고 있었다(4:1-6). (이런 거짓 가르침들은 요한이 앞에서 말한 거짓 가르침과 비슷하다. 앞에 나온 거짓 가르침은 예수가 그리스도, 곧 메시아이심을 부인하는 것이었다.) 그는 다시 하나님의 사랑이라는 주제로 돌아온다. 요한이 잠시 거짓 가르침을 주의하라는 주제를 다룬 이유가 여기서 분명하게 밝혀진다.

하나님은 사랑이시다. 그런데, 하나님의 사랑은 과연 어떤 모습일까? 요한은 하나님의 사랑이 행동으로 나타났다고 선언한다(4:7-21). 사람들은 행동이 말보다 더 큰 호소력을 갖고 있다는 점을 잘 알고 있다. 하나님은 당신의 아들 예수 그리스도를 속죄 제물로 보내셔서, 신자들이 그를 통해 생명을 얻게 하셨다. 요한은 이것이 바로 하나님이 당신의 사랑을 행동으로 나타내신 것이었다고 선언한다. 만일 예수 그리스도가 하나님

으로부터 오신 분이 아니라면, 요한의 이런 선언은 분명 말도 안 되는 소리가 될 것이다. 예수 그리스도가 하나님으로부터 오신 분이기에, 그리스도가 십자가에서 죽으신 사건에서 하나님의 사랑이 나타났다고 말할 수 있는 것이다. 이제 신자들은 하나님의 이런 사랑을 알 수 있으며 이런 사랑에 동참할 수 있다. 그들이 하나님을 사랑하기 전에 하나님이 먼저 그들을 사랑하셨기 때문이다. 신자들이 하나님을 사랑하는 것은 그분이 먼저 보여 주신 사랑에 응답하는 것일 뿐이다.

5:1-12 하나님의 아들을 믿는 믿음 이어서 요한은 다시 한 번 예수가 메시아(곧, 그리스도)이심을 인정하는 것이 중요하다고 강조한다. 이것은 인간이 지어 낸 믿음이 아니라, 하나님이 직접 계시해 주신 것이다. 예수가 하나님의 아들이심을 믿는 것은 그리스도인의 삶과 영생의 소망에 유일한 근거가 된다. 이 위대한 진리는 성령의 증거로 이미 확증되었다(예수가 세례받으실 때, 성령이 보여 주신 증거를 가리킨다, 요 1:32-34). 하나님이 몸소 예수가 당신의 아들이심을 선언하셨다. 따라서 예수가 하나님의 아들이심을 부인한다면, 하나님을 거짓말쟁이로 만드는 것이다. 요한은 자기가 죄인임을 부인하는 사람을 가리켜 하나님을 거짓말쟁이로 만드는 사람이라고 말하면서(요 1:8-10), 이미 같은 말을 한 적이 있다.

5:13-21 맺음말 복음은 온전히 신뢰할 수 있는 것이다. 이 서신은 이 점을 다시 한 번 선언하며 끝을 맺는다. 요한은 독자들이 이미 영생을 소유한 사실을 알기 바란다. 죄는 진정 하나님께 나아가는 길을 가로막는 장애물이다. 그러나 모든 죄가 영혼을 죽게 하거나 영생의 소망을 잃게 하는 것은 아니다. 신자들은 죄에 맞서 싸워야 하며, 하나님의 아들이신 예수 그리스도를 신뢰해야 한다. 이렇게 할 때에, 그들은 비로소 하나님이 그들의 기도를 들으시고 그 기도에 응답하시며, 결국 그들을 영생으로 이끄실 것임을 확신할 수 있다.

요한2서

요한2서와 3서는 아주 간결하기 때문에, 구절을 인용할 때는, 빌레몬서나 유다서처럼, 절수만을 표시한다. 요한2서는 소아시아의 특정한 교회와 그 지체들에게 보낸 서신인 것 같다. 이 서신에서는 그 수신자를 "택하심을 받은 부녀와 그의 자녀들"이라고 명시하고 있다(1, 13절에 있는 "택하심을 받은 네 자매의 자녀들"은 다른 지역 교회를 가리키는 말인 것 같다). 요한은 먼저 그리스도를 따르는 신자와 공동체의 삶에서 사랑이 중요하다는 점을 역설한다(4-6). 이어서 그는 자신이 첫 번째 서신에서 길게 이야기했던 거짓 가르침—예수 그리스도가 육체로 오신 것을 부인하는 가르침—을 다시 다룬다(7-11). 요한은 이 서신에서 이 거짓 가르침을 분석하고 비판하기보다(이런 분석과 비판은 요한1서에서 찾아볼 수 있다), 거짓 교사들을 질타하는 데 더 역점을 두고 있다.

요한3서

요한3서는 특히 가이오라는 사람에게 보낸 것이다. 그는 분명 유명한 그리스도인이었을 것이다. 이 서신은 가이오에게 그리스도인으로서 행하는 일에 신실하라고 격려하고 있다. "전송"이나 "영접"이라는 표현(6-8)은 아마도 선교 여행자들을 보살펴 준 일을 가리키는 것 같다. 당시 이런 선교 여행자들은 해당 지역에 있는 그리스도인의 집들을 역참(驛站)처럼 활용하였다. 그 지역의 한 신자를 혹평하고(이 신자는 분명 일등지상주의 환자였던 것 같다: 9-10) 또 다른 한 신자를 호평한 요한은, 그가 알고 있는 모든 이에게 문안 인사를 전하면서 이 편지를 끝맺는다.

유다서

유다서는 신비에 싸인 서신이다. 우선 '유다' 라는 인물부터 수수께끼다. 이 서신의 저자로서 가장 개연성이 높은 인물이 둘 있다. 하나는 사도 유다(누가가 가룟 유다와 조심스럽게 구별하여 말하는 인물이다, 눅 6:16; 행 1:13)이며, 다른 하나는 예수 그리스도의 동생인 유다(마 13:55; 막 6:3)다. 이 서신은 수신자도 확실치 않다. 이 서신의 주요 주제는 거짓 가르침이다. 당시 이 거짓 가르침은 교회 안에 널리 퍼져 있었던 것 같다. 조금 다르긴 해도 같은 주제를 다루는 말씀을 골로새서, 베드로후서, 요한1서 등, 신약의 다른 책들에서도 많이 찾아볼 수 있다.

1-16 거짓 가르침 이 서신은 유다가 그의 독자들에게 보내는 인사로 그 막을 연다(1-2). 곧이어, 그는 거짓 가르침을 저주한다. 유다는 원래 전혀 다른 내용의 서신을 쓰려고 했었다. 그 서신에서 유다는 구원이 모든 그리스도인들의 공동 유산임을 말하려 했다. 하지만 "성도에게 단번에 주신 믿음의 도"가 거짓 가르침 때문에 위협을 받는 일이 벌어지게 된다. 유다가 간결하게 분석해 놓은 내용에 비추어 볼 때(4), 그 거짓 가르침들은 예수 그리스도가 주이심을 부인하고 성도들이 도덕적 삶을 살아야 한다는 것을 거부했던 것 같다(요한1서도 이런 거짓 가르침의 내용을 고찰한 뒤 거부하고 있다).

이어지는 내용들은 이해하기가 무척 어렵다(5-16). 분명 유다는 구약에 포함되지 아니한 수많은 작품들을 포함하여 유대 문헌들을 두루 섭렵했던 것 같다. 나아가 그는 이런 문헌들이 자세하게 기록해 놓은 몇몇 사건들과 유다 당대의 문제들 사이에 평행 관계가 존재한다는 것을 알고 있었다. 바울은 헬라인 청중들에게 어떤 것을 설명하려 할 때, 종종 헬라의 세속 저술가들의 글을 인용하곤 하였다. 유다 역시, 자신이 유대 문헌과 당대의 일을 비교하여 설명하면, 그의 독자들(아마 대부분이 유대인이었을 것이다)이 유익을 얻는 동시에 당대의 문제들이 얼마나 심각한 것인지 깨달을 수 있을 것이라고 느꼈을 게 틀림없다. 유다는 일련의 이미지를 사용하여, 거짓 선생들이 백해무익한 이들이요 자기 잇속만 차리려는 이들임을 강조하고 있다. 하지만 그는 그 거짓 가르침의 본질은 자세히 다루지 않는다(12-13).

17-25 견고히 견뎌 내라는 권면; 찬송 거짓 교사들의 위험성을 강조한 유다는 자신의 독자들에게 참 신앙을 견고히 지키라고 권면한다(17-21). 거짓 교사들의 출현은 예견되었던 일이었다. 신자들은 기도를 통하여 자신들의 믿음을 굳건히 해야만 한다. 믿음

이 연약한 이들에게는 긍휼을 베풀어야만 한다(22-23). 이 서신은 찬송으로 끝을 맺는다. 유다는 이 찬송에서 복음이 신자들에게 준 영광스러운 소망과 신자들을 불러 당신의 이름을 믿게 하신 하나님의 견고하심을 확언한다(24-25).

요한계시록

요한계시록은 신약의 마지막 책이다. 이 책은 아마 신약에서 가장 이해하기 힘든 책일 것이다. 이 책의 저자는 요한복음과 세 개의 요한 서신을 쓴 사도 요한이라는 게 정설이다. 이 책은 다른 책보다 늦게 기록된 것으로 보인다. 아마도 로마 황제인 도미티아누스의 치세기(주후 81-96) 후반부에 기록된 것 같다. 이 시기는 로마 당국이 제국 곳곳에서 기독교를 탄압하려고 하던 시기였다.

    요한계시록의 주요 부분은 다니엘서의 후반부와 많은 유사점을 갖고 있다. 요한계시록은 환상들로 이루어져 있고 상징과 고도의 비유 언어를 폭넓게 사용하고 있다. 몇몇 경우에는 이 상징들이 의미하는 바를 제법 확실하게 알 수 있다. 하지만 요한계시록의 환상들은 해석하기가 어렵고 깊이 생각해야 할 경우가 많다. 근래 몇 년 사이에 이 환상들이 일부 기괴한 종교 분파들과 집단들의 사냥터로 둔갑해 버린 것은 결코 우연이 아니다. 이들은 요한계시록의 일부 환상들을 너무나 괴이한 자신들만의 종말론에 비추어 힘들이지 않고 해석해 버린다. 이 책의 환상 부분을 읽을 때, 이런 환상들의 어떤 측면만을 오늘날의 정세에 비추어 해석하는 것은 아주 위험하다. 독자들은 이 점을 유념해야만 한다.

요한계시록 1:1-3:22
교회에 주시는 말씀

1:1-8 인사말과 찬송 요한계시록은 이 책이 "예수 그리스도의 계시"임을 선포하는 말씀으로 그 막을 연다(1:1). '계시'[희랍어로 '아포칼립시스'(apokalypsis)다. 이 계시라는 말 때문에 '계시록'이라는 책 이름이 붙은 것이다]는 본디 '(무언가를 가리고 있던) 베일을 제거하다'라는 뜻이다. 요한은 소아시아의 일곱 교회에 이 편지를 쓰고 있다. 각각의 교회는 저자가 이 단락(1-3장)을 전개해 가는 동안 하나씩 언급하게 될 것이다. 이 책은 하나님이 예수 그리스도를 통하여 신자들에게 행하신 모든 것에 감사하는 말로 시작한다. 하나님은 당신이 "알파와 오메가"이심을 선포하신다(1:8). '알파와 오메가'는 희랍어 알파벳의 첫 글자와 마지막 글자다. 이는 곧 하나님이 역사의 처음이자 마지막이시며, 역사의 근원이자 종착점이심을 말하는 것이다.

1:9-20 인자 같은 이 이어서 요한은 자신이 계시를 받을 때의 상황을 설명한다(1:9-20). 먼저 그는 자신 역시 교회들이 당하는 고난에 동참하고 있음을 천명한다. 뒤이어 그는 환상 속에서 부활하신 그리스도를 뵙

게 된 일을 상세히 이야기하고 있다. 이 사건은 어느 일요일에 소아시아 해안에 있는 밧모 섬에서 일어났다. 그때, 요한은 '성령 안에'* 있었다(1:10). '성령 안에 있다'는 말은 성령에 감동된 상태를 가리키는 것으로서, 구약의 선지자들이 체험했던 상태에 비견될 수 있는 것이다.

요한은 다니엘 선지자의 환상(단 7:13)을 떠올리게 하는 언어를 사용하여, 부활하신 그리스도가 오른손에 일곱 별을 가지시고 일곱 금 촛대 사이에 서 계신 것을 본 일을 상세히 설명한다. 요한은 뒤이어 이 환상에 나타난 일곱 별과 일곱 촛대의 해석을 듣게 된다. 일곱 별은 각 교회와 관련된 천사들을 말하며, 일곱 촛대는 일곱 교회 자체를 가리키는 것이었다.

이 첫 환상은 이 책 전체의 무대를 마련한 것으로 보인다. 요한은 "네가 본 것과 지금 있는 일과 장차 될 일"을 기록하라는 명령을 받았다(1:19). 이 말씀은 삼중 구조를 암시한다. 첫째, "네가 본 것"은 분명 첫 환상(1:9-20)을 가리키는 것이다. 둘째, "지금 있는 일"은 이 서신이 언급하게 될 일곱 교회의 상태(2:1-3:22)를 가리키는 것이다. 셋째로, 요한은 "장차 될 일"을 기록하라는 명령을 받는다. 여기서 "장차 될 일"이란 이 독특한 책의 대부분을 차지하고 있는 마지막 때에 관한 큰 환상(4:1-22:21)을 말하는 것이다.

2:1-11 에베소 교회와 서머나 교회에 주시는 말씀

요한은 이제 주 그리스도가 소아시아의 일곱 교회에 주시는 말씀을 차례로 기록한다. 이 말씀들은 그가 환상 속에서 받은 것들이었다. 그리스도는 에베소 교회의 인내와 그 교회가 "니골라당의 행위"를 용납하지 아니한 일을 칭찬하셨다(2:1-7). 이 니골라당은 그리스도인의 자유를 교리로 내걸어, 그 추종자들을 우상 숭배와 다양한 형태의 도덕적 방종에 빠지게 하였던 이들이다.** 하지만 에베소 교회는 복음을 향한 열정을 잃어버렸다. 이 교회는 그 열정을 회복해야만 했다.

서머나 교회는 힘든 시간을 보내고 있었다. 이 교회의 성도들은 로마 당국과 그 도시의 유대인들로부터 명백한 차별대우를 받고 있었다(2:8-11). 하지만 주는 그들이 당하는 고난이 그들의 신앙을 무너뜨리지 못할 것이라고 말씀하셨다. 그들은 마지막 때에 영생을 기업으로 받을 것을 확신할 수 있었다.

2:12-29 버가모 교회와 두아디라 교회에 주시는 말씀

주 그리스도는 로마의 황제 숭배 강요를 무릅쓰고 신실함을 지킨 버가모 교회를 칭찬하신다. 당시 버가모는 그 지역에서 황제 숭배의 중심지 역할을 하던 곳이었다(2:12-17). 하지만 이 교회는 "니골라당"의 존재와 가르침을 용납하였다. 결국, 이 교회는 회개하고 변화되어야만 했다.

두아디라 교회는 몇 가지 칭찬을 듣긴 했지만, 우상을 섬기는 이방 종교를 용납한 일 때문에 책망을 들어야 했다(2:18-29). 이런

---

* 한글개역개정은 "성령에 감동되어"로 번역하고 있다.
** 이레나이우스(Irenaeus)나 히폴리투스(Hippolytus) 같은 교부들은 니골라당의 창시자가 초대교회 일곱 일꾼(집사) 중의 하나인 안디옥의 니골라라고 기록해 놓았다. 하지만 이는 정확한 근거가 없다. 유세비우스는 자신이 쓴 「교회사」에서 이 니골라당이 '매우 짧은 기간 동안 존속하였다'고 증언한다. 참고. Robert. H. Mounce, *The Book of Revelation* (Grand Rapids: W. M. Eerdmanns, 1998). 71.

우상 숭배는 필경 회중 가운데 다소 두드러진 위치를 차지하고 있던 한 여자와 관련되어 있었던 것 같다. 그 여자는 "이세벨"로 불렸다. 이 이름만 보더라도, 이 여자가 같은 이름을 지닌 이방인 출신의 왕비로서 엘리야 시대에 북쪽 이스라엘 왕국을 사악한 길로 빠뜨린 이세벨(왕하 9:30-37)과 유사한 자였음을 알 수 있다.

3:1-13 사데 교회와 빌라델비아 교회에 주시는 말씀 사데 교회는 부유한 도시 사데에 자리잡고 있었다. 이 교회는 겉만 강해 보일 뿐, 속은 힘이 없는 연약한 교회였다. 이 교회는 신앙의 뿌리로 돌아감으로써 소망과 정체성을 회복할 필요가 있었다. 이 책에서 처음으로 "생명책"이라는 말이 이 사데 교회에 주시는 말씀 속에 등장하고 있다(3:5). 이 책은 천국 시민으로서 천국에서 살 수 있는 권리를 지닌 사람들의 이름을 모두 기록한 책이었다. 이 책에서 그 이름이 지워져 버렸다는 것은 천국 시민으로서 누릴 수 있는 모든 권리를 잃어버렸다는 것을 의미하였다. 결국 그 말은 하늘에서 살 수 있는 권리를 잃어버렸다는 뜻이었다.

빌라델비아 교회는 매우 어려운 시간을 보냈던 것이 분명함에도 불구하고 그 신실함과 영적 강건함을 굳게 지켰다. 이 때문에, 이 교회는 주의 칭송을 받는다(3:7-13). "사탄의 회당"은 아마도 공격성이 농후한 어떤 유대인 공동체를 가리키는 것 같다. 이들은 빌라델비아 지역에서 기독교를 몰아내려고 했던 것 같다. 주는 하나님의 보호와 임재가 늘 이어질 것임을 보증하심으로써, 이 교회가 그 앞에 놓인 모든 난관을 헤쳐 나갈 수 있도록 힘을 북돋아 주신다.

3:14-22 라오디게아 교회에 주시는 말씀 마지막으로, 주는 라오디게아 교회에 말씀하신다. 이 말씀은 어쩌면 소아시아 지역의 일곱 교회에 주시는 말씀 가운데 가장 유명한 말씀일 것이다. 주는 이 교회가 미지근한 믿음을 갖고 있으며, 시급히 회개하고 되살아나야 할 필요가 있다고 선언하셨다. 라오디게아 교회는 주의 능력보다 자기 자신의 힘을 더 신뢰하였다. 라오디게아는 그 부와 직물 산업과 그 지역에서 나오는 안약(眼藥)으로 유명한 곳이었다. 주 그리스도는 이 교회를 질책하시면서, 이 세 가지를 모두 언급하신다. 이는 곧 부활하신 그리스도만이 그 교회에 필요한 것을 공급해 주실 수 있는 분임을 분명하게 선언하신 말씀이었다. 이 말씀은 유명한 선언으로 끝을 맺는다. 그리스도가 문밖에 서서 그 교회 문을 두드리시며, 그들이 당신을 다시 받아들이기를 바라고 계신다는 말씀이었다. 그들이 문을 연다면, 주는 그 안으로 들어가셔서 그들과 함께 잡수실 것이다. 이는 곧 주와 함께하는 친밀한 교제의 회복을 가리키는 말씀이었다.

요한계시록 4:1-22:21
마지막 때에 관한 환상들

4:1-11 하늘의 보좌 여기서 이 책의 분위기는 완전히 달라진다. 선지자가 보는 하늘의 환상이 우리를 압도한다. 요한은 마치 문을 열고 들어가는 것처럼 하늘 안으로 들어가, 하나님의 영광을 환상 중에 보게 된다. 이 환상은 이사야가 보았던 환상(사 6:3을 보라, 이 본문에서도 인용하고 있다)과 아주 비슷하다. 이 환상 속에는 하늘에서 드려지는 예배 광경이 등장한다. 이 하늘 예배의 환상은 하늘의 사건을 이 땅에서 핍박당하는 소아시아의 상황과 연결지어 보여 준 그 환상의

나머지 부분에 길잡이가 된다.

5:1-14 두루마리와 어린양 요한은 환상 중에 뵌 하나님의 모습을 깊이 묵상하다가, 한 어린양의 존재를 깨닫게 된다. 이 어린양은 바로 예수 그리스도셨다. 그는 아버지의 뜻을 따라 죄인인 인류를 구원하시려고 죽임을 당하셨다. 여기서 어린양은 중요한 상징이다. 이 어린양은 죽임 당하는 유월절 어린양을 떠올리게 한다. 이 유월절 어린양은 그 피로 이스라엘 백성들과 그의 원수 된 자들을 구별하였다(출 12:1-7). 그런가 하면, 이 어린양은 다른 이들을 위하여 죽임을 당한 어린양(사 53:7), 세상의 죄를 모두 제거하신 어린양(요 1:29)을 상징하는 것이기도 하다. 여기서 일곱이라는 숫자가 사용된 것 역시 주목할 만한 점이다. 일곱 인(5:1), 일곱 뿔과 일곱 눈(5:6)이 그 예다. 이 일곱이라는 숫자는 하늘의 완전함을 상징하는 수다. 일곱이라는 수는 이 외에도 일곱 교회(1:4), 일곱 왕관(12:3), 일곱 산(17:9), 일곱 왕(17:10), 일곱 재앙(15:6), 그리고 일곱 나팔(8:2)에도 사용되었다.

6:1-11:19 인(印)과 나팔 다시 장면이 바뀐다. 어린양은 일곱 인을 떼어 내 파괴와 파멸의 세력들을 이 땅위에 풀어 놓을 수 있는 권세를 하나님으로부터 받는다(6:1-17). 그가 마지막 인을 떼시기 전에, 모든 하나님의 백성들은 그들이 하나님의 소유임을 나타내는 표지를 받게 된다. 모두 14만 4,000명이 이런 표지를 받는다. 이는 이스라엘 각 지파에서 각각 1만 2,000명씩을 모은 결과였다. 뿐만 아니라, 이 땅 위의 모든 민족에서 불러들인 수없이 많은 백성들도 이런 표지를 받는다. 그들은 그 죄가 어린양의 피로 말끔히 씻긴 이들이었다(7:1-17). 이 중요한 장은 이스라엘 가운데서 신실함을 지킨 남은 자들이 구원을 얻을 것임을 강조하고 있다. 아울러 이 장은 구원을 주신 그리스도의 죽음으로 말미암아 그 죄가 깨끗이 씻겨 나간 다른 수많은 이들 역시 구원을 받게 될 것이라고 역설한다. (14만 4,000이라는 수는 실제 숫자라기보다 상징으로 받아들여야만 할 것이다.)

하나님의 백성들에게 그 백성임을 나타내는 인을 친 뒤, 어린양이 마지막 인을 떼신다. 처음에는 고요한 침묵만이 흐른다. 그러다가 일곱 나팔이 울리면서, 파괴의 세력들이 풀려난다(8:1-11:19). 마지막 나팔인 일곱 번째 나팔 소리가 울려 퍼질 때, 하늘로부터 하나님의 통치가 시작됨을 알리는 목소리가 울려 퍼진다.

12:1-20:15 이어지는 환상들 그러나 하나님을 불신하며 그분께 맞서는 반역은 계속 이어진다. 요한은 생생한 환상을 잇달아 보게 된다. 그는 그 속에서 악과 사탄의 세력을 상징하는 사람들과 짐승들을 보게 된다(12:1-13:18). 이 환상에서 마지막으로 등장하는 짐승은 666이라는 수수께끼의 숫자를 갖고 있다(13:18). 이 숫자를 어떻게 해석해야 할지는 아직 확실치 않다. 하지만, 일곱이 완전수라는 점을 생각한다면, 666은 '불완전함의 삼위일체' 또는 교회의 원수를 가리키는 숫자 암호로 볼 수 있을 것이다. 어쩌면, 이 수는 '네로 가이사'(NERO CAESAR)('네로 황제'라는 뜻이다)라는 이름의 철자를 숫자로 나타낸 것인지도 모른다. 짐승의 표를 언급한 대목(13-17)은 중요한 의미가 있다. 신자의 구원을 확인하는 그리스도의 표지(십자가)가 중요하다는 것을

보여 주기 때문이다. 짐승의 표는 아마도 황제 숭배의 상징인 것 같다. 당시 로마 제국은 로마에 충성한다는 표시로 로마 황제를 신으로 섬겨 경배하도록 사람들에게 강요하였다.

그러나 이제 마지막이 가까이 왔다. 요한은 이스라엘 열두 지파에서 모아들인 14만 4,000명이 안전함을 누리며 이들이 이 땅에서 구원을 받게 될 사람들의 첫 열매임을 나타내는 환상을 보게 된다(14:1-5). 이어서 그는 악과 불신앙이 최후의 파멸을 당하는 환상을 본다(14:6-20:15). 이 환상은 사탄 자신이 파멸당하는 장면에서 정점에 이른다. 이 부분에서 언급된 시간의 길이, 그중에서도 특히 사탄이 결박당하는 기간인 "천 년"(20:2, 7)은 수많은 논란의 주제가 되어 왔다. 하지만 이 숫자는 정확히 천 년이라는 시간을 가리키는 것이라기보다 하나의 상징으로 보는 것이 가장 적절할 것이다. 요한계시록은 시간표가 아니다. 오히려, 이 책은 선지자들이 보았음직한 미래상을 보여 준다. 비록 하나님의 백성들은 지금 이 땅에서 온갖 시험과 시련을 겪고 있지만, 결국 최후의 완전한 승리는 하나님인 것이다.

21:1-22:21 새 예루살렘과 최후의 승리 여기서 다시 한 번 이 책의 분위기는 완전히 달라진다. 요한은 우리에게 자신이 본 새 하늘과 새 땅, 그리고 새 예루살렘의 환상을 제시하고 있다(21:1-5). 이 환상은 온 세상이 새롭게 되고 새롭게 창조될 것을 내다보았던 구약의 위대한 예언들의 궁극적 성취이자, 고난과 고통이 영원히 사라질 새 시대의 도래를 알리는 선언으로 볼 수 있다. 새 예루살렘의 환상은 계속하여 그곳에 성전이 없다는 점을 보여 주고 있다. 이제는 하나님이 몸소 그 가운데 계신 이상, 성전이 있을 필요가 없기 때문이었다(21:6-27). 이 환상은 유다의 불순종 때문에 '여호와의 영광'이 성전을 떠나는 모습을 목격하였던 에스겔의 예언에 비추어 조명해 볼 필요가 있다. 이제 하나님은 당신의 백성에게 돌아오셔서 영원히 거하시게 되었다. 마침내, 하나님의 백성들은 하나님의 얼굴을 직접 뵐 수 있게 되었다. 이런 일은 모세에게도 허락되지 않았던 것이다(22:1-6; 출 33:20; 요 1:18을 보라).

그렇다면, 이 환상의 가치는 무엇인가? 이 환상은 소아시아의 일곱 교회에 어떤 위로를 안겨 줄 것인가? 이 책의 결말 부분이 그 답을 분명하게 제시하고 있다(22:7-21). 이 환상은 지금 그 교회들이 당하는 일이 영원히 이어지지 아니할 것이며, 오늘의 고난은 결국 그 누구도 앗아가지 못하는 하늘의 소망으로 이어질 것임을 보증하는 것이었다. 하나님으로부터 인치심을 받은 이들은 그 어떤 시험과 환난이 찾아온다 하더라도 하나님의 변함없는 신실하심을 확신하며 평안을 누릴 수 있다. 신자들을 파괴하려는 자들은 온갖 위협을 가한다. 하지만 신자들은 그 위협으로부터 구원을 받게 될 것이다. 이 땅에 일어나는 사건들의 뒤편에서는 장차 악의 세력들을 완전히 파멸시켜 버릴 일련의 사건들이 하늘에서 이루어지고 있다. 그리스도는 다시 오셔서 모든 일을 마무리하실 것이다. 성경은 그때의 모습을 이렇게 들려주고 있다.

"다시는 사망이 없고 애통하는 것이나 곡하는 것이나 아픈 것이 다시 있지 아니하리니, 처음 것들이 다 지나갔음이러라"(21:4).

새 하늘과 새 땅, 새 예루살렘의 환상은

오늘날의 그리스도인들에게도 중요한 의미가 있다. 이 땅의 삶은 재앙과 고통의 연속일 수 있다. 하지만 신자들은 미래의 기쁨과 생명이 부활하신 그리스도에게 있음을 확실히 아는 이상, 위로를 얻을 수 있다.

더 읽기를 권하는 책들

성경 전체를 한 권의 주석에 담아 내기에는 많은 한계가 있다. 가장 중요한 걸림돌은 공간의 부족이다. 한정된 지면은 어떤 성경 구절의 의미와 관련 내용을 충분히 논의하기에 턱없이 모자란다. 한 권의 주석을 한 저자가 끝까지 썼다는 것도 문제가 될 수 있다. 그 저자가 아무리 탁월한 성경 주석가라 할지라도, 독자들은 다른 견해들을 알고 싶어 할 수 있기 때문이다. 이런 점에서, 성경 주석 도서관을 세우는 것도 좋은 생각이라고 할 수 있다. 여기에서는 성경 주석을 고르는 데 길잡이가 될 내용들을 제시하고자 한다.

하지만, 이외 다른 책들 역시 사람들이 성경에서 더 많은 것을 얻어 낼 수 있도록 도와줄 수 있다. 나는 성경을 읽으면서 최대한 많은 것을 얻으려고 하는 이들에게 Gordon D. Fee/ Douglas Stuart, *How to Read the Bible for all its Worth*, 2nd edn(Grand Rapids: Zondervan, 1993)(『성경을 어떻게 읽을 것인가』, 성서유니온 역간)을 강력하게 추천하고 싶다.

몇몇 주석도 흥미롭다.

*Tyndale Old Testament*과 *Tyndale New Testament Commentaries*(Downers Grove, IL, IVP/ Leicester, UK, IVP)는 '초보자' 용 주석으로 사 볼 만한 아주 좋은 책이다. 이 주석에는 성경학계를 선도하는 성경학자들의 글들이 들어 있어서, 아직 성경학자의 수준에 이르지는 못했지만 진지하게 성경을 연구하려는 독자들도 좋아할 만한 책이다.

Bible Speaks Today series (Downers Grove, IL, IVP/ Leicester, UK, IVP)는 학계에서 논의되는 문제들보다 본문과 오늘날의 정황 사이에 놓인 연관성에 더 초점을 맞추고 있다. 성경을 진지하게 연구하려는 학생들이 서가에 꽂아둔다면 탁월한 선택이 될 것이다. 이 책은 특히 강론이나 설교를 준비하는 데 유익하다.

Classic Biblical Commentary series (Wheaton, Il, Crossway Books)는 과거에 나온 가장 뛰어난 주석들 가운데 몇몇을 현대 독자들의 필요에 맞게 편집하여 내놓은 것이다. 이 시리즈는 오늘날도 경청할 만한 가치가 있는 과거의 대설교가인 스펄전(C. H. Spurgeon)과 라일(J. H. Ryle)의 글을 실어 놓았다.

New International Biblical Commentary (Peabody, MA, Hendrickson) 역시 추천할 만하다. 근래에 14권으로 나온 이 주석은 아직 신약 희랍어를 잘 알지 못하는 학생들을 위하여 음역(音譯)된 희랍어를 사용하고 있다.

위에 말한 주석들을 보게 되면, 더 깊은 연구에 활용할 수 있는 더 상세한 주석들을 소개받을 수 있을 것이다.